圖解系列

圖解 消防工程

本書特色

- 輕鬆理解消防工程的發展與相關理論
- 以簡潔扼要的方式，清楚說明、重點整理
- 配合圖表輔助，加深學習記憶

五南圖書出版公司 印行

盧守謙／著

推薦序

推薦序

「風」、「火」、「水」、「電」向來與人類生活息息相關，如在不可控制狀況下，往往容易導致人員傷亡與財產損失。而消防正是關係到社會民生及人民安全，一直是政府施政上極爲重要的一環，也爲國家長治久安之根本。在消防工作更應具備科技化、現代化及效率化之整合能力，以專業化教育訓練，來因應現今多元發展的社會環境，提供民眾一個安全的生活環境。

爲培育出消防安全專業人力，本校於 2002 年首創消防系（所）（除警察大學外），開設消防工程課程，建置了火災虛擬實驗室、火災鑑識實驗室、低氧實驗室、水系統消防實驗室、電系統消防實驗室、氣體消防實驗室、消防設備器材展示室及消防檢修實驗室等軟硬體設備，也設置了氣體燃料導管配管、工業配管等兩間乙級技術士考場；也擁有全方位師資團隊，跨消防、機械、理化、電機、電子及土木等完整博士群組成，每年消防系設日間部四技 3 班、進修部四技 1 班、進修學院二技 1 班、碩士在職專班 1 班，目前也刻正申請博士在職專班，爲未來消防人力注入所需的充分能量。

本書作者盧守謙老師有豐富實際消防救災及外勤經歷，以消防本職博士背景來撰寫一系列消防書籍著作，相信本書有其廣度與專業深度，本人在此十分樂意爲序，並祝大家閱讀及學習愉快。

蘇銘宏

吳鳳科技大學校長

自序

自序

國內消防法制定於民國 74 年，至民國 84 年消防署成立後，納入日本之防火管理、檢修申報及保安監督等制度，使火災預防管理能臻於完備，並於同年送立法院三讀通過施行迄今。

公共安全議題一直受到國人關切，現今國內大專院校也相繼開授「消防工程」相關課程，內容聚焦在水系統、化學系統、警報系統與避難系統等安全設備主題，並依其規定進行消防設計、監造、裝置與檢修工作，以培養專業消防工程之人才。

消防安全設備設計裝置目的，旨在維護公共安全與減少火災時之人命財產損失。消防工程無非是因應火災而設，脫離了火災學原理就失去其存在意義。尤其歐美國家日益倡行性能化設計，從事消防工程更應瞭解消防設備與火災行爲互動關係，以達到經濟、安全及有效之目標。

筆者於 1986 年從事消防工作伊始，歷近 30 年，在國內外報章期刊發表數百篇的專業文章。從早期警察大學閃燃碩士論文到整個火行爲之博士研究，深深迷戀消防科學領域。爲撰寫一序列消防書籍，參酌國外大量文獻，結合長期救災實務經驗，也感謝學校提供極佳軟硬體平台，能進行有效率寫作教學。

本書得有豐富工程圖示，非常感謝日力消防、鉅鴻消防、尙誠消防、泰新消防及安立電機等公司協助，使讀者對消防工程能加深圖解概念。而本書若能對學術與實務研究工作有所此微貢獻，自甚感榮幸。然在寫作歷程中雖謹愼，內容詳多，疏失之處祈請不吝指正。

盧守謙

吳鳳科技大學消防系

花明樓研究室

CONTENTS 目錄

第1章　水系統消防安全設備

第2章　化學系統消防安全設備

第3章　警報系統消防安全設備

第4章　避難系統消防安全設備

- 消防安全設備
  - 滅火設備
    1. 滅火器及消防砂等（水桶、水槽、乾燥砂等）
    2. 室內消防栓設備
    3. 室外消防栓設備
    4. 自動撒水設備
    5. 水霧滅火設備
    6. 泡沫滅火設備
    7. 二氧化碳滅火設備（海龍替代滅火設備）
    8. 乾粉滅火設備
    9. 簡易自動滅火設備
  - 警報設備
    1. 火警自動報知設備
    2. 手動報警設備
    3. 瓦斯漏氣火警自動警報設備
    4. 緊急廣播設備
    5. 一一九火災通報裝置
  - 避難逃生設備
    1. 標示設備
    2. 避難器具（緩降機、救助袋、避難梯、避難繩索、避難橋、滑桿、滑台及其他避難器具）
    3. 緊急照明設備
  - 消防搶救上必要設備
    1. 連結送水管
    2. 消防專用蓄水池
    3. 排煙設備（緊急升降機間、特別安全梯間排煙設備、室內排煙設備）
    4. 緊急電源插座
    5. 無線電通信輔助設備

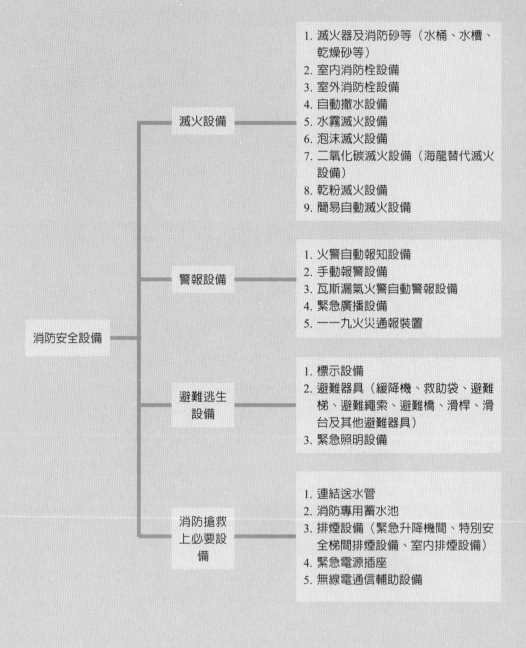

第1章
水系統消防安全設備

1-1 水系統火災學原理（一）

1. 穩定性佳：在常溫下，水是一種不活潑的相當穩定性液體。水的黏度在溫度 1～99℃範圍內都能保持一致，這使得水在滅火使用時，能安全運輸和加壓送水。
2. 比熱大：1 磅水從 0℃升高到 100℃就需 100 BTU 熱量。
3. 汽化熱大：在一大氣壓 100℃時一克水蒸發成水蒸氣吸收 539 卡熱量。
4. 溶解熱大：從 0℃固態（冰）到液體水改變相態，能吸收 333.2 kJ/kg 熱量。
5. 具表面張力：水具高密度使得消防瞄子能射出相當長距離；因水最大表面張力值爲 72.8 mN/m，使用上從水滴到水柱流，也使水滴能保持相對穩定性。
6. 蒸氣大量膨脹：當水由液體轉變爲蒸氣時，在一大氣壓下其體積增加 1700 倍，這樣大體積的水（飽和蒸氣）置換了相當體積氧氣空間。
7. 經濟便宜：沒有一種易於得到物質，具有水上述之物理特性。

水轉變水蒸氣將大量膨脹，依理想氣體定律計算：

$$PV = nRT$$

P 爲一大氣壓 101325 Pa

V 爲體積，水的密度在 20℃（293 K）爲 998 kg/m^3（998000 g/m^3）

n 爲莫耳，水分子質量爲 18 g/mol

R 爲理想氣體常數 8.3145 J/mol.K

T 爲溫度（單位 K），水的沸點在大氣壓力爲 100℃（373 K）

在 1 莫耳（n）純蒸汽（100℃）的體積 V(m^3)

$$V=\frac{nRT}{P}$$

$$\frac{1 \times 8.3145\dfrac{\text{J}}{\text{mol} \cdot \text{K}} \times 373\text{K}}{101325\,\text{Pa}} = 0.306\text{m}^3\ (100℃時)$$

1 莫耳水質量爲 18 克，密度爲質量（g）/ 體積（m^3），所以 100℃蒸汽的密度，可以計算（$D=\frac{M}{V}$）如下：

$$\frac{18\text{g}}{0.306\text{m}^3} = 588.2\text{g/m}^3$$

因此，

$$\frac{998000\text{g/m}^3\ (20℃時)}{588.2\dfrac{\text{g}}{\text{m}^3}\ (100℃時)} = 1696.7$$

所以，水從 20℃至 100℃蒸汽體積將擴增 1696.7 倍

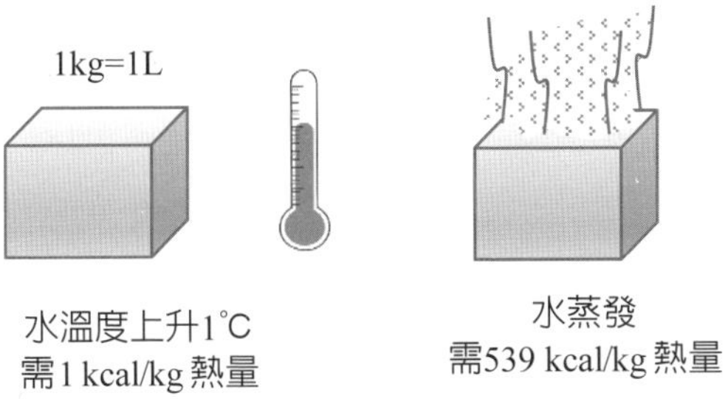

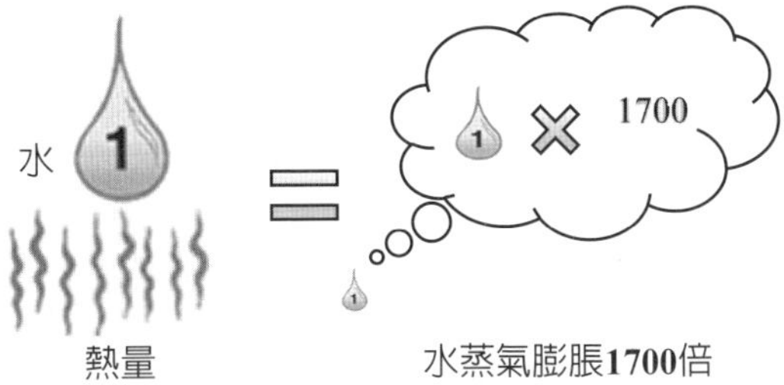

水、水蒸氣及煙之物理上相對比較

	水	水蒸氣	煙
密度	在 20°C時 1000kg/m^3	在 100°C時 0.59 kg/m^3	在 500°C時 0.71 kg/m^3
比熱能力	4.2 kJ/kg	2.0 kJ/kg	1.0 kJ/kg
蒸發潛熱能力	2260 kJ/kg	-	-
理論冷卻能力	2.6 MJ/kg	-	-

（資料來源：Hartin E.d., 2010）

水系統轉化為蒸汽能吸收熱量計算表

1) 以 1 加侖水（8.33 lb）至沸騰所需熱：212°F − 68°F（室溫）= 144 Δ °F
   144 Δ °F × 1 BTU/lb × 8.33 lb = 1200 BTU
2) 水從 1 加侖（8.33 lb）液體到蒸氣所需的熱量：
   970.3 BTU /lb × 8.33lb = 8083 BTU

1 加侖水吸收總熱量是 1200 + 8083 = 9283 BTU/ 加侖
水系統出水量 100 GPM[註解 1]，1 分鐘後將完全轉化吸收 928300 BTU/min 熱量。同樣地，如此水量將完全轉化成 22300 ft^3 水蒸汽。

[註解 1] GPM：每分鐘加侖（Gallon）數，即加侖 / 分。
LPM：每分鐘公升數，即公升 / 分。
1GPM = 3.78 LPM

1-2 水系統火災學原理（二）

水系統滅火上所產生滅火原理如下

項目	內容
冷卻作用	1. 水引入到火勢促進熱傳作用，造成燃燒熱損失。當熱損失超過火勢熱獲得，燃料表面將降溫到火焰熄滅。 2. 水冷卻而減少輻射熱通量，降低燃料熱裂解（Pyrolysis）速率。當水沫吸熱率接近火災總熱釋放率，則火災會受到壓抑熄滅。
窒息作用	1. 當水施加到火勢形成水蒸汽，使空氣中氧氣遭到稀釋，達到火勢抑制。在細水霧系統（Water Mist Systems），已證實能作為一種替代撒水系統或某些氣體滅火系統。 2. 如果燃燒物質表面被冷卻到不能釋放出足夠的可燃氣體，則火將被撲滅。
乳化作用	1. 當 2 種不能相溶液體一起攪拌，其中一液體分散於另一液體時，即形成乳化層（Emulsion）。這種滅火方法是將水沫射至具粘性液體上，阻止蒸氣繼續釋放來達到滅火作用。 2. 當水用於有深度的液體時，由於起泡現象可以使燃燒的液體體積膨脹而超越容器壁流出，如危險之沸溢或濺溢現象。因此通常是將一股相對粗大泡沫，流於液體表面形成乳化作用。
稀釋作用	水具有低沸點及高汽化熱，汽化熱為液體受熱後蒸發為氣體所需吸收的熱量。因此，水本身為極性分子，在某些情況下，對付水溶性易燃液體火災可以透過稀釋燃料來滅火。例如，能使水和酒精充分混合，即能以稀釋方法成功地撲滅乙醇（Ethyl）或甲醇（Methyl）火災。

水系統滅火上水所具有滅火作用

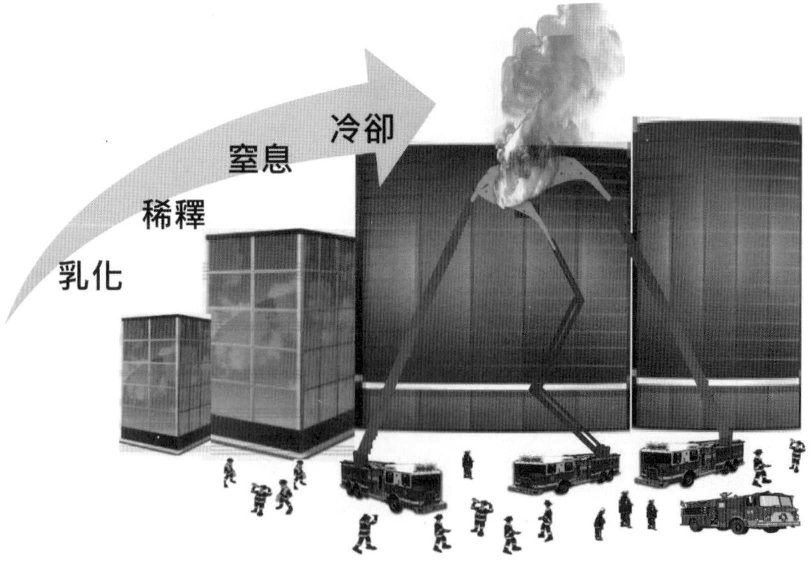

水系統滅火上降溫冷卻作用

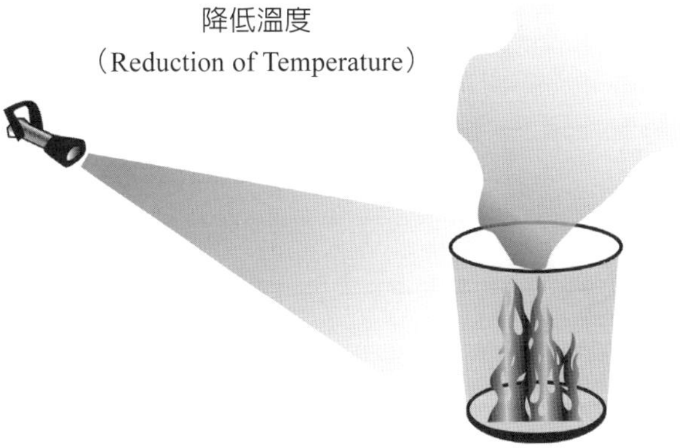

水系統滅火上稀釋氧氣窒息作用

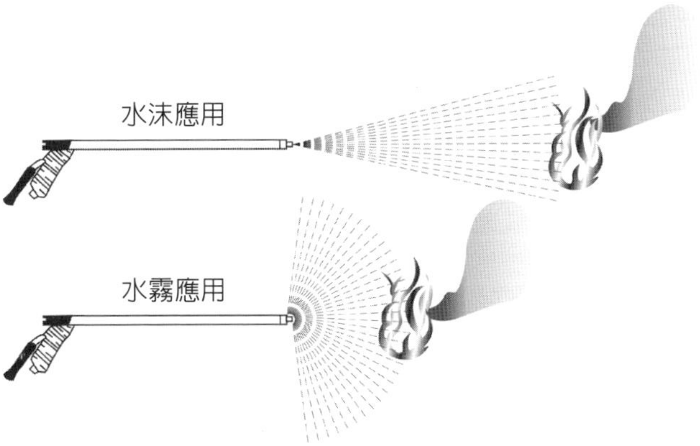

水系統滅火上具有乳化作用（左）與混合水溶性燃料之稀釋作用（右）

1-3 水系統火災學原理（三）

水系統滅火上所具優劣點及改善如下

項目	內容		
優點	1. 冷卻效果佳。 2. 經濟取得容易。 3. 汽化大量膨脹性。 4. 流動性，這是優點（滲透性），也是缺點（水損）。		
缺點	水損問題	水系統撒水後地面積水，尤地下室火災時產生不可避免的水損問題。	
	表面張力	對付深層火災時往往不能奏效，但可使用添加劑來改善。	
	導電性	因水具有導電性，消防射水須先採取斷電措施。	
	地面逕流	火災時水流攜帶污染物擴散，造成環境污染問題。	
	摩擦損失	消防水帶或立管越長，幫浦加壓則有越大壓力損失。大部分壓力損失，是流動水流中湍流（Turbulence）或轉換接頭所產生水分子顆粒間摩擦損失的結果。水以層流遞送摩擦低，但滅火要求高速流，勢必產生湍流摩擦。此在水帶壓力損失約占 90%；而流動的水和水帶內部管壁之摩擦，則僅占 5～10%。	
改善	水添加劑	改善流動性	1. 聚鏈合成劑（Poly-Chain Synthetics）是無毒的，此作為減少摩擦劑，能更有效 2～3 倍。 2. 聚鏈合成劑能完全溶解，能與所有消防設備相容。每 2.6 L 添加劑能加水 22710 L 之 8735 倍比例。測試發現有添加劑 2.5 吋水帶能提供比 3 英吋水帶更多的水，並且幾乎與 3.5 英吋一樣多的水。使用添加劑增加近一倍瞄子壓力，增加了水流量 30%，並且水流更具凝聚性（Coherent）。
		增加水黏度	水的相對低黏度，使得其在固體燃料的表面，往往迅速流掉，影響水在表面覆蓋（Blanket）火災之能力。添加劑使水的使用在某些類型火災更有效；尤其是森林大火之撲滅使用。

水優點是冷卻佳、經濟、汽化膨脹及流動性

水缺點是水損、導電、表面張力、摩擦損失及地面逕流

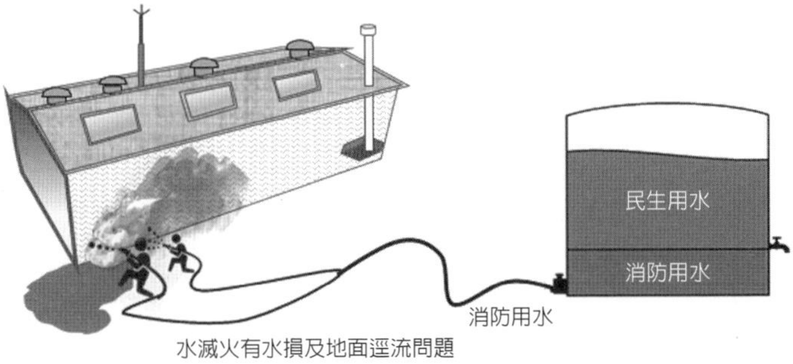

水系統水添加劑改善流動性及增加水黏度

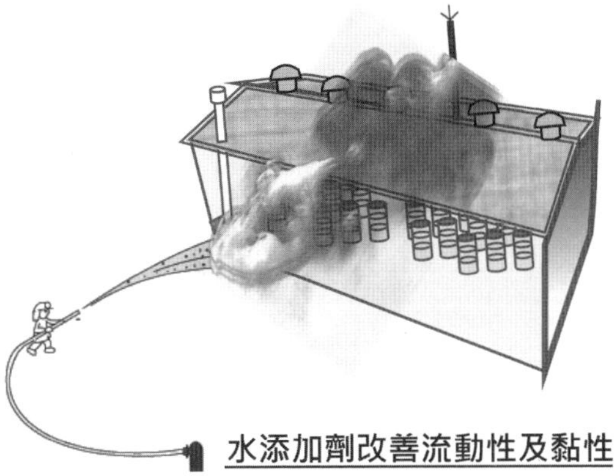

水系統使用增稠劑（Thickening Agents）優缺點

優點	1. 具覆蓋（Cling）和黏著（Adhere）於燃料表面。 2. 厚連續塗層（Coating）於燃料表面。 3. 黏附的水量能吸收熱量。 4. 使瞄子射出更遠距離（Farther）。 5. 使瞄子射出抵抗風和氣流運動。
缺點	1. 無法滲透至燃料深處。 2. 形成更高摩擦損失。 3. 使用時才能進行混合。

1-4 加壓送水裝置——組成

設置目的

加壓送水裝置係供水系統之加壓使用，爲水系統所屬室內消防栓、室外消防栓、自動撒水、水霧滅火、泡沫滅火及連結送水管等共同設備，以進行水源加壓使用，達到有效射水之作用。

組成

加壓送水及其附屬裝置，依消防幫浦加壓送水裝置等及配管摩擦損失計算基準第 2 條規定，其構件組成如下：

項目	構件	圖示	構件	圖示
加壓送水裝置	消防幫浦	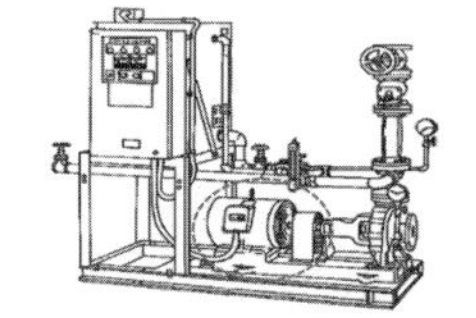	電動機（馬達）	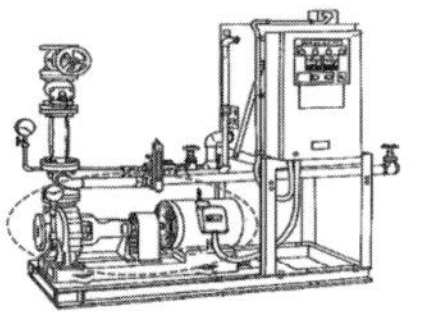
附屬裝置	控制盤	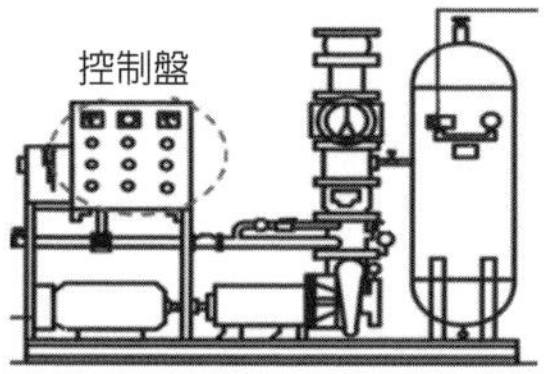	呼水裝置	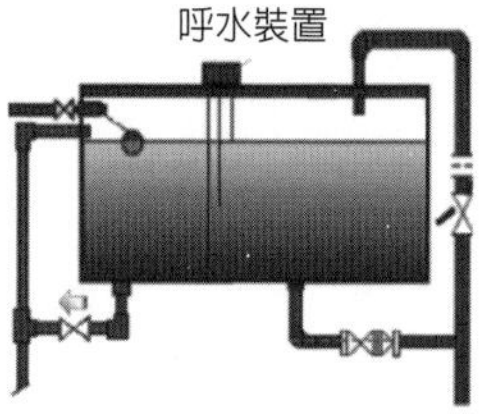
	防止水溢上升用排放裝置	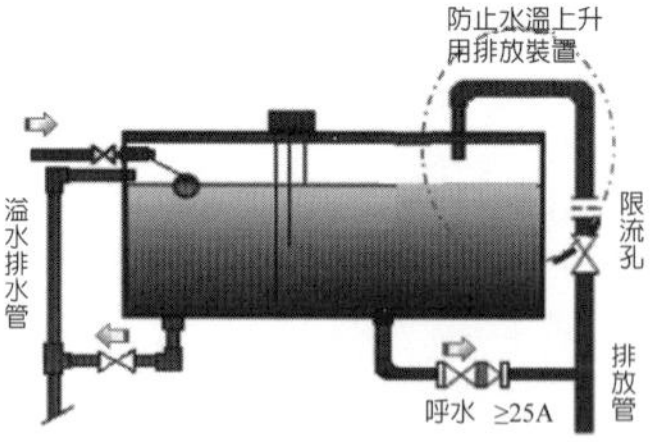	幫浦性能試驗裝置	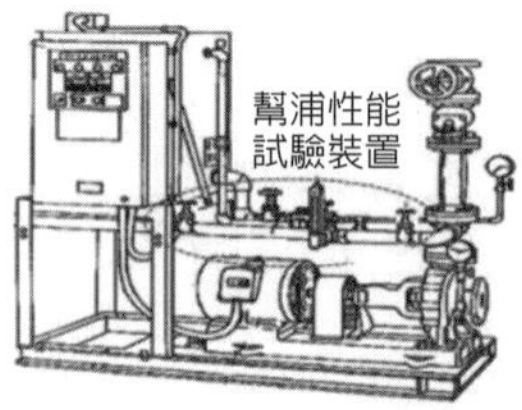
	啓動用水壓開關裝置	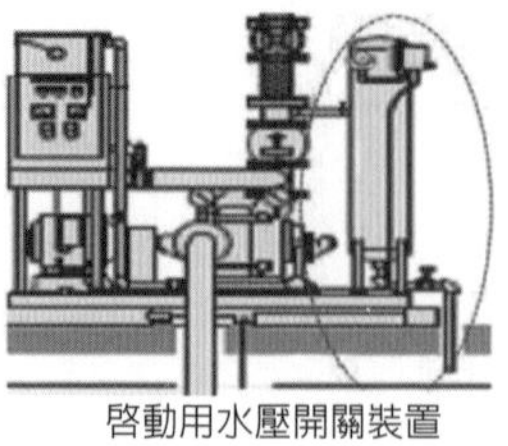	底閥	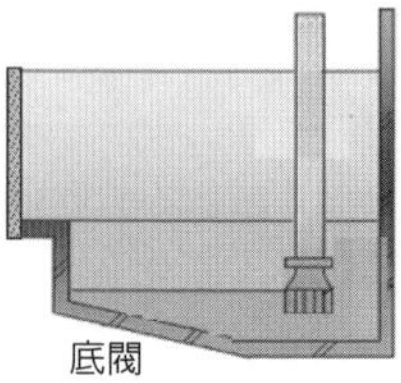

加壓送水裝置全組成

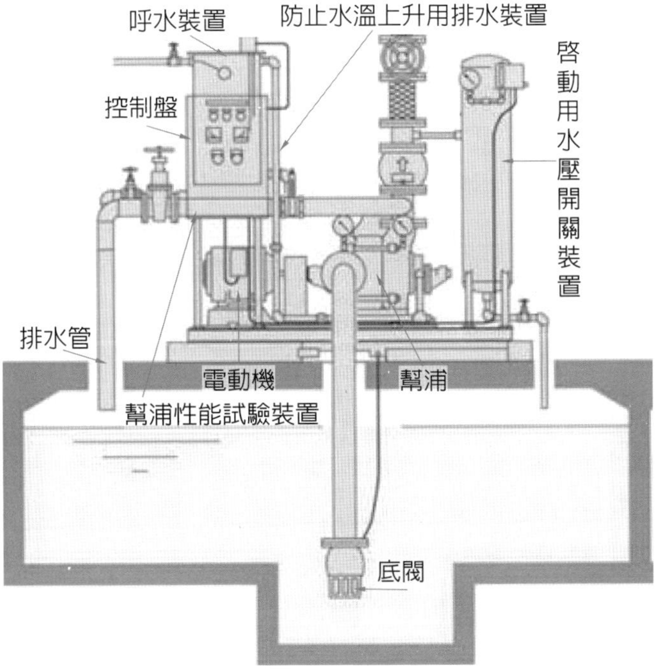

（參考日本 Hitachi 株式會社，2017）

加壓送水裝置全組成照片

1-5 加壓送水裝置——消防幫浦

定義

消防幫浦係由幫浦、電動機，及控制盤、呼水裝置、防止水溫上升用排放裝置、幫浦性能試驗裝置、啓動用水壓開關裝置與底閥等，以全部或部分附屬裝置所構成之系統。

設置規定

消防幫浦性能規定（依消防幫浦加壓送水裝置等及配管摩擦損失計算基準）

<table>
<tr><th colspan="2">項目</th><th colspan="5">內容</th></tr>
<tr><td rowspan="2">出水量及全揚程</td><td>額定出水量</td><td colspan="5">1. 在其性能曲線上之全揚程必須達到所標示全揚程 100～110% 之間。
2. 在額定出水量 150% 時，全揚程應達到額定出水量；性能曲線上全揚程 ≥ 65%。</td></tr>
<tr><td>在全閉揚程</td><td colspan="5">應為性能曲線上全揚程 <140%</td></tr>
<tr><td rowspan="2">吸水性能</td><td rowspan="2">具有最大吸水全揚程以上，且不得有異常現象</td><td>額定出水量（L/min）</td><td><900</td><td>900～2700</td><td>2700～5000</td><td>5000～8500</td></tr>
<tr><td>最大吸水全揚程（m）</td><td>6.0</td><td>5.5</td><td>4.5</td><td>4.0</td></tr>
<tr><td>消耗動力</td><td>在額定出水量</td><td colspan="5">100% 時軸動力 ≦ 馬達額定輸出馬力
150% 時軸動力 ≦ 馬達額定輸出馬力 110%</td></tr>
<tr><td colspan="2">效率</td><td colspan="5">應依額定出水量，在曲線規定值以上。</td></tr>
<tr><td colspan="2">耐壓</td><td colspan="5">1. 耐最高水壓 ≥ 1.5 倍。
2. 加壓 3 min 後無洩漏現象。
（最高揚水壓力 = 全閉揚程 + 最高押入壓力）</td></tr>
<tr><td colspan="7">註：符號 ≥ 為以上（含本數）；符號 < 為小於或未滿（不含本數）；符號 ≦ 為以下或以內（含本數）。</td></tr>
</table>

消防幫浦種類

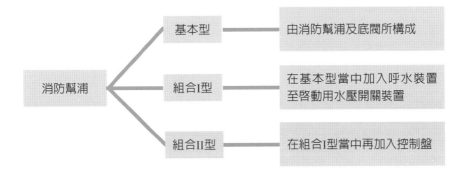

- 消防幫浦
  - 基本型：由消防幫浦及底閥所構成
  - 組合I型：在基本型當中加入呼水裝置至啓動用水壓開關裝置
  - 組合II型：在組合I型當中再加入控制盤

消防幫浦暨加壓送水裝置圖

消防幫浦性能試驗裝置照片

1-6 加壓送水裝置——電動機

定義

電動機係將電流進入線圈產生磁場，使電磁鐵在固定的磁鐵內連續轉動的裝置。即將電能轉成機械能，並可使機械能再產生動能，來驅動其他裝置的電氣設備。

設置規定

電動機規定（依消防幫浦加壓送水裝置等及配管摩擦損失計算基準）

<table>
<tr><th colspan="2">項目</th><th colspan="4">內容</th></tr>
<tr><td colspan="2" rowspan="2">機型</td><td colspan="4">1. 單向誘導式</td></tr>
<tr><td colspan="2">2. 3 相誘導鼠籠式（分類右列）</td><td colspan="2">1. 低壓型
2. ≥ 3KV 型</td></tr>
<tr><td colspan="2">構造</td><td colspan="4">1. 電動機對機械強度具充分耐久性，且操作維修、更換零件、修理須簡便。
2. 電動機各部分之零件應確實固定。</td></tr>
<tr><td colspan="2">機能</td><td colspan="4">電動機在額定輸出連續運轉 8hr 後，不得發生異狀，且在超過額定輸出之 10% 輸出力運轉 1hr，仍不致發生障礙，引起過熱現象。</td></tr>
<tr><td rowspan="3">啓動方式</td><td>交流電動機</td><td>< 11kW</td><td>1. 直接啓動
2. 星角啓動
3. 閉路式星角啓動
4. 電抗器啓動
5. 補償器啓動
6. 二次電阻啓動
7. 其他特殊啓動方式</td><td>≥ 11kW</td><td>1. 星角啓動
2. 閉路式星角啓動
3. 電抗器啓動
4. 補償器啓動
5. 二次電阻啓動
6. 其他特殊啓動方式</td></tr>
<tr><td>直流電動機</td><td colspan="4">應使用具有與交流發電機同等以上，能降低啓動電流者。</td></tr>
<tr><td colspan="5">1. 電源切換緊急電源，啓動裝置應具不必再操作能繼續運轉之構造。
2. 使用電磁式星角啓動方式，加壓送水裝置在停止時應不使電壓增加於電動機線圈之措施。</td></tr>
<tr><td>標示</td><td>以不易磨滅方式標示</td><td colspan="2">1. 製造廠商或商標。
2. 品名及型式號碼。
3. 出廠年、月。
4. 額定輸出或額定容量。
5. 出廠編號。
6. 額定電壓。</td><td colspan="2">7. 額定電流（額定輸出時近似電流值）。
8. 額定轉速。
9. 額定種類（如係連續型可省略）。
10. 相數及頻率數。
11. 規格符號。</td></tr>
<tr><td colspan="2">電動機與幫浦連接</td><td colspan="4">為同軸式或聯軸式（但電動機額定輸出在 11 kW 以上者，限用聯軸式），並屬單段或多段之離心幫浦。</td></tr>
</table>

電動機啓動方式

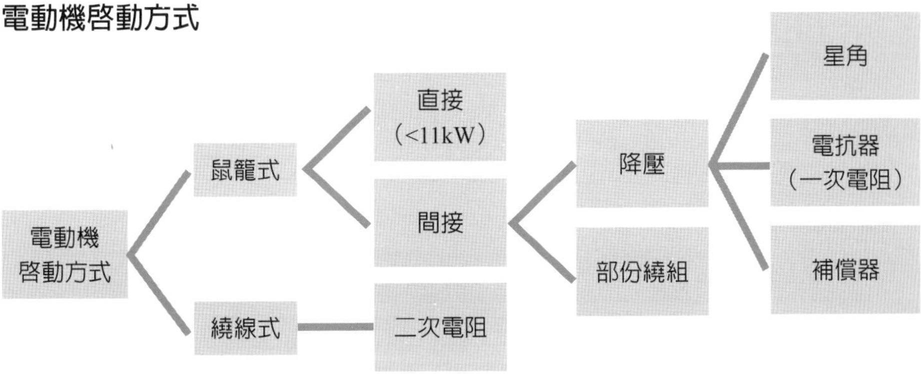

電動機室消防工程設計例

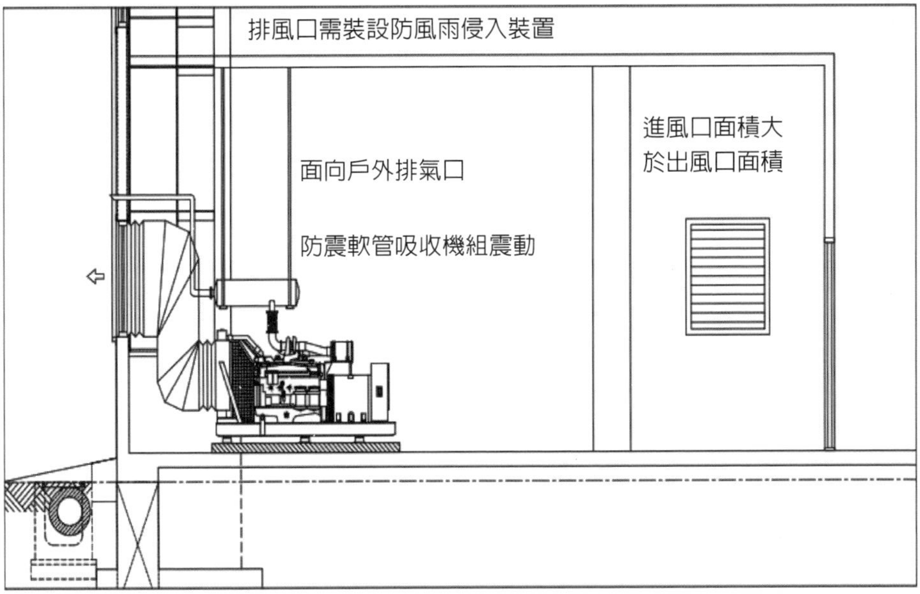

電動機定馬力計算式

$L=\dfrac{0.163 \times Q \times H \times 1}{E \times K}$	L：額定馬力（kw） Q：額定出水量（m^3/min） H：額定全揚程（m） E：效率（%） K：傳動係數（=1.1）

1-7 加壓送水裝置——控制盤

設置目的

對加壓送水裝置之監視或操作按鈕使用。

設置規定（§ 15）

構件		內容	但書規定
操作開關		應有啓動用開關及停止用開關	-
表示燈		易於辨認，並區分為 1. 電源表示燈（白色）。 2. 啓動表示燈（紅色）。 3. 呼水槽減水表示燈（橘黃色）。 4. 電動機電流超過負載表示燈（橘黃色）。	
儀表		包括電流表、電壓表。	在該控制盤以外處可辨認電壓者，得免裝設。
警報裝置	超過額定馬達電流警報	以警鈴、蜂鳴器等或其他發出警告音響裝置，其停鳴、復原需由人直接操作。	不得有因警報鳴動而使馬達自動停止之構造。
	呼水槽減水警報		
控制盤	裝設下列端子	1. 啓動用信號輸入端子。 2. 呼水槽減水用輸入端子。 3. 警報信號用輸出端子。 4. 幫浦運轉信號輸出端子。 5. 接地用端子。 6. 其他必須用端子。	-
配線	低壓	使用 600V 耐熱絕緣電線或同等耐熱效果以上之電線。	
預備品		1. 備用保險絲。 2. 線路圖。 3. 操作說明書。	
標示	不易磨滅方式	1. 製造廠商或廠牌標誌。 2. 品名及型式號碼。 3. 製造出廠年月。 4. 出廠貨品編號。 5. 額定電壓。 6. 馬達容量。	

控制盤圖示

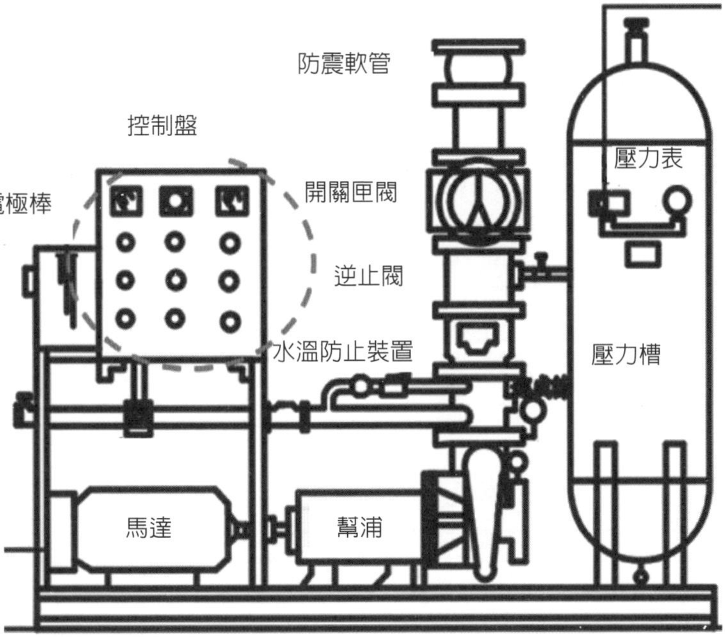

控制盤配線回路圖示

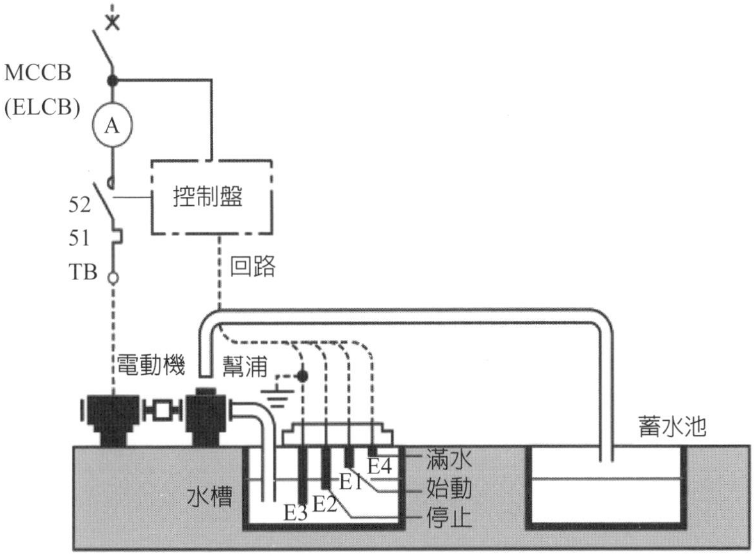

1-8 加壓送水裝置——呼水裝置

設置目的

水源之水位低於幫浦位置時，能使幫浦及配管充滿水之裝置。

設置規定（§ 16）

項目	內容				但書規定
機件	1. 呼水槽。 2. 溢水用排水管。 3. 補給水管（含止水閥）。 4. 呼水管（含逆止閥及止水閥）。 5. 減水警報裝置。 6. 自動給水裝置。				-
材質	容器使用鋼板，並予有效防銹處理，或使用具有防火能力之塑膠槽。				
儲存量	具 ≥ 100 L 有效儲存量				
配管	配管	溢水用排水管	補給水管	呼水管	呼水槽底與呼水管逆止閥中心線距離在 < 1 m 時，呼水管須為 ≥ 40A
	管徑	≥ 50A	≥ 15A	≥ 25A(40A)	
減水警報發訊裝置	採用浮筒開關或電極方式，當呼水槽水位降至容量 1/2 前，應能發出警報音響至平時有人駐在處。				-
自動給水裝置	使用自來水管或屋頂水箱，經由球塞自動給水。				

註：管徑對照表

A	10A	15 A	20 A	25 A	40 A	50 A	65 A	100 A
B（吋）	3/8	1/2	3/4	1	1.5	2	2.5	4

呼水裝置全組成

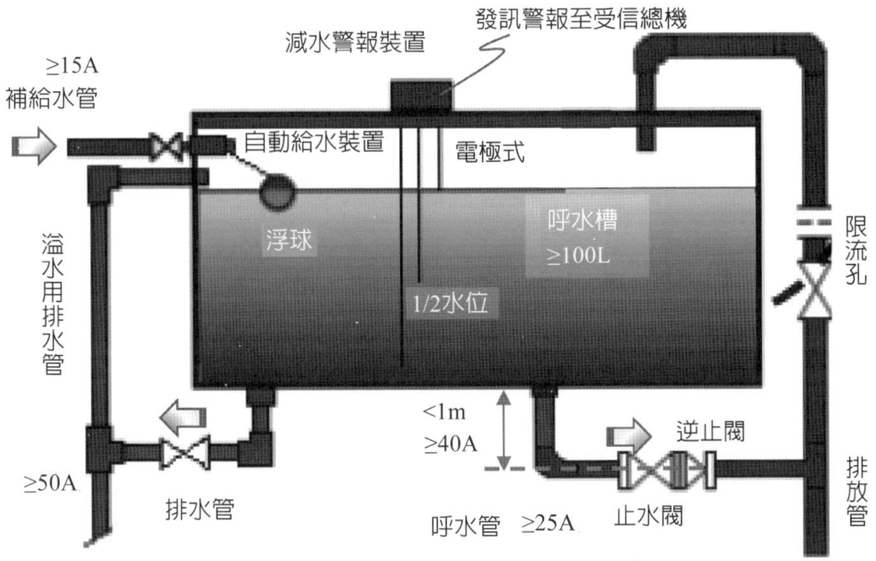

呼水裝置之減水警報裝置

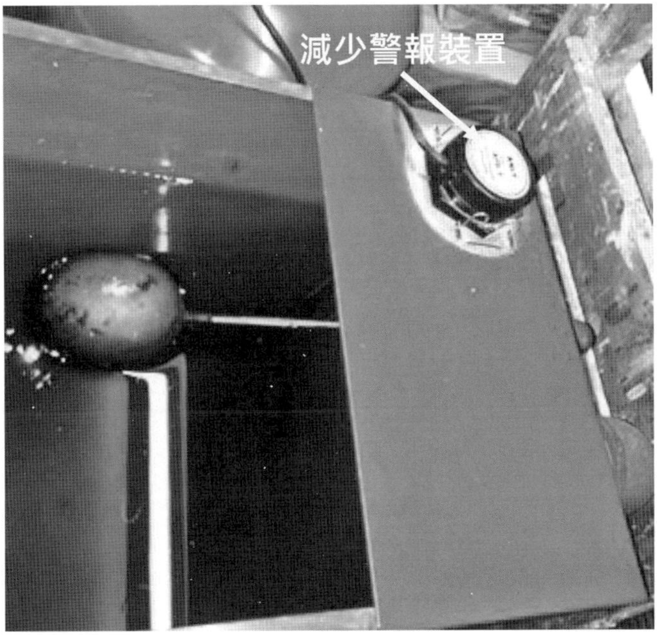

1-9 加壓送水裝置——防止水溫上升用排放裝置

設置目的

當加壓送水裝置關閉運轉，能防止幫浦水溫上升之裝置。

設置規定（§ 17）

項目		內容
呼水槽	有設	防止水溫上升用排放管，應從呼水管逆止閥之靠幫浦側連接，中途應設限流孔，使幫浦在運轉中能排水至呼水槽。
	未設	防止水溫上升之排放管，應從幫浦出水側逆止閥之一次側連接，中途應設限流孔，使幫浦在運轉中能排水至水槽內。
控制閥		排放管中途須裝設控制閥。
口徑		排放管使用口徑 15A 以上。
排放水量		當幫浦在全閉狀態下連續運轉時，不使幫浦內部水溫升高 ≥ 30°C $q=\frac{Ls \times C}{60 \times \Delta t}$ q：排放水量（L/min） Ls：幫浦關閉運轉時之出力（kW） C：幫浦運轉時 860（kcal/hr.kW） Δ t：幫浦的水溫上升限度為 30 kcal /L

註：管徑對照表

A	10A	15 A	20 A	25 A	40 A	50 A	65 A	100 A
B (吋)	3/8	1/2	3/4	1	1.5	2	2.5	4

防止水溫上升用排放裝置全組成

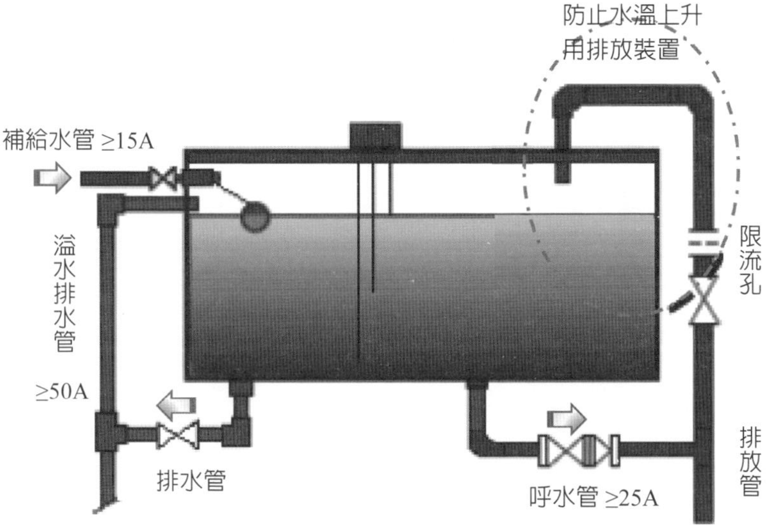

防止水溫上升用排放裝置照片

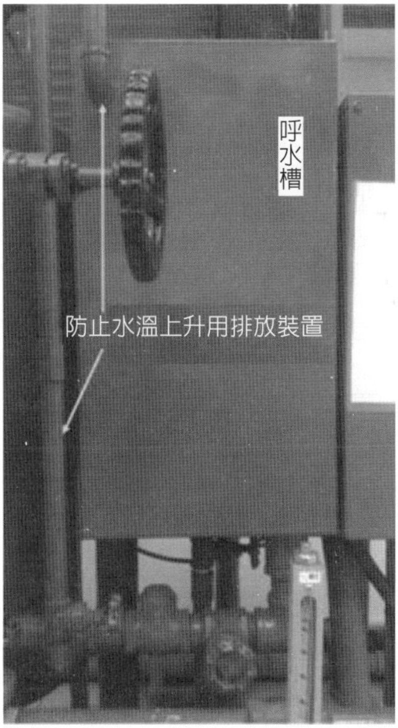

1-10 加壓送水裝置——幫浦性能試驗裝置（一）

設置目的

確認加壓送水裝置之全揚程及出水量之試驗裝置。

設置規定（§ 18）

項目	內容	但書規定
配管	1. 從幫浦出口側逆止閥之一次側分歧接出，中途應裝設流量調整閥及流量計。 2. 為整流在流量計前後留設之直管部分，應有適合該流量計性能之直管長度。 3. 應能適應額定出水量之管徑。	
流量計	使用差壓式，並能直接測定至額定出水量。	流量計貼附有流量換算表時，得免使用直接讀示者

試驗項目	幫浦性能試驗內容
全揚程及出水量	全揚程及出水量之試驗，於幫浦各種性能之測定點如下頁圖 1 所示： 1. 全閉運轉點。 2. 額定出水量點。 3. 額定出水量之 150% 出水量點。
	注意事項： 1. 試驗時防止水溫上升用排放配管應為開放狀態。 2. 額定出水量以範圍表示者，測定其最小額定出水量點與最大額定出水量點。 3. 額定出水量以範圍表示者，以其最大額定出水量之 150% 為測定點。
	全揚程及出水量在下頁圖 1 所示性能曲線上，應符合下列規定。 1. 幫浦在額定出水量時，全揚程應為額定全揚程之 100～110%。 2. 幫浦之出水量在額定出水量之 150% 時，其全揚程應為額定出水量在性能曲線上全揚程之 ≥ 65%。 3. 全閉揚程應為額定出水量在性能曲線上全揚程之 <140%。 4. 額定出水量時之全揚程應在設計值之 0～10%。 5. 額定出水量 150% 時之全揚程應在設計值之－8% 內。 6. 全閉揚程應在設計值之 ±10% 內。
	註：防止水溫上升用排放之水量，不包括在額定出水量內。

圖 1：幫浦性能曲線圖

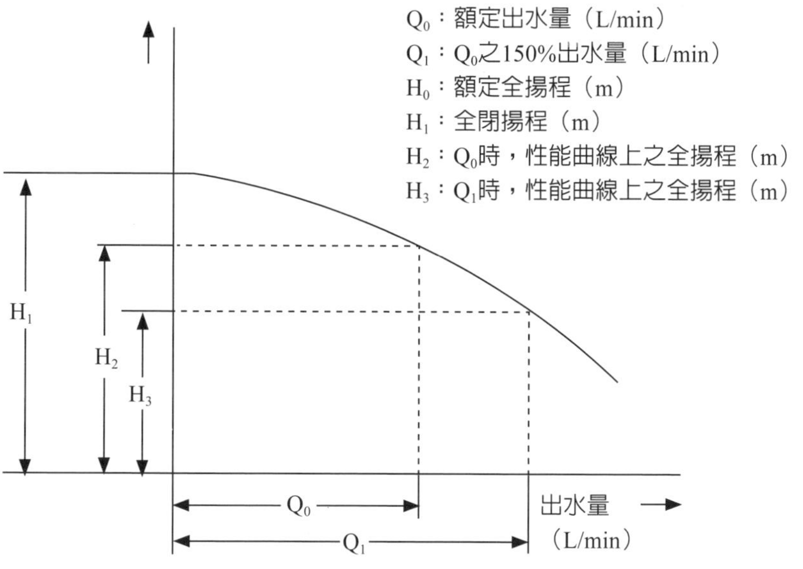

$1.0 \leq \frac{H_2}{H_0} \leq 1.1$　　$\frac{H_3}{H_2} \geq 0.65$　　$\frac{H_1}{H_2} \leq 1.4$

圖 2：幫浦性能試驗裝置

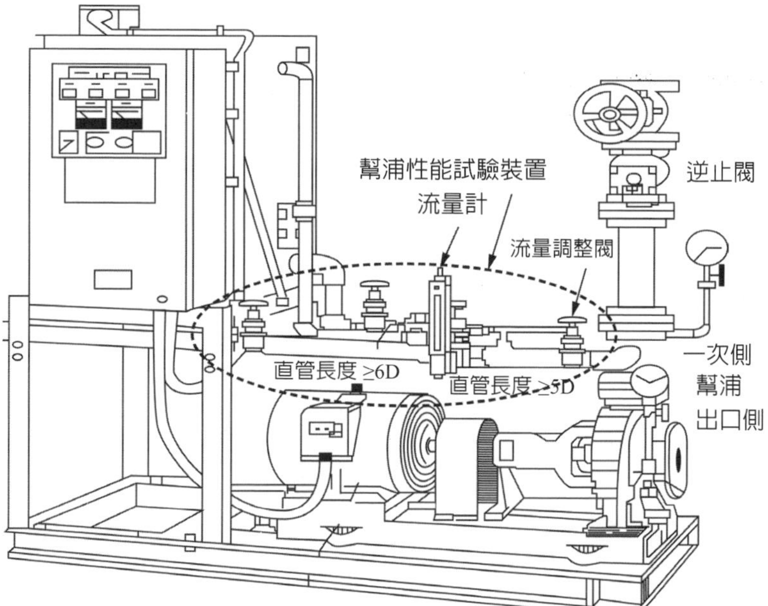

（參考日本株式會社荏原製作所，2017）

1-11 加壓送水裝置——幫浦性能試驗裝置（二）

<table>
<tr><th>試驗項目</th><th colspan="2">幫浦性能試驗內容</th><th>注意事項</th></tr>
<tr><td>軸動力</td><td>額定出水量</td><td>100% 時軸動力≦電動機之額定輸出。
150% 時軸動力≦電動機額定輸出之110%。</td><td>以動力計測定已知性能電動機之輸出功率，單位取kW。</td></tr>
<tr><td rowspan="3">幫浦效率</td><td colspan="2">以試驗轉速在額定出水量之測定點，依下列公式計算。
$\eta=\frac{0.0163\gamma QH}{L}$</td><td>$\eta$：幫浦效率（%）
γ：揚液每單位體積之質量（kg/L）
Q：出水量（L/min）
H：全揚程（m）
L：幫浦軸動力（kW）（實測值）</td></tr>
<tr><td colspan="2">幫浦之效率應依額定出水量，達到下頁圖 1 效率曲線圖所示效率值以上。</td><td>額定出水量時效率應在設計值 −3% 以內。</td></tr>
<tr><td colspan="2">幫浦應順暢運轉，且應避免軸承部之過熱、異常聲音、異常震動之情形發生。</td><td></td></tr>
<tr><td rowspan="2">吸入性能</td><td colspan="2">在額定出水量點，依下表所列額定出水量之區分在所對應之吸入全揚程運轉，測試當時之狀態。
<table><tr><th>額定出水量（L/min）</th><th>吸入全揚程（m）</th></tr><tr><td><900</td><td>6.0</td></tr><tr><td>900～2700</td><td>5.5</td></tr><tr><td>2700～5000</td><td>4.5</td></tr><tr><td>5000～8500</td><td>4.0</td></tr><tr><td>≥ 8500</td><td>依使用目的設計之吸入全揚程</td></tr></table></td><td>但額定出水量超過 8500 L/min 者，依申請之吸入條件值運轉，測試當時之狀態。</td></tr>
<tr><td colspan="2">設置於水中之幫浦，即使該幫浦在最低運轉水位的情形下運轉，亦應無異常情況發生。</td><td></td></tr>
</table>

幫浦相似定律（Pump Affinity Laws）

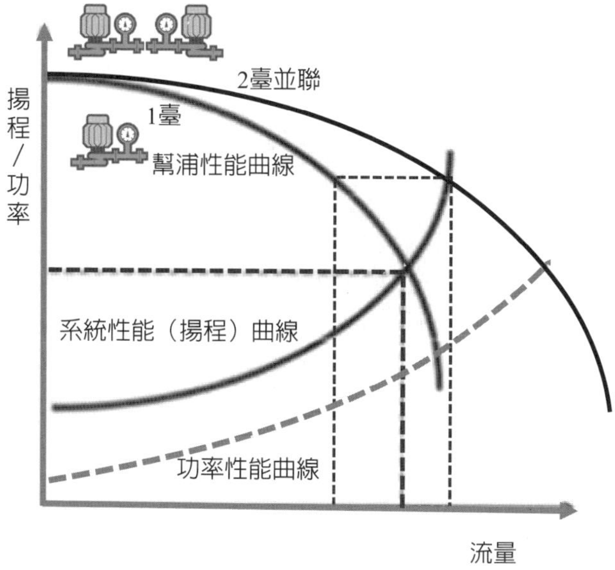

例：幫浦每分鐘轉數為 2800 rpm，在揚程 20m 情況，輸送流量為 200 L/min，如果幫浦轉速改為 3600 rpm 時，求幫浦運轉上性能變化？

流量（Flow）與轉速（Shaft Speed）成正比 $\frac{Q_1}{Q_2}=\frac{N_1}{N_2}$

$\frac{200}{Q_2}=\frac{2800}{3600}$　所以 $Q_2 = 257$ L/min

壓力或揚程（Head）與轉速平方成正比 $\frac{H_1}{H_2}=\left(\frac{N_1}{N_2}\right)^2$

$\frac{20}{H_2}=\left(\frac{2800}{3600}\right)^2$　所以 $H_2 = 33$ m

功率（軸馬力）與轉速三次方成正比 $\frac{HP_1}{HP_2}=\left(\frac{N_1}{N_2}\right)^3$

$HP_1=\frac{0.163\times h\times Q}{e} = 0.163\times h\times Q = 0.163\times 0.2\times 20 = 0.65$ kW（假設幫浦效率(e)變化不大，$h=200\,\frac{L}{min}=0.2\,\frac{m^3}{min}$）　$\frac{0.65}{HP_2}=\left(\frac{2800}{3600}\right)^3$　所以 $HP_2 = 1.38$ kW

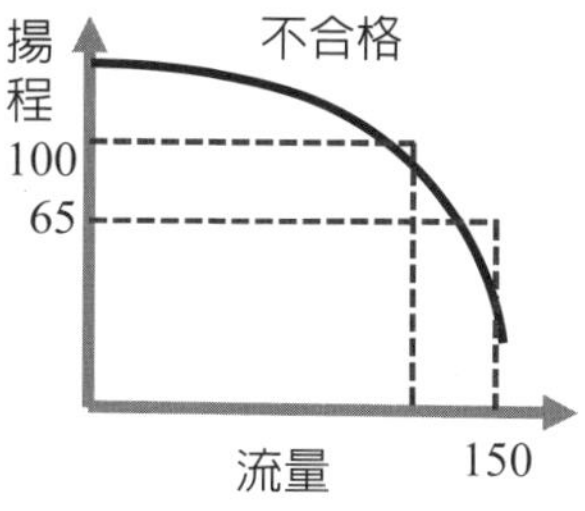

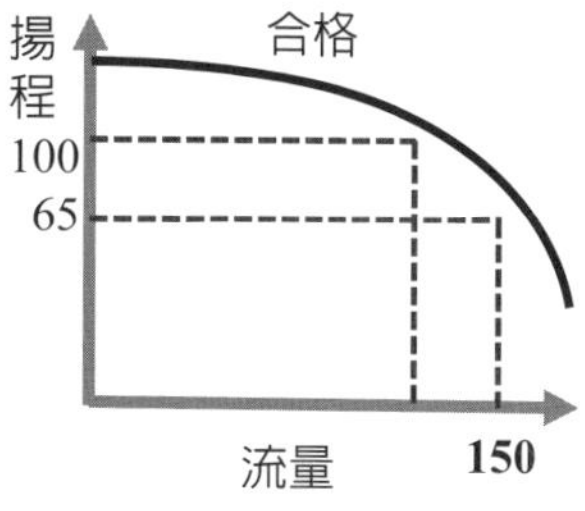

1-12 加壓送水裝置——啓動用水壓開關與底閥裝置

一、啓動用水壓開關

設置目的

消防栓開關開啓，配管內水壓降低，或撒水頭動作，自動啓動加壓送水裝置之裝置。

設置規定（§ 19）

啓動用水壓開關規定

項目		內容
壓力槽	容量	≥ 100 L。
	構造	符合危險性機械及設備安全檢查規則。
	配管	口徑 ≥ 25A，與幫浦出水側逆止閥之 2 次側配管連接，同時在中途應裝置止水閥。
	相關裝置	上方或近傍應裝設壓力表、啓動用水壓開關及試驗幫浦啓動用之排水閥。
水壓開關裝置		設定壓力不得有顯著之變動。

二、底閥裝置

設置目的

水源之水位低於幫浦之位置時，設於吸水管前端之逆止閥有過濾裝置，避免吸水口堵塞，並持續往上供應水源。

設置規定

底閥規定（§21）

項目	內容
位置	蓄水池低於幫浦吸水口時，須裝設底閥。
過濾裝置	繫以鍊條、鋼索等用人工可以操作之構造。
主要零件	閥箱、過濾裝置、閥蓋、閥座等應使用國家標準，或同等以上強度且耐蝕性之材料。

啓動用水壓開關裝置全組成

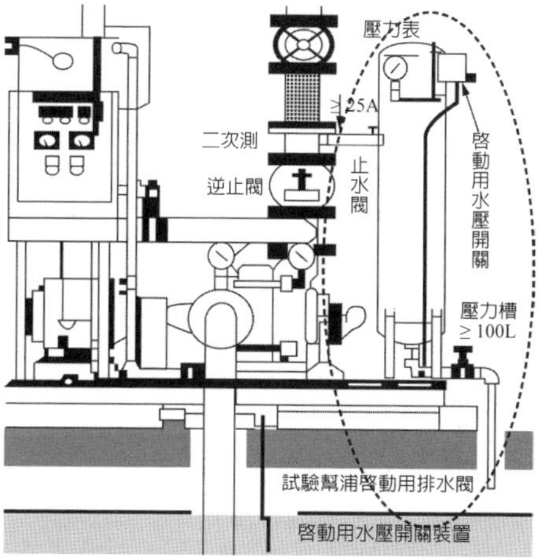

（參考日本 Hitachi 株式會社，2017）

底閥裝置消防工程設計例

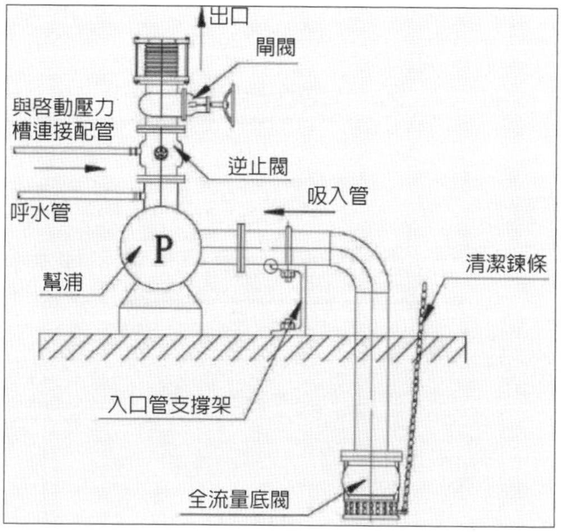

幫浦吸水底閥開與關示意圖

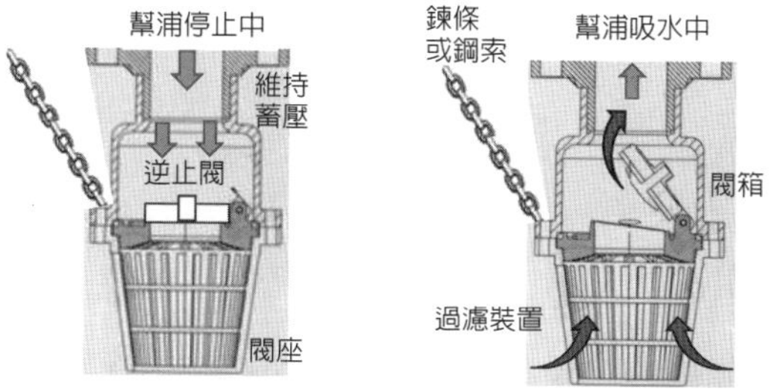

1-13 加壓送水裝置——配管

設置目的

利用主管與支管輸送水源至各樓層之滅火設備使用。

設置規定

配管之摩擦損失規定（§23）

項目	內容		
摩擦損失	自動警報逆止閥或流水檢知裝置	有使用自動警報逆止閥或流水檢知裝置	$H=\sum_{n=1}^{N} Hn+5$
		未使用自動警報逆止閥或流水檢知裝置	$H=\sum_{n=1}^{N} Hn$
		H：配管摩擦損失水頭（m） N：Hn 數 Hn：依下列各公式計算各配管管徑之摩擦損失水頭	
摩擦損失水頭	$Hn=1.2\frac{Qk^{1.85}}{Dk^{4.87}}\left(\frac{I'k+I''k}{100}\right)$ Q：標稱管徑 K 配管之流量（L/min） D：標稱管徑 K 管之內徑絕對值（cm） I'k：標稱管徑 K 直管長之合計（m） I"k：標稱管徑 K 接頭、閥等之等價管長之合計（m）		

配管摩擦損失之流量比

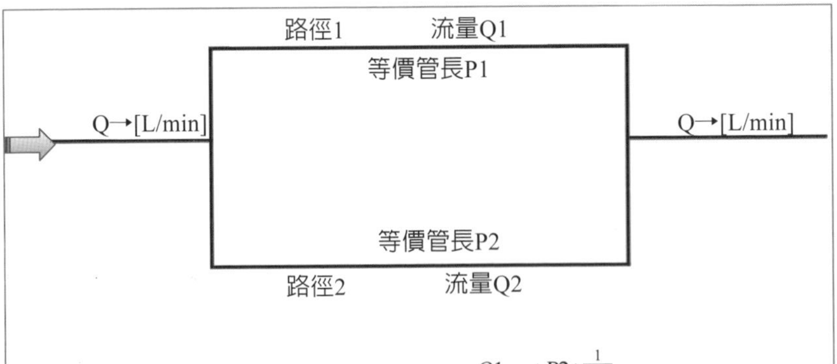

$$\frac{Q1}{Q2}=\left(\frac{P2}{P1}\right)^{\frac{1}{1.85}}$$

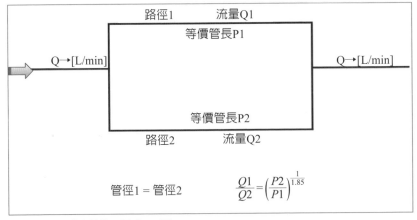

（OSAKA 市消防局審查基準，平成 29 年）

加壓送水置及附屬裝置系統

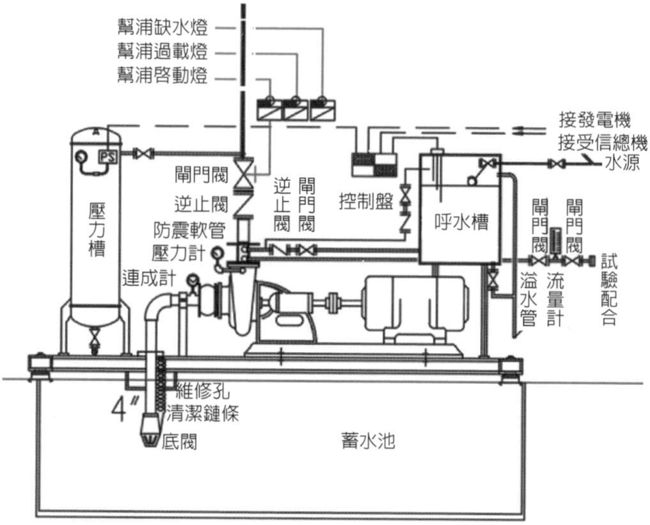

自動警報逆止閥動作原理

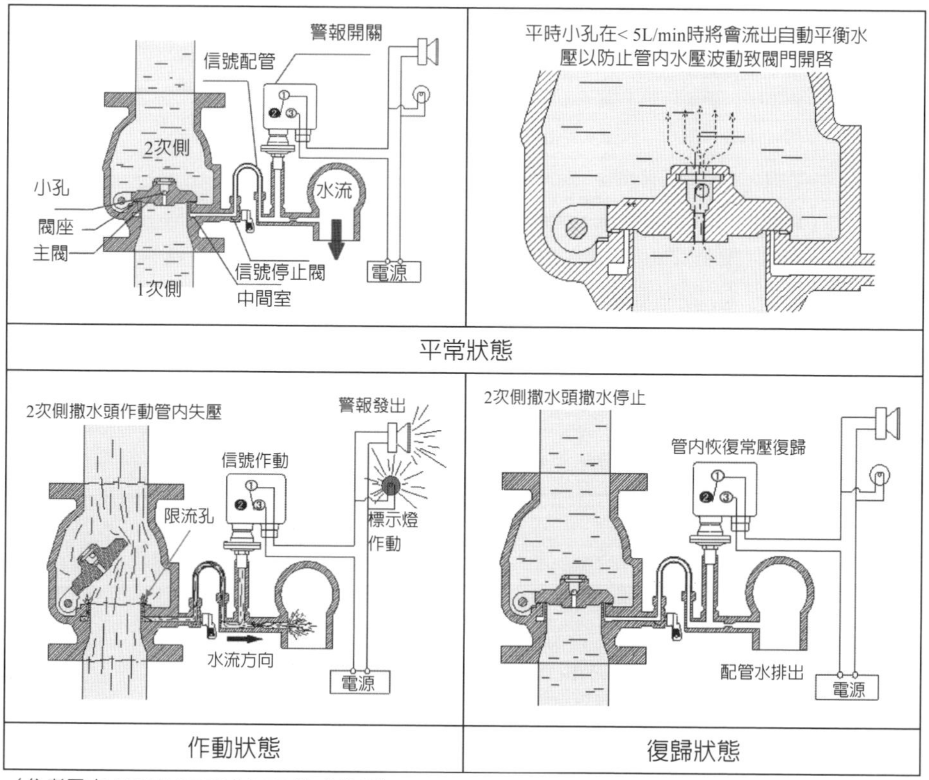

（參考日本 AIESE SPRINKLER 株式會社）

1-14 室內消防栓設備——目的與構成

一、目的與構成

設置目的	室內消防栓設備在建築物起火階段時，或手提滅火器已無法達到滅火之目的時使用。透過下列組成構件，來達到一定壓力水源，因射水量和有效範圍大，建築物人員或消防單位能使用此設備，對付 A 類火災達到滅火之目的。
組成構件	水源、加壓送水裝置（消防泵）、啓動裝置、室內消防栓箱（啓閉閥門、水帶或軟管、噴嘴或瞄子等）、配管、閥類及緊急電源。

二、應設場所（§ 15）

<table>
<tr><th>類別</th><th>目別</th><th>場所</th><th>樓地板面積</th><th>地下層或無開口</th><th>≧6層</th></tr>
<tr><td rowspan="7">甲</td><td>1</td><td>電影片映演場所（戲院、電影院）、歌廳、舞廳、夜總會、俱樂部、理容院（觀光理髮、視聽理容等）、指壓按摩場所、錄影節目帶播映場所（MTV 等）、視聽歌唱場所（KTV 等）、酒家、酒吧、酒店（廊）</td><td>≧ 300 m^2</td><td>≧ 100 m^2</td><td rowspan="10">≧ 150 m^2</td></tr>
<tr><td>2</td><td>保齡球館、撞球場、集會堂、健身休閒中心（含提供指壓、三溫暖等設施之美容瘦身場所）、室內螢幕式高爾夫練習場、遊藝場所、電子遊戲場、資訊休閒場所</td><td rowspan="9">≧ 500 m^2
（除學校≧ 1400 m^2）</td><td rowspan="9">≧ 150 m^2</td></tr>
<tr><td>3</td><td>觀光旅館、飯店、旅館、招待所（限有寢室客房者）</td></tr>
<tr><td>4</td><td>商場、市場、百貨商場、超級市場、零售市場、展覽場</td></tr>
<tr><td>5</td><td>餐廳、飲食店、咖啡廳、茶藝館</td></tr>
<tr><td>6</td><td>醫院、療養院、榮譽國民之家、長期照顧服務機構（限機構住宿式、社區式之建築物使用類組非屬 H-2 之日間照顧、團體家屋及小規模多機能）、老人福利機構（限長期照護型、養護型、失智照顧型長期照顧機構、安養機構）、兒童及少年福利機構（限托嬰中心、早期療育機構、有收容未滿二歲兒童之安置及教養機構）、護理機構（限一般護理之家、精神護理之家、產後護理機構）、身心障礙福利機構（限供住宿養護、日間服務、臨時及短期照顧者）、身心障礙者職業訓練機構（限提供住宿或使用特殊機具者）、啓明、啓智、啓聰等特殊學校</td></tr>
<tr><td>7</td><td>三溫暖、公共浴室</td></tr>
<tr><td rowspan="3">乙</td><td>1</td><td>車站、飛機場大廈、候船室</td></tr>
<tr><td>2</td><td>期貨經紀業、證券交易所、金融機構</td></tr>
<tr><td>3</td><td>學校教室、兒童課後照顧服務中心、補習班、訓練班、K書中心、前款第六目以外之兒童及少年福利機構（限安置及教養機構）及身心障礙者職業訓練機構</td></tr>
</table>

類別	目別	場所	樓地板面積	地下層或無開口	≧6層
乙	4	圖書館、博物館、美術館、陳列館、史蹟資料館、紀念館及其他類似場所			
	5	寺廟、宗祠、教堂、供存放骨灰(骸)之納骨堂(塔)及其他類似場所			
	6	辦公室、靶場、診所、長期照顧服務機構（限社區式建築物使用類組屬 H-2 之日間照顧、團體家屋及小規模多機能）、日間型精神復健機構、兒童及少年心理輔導或家庭諮詢機構、身心障礙者就業服務機構、老人文康機構、前款第六目以外之老人服務機構及身心障礙福利機構			
	7	集合住宅、寄宿舍、住宿型精神復健機構			
	8	體育館、活動中心			
	9	室內溜冰場、室內游泳池			
	10	電影攝影場、電視播送場			
	11	倉庫、傢俱展示販售場			
	12	幼兒園			
丙	1	電信機器室			
	2	汽車修護廠、飛機修理廠、飛機庫			
	3	室內停車場、建築物依法附設之室內停車空間			
丁	1	高度危險工作場所			
	2	中度危險工作場所			
	3	低度危險工作場所			
戊	1	複合用途建築物中，有供甲類用途者			
	2	前目以外供乙至丁類用途之複合用途建築物			
	3	地下建築物	總樓地板≧ 150 m^2		
其他		經中央主管機關公告之場所			

✚ 免設規定

1. 設有自動撒水（含補助撒水栓）、水霧、泡沫、二氧化碳、乾粉或室外消防栓等滅火設備者，在該有效範圍內，得免設室內消防栓設備。
2. 但設有室外消防栓設備時，在第一層水平距離 <40m、第二層步行距離 <40m 有效滅火範圍內，室內消防栓設備限於第一層、第二層免設

註：

1. 符號≥為以上（含本數）；符號＜為小於或未滿（不含本數）；符號≦為以下或以內（含本數）。
2. 符號 § 表示「各類場所消防安全設備設置標準」第幾條條文。

室內消防栓設備消防工程設計例

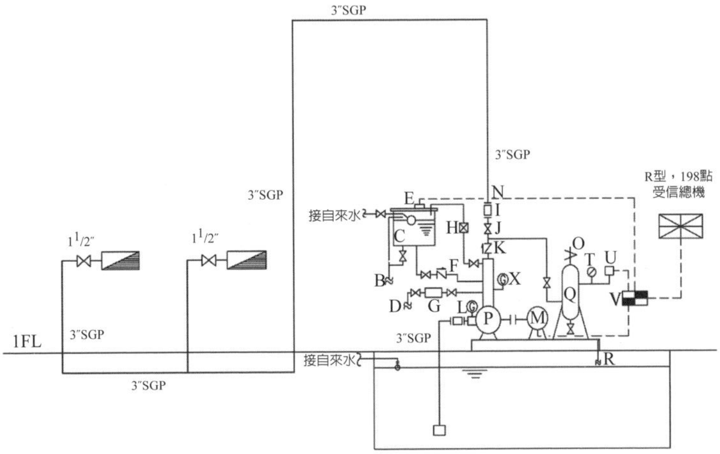

記號	名稱	記號	名稱	記號	名稱
A	輔助水源	I	防震軟管	Q	壓力水槽
B	溢流管（至水池）	J	閘閥	R	洩水管（至水池）
C	輔助水槽（引水槽）	K	逆止閥	S	進水池（至水池）
D	試驗配管（至水源）	L	連成計	T	壓力錶
E	水位開關	M	電動機	U	壓力開關
F	輔助水槽配管	N	消防立管	V	幫浦控制盤
G	流量計	O	安全閥	W	緊急電源
H	水溫上升迴流管	P		X	壓力計

室內消防栓配管及水源規定

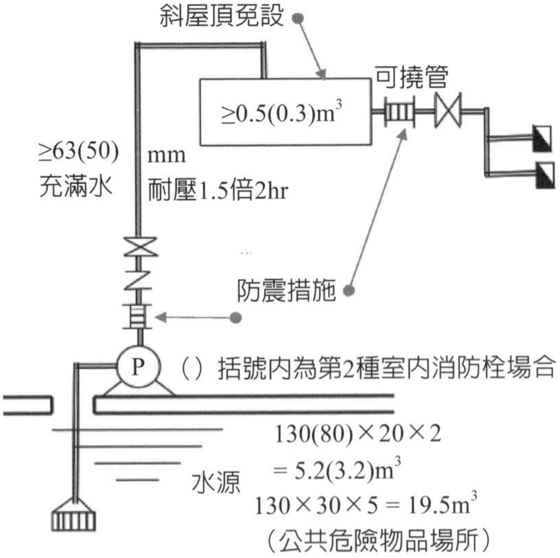

第一種室內消防栓

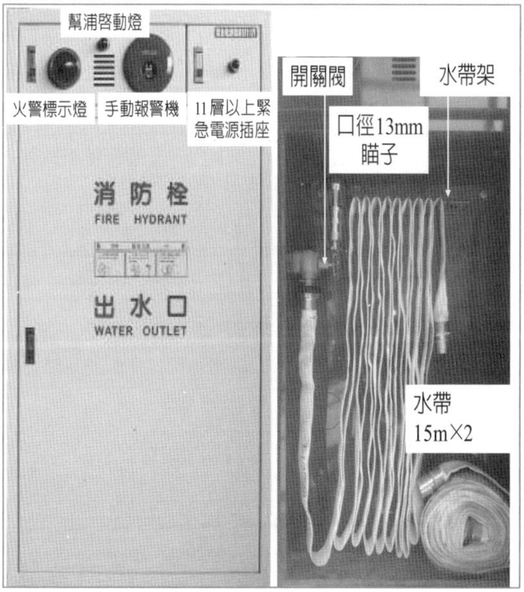

第二種室內消防栓（日本）

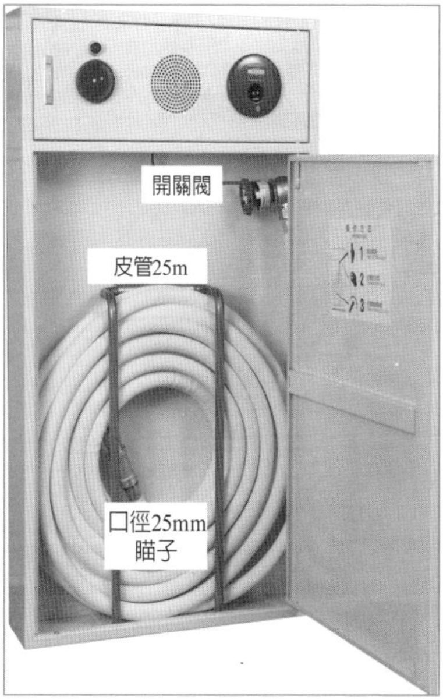

1-15 室內消防栓設備——配管及屋頂水箱

三、配管及屋頂水箱

構件	項目	第一種室內消防栓	第二種室內消防栓
配管 § 32	材質	1. CNS6445 配管用碳鋼鋼管、4626 壓力配管用碳鋼鋼管、6331 配管用不銹鋼鋼管或具同等以上強度、耐腐蝕性及耐熱性者 2. 經中央主管機關認可具氣密性、強度、耐腐蝕性、耐候性及耐熱性等性能之合成樹脂管	
	管徑	≧ 63 mm	≧ 50 mm
	位置	裝置於不受外來損傷及火災不易殃及之位置	
	連接	立管連接屋頂水箱、重力水箱或壓力水箱，使配管平時充滿水	
	防震	採取有效之防震措施	
	耐壓 § 33	加壓試驗壓力不得小於加壓送水裝置全閉揚程 1.5 倍以上，維持二小時無漏水現象	
配件 § 32	閥類	1. 止水閥以明顯之方式標示開關之狀態 2. 逆止閥標示水流之方向，並符合 CNS 規定 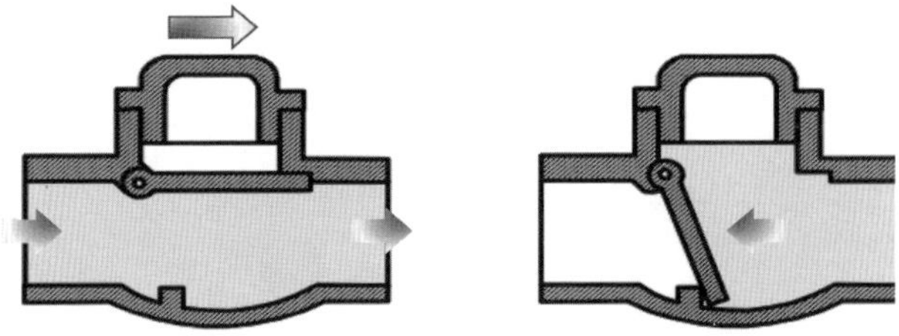 通水時　　未通水時	
屋頂水箱 § 32	水箱水量	≧ 0.5 m^3	≧ 0.3 m^3
	防震	採取有效之防震措施	
	免設	斜屋頂	

消防栓開關高度及配管消防工程設計例

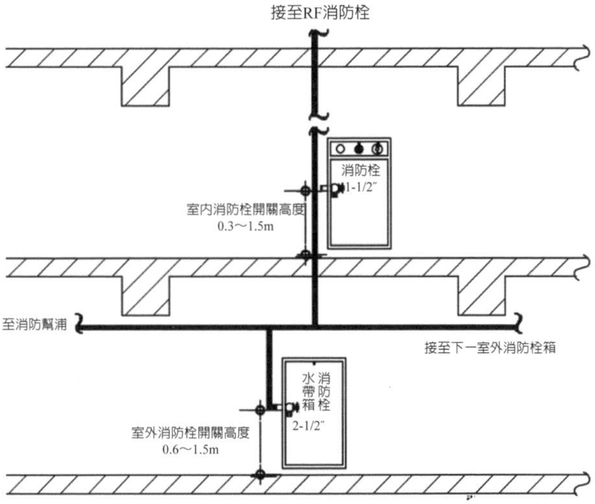

室內消防栓升位圖示

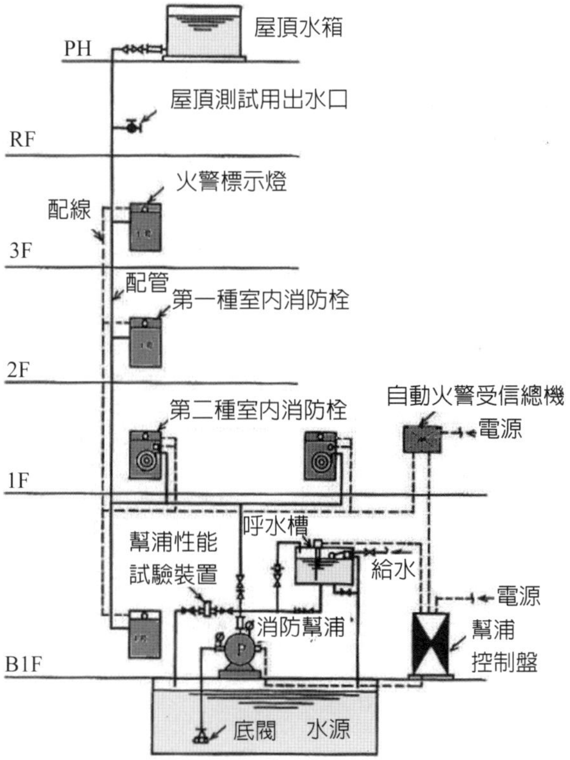

（參考日本東京防災設備保守協會，2017）

1-16 室內消防栓設備——消防栓箱

四、消防栓箱

構件	項目	第一種		第二種
消防栓箱 §34	設置場所	倉庫、傢俱展示販售場、丁類及其他場所		除倉庫、傢俱展示販售場、丁類以外場所
	防護水平距離	一般場所	≦ 25 m	≦ 25 m
		公共危險物品 §209	≦ 25 m	-
	放水壓力（kgf/cm^2）	一般場所	1.7～7 m	1.7～7 m
		公共危險物品	3.5～7 m	-
	放水量（L/min）	一般場所	1 支消防栓 130×1 ≧ 2 支消防栓 130×2	1 支消防栓 80×1 ≧ 2 支消防栓 80×2
		公共危險物品	1 支消防栓 260×1 ≧ 5 支消防栓 260×5	-
	消防栓口徑	38 或 50 mm		25 mm
	水帶	15m×2 水帶架		30 m×1 管盤（皮管或保形水帶）
	瞄子	13 mm 直線水霧兩用		直線水霧兩用
	位置	1. 開關高度 0.3m～1.5m。 2. 走廊或防火構造樓梯間附近。 3. 供集會或娛樂處所舞臺二側、觀眾席後二側、包廂後側。 4. 在屋頂上設測試用出水口，但斜屋頂得免設。		
	箱身 §35	厚度≧ 1.6mm 鋼板或不燃材料		
	箱面	表面積 $0.7\ m^2$		
	標示	消防栓字樣，每字≧ $20\ cm^2$		

註
1. 符號≥為以上（含本數）；符號<為小於或未滿（不含本數）；符號≦為以下或以內（含本數）。
2. 符號 § 表示「各類場所消防安全設備設置標準」第幾條條文。

室內消防栓箱放水壓力與放水量規定

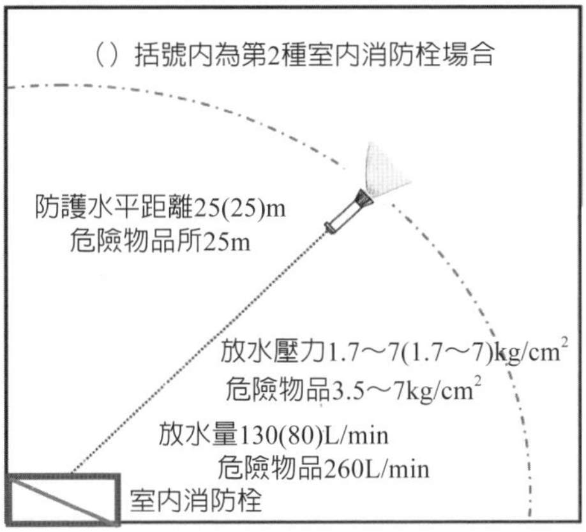

樓梯間室內消防栓裝設位置設計例

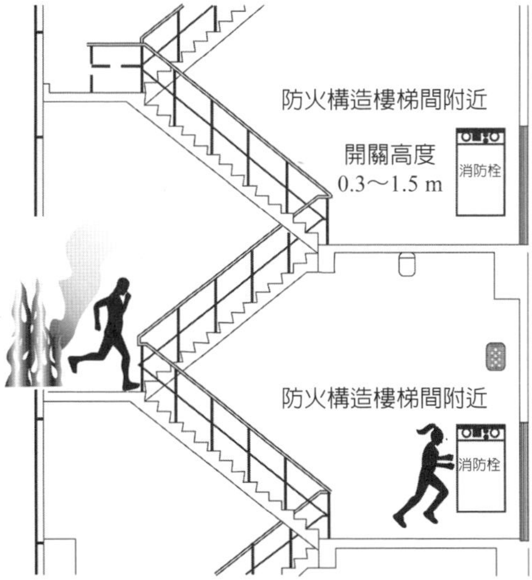

室內消防栓放水壓力測試例

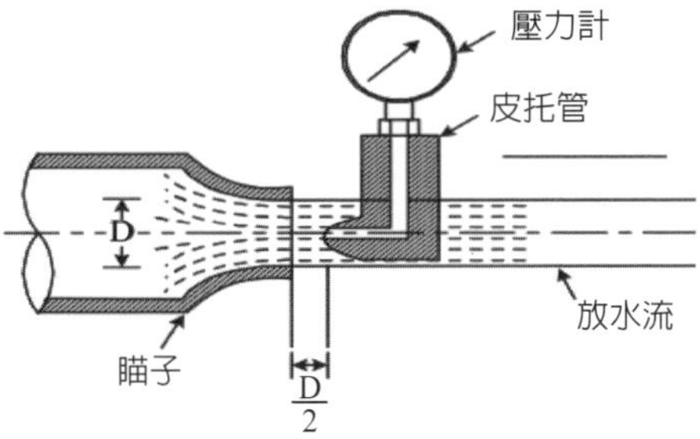

1-17 室內消防栓設備——水源及電源

五、水源及電源

<table>
<tr><th>構件</th><th>項目</th><th>場所</th><th>第一種</th><th>第二種</th></tr>
<tr><td rowspan="3">水源
§36</td><td rowspan="2">容量
(m^3)</td><td>一般場所</td><td colspan="2">1 支消防栓 20 min×1
≧ 2 支消防栓 20 min×2</td></tr>
<tr><td>公共危險物品</td><td>1 支消防栓 30 min×1
≧ 5 支消防栓 30 min×5</td><td>－</td></tr>
<tr><td colspan="4">消防用水與普通用水合併使用者，應採取必要措施，確保前項水源容量在有效水量範圍內。</td></tr>
<tr><td rowspan="3">緊急電源 §38</td><td rowspan="2">容量</td><td>一般場所</td><td colspan="2">發電機設備或蓄電池 ×30 min</td></tr>
<tr><td>公共危險物品</td><td>1. 發電機設備或蓄電池 ×45 min
2. 丁類場所得使用引擎動力系統</td><td>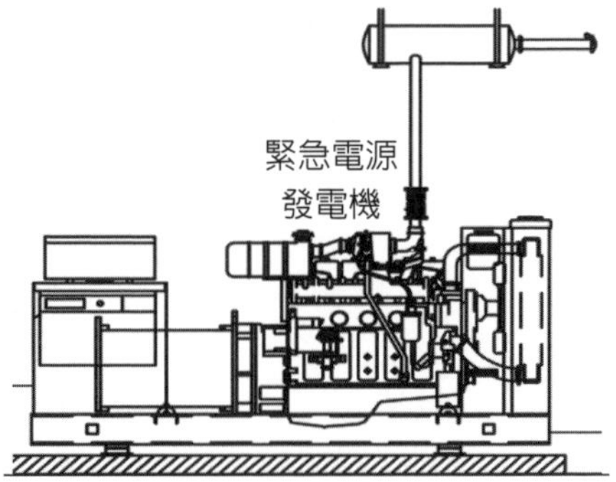</td></tr>
<tr><td>配線</td><td colspan="3">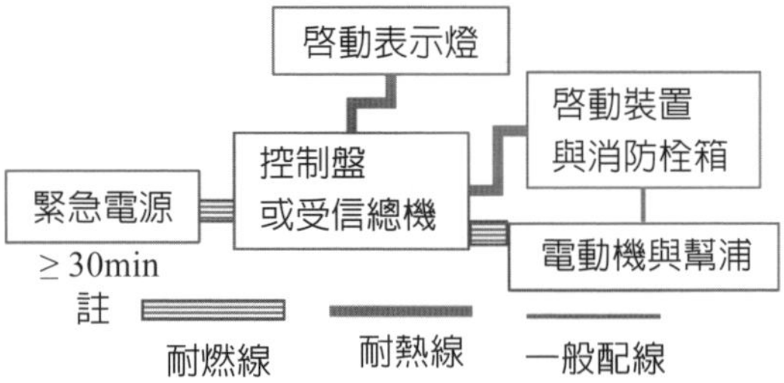</td></tr>
<tr><td colspan="5">公共危險物品暨可燃性高壓氣體場所，一旦發生火災，必須使用大量水來壓制火勢猛烈度，並有足夠水量來冷卻潛在高輻射熱。因此，限使用出水量較大之第一種室內消防栓。</td></tr>
<tr><td colspan="5">註
1. 符號 ≥ 為以上（含本數）；符號 < 為小於或未滿（不含本數）；符號 ≦ 為以下或以內（含本數）。
2. 符號 § 表示「各類場所消防安全設備設置標準」第幾條條文。</td></tr>
</table>

加壓送水裝置之壓力水箱（圖左）及重力水箱（圖右）

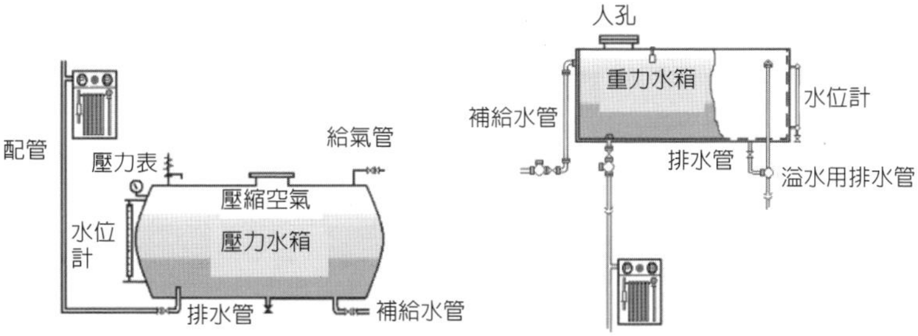

水源之有效水量範圍

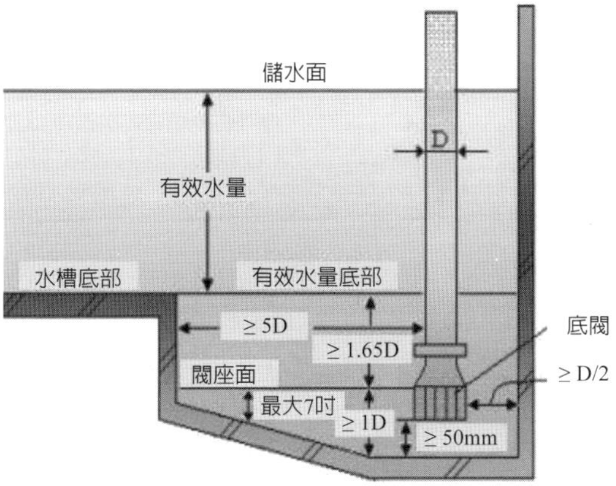

消防用水與普通用水合併使用之有效水量

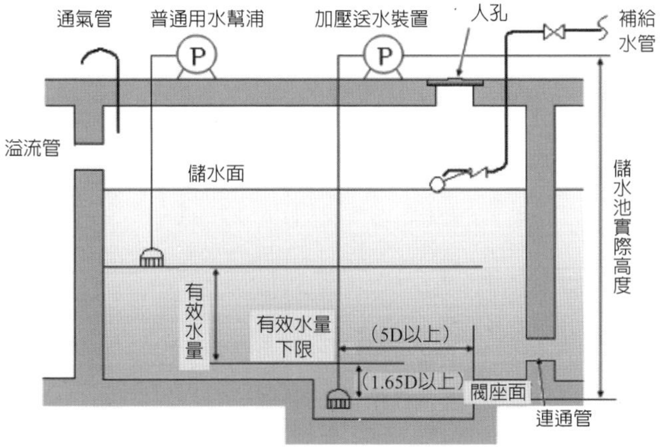

（參考福岡市消防設備等技術基準，平成 26 年）

1-18 室內消防栓設備——加壓送水裝置

六、加壓送水裝置

<table>
<tr><th>構件</th><th>項目</th><th colspan="2">第一種</th><th>第二種</th></tr>
<tr><td rowspan="8">加壓送水裝置 §37</td><td>重力水箱</td><td colspan="2">必要落差 = 消防水帶摩擦損失水頭 + 配管摩擦損失水頭 + 17
H = h1 + h2 + 17m</td><td>必要落差 = 消防水帶摩擦損失水頭 + 配管摩擦損失水頭 + 17
H = h1 + h2 + 17m</td></tr>
<tr><td>壓力水箱</td><td colspan="2">必要壓力 = 消防水帶摩擦損失水頭 + 配管摩擦損失水頭 + 落差 + 1.7
P = P1 + P2 + P3 + 1.7kgf/cm^2</td><td>必要壓力 = 消防水帶摩擦損失水頭 + 配管摩擦損失水頭 + 落差 + 1.7
P = P1 + P2 + P3 + 1.7kgf/cm^2</td></tr>
<tr><td rowspan="4">消防幫浦</td><td>出水量</td><td>1 支消防栓 150 L/min × 1
≧ 2 支消防栓 150 L/min × 2</td><td>1 支消防栓 90 L/min × 1
≧ 2 支消防栓 90 L/min × 2</td></tr>
<tr><td>全揚程</td><td>幫浦全揚程 = 消防水帶摩擦損失水頭 + 配管摩擦損失水頭 + 落差 + 17
H = h1 + h2 + h3 + 17m</td><td>幫浦全揚程 = 消防水帶摩擦損失水頭 + 配管摩擦損失水頭 + 落差 + 17
H = h1 + h2 + h3 + 17m</td></tr>
<tr><td colspan="3">專用，連接緊急電源</td></tr>
<tr><td colspan="3">1. 一小時以上防火時效之牆壁、樓地板及防火門窗等防火設備區劃分隔。
2. 屋頂或屋外時設有不受積水及雨水侵襲之防水措施者，不在此限。
3. 採取有效之防震措施</td></tr>
<tr><td colspan="3">前項加壓送水裝置除重力水箱外，依下列規定設置：
1. 設在便於檢修，且無受火災等損害處所。
2. 使用消防幫浦，以具 ≥ 1 hr 防火時效區劃分隔。但設於屋頂或屋外時，設有防水措施者，不在此限。
3. 設自動或手動啓動裝置，其停止僅限於手動操作。手動啓動裝置應設於每一室內消防栓箱上方有紅色啓動表示燈。
4. 室內消防栓瞄子放水壓力超過 7kg/cm^2 時，應採取有效之減壓措施。
5. 採取有效之防震措施。</td><td>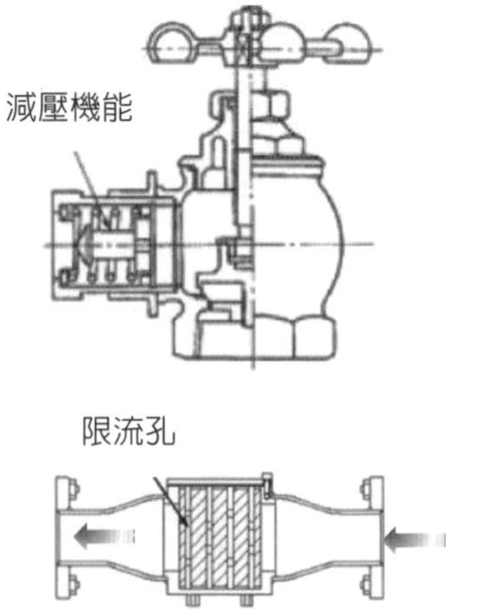

圖：使用減壓閥或限流孔等減壓措施（參考自福岡市消防設備等技術基準，平成 26 年）</td></tr>
</table>

第二種室內消防栓

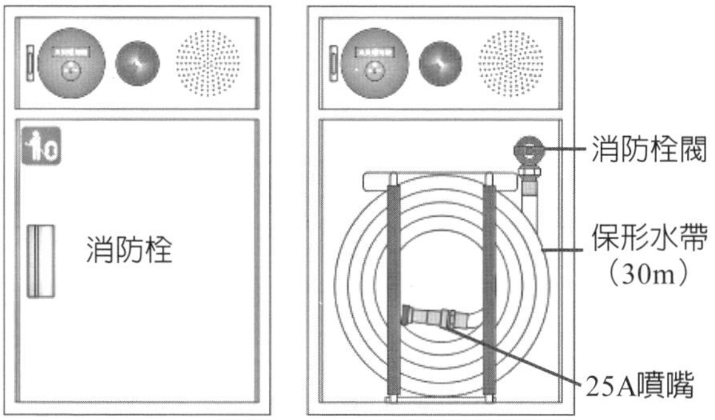

水源及室內消防栓工程設計例

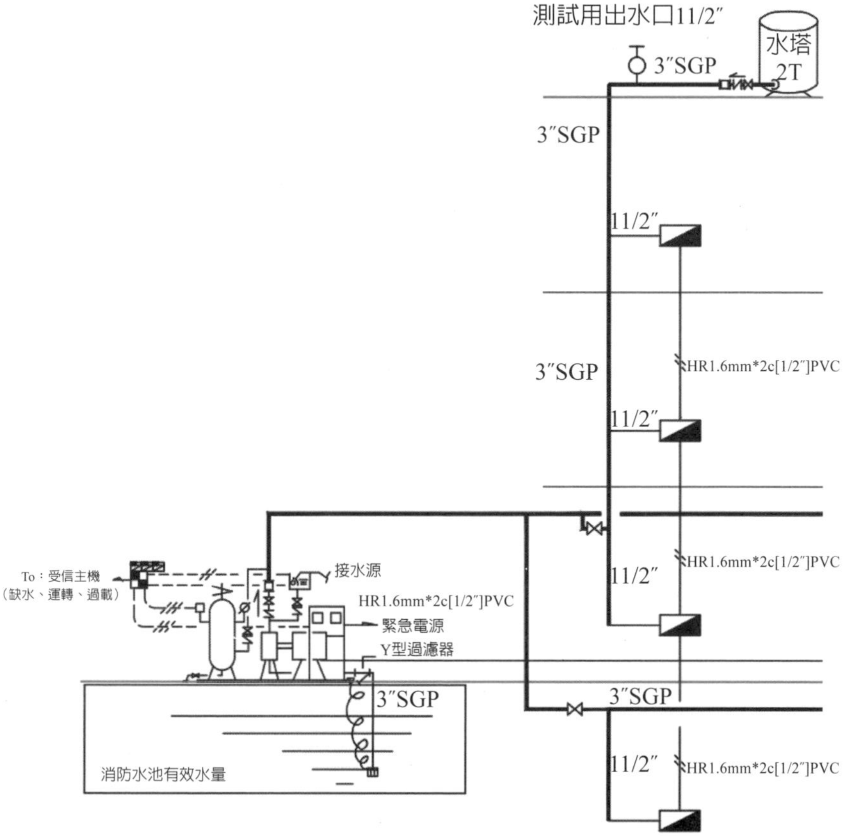

1-19 室外消防栓設備——目的與構成

一、目的與構成

設置目的	室外消防栓設備能提供大量持續射水流，能有效對付 A 類火災。使用時透過下列組成構件，來達到一定加壓水源，因水源的放水量大和有效範圍大，建築物人員或消防單位在火災時能透過如此設備，達到火勢撲滅之目的。
組成構件	水源、加壓送水裝置、啓動裝置、配管、室外消防栓、緊急電源或水帶箱等組成。

二、應設置場所（§ 16）

類別	目別	場所	建築物及儲存場所之第一層及第二層樓地板面積合計
工作場所	高度	1. 可燃性固體物質倉庫高度≧ 5.5m。 2. 易燃性液體閃火點 < 攝氏 60°C與 37.8°C時，其蒸氣壓 < 2.8kg/cm^2 者。 3. 可燃性高壓氣體製造、儲存、處理場所。 4. 石化作業場所，木材加工業作業場所及油漆作業場所等。	≧ 3000 m^2
	中度	1. 儲存一般可燃性固體物質倉庫之高度 <5.5m 者。 2. 易燃性液體物質之閃火點 ≥ 60°C之作業場所。 3. 輕工業場所。	≧ 5000 m^2
	低度	有可燃性物質存在，存量少，延燒範圍小，延燒速度慢，僅形成小型火災者。	≧ 10000 m^2
	複合	未達前三款規定不同危險程度工作場所。	$\left(\frac{\text{各款場所之實際面積}}{\text{各款規定之面積}}+\frac{\text{各款場所之實際面積}}{\text{各款規定之面積}}\right)\geq 1$
	同一建築基地 ≥ 2 棟	木造或其他易燃構造建築物時，建築物間外牆與中心線水平距離第一層在 < 3m，第二層在 < 5m。	第 1 棟第 1 層及第 2 層 + 第 2 棟第 1 層及第 2 層…合計樓地板面積 ≥ 3000m^2

+ 免設規定

設有自動撒水、水霧、泡沫、二氧化碳、乾粉等滅火設備者，在該有效範圍內，得免設室外消防栓設備。

註：符號≥為以上（含本數）；符號＜為小於或未滿（不含本數）；符號≦為以下或以內（含本數）。

室外消防栓工程設計例

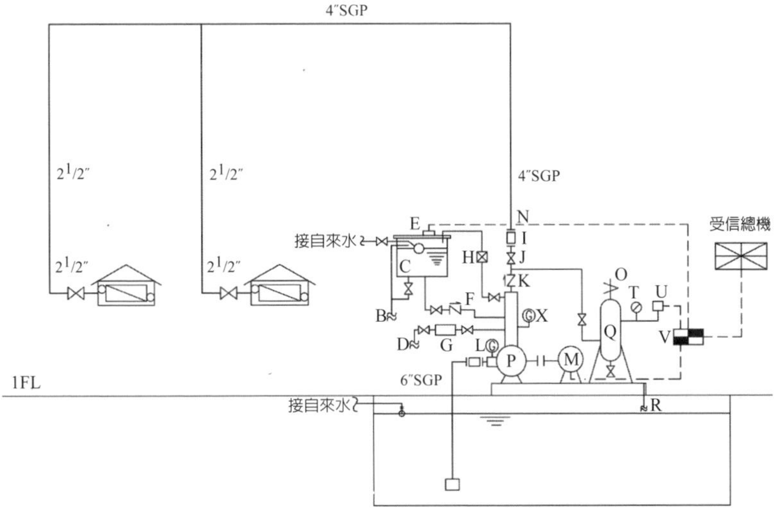

記號	名稱	記號	名稱	記號	名稱
A	輔助水源	I	防震軟管	Q	壓力水槽
B	溢流管（至水池）	J	閘閥	R	洩水管（至水池）
C	輔助水槽（引水槽）	K	逆止閥	S	進水池（至水池）
D	試驗配管（至水源）	L	連成計	T	壓力錶
E	水位開關	M	電動機	U	壓力開關
F	輔助水槽配管	N	消防立管	V	幫浦控制盤
G	流量計	O	安全閥	W	緊急電源
H	水溫上升迴流管	P		X	壓力計

室外消防栓放水壓力與放水量相關規定

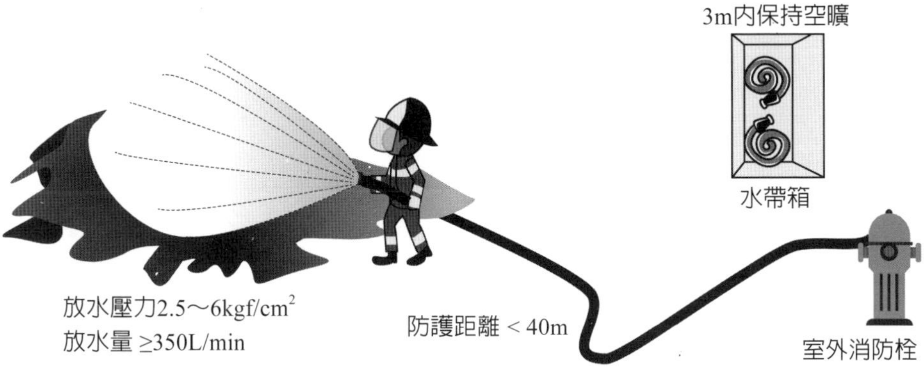

1-20 室外消防栓設備——配管

三、配管

<table>
<tr><th>構件</th><th>項目</th><th>內容</th></tr>
<tr><td rowspan="7">配管
§ 32</td><td>材質</td><td>1. CNS6445 配管用碳鋼鋼管、4626 壓力配管用碳鋼鋼管、6331 配管用不鏽鋼鋼管或具同等以上強度、耐腐蝕性及耐熱性者。
2. 經中央主管機關認可具氣密性、強度、耐腐蝕性、耐候性及耐熱性等性能之合成樹脂管。</td></tr>
<tr><td>管徑（mm）</td><td>≧ 63</td></tr>
<tr><td>位置</td><td>裝置於不受外來損傷及火災不易殃及之位置。</td></tr>
<tr><td>防震</td><td>採取有效之防震措施。</td></tr>
<tr><td>耐壓 § 33</td><td>加壓試驗壓力不得小於加壓送水裝置全閉揚程 1.5 倍以上，維持 2 小時無漏水現象。</td></tr>
<tr><td>閥類</td><td>1. 止水閥以明顯之方式標示開關之狀態
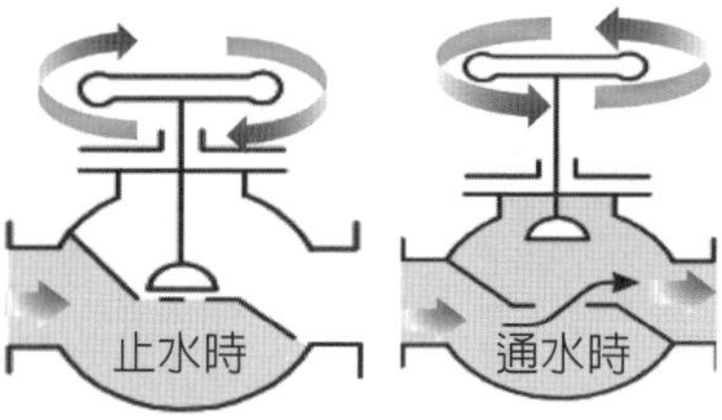

2. 逆止閥標示水流之方向，並符合 CNS 規定
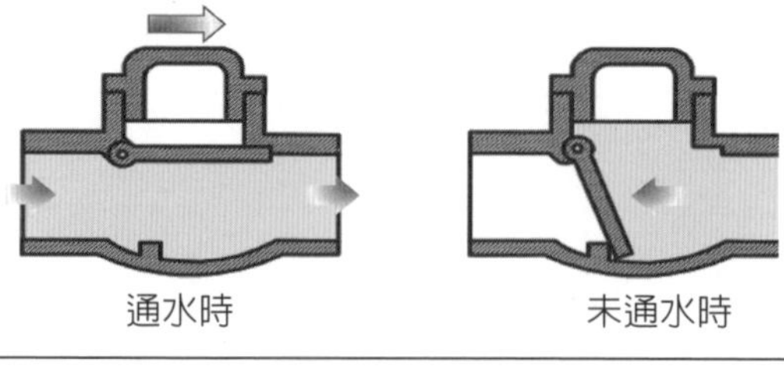
</td></tr>
<tr><td>水平主幹管外露部分 § 39</td><td>每 20m 內以明顯方式標示水流方向及配管名稱。</td></tr>
<tr><td colspan="3">註：
1. 符號≥為以上（含本數）；符號<為小於或未滿（不含本數）；符號≦為以下或以內（含本數）。
2. 符號 § 表「各類場所消防安全設備設置標準」第幾條條文。</td></tr>
</table>

室外消防栓設備系統組成

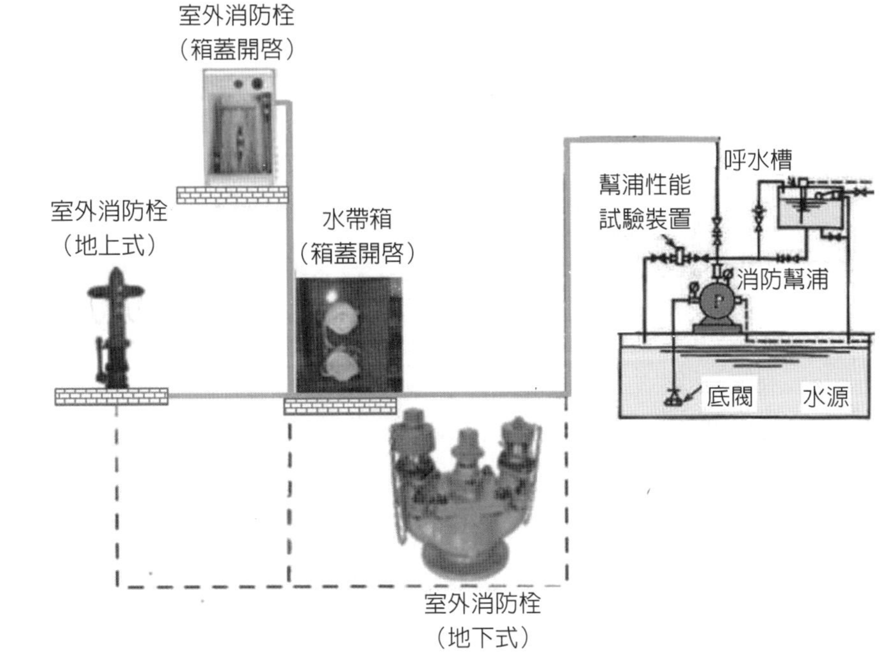

（參考日本東京防災設備保守協會，2017）

室外消防栓使用流程

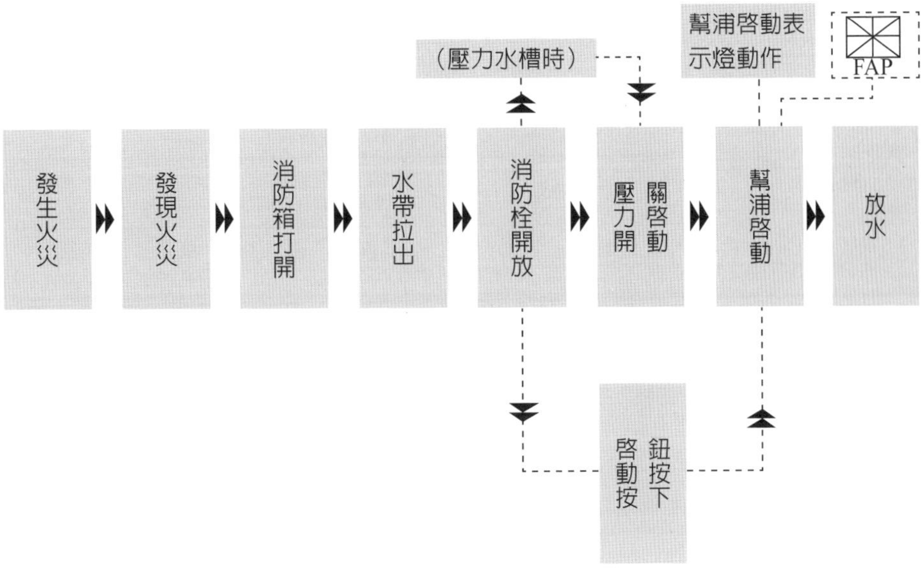

1-21 室外消防栓設備——消防栓箱及電源

四、消防栓箱及電源

構件	項目	場所	內容
消防栓箱 §40	防護水平距離	一般場所	< 40 m
		公共危險物品 §210	< 40 m（設 2 支消防栓）
	放水壓力	一般場所	2.5～6 kgf/cm^2
		公共危險物品	3.5～7 kgf/cm^2
	放水量	一般場所	≧ 350 L/min
		公共危險物品 §210	1 支消防栓 450 L/min ≧ 4 支消防栓 450 L/min×4
	位置		開關高度 0.6～1.5m，設於地面下者水帶接頭不得低於地面 0.3m。
	水帶箱 §40	消防栓口徑	≥ 63 mm
		水帶	20m×2
		瞄子	≥ 19 mm 直線水霧兩用 1 具
		消防栓閥型開關	1 把
		箱身深度	具有足夠裝置水帶及瞄子之深度，箱底二側設排水孔。
		箱面	表面積 0.8 m^2
		標示	消防栓字樣，每字≧ 20 cm^2。
	標示及淨空		3m 內保持空曠，不得堆放物品或種植花木，並在其附近明顯易見處，標明消防栓字樣。
緊急電源 §38	容量	一般場所	發電機設備或蓄電池 ×30 min。
		公共危險物品	1. 發電機設備或蓄電池 ×45 min。 2. 丁類場所得使用引擎動力系統。

1. 符號≥為以上（含本數）；符號<為小於或未滿（不含本數）；符號≦為以下或以內（含本數）。
2. 符號 § 表示條文第幾條。

室外消防緊急電源配線規定

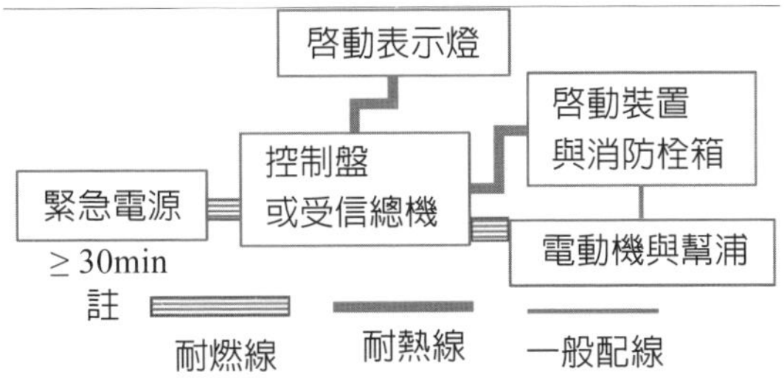

室內消防栓與室外消防栓開關高度示意圖

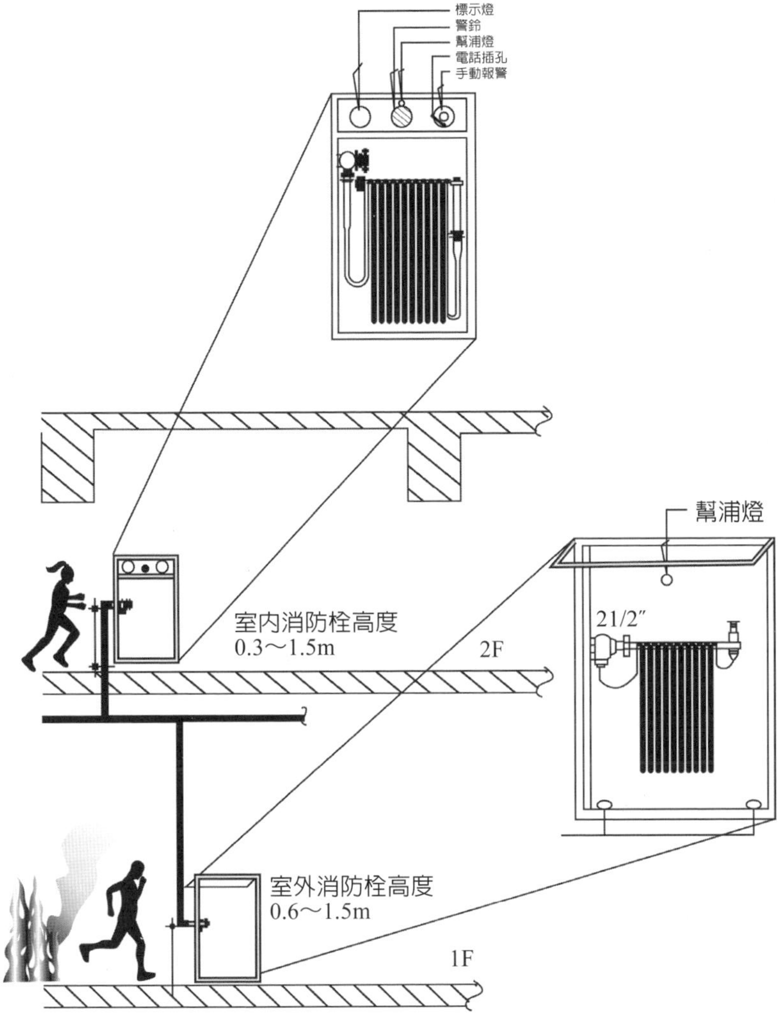

1-22 室外消防栓設備——水源及加壓送水

五、水源及加壓送水

<table>
<tr><th>構件</th><th>項目</th><th>場所</th><th>內容</th></tr>
<tr><td rowspan="4">水源
§41</td><td rowspan="4">容量
(m^3)</td><td>一般場所</td><td>2 支消防栓 30 min×2</td></tr>
<tr><td>公共危險物品
§210</td><td>1 支消防栓 30 min×1
≧ 4 支消防栓 30 min×4</td></tr>
<tr><td>消防用水與普通用水合併使用者</td><td>應採取必要措施，確保前項水源容量，在有效水量範圍內</td></tr>
<tr><td>水源得與其他滅火設備併設</td><td>總容量應在各滅火設備應設水量之合計以上</td></tr>
<tr><td rowspan="7">加壓送水裝置
§42</td><td colspan="2">重力水箱</td><td>必要落差＝消防水帶摩擦損失水頭＋配管摩擦損失水頭＋25（公尺）
$H = h1 + h2 + 25m$</td></tr>
<tr><td colspan="2">壓力水箱</td><td>必要壓力＝消防水帶摩擦損失水頭＋配管摩擦損失水頭＋落差＋2.5（公斤／平方公分）
$P = P1 + P2 + P3 + 2.5kgf/cm^2$</td></tr>
<tr><td colspan="3">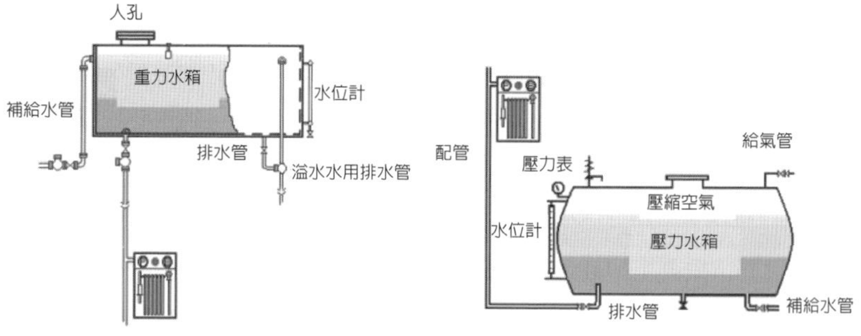
</td></tr>
<tr><td rowspan="4">消防幫浦</td><td>出水量</td><td>1 支消防栓 400 L/min× 1
≧ 2 支消防栓 400 L/min ×2</td></tr>
<tr><td>全揚程</td><td>幫浦全揚程＝消防水帶摩擦損失水頭＋配管摩擦損失水頭＋落差＋25（公尺）
$H = h1 + h2 + h3 + 25m$</td></tr>
<tr><td colspan="2">專用</td></tr>
<tr><td colspan="2">連接緊急電源</td></tr>
<tr><td colspan="4">1. 符號≥為以上（含本數）；符號<為小於或未滿（不含本數）；符號≦為以下或以內（含本數）。
2. 符號 § 表示條文第幾條。</td></tr>
</table>

室外消防栓放水壓力測試示意圖

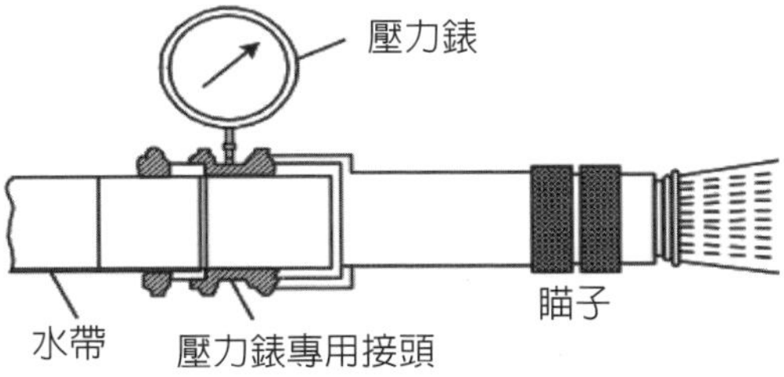

室外消防栓工程設計例

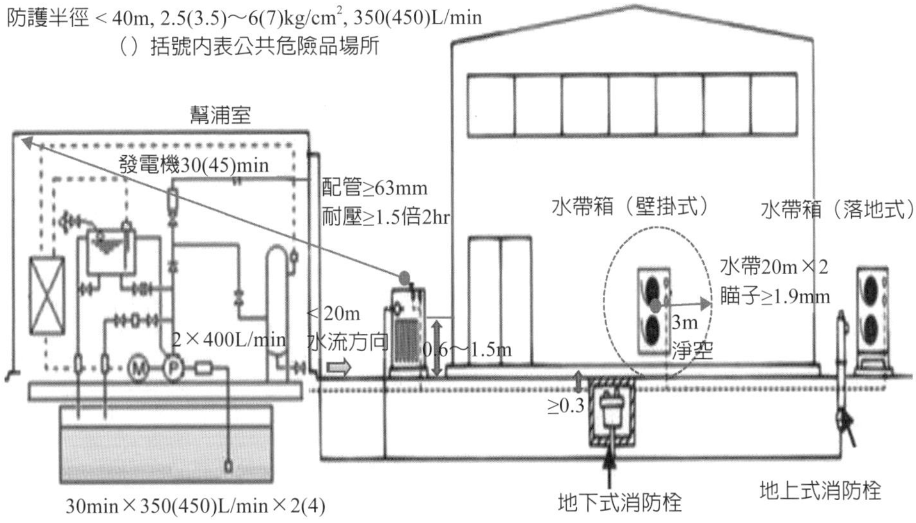

1-23 自動撒水設備——火災學原理

項目	內容
水滴大小與滅火應用	在滅火所需的水量，取決於火災熱輸出。如何迅速撲滅火災，取決於能有多少水，以何種形式來應用水。假使要透過冷卻來實現滅火，最好是熱能最大量被吸收。水轉換成水蒸汽（Steam）時將能吸收最多熱量。 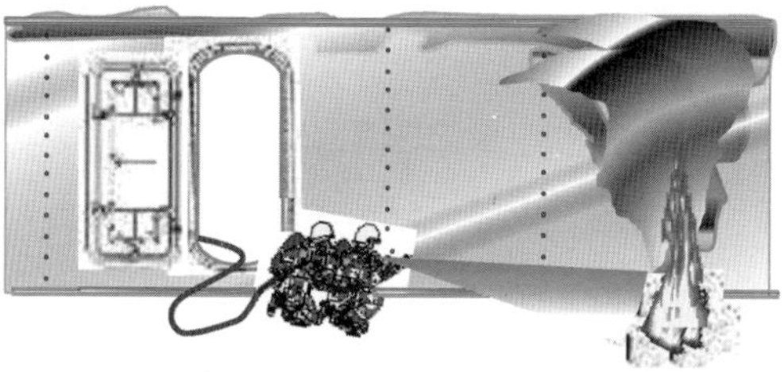
水滴與滅火能力	撒水頭水滴未落至燃料面早已被火羽流（Fire Plume）蒸發掉，除非用大水滴。水滴越小，水吸收火災熱量速度將會較快。因此，所使用水量就較少。從室內火災燃燒放出所有熱量，只要水能吸收 30～60%，就足以將火災撲滅。計算水滴最佳滅火直徑是在 0.3～1.0mm。 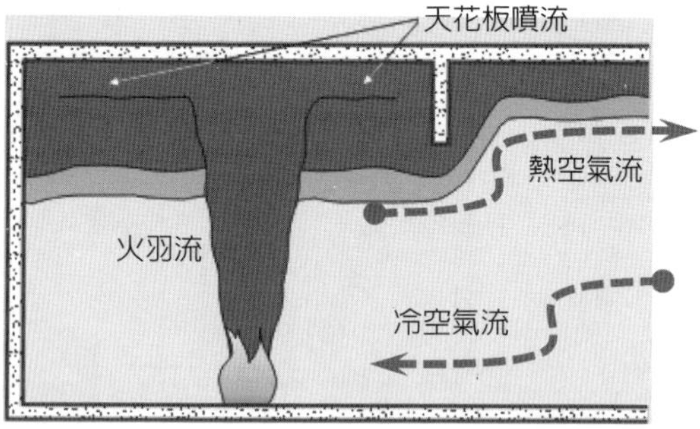
火羽流動量	為了有效達到燃料面，水滴必須克服火羽流上升動量及氣流影響。如撒水頭釋放，小水滴會受高溫蒸發在天花板上，小水滴也沒有足夠的質量（Mass）與動量（Momenturn），能夠穿透火羽流到達地板之燃燒表面。所以高火載量之倉庫或高天花板，須使用大水滴撒水頭。
稀釋作用	當水施加到火勢形成水蒸汽，能圍繞燃料使空氣中氧氣供給遭到稀釋，來達到火勢之抑制（Suppression）。水蒸汽和水滴也繼續透過冷卻作用，以及水滴繼續蒸發火勢前端區（Heated Area）周圍，而達到完全滅火。 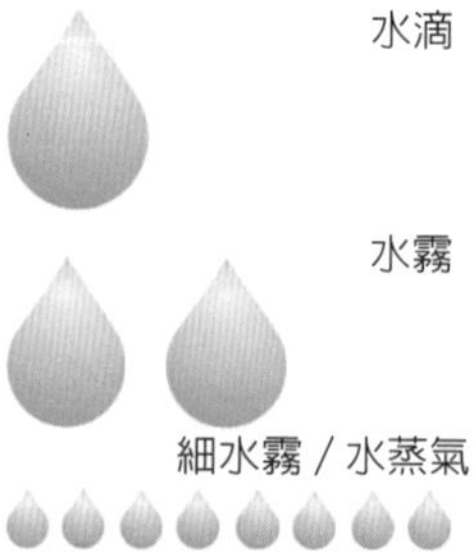

項目	內容
窒息作用	當水射到火勢會形成水蒸氣，則空氣（氧）就能被稀釋（Dilution），要是所產生的水蒸氣能夠持續籠罩在燃燒區內，則這種窒息就更具作用。當水蒸氣開始冷凝時，水蒸氣吸熱過程便告結束。當這一情況發生時，會形成水蒸氣的可見浮雲狀物。如果這樣的冷凝發生在火的上面，則對燃燒物質沒有冷卻作用。但是，水蒸氣浮雲狀物還是可以從火勢上面帶走輻射熱量的。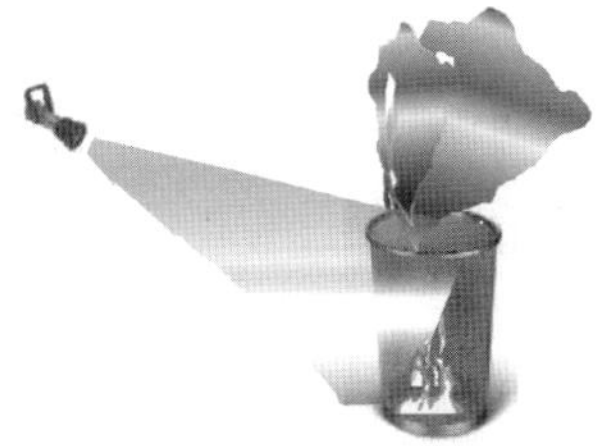
冷卻作用	冷卻作用是撒水設備最大滅火機制，一般透過水的冷卻作用得到熄滅，而不是透過水蒸氣發生所引起的窒息作用來熄滅，雖然後者可能抑制火焰，但不是滅火主要作用。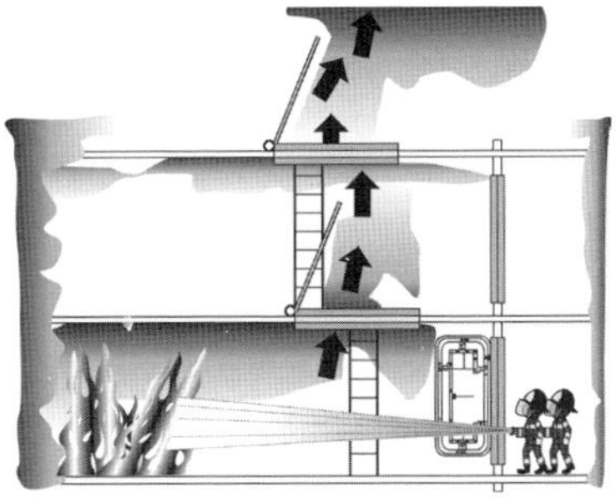

裝飾天花板與撒水頭設計

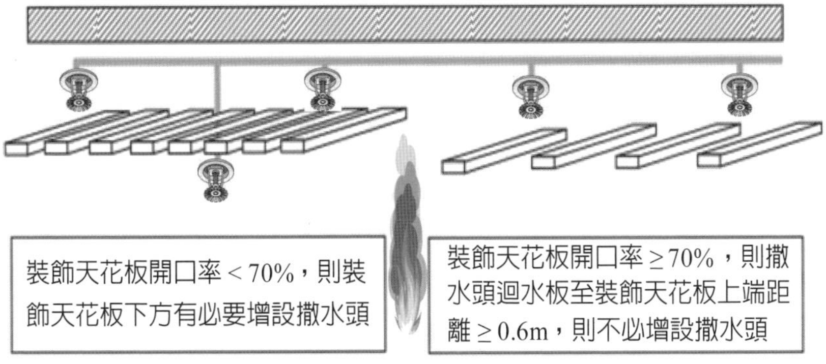

裝飾天花板開口率 < 70%，則裝飾天花板下方有必要增設撒水頭
裝飾天花板開口率 ≥ 70%，則撒水頭迴水板至裝飾天花板上端距離 ≥ 0.6m，則不必增設撒水頭

（埼玉市消防局，平成 28 年）

1-24 自動撒水設備——目的與構成

一、目的與構成

設置目的	自動撒水設備設置在建築物的天花板、樓板或壁面上，透過撒水之固定式系統（下列組成構件）或補助撒水栓之滅火方式，來自動或手動撲滅或控制一般可燃物質之火災；此種自動滅火方式已有百年之歷史，且是一種非常具成本效益之消防安全設備。
組成構件	水源、加壓送水裝置、配管、控制閥、流量檢知裝置、撒水頭、一齊開放閥、送水口、末端查驗閥和緊急電源。

自動撒水設備升位圖

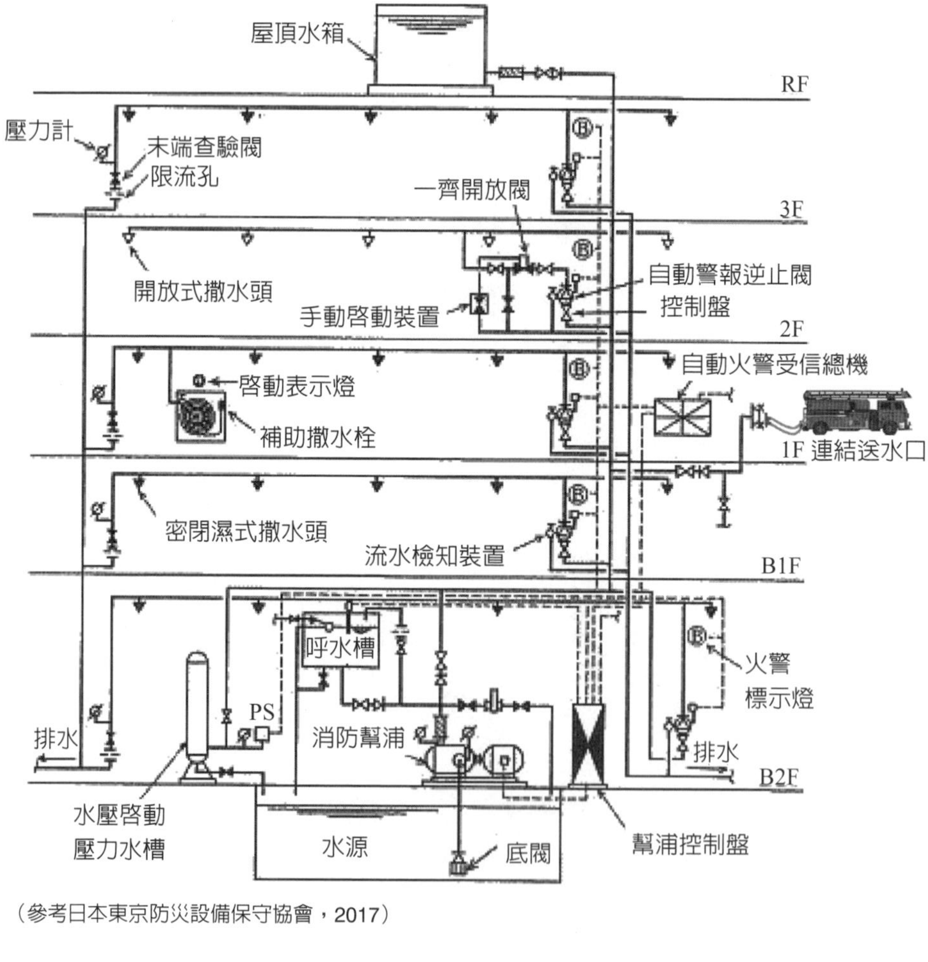

（參考日本東京防災設備保守協會，2017）

二、應設置場所（§ 17）

<table>
<tr><th>類別</th><th>目別</th><th>場所</th><th>≦10層</th><th>地下層或無開口</th><th>≧11層</th><th>≧16層</th></tr>
<tr><td rowspan="7">甲</td><td>1</td><td>電影片映演場所（戲院、電影院）、歌廳、舞廳、夜總會、俱樂部、理容院（觀光理髮、視聽理容等）、指壓按摩場所、錄影節目帶播映場所（MTV 等）、視聽歌唱場所（KTV 等）、酒家、酒吧、酒店（廊）</td><td>≧ 300 m²</td><td rowspan="7">≧ 1000 m²</td><td rowspan="7">≧ 0</td><td rowspan="12">≧ 0</td></tr>
<tr><td>2</td><td>保齡球館、撞球場、集會堂、健身休閒中心（含提供指壓、三溫暖等設施之美容瘦身場所）、室內螢幕式高爾夫練習場、遊藝場所、電子遊戲場、資訊休閒場所</td><td rowspan="4">≧ 1500 m²</td></tr>
<tr><td>3</td><td>觀光旅館、飯店、旅館、招待所（限有寢室客房者）</td></tr>
<tr><td>4</td><td>商場、市場、百貨商場、超級市場、零售市場、展覽場</td></tr>
<tr><td>5</td><td>餐廳、飲食店、咖啡廳、茶藝館</td></tr>
<tr><td>6</td><td>醫院、療養院、榮譽國民之家、長期照顧服務機構（限機構住宿式、社區式之建築物使用類組非屬 H-2 之日間照顧、團體家屋及小規模多機能）、老人福利機構（限長期照護型、養護型、失智照顧型長期照顧機構、安養機構）、兒童及少年福利機構（限托嬰中心、早期療育機構、有收容未滿二歲兒童之安置及教養機構）、護理機構（限一般護理之家、精神護理之家、產後護理機構）、身心障礙福利機構（限供住宿養護、日間服務、臨時及短期照顧者）、身心障礙者職業訓練機構（限提供住宿或使用特殊機具者）、啓明、啓智、啓聰等特殊學校、身心障礙福利機構（限照顧植物人、失智症、重癱、長期臥床或身心功能退化者）</td><td>≧ 0 m²（左述劃底線場所），其餘 1500 m²</td></tr>
<tr><td>7</td><td>三溫暖、公共浴室</td><td rowspan="2">≧ 1500 m²</td></tr>
<tr><td rowspan="5">乙</td><td>1</td><td>車站、飛機場大廈、候船室</td><td rowspan="5"></td><td rowspan="5">≧ 100 m²</td></tr>
<tr><td>2</td><td>期貨經紀業、證券交易所、金融機構</td><td rowspan="4"></td></tr>
<tr><td>3</td><td>學校教室、兒童課後照顧服務中心、補習班、訓練班、K 書中心、前款第六目以外之兒童及少年福利機構（限安置及教養機構）及身心障礙者職業訓練機構</td></tr>
<tr><td>4</td><td>圖書館、博物館、美術館、陳列館、史蹟資料館、紀念館及其他類似場所</td></tr>
<tr><td>5</td><td>寺廟、宗祠、教堂、供存放骨灰（骸）之納骨堂（塔）及其他類似場所</td></tr>
</table>

類別	目別	場所	≤10層	地下層或無開口	≥11層	≥16層
	6	辦公室、靶場、診所、長期照顧服務機構（限社區式建築物使用類組屬 H-2 之日間照顧、團體家屋及小規模多機能）、日間型精神復健機構、兒童及少年心理輔導或家庭諮詢機構、身心障礙者就業服務機構、老人文康機構、前款第六目以外之老人服務機構及身心障礙福利機構				
	7	集合住宅、寄宿舍、住宿型精神復健機構				
	8	體育館、活動中心				
	9	室內溜冰場、室內游泳池				
	10	電影攝影場、電視播送場				
	11	倉庫、傢俱展示販售場	樓層高度 ≥ 10m 且面積 ≥ $700m^2$ 之高架儲存倉庫			
	12	幼兒園				
丙	1	電信機器室				
丙	2	汽車修護廠、飛機修理廠、飛機庫				
丙	3	室內停車場、建築物依法附設之室內停車空間				
丁	1	高度危險工作場所				
丁	2	中度危險工作場所				
丁	3	低度危險工作場所				
戊	1	複合用途建築物中，有供甲類用途者	≥11 層應設或甲類合計達 ≥$3000m^2$ 時，供甲類使用樓層			
戊	2	前目以外供乙至丁類用途之複合用途建築物	-			
戊	3	地下建築物	總樓地板≥ 1000 m^2			
其他		經中央主管機關公告之場所	-			

＋ 免設規定

前項應設自動撒水設備之場所，依本標準設有水霧、泡沫、二氧化碳、乾粉等滅火設備者，在該有效範圍內，得免設自動撒水設備。

註：

1. 符號 ≥ 為以上（含本數）；符號 < 為小於或未滿（不含本數）；符號≤為以下或以內（含本數）。
2. 符號 § 表示條文第幾條。

自動撒水設備消防工程圖例

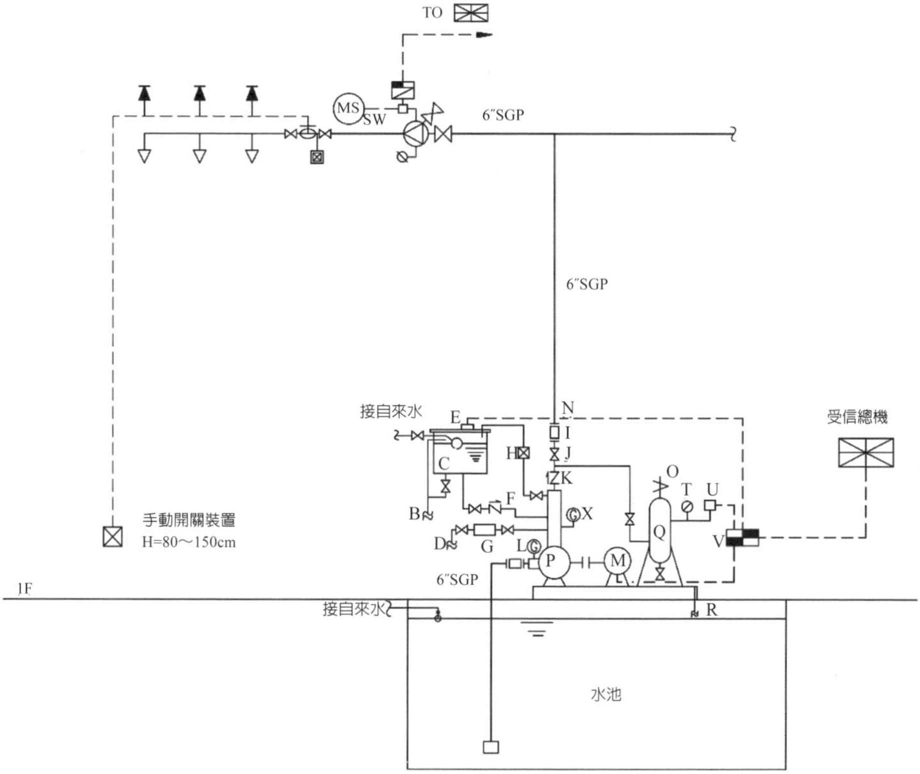

記號	名稱	記號	名稱	記號	名稱
A	輔助水源	I	防震軟管	Q	壓力水槽
B	溢流管（至水池）	J	閘閥	R	洩水管（至水池）
C	輔助水槽（引水槽）	K	逆止閥	S	進水池（至水池）
D	試驗配管（至水源）	L	連成計	T	壓力錶
E	水位開關	M	電動機	U	壓力開關
F	輔助水槽配管	N	消防立管	V	幫浦控制盤
G	流量計	O	安全閥	W	緊急電源
H	水溫上升迴流管	P		X	壓力計

1-25 自動撒水設備——自動撒水設備分類

三、自動撒水設備分類（§ 43）

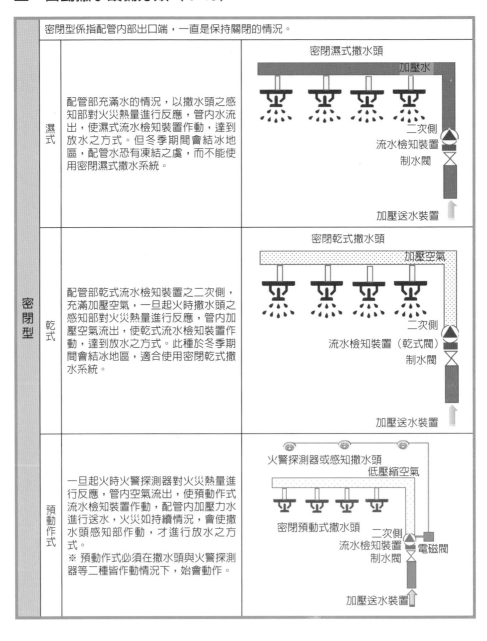

<table>
<tr><td rowspan="4">密閉型</td><td colspan="3">密閉型係指配管內部出口端，一直是保持關閉的情況。</td></tr>
<tr><td>濕式</td><td>配管部充滿水的情況，以撒水頭之感知部對火災熱量進行反應，管內水流出，使濕式流水檢知裝置作動，達到放水之方式。但冬季期間會結冰地區，配管水恐有凍結之虞，而不能使用密閉濕式撒水系統。</td><td>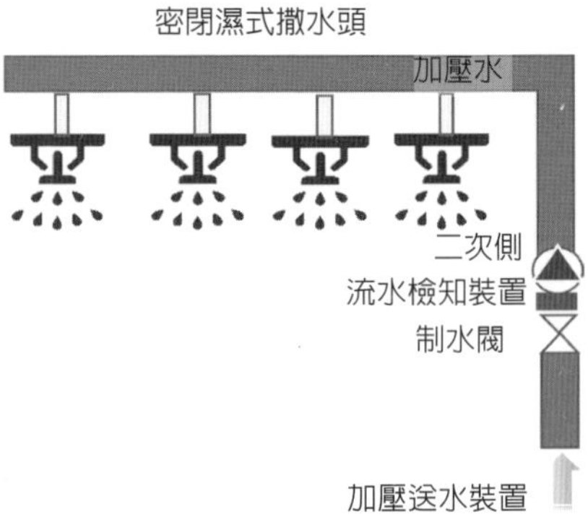
</td></tr>
<tr><td>乾式</td><td>配管部乾式流水檢知裝置之二次側，充滿加壓空氣，一旦起火時撒水頭之感知部對火災熱量進行反應，管內加壓空氣流出，使乾式流水檢知裝置作動，達到放水之方式。此種於冬季期間會結冰地區，適合使用密閉乾式撒水系統。</td><td>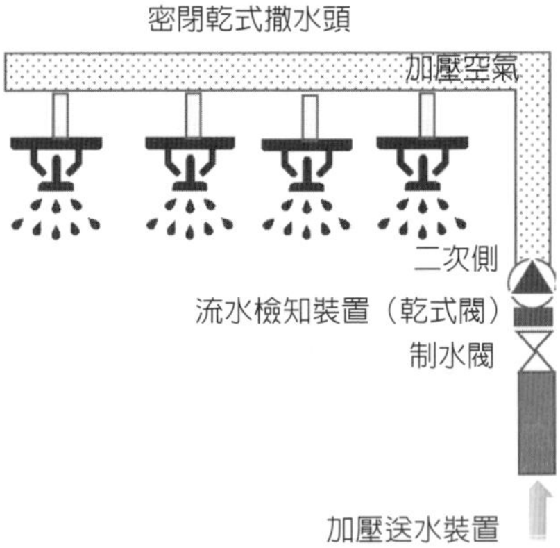
</td></tr>
<tr><td>預動作式</td><td>一旦起火時火警探測器對火災熱量進行反應，管內空氣流出，使預動作式流水檢知裝置作動，配管內加壓力水進行送水，火災如持續情況，會使撒水頭感知部作動，才進行放水之方式。
※ 預動作式必須在撒水頭與火警探測器等二種皆作動情況下，始會動作。</td><td>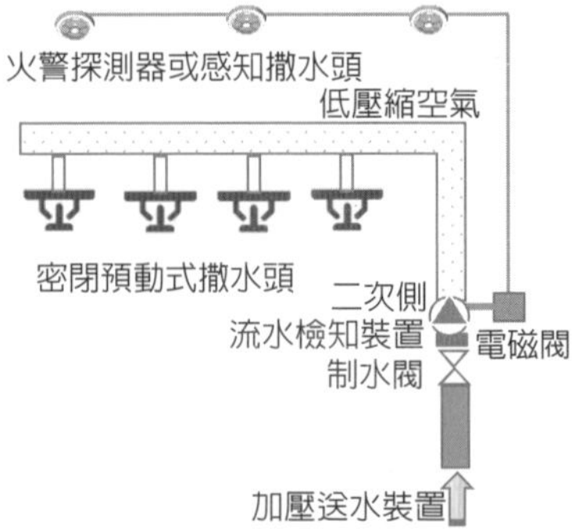
</td></tr>
</table>

開放型	開放型係指二次側管內未有水，而配管出口端總是保持開放的情況。 開放式撒水頭工作原理，係結合火警探測器等，或者是透過手動打開，使一齊開放閥，排出水的方式，來達到滅火之目的；使用開放型往往考慮防護對象物火勢規模可能較大如舞台、室內停車場或可燃性物品儲存倉庫等。	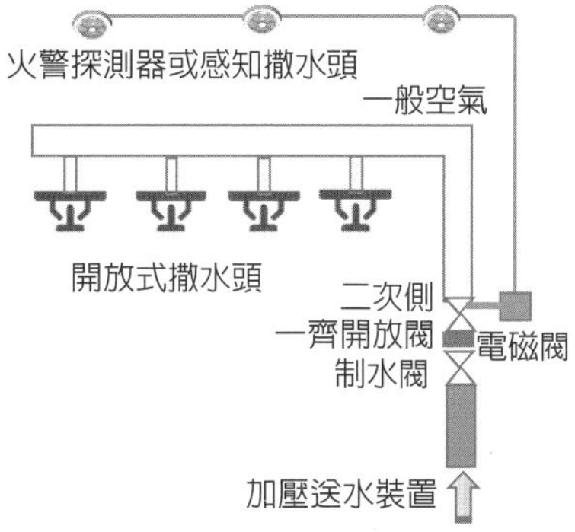

自動撒水設備感知原理

撒水頭感知溫度來自於火災形成熱對流（天花板噴流）為撒水頭主要啓動機制。假使距天花板面高度越遠，其啓動將形越慢。

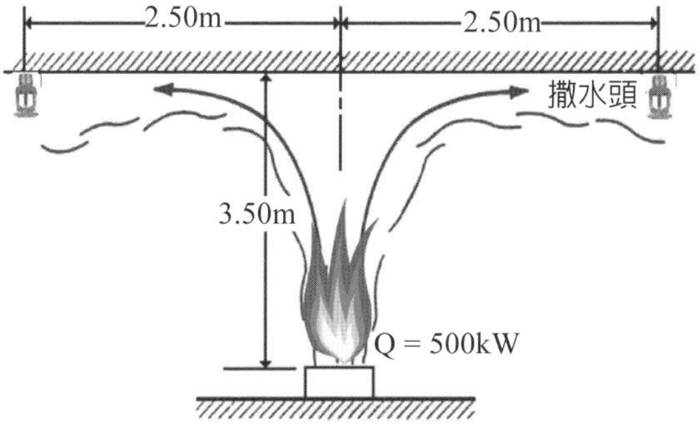

自動撒水系統一齊開放閥照片（左為剖面圖示）

1-26 自動撒水設備——配管、加壓試驗及水箱

四、配管、加壓試驗及水箱

項目		內容	設置標準
密閉乾式或預動式	配管	流水檢知裝置二次側配管： 1. 施予鍍鋅等防腐蝕處理。一齊開放閥二次側配管，亦同。 2. 為有效排水，依下列規定裝置： (1) 支管每 10m 傾斜 4cm，主管每 10m 傾斜 2cm。 (2) 於明顯易見處設排水閥，並標明排水閥字樣。	§44
		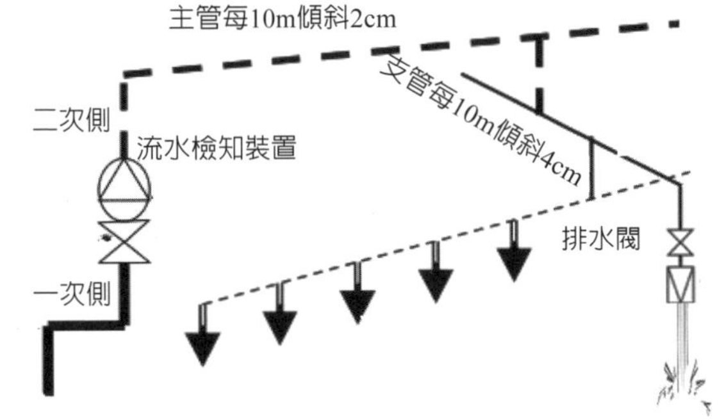	
	設置	1. 流水檢知裝置二次側之加壓空氣，其空氣壓縮機為專用，並能在 < 30min 加壓達二次側配管之設定壓力值。 2. 流水檢知裝置二次側之減壓警報設於平時有人處。 3. 撒水頭動作後，流水檢知裝置應在 <1min，使撒水頭放水。 4. 撒水頭使用向上型。但配管能採取有效措施者，不在此限。	§55
加壓試驗		1. 試驗壓力不得小於加壓送水裝置全閉揚程 ≥ 1.5 倍之水壓。試驗壓力以繼續維持 2hr 無漏水現象為合格。 2. 密閉乾式管系應併行空氣壓試驗，試驗時應使空氣壓力達到 $2.8kg/cm^2$ 其壓力持續 24hr，漏氣量應在 $<0.1kg/cm^2$ 為合格。	§45
屋頂水箱		立管連接屋頂水箱時，屋頂水箱之容量在 ≥ $1m^3$。	§44

註：符號 ≥ 為以上（含本數）；符號 < 為小於或未滿（不含本數）；符號≦為以下或以內（含本數）。

撒水頭分類示意圖

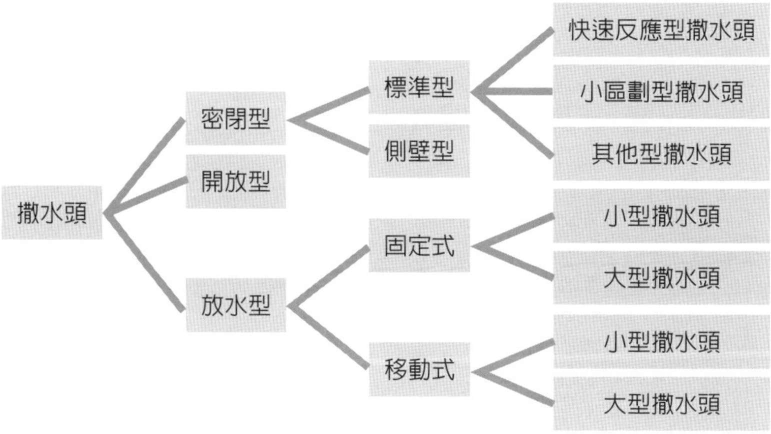

自動撒水系統消防工程例

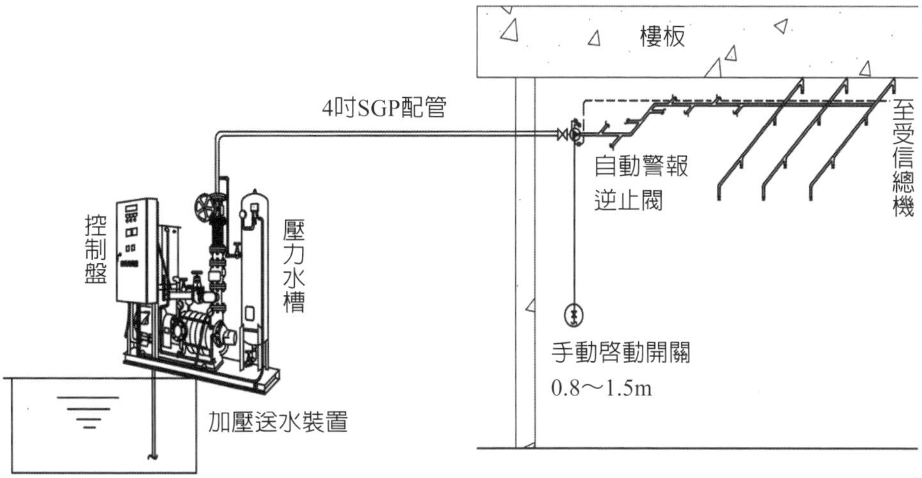

1-27 自動撒水設備——撒水頭配置、位置及免設

五、撒水頭配置、位置及免設

<table>
<tr><th colspan="2">項目</th><th>內容</th><th>設置標準</th></tr>
<tr><td>撒水頭</td><td>配置</td><td>1. 戲院、舞廳、夜總會、歌廳、集會堂等表演場所之舞臺及道具室、電影院之放映室或儲存易燃物品之倉庫，任一點至撒水頭之水平距離 < 1.7m。
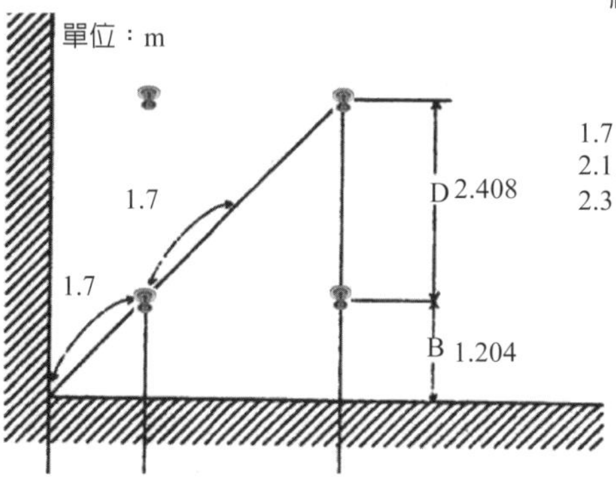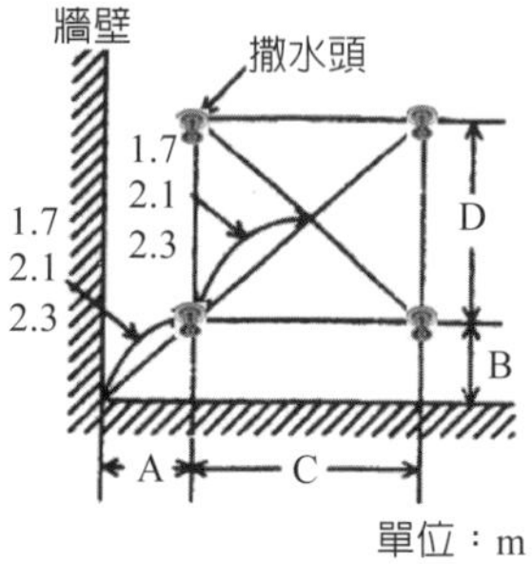
2. 前款以外之建築物依下列規定配置：
①一般反應型撒水頭（第 2 種感度），各層任一點至撒水頭之水平距離 < 2.1m。但防火構造建築物，其水平距離，得增加為 < 2.3m。
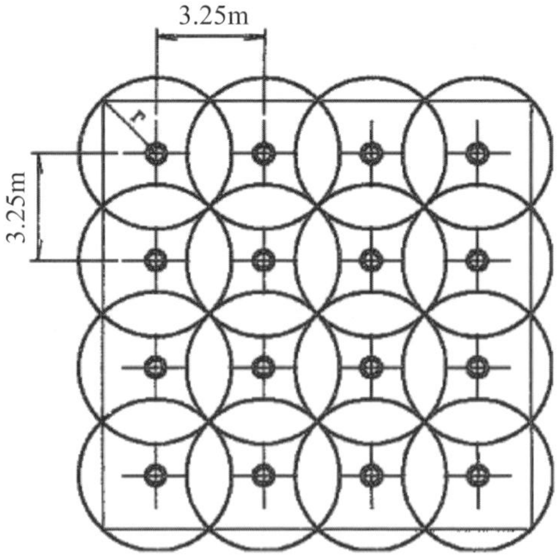
r = 2.3m格子式配置例</td><td>§ 46</td></tr>
</table>

項目	內容	設置標準
	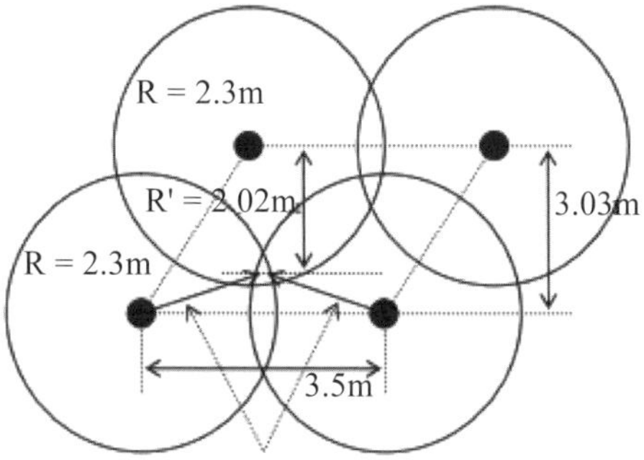 ②快速反應型撒水頭（第 1 種感度），各層任一點至撒水頭之水平距離在 < 2.1m。但設於防火構造建築物，其水平距離，得增加為 < 2.6m；撒水頭有效撒水半徑經中央主管機關認可者，其水平距離，得 ≥ 2.6m。 3. 第十二條第一款第三目、第六目、第二款第七目、第五款第一目等場所之住宿居室、病房及其他類似處所，得採用小區劃型撒水頭（以第一種感度為限），任一點至撒水頭之水平距離在 < 2.6m，撒水頭間距 ≥ 3m，且任一撒水頭之防護面積在 < 13m^2。 4. 前款所列場所之住宿居室等及其走廊、通道與其類似場所，得採用側壁型撒水頭（以第一種感度為限），牆面二側至撒水頭之水平距離在 < 1.8m，牆壁前方至撒水頭之水平距離在 < 3.6m。 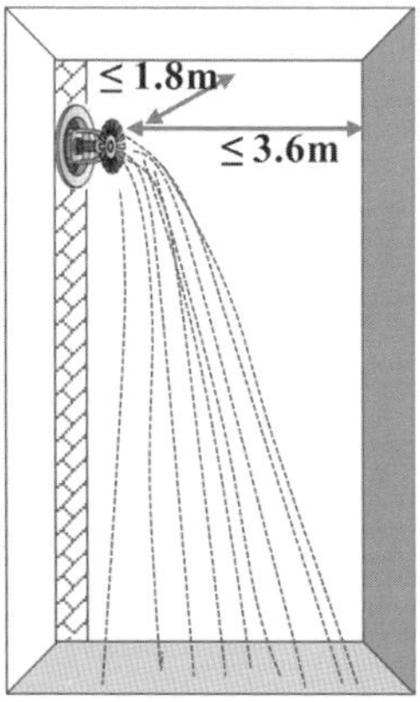 5. 中央主管機關認定儲存大量可燃物之場所天花板高度 ≥ 6m，或其他場所天花板高度 ≥ 10m 者，應採用放水型撒水頭。 6. 地下建築物天花板與樓板間之高度，在 ≥ 50cm 時，天花板與樓板均應配置撒水頭，且任一點至撒水頭之水平距離在 < 2.1m。但天花板以不燃性材料裝修者，其樓板得免設撒水頭。 第 17 條第 1 項第 6 款之高架儲存倉庫，其撒水頭依下列規定配置： 1. 設在貨架之撒水頭，應符合下列規定： ①任一點至撒水頭之水平距離，在 < 2.5m，並以交錯方式設置。 ②儲存棉花類、塑膠類、木製品、紙製品或紡織製品等易燃物品時，每 4m 高度至少設置一個；儲存其他物品時，每 6m 高度至少設置一個。	§46

<table>
<tr><th colspan="2">項目</th><th>內容</th><th>設置標準</th></tr>
<tr><td></td><td></td><td>③儲存之物品會產生撒水障礙時，該物品下方亦應設置。
④設置符合第 47 條第 2 項規定之防護板。但使用經中央主管機關認可之貨架撒水頭者，不在此限。
2. 前款以外，設在天花板或樓板之撒水頭，任一點至撒水頭之水平距離在 < 2.1m。</td><td></td></tr>
<tr><td></td><td></td><td>公共危險物品場所
1. 防護對象任一點至撒水頭之水平距離在 <1.7m。
2. 開放式撒水設備，每一放水區域樓地板面積在 ≥ 150m^2。但防護對象樓地板面積未滿 150m^2 時，以實際樓地板面積計算。</td><td>§ 211</td></tr>
<tr><td></td><td>位置</td><td>1. 撒水頭軸心與裝置面成垂直裝置。
2. 撒水頭迴水板下方 < 45cm 及水平方向 < 30cm，應保持淨空間，不得有障礙物。
3. 密閉式撒水頭之迴水板裝設於裝置面（指樓板或天花板）下方，其間距在 < 30cm。
4. 密閉式撒水頭裝置於樑下時，迴水板與樑底之間距在 < 10cm，且與樓板或天花板之間距在 < 50cm。
5. 密閉式撒水頭裝置面，四周以淨高 ≥ 40cm 之樑或類似構造體區劃包圍時，按各區劃裝置。但該樑或類似構造體之間距在 < 180cm 者，不在此限。
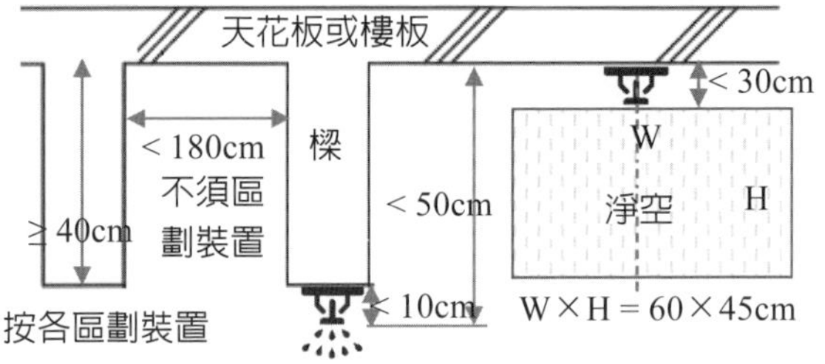

6. 使用密閉式撒水頭，且風管等障礙物之寬度 ≥ 120cm 時，該風管等障礙物下方，亦應設置。
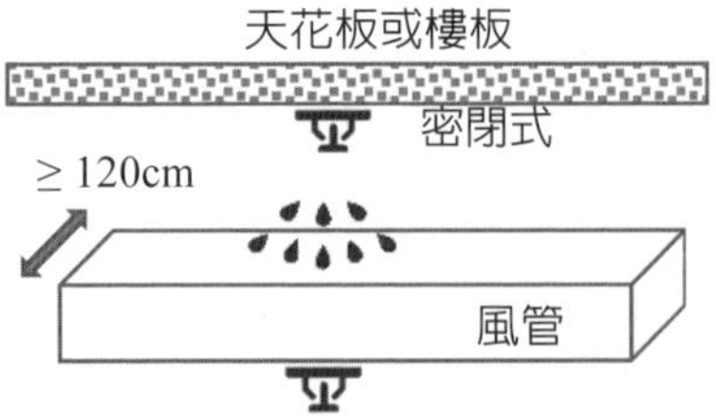

7. 側壁型撒水頭應符合下列規定：
①撒水頭與裝置面（牆壁）之間距，在 < 15cm。
②撒水頭迴水板與天花板或樓板之間距，在 < 15cm。
③撒水頭迴水板下方及水平方向 < 45cm，保持淨空間，不得有障礙物。</td><td>§ 47</td></tr>
</table>

項目	內容	設置標準

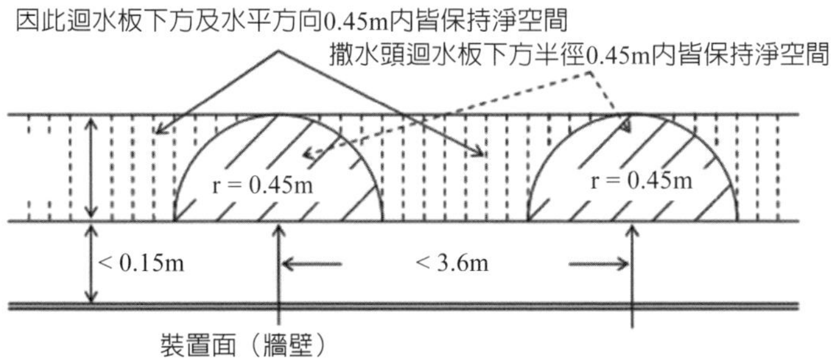

8. 密閉式撒水頭側面有樑時，依下表裝置。

撒水頭與樑側面淨距離（cm）	< 74	75～99	100～149	≥ 150
迴水板高出樑底面尺寸（cm）	0	< 9	< 14	29

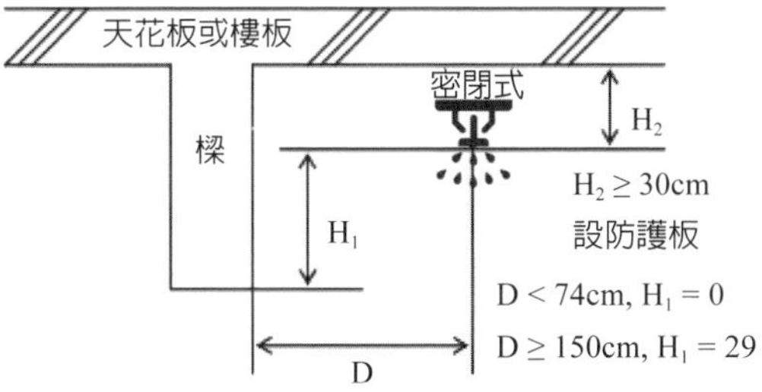

§ 47

前項第八款之撒水頭，其迴水板與天花板或樓板之距離 ≥ 30cm 時，依下列規定設置防護板。
① 防護板應使用金屬材料，且直徑在 ≥ 30cm。
② 防護板與迴水板之距離，在 <30cm。

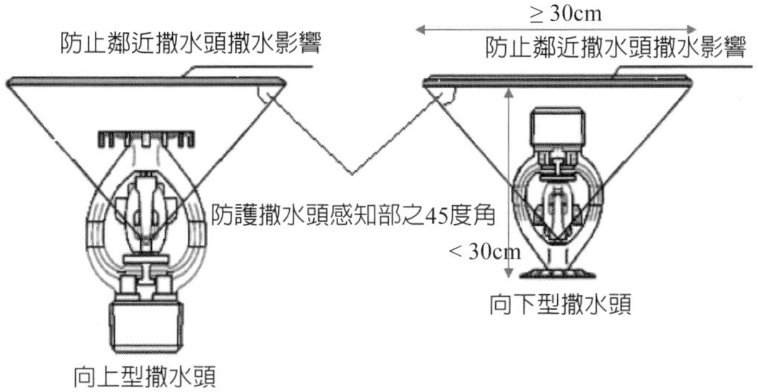

（參考福岡市消防設備等技術基準，平成 26 年）
註：集熱板在日文為防護板，旨在防護上方撒水至下方撒水頭使其無法動作，譯為集熱板可能會誤導其意，此於 106 年 4 月修法。

項目	內容	設置標準
	存放易燃性物質處所，撒水頭迴水板下方 90cm 及水平方向 30cm 以內，應保持淨空間，不得有障礙物。 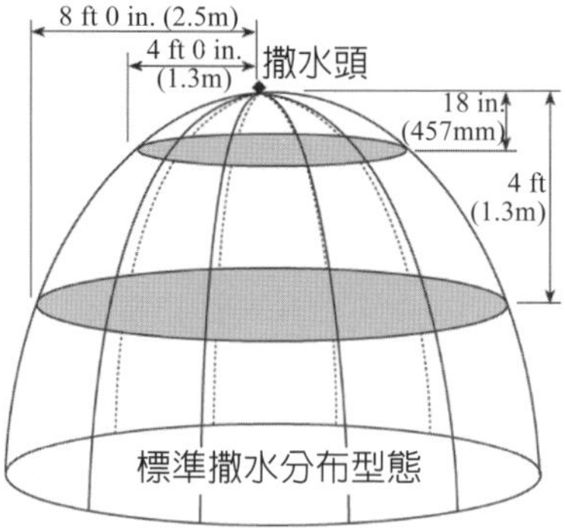 圖：NFPA 規定撒水正常分布區域	§ 211
免裝	1. 洗手間、浴室或廁所。 2. 室內安全梯間、特別安全梯間或緊急升降機間之排煙室。 3. 防火構造之升降機升降路或管道間。 4. 升降機機械室或通風換氣設備機械室。 5. 電信機械室或電腦室。 6. 發電機、變壓器等電氣設備室。 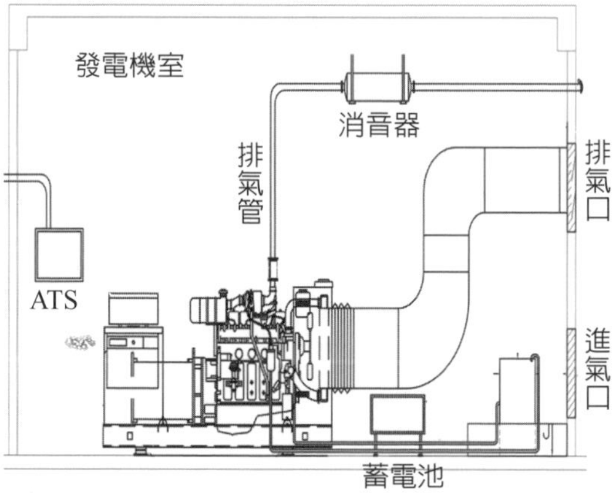 7. 外氣流通無法有效探測火災之走廊。	§ 49

<table>
<tr><th>項目</th><th>內容</th><th>設置標準</th></tr>
<tr><td></td><td>

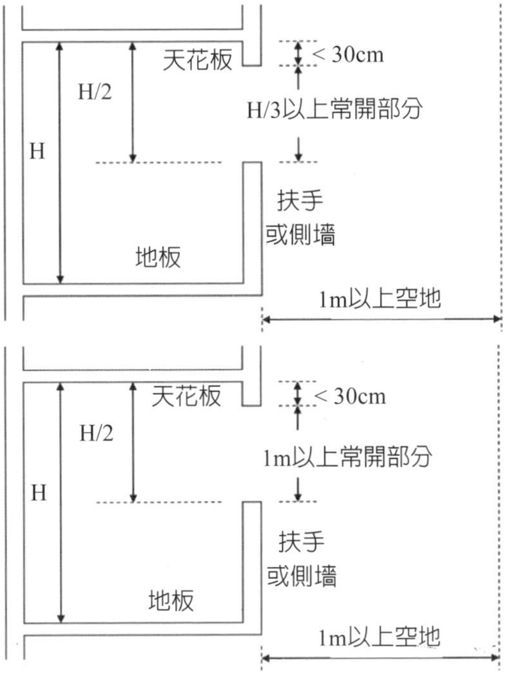

圖：外氣流通場所例（日本堺市消防平成 28 年）

8. 手術室、產房、X光（放射線）室、加護病房或麻醉室等其他類似處所。
9. 第 112 條第 1 款第 1 目所列場所及第 2 目之集會堂使用之觀眾席，設有固定座椅部分，且撒水頭裝置面高度在 $\geq$ 8m 者。
10. 室內游泳池之水面或溜冰場之冰面上方。
11. 主要構造為防火構造，且開口設有具 $\geq$ 1hr 防火時效之防火門之金庫。
12. 儲存鋁粉、碳化鈣、磷化鈣、鈉、生石灰、鎂粉、鉀、過氧化鈉等禁水性物質或其他遇水時將發生危險之化學品倉庫或房間。
13. 第 17 條第 1 項第 5 款之建築物（地下層、無開口樓層及 $\geq$ 11F 之樓層除外）中，供第 12 條第 2 款至第 4 款所列場所使用，與其他部分間以具 $\geq$ 1hr 防火時效之牆壁、樓地板區劃分隔，並符合下列規定者：
①區劃分隔之牆壁及樓地板開口面積合計在 $< 8m^2$，且任一開口面積在 $< 4m^2$。
②前目開口部設具 $\geq$ 1hr 防火時效之防火門窗等防火設備，且開口部與走廊、樓梯間不得使用防火鐵捲門。但開口面積在 $< 4m^2$，且該區劃分隔部分能 2 方向避難者，得使用具 $\geq$ 0.5hr 防火時效之防火門窗等防火設備。
14. 第 17 條第 1 項第 4 款之建築物（地下層、無開口樓層及 $\geq$ 11F 之樓層除外）中，供第 12 條第 2 款至第 4 款所列場所使用，與其他部分間以具 $\geq$ 1hr 防火時效之牆壁、樓地板區劃分隔，並符合下列規定者：
①區劃分隔部分，樓地板面積在 $< 200m^2$。
②內部裝修符合建築技術規則建築設計施工編第 88 條規定。

</td><td>§ 49</td></tr>
</table>

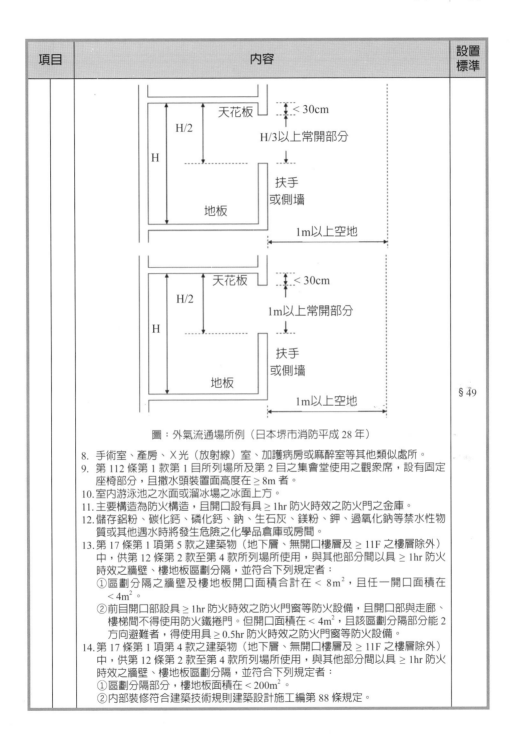

項目		內容	設置標準
		③開口部設具 ≥ 1hr 防火時效之防火門窗等防火設備，且開口部與走廊、樓梯間不得使用防火鐵捲門。但開口面積在 < $4m^2$，且該區劃分隔部分能 2 方向避難者，得使用具 ≥ 0.5hr 防火時效之防火門窗等防火設備。	

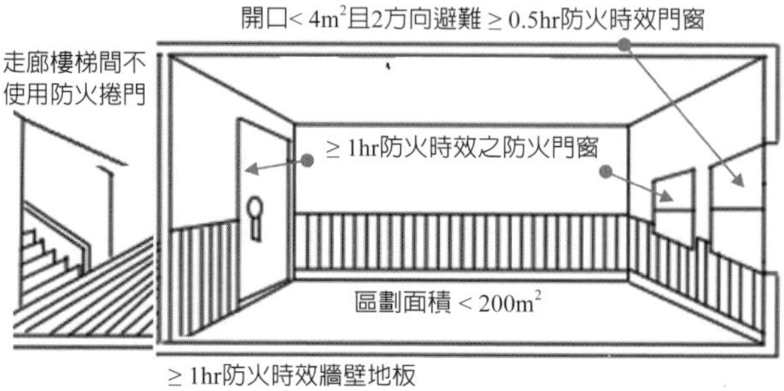

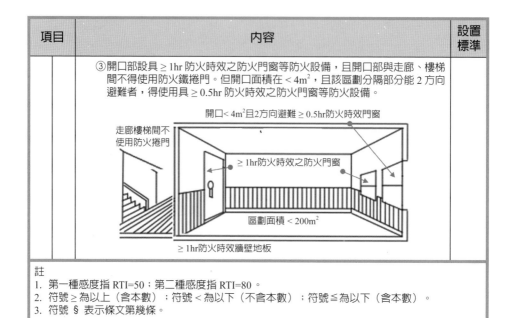

註
1. 第一種感度指 RTI=50；第二種感度指 RTI=80。
2. 符號 ≥ 為以上（含本數）；符號 < 為以下（不含本數）；符號≦為以下（含本數）。
3. 符號 § 表示條文第幾條。

優美型撒水頭動作原理（Patron Fire, 2017）

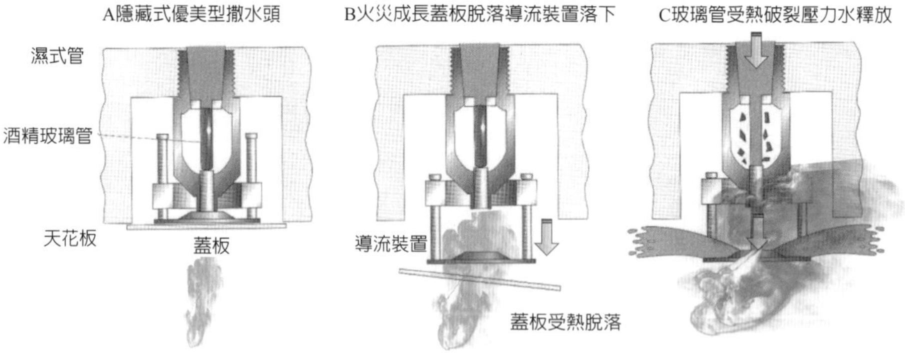

密閉式與開放式撒水動作流程

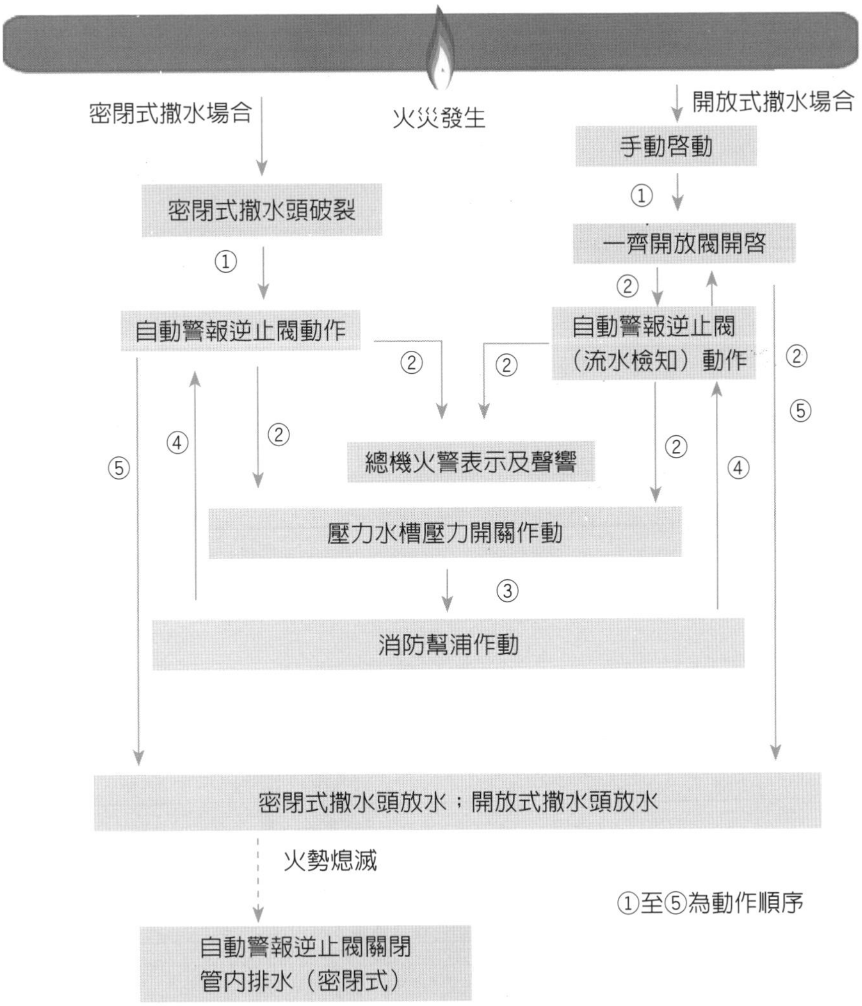

（參考日本東京防災設備保守協會，2017）

1-28 自動撒水設備——密閉式與開放式

六、密閉式與開放式

<table>
<tr><th colspan="2">項目</th><th>內容</th><th>設置標準</th></tr>
<tr><td>密閉式</td><td>撒水頭</td><td>應就裝置場所平時最高周圍溫度，依下表選擇一定標示溫度之撒水頭。
<table>
<tr><th>最高周圍溫度（℃）</th><th>標示溫度（℃）</th></tr>
<tr><td>＜39</td><td>＜75</td></tr>
<tr><td>39～64</td><td>75～121</td></tr>
<tr><td>64～106</td><td>121～162</td></tr>
<tr><td>≧106</td><td>≧162</td></tr>
</table></td><td>§48</td></tr>
<tr><td></td><td>查驗閥</td><td>1. 管徑在≧25mm。
2. 查驗閥依各流水檢知裝置配管系統配置，並接裝在建築物各層放水壓力最低之最遠支管末端。
3. 查驗閥之一次側設壓力表，二次側設有與撒水頭同等放水性能之限流孔。
4. 距離地板面之高度在＜2.1m，並附有排水管裝置，並標明末端查驗閥字樣。
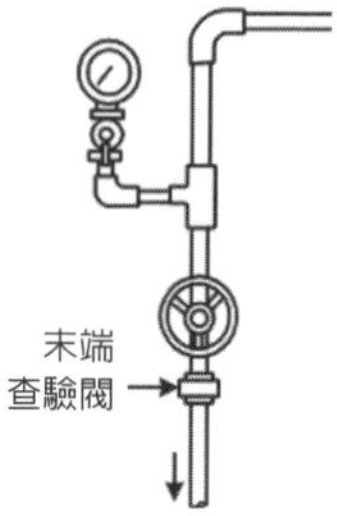

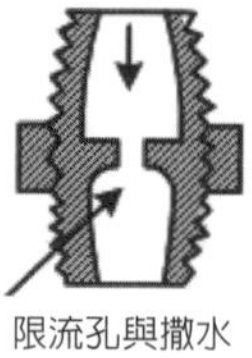

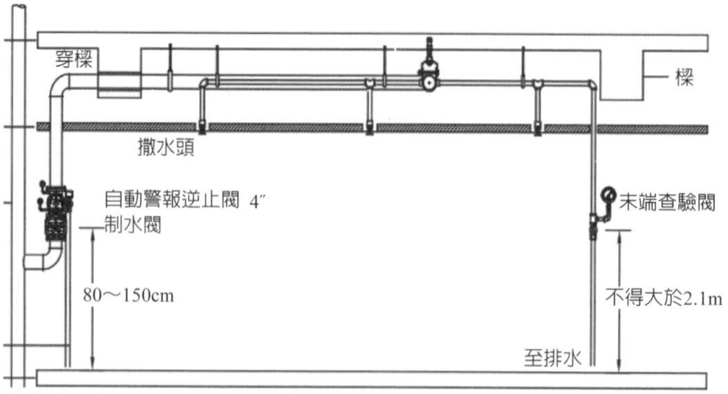
</td><td>§56</td></tr>
</table>

<table>
<tr><th colspan="2">項目</th><th>內容</th><th>設置標準</th></tr>
<tr><td rowspan="4">開放式</td><td>自動啓動</td><td>1. 感知撒水頭或探測器動作後，能啓動一齊開放閥及加壓送水裝置。
2. 感知撒水頭使用標示溫度在 < 79℃者，且每 20m² 設置一個；探測器使用定溫式一種或二種，並依第 120 條規定設置，每一放水區域 ≥ 1 個。
3. 感知撒水頭設在裝置面距樓地板面高度 < 5m，且能有效探測火災處。
但受信總機設在平時有人處，且火災時，能立即操作啓動裝置者，得免設自動啓動裝置。</td><td rowspan="2">§ 52</td></tr>
<tr><td>手動啓動</td><td>1. 每一放水區域設置一個手動啓動開關，其高度距樓地板面在 0.8～1.5m，並標明手動啓動開關字樣。
2. 手動啓動開關動作後，能啓動一齊開放閥及加壓送水裝置。
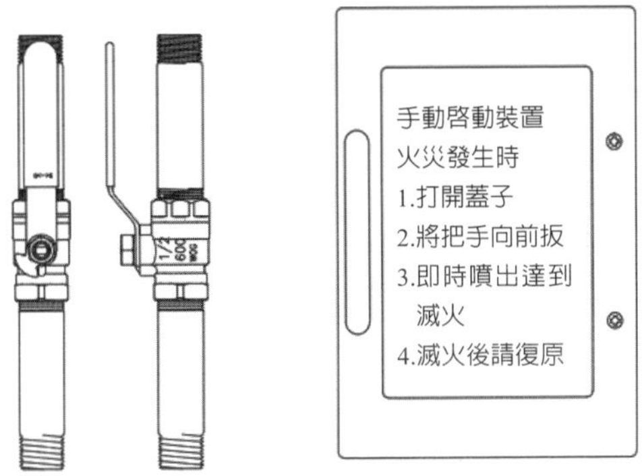
</td></tr>
<tr><td>一齊開放閥</td><td>1. 每一放水區域設置一個。
2. 一齊開放閥二次側配管裝設試驗用裝置，在該放水區域不放水情形下，能測試一齊開放閥之動作。
3. 一齊開放閥所承受之壓力，在其最高使用壓力以下。</td><td>§ 53</td></tr>
<tr><td>放水區域</td><td>1. 每一舞臺之放水區域在 < 4 個。
2. 放水區域在 ≥ 2 個時，每一放水區域樓地板面積在 ≥ 100m²，且鄰接之放水區域相互重疊，使有效滅火。</td><td>§ 54</td></tr>
</table>

七、一齊開放閥

<table>
<tr><th colspan="3">種類</th><th>作動方式（參考日本消防檢定協會，2017）</th></tr>
<tr><td rowspan="3">水壓啓動</td><td colspan="2" rowspan="2">加壓型</td><td>關閉狀態
一次側充滿水，閥門因本身重量與水壓之關係，保持關閉狀態。
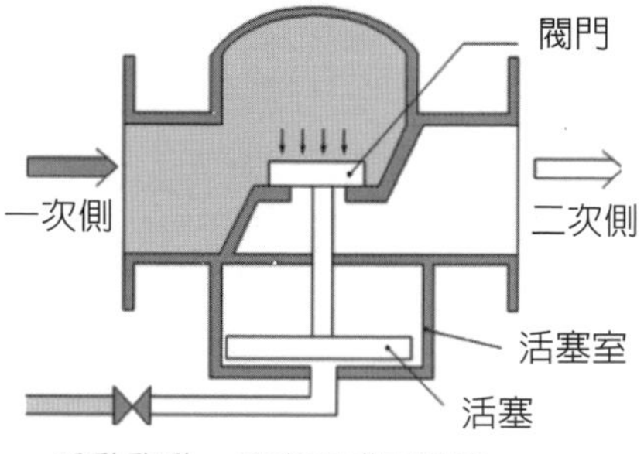
</td></tr>
<tr><td>開放狀態
當手動啓動置、電磁閥或電動閥是受啓動，活塞室湧入大量加壓水，閥門受壓往上推成開啓狀態。
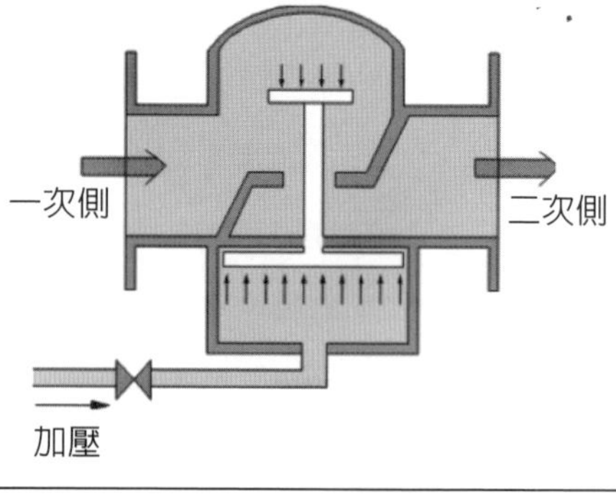
</td></tr>
<tr><td>減壓型</td><td>上往下式</td><td>關閉狀態
在一次側水透過加壓管路充滿活塞室，使活塞受到加壓狀態，以及閥門本身重量，閥門成一關閉狀態。
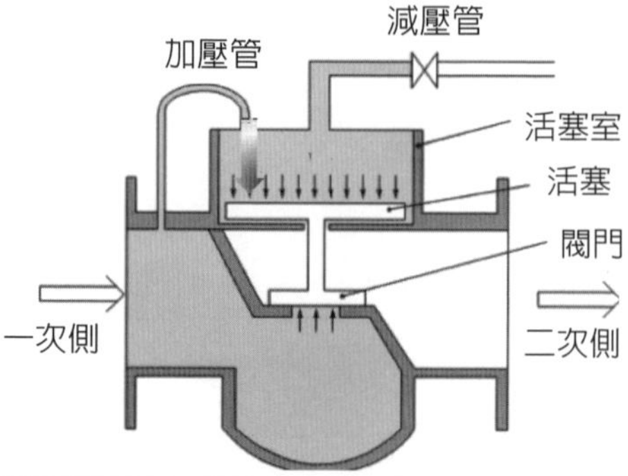
</td></tr>
</table>

<table>
<tr><th>種類</th><th>作動方式（參考日本消防檢定協會，2017）</th></tr>
<tr><td></td><td>開放狀態
當活塞室的加壓水，由於感知撒水頭等動作開放而流出水時，減壓管路的截面積大於加壓管，因此流入活塞室小於流出水量。結果，活塞室的水壓減小，負壓施加到活塞，終使向上推動閥力量大於施加到活塞向下力，閥門成打開狀態 。
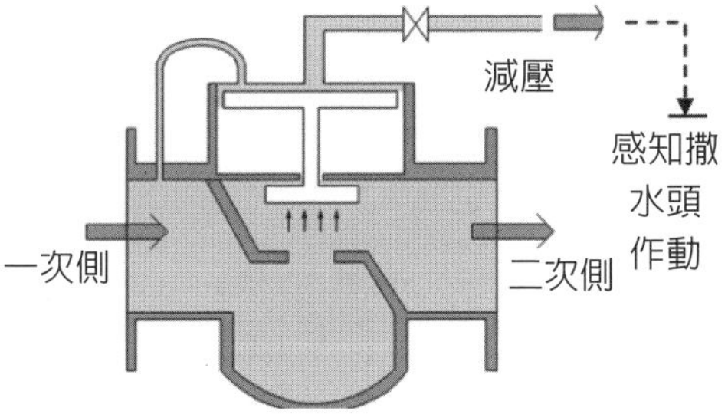
</td></tr>
<tr><td>下往上式</td><td>關閉狀態
在一次側水透過加壓管路充滿活塞室，使活塞受到加壓狀態，以及閥門本身重量，閥門成一關閉狀態。
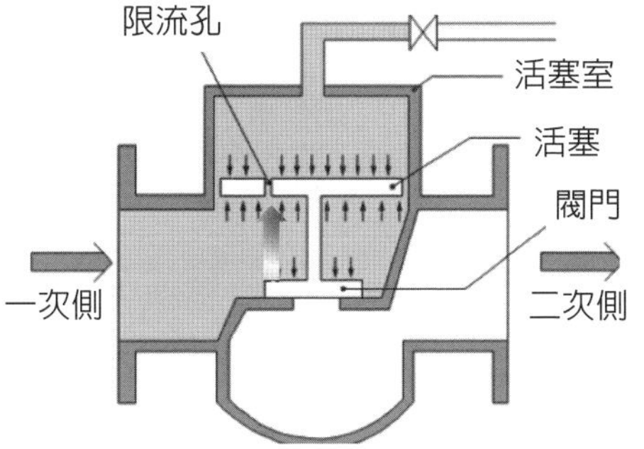
</td></tr>
<tr><td>下往上式</td><td>開放狀態
當活塞室的加壓水，由於感知撒水頭等動作開放而流出水時，減壓管的截面積大於限流孔，因此流入活塞室小於流出水量。結果，活塞室的水壓減小，負壓施加到活塞，終使向上力量大於活塞閥本身的重量和閥向下力，閥門被上推到打開狀態 。
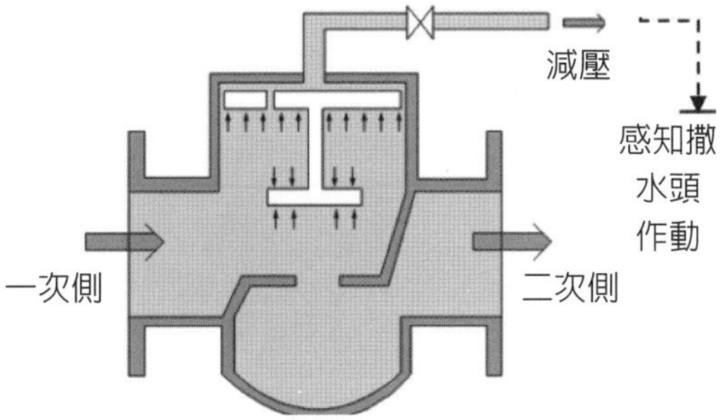
</td></tr>
</table>

<table>
<tr><th colspan="2">種類</th><th>作動方式（參考日本消防檢定協會，2017）</th></tr>
<tr><td rowspan="3">電氣啓動</td><td rowspan="2">電磁型</td><td>關閉狀態
由供電線圈產生的電磁力驅動活動鐵芯往下，閥門關閉時活塞室充滿加壓水，隔膜往下頂，一次側水無法流入二次側。
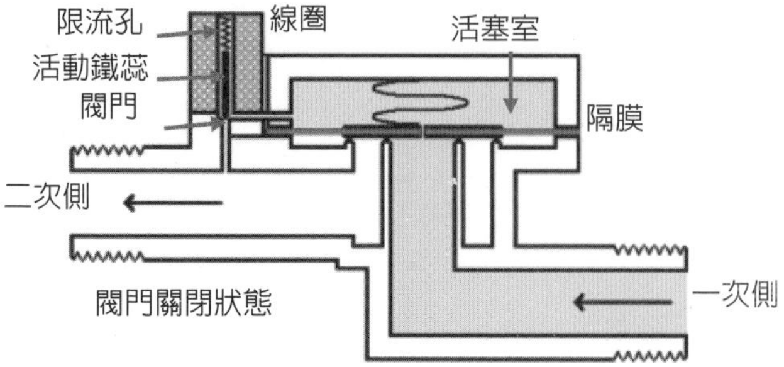</td></tr>
<tr><td>開放狀態
由供電線圈產生的電磁力驅動活動鐵芯往上，使閥門開放，活塞室加壓水由限流孔流入二次側，使一次側水壓大於活塞室水壓，隔膜往上頂，一次側水流入二次側。
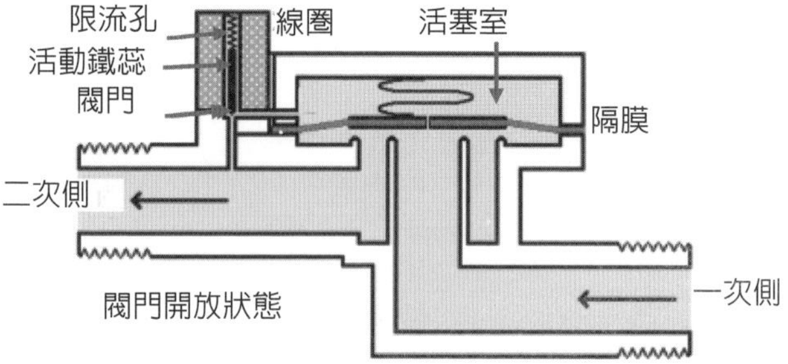</td></tr>
<tr><td>電動型</td><td>關閉狀態
使用電能作為動力來接通電動執行器（或馬達），來驅動閥門往下（B 點），使閥門關閉時，一次側水無法流入二次側。
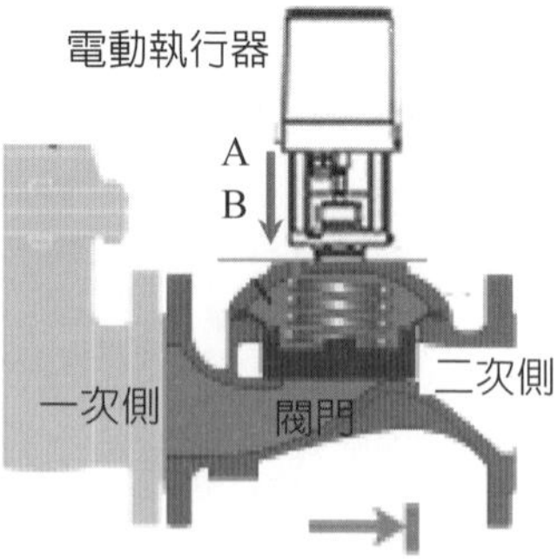</td></tr>
</table>

種類			作動方式（參考日本消防檢定協會，2017）
			開放狀態 使用電能作為動力來接通電動執行器（或馬達），來驅動閥門往上（A 點），使一次側水流入二次側。

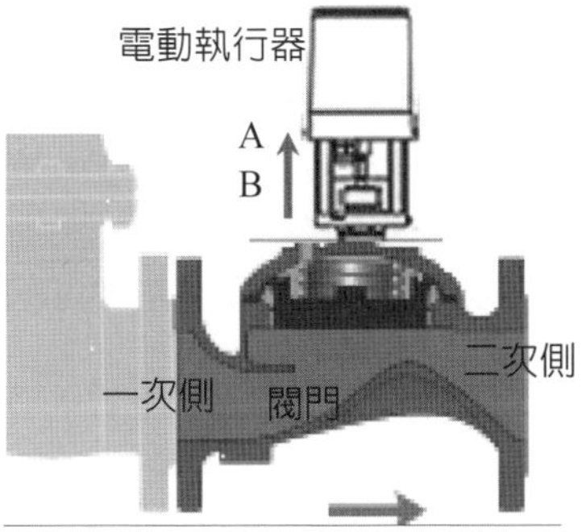

開放式撒水設備動作流程

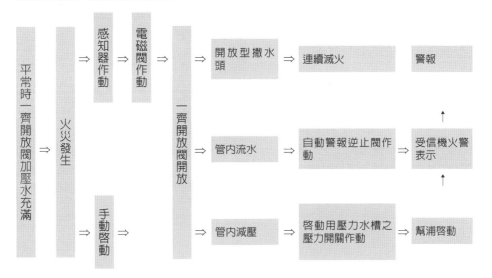

平常時一齊開放閥加壓水充滿 ⇒ 火災發生

火災發生 ⇒ 感知器作動 ⇒ 電磁閥作動 ⇒ 一齊開放閥開放

火災發生 ⇒ 手動啓動 ⇒ 一齊開放閥開放

一齊開放閥開放 ⇒ 開放型撒水頭 ⇒ 連續滅火

一齊開放閥開放 ⇒ 管内流水 ⇒ 自動警報逆止閥作動 ⇒ 受信機火警表示 → 警報

一齊開放閥開放 ⇒ 管内減壓 ⇒ 啓動用壓力水槽之壓力開關作動 ⇒ 幫浦啓動 → 受信機火警表示

（參考日本 MINAKAMI 株式會社，2017）

1-29 自動撒水設備——放水量與流水檢知

八、放水量與流水檢知

<table>
<tr><th>項目</th><th>內容</th><th>設置標準</th></tr>
<tr><td>放水量</td><td>1. 每分鐘應 ≥ 80L（設於高架倉庫者，應為 114L），且放水壓力應 ≥ 1kg/cm^2。但小區劃型撒水頭之放水量，每分鐘應 ≥ 50L。
2. 放水型撒水頭之放水量，應達防護區域 ≥ 5 L/min.m^2。但儲存可燃物場所，應達 ≥ 10 L/min.m^2。</td><td>§ 50</td></tr>
<tr><td>流水檢知裝置</td><td>1. 各樓層之樓地板面積在 < 3000m^2 者，裝設一套，≥ 3000m^2 者，裝設 2 套。但上下 2 層，各層撒水頭數量在 < 10 個，且設有火警自動警報設備者，得 2 層共用。
2. 無隔間之樓層內，前款 3000m^2 得增為 10000m^2。
3. 撒水頭或一齊開放閥開啓放水時，即發出警報。
4. 附設制水閥，其高度距離樓地板面在 0.8～1.5m，並於制水閥附近明顯易見處，設置標明制水閥字樣之標識。

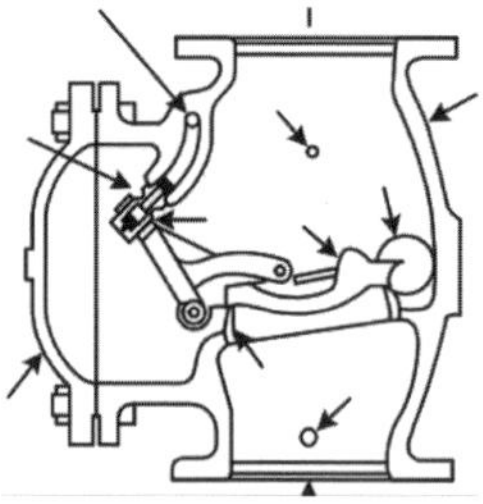

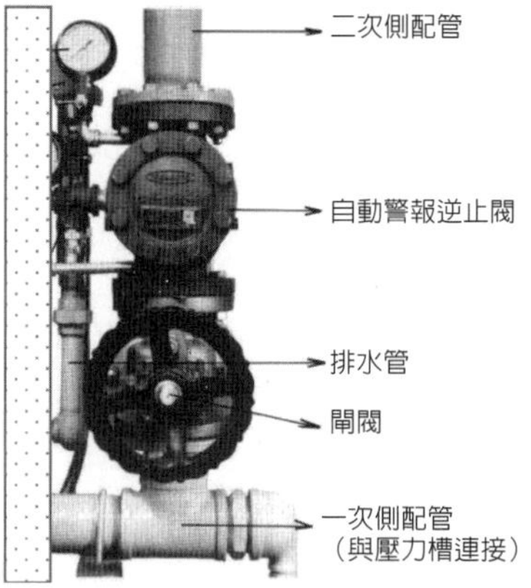

</td><td>§ 51</td></tr>
</table>

一齊開放閥種類

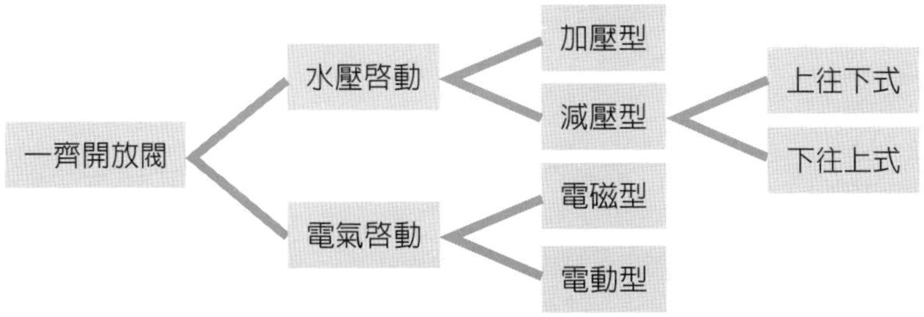

流水檢知裝置種類

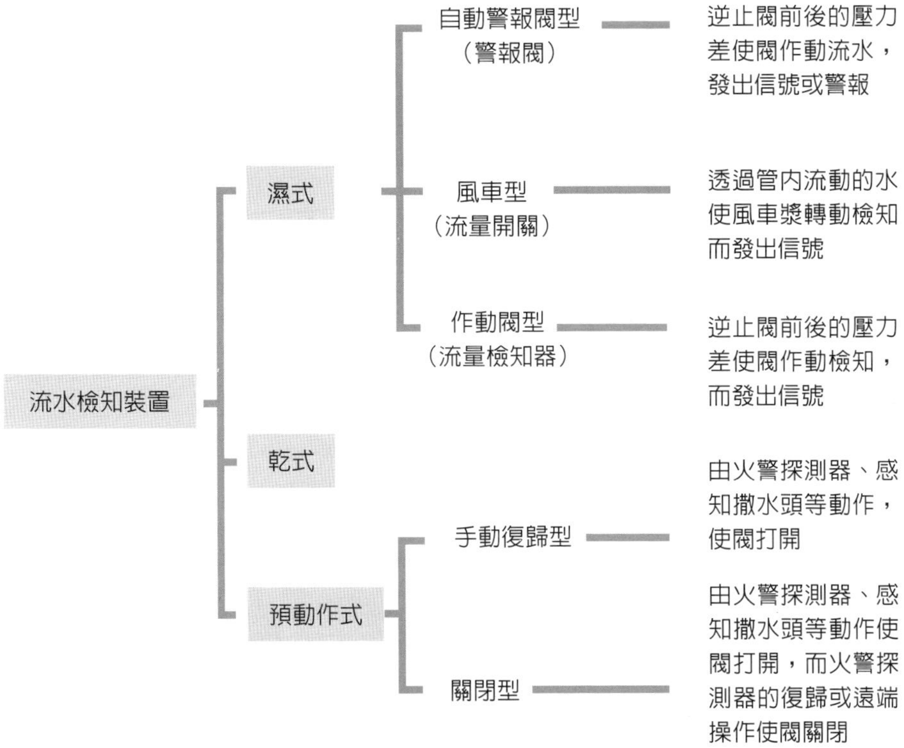

（參考日本堺市消防局審查基準，平成 28 年）

1-30 自動撒水設備——水源容量

九、水源容量

<table>
<tr><th>項目</th><th>內容</th><th>設置標準</th></tr>
<tr><td rowspan="3">水源容量</td><td>1. 使用密閉式一般反應型、快速反應型撒水頭時，應符合下表規定個數繼續放水 20min 之水量。但各類場所實設撒水頭數，較應設撒水頭數少時，其水源容量得依實際撒水頭數計算之。
<table>
<tr><th colspan="2" rowspan="2">各類場所</th><th colspan="2">撒水頭個數</th></tr>
<tr><th>快速反應型</th><th>一般反應型</th></tr>
<tr><td colspan="2">≥ 11F、地下建築物</td><td>12</td><td>15</td></tr>
<tr><td rowspan="3"><10F</td><td>供第 12 條第 1 款第 4 目使用及複合用途建築物中供第 12 條第 1 款第 4 目</td><td>12</td><td>15</td></tr>
<tr><td>地下層</td><td>12</td><td>15</td></tr>
<tr><td>其他</td><td>8</td><td>10</td></tr>
<tr><td rowspan="2">高架儲存倉庫</td><td>儲存棉花、塑膠、木製品、紡織品等易燃物品</td><td>24</td><td>30</td></tr>
<tr><td>儲存其他物品</td><td>16</td><td>20</td></tr>
</table>
2. 使用開放式撒水頭時，應符合下列規定：
①供第 12 條第 1 款第 1 目使用場所及第 2 目集會堂之舞臺，在 < 10F 時，應在最大放水區域全部撒水頭，繼續放水 ≥ 20min 之水量。
②供第 12 條第 1 款第 1 目使用場所及第 2 目集會堂之舞臺，在 ≥ 11F 樓層，應在最大樓層全部撒水頭，繼續放水 ≥ 20min 之水量。
3. 使用側壁型或小區劃型撒水頭時，<10F 樓層在 8 個撒水頭、≥ 11F 在 12 個撒水頭繼續放水 ≥ 20min 之水量。
4. 使用放水型撒水頭時，應在實設撒水頭數繼續放射 ≥ 20min 之水量。前項撒水頭數量之規定，在使用乾式或預動式流水檢知裝置時，應追加 50%。</td><td>§ 57</td></tr>
<tr><td>公共危險物品場所
1. 使用密閉式撒水頭時，應在設置 30 個撒水頭繼續放水 ≥ 30min 水量。但設置撒水頭數在 <30 個者，以實際撒水頭數計算。
2. 使用開放式撒水頭時，應在最大放水區域全部撒水頭，繼續放水 ≥ 30min 水量。
3. 前二目撒水頭數量，在使用密閉乾式或預動式流水檢知裝置時，應追加 10 個。</td><td>§ 211</td></tr>
<tr><td>免設撒水頭處所，除第 49 條第 7 款及第 12 款外，得設置補助撒水栓，並應符合下列規定：
1. 各層任一點至水帶接頭之水平距離在 <15m。但設有自動撒水設備撒水頭之部分，不在此限。</td><td>§ 57</td></tr>
</table>

項目	內容	設置標準
	2. 設有補助撒水栓之任一層，以同時使用該層所有補助撒水栓時，各瞄子放水壓力在 ≥ 2.5kg/cm²，放水量在 ≥ 60L/min。但全部補助撒水栓數量 ≥ 2 支時（鄰接補助撒水栓水帶接頭之水平距離 ≥ 30m 時，為 1 個），以同時使用 2 支計算之。 3. 補助撒水栓箱表面標示補助撒水栓字樣，箱體上方設置紅色標示燈。 4. 瞄子具有容易開關之裝置。 5. 開關閥設在距地板面 < 1.5m。 6. 水帶能便於操作延伸。 7. 配管從各層流水檢知裝置二次側配置。	§ 57

密閉式撒水頭動作流程

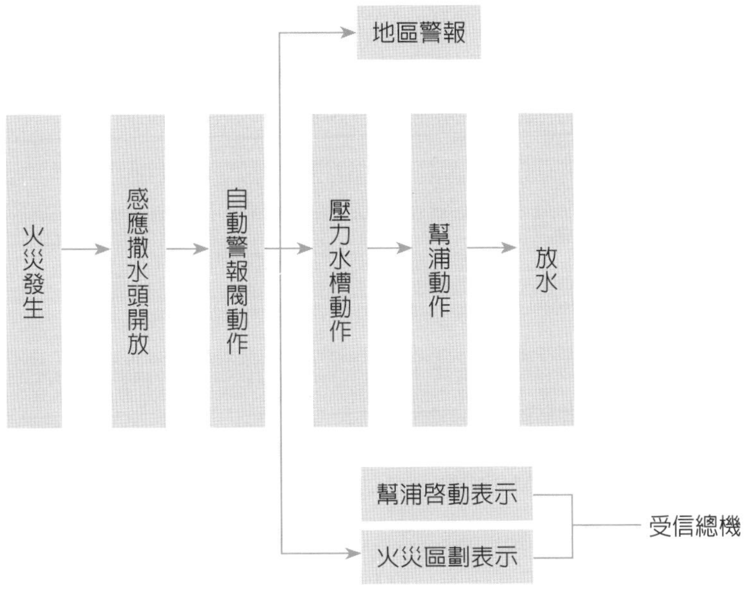

1-31 自動撒水設備——加壓送水裝置

十、加壓送水裝置

項目	內容	設置標準
加壓送水裝置	1. 重力水箱： ①有水位計、排水管、溢水用排水管、補給水管及人孔之裝置。 ②水箱必要落差在下列計算值以上： 必要落差 = 配管摩擦損失水頭 + 10（公尺） H = h1 + 10m	§ 58
	2. 壓力水箱： ①有壓力表、水位計、排水管、補給水管、給氣管、空氣壓縮機及人孔之裝置。 ②水箱內空氣占水箱容積之 ≥ 1/3，壓力在使用建築物最高處之撒水頭維持規定放水水壓所需壓力以上。當水箱內壓力及液面減低時，能自動補充加壓。空氣壓縮機及加壓幫浦與緊急電源相連接。 ③水箱必要壓力在下列計算值以上： 必要壓力 = 配管摩擦損失水頭 + 落差 + 1（公斤 / 平方公分） $P = P1 + P2 + 1kgf/cm^2$	
	3. 消防幫浦： ①幫浦出水量，依前條規定核算之撒水頭數量，乘以 90L/min（設於高架儲存倉庫者，為 130L/min）。但使用小區劃型撒水頭者，應乘以 60L/min。另放水型撒水頭依中央消防機關認可者計算之。 ②幫浦全揚程在下列計算值以上： 幫浦全揚程 = 配管摩擦損失水頭 + 落差 + 10（計算單位：公尺） H = h1 + h2 + 10m ③應為專用。但與其他滅火設備並用，無妨礙各設備之性能時，不在此限。 ④連接緊急電源。	
	前項加壓送水裝置撒水頭放水壓力應在 $<10kg/cm^2$。	

自動警報裝置種類

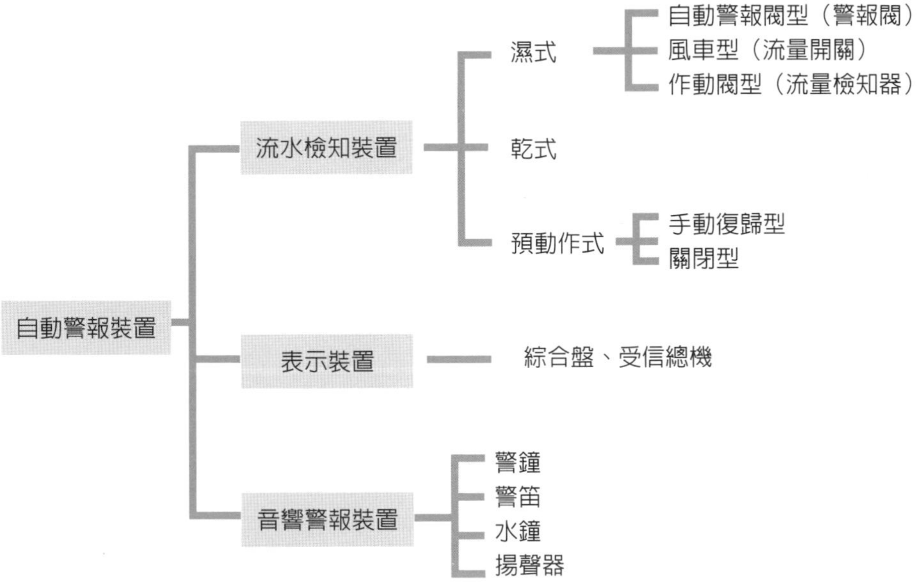

（參考自日本堺市消防局審查基準，平成 28 年）

撒水系統工程設計例

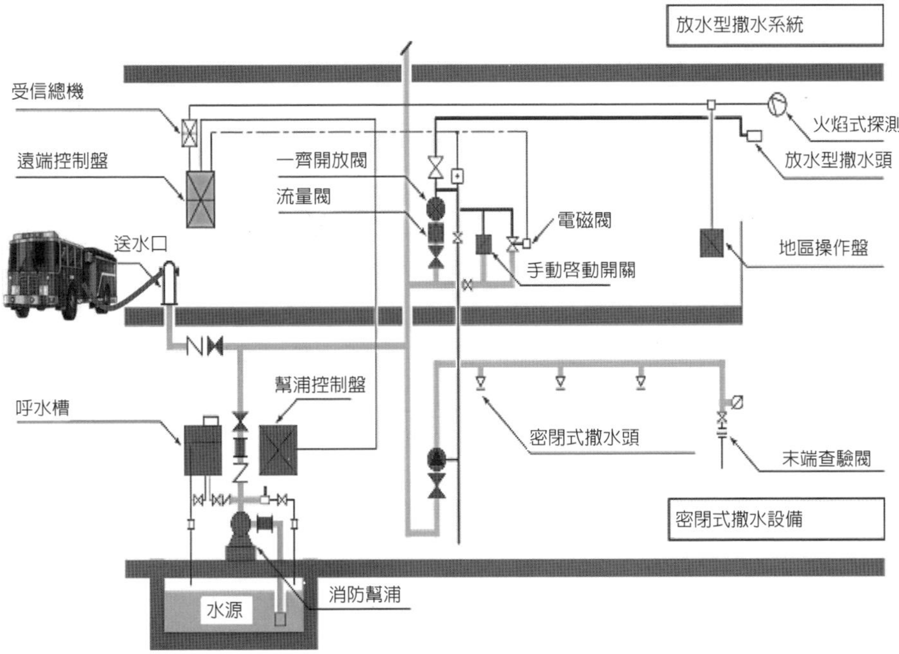

（參考日本 MORITA MIYATA 株式會社，2017）

1-32 自動撒水設備——送水口與電源

十一、送水口與電源

項目	內容	設置標準
送水口（63mm）	1. 應為專用。 2. 裝置自動撒水設備之樓層，樓地板面積在 <3000m^2，至少設置雙口形送水口 1 個，並裝接陰式快速接頭，每 ≥ 3000m^2，增設 1 個。但應設數量超過 3 個時，以 3 個計。 3. 設在無送水障礙處，且其高度距基地地面在 0.5～1m。 4. 與立管管系連通，其管徑在立管管徑以上，並在其附近便於檢修確認處，裝置逆止閥及止水閥。 5. 送水口附近明顯易見處，標明自動撒水送水口字樣及送水壓力範圍。 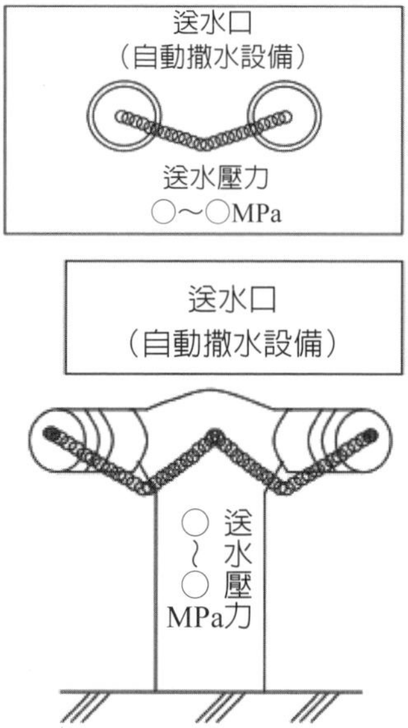	§ 59
緊急電源	應使用發電機設備或蓄電池設備，其供電容量應供其有效動作 ≥ 30min。前項緊急電源在供第 12 條第 4 款使用之場所，得使用具有相同效果之引擎動力系統。	§ 60
	公共危險物品場所自動撒水設備之緊急電源除準用第 38 條規定外，其供電容量應供其有效動作 ≥ 45min。	§ 211

自動撒水設備緊急電源配線規定

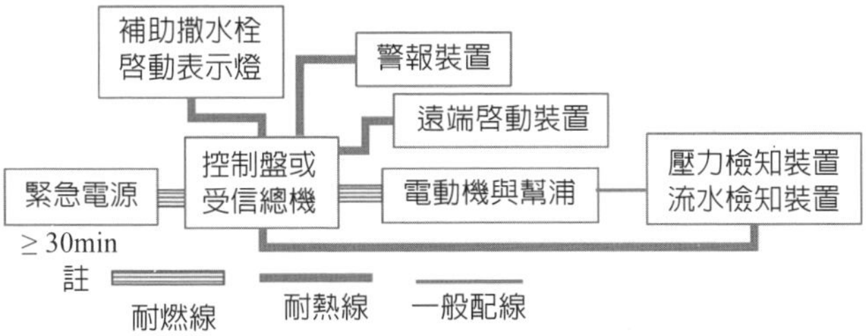

自動撒水設備自動警報逆止閥工程設計例

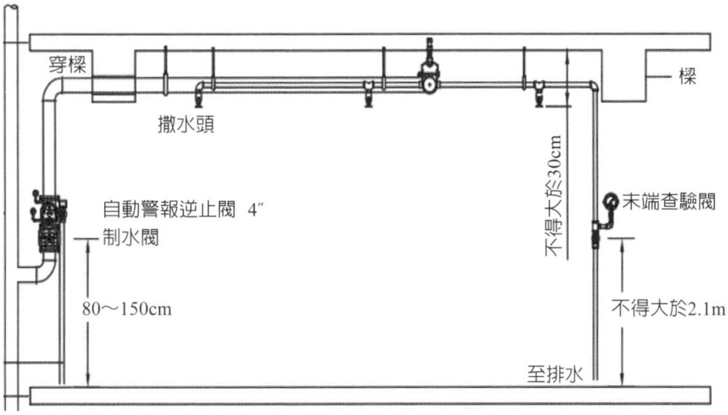

自動撒水設備流水檢知裝置工程設計例

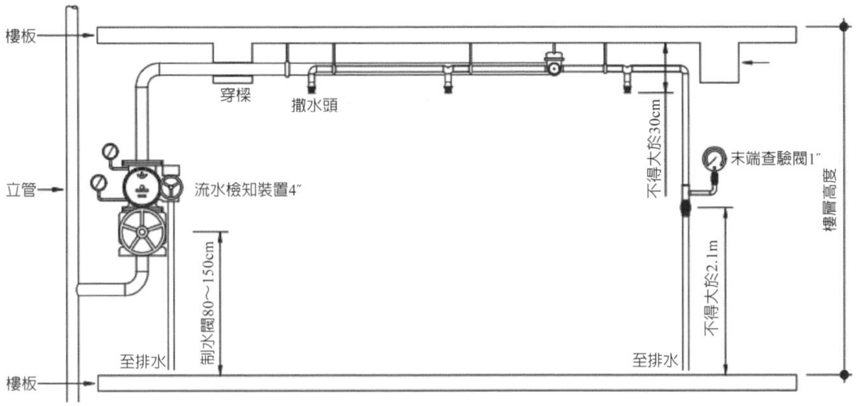

1-33 水霧滅火設備——火災學原理

水霧滅火設備對環境非常友善有其相當滅火優勢。本節能了解水霧滅火機制、優勢及使用水霧之局限性。

項	目	內容
主要滅火機制	熱移除	區劃空間內釋放水霧能充斥大量水霧粒子，水之蒸發潛熱為 539cal/g，能顯著降溫達到冷卻作用。
	稀釋氧氣及可燃蒸汽	水霧遇到火災熱後，蒸發為水蒸汽，大量膨脹表面積效應，氧氣受到排擠作用，使燃燒區域氧氣大為縮減。
	可燃物表面濕潤與降溫	使可燃物表面濕潤，吸收其熱能，使其難以熱裂解及分解，新氣相燃料之生成遭到抑制，火勢難以再成長。
次要滅火機制	降低輻射回饋	大量水霧粒子產生遮蔽及吸收輻射熱，使其難以有熱量反饋。
	流場動態效應	水微粒體積小重量輕，易受熱對流循環，可延長水微粒在空氣中之漂浮時間，並藉由流場動態效應，到達所遮蔽的火源。
優勢	應用廣泛	能有效使用於 A 類、B 類、C 類火災及噴射氣體之火災。
	水量需求小	可降低對敏感設備水損問題。假使相同條件之火災環境，細水霧系統水量為 45 Lpm，而一般撒水頭則須達 70～100 Lpm 。
	成本低	兼具氣體與水滅火特性，不具毒性，且比化學系統成本低。
	避免復燃	氣體替代品的濃度，若無法維持充足的時間，區劃內則可能發生復燃情況。但水霧無此之問題。
	易於清潔	冷卻作用及較少清潔時間，允許火災後能短時間恢復使用。
	管徑小	對於空間與重量要求上，具有明顯空間使用之優勢。
	洗滌效果	大量霧化水微粒之吸附效應，將濃煙懸浮微粒物質溶入沈落於地面，產生洗滌濃煙之效果，尤其是減少煙對文物損壞。
使用限制	大空間	對於開放空間或挑高空間，滅火效果會受到限定。
	遮蔽	火焰受到遮蔽，滅火效果會受到限定。
	快速火災	快速成長之火災，火羽流旺盛，細水霧難以達到火焰本身。
	禁水性	不能使用與水產生劇烈反應如 D 類、矽烷類火災。
	液化氣體	不能使用於低溫之液化氣體。

水霧滅火設備工程設計例

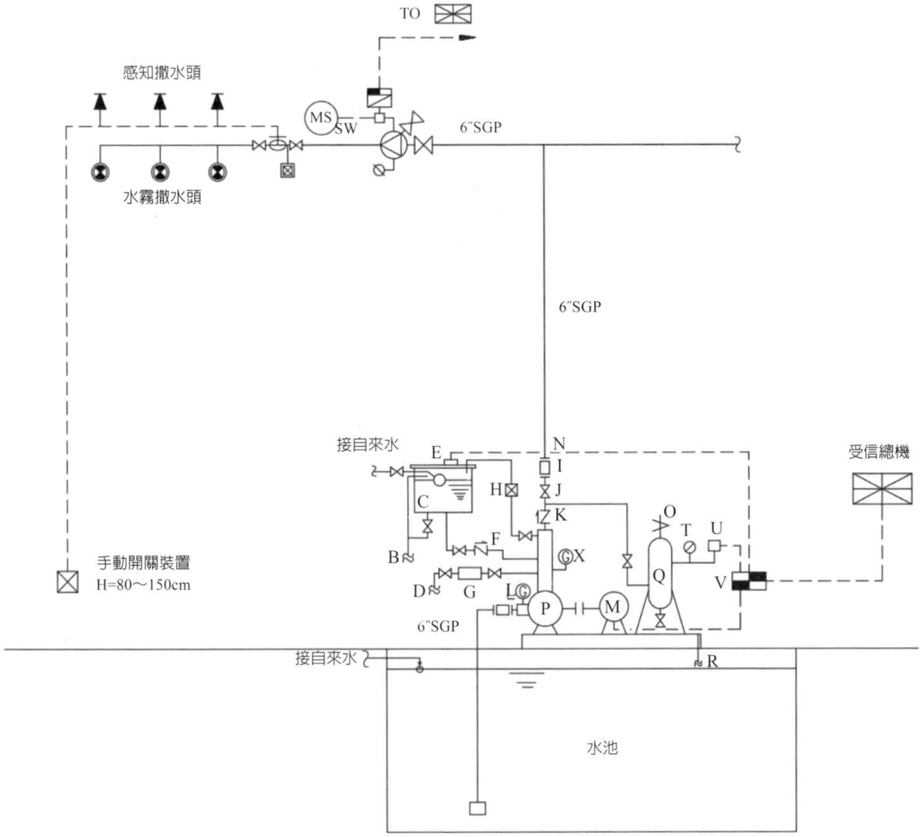

記號	名稱	記號	名稱	記號	名稱
A	輔助水源	I	防震軟管	Q	壓力水槽
B	溢流管（至水池）	J	閘閥	R	洩水管（至水池）
C	輔助水槽（引水槽）	K	逆止閥	S	進水池（至水池）
D	試驗配管（至水源）	L	連成計	T	壓力錶
E	水位開關	M	電動機	U	壓力開關
F	輔助水槽配管	N	消防立管	V	幫浦控制盤
G	流量計	O	安全閥	W	緊急電源
H	水溫上升迴流管	P		X	壓力計

1-34 水霧滅火設備——應設置場所與定義

一、應設置場所（§ 18）

第 18 條　下表所列之場所，應就水霧、泡沫、乾粉、二氧化碳滅火設備等選擇設置之。但外牆開口面積（常時開放部分）達該層樓地板面積 ≥ 15% 者，上列滅火設備得採移動式設置。

<table>
<tr><th>項目</th><th>應設場所</th><th>樓地板面積</th><th>水霧</th><th>泡沫</th><th>二氧化碳</th><th>乾粉</th></tr>
<tr><td>一</td><td>屋頂直升機停機場（坪）</td><td>≥ 0m²</td><td>-</td><td>○</td><td>-</td><td>○</td></tr>
<tr><td>二</td><td>飛機修理廠、飛機庫</td><td>≥ 200m²</td><td>-</td><td>○</td><td>-</td><td>○</td></tr>
<tr><td rowspan="5">三</td><td colspan="2">汽車修理廠、室內停車空間</td><td rowspan="5">○</td><td rowspan="5">○</td><td rowspan="5">○</td><td rowspan="5">○</td></tr>
<tr><td>1F</td><td>≥ 500m²</td></tr>
<tr><td>BF 或 ≥ 2F</td><td>≥ 200m²</td></tr>
<tr><td>RF 停車場</td><td>≥ 300m²</td></tr>
<tr></tr>
<tr><td>四</td><td>升降機械式停車場</td><td>可容納 ≥ 10 輛者</td><td>○</td><td>○</td><td>○</td><td>○</td></tr>
<tr><td>五</td><td>發電機室、變壓器室及類似場所</td><td>≥ 200m²</td><td>○</td><td>-</td><td>○</td><td>○</td></tr>
<tr><td>六</td><td>鍋爐房、廚房等大量使用火源場所</td><td>≥ 200m²</td><td>-</td><td>-</td><td>○</td><td>○</td></tr>
<tr><td>七</td><td>電信機械室、電腦室或總機室及類似場所</td><td>≥ 200m²</td><td>-</td><td>-</td><td>○</td><td>○</td></tr>
<tr><td>八</td><td>引擎試驗室、石油試驗室、印刷機房及類似危險工作場所</td><td>≥ 200m²</td><td>-</td><td>○</td><td>○</td><td>○</td></tr>
</table>

二、細水霧定義

細水霧依 NFPA 750 定義，在最低設計壓力動作時，距離噴頭 1 公尺處所測得的 99% 體積水滴粒徑（DV0.99）應 <1000 μm。

細水霧在實際應用上，可分高壓系統之壓力 ≥ 500psi、中壓系統之壓力 175～500psi、低壓系統之壓力 < 175psi。

其中，高壓系統能產生較微小粒子與較高之速度，使其擁有較佳的霧化效果與較佳的混合動量。而低壓細水霧系統，則有較大的粒徑與耗水量，對深層火災或挑高空間來作使用。

水霧自動滅火設備系統

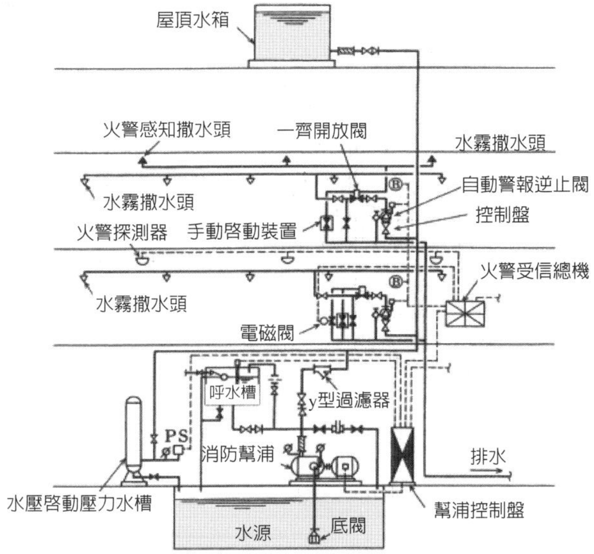

（參考日本東京防災設備保守協會，2017）

水霧滅火設備動作流程

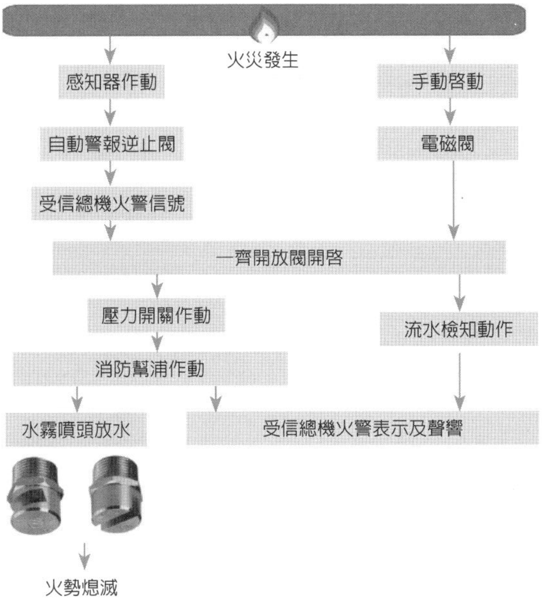

（參考日本東京防災設備保守協會，2017）

1-35 水霧滅火設備——水霧噴頭與電源

三、水霧噴頭與電源

<table>
<tr><th>項目</th><th>內容</th><th>設置標準</th></tr>
<tr><td>水霧噴頭</td><td>1. 防護對象之總面積在各水霧噴頭放水之有效防護範圍內。
2. 每一水霧噴頭之有效半徑在 $< 2.1m$。
3. 水霧噴頭之配置數量，依其裝設之放水角度、放水量及防護區域面積核算，供第 18 條附表第 3 項、第 4 項所列場所使用其放水量為 $20\ L/min.m^2$。
註：第 18 條附表第 3 項、第 4 項如下表
<table><tr><td>三</td><td>汽車修理廠、室內停車空間在第一層樓地板面積 $\geq 500m^2$；在地下層或第 2 層以上樓地板面積 $\geq 200m^2$；在屋頂設有停車場樓地板面積 $\geq 300m^2$。</td></tr><tr><td>四</td><td>升降機械式停車場可容納 ≥ 10 輛。</td></tr></table>供同條附表其他場所使用，放水量為 $10\ L/min.m^2$</td><td>§ 61</td></tr>
<tr><td>緊急電源</td><td>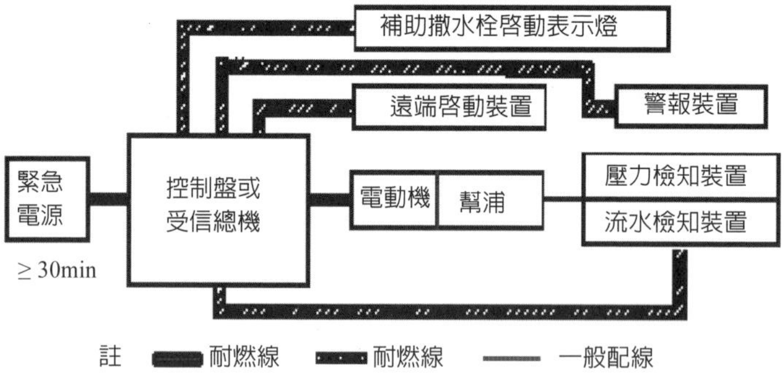
</td><td>§ 38</td></tr>
<tr><td colspan="3">註：
1. 符號 ≥ 為以上（含本數）；符號 < 為小於（不含本數）；符號 ≦ 為以下或以內（含本數）。
2. 符號 § 表示條文第幾條。</td></tr>
</table>

水霧噴頭種類

種類	內容	圖示
灣流式	高壓水至噴頭內部擴大區劃空間垂直角大灣流時，形成紊流動態水粒流，高壓撞擊斜度限流孔，引流擴大水霧粒子流。	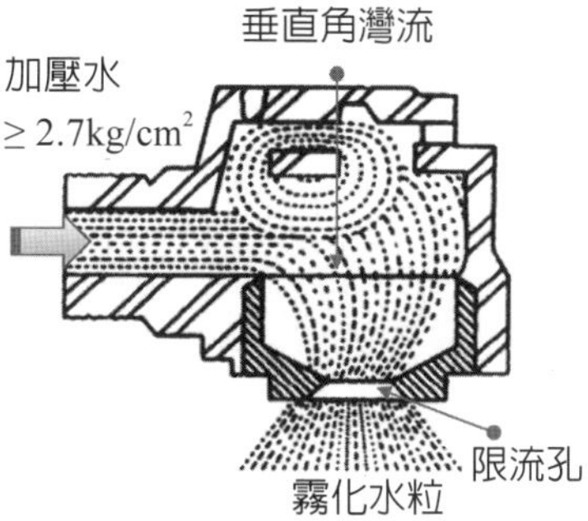
迴水板式	高壓水至噴頭內部直流，高速直接撞擊斜度外齒形迴水板，引流擴大水霧粒子流。	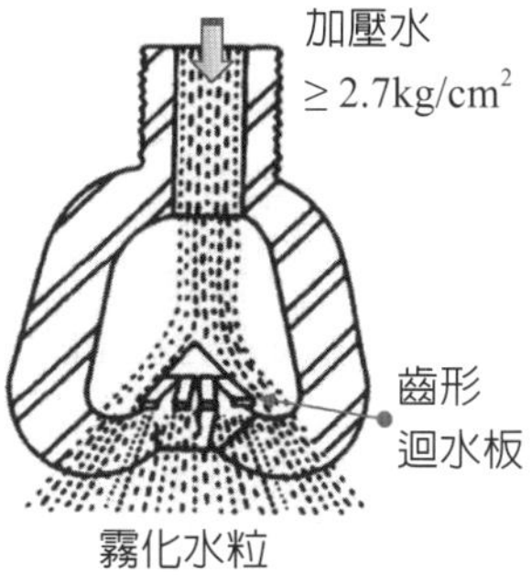
螺旋式	高壓水至噴頭內部螺旋室時，產生高速螺旋水流撞擊斜度限流孔，引流擴大水霧粒子流。	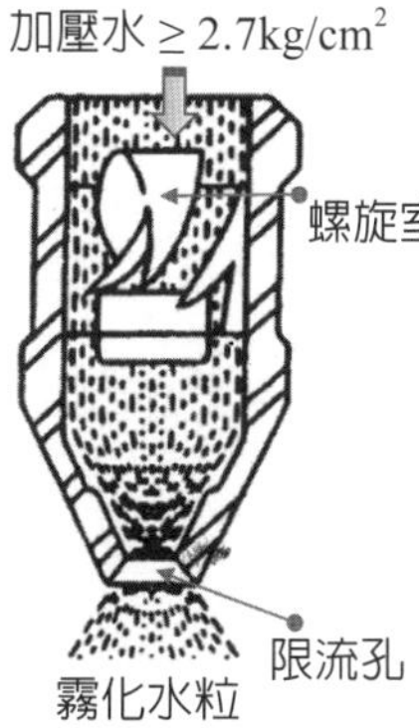

（參考日本危險物設施基準指南，平成 7 年）

1-36 水霧滅火設備──水源、加壓送水與停車空間

四、水源、加壓送水與停車空間

項目	內容	設置標準
放射區域	一只一齊開放閥啓動放射之區域，每一區域以 50m^2 為原則。前項放射區域有 2 區域以上者，其主管管徑應在 $\geq$ 100mm。	§ 63
	公共危險物品場所 每一區域在 $\geq$ 150m^2，其防護對象之面積 $<$ 150m^2 者，以其實際面積計算之。	§ 212
水源容量	應保持 $\geq$ 20m^3。但放射區域在 2 區域以上者，應保持 $\geq$ 40m^3。	§ 64
	公共危險物品場所 在最大放射區域，全部水霧噴頭繼續放水 $\geq$ 30min，其放射區域放水量在 20L/min.m^2。	§ 212
加壓送水裝置	使用消防幫浦時，其出水量及出水壓力，依下列規定，並連接緊急電源： 1. 出水量：$\geq$ 1200 L/min，其放射區域 2 個以上時為 $\geq$ 2000 L/min。 2. 出水壓力：核算管系最末端一個放射區域全部水霧噴頭放水壓力均能達 $\geq$ 2.7kg/cm^2。但用於防護電氣設備者，應達 $\geq$ 3.5kg/cm^2。	§ 65
	公共危險物品場所 1. 最大放射區域水霧噴頭同時放水時，各水霧噴頭之放射壓力在 $\geq$ 3.5kg/cm^2。 2. 水霧滅火設備之緊急電源供電容量應供其有效動作 $\geq$ 45min。	§ 212

五、室內停車空間水霧滅火設備規定

<table>
<tr><th>項目</th><th colspan="2">內容</th><th>設置標準</th></tr>
<tr><td rowspan="2">室內停車空間</td><td>其排水設備應符合下列規定：
1. 車輛停駐場所地面作 $\geq$ 2% 之坡度。
2. 車輛停駐場所，除面臨車道部分外，應設高 $\geq$ 10cm 之地區境界堤，或深 10cm 寬 $\geq$ 10cm 之地區境界溝，並與排水溝連通。</td><td>
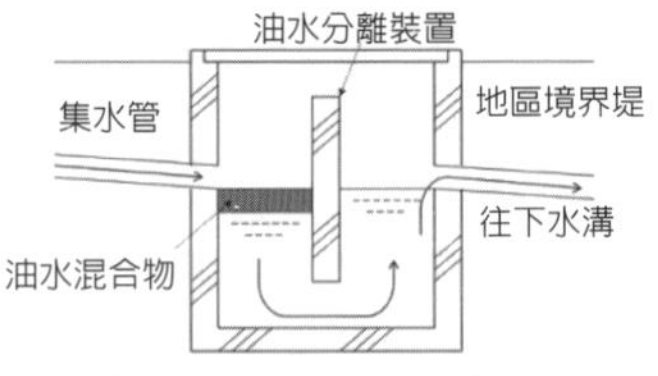

</td><td rowspan="2">§ 68</td></tr>
<tr><td colspan="2">3. 滅火坑具備油水分離裝置，並設於火災不易殃及之處所。
4. 車道之中央或二側設置排水溝，排水溝設置集水管，並與滅火坑相連接。
5. 排水溝及集水管之大小及坡度，應具備能將加壓送水裝置之最大能力水量有效排出。
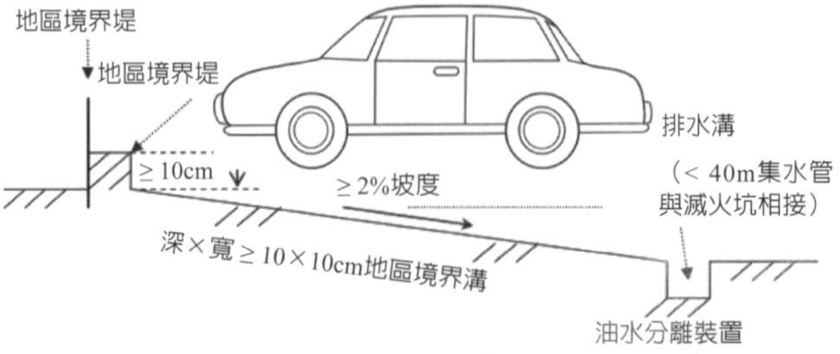

</td></tr>
</table>

六、水霧與高壓電距離規定

水霧噴頭及配管與高壓電器設備應保持之距離，依下表規定： §66

離開距離（mm）		電壓（kV）
最低	標準	
150	250	< 7
200	300	< 10
300	400	< 20
400	500	< 30
700	1000	< 60
800	1100	< 70
1100	1500	< 100
1500	1900	< 140
2100	2600	< 200

水分子粒徑與水系統滅火設備關係

水分子粒徑	每公升水反應表面積	滅火設備
1 mm	2 m^3	自動撒水
0.1 mm	20 m^3	水霧設備
0.01 mm	200 m^3	細水霧設備

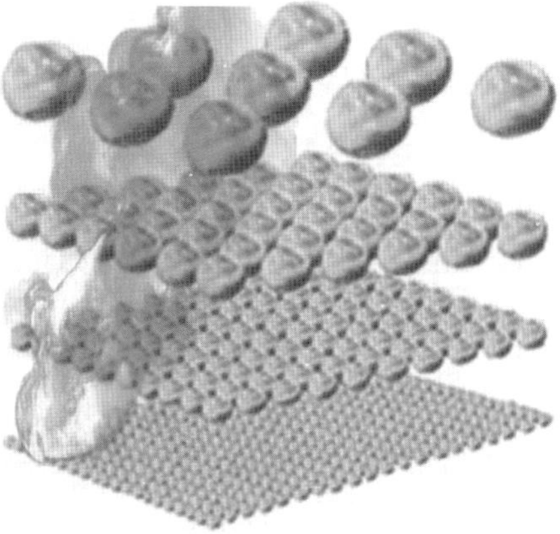

1-37 泡沫滅火設備——火災學原理

瞭解泡沫為一物理性滅火藥劑，其在火災上所具有哪些特有之滅火機制。

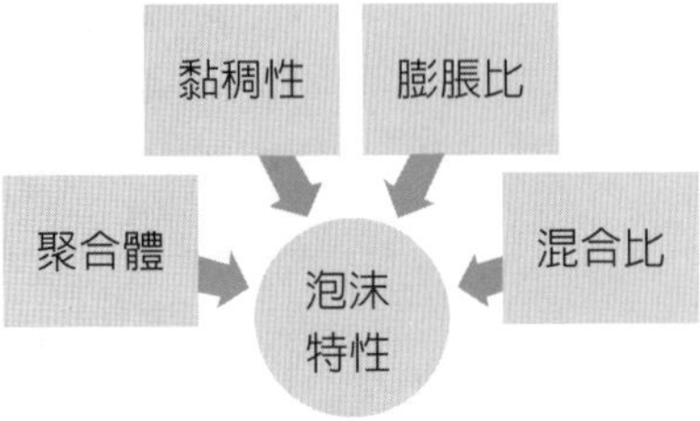

項目		內容
泡沫特性	聚合體	是一種專門配方能產生充氣氣泡聚合體（Aggregate），pH 值範圍在 7～8.5。
	黏稠性	在燃燒液體的表面和垂直的面積上形成粘著性、耐熱性覆蓋層。
	膨脹比	按發泡膨脹比率[註解1]，分成三類如次： 1. 低膨脹泡沫：發泡膨脹比低於 20：1。 2. 中膨脹泡沫：發泡膨脹比為 20～200：1。 3. 高膨脹泡沫：發泡膨脹比為 200～1000：1。 膨脹比（Expansion ratio）為泡沫原液之容積（V_1），與空氣混合後完全變為空氣泡後所得氣泡容積（V_2），得 $E=\frac{V_2}{V_1}$。
	混合比	蛋白質泡沫原液 3% 或 6%；合成界面活性泡沫原液 1% 或 3%；水成膜泡沫原液 3% 或 6%。在泡沫保水性方面，以 25% 還原時間[註解2]為指標，時間愈長保水性愈佳，形成膜愈能保持抗熱性。

一、泡沫滅火原理

項目			內容
泡沫滅火原理	溫度	冷卻性	當泡沫受熱破裂（Breaking Down），將水轉化為水蒸氣。
		滲透性	沒有轉化為水蒸氣的泡沫溶液，可滲入 A 類可燃物質。
	可燃物	隔絕	物體表面形成覆著層持續一段時間，形成一道隔離層。
		抑制蒸發	於油表面形成乳化層抑制油蒸發為可燃氣體。
	氧氣	窒息	油表面形成乳化層阻隔氧氣供應，產生窒息效果。
		稀釋	泡沫中水受熱轉化為水蒸氣稀釋空氣，降低氧氣濃度。

【註解1】發泡膨脹比指最終的泡沫體積與添加空氣之前泡沫溶液原來體積之比，$\frac{\text{泡沫原液}+\text{空氣形成液體積}}{\text{泡沫原液體積}}$。

【註解2】25% 還原時間為射出泡沫還原至全部泡沫水溶液量 25% 止所需之時間。

二、泡沫種類

泡沫分爲化學泡和空氣泡（或機械泡），空氣泡是以泡沫水溶液與空氣產生機械混合生成的，爲機械泡沫，因其泡沫中所含氣體爲空氣，稱爲空氣泡沫。現大多爲空氣泡沫，並以 1%、3% 及 6% 原液比例與空氣混合成泡沫，適合大規模油類火災。

項目		內容
化學泡	化學泡已被空氣泡取代	化學泡沫以碳酸氫鈉（A 鹼性）與硫酸鋁（B 酸性）反應細小泡沫，生成膠狀氫氧化鋁及硫酸鈉，泡沫中氣體為二氧化碳。 $6NaHCO_3 + Al_2(SO_4) \rightarrow 3Na_2SO_4 + 2Al(OH)_3 + 6CO_2$
空氣泡	水成膜泡沫（AFFF）	於蛋白質泡沫形成水溶性薄膜，其中 AFFF 3% 稱輕水泡沫。因含有氟化合成長鏈烴，具界面活性適合飛機燃料事故滅火。  圖：水成膜泡沫滅火（Complete Fire Design Solutions, 2015）
	氟蛋白泡沫（FFA）	蛋白聚合物與有氟化的界面活性劑，可迅速擴散覆蓋燃料面。實例常見於油槽液體下注入方法，及透過泡沫消防槍。  圖：筆者於美國氟蛋白泡沫滅火訓練
	水成膜氟蛋白泡沫（FFFP）	薄膜的氟化界面活性劑快速展開分布，形成自行閉合薄膜，但產生的泡沫流掉很快，防止復燃作用有限。
	蛋白泡沫	透過天然蛋白質化學浸漬進行細菌分解（Digestion）和水解得到。這些原液可產生穩定性優良、耐熱性好。
	高膨脹泡沫	靠送風機形成機械氣泡，透過界面活性發泡劑濕潤濾網，生成 20：1～1000：1 倍泡沫，常見於全區放射冠泡體積[註解3]應用。

[註解3] 冠泡體積指防護區域自樓地板面至高出防護對象物0.5公尺所圍之體積，V=L×W×(H+0.5)m^3。

項目		內容
	抑制蒸汽泡沫	抑制易燃液體蒸氣，泡沫覆蓋時不會攪動燃料，可應用於酸性或鹼性危險物質。
	低溫用泡沫	含低溫抑制劑，環境溫度低至 −29°C環境使用。
	抗醇型泡沫（AR-AFFF）	於極性溶劑性燃料火災，泡沫迅速破裂消泡如醇類、稀釋劑、丙酮、丙烯腈、胺等。抗醇型泡沫液為上述火災而設計，但價格高。  圖：抗醇型泡沫滅火（Complete Fire Design Solutions, 2015）
	界面活性泡沫	含有親油基及使油在水中溶解之親水基化學物質。

三、泡沫滅火準則

空氣泡沫可分固定式（常見於油槽或室內停車場）、移動式（泡沫消防栓、補助泡沫消防栓）及泡沫射水槍（常見於第 4 類公共危險物品之顯著滅火困難場所），應用上基本準則如次：

項目	內容
供應平穩	泡沫供應愈平穩滅火就愈迅速，所需的滅火劑總量就愈低。
供應速率與滅火時間	使用泡沫的成功，取決於供應速率。供應速率是以每分鐘到達燃料表面的泡沫液體積量。如果發泡膨脹倍數為 8：1，那麼 4.1（L/min）供應速率於每分鐘可提供 32.8 L/m^3 體積泡沫量。增加泡沫供應速率超過推薦的最低要求，通常會減少滅火所需時間。如果供應速率非常低，使熱和燃料造成泡沫損耗速率大於泡沫供應速率，火災就不能被控制。
最低供應速率	最低供應速率是透過實驗。在下圖之一般曲線表示泡沫供應到易燃物質之速率與滅火所需時間關係；該曲線向右或向左移位取決於燃料種類、供應方式和泡沫原液類型。

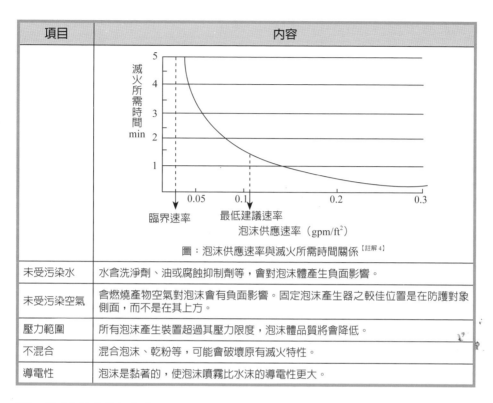

項目	內容
	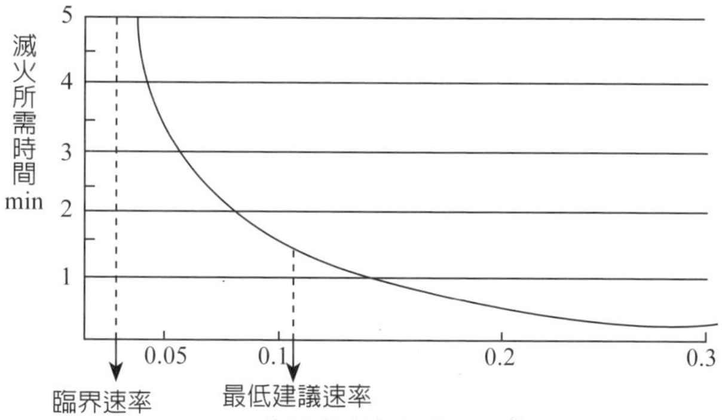 圖：泡沫供應速率與滅火所需時間關係[註解4]
未受污染水	水含洗淨劑、油或腐蝕抑制劑等，會對泡沫體產生負面影響。
未受污染空氣	含燃燒產物空氣對泡沫會有負面影響。固定泡沫產生器之較佳位置是在防護對象側面，而不是在其上方。
壓力範圍	所有泡沫產生裝置超過其壓力限度，泡沫體品質將會降低。
不混合	混合泡沫、乾粉等，可能會破壞原有滅火特性。
導電性	泡沫是黏著的，使泡沫噴霧比水沫的導電性更大。

四、泡沫使用注意事項

項目	注意事項
低膨脹泡沫	這類泡沫是唯一持久的滅火劑。覆蓋油槽液體表面的泡沫，防止蒸氣時間的長短，取決於泡沫的穩定性和厚度。  圖：消防人員常以低膨脹泡沫搶救油罐車等火災

[註解4] 1 gpm/ft^2 = 40.746 (L/min)/m^2

項目	注意事項
中高膨脹泡沫	用以封閉空間如地下室或船艙，滅火人員難以到達起火空間，也可用於液化天然氣洩漏火災，並驅散其產生蒸氣雲（Vapor Cloud）。
表面張力性泡沫	泡沫須足夠大體積量，供應率大於損失率，確保液體上有足夠泡沫層。
不穩定性	泡沫由物理的或機械力極易破裂如射流，化學品蒸氣也會破壞泡沫，紊流空氣或火災燃燒氣體上升氣流，會驅使泡沫從燃燒區轉向他處。
覆蓋性	飛機因事故溢出燃料需迅速應用泡沫。最好設計手提式泡沫。愈來愈多存儲易燃液體，以泡沫滅火系統（Foam-Water Sprinkler）作防護。

五、泡沫局限性

項目	使用局限性
低於沸點	危險性液體在環境溫度和壓力的條件下，必須低於其沸點。
冒泡或濺溢	滅火高溫使泡沫形成蒸汽、空氣和燃料的乳化液（Emulsion）。儲槽火災時泡沫體會產生四倍體積，使燃燒中液體產生冒泡（Frothing）。  圖：油槽火災使用泡沫注意危險冒泡現象
非消泡性與高可溶性	所防護的液體中，泡沫必須不具高可溶性（Highly Soluble）。
不與水反應	所防護液體必須不與水起反應。
非立體火災	火災必須是水平表面火。燃料溢出形成三維或壓力下火勢不能用泡沫撲滅，除非對象物有相當高的閃火點。
非氣體或液化之立體火災	如沸點低於室溫者之甲烷、丙烷或丁烷等火災。

空氣泡沫發泡原理

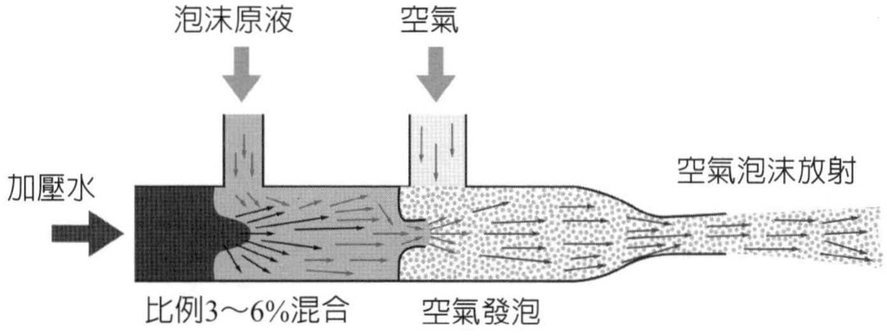

泡沫設備消防工程設計例

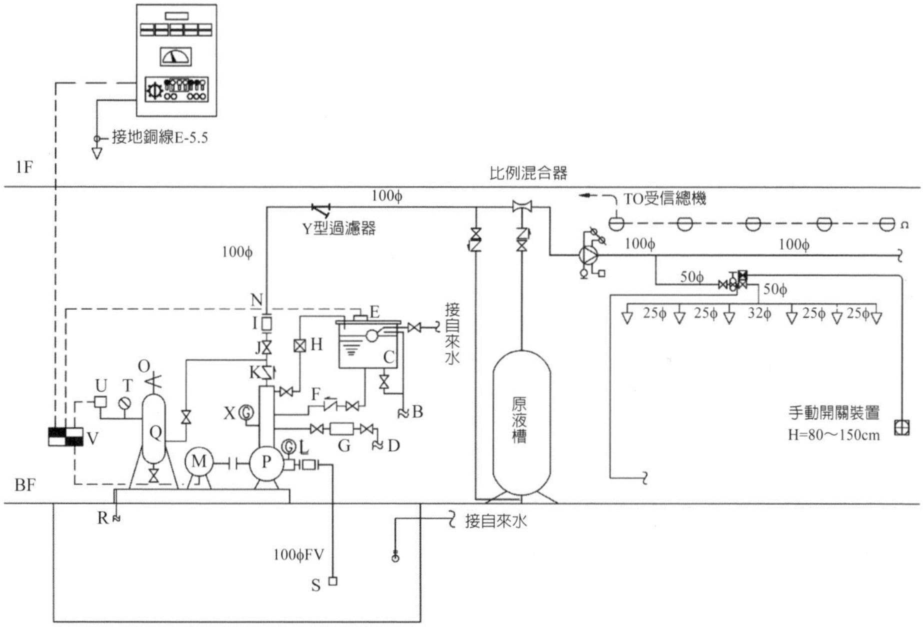

記號	名稱	記號	名稱	記號	名稱
A	輔助水源	I	防震軟管	Q	壓力水槽
B	溢流管（至水池）	J	閘閥	R	洩水管（至水池）
C	輔助水槽（引水槽）	K	逆止閥	S	進水池（至水池）
D	試驗配管（至水源）	L	連成計	T	壓力錶
E	水位開關	M	電動機	U	壓力開關
F	輔助水槽配管	N	消防立管	V	幫浦控制盤
G	流量計	O	安全閥	W	緊急電源
H	水溫上升迴流管	P		X	壓力計

1-38 泡沫滅火設備——目的與構成

一、目的與構成

設置目的	當火災發生時，以泡沫頭、泡沫放出口等放出發泡體（空氣泡），進行易燃液體的表面覆蓋行為，達到窒息及水份冷卻之雙重滅火效果。
組成構件	由泡沫頭、泡沫放出口、配管、選擇閥、加壓送水裝置、啓動設備、音響警報、泡沫原液槽、泡沫比例混合器及水源等組成之滅火裝備。

二、應設置場所（§ 18）

第 18 條　下表所列之場所，應就水霧、泡沫、乾粉、二氧化碳滅火設備等選擇設置之。但外牆開口面積（常時開放部分）達該層樓地板面積 ≥ 15% 者，上列滅火設備得採移動式設置。

項目	應設場所	樓地板面積	水霧	泡沫	二氧化碳	乾粉
一	屋頂直升機停機場（坪）	≥ $0m^2$	-	○	-	○
二	飛機修理廠、飛機庫	≥ $200m^2$	-	○	-	○
三	汽車修理廠、室內停車空間		○	○	○	○
	1F	≥ $500m^2$				
	BF 或 ≥ 2F	≥ $200m^2$				
	RF 停車場	≥ $300m^2$				
四	升降機械式停車場	可容納 ≥ 10 輛者	○	○	○	○
五	發電機室、變壓器室及類似場所	≥ $200m^2$	○	-	○	○
六	鍋爐房、廚房等大量使用火源場所	≥ $200m^2$	-	-	○	○
七	電信機械室、電腦室或總機室及類似場所	≥ $200m^2$	-	-	○	○
八	引擎試驗室、石油試驗室、印刷機房及類似危險工作場所	≥ $200m^2$	○	○	○	○

泡沫滅火設備動作流程圖示

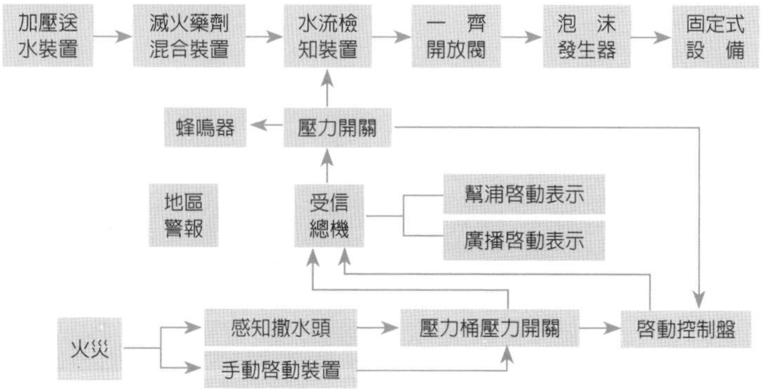

泡沫設備消防工程設計例

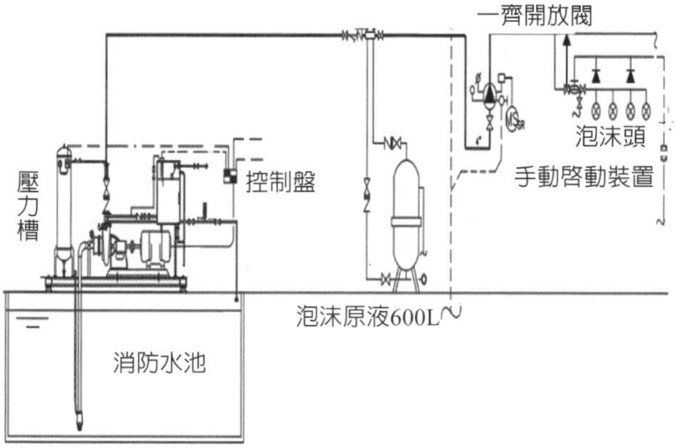

泡沫 y 型過濾裝置

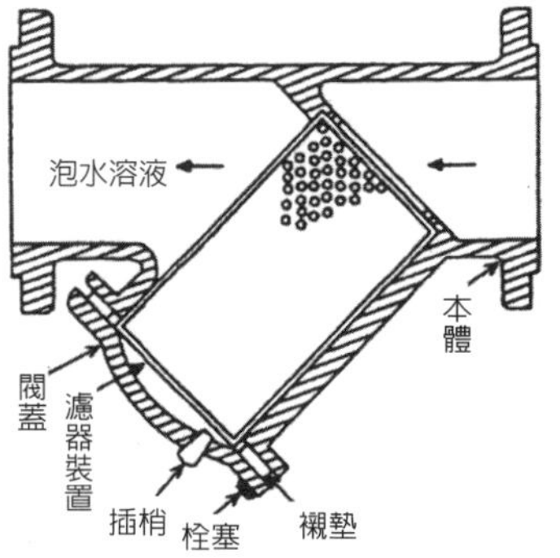

（參考日本危險物設施基準指南，平成 7 年）

1-39 泡沫滅火設備——泡沫頭配置

三、泡沫頭配置

<table>
<tr><th colspan="4">項目</th><th>內容</th><th>設置標準</th></tr>
<tr><td rowspan="6">配置</td><td rowspan="4">固定式</td><td>泡水噴頭</td><td>飛機庫</td><td>8m² 設 1 個</td><td rowspan="3">§ 71</td></tr>
<tr><td rowspan="3">泡沫噴頭</td><td>室內停車空間或汽車修理廠</td><td>1. 於 9m² 設 1 個
2. 放射區域內任一點至噴頭水平距離 < 2.1m<table><tr><th>噴頭與樑距離（cm）</th><th>迴水板高出樑底面距離（cm）</th></tr><tr><td>< 74</td><td>0</td></tr><tr><td>75～99</td><td>< 9</td></tr><tr><td>100～149</td><td>< 14</td></tr><tr><td>≥ 150</td><td>< 29</td></tr></table></td></tr>
<tr><td>室內停車空間有複層式停車設施</td><td>1. 最上層上方之裝置面設泡沫噴頭，並延伸配管至車輛間，使能對下層停車平臺放射泡沫。但感知撒水頭之設置，得免延伸配管。
2. 無法在最上層以外之停車平臺配置時，其配管之延伸應就停車構造成一單元部分，在其四周設置泡沫噴頭，使能對四周全體放射泡沫。</td></tr>
<tr><td>公共危險物品</td><td>於 9m² 設 1 個</td><td>§ 217</td></tr>
<tr><td colspan="2">移動式</td><td colspan="2">水帶接頭至防護對象任一點之水平距離 < 15m</td><td rowspan="2">§ 69</td></tr>
<tr><td colspan="4">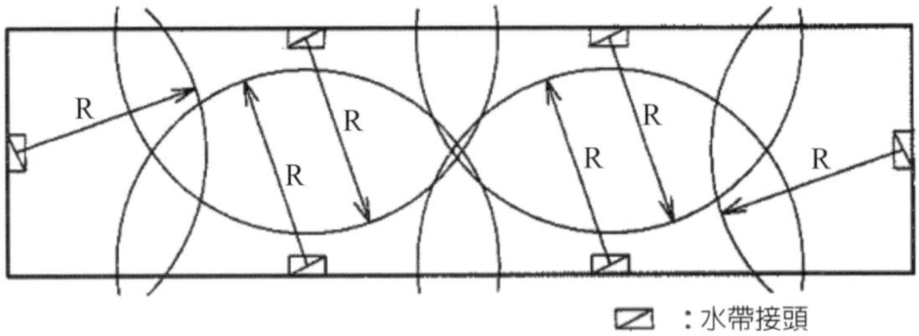</td></tr>
</table>

泡沫頭配置消防工程設計例

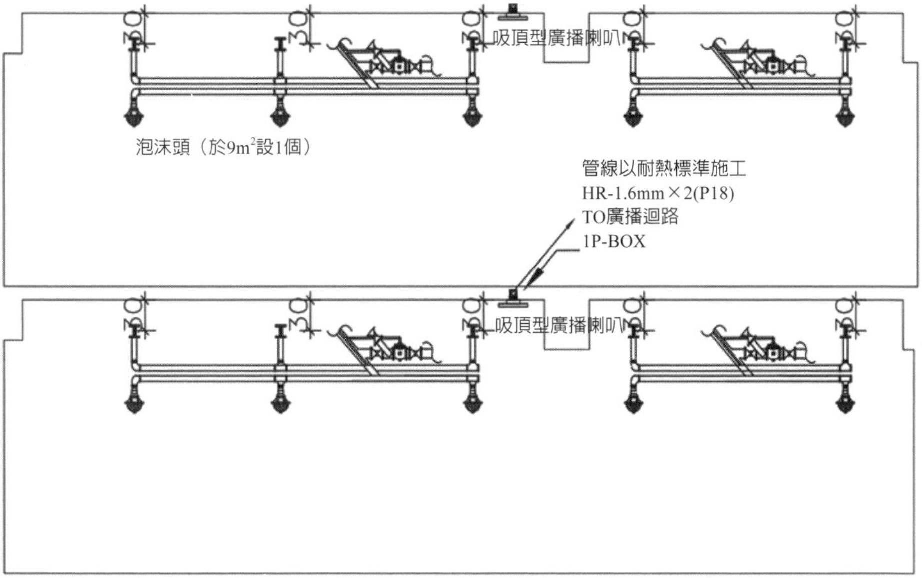

泡沫滅火設備設置場所

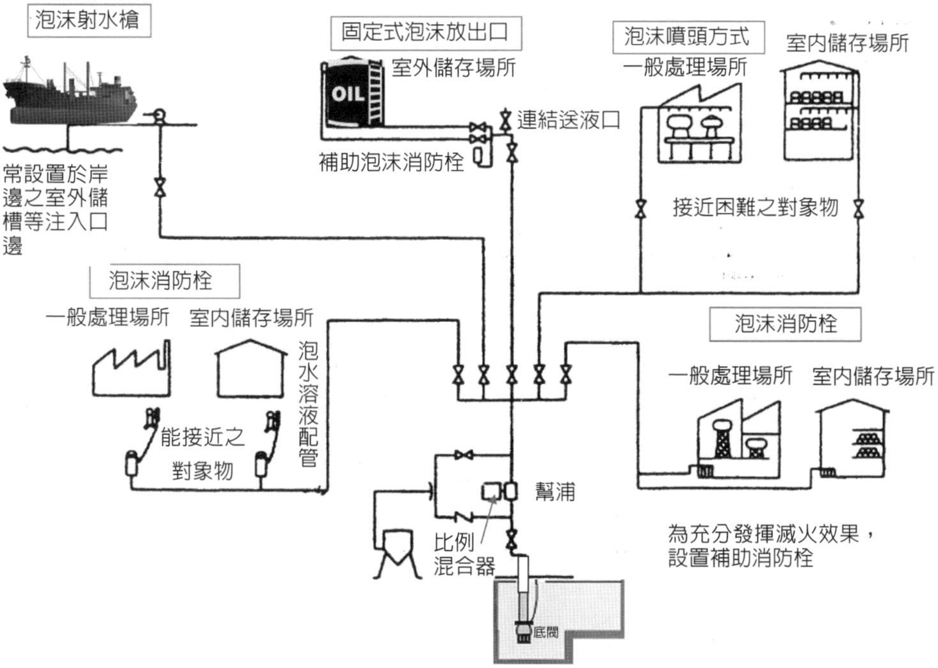

（參考日本危險物設施基準指南，平成 7 年）

1-40 泡沫滅火設備——固定式放射量

四、固定式放射量

<table>
<tr><th colspan="3">項目</th><th colspan="4">內容</th><th>設置標準</th></tr>
<tr><td colspan="3" rowspan="3">泡沫放出口</td><td>泡沫膨脹比</td><td colspan="3">種類</td><td rowspan="3">§ 70</td></tr>
<tr><td>20 以下（低發泡）</td><td colspan="3">泡沫噴頭或泡水噴頭</td></tr>
<tr><td>80～1000（高發泡）</td><td colspan="3">高發泡放出口</td></tr>
<tr><td rowspan="6">放射量</td><td rowspan="6">固定式</td><td rowspan="2">泡水噴頭</td><td rowspan="2">放射區域占其樓地板面積 ≥ 1/3 且 ≥ 200 m^2</td><td colspan="3">75 L/min×20min</td><td rowspan="2">§ 72
§ 75
§ 76</td></tr>
<tr><td colspan="3">但樓地板面積 $<200\ m^2$ 者，放射區域依其實際樓地板面積計</td></tr>
<tr><td rowspan="4">泡沫噴頭</td><td rowspan="3">每一放射區域 50～100 m^2</td><td>蛋白質</td><td>3～6% 原液</td><td>6.5 L/min×20min</td><td rowspan="3">§ 72
§ 75
§ 79</td></tr>
<tr><td>合成界面活性</td><td>1～3% 原液</td><td>8 L/min×20min</td></tr>
<tr><td>水成膜</td><td>3～6% 原液</td><td>3.7 L/min×20min</td></tr>
<tr><td>每一放射區域 ≥ 100 m^2（公共危險物品）</td><td colspan="3">以最大泡沫放射區域，繼續射水 ≥ 10min 水量</td><td>§ 217</td></tr>
</table>

註：
1. 符號 ≥ 為以上（含本數）；符號 < 為以下（不含本數）；符號 ≤ 為以下（含本數）。
2. 符號 § 表示條文第幾條。

泡沫滅火劑種類

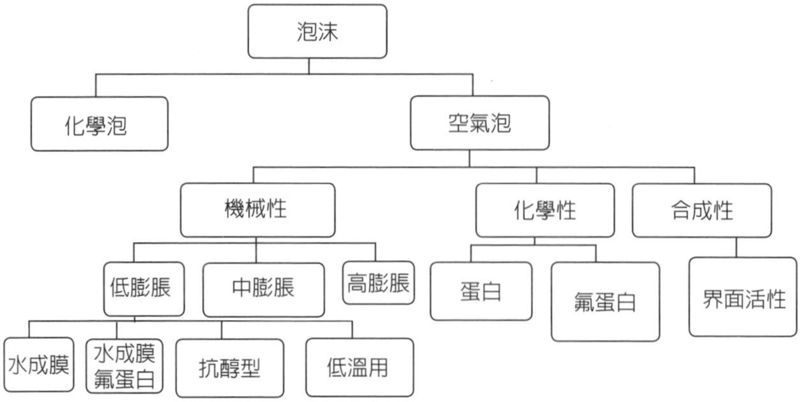

泡沫滅火設備種類

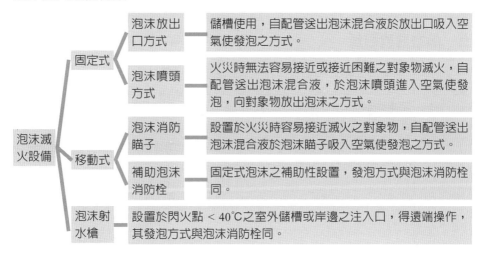

- 泡沫滅火設備
  - 固定式
    - 泡沫放出口方式 — 儲槽使用，自配管送出泡沫混合液於放出口吸入空氣使發泡之方式。
    - 泡沫噴頭方式 — 火災時無法容易接近或接近困難之對象物滅火，自配管送出泡沫混合液，於泡沫噴頭進入空氣使發泡，向對象物放出泡沫之方式。
  - 移動式
    - 泡沫消防瞄子 — 設置於火災時容易接近滅火之對象物，自配管送出泡沫混合液於泡沫瞄子吸入空氣使發泡之方式。
    - 補助泡沫消防栓 — 固定式泡沫之補助性設置，發泡方式與泡沫消防栓同。
  - 泡沫射水槍 — 設置於閃火點 < 40°C之室外儲槽或岸邊之注入口，得遠端操作，其發泡方式與泡沫消防栓同。

（參考日本危險物設施基準指南，平成 7 年）

泡沫滅火設備種類與方式

（設備之種類）（設備之方式）（滅火之範圍）

- 泡沫滅火設備
  - 固定式
    - 低發泡
    - 高發泡
      - 全部 — 防護區劃全部滅火
      - 局部 — 防護區劃局部滅火
  - 移動式 — 低發泡

泡沫滅火設備方式

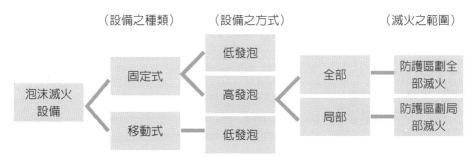

<table>
<tr><td rowspan="3">固定式
（自動）</td><td rowspan="2">高發泡</td><td>局部放出方式</td><td>從放出口放出高膨脹泡沫體，覆蓋下方火勢之一種滅火系統。</td></tr>
<tr><td>全區放出方式</td><td>在一封閉之防護區劃空間，從數個放出口均一放出高膨脹泡沫的發泡體，淹沒或覆蓋整個空間火勢之一種滅火系統。</td></tr>
<tr><td>低發泡</td><td colspan="2" rowspan="2">在一定火勢半徑範圍內以泡沫瞄子延伸放射皮管至火勢區域，放出低發泡體覆蓋火勢之一種滅火系統，操作方式類似於室內消防栓。以半徑每 15m 為防護範圍，設置一延伸放射皮管接續口。</td></tr>
<tr><td>移動式
（手動）</td><td>低發泡</td></tr>
</table>

1-41 泡沫滅火設備——高發泡放射量

五、高發泡放射量

<table>
<tr><th colspan="2">項目</th><th colspan="3">內容</th><th>設置標準</th></tr>
<tr><td rowspan="14">放射量</td><td rowspan="14">高發泡放出口（全區）</td><td colspan="3">防護區域開口部能在泡沫水溶液放射前自動關閉。但能有效補充開口部洩漏者，得免設自動關閉裝置</td><td rowspan="12">§ 73</td></tr>
<tr><td>防護對象</td><td>膨脹比種類</td><td>冠泡體積 $1m^3$（L/min）</td></tr>
<tr><td rowspan="3">飛機庫</td><td>80～250（第 1 種）</td><td>2.0</td></tr>
<tr><td>250～500（第 2 種）</td><td>0.5</td></tr>
<tr><td>500～1000（第 3 種）</td><td>0.29</td></tr>
<tr><td rowspan="3">室內停車空間、汽車修護廠</td><td>（第 1 種）</td><td>1.11</td></tr>
<tr><td>（第 2 種）</td><td>0.28</td></tr>
<tr><td>（第 3 種）</td><td>0.16</td></tr>
<tr><td rowspan="3">引擎試驗室、石油試驗室、印刷機房</td><td>（第 1 種）</td><td>1.25</td></tr>
<tr><td>（第 2 種）</td><td>0.31</td></tr>
<tr><td>（第 3 種）</td><td>0.18</td></tr>
<tr><td colspan="3">1. 高發泡放出口位置高於防護對象物最高點，每 500 m^2 設 1 個。
2. 防護對象位置距離樓地板面高度 ≥ 5m，且使用高發泡放出口時，應為全區放射方式。
樓地板面積 ×（高 + 0.5m）= 冠泡體積
冠泡體積 × m^3/ 每 $1m^3$ 冠泡體積 = 泡水溶液量
冠泡體積（V）= a×b×H
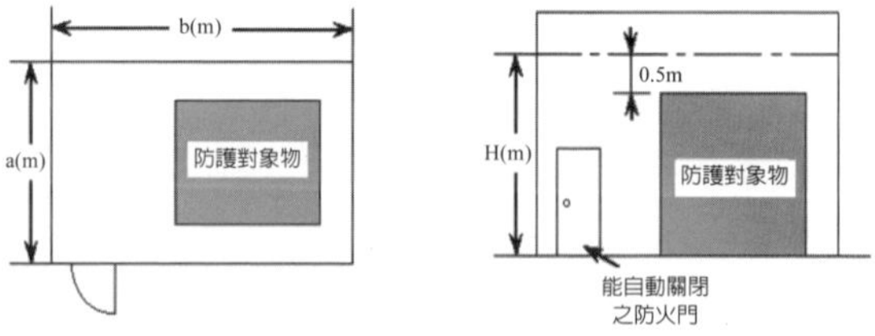
</td></tr>
<tr><td colspan="3">開口部未設閉鎖裝置者加算開口洩漏泡水溶液量

<table>
<tr><th>膨脹比種類</th><th>冠泡體積 × m^3/ 每 $1m^3$ 冠泡體積 = 泡水溶液量</th></tr>
<tr><td>第 1 種</td><td>0.04</td></tr>
<tr><td>第 2 種</td><td>0.013</td></tr>
<tr><td>第 3 種</td><td>0.008</td></tr>
</table></td><td>§ 76</td></tr>
</table>

固定式高發泡工程設計例

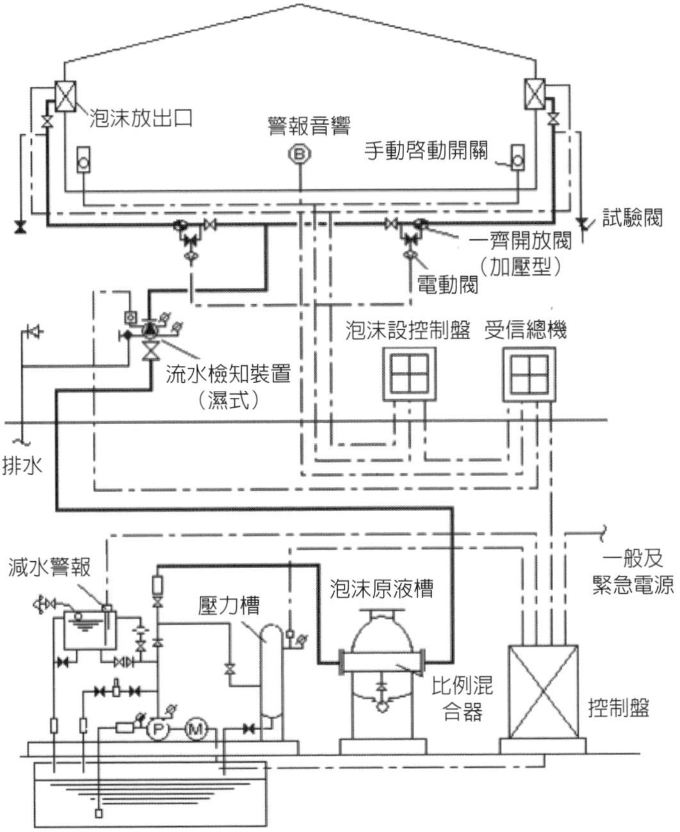

（參考福岡市消防設備等技術基準，平成 26 年）

固定式泡沫放出口配置

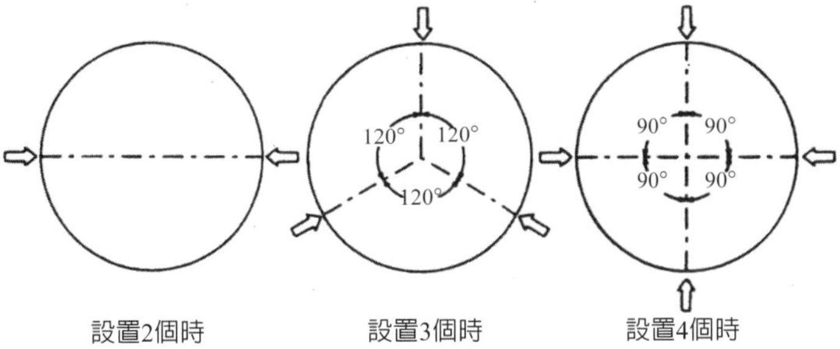

（參考日本危險物設施基準指南，平成 7 年）

1-42 泡沫滅火設備——局部與移動式放射量等

六、局部與移動式放射量

<table>
<tr><th colspan="3">項目</th><th>內容</th><th>設置標準</th></tr>
<tr><td>放射量</td><td>高發泡放出口（局部）</td><td>上述場所</td><td>泡水溶液量放射量 2 L/min‧m² ×20min。
鄰接處以具有≥ 1 hr 防火時效之牆壁區劃或相距 ≥ 3m 者，得免視為單一防護對象。
防護面積，指防護對象外周線以高出防護對象物高度 3 倍數值所包圍之面積。但高出防護對象物高度 3 倍數值，< 1m 時以 1m 計。
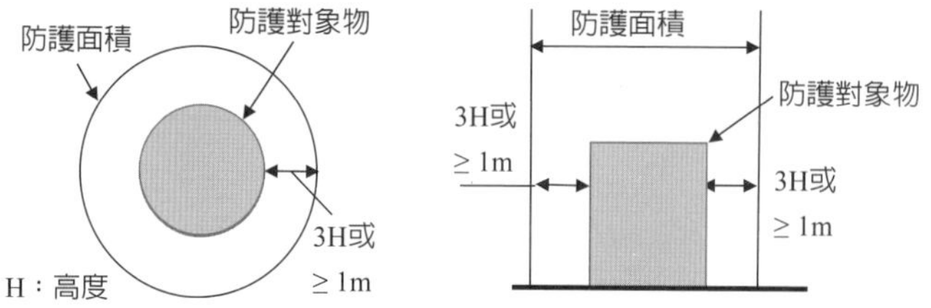
</td><td>§ 73
§ 76</td></tr>
</table>

移動式泡沫放射量

<table>
<tr><th colspan="4">項目</th><th>內容</th><th>設置標準</th></tr>
<tr><td rowspan="4">放射量</td><td rowspan="4"></td><td rowspan="2">放射量</td><td>一般</td><td>1. 水源容量 ≥ 2 具以 2 具泡沫瞄子 ×15min×100L/min。
2. 應加算充滿配管所需之泡沫水溶液量，且應加算總泡沫水溶液量之 20%。
3. 泡沫原液應使用低發泡。</td><td rowspan="4">§ 76
§ 80</td></tr>
<tr><td>公共危險物品
§ 220</td><td>1 室內水源容量 ≥ 4 具以 4 具泡沫瞄子
×30min×200 L/min（< 4 具以實設個數計算）
1 室外水源容量 ≥ 4 具以 4 具泡沫瞄子
×30min×400 L/min（< 4 具以實設個數計算）</td></tr>
<tr><td>放射壓力</td><td colspan="2">≥ 3.5kg/cm²（公共危險物品也是 ≥ 3.5kg/cm² § 219）</td></tr>
<tr><td>泡沫消防栓箱</td><td colspan="2">1. 在水帶接頭 3m 範圍內。
2. 長 ≥ 20m 水帶及泡沫瞄子乙具，其箱面表面積應在≥ 0.8 m²，且標明移動式泡沫滅火設備字樣，並在泡沫消防栓箱上方設置紅色幫浦啓動表示燈。</td></tr>
</table>

固定式低發泡滅火設備

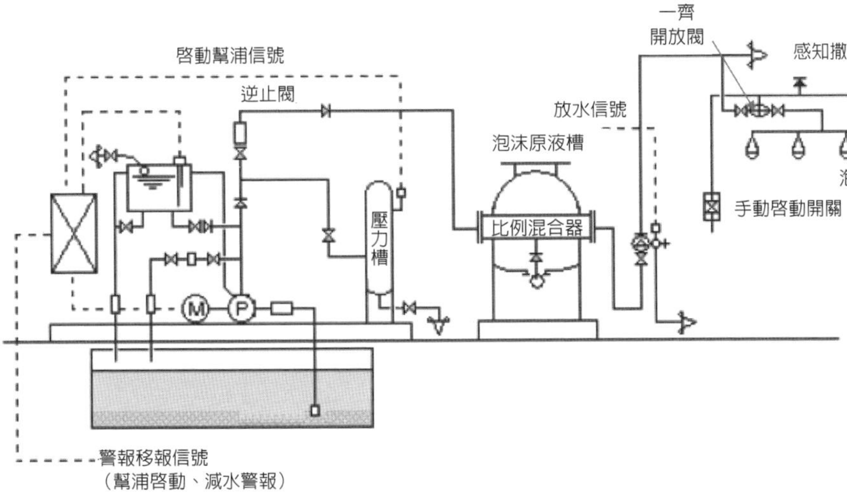

（參考福岡市消防設備等技術基準，2017）

固定式加壓比例混合式配管設計例

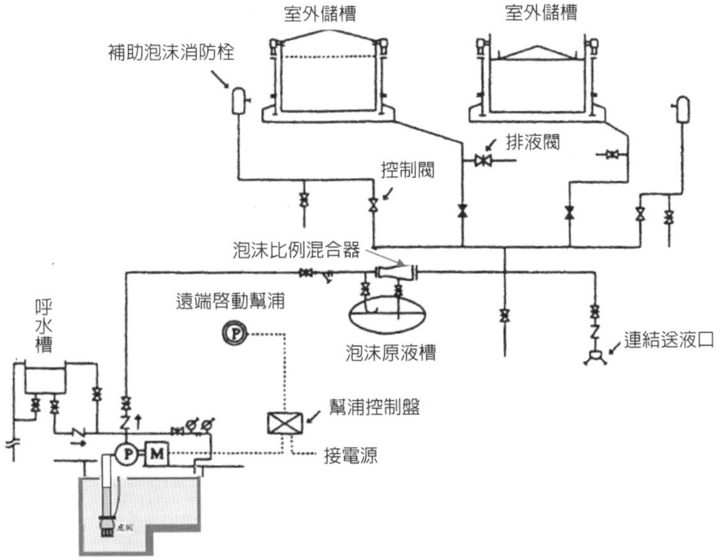

（參考日本危險物設施基準指南，平成 7 年）

七、水源與放出口數量

項目			內容	設置標準
水量	全區及局部	出水壓力	泡沫放射區域有 ≥ 2 區域時，以最大 1 個泡沫放射區域之最低出水量加倍計算。	§ 77
		出水量	最末端 1 個泡沫放射區域全部泡沫噴頭放射壓力均 ≥ $1kg/m^2$	
	移動式	出水量	同一樓層 1 泡沫消防栓箱 ≥ 130 L/min 同一樓層 ≥ 2 泡沫消防栓箱 ≥ 260 L/min	
		出水壓力	最末端 1 泡沫消防栓放射壓力 ≥ 3.5 kg/m^2	
	連接緊急電源			

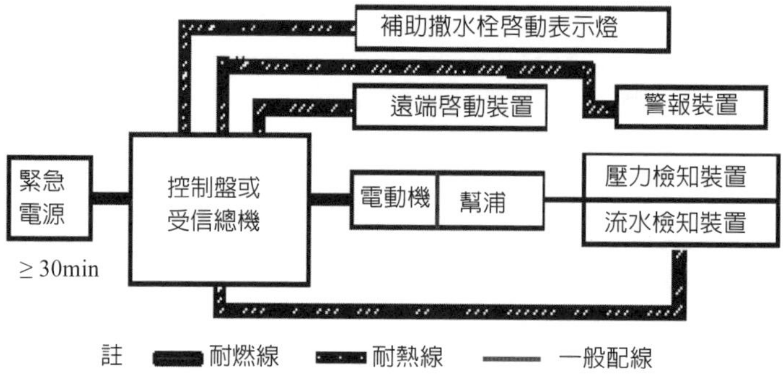

八、放出口數量

項目		儲槽直徑(m)	泡沫放出口應設數量				設置標準
			固定頂儲槽		內浮頂儲槽	外浮頂儲槽	
			I 或 II 型	III 或 IV 型	II 型	特殊型	
儲槽	泡沫放出口	< 13			2	2	§213
		13～19	1	1	3	3	
		19～24			4	4	
		24～35	2	2	5	5	

項目	內容	設置標準

儲槽直徑(m)	泡沫放出口應設數量			
	固定頂儲槽		內浮頂儲槽	外浮頂儲槽
	I 或 II 型	III 或 IV 型	II 型	特殊型
35～42	3	3	6	6
42～46	4	4	7	7
46～53	5	6	7	7
53～60	6	8	8	8
60～67	8	10		9
67～73	9	12		10
73～79	11	14		11
79～85	13	16		12
85～90	14	18		12
90～95	16	20		13
95～99	17	22		13
≥ 99	19	24		14

§213

註：

一、各型泡沫放出口，請參閱下一頁放出口種類。

二、特殊型泡沫放出口使用安裝在浮頂上方者，得免附設泡沫反射板。

三、本表之 III 型泡沫放出口，限於處理或儲存在 20℃時 100g 中水中溶解量 <1g 之公共危險物品，及儲存溫度 <15℃或動黏度在 100cst 以下之公共危險物品儲槽使用。

四、內浮頂儲槽浮頂採用鋼製雙層甲板或鋼製浮筒式甲板，其泡沫系統之泡沫放出口種類及數量，得比照外浮頂儲槽設置。

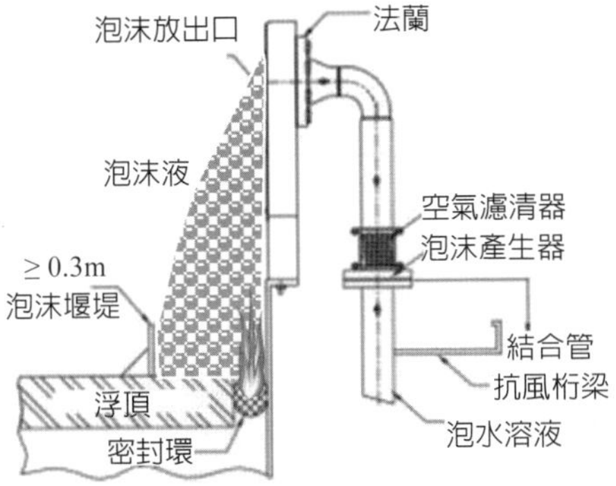

項目	內容	設置標準
	泡沫水溶液量 × 液體表面積所能放射之量	§220

1-43 泡沫滅火設備——放出口種類

九、放出口種類

種類	內容	圖示
I 型	由固定頂儲槽上部注入泡沫之放出口。該泡沫放出口設於儲槽側板上方，具有泡沫導管或滑道等附屬裝置，不使泡沫沉入液面下或攪動液面，而使泡沫在液面展開有效滅火，並且具有可以阻止儲槽內公共危險物品逆流之構造。	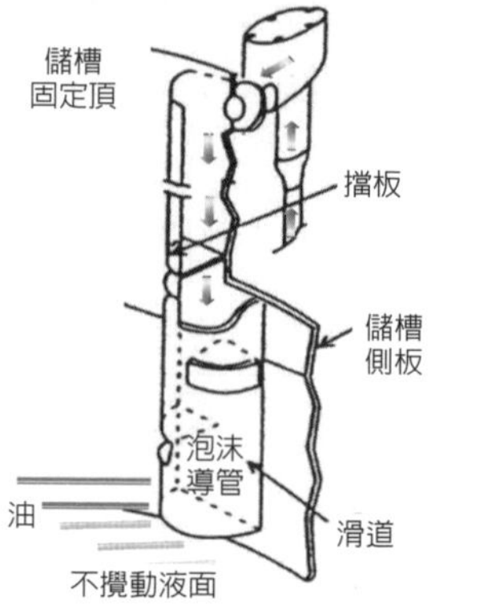 （參考自日本危險物設施基準指南，平成 7 年）
II 型	由固定頂或儲槽之上部注入泡沫之放出口。在泡沫放出口上附設泡沫反射板可以使放出之泡沫能沿著儲槽之側板內面流下，又不使泡沫沉入液面下或攪動液面，可在液面展開有效滅火，並且具有可以阻止槽內公共危險物品逆流之構造。	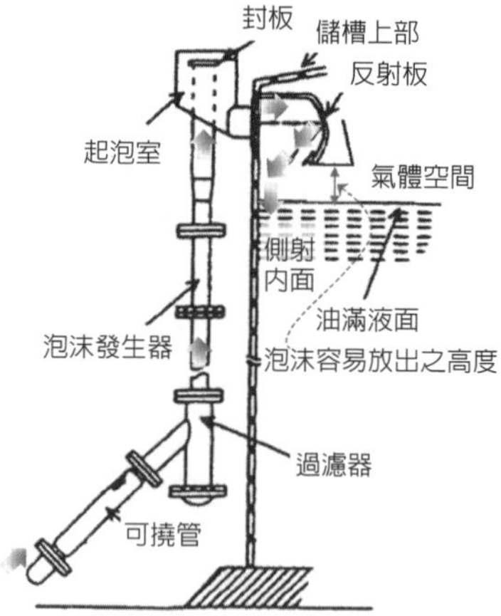 （參考日本危險物設施基準指南，平成 7 年）

<table>
<tr><th>種類</th><th>內容</th><th>圖示</th></tr>
<tr><td>特殊型</td><td>供外浮頂儲槽上部注入泡沫之放出口，並附設泡沫反射板，可將泡沫注入於儲槽側板與泡沫隔板所形成之環狀部分。該泡沫隔板係指在浮頂之上方設有高度 ≥ 0.3m，且距離儲槽內側 ≥ 0.3m 鋼製隔板，具可以阻止放出之泡沫外流，且視該儲槽設置地區預期之最大降雨量，設有可充分排水之排水口為限。</td><td>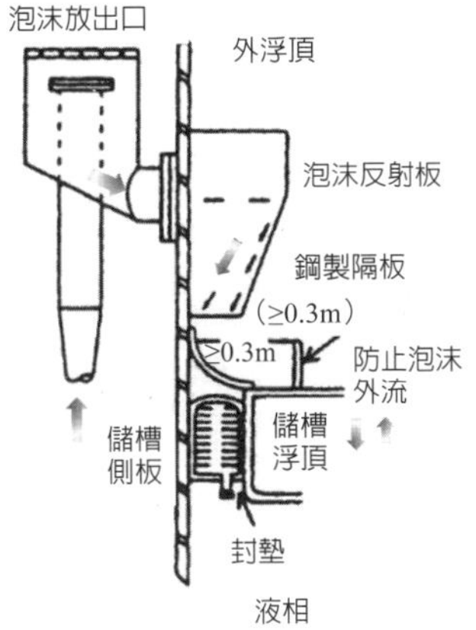

(參考日本危險物設施基準指南，平成 7 年)</td></tr>
<tr><td>III 型</td><td>供固定頂儲槽槽底注入泡沫法之放出口，該泡沫放出口由泡沫輸送管，將發泡器或泡沫發生機所發生之泡沫予以輸送注入儲槽內，並由泡沫放出口放出泡沫。</td><td>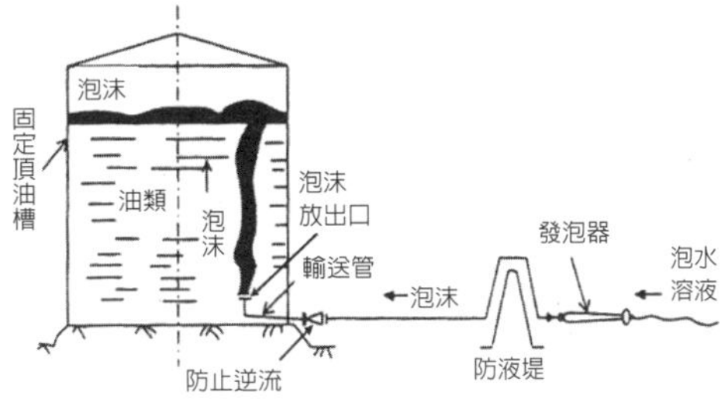

(參考日本危險物設施基準指南，平成 7 年)</td></tr>
<tr><td>IV 型</td><td>供固定頂儲槽槽底注入泡沫法之放出口，將泡沫輸送管末端與平時設在儲槽液面下底部之存放筒所存放之特殊軟管等相連接，於送入泡沫時可使特殊軟管等伸直，使特殊軟管等之前端到達液面而放出泡沫。</td><td>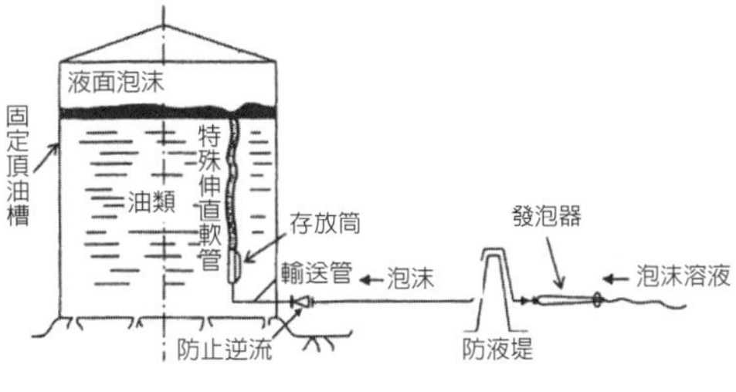

(參考日本危險物設施基準指南，平成 7 年)</td></tr>
</table>

1-44 泡沫滅火設備——水溶液量及放出率

十、水溶液量及放出率

<table>
<tr><th colspan="3">項目</th><th>內容</th><th>設置標準</th></tr>
<tr><td rowspan="2">儲槽</td><td rowspan="2">泡沫水溶液量（X）及放出率（Y）</td><td>不溶性</td><td>
<table>
<tr><th rowspan="2">第四類公共危險物品</th><th colspan="2">I 型</th><th colspan="2">II 型</th><th colspan="2">特殊型</th><th colspan="2">III 型</th><th colspan="2">IV 型</th></tr>
<tr><th>X</th><th>Y</th><th>X</th><th>Y</th><th>X</th><th>Y</th><th>X</th><th>Y</th><th>X</th><th>Y</th></tr>
<tr><td>閃火點 <21˚C</td><td>120</td><td>4</td><td>220</td><td>4</td><td>240</td><td>8</td><td>220</td><td>4</td><td>220</td><td>4</td></tr>
<tr><td>閃火點 21～70˚C</td><td>80</td><td>4</td><td>120</td><td>4</td><td>160</td><td>8</td><td>120</td><td>4</td><td>120</td><td>4</td></tr>
<tr><td>閃火點 ≥ 70˚C</td><td>60</td><td>4</td><td>100</td><td>4</td><td>120</td><td>8</td><td>100</td><td>4</td><td>100</td><td>4</td></tr>
</table>
註：
1. X 為泡沫水溶液量，Y 為放出率。
2. 泡沫水溶液量單位 L/m²，放出率單位 L/min m²。
</td><td rowspan="2">§ 213</td></tr>
<tr><td>非不溶性</td><td>
<table>
<tr><th colspan="2">I 型</th><th colspan="2">II 型</th><th colspan="2">特殊型</th><th colspan="2">III 型</th><th colspan="2">IV 型</th></tr>
<tr><th>X</th><th>Y</th><th>X</th><th>Y</th><th>X</th><th>Y</th><th>X</th><th>Y</th><th>X</th><th>Y</th></tr>
<tr><td>160</td><td>8</td><td>240</td><td>8</td><td>1</td><td>1</td><td>1</td><td>1</td><td>240</td><td>8</td></tr>
</table>
註：
1. X 為泡沫水溶液量，Y 為放出率。
2. 應使用耐酒精型泡沫，其泡沫放出口之泡沫水溶液量及放出率，得依廠商提示值核計。
3. 泡沫水溶液量單位 L/m²，放出率單位 L/min m²。
</td></tr>
<tr><td>儲槽</td><td colspan="2">係數值</td><td>
前款並依下表公共危險物品種類乘以所規定係數值
<table>
<tr><th colspan="2">第四類公共危險物品種類</th><th rowspan="2">係數</th></tr>
<tr><th>類別</th><th>詳細分類</th></tr>
<tr><td rowspan="3">醇類</td><td>甲醇、3- 甲基 -2- 丁醇、乙醇、烯丙醇、1- 戊醇、2- 戊醇、第三戊醇（2- 甲基 -2- 丁醇）、異戊醇、1- 己醇、環己醇、糠醇、苯甲醇、丙二醇</td><td>1.0</td></tr>
<tr><td>2- 丙醇、1- 丙醇、異丁醇、1- 丁醇、2- 丁醇</td><td>1.25</td></tr>
<tr><td>第三丁醇</td><td>2.0</td></tr>
<tr><td>醚類</td><td>異丙醚、乙二醇乙醚（2- 羥基乙醚）、乙二醇甲醚、二甘醇乙醚、二甲醇甲醚</td><td>1.25</td></tr>
</table>
</td><td>§ 213</td></tr>
</table>

<table>
<tr><th colspan="2">項目</th><th>內容</th><th>設置標準</th></tr>
<tr><td></td><td></td><td>
<table>
<tr><th colspan="2">第四類公共危險物品種類</th><th rowspan="2">係數</th></tr>
<tr><th>類別</th><th>詳細分類</th></tr>
<tr><td rowspan="2"></td><td>1,4 二氧雜環己烷</td><td>1.5</td></tr>
<tr><td>乙醚、乙縮醛（1,1- 雙乙氧基乙烷）、乙基丙基醚、四氫喃、異丁基乙烯醚、乙基丁基醚</td><td>2.0</td></tr>
<tr><td>酯類</td><td>乙酸乙脂、甲酸乙酯、甲酸甲酯、乙酸甲酯、乙酸乙烯酯、甲酸丙酯、丙烯酸甲酯、丙烯酸乙酯、異丁烯酸甲酯、異丁烯酸乙酯、乙酸丙酯</td><td>1.0</td></tr>
<tr><td>酮類</td><td>丙酮、丁酮、甲基異丁基酮、2,4- 戊雙酮、環己酮</td><td>1.0</td></tr>
<tr><td rowspan="2">醛類</td><td>丙烯醛、丁烯醛（巴豆醛）、三聚乙醛</td><td>1.25</td></tr>
<tr><td>乙醛</td><td>2.0</td></tr>
<tr><td rowspan="3">胺類</td><td>乙二胺、環己胺、苯胺、乙醇胺、二乙醇胺、三乙醇胺</td><td>1.0</td></tr>
<tr><td>乙胺、丙胺、烯丙胺、二乙胺、丁胺、異丁胺、三乙胺、戊胺、第三丁胺</td><td>1.25</td></tr>
<tr><td>異丙胺</td><td>2.0</td></tr>
<tr><td>腈類</td><td>丙烯腈、乙腈、丁腈</td><td>1.25</td></tr>
<tr><td>有機酸</td><td>醋酸、醋酸酐、丙烯酸、丙酸、甲酸</td><td>1.25</td></tr>
<tr><td>其他非不溶性者</td><td>氧化丙烯</td><td>2.0</td></tr>
</table>
</td><td rowspan="2">§213</td></tr>
<tr><td></td><td>特殊型泡沫放出口</td><td>儲槽液面積為浮頂式儲槽環狀部分之表面積</td></tr>
<tr><td colspan="2">泡沫原液儲槽</td><td>1. 有確認藥劑量之液面計或計量棒。
2. 加壓狀態應附設壓力表。
3. 設置於溫度＜40℃且無日光曝曬。
4. 採取有效防震措施。</td><td>§81</td></tr>
</table>

第四類場所泡沫系統 NFPA 規定

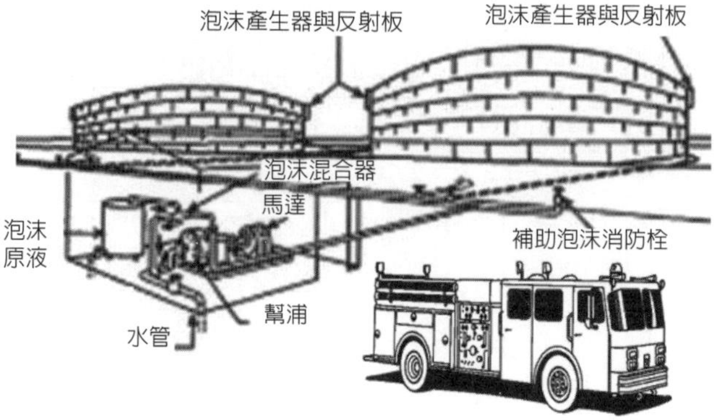

（參考 NFPA 11, Foam Fatale, 2017）

公共危險物品場所泡沫系統

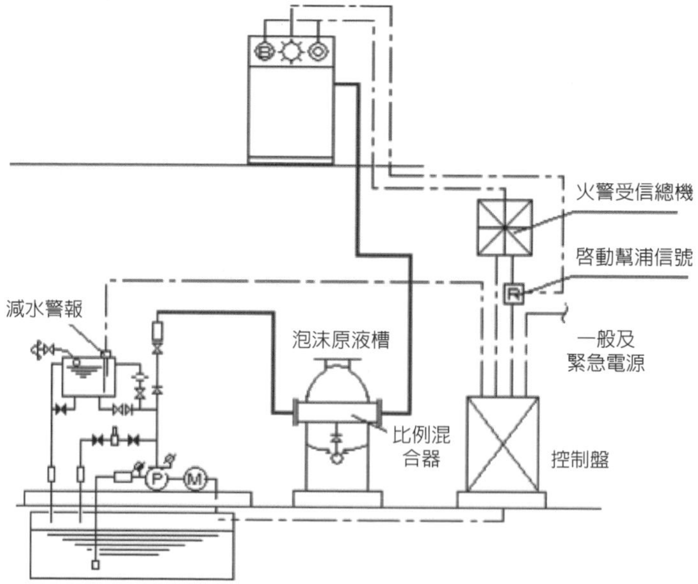

（參考福岡市消防設備等技術基準，平成 26 年）

泡沫滅火設備一齊開放閥及流水檢知裝置

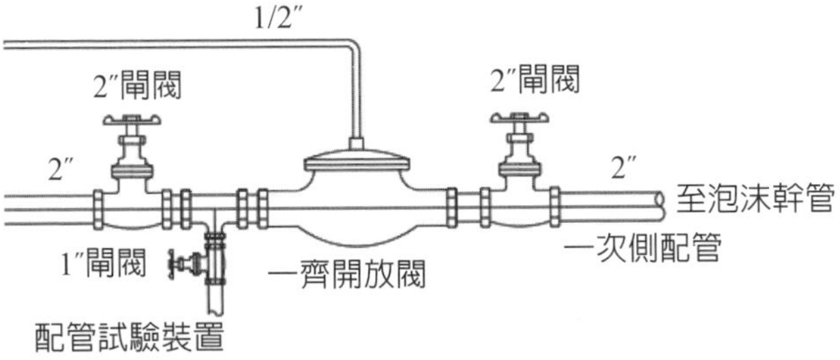

固定式低發泡於船艙應用例

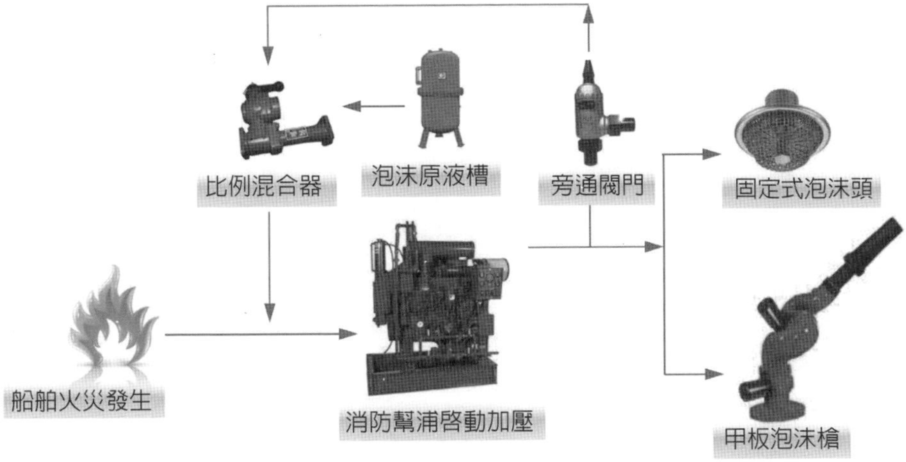

公共危險場所泡沫放水槍示意圖

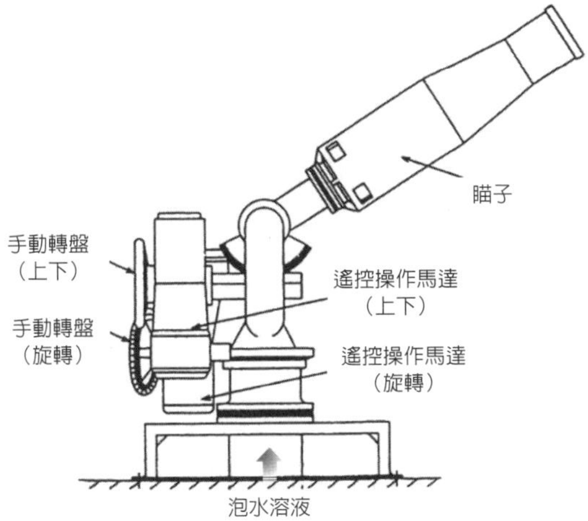

1-45 泡沫滅火設備——補助泡沫、送液口及射水槍

十一、補助泡沫、送液口及射水槍

項目		內容	設置標準
儲槽	補助泡沫消防栓	1. 設在儲槽防液堤外圍，距離槽壁 ≥ 15m，便於消防救災處，且至任一泡沫消防栓之步行距離在 <75m，泡沫瞄子放射量 ≥ 400L/min，放射壓力在 ≥ $3.5kg/cm^2$。但全部泡沫消防栓數量 ≥ 3 支時，以同時使用 3 支計算之。 2. 附設水帶箱。 3. 放射量為 20min 水量（§220）。	§214
	連結送液口	$N = Aq/C$ N：連結送液口應設數量 A：儲槽最大水平斷面積。但浮頂儲槽得以環狀面積核算（m^2） q：固定式泡沫放出口每平方公尺放射量（L/min m^2） C：每一個連結送液口之標準送液量（800 L/min）	
	泡沫射水槍	1. 室外儲槽之幫浦設備等設於岸壁、碼頭時，泡沫射水槍應能防護位於海面上前端之水平距離 < 15m 之海面，而距離注入口及其附屬之處理設備之水平距離在 < 30m，其設置個數在 2 具以上。 2. 泡沫射水槍為固定式，並設於無礙滅火活動之位置。 3. 泡沫射水槍同時放射時，射水槍泡沫放射量為 ≥ 1900 L/min，且其有效水平放射距離在 ≥ 30m。 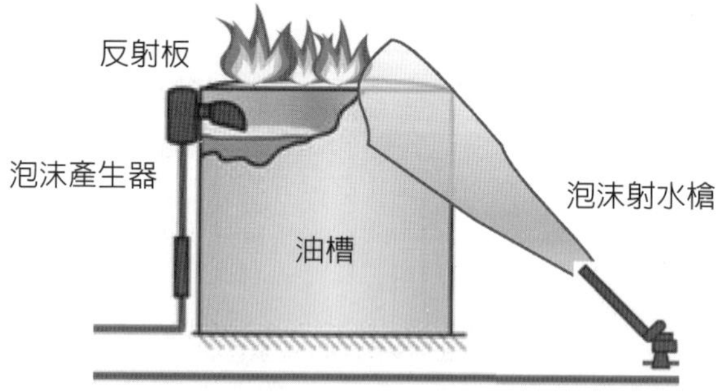	§215
		水量為 2 具 ×30min	§220
		設置場所 室外儲槽儲存閃火點 < 40°C之顯著滅火困難場所，且設於岸壁碼頭並連接輸送設備，設置固定式泡沫設備及泡沫射水槍。	§215

固定式泡沫設置補助泡沫消防栓及連結送液口

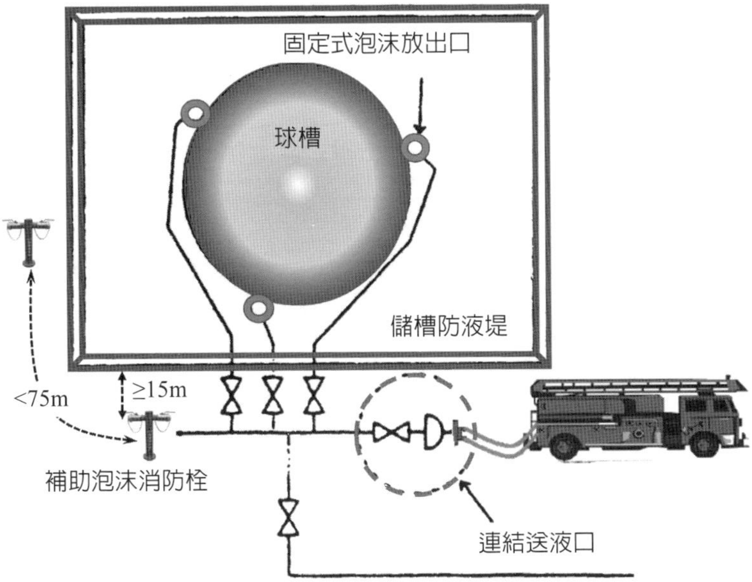

（參考自日本危險物設施基準指南，平成 7 年）

連結送液口構造

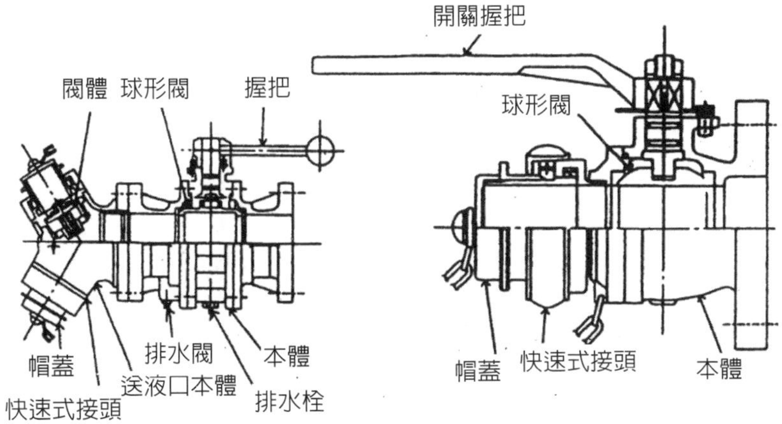

（參考自日本危險物設施基準指南，平成 7 年）

1-46 泡沫滅火設備——泡沫混合方式

十二、泡沫混合方式

<table>
<tr><th>種類</th><th>內容</th></tr>
<tr><td>加壓比例式（加壓置換方式）</td><td>泡沫原液槽與比例混合器構成，利用加壓送水使水壓入與泡沫原液混合。由水直接流入藥劑槽內及流經送水管之吸入器，如圖下。
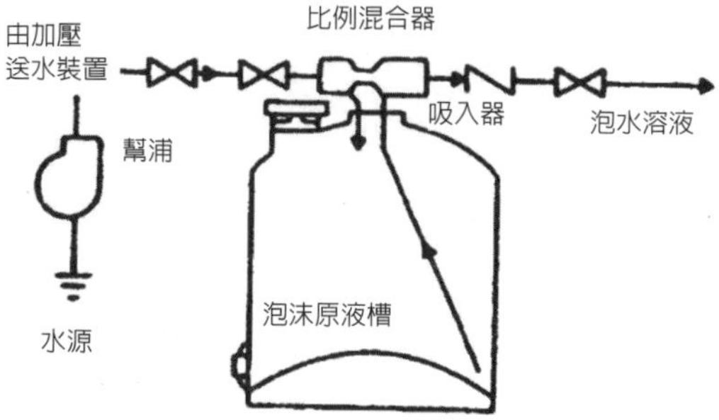

此外，由水流入原液槽並加壓於槽內之移動式隔膜，隔膜內側存放之原液槽內壓出至送液管。此方式為藥劑與水流入替換之置換方式，水將藥劑壓入之方法，無需特別設加壓送液裝置；如下圖。
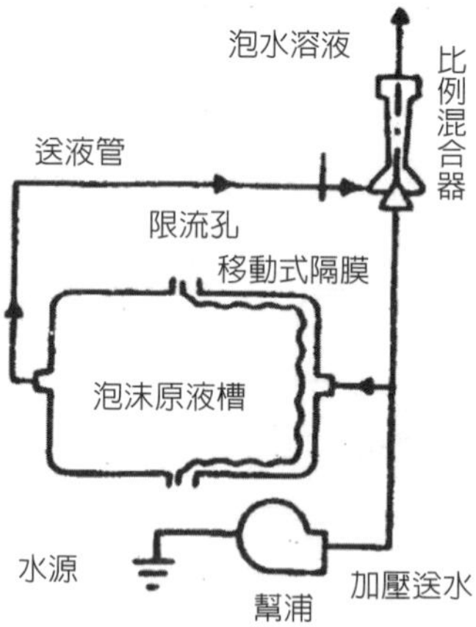

（參考日本危險物設施基準指南，平成 7 年）</td></tr>
<tr><td>差壓比例式（壓入式）</td><td>由泡沫原液槽、加壓送液裝置、比例混合器等構成，由加壓送液裝置將水壓入泡沫原液中混合。同時使用加壓送液裝置之幫浦，並設能利用流量變化檢知壓力之壓力調節閥。泡沫原液利用幫浦出水量改變時，能自動調節混合比之一種裝置。幫浦之種類與特性同水系統滅火設備，但因藥劑具腐蝕性，故材質必須考量其耐蝕性，此如下圖所示。</td></tr>
</table>

<table>
<tr><th>種類</th><th>內容</th></tr>
<tr><td></td><td>
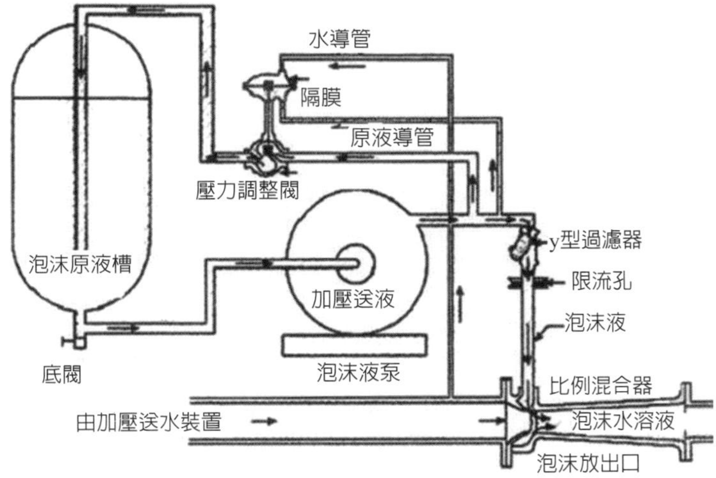

（參考日本危險物設施基準指南，平成 7 年）</td></tr>
<tr><td>幫浦循環比例式</td><td>幫浦流出管與吸入管之間應設旁通管，該管中設比例混合器。幫浦運轉時，水向泡沫放出口方向輸送，同時水流經旁通管內、經由比例混合器、在流經幫浦吸入管。通過比例混合器時，吸入泡沫原液槽內泡沫並與水混合，同時幫浦循環吸入管與水依一定混合比例進行，此如下圖所示。

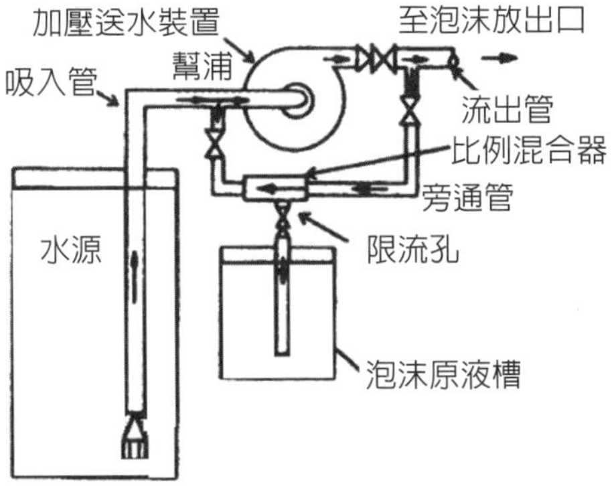

（參考日本危險物設施基準指南，平成 7 年）</td></tr>
<tr><td>幫浦吸入比例式</td><td>幫浦吸入管附設旁通管，旁通管中設比例混合器。幫浦運轉時，將水源之水吸入同時於比例混合器處與負壓吸入之泡沫原液混合。同時規定與水之合流點處依一定比率進行混合。本方式泡沫原液藥劑流入必須為負壓。泡沫原液槽之底部位置必須高於幫浦本體。吸入管須考量不會產生空氣滯留之配管方式，如下圖所示。</td></tr>
</table>

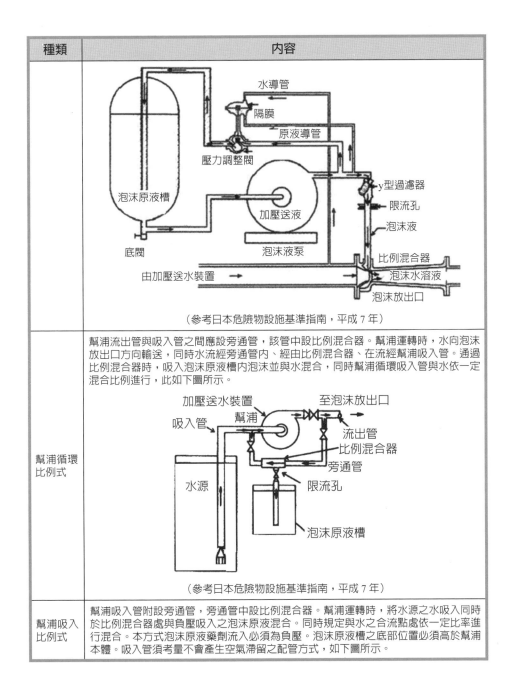

種類	內容
	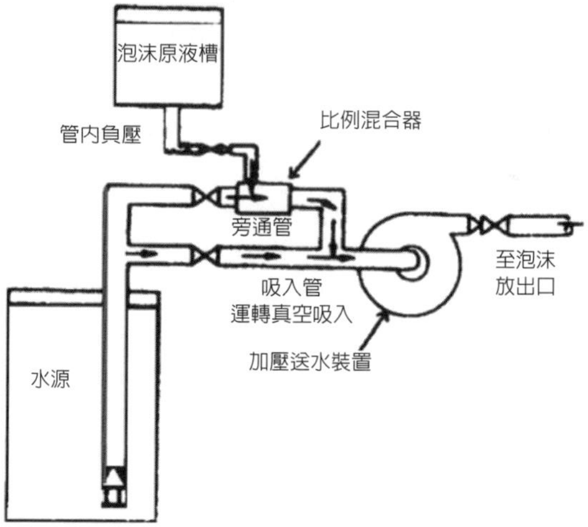 （參考日本危險物設施基準指南，平成 7 年）
水力馬達比例式	水力馬達（水動力）與泡沫原液，利用幫浦結合成一體。設於加壓送水裝置和泡沫放出口之間，使用泡沫原液幫浦吸入管與泡沫原液槽連接，原液流出管與水力馬達之水流出管依一定比例混合連接。當泡水溶液流向泡沫放出口時，經水力馬達產生水動力迴轉，同軸使泡沫原液幫浦運轉，吸入泡沫原液，流向放出口並依一定混合比率流出，此如下圖所示。 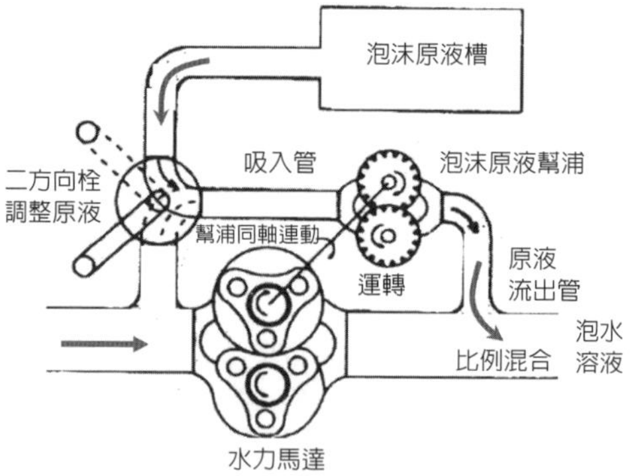 （參考日本危險物設施基準指南，平成 7 年）

泡沫滅火設備一齊開放閥照片

泡沫滅火設備泡沫頭與火警感知撒水頭照片

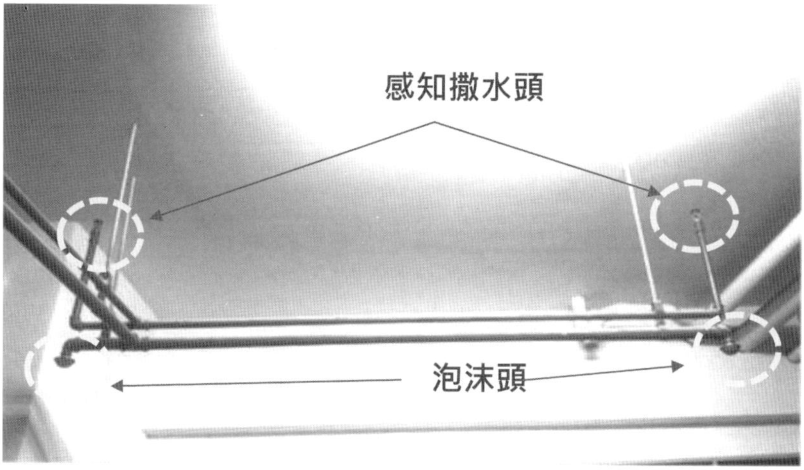

1-47 連結送水管——目的與構成

一、目的與構成

設置目的	當火災發生時，消防隊使用消防車從送水口進行送水至高樓層滅火活動之設備，以避免樓梯間逐層布置水帶延伸所耗時間及減少水帶摩擦損失之消防搶救用設備。
組成構件	由送水口、配管、放水口、閥門、加壓送水裝置等構成。

<table>
<tr><th>項目</th><th>條件</th><th colspan="2">內容</th><th>設置標準</th></tr>
<tr><td rowspan="2">應設場所</td><td>樓層</td><td colspan="2">1. 5F 或 6F 總樓地板 ≥ 6000m²
2. ≥ 7F</td><td rowspan="2">§ 26</td></tr>
<tr><td>地下建築物</td><td colspan="2">總樓地板面積 ≥ 1000m²</td></tr>
<tr><td rowspan="5">出水口</td><td>樓層</td><td>≥ 3F</td><td rowspan="3">50m 內設一個</td><td rowspan="8">§ 180</td></tr>
<tr><td>地下建築物</td><td rowspan="2">各層</td></tr>
<tr><td>緊急升降機</td></tr>
<tr><td colspan="2">為雙口形，口徑 63 mm 快速接頭，高度在 0.5～1.5m，並設厚度 ≥ 1.6mm 鋼板之不燃材料箱內，其箱面短邊 ≥ 40cm，長邊 ≥ 50cm，並標明出水口，每字 ≥ 20cm。</td><td>但 <10F 之樓層，得用單口形。</td></tr>
<tr><td colspan="3">屋頂設 ≥ 1 個測試用出水口</td></tr>
<tr><td rowspan="3">送水口</td><td colspan="3">設於消防車易於接近，送水口數量 ≥ 立管數。</td></tr>
<tr><td colspan="3">為雙口形，口徑 63 mm 快速接頭，高度在 0.5～1m，並標明連結送水管送水口字樣。</td></tr>
<tr><td colspan="3">送水口裝設逆止閥及止水閥。</td></tr>
</table>

連結送水管裝置規定

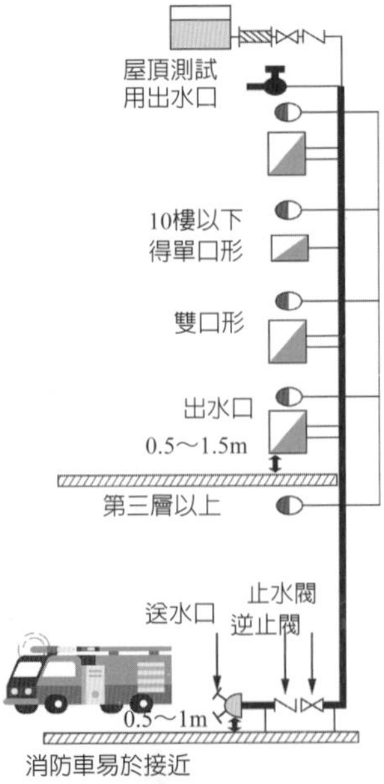

連結送水管消防工程設計例

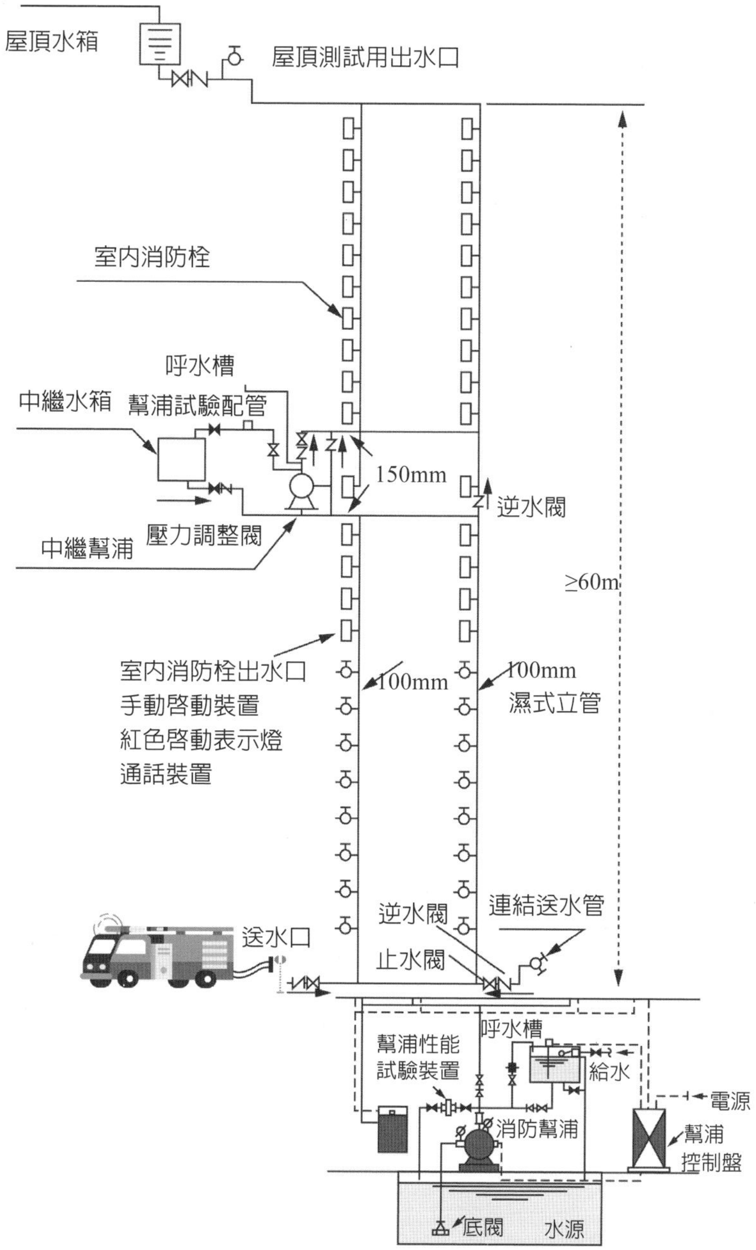

（參考日本消防用設備等設置指導基準第 92 號，平成 18 年）

1-48 連結送水管——配管等

二、配管等

項目		內容		設置標準
配管	專用	立管 ≥ 100mm	但建築物 < 50m，得與室內消防栓共用立管管徑 ≥ 100mm，支管管徑 ≥ 65mm。	§ 181
	連通	≥ 2 支立管時，立管間以橫管連通。		
	耐壓	能承受送水壓力 ≥ 1.5 倍水壓，且持續 30min。	但設中繼幫浦時，幫浦 2 次側配管能承受全閉揚程 ≥ 1.5 倍水壓。	
水帶箱	≥ 11F	≥ 11F 各層應於距出水口 < 5m 設水帶箱，直線水霧兩用瞄子一具，長 20m 水帶 ≥ 2 條，箱面表面積 ≥ 0.8m^2，並標明水帶箱字樣每字 ≥ 20cm。	水帶箱材質應為厚度 ≥ 1.6mm 鋼板或不燃材料。	§ 182
中繼幫浦	≥ 60m	連結送水管應採用濕式		§ 183
	全揚程	＝消防水帶摩擦損失水頭＋配管摩擦損失水頭＋落差＋放水壓力	H = h1 + h2 + h3 + 60m	
	出水量	≥ 2400 L/min		
	手動啓動裝置及紅色啓動表示燈	設於送水口附近	但設有由防災中心遙控啓動，且送水口與防災中心間設有通話裝置者，得免設。	
	一次側	設出水口、止水閥及壓力調整閥，並附設旁通管。		
	二次側	設逆止閥、止水閥及送水口或出水口。		
	旁通管	進水側配管及出水側配管間設旁通管並於旁通管設逆止閥。		
	串聯運轉	全閉揚程與押入揚程合計 ≥ 170m 時。		
	相互通話	設置中繼幫浦之機械室及送水口處，設與防災中心通話裝置。		
	放水測試	應從送水口以送水設計壓力送水，並以口徑 21mm 瞄子在最頂層測試，放水壓力 ≥ 6kg/cm^2，且放水量 600L/min，送水設計壓力，標明於送水口附近。		
送水設計壓力	H = h1 + h2 + h3 + 60m	= 配管摩擦損失水頭 + 消防水帶摩擦損失水頭 + 落差 + 放水壓力		§ 184
	摩擦損失	消防水帶摩擦損失水頭為 4m。		
	立管水量	最上層與其直下層間為 1200L/min。 其他樓層為 2400L/min。		
	支管水量	每一線瞄子為 600L/min。		

連結送水管系統水量

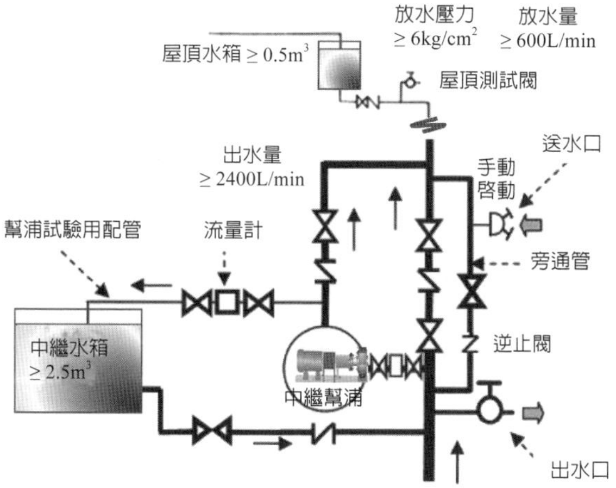

中繼幫浦設計例

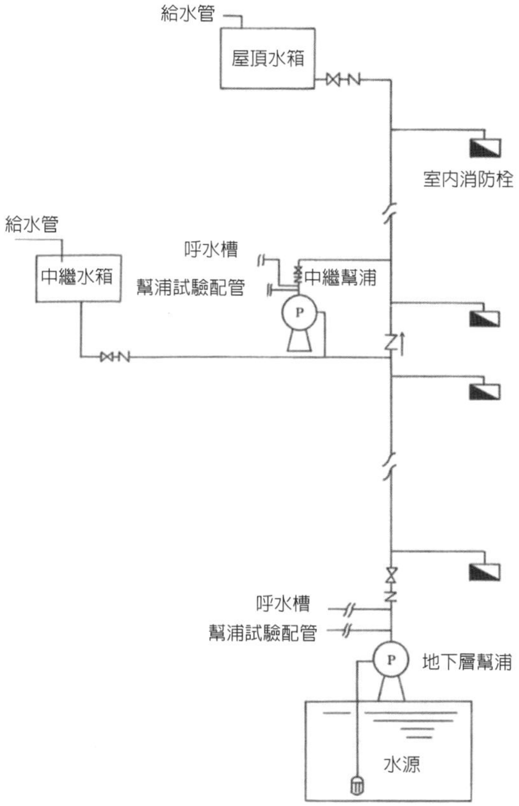

（日本消防用設備等設置指導基準第 92 號，平成 18 年）

1-49 消防專用蓄水池——目的與構成等

一、目的與構成等

設置目的	設消防專用蓄水池之場所，一般為大規模基地面積，此等場所當火災發生時，消防活動可能須長時間來進行救災。此等場所須耗費大量公設消防栓水資源來救災，因而有必要自設水源，一方面是確保有相當水量可使用；另一方面是使用者付費之原則。
組成構件	由一定水量以上蓄水池、投入孔或採水口、配管、底閥、清潔用鐵鍊或機械方式引水裝置等構成。

項目		內容		設置標準
應設場所	面積	建築基地面積 ≥ $20000m^2$，且任何一層樓地板面積 ≥ $1500m^2$	有效水量於 1F 及 2F 合計 ≤ $7500m^2$，≥ $20m^3$	§ 27 § 185
	高度	建築物高度 ≥ 31m，且總樓地板面積 ≥ $25000m^2$	有效水量於總樓地板面積 ≤ $12500m^2$，≥ $20m^3$	
	2 棟	同一建築基地 ≥ 2 棟時，建築物間外牆與中心線水平距離 1F<3m、2F<5m，且合計各棟該 1F 及 2F 樓地板面積在 ≥ $10000m^2$	有效水量於 1F 及 2F 合計 ≤ $7500m^2$，≥ $20m^3$	
數量	$20m^3$	任一消防專用蓄水池至建築物各部分距離≤ 100m，且有效水量在 ≥ $20m^3$		§ 185
消防車	2m	設於消防車能接近至 ≤ 2m，易於抽取處		
抽水構造	投入孔	進水管投入後，能有效抽取所需水量之構造		
採水	投入孔	為邊長 ≥ 60cm 正方形或直徑 ≥ 60cm 圓孔，並設鐵蓋保護之。		
		水量	$<80m^3$ 設 ≥ 1 個	
			≥ $80m^3$ 設 ≥ 2 個	
	採水口	口徑 75mm，並接裝陰式螺牙。		
		水量	≥ $20m^3$ 設 ≥ 1 個	
			40～$120m^3$ 設 ≥ 2 個	
			≥ $120m^3$ 設 ≥ 3 個	
		配管口徑 ≥ 80mm，距離基地地面高度在 0.5～1m		
有效水量	但機械引水不在此限	蓄水池深度在基地地面下 < 4.5m 範圍內之水量		

消防專用蓄水池有效水量示意圖例

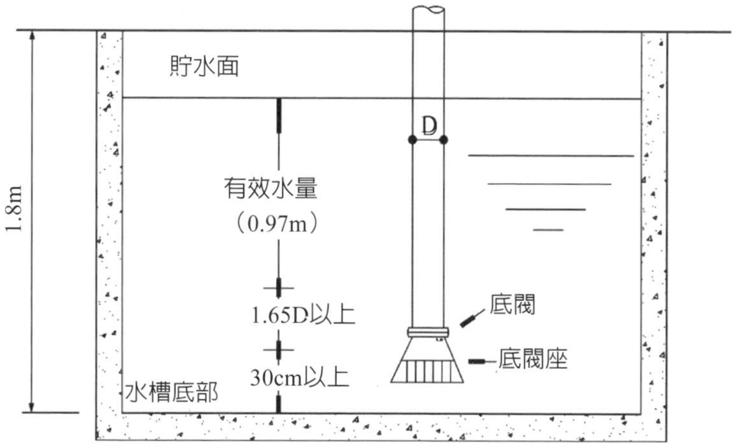

消防專用蓄水池採水口設計數量例

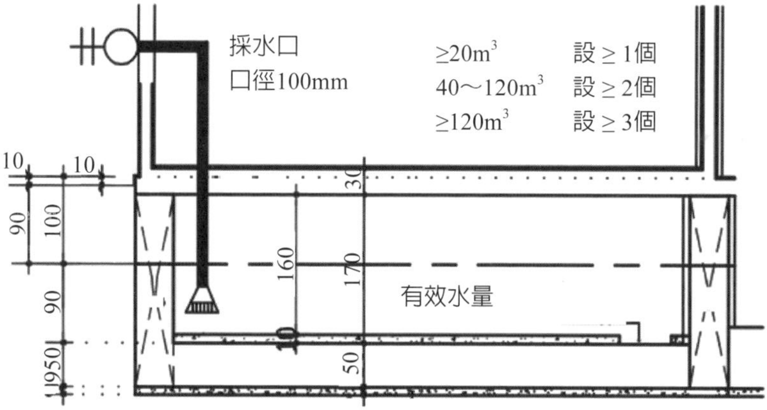

1-50 消防專用蓄水池——機械方式引水

二、機械方式引水

<table>
<tr><th colspan="2">項目</th><th colspan="3">內容</th><th>設置標準</th></tr>
<tr><td rowspan="6">設加壓送水裝置及採水口</td><td rowspan="2">採水口</td><td>距離</td><td colspan="2">任一採水口至建築物各部分之水平距離 <100m</td><td rowspan="2">§ 186</td></tr>
<tr><td>高度</td><td colspan="2">接裝 63mm 陽式快接頭，距離地面高度 0.5～1m</td></tr>
<tr><td rowspan="4">出水量及採水口數</td><td>水量（m^3）</td><td>出水量（L/min）</td><td>採水口數</td><td rowspan="6">§ 186</td></tr>
<tr><td>40</td><td>1100</td><td>1</td></tr>
<tr><td>40～120</td><td>2200</td><td>2</td></tr>
<tr><td>≥ 120</td><td>3300</td><td>3</td></tr>
<tr><td>幫浦全揚程</td><td>H = h1 + h2 + 15m</td><td colspan="3">全揚程 = 落差 + 配管摩擦損失水頭 + 15m</td></tr>
<tr><td>設啓動裝置及紅色啓動表示燈</td><td>於採水口附近</td><td colspan="3">但設有能由防災中心遙控啓動，且採水口與防災中心間設有通話連絡裝置者，不在此限。</td></tr>
<tr><td rowspan="3">消防專用蓄水池標示</td><td>進水管投入孔</td><td colspan="3">標明消防專用蓄水池字樣。</td><td rowspan="2">§ 187</td></tr>
<tr><td>採水口</td><td colspan="3">標明採水口或消防專用蓄水池採水口字樣。</td></tr>
<tr><td colspan="5">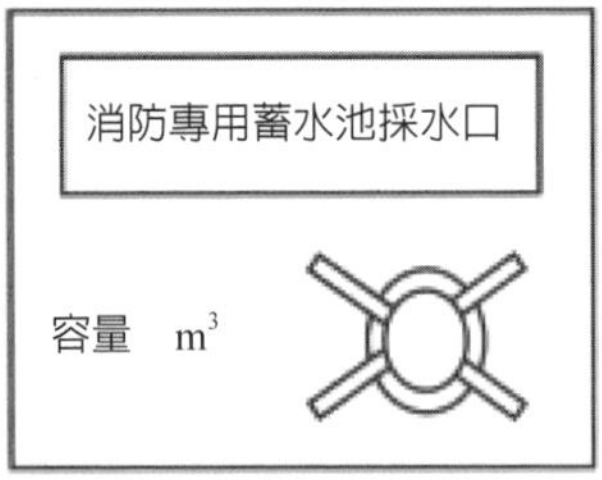

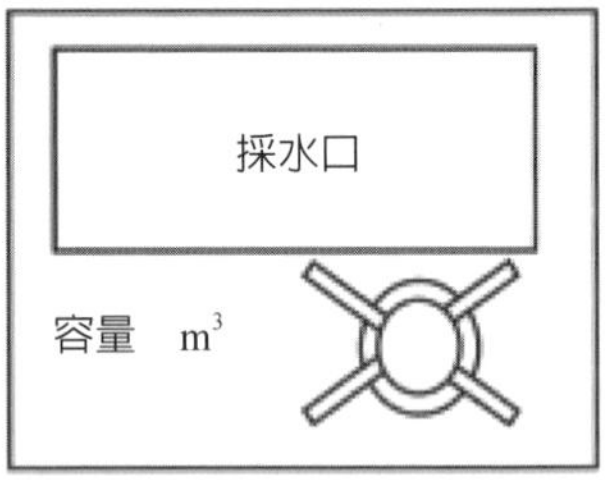
</td></tr>
</table>

消防專用蓄水池裝置規定

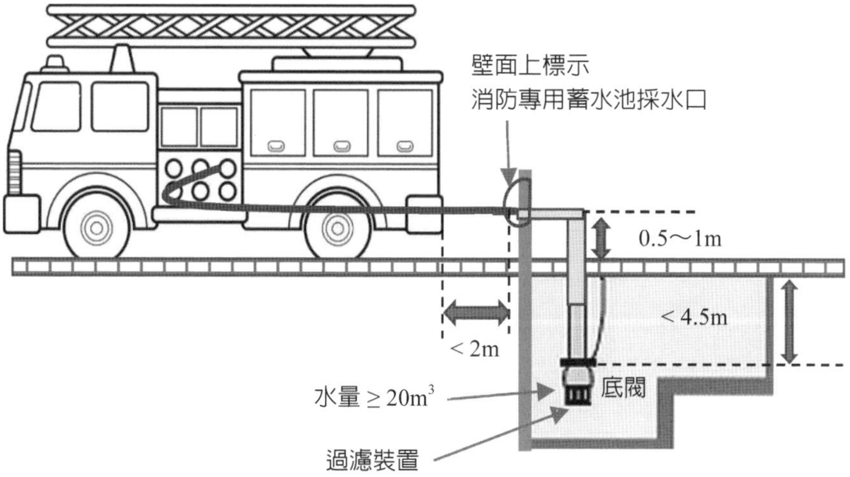

水系統自動警報逆止閥

1-51 冷卻撒水設備

設置目的	室內（外）儲槽儲存閃火點 70°C以下第四類公共危險物品之顯著滅火困難場所，除設置固定式泡沫滅火設備外，此等場所應設置冷卻撒水設備。當火災發生時，會產生大量輻射熱，無論是地面上消防人員皆難以有效靠近；而鄰近儲槽易受高溫狀態，使區域內火勢失控。因此，設置冷卻撒水設備達到槽體自我防衛之作用。
組成構件	由撒水噴孔、撒水管、加壓送水裝置、水源、緊急電源、手動啓動裝置及遠隔啓動裝置或選擇閥等構成。

一、應設冷卻撒水設備之場所

項目		內容	設置標準
第四類公共危險物品顯著滅火困難場所	室內、室外儲槽儲存閃火點 ≤ 70°C	除設置固定式泡沫滅火設備外，並設置冷卻撒水設備	§ 216

二、冷卻撒水設備之設置規定

項目		內容	設置標準
撒水噴孔		孔徑 ≥ 4mm	§ 216
風樑或補強環等阻礙		下方增設撒水管及撒水噴孔	
撒水量		≥ 2 L/min.m²	
水源容量		最大一座儲槽連續放水 ≥ 4hr 水量	
選擇閥（或開關閥）		設於防液堤外，火災不易殃及且容易接近之處所，其操作位高度在 0.8～1.5m。	
加壓送水裝置	專用	幫浦出水量 ≥ 2 L/min.m² × 防護面積	
	設手動啓動裝置	並設遠隔啓動裝置（但送水區域距加壓送水裝置 <300m 免設）	
		設於加壓送水裝置設置場所	
	遠隔啓動裝置	1. 開啓選擇閥，使啓動用水壓開關裝置或流水檢知裝置連動啓動。 2. 設於監控室直接啓動。	
	有效出水	啓動後 < 5min	
	距離	加壓送水裝置距撒水區域 <500m（但保壓措施者不在此限）	
	連接緊急電源	供電容量 ≥ 連續放水時間	

公共危險場所油槽冷卻撒水設備照片

冷卻撒水設備系統圖

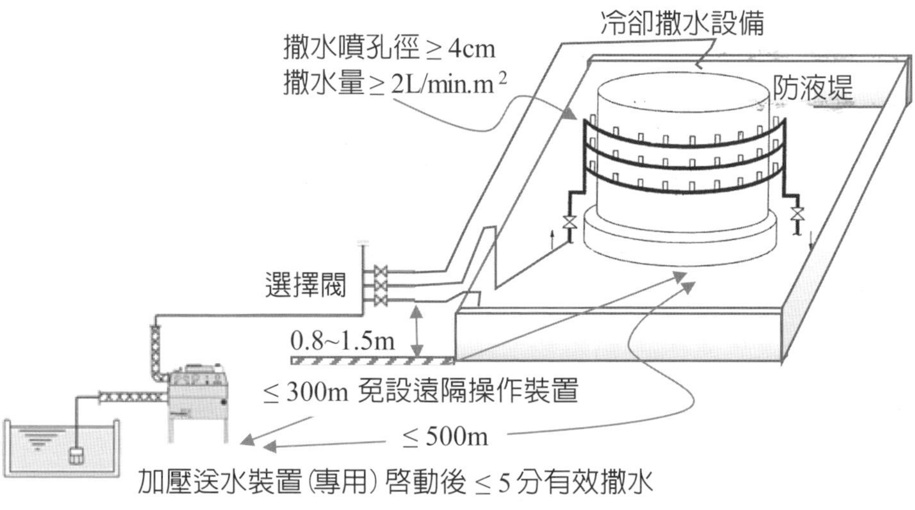

水源容量≧最大儲槽放水4小時

加壓送水裝置歷屆考題

【申論題】

消防幫浦係指由幫浦、電動機及控制盤、呼水裝置、防止水溫上升用排放裝置、幫浦性能試驗裝置、啓動用水壓開關裝置與底閥等全部或部分附屬裝置所構成，請繪出具呼水槽防止水溫排放裝置示意圖並說明性能要求；另以消防幫浦之性能曲線，說明消防安全檢查幫浦性能正常的判斷方式。

解

防止水溫上升用排放裝置應符合下列規定：

（一）設呼水槽時，防止水溫上升用排放管應從呼水管逆止閥之靠幫浦側連結，中途應設限流孔，使幫浦在運轉中能排水至呼水槽。

（二）未設呼水槽時，其防止水溫上升之排放管應從幫浦出水側逆止閥之一次側連接，中途應設限流孔，使幫浦在運轉中能排水至水槽內。

（三）防止水溫上升用之排放管之配管中途須裝設控制閥。

（四）防止水溫上升用之排放管應使用口徑 15mm 以上者。

（五）防止水溫上升用之排水管內之流水量，當幫浦在全閉狀態下連續運轉時，不使幫浦內部水溫。值升高攝氏三十度以上，其計算方式如下：

$$q=\frac{Ls \times C}{60 \times \Delta t}$$

q：排放水量（公升／分）

Ls：幫浦關閉運轉時之出力（kw）

C：幫浦運轉時每小時千瓦八百六十千卡（kcal/hr.kw）

Δt：幫浦的水溫上升限度爲攝氏三十度時每一公升水的吸收熱量（每一公升三十千卡）

全揚程及出水量如圖所示性能曲線上，應符合下列 (a)～(c) 之規定，並應符合 (d)～(f) 所列許可差之規定（防止水溫上升用排放之水量，不包括在額定出水量內）。

(a) 幫浦在額定出水量時，在其性能曲線上之全揚程應爲額定全揚程之 100% 以上、110% 以下。

(b) 幫浦之出水量在額定出水量之 150% 時，其全揚程應爲額定出水量在性能曲線上全揚程之 65% 以上。

(c) 全閉揚程應爲額定出水量在性能曲線上全揚程之 140% 以下。

(d) 額定出水量時之全揚程應在設計值之 +10%、−0% 內。

(e) 額定出水量之 150% 時之全揚程應在設計值之 −8% 內。

(f) 全閉揚程應在設計值之 ±10% 內。

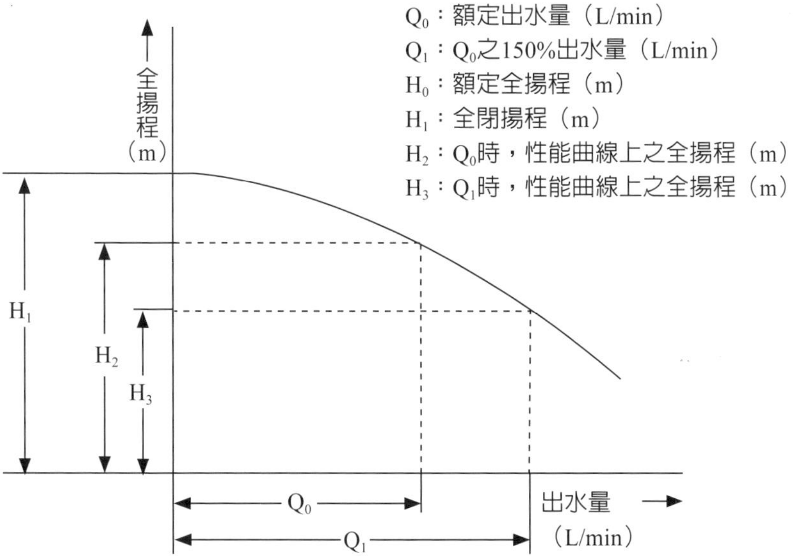

$$1.0 \leq \frac{H_2}{H_0} \leq 1.1 \qquad \frac{H_3}{H_2} \geq 0.65 \qquad \frac{H_1}{H_2} \leq 1.4$$

【選擇題】

(D) 1. 依消防幫浦加壓送水裝置等及配管摩擦損失計算基準規定，消防幫浦本體須能耐最高水壓之 A 倍以上，且加壓 B 分鐘後，各部位仍無洩漏現象才算合格。下列 A，B 何者正確？

(A) A = 1.2，B = 5　(B) A = 1.4，B = 3

(C) A = 1.4，B = 5　(D) A = 1.5，B = 3

(B) 2. 消防幫浦所標示之出水量，在其性能曲線上之全揚程必須達到所標示揚程之多少？

(A) 90～100% 之間　(B) 100～110% 之間

(C) 110～120% 之間　(D) 120～130% 之間

(A) 3. 使用消防幫浦之加壓送水裝置，至少應以具有幾小時以上防火時效之牆壁、樓地板及防火門窗等防火設備區劃分隔？

(A) 1 小時　(B) 2 小時　(C) 3 小時　(D) 4 小時

(D) 4. 電動機之使用應符合相關規定，下列敘述何者錯誤？

(A) 電動機在額定輸出連續運轉 8 小時後，不得發生異狀

(B) 電動機之絕緣電阻應符合屋內線路裝置規則之規定

(C) 幫浦在額定負荷狀態下，應能順利啓動

(D) 超過額定輸出之 15% 輸出力運轉 1 小時，仍不致發生障礙，引起過熱現象

(A) 5. 依據防止水溫上升用排放裝置之規定，防止水溫上升用之排放管應使用口徑多少 mm 以上者？
(A) 15　(B) 20　(C) 25　(D) 30

(B) 6. 加壓送水裝置之閥類應能承受幫浦最高揚水壓力多少倍以上壓力？且應具有耐熱及耐腐蝕性或具有同等以上之性能者：
(A) 1.0　(B) 1.5　(C) 2.0　(D) 2.5

(D) 7. 若消防幫浦之額定出水量為 1200 L/min，額定全揚程為 50m，幫浦效率為 0.56，傳動係數為 1.1，試問其電動機所需之馬力（kW）約為多少？
(A) 7.5 kW　(B) 12.4 kW　(C) 15.6 kW　(D) 19.3 kW

(C) 8. 依據「消防幫浦認可基準」規定，下列何者為消防幫浦之性能試驗要求內容？
(A) 幫浦在額定出水量時，在其性能曲線上之全揚程應為額定全揚程之 100% 以上、125% 以下
(B) 幫浦之出水量在額定出水量之 150% 時，其全揚程應為額定出水量在性能曲線上全揚程之 75% 以上
(C) 全閉揚程應為額定出水量在性能曲線上全揚程之 140% 以下
(D) 額定出水量時之全揚程應在設計值之 +15%、−15% 內

(B) 9. 有關消防幫浦之呼水裝置進行外觀檢查時，各項目之規定何者為正確？
(A) 補給水管口徑應為 25A
(B) 溢水用排水管口徑應為 50A
(C) 呼水管一般口徑應為 50A 以上
(D) 從逆止閥中心線至呼水槽底面垂直距離在 1.0 m 以下時，呼水管口徑應為 50A 以上

(A) 10. 消防幫浦加壓送水裝置之電動機，在額定輸出連續運轉多少小時後，不得發生異狀？
(A) 8　(B) 12　(C) 16　(D) 24

(C) 11. 消防幫浦加壓送水裝置之啓動用水壓開關裝置，下列規定何者錯誤？
(A) 啓動用壓力槽容量應有 100 L 以上
(B) 啓動用壓力槽之構造應符合危險性機械及設備安全檢查規則之規定
(C) 啓動用壓力儲槽應使用口徑 25 mm 以上配管，與幫浦出水側逆止閥之一次側配管連接
(D) 在啓動用壓力槽上或其近傍應裝設壓力表、啓動用水壓開關及試驗幫浦啓動用之排水閥

(A) 12. 加壓送水裝置中消防幫浦動力來源採用電動機啓動方式，下列敘述何者錯誤？
(A) 電動機輸出功率 11 KW 以上者可採用直接啓動法
(B) 補償器啓動法指電動機與電源之間接有單繞變壓器
(C) 星角（Y—△）啓動法為電動機定子線圈形成 Y 結線目的先將減少啓動電流，待加速後再 換為△形結線進入運轉

(D) 電動機與電源之間加入啓動電抗器以產生壓降稱爲電抗器啓動法

(D) 13. 下列何項裝置之功能，主要係作爲防止因管內壓力驟升而導致流水檢知裝置發生誤動作？

(A) 制水閥 (B) 末端查驗閥 (C) 壓力表 (D) 遲滯箱

(B) 14. 若一幫浦（PUMP）之功率爲 24kW，其效率爲 0.6 且連結係數爲 1.1，若其可達到之揚程爲 10m，試問其可操作之最大流量爲：

(A) 4 m^3/min (B) 8 m^3/min (C) 12 m^3/min (D) 16 m^3/min

(A) 15. 使用消防幫浦之加壓送水裝置，至少應以具有幾小時以上防火時效之牆壁、樓地板及防火門窗等防火設備區劃分隔？

(A) 一小時 (B) 二小時 (C) 三小時 (D) 四小時

(D) 16. 消防幫浦之額定出水量爲 600 L/min，額定揚程爲 50m，幫浦效率爲 0.56，傳動係數爲 1.1，試問其電動機所需之馬力約爲多少 kW？

(A) 6.3 kW (B) 7.5 kW (C) 8.4 kW (D) 9.6 kW

(C) 17. 相同性能幫浦串聯操作時，下列敘述何者正確？

(A) 總全揚程加倍，出水量也加倍

(B) 總全揚程不變，出水量也不變

(C) 總全揚程加倍，出水量不變

(D) 總全揚程不變，出水量加倍

(B) 18. 水系統滅火設備採離心式消防幫浦，其出水口二次側應裝何種閥以保護幫浦本體？

(A) 安全閥 (B) 逆止閥 (C) 閘閥 (D) 球閥

(D) 19. 空間受限之場合，採用位於消防幫浦上方電動機驅動的立式離心幫浦方式，以下敘述何者錯誤？

(A) 葉輪沒入水中，吸水條件佳，不發生孔蝕現象

(B) 啓動簡單，不需另設真空幫浦、呼水裝置

(C) 可使用大口徑吸入管

(D) 電動機可使用標準型，或引擎驅動

(C) 20. 依消防幫浦性能要求，如設計水量爲 750 公升 / 分，其設計揚程爲 60 公尺；當揚水量在 1125 公升 / 分時，其揚程需在下列何標準值以上，方能判定合格？

(A) 30 公尺 (B) 36 公尺 (C) 39 公尺 (D) 42 公尺

(C) 21. 消防幫浦運轉後停機時，水管內水突然倒流所產生的反向壓力，此爲水鍾作用（Water hammer），極易造成水管破裂，爲減輕其作用，可在消防幫浦附近選擇增設之相關附屬裝置，下列何者錯誤？

(A) 防震軟管 (B) 旁通閥或安全閥 (C) 逆止閥 (D) 空氣室（air chamber）

(D) 22. 若室內消防栓之消防幫浦全閉運轉之功率爲 30 kW，則該防止水溫上升用排放裝置之排放水量爲何？

(A) 7.5 L/min (B) 9.6 L/min (C) 12.5 L/min (D) 14.3 L/min

室內消防栓設備歷屆考題

(B) 1. 例行檢修室內消防栓設備，至頂樓實施放水試驗時，壓力表之進水口與瞄子前端的距離為：
(A) 瞄子口徑　(B) 瞄子口徑的一半　(C) 50 mm　(D) 100 mm

(B) 2. 有關於室內消防栓之設置，下列敘述何者正確？
(A) 消防栓開關距離樓地板之高度，在零點五公尺以上一點五公尺以下
(B) 設在走廊或防火構造樓梯間附近便於取用處
(C) 供集會或娛樂處所，設於舞臺後二側、觀衆席前二側、包廂後側之位置
(D) 在屋頂上適當位置至少設置一個測試用出水口，並標明測試出水口字樣。但斜屋頂設置測試用出水口有困難時，得設置延長管線至適當位置，不得免設

(C) 3. 檢修室內消防栓時，關掉表計之控制水閥將水排出，確認指針是否指在 0 之位置，再打開表計之控制水閥，操作啓動裝置確認指針是否正常動作，主要是針對下列何項裝置？
(A) 電動機之控制裝置　(B) 啓動裝置　(C) 加壓送水裝置　(D) 呼水裝置

(D) 4. 下列何者非室內外消防栓呼水裝置底閥性能檢查方法？
(A) 拉上吸水管或檢查用鍊條，確認有無異物附著或阻塞
(B) 打開幫浦本體上呼水漏斗之制水閥，確認有無從漏斗連續溢水出來
(C) 打開幫浦本體上呼水漏斗之制水閥，然後關閉呼水管之制水閥，確認底閥之逆止效果是否正常
(D) 以壓力表測試呼水裝置最近及最遠的消防栓開關閥之靜水壓力

(B) 5. 竣工查驗時，於屋頂使用口徑 13 mm 瞄子實施第一種室內消防栓綜合檢查，測得放水壓力為 3 kgf/cm^2，所計算之每分鐘放水量約為：
(A) 110 公升　(B) 190 公升　(C) 230 公升　(D) 320 公升

(A) 6. 有關室內消防栓設備之配管、配件及屋頂水箱，下列規定何者正確？
(A) 配管可採經中央主管機關認可具氣密性、強度、耐腐蝕性、耐候性及耐熱性等性能之合成樹脂管
(B) 立管連接屋頂水箱、重力水箱或壓力水箱，亦可使配管平時充滿空氣
(C) 屋頂水箱之水量，第一種消防栓有 0.3 立方公尺以上
(D) 止水閥以明顯之方式標示水流之方向，逆止閥標示開關之狀態，並符合 CNS 規定

(B) 7. 某應裝置室內消防栓之場所，在裝置室內消防栓最多樓層，全部消防栓數量為五支，其水源最低容量應為多少立方公尺？
(A) 2.6 立方公尺　(B) 5.2 立方公尺　(C) 7.8 立方公尺　(D) 13.0 立方公尺

(B) 8. 室內消防栓箱箱身之最小厚度與最小箱面表面積之規定為何？
(A) 1.3 毫米；0.7 平方公尺　(B) 1.6 毫米；0.7 平方公尺

(C) 1.3 毫米；0.8 平方公尺 (D) 1.6 毫米；0.8 平方公尺

(B) 9. 公共危險物品等場所設置室內消防栓設備，下列規定何者正確？
(A) 依使用場所需要可選擇設置第一種或第二種室內消防栓
(B) 建築物各層任一點至消防栓接頭之水平距離在 25 公尺以下，且各層之出入口附近設置一支以上之室內消防栓
(C) 任一樓層內，全部室內消防栓同時使用時，各消防栓瞄子放水壓力在每平方公分 2.5 公斤以上或 0.25 MPa 以上
(D) 水源容量在裝置室內消防栓最多樓層之全部消防栓繼續放水 30 分鐘之水量以上。但該樓層內，全部消防栓數量超過四支時，以四支計算之

(B) 10. 室內消防栓設備之配管設置部分，下列敘述何者正確？
(A) 應為共用。但與室外消防栓、自動撒水設備及連結送水管等滅火系統共用，無礙其功能者，不在此限
(B) 管徑，依水力計算配置。但立管與連結送水管共用時，其管徑在 100 毫米以上
(C) 立管管徑，第一種消防栓在 63 毫米以上；第二種消防栓在 100 毫米以上
(D) 立管裝置於易受外來損傷及火災易殃及之位置

(C) 11. 公共危險物品等場所達顯著滅火困難者設置之第一種滅火設備之室內消防栓設備，其放水量應在多少以上？
(A) 130 L/min (B) 190 L/min (C) 260 L/min (D) 350 L/min

(B) 12. 在測量室內消防栓設備之瞄子直線放水壓力時，應將含有皮托管及壓力計之壓力表進水口，放置於瞄子前端瞄子口徑的多少距離處進行測量？
(A) 瞄子前端瞄子口徑的 1 倍處
(B) 瞄子前端瞄子口徑的二分之一處
(C) 瞄子前端瞄子口徑的三分之一處
(D) 瞄子前端瞄子口徑的四分之一處

(B) 13. 室內消防栓設備之屋頂水箱之水量，第一種消防栓有 X 立方公尺以上；第二種消防栓有 Y 立方公尺以上。但與其他滅火設備並用時，水量應取其最大值，下列 X，Y 何者正確？
(A) X = 0.3，Y = 0.5 (B) X = 0.5，Y = 0.3
(C) X = 0.1，Y = 0.3 (D) X = 0.3，Y = 0.1

(B) 14. 室內消防栓設備之消防立管管系竣工時，應做加壓試驗，試驗壓力不得小於加壓送水裝置全閉揚程 X 倍以上之水壓。試驗壓力以繼續維持 Y 小時無漏水現象為合格。下列 X，Y 何者正確？
(A) X = 2，Y = 1.5 (B) X = 1.5，Y = 2
(C) X = 1，Y = 2 (D) X = 2，Y = 1

(A) 15. 有關室內消防栓之規定，下列何者正確？
(A) 室內消防栓箱身應具有足夠裝設消防栓、水帶及瞄子等裝備之深度，其

箱面表面積在 0.7 平方公尺以上
(B) 設置第一種室內消防栓時，各層任一點至消防栓接頭之水平距離不得超過 15 公尺
(C) 供集會或娛樂處所，應設於舞臺二側、觀衆席前二側、包廂後側之位置
(D) 立管管徑，第一種消防栓不得小於 50 公厘；第二種消防栓不得小於 63 公厘

(D) 16. 下列有關第二種室內消防栓設備之敘述，何者正確？
(A) 各層任一點至消防栓接頭之水平距離不得超過 25 公尺
(B) 其瞄子放水壓力不得小於每平方公分 2.7 公斤
(C) 其消防幫浦出水量每支不得小於每分鐘 60 公升
(D) 配置口徑 25 公厘、長 20 公尺皮管與一具直線水霧兩用瞄子

(A) 17. 室內消防栓竣工查驗測定瞄子放水壓力時，應將皮托管壓力計進水口對準瞄子出水口中心點且距離瞄子口前端多少處？
(A) 0.5 倍瞄子口徑大小　(B) 瞄子口徑大小
(C) 1.5 倍瞄子口徑大小　(D) 2 倍瞄子口徑大小

(B) 18. 某新建大樓之室內消防栓設備加壓送水裝置全閉揚程如爲 70 m，消防立管管系竣工時，應做加壓試驗，試驗壓力不得小於多少之水壓？
(A) 7 kgf/cm^2　(B) 10.5 kgf/cm^2　(C) 14 kgf/cm^2　(D) 30 kgf/cm^2

(C) 19. 某百貨商場建築物內設置 5 支第一種室內消防栓設備時，其水源容量應不得少於多少立方公尺？
(A) 2.4 立方公尺　(B) 4.8 立方公尺　(C) 5.2 立方公尺　(D) 20.8 立方公尺

(D) 20. 某棟十二層辦公用途建築物屋頂水箱出水口至壓力桶壓力開關間落差 58m，最頂層消防栓出水口至壓力開關落差爲 47m，其室內消防栓加壓送水裝置幫浦之啓動壓力值應設定爲多少？
(A) 4.7 kgf/cm^2　(B) 5.8 kgf/cm^2　(C) 6.3 kgf/cm^2　(D) 6.7 kgf/cm^2

(C) 21. 室內消防栓設備之加壓送水裝置，若採用壓力水箱方式，則其水箱內空氣不得小於水箱容積的幾分之幾？
(A) 1/5　(B) 1/4　(C) 1/3　(D) 1/2

(C) 22. 有關室內消防栓設備之第一種消防栓設置規定，下列敘述何者不正確？
(A) 各層任一點至消防栓接頭之水平距離不得超過 25 公尺
(B) 瞄子放水壓力不得少於 1.7 kgf/cm^2
(C) 瞄子放水量不得少於 60 L/min
(D) 應配置口徑 38 毫米或 50 毫米之消防栓

(B) 23. 依據「各類場所消防安全設備設置標準」之規定，公共危險物品等場所設置室內消防栓設備時，緊急電源之供電容量應供其有效動作多少時間以上？
(A) 30 分鐘　(B) 45 分鐘　(C) 60 分鐘　(D) 90 分鐘

(B) 24. 消防栓設備測試放水量時，其計算公式 $Q = KD^2\sqrt{P}$，式中 K 值約爲多少？Q：瞄子放水量（L/min）；D：瞄子口徑（mm）；P：瞄子壓力（kgf/cm^2）
(A) 0.532　(B) 0.653　(C) 0.719　(D) 0.850

(B) 25. 使用口徑 13 mm 瞄子實施第一種室內消防栓綜合檢查，測得放水壓力爲 4 kgf/cm^2，所計算之每分鐘放水量約爲？
(A) 130 公升　(B) 220 公升　(C) 330 公升　(D) 420 公升

(C) 26. 室內消防栓設備之緊急電源，應使用發電機設備或蓄電池設備，其電源容量應有效供應其動作多少分鐘以上？
(A) 10 分鐘　(B) 20 分鐘　(C) 30 分鐘　(D) 60 分鐘

(C) 27. 第一種室內消防栓其屋頂水箱至少應有多少立方公尺以上？
(A) 零點一　(B) 零點三　(C) 零點五　(D) 零點七

(D) 28. 實施室內消防栓設備放水試驗時，壓力表之進水口與瞄子前端的距離爲多少？
(A) 30 mm　(B) 50 mm　(C) 瞄子口徑　(D) 瞄子口徑的一半

(C) 29. 室內消防栓之水源可就重力水箱或壓力水箱選擇設置，下列何種裝置不屬於重力水箱應有之裝置？
(A) 水位計　(B) 補給水管　(C) 壓力表　(D) 排水管

(C) 30. 下列有關室內消防栓之規定，何者正確？
(A) 第二種消防栓其放水量不得小於每分鐘 130 公升
(B) 設置第一種室內消防栓時，各層任一點至消防栓接頭之水平距離不得超過 15 公尺
(C) 供集會或娛樂處所，應設於舞臺二側、觀衆席後二側、包廂後側之位置
(D) 立管管徑，第一種消防栓不得小於 50 公厘；第二種消防栓不得小於 63 公厘

(D) 31. 室內消防栓設備之消防立管管系竣工時，應做加壓試驗，試驗壓力不得小於加壓送水裝置全閉揚程 X 倍以上之水壓。試驗壓力以繼續維持 Y 小時無漏水現象爲合格。其中 X 與 Y 分別爲多少？
(A) X = 2，Y = 24　(B) X = 1.5，Y = 24
(C) X = 3，Y = 2　(D) X = 1.5，Y = 2

(A) 32. 室內消防栓設備之緊急電源，應使用發電機設備或蓄電池設備，其供電容量應供其有效動作多少分鐘以上？
(A) 30　(B) 40　(C) 45　(D) 50

(C) 33. 公共危險物品場所之室內消防栓設備，其水源容量在裝置室內消防栓最多樓層之全部消防栓繼續放水 X 分鐘之水量以上。但該樓層內，全部消防栓數量超過 Y 支時，以 Y 支計算之。其中 X 與 Y 分別爲多少？
(A) X = 20，Y = 3　(B) X = 20，Y = 2
(C) X = 30，Y = 5　(D) X = 30，Y = 2

(C) 34. 下列有關室內消防栓設備之規定，何者正確？

(A) 低度危險工作場所應設置第二種消防栓
(B) 第一種消防栓箱內應配置口徑二十五公厘消防栓
(C) 老人服務機構可選擇設置第二種消防栓
(D) 第二種消防栓箱內應配置口徑三十八公厘或五十公厘之消防栓一個

(C) 35. 供公共危險物品顯著滅火困難場所火災防護上，設置室內消防栓其瞄子放水壓力及放水量應達多少以上？
(A) 放水壓力 1.7 kgf/cm^2 以上放水量 130 L/min 以上
(B) 放水壓力 2.5 kgf/cm^2 以上放水量 260 L/min 以上
(C) 放水壓力 3.5 kgf/cm^2 以上放水量 260 L/min 以上
(D) 放水壓力 2.5 kgf/cm^2 以上放水量 350 L/min 以上

第二種室內消防栓照片（台灣）

水系統發電機室

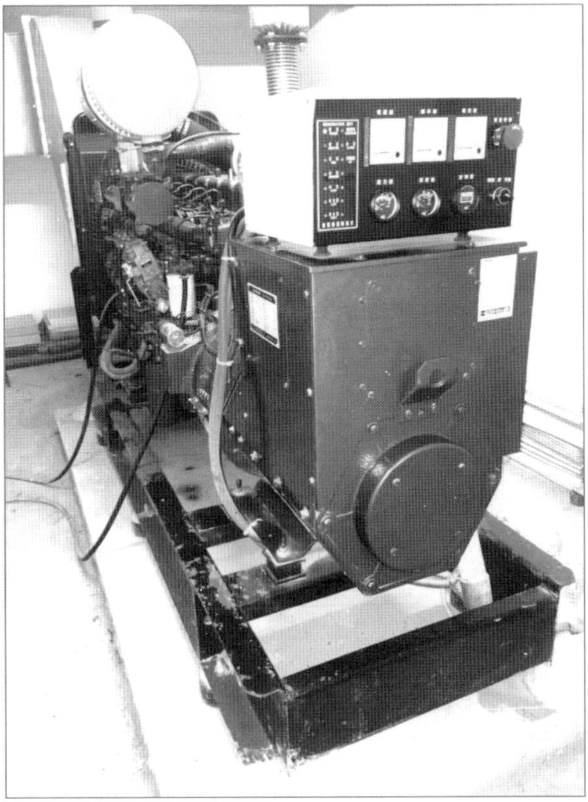

室外消防栓設備歷屆考題

【申論題】

請依「各類場所消防安全設備設置標準」之規定，比較一般場所與危險物品場所之室外消防栓設備主要性能規定之相同點與相異點。

解

二者相同點：配管、試壓、室外消防栓箱及有效水量之設置相同；二者放水壓力 ≥ 7kg/cm^2 時，應採取有效之減壓措施。

二者相異點如次：

項目	一般場所	危險物品場所
設置數量	口徑 ≥ 63mm，與建築物一樓外牆各部分之水平距離 ≤ 40m	口徑 ≥ 63mm，與防護對象外圍或外牆各部分之水平距離在 ≤ 40m，且設置 ≥ 2 支
瞄子出水壓力	瞄子出水壓力 ≥ 2.5 kg/cm^2 或 0.25 MPa 以上，出水量 ≥ 350 L/min	全部室外消防栓同時使用時，各瞄子出水壓力 ≥ 3.5 kg/cm^2 或 0.35 MPa 以上；放水量 450 L/min。但全部室外消防栓數量 ≥ 4 支時，以 4 支計算
水源容量	室外消防栓設備之水源容量，應在 2 具室外消防栓同時放水 ≥ 30min	水源容量在全部室外消防栓繼續放水 ≥ 30min。但設置個數 ≥ 4 支時，以 4 支計算
緊急電源	緊急電源供電容量應供其有效動作 ≥ 30min	緊急電源除準用第三十八條規定外，其供電容量應供其有效動作 ≥ 45min

【選擇題】

(B) 1. 供爆竹煙火製造場所有火藥區之作業區或庫儲區之建築物，其使用之樓地板面積合計在一百五十平方公尺以上者，應設置何種滅火設備？
(A) 室內消防栓設備　(B) 室外消防栓設備
(C) 自動撒水設備　(D) 二氧化碳或乾粉滅火設備

(D) 2. 室內消防栓之水源採壓力水箱設置，下列何種裝置不屬於該構造應有之裝置？
(A) 減壓警報　(B) 減水警報　(C) 壓力表　(D) 限流孔

(B) 3. 下列有關室內消防栓加壓送水裝置之啓動用壓力水槽之敘述，何者錯誤？
(A) 啓動用壓力水槽應與幫浦出水側逆止閥之二次側配管連接，同時在中途應裝置止水閥
(B) 啓動用壓力水槽容量應有 50 公升以上
(C) 啓動用壓力水槽應使用 25 mm 以上配管
(D) 壓力開關以耐熱配線將信號傳至控制盤

(D) 4. 依各類場所消防安全設備設置標準，室外消防栓應配置何種規格之水帶與瞄子？
(A) 口徑 50 毫米及長 15 公尺水帶二條、口徑 13 毫米以上直線噴霧兩用型瞄子一具及消防栓閥型開關一把
(B) 口徑 63 毫米及長 15 公尺水帶二條、口徑 19 毫米以上直線噴霧兩用型瞄子一具及消防栓閥型開關一把
(C) 口徑 50 毫米及長 20 公尺水帶一條、口徑 13 毫米以上直線噴霧兩用型瞄子一具及消防栓閥型開關一把
(D) 口徑 63 毫米及長 20 公尺水帶二條、口徑 19 毫米以上直線噴霧兩用型瞄子一具及消防栓閥型開關一把

(C) 5. 室外消防栓設備之配管其水平主幹管外露部分，應於每多少公尺內，以明顯方式標示水流方向及配管名稱？
(A) 5 公尺　(B) 10 公尺　(C) 20 公尺　(D) 30 公尺

(C) 6. 製造公共危險物品等場所中所設置之室外消防栓設備，其緊急電源之供電容量應供其有效動作多久以上？
(A) 20 分鐘　(B) 30 分鐘　(C) 45 分鐘　(D) 60 分鐘

(D) 7. 室外消防栓口徑不得小於六十三公厘，與建築物一樓外牆各部分之水平距離不得超過幾公尺？
(A) 15 公尺　(B) 25 公尺　(C) 30 公尺　(D) 40 公尺

(C) 8. 某建築物外面設有三具室外消防栓，則其水源容量至少應為多少？
(A) 3.6 m^3　(B) 7.8 m^3　(C) 21 m^3　(D) 31.5 m^3

(B) 9. 室外消防栓幾公尺內應保持空曠，不得堆放物品或種植花木？
(A) 1 公尺　(B) 3 公尺　(C) 5 公尺　(D) 7 公尺

(D) 10. 一支室外消防栓之法定幫浦出水量至少應為多少？
(A) 每分鐘七十公升以上　(B) 每分鐘一百三十公升
(C) 每分鐘一百五十公升以上　(D) 每分鐘四百公升以上

(C) 11. 室外消防栓之放水壓力超過多少時，應採有效之減壓措施？
(A) 3kgf/cm^2　(B) 5kgf/cm^2　(C) 6kgf/cm^2　(D) 7kgf/cm^2

(B) 12. 有關應設室外消防栓設備之場所，下列敘述何者正確？
(A) 低度危險工作場所，其建築物及儲存面積在 8000 平方公尺以上者
(B) 中度危險工作場所，其建築物及儲存面積在 5000 平方公尺以上者
(C) 高度危險工作場所，其建築物及儲存面積在 2000 平方公尺以上者
(D) 不同危險程度之工作場所，以「各類場所消防安全設備設置標準」第 16 條第 1 項第 1 至 3 款所列各款場所之實際面積為分母，各款規定之面積為分子，分別計算，其比例之總合大於 1 者

(B) 13. 室外消防栓設備竣工查驗作業綜合放水試驗規定瞄子放水壓力與放水量，下列何者錯誤？
(A) 測定預設放水壓力最低處同時使用規定個數消防栓

(B) 測定預設最遠處規定個數消防栓

(C) 測定預設放水壓力最高處使用一個消防栓

(D) 測定直線放水狀態

(D) 14. 依「各類場所消防安全設備設置標準」第 42 條規定，室外消防栓瞄子放水壓力超過每平方公分多少公斤時，應採取有效之減壓措施？

(A) 2.5　(B) 3.5　(C) 5　(D) 6

(D) 15. 供公共危險物品顯著滅火困難場所火災防護上，設置室外消防栓其瞄子放水壓力超過多少時要增設減壓裝置？

(A) 4 kgf/cm^2　(B) 5 kgf/cm^2　(C) 6 kgf/cm^2　(D) 7 kgf/cm^2

(C) 16. 公共危險物品場所與一般場所之室外消防栓設備主要性能相比較，下列何者之性能相同？

(A) 瞄子出水壓力　(B) 瞄子放水量

(C) 消防栓箱　(D) 緊急電源供電時間

(D) 17. 公共危險物品製造、儲存或處理場所之室外消防栓設備，應符合下列何項規定？

(A) 口徑在 50 mm 以上

(B) 全部室外消防栓同時使用時，各瞄子出水壓力在 2.5 kgf/cm^2 以上

(C) 放水量在 350 L/min 以上

(D) 水源容量在設置個數超過 4 支時，以 4 支計算之

(D) 18. 公共危險物品等場所中所設置之室外消防栓設備，其緊急電源之供電容量應供其有效動作多久以上？

(A) 15 分鐘　(B) 25 分鐘　(C) 35 分鐘　(D) 45 分鐘

水系統開關閥門剖開

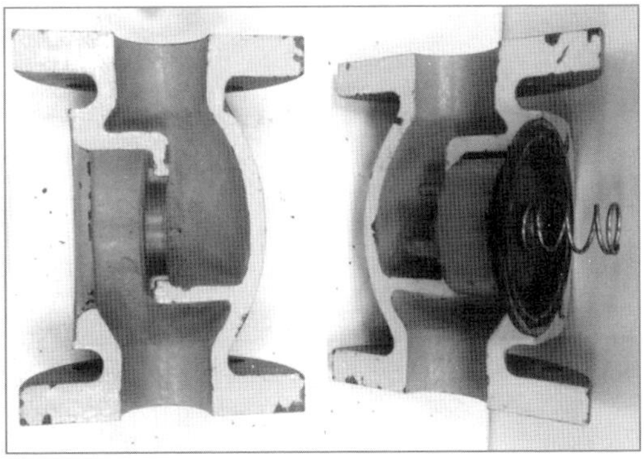

水系統壓力槽——管內失壓自動啟動

自動撒水設備歷屆考題

【申論題】

1. 試繪製密閉濕式自動撒水設備之升位圖並標示其主要構件之名稱？在該升位圖中標繪出所有壓力開關之正確位置並分別說明其動作原理及功能何在？

解

1. 位於自動警報逆止閥與泵幫浦壓力桶上，各有一具壓力開關；其主要功能為壓力開關動作時，傳達訊號給消防幫浦控制盤，作為控制起動電源訊號。
2. 動作原理：
   (1) 加壓式，其平時常開式，當撒水系統動作時變為常用接點，壓力開關送出信號。
   (2) 減壓式，其平時常關式，當水壓下降在設定壓力值時導通接點，壓力開關送出信號，並產生控制幫浦動作電源。

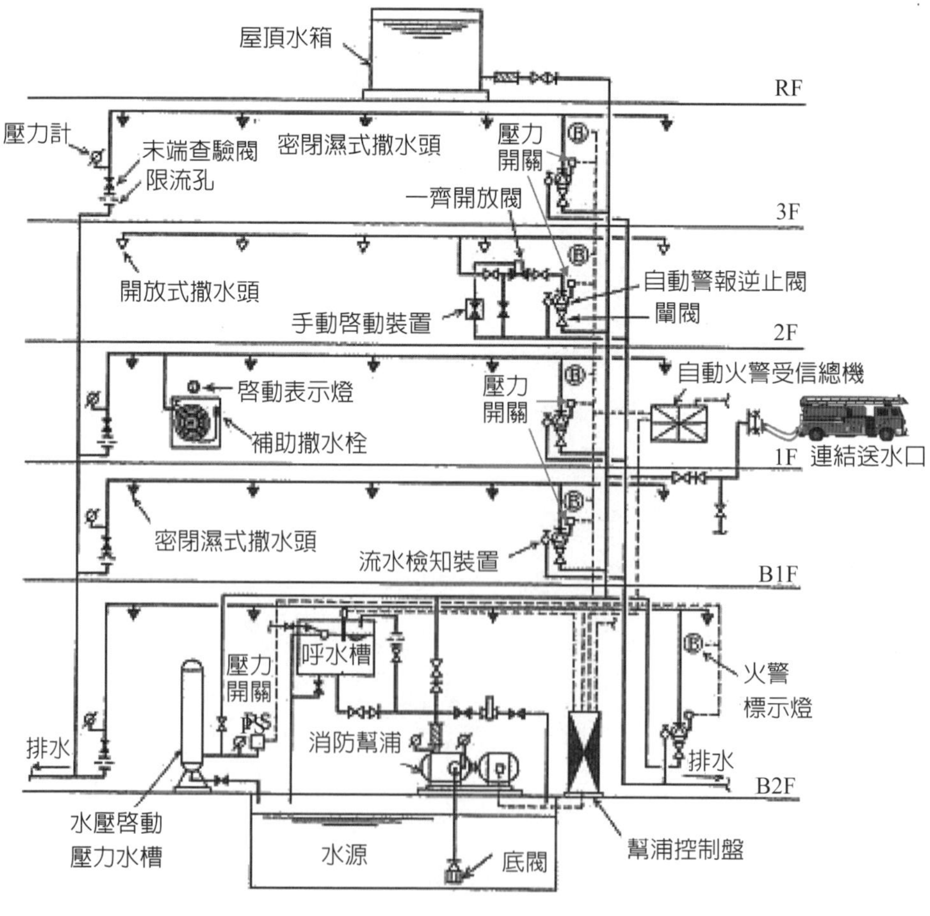

2. 設置密閉式自動撒水設備時，應計算其水源容量，請依「各類場所消防安全設備設置標準」之水源容量相關規定，繪製下表並填入相關撒水頭規定個數及水源容量（假設各場所實設撒水頭數目均在 30 個以上）。

解

各類場所		撒水頭個數		水源容量（m^3）	
		快速反應型	一般反應型	快速反應型	一般反應型
11 樓以上建築物、地下建築物		12	15	80×20×12 = 19.2	80×20×15 = 24
10 樓以下建築物	供甲類第 4 目使用及複合用途建築物中供甲類第 4 目使用者	12	15	80×20×12 = 19.2	80×20×15 = 24
	地下層	12	15	80×20×12 = 19.2	80×20×15 = 24
	其他	8	10	80×20 8 = 12.8	80×20×10 = 16
高架儲存倉庫	儲存棉花、塑膠、木製品、紡織品等易燃物品	24	30	114×20×24 = 54.72	114×20×30 = 68.4
	儲存其他物品	16	20	114×20×16 = 36.48	114×20×12 = 45.6

3. 自動撒水設備是目前廣泛使用的固定式滅火設備，對於抑制初期火災特別有效，請依「各類場所消防安全設備設置標準」，詳述撒水頭之裝置位置應符合哪些有關之規定。

解

撒水頭之位置，依下列規定裝置：

1. 撒水頭軸心與裝置面成垂直裝置。
2. 撒水頭迴水板下方 45cm 內及水平方向 30cm 內，應保持淨空間，不得有障礙物。
3. 密閉式撒水頭之迴水板裝設於裝置面（指樓板或天花板）下方，其間距 ≤ 30cm。
4. 密閉式撒水頭裝置於樑下時，迴水板與樑底之間距 ≤ 10cm，且與樓板或天花板之間距 ≤ 50cm。
5. 密閉式撒水頭裝置面，四周以淨高 ≥ 40cm 之樑或類似構造體區劃包圍時，按各區劃裝置。但該樑或類似構造體之間距 ≤ 180cm 者，不在此限。
6. 使用密閉式撒水頭，且風管等障礙物之寬度 ≥ 120cm 時，該風管等障礙物下方，亦應設置。

7. 側壁型撒水頭應符合下列規定：
   (1) 撒水頭與裝置面（牆壁）之間距 ≤ 15cm。
   (2) 撒水頭迴水板與天花板或樓板之間距 ≤ 15cm。
   (3) 撒水頭迴水板下方及水平方向 45cm 內，保持淨空間，不得有障礙物。
8. 密閉式撒水頭側面有樑時，依下表裝置。

撒水頭與樑側面淨距離（cm）	≤ 74	75～99	100～149	≥ 150
迴水板高出樑底面尺寸（cm）	0	≤ 9	≤ 14	29

前項第 8 款之撒水頭，其迴水板與天花板或樓板之距離≥ 30cm，依下列規定設置防護板。

1. 防護板應使用金屬材料，且直徑 ≥ 30cm。
2. 防護板與迴水板之距離 ≤ 30cm。
   （註：集熱板已改爲防護板，106 年 4 月）

4. 依據「各類場所消防安全設備設置標準」，試說明開放式自動撒水設備應設置之場所、放水區域，與自動及手動啓動裝置之設置規定為何？

解

第 43 條　自動撒水設備，得依實際情況需要就下列各款擇一設置。但供第 12 條第 1 款第 1 目所列場所及第 2 目之集會堂使用之舞臺，應設開放式。

第 52 條　開放式自動撒水設備之自動及手動啓動裝置，依下列規定設置。但受信總機設在平時有人處，且火災時，能立即操作啓動裝置者，得免設自動啓動裝置：

一、自動啓動裝置，應符合下列規定：
   1.感知撒水頭或探測器動作後，能啓動一齊開放閥及加壓送水裝置。
   2.感知撒水頭使用標示溫度 ≤ 79℃，且每 $20m^2$ 設置一個；探測器使用定溫式一種或二種，並依第 120 條規定設置，每一放水區域至少 1 個。
   3.感知撒水頭設在裝置面距樓地板面高度 ≤ 5m，且能有效探測火災處。

二、手動啓動裝置，應符合下列規定：
   1.每一放水區域設置一個手動啓動開關，其高度距樓地板面在 0.8 ～ 1.5m，並標明手動啓動開關字樣。
   2.手動啓動開關動作後，能啓動一齊開放閥及加壓送水裝置。

第 54 條　開放式自動撒水設備之放水區域，依下列規定：

1. 每一舞臺之放水區域 ≤ 4。
2. 放水區域≥ 2 時，每一放水區域樓地板面積≥ $100m^2$，且鄰接之放水區域相互重疊，使有效滅火。

5. 依據「各類場所消防安全設備檢修及申報作業基準」之規定，試說明自動撒水設備實施外觀檢查時，其撒水頭之檢查方法、判定方法為何？

解

撒水頭

1. 檢查方法

(1) 外形

①以目視確認有無洩漏、變形等。

②以目視確認有無被利用為支撐、吊架使用等。

(2) 感熱及撒水分布障礙

以目視確認周圍有無感熱及撒水分布之障礙。

(3) 未警戒部分

確認有無因隔間變更應無設置撒水頭，而造成未警戒之部分。

2. 判定方法

(1) 外形

①應無洩漏、變形等。

②應無被利用為支撐、吊架使用。

(2) 感熱及撒水分布障礙

①撒水頭周圍應無感熱、撒水分布之障礙。

②撒水頭應無被油漆、異物附著等。

③於設有撒水頭防護蓋之場所，其防護蓋應無損傷、脫落等。

(3) 未警戒部分

應無因隔間、垂壁、風管管道等之變更、增設、新設等，而造成未警戒部分。

6. 依據「各類場所消防安全設備設置標準」規定，小規模老人服務機構之水系統滅火設備設計原則為何？為能提升避難弱者生命安全保障，俾利在火災發生初期，採行相關緊急滅火應變作為，減少傷亡風險發生，試比較我國與日本等先進國家對此類場所在規範水系統滅火設備設計規定之差異處，並請說明有哪些補強設計原則可讓現場醫護人員（非工務勞安人員）確實有效操作該系統設備？（107 年消防設備師）

解

1. 依各類場所消防安全設備設置標準第 17 條供第 12 條第一款第六目所定榮譽國民之家、長期照顧服務機構（限機構住宿式、社區式之建築物使用類組非屬 H-2 之日間照顧、團體家屋及小規模多機能）、老人福利機構（限長期照護型、養護型、失智照顧型長期照顧機構、安養機構）、護理機構（限一般護理之家、精神護理之家、產後護理機構）、身心障礙福利機構（限照顧植物人、失智症、重癱、長期臥床或身心功能退化者）場所，皆應設置自動撒水設備，如未達 1000 m^2 者，得設置水道連結型自動撒水設備。在設計原則上，於第 46 條撒水頭依下列規定配置，指出第 12 條第一款場所之住宿居室、病房及其他類似處所，得採用小區劃型撒水頭（以第一種感度爲限），任一點至撒水頭之水平距離在 2.6m 以下，且任一撒水頭之防護面積在 < 13m^2。而前款所列場所之住宿居室等及其走廊、通道與其類似場所，得採用側壁型撒水頭（以第一種感度爲限），牆面二側至撒水頭之水平距離在 1.8m 以下，牆壁前方至撒水頭之水平距離在 3.6m 以下。依據該標準第 50 條撒水頭放水量之規定，小區劃型撒水頭之放水量，每分鐘應在 50 公升以上；第 57 條自動撒水設備水源容量之規定，使用小區劃型撒水頭時，10 層以下樓層在 8 個撒水頭、11 層以上樓層在 12 個撒水頭繼續放水 20 分鐘之水量以上，故設置自動撒水設備水源容量約需 8 至 12 噸。

2. 日本「消防法施行令」指出，安養及長照服務機構設置使用之場所，總樓地板面積≥ 275m^2 者，應設置自動撒水設備；日本與台灣皆要求位於樓層數達十一樓以上之建築物時，皆應設置自動撒水設備。因此，我國與日本在老人服務機構場所設置自動撒水設備規定類似，差異不大。
3. 在補強設計原則上，在水源容量可能礙於建築物現況，如屋頂水箱或消防專用蓄水池、自動撒水設備之管路施工困難等，而難以設置。因此，可能參考日本於小型老人福利機構等場所設置水道連結型撒水設備，以因應場所火災之發生，提高老人服務機構之自主防災能力。依據 106 年 7 月 4 日內授消字第 1060823004 號令修正發布之「密閉式撒水頭認可基準修正規定」，將原「小流量型撒水頭」用語調整爲「水道連結型撒水頭」，其將加壓水分撒於地面及壁面，以符合水道連結型撒水頭之撒水分布試驗規定，並得與自來水配管連接設置者。其最低放水壓力規定爲 0.2 kgf/cm^2 或放水量 15 L/min 時之放水壓力二者取最大值，其放水量每分鐘約在 9～51 公升以上。如此，第 57 條自動撒水設備水源容量之規定，10 層以下樓層在 8 個撒水頭、11 層以上樓層在 12 個撒水頭繼續放水 20 分鐘之水量以上，採用水道連結型撒水頭水源容量最小僅約需 1.5～2.2 公噸。以此水源容量，將提高既有安養及長照服務機構設置自動撒水設備之可能性。
4. 此外，設置第一種室內消防栓改爲第二種室內消栓或是日本保形水帶讓現場醫護人員（非工務勞安人員）確實有效操作該系統設備。

7. 採用幫浦加壓之密閉式撒水系統，依「各類場所消防安全設備檢修及申報作業基準」進行綜合檢查時，請說明其檢查方法、判定方法及注意事項？（107 年消防設備士）

解

密閉式撒水設備

1. 檢查方法

 切換成緊急電源供電狀態，然後於最遠支管末端，打開查驗閥，確認系統性能是否正常。並由下列步驟確認放水壓力。

 (1) 應設有與撒水頭同等放水性能之限流孔（如下圖）。

 (2) 打開末端查驗閥，啓動加壓送水裝置後，確認壓力表之指示值。

 (3) 對加壓送水裝置最近及最遠的末端查驗閥進行放水試驗。

2. 判定方法

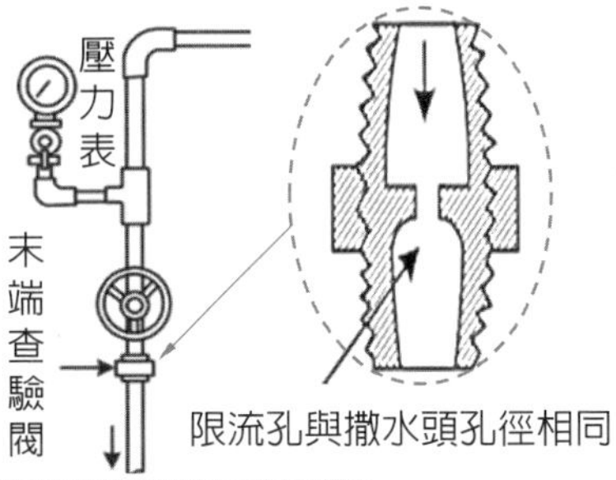

① 測試流水檢知裝置之警報
② 測試幫浦之啓動
③ 測試出水量
④ 管內滯留水更新
⑤ 管內雜質排出

圖末端查驗閥

 幫浦方式

 (1) 啓動性能

  ①加壓送水裝置應能確實啓動。

  ②表示、警報等正常。

  ③電動機之運轉電流值應在容許範圍內。

  ④運轉中應無不規則、不連續及異常發熱及振動。

 (2) 放水壓力。

  末端查驗管之放水壓力應在 1 kgf/cm^2 以上 10 kgf/cm^2 以下。

3. 注意事項

 於檢查類似醫院之場所時，因切換成緊急電源可能會造成困擾時，得使用常用電源檢查。

【選擇題】

(A) 1. 密閉乾式管系應併行空氣壓試驗，試驗時，應使空氣壓力達到每平方公分二點八公斤之標準，其壓力持續二十四小時，漏氣減壓量應在多少以下為合格？

(A) 每平方公分零點一公斤　(B) 每平方公分零點二公斤
(C) 每平方公分零點三公斤　(D) 每平方公分零點五公斤

(C) 2. 以下何者非密閉乾式或預動式自動撒水設備之要求？

(A) 密閉乾式或預動式流水檢知裝置二次側之加壓空氣，其空氣壓縮機為專用，並能在三十分鐘內，加壓達流水檢知裝置二次側配管之設定壓力值
(B) 流水檢知裝置二次側之減壓警報設於平時有人處
(C) 撒水頭動作後，流水檢知裝置應在二分鐘內，使撒水頭放水
(D) 撒水頭使用向上型

(A) 3. 中央消防主管機關認定儲存大量可燃物之場所其天花板高度超過多少公尺者，應採用放水型撒水頭？

(A) 6 公尺　(B) 7 公尺　(C) 8 公尺　(D) 10 公尺

(A) 4. 開放式自動撒水設備之感知撒水頭之裝置面，應距樓地板面高度多少公尺以下？

(A) 5 公尺　(B) 6 公尺　(C) 7 公尺　(D) 8 公尺

(D) 5. 供長期照顧機構（長期照護型、養護型、失智照顧型）、身心障礙福利機構（限照顧植物人、失智症、重癱、長期臥床或身心功能退化者）等場所，依規定樓地板面積在多少以上時，應設置自動撒水設備？

(A) 一百平方公尺　(B) 二百平方公尺
(C) 二百五十平方公尺　(D) 三百平方公尺

(D) 6. 在自動撒水頭放水量之設置中，若採用放水型撒水頭，其放水量，應達防護區域每平方公尺每分鐘 A 公升以上。但儲存可燃物場所，應達每平方公尺每分鐘 B 公升以上。下列 A，B 何者正確？

(A) A = 4，B = 8　(B) A = 8，B = 4　(C) A = 5，B = 5　(D) A = 5，B = 10

(C) 7. 存放易燃性物質處所，撒水頭位置之裝置時，撒水頭迴水板下方 X 公分及水平方向 Y 公分以內，應保持淨空間，不得有障礙物。下列 X，Y 何者正確？

(A) X = 45，Y = 30　(B) X = 45，Y = 45
(C) X = 90，Y = 30　(D) X = 90，Y = 45

(C) 8. 開放式自動撒水設備之手動啟動裝置，在設置時，應於每一放水區域設置一個手動啟動開關，其高度距樓地板面在 E 公尺以上 F 公尺以下，並標明手動啟動開關字樣。下列 E，F 何者正確？

(A) E = 0.3，F = 1.0　(B) E = 0.5，F = 1.0
(C) E = 0.8，F = 1.5　(D) E = 1.0，F = 1.5

(B) 9. 現在許多高層建築物，因考量撒水頭強度、管路耐壓及水錘效應等因素，多採取有效減壓措施，但不包括下列何項方式？

(A) 設置減壓閥　(B) 採機械接頭連接立管

(C) 高低層分設幫浦　(D) 設中繼幫浦

(B) 10. 開放式撒水頭進行放水試驗，撒水頭口徑 11.3 mm 放水壓力爲 $1kgf/cm^2$ 時，放水量爲 50 L/min，若放水壓力增爲 2 kgf/cm^2 時，其放水量約爲多少 L/min？

(A) 50　(B) 70　(C) 90　(D) 120

(B) 11. 置換開放式自動撒水設備自動啓動裝置之感知撒水頭時，依規定應採用標示溫度在多少以下？

(A) 72℃　(B) 79℃　(C) 96℃　(D) 139℃

(D) 12. 下列有關自動撒水設備末端查驗閥，何者敘述錯誤？

(A) 開放式自動撒水可不設置

(B) 限流孔之放水性能應與標準撒水頭相同

(C) 管徑不得小於二十五公厘

(D) 放水壓力降至每平方公分一公斤以下前幫浦能正常啓動

(A) 13. 在裝置開放式自動撒水設備一齊開放閥時，常見利用感知撒水頭動作或操作手動啓動裝置來開啓閥門，是下列何種型式？

(A) 減壓型　(B) 加壓型　(C) 電磁型　(D) 電動型

(D) 14. 有關自動撒水設備之配管、配件及屋頂水箱，下列敘述何者正確？

(A) 一齊開放閥一次側配管，應施予鍍鋅等防腐蝕處理

(B) 密閉乾式或預動式之流水檢知裝置一次側配管，施予鍍鋅等防腐蝕處理

(C) 密閉乾式或預動式之流水檢知裝置二次側配管，爲有效排水，支管每 10 公尺傾斜 2 公分，主管每 10 公尺傾斜 4 公分

(D) 立管連接屋頂水箱時，屋頂水箱之容量在 1 立方公尺以上

(A) 15. 有關撒水頭設置場所與配置距離規定，下列敘述何者錯誤？

(A) 儲存易燃物品之倉庫，任一點至撒水頭之水平距離，應在 2.1 公尺以下

(B) 餐廳（非設於防火構造建築物）設置快速反應型撒水頭，各層任一點至撒水頭之水平距離在 2.3 公尺以下

(C) 觀光旅館之住宿居室得採用小區劃型撒水頭（以第一種感度爲限），任一點至撒水頭之水平距離在 2.6 公尺以下，且任一撒水頭之防護面積在 13 平方公尺以下

(D) 中央主管機關認定儲存大量可燃物之場所天花板高度超過 6 公尺，應採用放水型撒水頭

(A) 16. 濕式流水檢知裝置之性能試驗爲以多少流速之加壓水流通，測試是否發出連續信號或警報等動作？

(A) 4.5 m/sec　(B) 6 m/sec　(C) 8 m/sec　(D) 10 m/sec

(D) 17. 下列不同玻璃球型撒水頭工作液色標，何者代表的標示溫度最高？

(A) 橙色　(B) 紅色　(C) 黃色　(D) 綠色

(B) 18. 自動撒水設備採密閉濕式撒水頭者進行綜合測試時，最低放水壓力應在 A kgf/cm^2 以上，放水量應在 B L/min 以上。下列 A，B 何者正確？
(A) A = 1.7，B = 60　(B) A = 1.0，B = 80
(C) A = 2.5，B = 60　(D) A = 1.7，B = 80

(C) 19. 進行補助撒水栓竣工查驗之綜合放水試驗，放水壓力應在 A kgf/cm^2 以上、B kgf/cm^2 以下。下列 A，B 何者正確？
(A) A = 1.0，B = 7　(B) A = 1.7，B = 7
(C) A = 2.5，B = 10　(D) A = 3.7，B = 10

(D) 20. 設於高架儲存倉庫之撒水頭放水量，每分鐘應在多少公升以上？
(A) 30 公升　(B) 50 公升　(C) 80 公升　(D) 114 公升

(A) 21. 存放易燃性物質處所，其自動撒水設備之撒水頭迴水板下方 X 公分及水平方向 Y 公分以內，應保持淨空間，不得有障礙物，下列 X，Y 何者正確？
(A) X = 90，Y = 30　(B) X = 30，Y = 90
(C) X = 90，Y = 90　(D) X = 30，Y = 30

(D) 22. 在竣工查驗自動撒水設備之屋頂水箱時，若有立管連接屋頂水箱，屋頂水箱之容量應在多少立方公尺以上？
(A) 4 立方公尺　(B) 3 立方公尺　(C) 2 立方公尺　(D) 1 立方公尺

(C) 23. 密閉乾式或預動式自動撒水設備之要求，下列敘述何者錯誤？
(A) 密閉乾式或預動式流水檢知裝置二次側之加壓空氣，其空氣壓縮機爲專用，並能在 30 分鐘內，加壓達流水檢知裝置二次側配管之設定壓力值
(B) 流水檢知裝置二次側之減壓警報設於平時有人處
(C) 撒水頭動作後，流水檢知裝置應在 2 分鐘內，使撒水頭放水
(D) 撒水頭使用向上型

(B) 24. 裝置自動撒水設備之建築物，其送水口之規定，下列何者錯誤？
(A) 應於地面層室外臨建築線，消防車容易接近處，設置口徑 63 毫米之送水口
(B) 設在無送水障礙處，且其高度距基地地面在 1.5 公尺以下 0.8 公尺以上
(C) 裝置自動撒水設備之樓層，樓地板面積在 3,000 平方公尺以下，至少應設置雙口形送水口一個，並裝接陰式快速接頭，每超過 3,000 平方公尺，增設一個。但應設數量超過三個時，以三個計
(D) 送水口附近明顯易見處，標明自動撒水送水口字樣及送水壓力範圍

(A) 25. 在進行自動撒水設備啓動裝置檢修時，下列哪一項檢查判定方法錯誤？
(A) 對於手動啓動裝置而使用開放式撒水頭者：直接打開測試用排水閥然後操作手動啓動開關，確認加壓送水裝置是否啓動
(B) 對於手動啓動裝置而使用密閉式撒水頭者：直接操作控制盤上啓動按鈕，確認加壓送水裝置是否啓動
(C) 對於手動啓動裝置之判定方法：閥的操作應容易進行，且加壓送水裝置

應能確實啓動

(D)對於自動啓動裝置之啓動用水壓開關裝置：以目視及螺絲起子，確認壓力開關之端子有無鬆動

(C) 26. 有關開放式自動撒水設備之自動及手動啓動裝置，竣工時下列哪一項規定錯誤？

(A)自動啓動裝置，感知撒水頭或探測器動作後，能啓動一齊開放閥及加壓送水裝置

(B)自動啓動裝置，感知撒水頭使用標示溫度在 79 度以下者，且每 20 平方公尺設置 1 個；探測器使用定溫式 1 種或 2 種，並依各類場所消防安全設備設置標準第 120 條規定設置，每一放水區域至少 1 個

(C)自動啓動裝置，感知撒水頭設在裝置面距樓地板面高度 15 公尺以下，且能有效探測火災處

(D)手動啓動裝置，手動啓動開關動作後，能啓動一齊開放閥及加壓送水裝置

(D) 27. 有關撒水頭位置裝置之規定，下列敘述何者正確？

(A)撒水頭迴水板下方三十公分內及水平方向四十五公分內，應保持淨空間，不得有障礙物

(B)撒水頭軸心與裝置面成 85 度角裝置

(C)密閉式撒水頭裝置於樑下時，迴水板與樑底之間距在十公分以下，且與樓板或天花板之間距在六十公分以下

(D)密閉式撒水頭之迴水板裝設於裝置面下方，其間距在三十公分以下

(C) 28. 使用密閉式撒水頭且風管等障礙物之寬度超過多少公分時，該風管等障礙物下方，亦應設置？

(A)八十　(B)一百　(C)一百二十　(D)一百五十

(A) 29. 密閉乾式或預動式之流水檢知裝置二次側配管，為有效排水，支管每十公尺傾斜 X 公分，主管每十公尺傾斜 Y 公分。下列 X，Y 何者正確？

(A) X = 4, Y = 2　(B) X = 4, Y = 3　(C) X = 5, Y = 2　(D) X = 2, Y = 4

(B) 30. 下列有關自動撒水設備應裝置適當之流水檢知裝置之敘述，何者有誤？

(A)各樓層之樓地板面積在三千平方公尺以下者，裝設一套，超過三千平方公尺者，裝設二套

(B)上下二層，各層撒水頭數量在十個以下者，得二層共用

(C)附設制水閥，其高度距離樓地板面在一點五公尺以下零點八公尺以上

(D)撒水頭或一齊開放閥開啓放水時，即發出警報

(B) 31. 中央消防主管機關認定儲存大量可燃物之場所天花板高度超過六公尺或其他場所天花板高度超過十公尺者，應採用下列何種撒水頭？

(A)小區劃型撒水頭　(B)標準型撒水頭

(C)放水型撒水頭　(D)側壁型撒水頭

(C) 32. 某十層以下建築物，供百貨商場使用之場所，樓地板面積二千五百平方公

尺，設置自動撒水設備使用密閉式一般反應型撒水頭時，其水源容量不得小於幾個撒水頭繼續放水二十分鐘之水量？

(A) 十個　(B) 十二個　(C) 十五個　(D) 三十個

(C) 33. 依據「密閉式撒水頭認可基準」之規定，進行玻璃球之強度試驗時，標示溫度在多少以上者將採用油浴方式進行測試？

(A) 57℃　(B) 68℃　(C) 79℃　(D) 121℃

(B) 34. 裝置於舞臺之開放式自動撒水設備，依規定每一舞臺之放水區域最多個數為何？

(A) 3 個　(B) 4 個　(C) 5 個　(D) 6 個

(D) 35. 對於使用密閉式撒水頭之自動撒水設備，配管末端查驗閥配置之管徑需在 X 毫米以上，距離地板面之高度在 Y 公尺以下，並附有排水管裝置。其中 X 與 Y 分別為多少？

(A) X = 15，Y = 1.5　(B) X = 25，Y = 1.5

(C) X = 15，Y = 2.1　(D) X = 25，Y = 2.1

(A) 36. 密閉乾式或預動式自動撒水設備，流水檢知裝置應在撒水頭動作後多久時間內使撒水頭放水？

(A) 一分鐘　(B) 二分鐘　(C) 三分鐘　(D) 四分鐘

(B) 37. 某百貨商場（10F 以下）內設有一般反應型撒水頭 15 個，問其消防幫浦最低出水量為何？

(A) 1080 L/min　(B) 1350 L/min　(C) 750 L/min　(D) 900 L/min

(B) 38. 自動撒水設備依規定，其撒水頭迴水板下方 I 公分及水平方向 J 公分內，應保持淨空間，不得有障礙物？

(A) I = 30 公分，J = 45 公分　(B) I = 45 公分，J = 30 公分

(C) I = 35 公分，J = 40 公分　(D) I = 40 公分，J = 35 公分

(D) 39. 下列關於自動撒水設備竣工時所做之加壓試驗，何者錯誤？

(A) 試驗壓力不得小於加壓送水裝置全閉揚程一點五倍以上之水壓

(B) 水壓試驗壓力以繼續維持二小時無漏水現象

(C) 密閉乾式管系應併行空氣壓試驗，應使空氣壓力達到每平方公分二點八公斤之標準

(D) 密閉乾式管系所併行空氣壓試驗，漏氣減壓量應在每平方公分零點五公斤以下

(C) 40. 竣工測試時應依據消防安全設備審查作業通過之圖說進行，下列圖例中，何者為密閉式撒水頭？

(A) Ⓢ　(B) ⊗　(C) ○　(D) Ⓕ

(C) 41. 進行自動撒水設備檢查作業中自動警報逆止閥（流水檢知裝置）性能檢查，下列何者不是檢查項目之一？

(A) 閥本體、閥類及壓力計　(B) 音響警報裝置（蜂鳴器或水鐘）

(C) 手動啓動裝置　　　　　　(D) 延遲裝置（延遲箱）

(A) 42. 水系統自動滅火設備構件有通用設計部分，如一齊開放閥之設置，下列有關一齊開放閥動作機制或型式之敘述，何者錯誤？

(A) 水馬達式　(B) 水減壓式　(C) 電動閥式　(D) 氣體動力式

(C) 43. 進行補助撒水栓竣工查驗之綜合放水試驗，以下敘述何者正確？

(A) 以放水壓力預設爲最高處所瞄子放水

(B) 以瞄子直線與水霧兩種狀態測定

(C) 瞄子放水壓力應在 2.5 kgf/cm^2 以上，10 kgf/cm^2 以下

(D) 瞄子放水量應在 80 L/min 以上

(B) 44. 某 12 層樓飯店建築物內走 通道，設有自動撒水設備並裝置側壁型撒水頭，就該撒水頭計算其各有效防護面積最大爲多少平方公尺？

(A) 13.52 m^2 (B) 12.96 m^2 (C) 11.43 m^2 (D) 10.56 m^2

(B) 45. 下列有關開放式撒水設備之規定，何者正確？

(A) 每一舞臺之放水區域應在五個以下

(B) 舞臺之放水區域若在二個以上時，每一放水區域樓地板面積在 100 m^2 以上，且鄰接之放水區域相互重疊，使有效滅火

(C) 供各類場所消防安全設備設置標準第十二條第一款第一目使用場所之舞臺，在十一層以上建築物之樓層，應在最大放水區域全部撒水頭，繼續放水三十分鐘之水量以上

(D) 一齊開放閥一次側配管裝設試驗用裝置，在該放水區域不放水情形下，能測試一齊開放閥之動作

(C) 46. 依「各類場所消防安全設備設置標準」之規定，裝設自動撒水設備之樓層，樓地板面積爲一萬平方公尺者，最少應設置幾個雙口形送水口？

(A) 一個　(B) 二個　(C) 三個　(D) 四個

(D) 47. 依「各類場所消防安全設備設置標準」第 46 條規定，病房得採用小區劃型撒水頭（以第一種感度爲限），任一點至撒水頭之水平距離在 I 公尺以下，且任一撒水頭之防護面積在 J 平方公尺以下，其中 I、J = ？

(A) I = 1.7、J = 50　(B) I = 2.1、J = 20

(C) I = 2.3、J = 30　(D) I = 2.6、J = 13

(A) 48. 下列各式密閉式撒水頭之標示溫度，何者適用於最高周圍溫度在未滿 39℃之場所？

(A) 70℃　(B) 80℃　(C) 90℃　(D) 100℃

(C) 49. 某一超級市場設於商業大樓地下層，面積超過 4,800m^2，採密閉式一般反應型撒水頭及濕式流水檢知裝置之自動撒水設備，依規定最少須有多少水源容量供該系統使用？

(A) 12 m^3 (B) 16 m^3 (C) 24 m^3 (D) 32 m^3

(A) 50. 使用密閉式撒水頭之自動撒水設備，依規定應於管線末端配置查驗閥，下列有關查驗閥之配置規定，何者錯誤？

(A) 管徑不得大於二十五公厘
(B) 一次側應設壓力表
(C) 二次側應設與撒水頭同等放水性能之限流孔
(D) 距離地板面之高度不得大於二點一公尺

(C) 51. 設置開放式自動撒水設備之場所，其自動啓動裝置若係採用標示溫度在七十九℃以下之感知撒水頭時，其最大的感知範圍在每多少平方公尺以下？
(A) 十平方公尺　(B) 十五平方公尺
(C) 二十平方公尺　(D) 三十平方公尺

(B) 52. 當放水壓力在 0.1 MPa 以上時，小區劃型撒水頭之放水量至少應達多少以上？
(A) 40 lpm　(B) 50 lpm　(C) 60 lpm　(D) 80 lpm

(D) 53. 集合住宅之住宿居室採用小區劃型撒水頭時，任一點至撒水頭之水平距離應在多少公尺以下？
(A) 1.7 公尺　(B) 2.1 公尺　(C) 2.3 公尺　(D) 2.6 公尺

(B) 54. 自動撒水設備之立管連接屋頂水箱時，屋頂水箱之容量至少應爲多少立方公尺以上？
(A) 0.5 立方公尺　(B) 1 立方公尺　(C) 1.5 立方公尺　(D) 2.5 立方公尺

(C) 55. 密閉式撒水設備末端之查驗閥，其管徑應在多少尺寸以上？
(A) 15 公厘　(B) 20 公厘　(C) 25 公厘　(D) 40 公厘

(A) 56. 密閉式撒水頭屬易熔元件型者，其支撐臂色標爲「黑色」時，代表撒水頭之標示溫度爲：
(A) 未滿 60℃　(B) 60℃以上未滿 75℃
(C) 75℃以上未滿 121℃　(D) 121℃以上未滿 162℃

(B) 57. 密閉乾式自動撒水設備管系竣工時應進行空氣壓試驗，試驗時，應使空氣壓力達到 0.28MPa 之標準，其壓力持續多久，且漏氣減壓量應在 0.01MPa 以下爲合格？
(A) 12 小時　(B) 24 小時　(C) 36 小時　(D) 48 小時

(B) 58. 當撒水頭爲正方形配置時，若其防護半徑爲 2.3 公尺，則其撒水頭之間距爲多少公尺？
(A) 2.3　(B) 3.2　(C) 4　(D) 4.6

(A) 59. 撒水頭迴水板下方四十五公分內及水平方向多少公分內，應保持淨空間，不得有障礙物？
(A) 30 公分　(B) 40 公分　(C) 50 公分　(D) 60 公分

(B) 60. 一般標準撒水頭之 RTI（Response Time Index）值爲多少（ms）$^{1/2}$？
(A) 22～28　(B) 90～105　(C) 180～186　(D) 300～305

(B) 61. 撒水頭噴出之水滴粒徑與壓力之幾次方成反比？
(A) 二分之一　(B) 三分之一　(C) 四分之一　(D) 五分之一

(D) 62. 自動撒水設備之放射壓力必須小於 10 kgf/cm^2 之原因爲何？
(A) 水量撒出太大　(B) 壓力大易造成管裂
(C) 壓力不易達到　(D) 易造成水霧化現象

(C) 63. 撒水頭之 K 值爲 11.2 gpm/psi$^{1/2}$ 相當於多少 lpm/bar$^{1/2}$？
(A) 80　(B) 116　(C) 163　(D) 203

(C) 64. 密閉式撒水頭之迴水板裝設於裝置面（指樓板或天花板）下方，其間距需在多少公分以下？
(A) 10 公分　(B) 20 公分　(C) 30 公分　(D) 40 公分

(C) 65. 有關補助撒水栓之設置規定，下列敘述何者錯誤？
(A) 各層任一點至水帶接頭之水平距離在 15 m 以下
(B) 放水量在 60 L/min 以上
(C) 配管從各層流水檢知裝置一次側配置
(D) 開關閥設在距地板面 1.5 m 以下

(C) 66. 設置自動撒水設備末端之查驗閥，下列規定何者正確？
(A) 應於開放式撒水設備使用
(B) 管徑在 25 公厘以下
(C) 查驗閥之一次側設壓力表，二次側設有與撒水頭同等放水性能之限流孔
(D) 距離地板面之高度在 2.3 公尺以下，並附有排水管裝置，並標明末端查驗閥字樣

(B) 67. 自動撒水設備之立管連接屋頂水箱時，屋頂水箱之容量應在多少立方公尺以上？
(A) 0.5　(B) 1.0　(C) 1.5　(D) 2.0

(A) 68. 於集會堂表演場所之舞台設置撒水頭，任一點至撒水頭之水平距離，應在多少公尺以下？
(A) 1.7　(B) 2.3　(C) 2.5　(D) 2.6

(B) 69. 於 11 樓以上建築物，若裝置快速反應型撒水頭之自動撒水設備時，其水源容量應符合幾個撒水頭繼續放水 20 分鐘之水量？
(A) 8　(B) 12　(C) 15　(D) 24

(A) 70. 某 10 層以下辦公室之建築物，設有自動撒水設備小區劃型撒水頭時，其水源容量至少應爲多少？
(A) 8 m^3　(B) 12 m^3　(C) 16 m^3　(D) 24 m^3

(B) 71. 各樓層之樓地板面積爲 9000 平方公尺，各層撒水頭數量在 10 個以上，且有隔間，其自動撒水設備應裝設之流水檢知裝置最少需幾套？
(A) 1　(B) 2　(C) 3　(D) 4

(B) 72. 依「密閉式撒水頭認可基準」規定，其中之耐洩漏試驗，係將撒水頭施予多少之靜水壓力，保持 5 分鐘不得有漏水現象？
(A) 20 kgf/cm^2　(B) 25 kgf/cm^2　(C) 30 kgf/cm^2　(D) 35 kgf/cm^2

(B) 73. 依據各類場所消防安全設備設置標準之規定，密閉式撒水頭之自動撒水設

備配管末端之查驗閥的管徑不得小於多少公厘？
(A) 15 公厘　(B) 25 公厘　(C) 32 公厘　(D) 40 公厘

(A) 74. 自動撒水設備應設水源容量考量核算之撒水頭數爲 10 個時，其消防幫浦最低之出水量，下列何者正確？
(A) 900 L/min　(B) 1800 L/min　(C) 2700 L/min　(D) 3600 L/min

(B) 75. 平時管內貯滿低壓空氣，以感知裝置啓動一齊開放閥，且撒水頭動作時即撒水，係指何種型式之自動撒水設備？
(A) 密閉濕式　(B) 預動式　(C) 密閉乾式　(D) 開放式

Note

水霧滅火設備歷屆考題

【申論題】

1. 水霧滅火設備係利用水霧噴頭，使水呈微粒霧狀噴出，以達到滅火效果，請依「各類場所消防安全設備檢修及申報作業基準」，詳述有關水霧滅火設備綜合檢查之檢查方法與判定方法。

解

（一）檢查方法

切換成緊急電源供電狀態，依下列步驟確認系統性能是否正常。

1. 選擇任一區作放水試驗。
2. 由操作手動啓動裝置或自動啓動裝置，啓動加壓送水裝置。
3. 在一齊開放閥最遠處之水霧噴頭附近裝上測試用壓力表。
4. 放射量依下式計算

$Q = K\sqrt{P}$

Q = 放射量（L/min）

K = 常數

P = 放射壓力（kgf/cm^2）

（二）判定方法

1. 幫浦方式

(1) 啓動性能

① 加壓送水裝置應能確實啓動。

② 表示、警報等應正常。

③ 電動機之運轉電流值應在容許範圍內。

④ 運轉中應無不規則、不連續之雜音或異常之發熱、振動。

(2) 一齊開放閥

一齊開放閥應正常動作。

(3) 放射壓力等

① 放射壓力

應可得到在設計上之壓力。

② 放射量

水霧噴頭之放射量應符合放射壓力之放射曲線上之值。

③ 放射狀態

放射狀態應正常。

2. 重力水箱及壓力水箱方式

(1) 表示、警報等

表示、警報等應正常。

(2) 一齊開放閥

一齊開放閥應正常動作。

(3) 放射量等

① 放射壓力

應可得到設計上之壓力。

② 放射量

水霧噴頭之放射量應符合放射壓力之放射曲線上之值。

③ 放射狀態

放射狀態應正常。

3. 注意事項

於檢查類似醫院之場所時，因切換成緊急電源可能會造成困擾時，得使用常用電源檢查。

2. 水霧滅火設備可撲滅電器類火災之原理為何？水霧噴頭及配管與 190 電壓（KV）高壓電器設備應保持多少毫米（mm）之離開距離？請繪出水霧滅火設備主要設備與系統配件構成之昇位圖。（107 年消防設備師）

解

1. 水霧滅火設備可撲滅電器類火災之原理，因爲了噴出細小水粒子，必須比撒水頭水壓（1 kg/cm²）還要高，如果噴出水粒子夠細小，空氣爲一不良傳導體，細小水粒子之間存有空氣隔絕，滅火時就能不侷限於 A 類火災，而擴大應用於 C 類火災場所，且水霧不具任何化學毒性。
2. 爲了防護 C 類火災場所，本條所稱「距離」係指電氣絕緣距離，是水霧噴頭及配管與高壓電器設備之帶電導體（不含具有效絕緣保護者）應保持之距離。最低距離間隔是 15 cm，最大間隔是 3.3m。以變壓器室而言，該防護對象係指變壓器本體，該總面積係指變壓器總面積。於各類場所消防安全設備設置標準第 66 條，水霧噴頭及配管與高壓電器設備應保持之距離，依下表規定：

離開距離（mm）		電壓（KV）
最 低	標 準	
150	250	7 以下
200	300	10 以下
300	400	20 以下
400	500	30 以下
700	1000	60 以下
800	1100	70 以下

離開距離（mm）		電壓（KV）
最低	標準	
1100	1500	100 以下
1500	1900	140 以下
2100	2600	200 以下
2600	3300	345 以下

3. 水霧滅火設備主要設備與系統配件構成之昇位圖

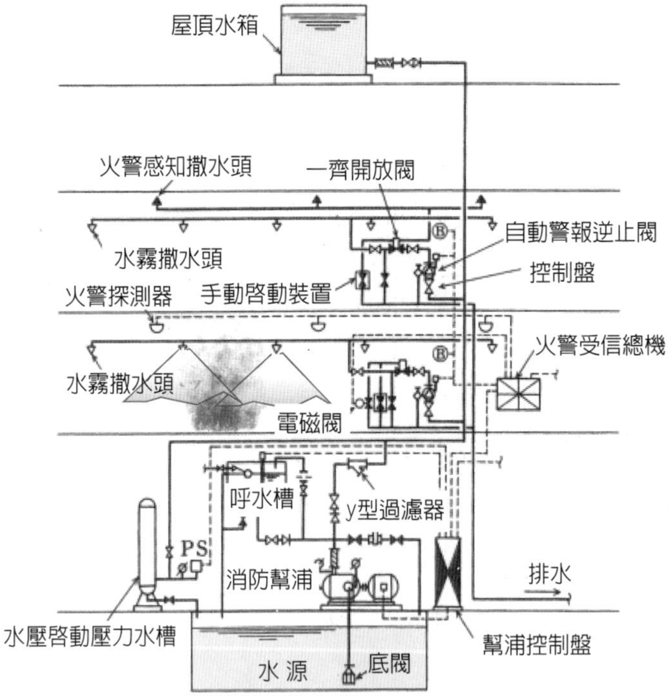

【選擇題】

(B) 1. 依圖竣工查驗裝置水霧滅火設備之室內停車空間，發現其排水設備下列情況，何者不符規定？

(A) 車輛停駐場所地面有百分之三之坡度

(B) 車輛停駐場所，除面臨車道部分外，有設五公分之地區境界堤

(C) 滅火坑具備油水分離功能

(D) 在車道中央設置排水溝

(C) 2. 水霧滅火設備之水源容量，應保持 G 立方公尺以上。但放射區域在二區域以上者，應保持 H 立方公尺以上。下列 G，H 何者正確？

(A) G = 15，H = 30 (B) G = 20，H = 30

(C) G = 20，H = 40 (D) G = 25，H = 40

(C) 3. 高壓電器設備其電壓在 7000 伏特以下時，水霧噴頭及配管與高壓電器設備應保持多少公分之標準離開距離？

(A) 50 (B) 150 (C) 250 (D) 300

(C) 4. 某工廠設置水霧滅火設備，其放水區域爲三個，若加壓送水裝置使用消防幫浦，所需之最低出水量爲何？

(A) 1200 L/min (B) 1800 L/min (C) 2000 L/min (D) 2400 L/min

(D) 5. 水霧滅火設備係利用水霧接觸高溫時，快速形成大量水蒸氣，使體積急速膨脹，使氧氣濃度降低，可遮斷火源所需氧氣之滅火方式稱爲？

(A) 冷卻作用 (B) 乳化作用 (C) 稀釋作用 (D) 窒息作用

(D) 6. 爲執行檢修申報，針對水霧滅火系統綜合檢查放射試驗之啓動性能，下列何者非其判定該性能之方法？

(A) 一齊開放閥應可正常地動作 (B) 加壓送水裝置應確實地動作

(C) 壓力檢知裝置可正常地動作 (D) 電池閥端子動作後無鬆動

(B) 7. 下列哪一項不是裝置水霧滅火設備之室內停車空間應符合之規定？

(A) 車輛停駐場所地面作 2% 以上之坡度

(B) 車輛停駐場所，除面臨車道部分外，應設高 5 公分以上之地區境界堤，或深 5 公分寬 5 公分以上之地區境界溝，並與排水溝連通

(C) 滅火坑具備油水分離裝置，並設於火災不易殃及之處所

(D) 排水溝及集水管之大小及坡度，應具備能將加壓送水裝置之最大能力水量有效排出

(B) 8. 依各類場所消防安全設備設置標準裝置水霧滅火設備之室內停車空間，其排水設備應符合下列何者規定？

(A) 車輛停駐場所地面作百分之五以上之坡度

(B) 在車道之中央或二側應設置排水溝，排水溝設置集水管，並與滅火坑相連接

(C) 車輛停駐場所，都應設高十公分以上之地區境界堤，或深十公分寬十公分以上之地區境界溝，並與排水溝連通

(D) 滅火坑可不設油水分離裝置，但需設於火災不易殃及之處所

(A) 9. 福爾摩沙肥料公司，因製程需使用大量硫酸，故設置有硫酸製造原料硫磺之室外儲槽，由於其爲顯著滅火困難場所，依各類場所消防安全設備設置標準，應設置何種滅火設備？

(A) 第三種滅火設備之水霧滅火設備

(B) 第一種滅火設備之室外消防栓設備

(C) 第二種滅火設備

(D) 第三種滅火設備之固定式泡沫滅火設備

(B) 10. 某一汽車引擎試驗室場所，樓地板面積三百平方公尺，設置水霧滅火設備時，其每平方公尺放水量不得小於每分鐘多少公升？

(A) 5　(B) 10　(C) 20　(D) 30

(A) 11. 某發電機室設置水霧滅火設備，採單一放水區域且水霧噴頭數爲 20 個時，其加壓送水裝置使用消防幫浦，所需之最低出水量爲何？

(A) 1200 L/min　(B) 1800 L/min　(C) 2000 L/min　(D) 2400 L/min

(D) 12. 一齊開放閥依規定應於控制部動作後，必須在 X 秒內開啓出水；內徑超過 200 mm 者，則須於 Y 秒內開啓出水，其中 X 與 Y 値分別爲何？

(A) 60 秒、30 秒　(B) 30 秒、30 秒　3(B) 0 秒、60 秒　(D) 15 秒、60 秒

(B) 13. 放射區域在二區域以上之水霧滅火設備，水源容量應至少保持多少立方公尺之容量？

(A) 二十　(B) 四十　(C) 五十　(D) 六十

(D) 14. 水霧噴頭及其配管設置於 69 KV 高壓電器設備附近時，應最少保持多少距離？

(A) 30 公分　(B) 60 公分　(C) 70 公分　(D) 80 公分

(D) 15. 對於裝置水霧滅火設備之規定，下列敘述何者正確？

(A) 每一水霧噴頭之有效半徑不得小於 2.1 公尺

(B) 每一放射區域以 100 平方公尺爲原則

(C) 供汽車修理廠使用，其每平方公尺之放水量應爲 10 l/min 以上

(D) 室內停車空間之車輛停駐場所地面應作不得小於 2/100 以上之坡度

(D) 16. 水霧滅火設備之加壓送水裝置使用消防幫浦時，用於防護電氣設備者，每一個水霧噴頭壓力依規定均應達到多少以上？

(A) 1.7 kgf/cm^2　(B) 2.5 kgf/cm^2　(C) 2.7 kgf/cm^2　(D) 3.5 kgf/cm^2

(D) 17. 水霧滅火設備用於防護電氣設備者，其壓力應達多少以上？

(A) 每平方公分一點七公斤　(B) 每平方公分二點五公斤

(C) 每平方公分二點七公斤　(D) 每平方公分三點五公斤

(A) 18. 水霧滅火設備每一放射區域的面積以多少平方公尺爲原則？

(A) 50 平方公尺　(B) 100 平方公尺　(C) 150 平方公尺　(D) 200 平方公尺

(D) 19. 用於防護電氣設備之水霧噴頭，其出水壓力應達到多少壓力以上？

(A) 0.05 MPa　(B) 0.1 MPa　(C) 0.25 MPa　(D) 0.35 MPa

(B) 20. 下列關於水霧滅火設備防護電氣設備之規定，何者正確？

(A) 每一水霧噴頭之有效半徑不得大於 2.3 公尺

(B) 放射區域在二區域以上者應保持 40 立方公尺以上之水源容量

(C) 每一放射區域以 100 平方公尺爲原則

(D) 管系最末端一個放射區域全部水霧噴頭放水壓力均能達每平方公分 2.7 公斤以上

(D) 21. 水霧滅火設備之水霧噴頭及配管與具有 200kV 之高壓電器設備，最低應保

持多少公厘之離開間距，以避免導電造成意外？

(A) 800 公厘　(B) 1000 公厘　(C) 1500 公厘　(D) 2100 公厘

(B) 22. 裝置水霧滅火設備之室內停車空間，其排水設備之規定，何者錯誤？

(A) 車輛停駐場所地面應作不得小於百分之二以上之坡度

(B) 車輛停駐場所，除面 車道部分外，應設高五公分以上之地區境界堤

(C) 滅火坑應具備油水分離裝置，並設於火災不易殃及之處所

(D) 車道之中央或兩側應設置排水溝

泡沫滅火設備歷屆考題

【申論題】

1. 依據「各類場所消防安全設備設置標準」，試說明移動式泡沫滅火設備，應依照哪些規定設置？

解

第 80 條　移動式泡沫滅火設備，依下列規定設置：

1. 同一樓層各泡沫瞄子放射量，應 ≥ 100L/min。但全部泡沫消防栓箱數量 ≥ 2 時，以同時使用 2 支泡沫瞄子計算之。
2. 泡沫瞄子放射壓力應 3.5kg/min 或 0.35MPa、以上。
3. 移動式泡沫滅火設備之泡沫原液，應使用低發泡。
4. 在水帶接頭 < 3m 範圍，設置泡沫消防栓箱，箱內配置長 ≥ 20m 水帶及泡沫瞄子乙具，其箱面表面積應 ≥ 0.8m²，且標明移動式泡沫滅火設備字樣，並在泡沫消防栓箱上方設置紅色幫浦啓動表示燈。

2. 請說明有哪些建築物場所依法規標準之規定，得設置移動式泡沫滅火設備？且其設備系統的構造、泡沫混合方式及機能等如何？

解

1. 屋頂直升機停機場（坪）。
2. 飛機修理廠、飛機庫樓地板面積≥ 200m²。
3. 汽車修理廠、室內停車空間在第一層樓地板面積 ≥ 500m²；在地下層或第 2 層以上樓地板面積≥ 200m²；在屋頂設有停車場樓地板面積≥ 300m²。
4. 升降機械式停車場可容納≥ 10 輛。
5. 發電機室、變壓器室及其他類似之電器設備場所，樓地板面積≥ 200m²。
6. 鍋爐房、廚房等大量使用火源之場所，樓地板面積≥ 200m²。
7. 電信機械室、電腦室或總機室及其他類似場所，樓地板面積≥ 200m²。
8. 引擎試驗室、石油試驗室、印刷機房及其他類似危險工作場所，樓地板面積 ≥ 200m²。

上述場所外牆開口面積（常時開放部分）達該層樓地板面積≥ 15%，上列滅火設備得採移動式設置。

第 80 條　移動式泡沫滅火設備，依下列規定設置：

一、同一樓層各泡沫瞄子放射量，應 ≥ 100L/min。但全部泡沫消防栓箱數量 ≥ 2 時，以同時使用 2 支泡沫瞄子計算之。

二、泡沫瞄子放射壓力應 3.5kg/cm² 或 0.35MPa、以上。

三、移動式泡沫滅火設備之泡沫原液，應使用低發泡。

四、在水帶接頭 3m 範圍內，設置泡沫消防栓箱，箱內配置長 ≥ 20m 水帶及泡沫瞄子乙具，其箱面表面積應 ≥ 0.8m^2，且標明移動式泡沫滅火設備字樣，並在泡沫消防栓箱上方設置紅色幫浦啓動表示燈。

此外，泡沫混合方式、構造及機能，請見第 1 章泡沫本節內容。

3. 儲存公共危險物品之室外儲槽場所，在符合哪些條件下即屬於顯著滅火困難場所？其例外情形如何？若該室外儲槽為儲存閃火點在 40℃以下之第四類公共危險物品之顯著滅火困難場所，且設於碼頭並連接輸送設備，除須設置固定式泡沫滅火設備外，並應依哪些規定設置泡沫射水槍滅火設備？

解

第 194 條　室外儲槽場所符合下列規定之一。

1. 儲槽儲存液體表面積 ≥ 40m^2。
2. 儲槽高度 ≥ 6m。
3. 儲存固體公共危險物品，其儲存數量達管制量 ≥ 100 倍。

但儲存高閃火點物品或第六類公共危險物品，其操作溫度 < 100℃，不在此限：

第 215 條　以室外儲槽儲存閃火點 < 40℃之第四類公共危險物品之顯著滅火困難場所者，且設於岸壁、碼頭或其他類似之地區，並連接輸送設備者，除設置固定式泡沫滅火設備外，並依下列規定設置泡沫射水槍滅火設備：

1. 室外儲槽之幫浦設備等設於岸壁、碼頭或其他類似之地區時，泡沫射水槍應能防護該場所位於海面上前端之水平距離 < 15m 之海面，而距離注入口及其附屬之公共危險物品處理設備各部分之水平距離 < 30m，其設置個數≥ 2 具。
2. 泡沫射水槍爲固定式，並設於無礙滅火活動及可啓動、操作之位置。
3. 泡沫射水槍同時放射時，射水槍泡沫放射量爲 ≥ 1900L/min，且其有效水平放射距離 ≥ 30m。

4. 有一印刷機房之空間規模為 35 m（長）25 m（寬）×12 m（高），內有一座印刷機台大小為 12 m（長）× 8 m（寬）×6 m（高），需設置固定式滅火設備來防護之，若採用高發泡放出口之泡沫滅火設備及第一種膨脹比泡沫，泡沫原液（使用水成膜泡沫滅火藥劑）濃度為 6%，且其防護區域開口部能在泡沫水溶液放射前自動關閉，請問至少應設置幾個高發泡放出口？高發泡放出口之泡沫水溶液放射量為多少？充滿配管之泡沫水溶液量為 0.8 立方公尺（m^3），試計算其所需最小泡沫原液量？其泡沫原液儲槽設置規定為何？（107 年消防設備師）

解

一、冠泡體積指防護區域自樓地板面至高出防護對象最高點零點五公尺所圍體積。

防護對象物 12 m×8 m×6.5 m = 624 m^3

高發泡放出口在防護區域內，樓地板面積每五百平方公尺至少設置一個，且能有效放射至該區域，並附設泡沫放出停止裝置。

$\frac{35 \times 25}{500} = 2$（個）

二、防護對象位置距離樓地板面高度，超過五公尺，且使用高發泡放出口時，應爲全區放射方式。

高發泡放出口之泡沫水溶液放射量依下表核算：

防護對象	膨脹比種類	冠泡體積1m³（L/min）
第 18 條第 8 項場所	（第 1 種）	1.25
	（第 2 種）	0.31
	（第 3 種）	0.18

$1.25\ \text{L/min}\cdot\text{m}^3 \times 624\ \text{m}^3 = 780\ \text{L/min}$

$780\ \text{L/min} \div 2 = 390\ \text{L/min}$

三、最小水源容量

膨脹比種類	冠泡體積×m³／每1m³冠泡體積=泡水溶液量
第 1 種	0.04
第 2 種	0.013
第 3 種	0.008

$0.04 \times 624\ \text{m}^3 = 24.96\ \text{m}^3$

計算之水溶液量，應加算充滿配管所需之泡沫水溶液量，且應加算總泡沫水溶液量之百分之二十。

$(24.96\ \text{m}^3 + 0.8\ \text{m}^3) \times 1.2 = 30.9\ \text{m}^3$

四、泡沫原液量

30.9×0.06=1.85 m3

五、依第 81 條泡沫原液儲槽，依下列規定設置：

1. 設有便於確認藥劑量之液面計或計量棒。
2. 平時在加壓狀態者，應附設壓力表。
3. 設置於溫度攝氏四十度以下，且無日光曝曬之處。
4. 採取有效防震措施。

【選擇題】

(B) 1. 設置移動式泡沫滅火設備之規定，下列敘述何者正確？
(A) 同一樓層各泡沫瞄子放射量，應在每分鐘一百三十公升以上。但全部泡沫消防栓箱數量超過二個時，以同時使用二支泡沫瞄子計算之
(B) 泡沫瞄子放射壓力應在每平方公分三點五公斤以上或 0.35 MPa 以上
(C) 移動式泡沫滅火設備之泡沫原液，應使用高發泡
(D) 在水帶接頭三公尺範圍內，設置泡沫消防栓箱，箱內配置長十五公尺以上水帶兩條及泡沫瞄子乙具

(D) 2. 各類場所消防安全設備設置標準第 52 條，第 2 款泡沫滅火設備之高發泡放出口配置規定，下列敘述何者正確？
(A) 冠泡體積是指防護區域自樓地板面至高出防護對象最高點 0.8m 所圍體積
(B) 防護對象位置距離樓地板面高度超過 3m，且使用高發泡放出口時應爲全區放射方式
(C) 全區放射時高發泡放出口在防護區域內，樓地板面積每 $300m^2$ 至少設置一個
(D) 局部放射時高發泡放出口之泡沫水溶液放射量應爲防護面積每平方公尺每分鐘二公升以上

(C) 3. 對於泡沫滅火設備構造與機能，下列何者敘述錯誤？
(A) 泡沫滅火設備之放射由常關之一齊開放閥控制
(B) 天花板高度超過五公尺應使用探測器打開電磁閥將液壓管之水壓洩放而啓動一齊開放閥
(C) 一齊開放閥之未設制水閥及試驗配管，應以末端查驗管進行動作試驗
(D) 複層式停車空間爲有效放射泡沫達到快速滅火功能，泡沫噴頭應延伸配管對各層車輛放射泡沫

(D) 4. 檢修停車場低發泡固定式泡沫滅火設備時，下列何項屬綜合檢查之正確進行方法？
(A) 選擇任一放射區域進行 25% 泡沫還原時間
(B) 操作直接操作部及手動啓動開關，確認加壓送水裝置應能確實啓動
(C) 測定還原時間，應利用比色計法測泡沫混合比率
(D) 選擇全部放射區域數之 20% 以上進行放水試驗

(A) 5. 實施泡沫滅火設備綜合檢查時，有關合成介面活性劑泡沫滅火藥劑 25% 還原時間標準值爲：
(A) 30 秒　(B) 60 秒　(C) 90 秒　(D) 120 秒

(B) 6. 竣工查驗一進口汽車修理廠，所採用移動式泡沫滅火設備作爲滅火設備，預計設置三個泡沫消防栓箱，選用之泡沫原液爲百分之六的水成膜泡沫，則現場泡沫原液儲槽內至少應存放多少公升的泡沫原液儲存量，方可符合

規定：　(A) 120 公升　(B) 180 公升　(C) 225 公升　(D) 300 公升

(C) 7. 使用蛋白質泡沫原液之泡沫噴頭，其樓地板面積每平方公尺之放射量爲：
(A) 三點七公升 / 分鐘以上　(B) 五公升 / 分鐘以上
(C) 六點五公升 / 分鐘以上　(D) 八公升 / 分鐘以上

(D) 8. 設備竣工查驗，測定合成介面活性滅火藥劑發泡倍率，依規定所需測定器具之量筒內容積爲：
(A) 600 mL　(B) 1000 mL　(C) 1200 mL　(D) 1400 mL

(B) 9. 設置固定式低發泡泡沫滅火設備之場所，於進行綜合檢查時，設置泡沫頭者，每次選擇全部放射區域數多少比例以上之放射區域進行逐區放水試驗？　(A) 10%　(B) 20%　(C) 25%　(D) 30%

(C) 10. 高發泡放出口在全區放射防護區域內，樓地板面積每多少平方公尺至少設置一個，且能有效放射至該區域，並附設泡沫放出停止裝置？
(A) 100 平方公尺　(B) 300 平方公尺　(C) 500 平方公尺　(D) 1,000 平方公尺

(A) 11. 泡沫滅火設備進行綜合檢查時，有關水成膜泡沫滅火藥劑之 25% 還原時間標準值爲何？　(A) 60 秒　(B) 75 秒　(C) 90 秒　(D) 120 秒

(D) 12. 有關泡沫頭放射量，下列何者正確？
(A) 使用蛋白質泡沫液之泡沫噴頭放射量應在每平方公尺樓地板面積每分鐘 6 公升以上
(B) 使用合成界面活性泡沫液之泡沫噴頭放射量應在每平方公尺樓地板面積每分鐘 7 公升以上
(C) 使用水成膜泡沫液之泡沫噴頭放射量應在每平方公尺樓地板面積每分鐘 3 公升以上
(D) 使用泡水噴頭放射量在每分鐘 75 公升以上

(D) 13. 在固定式泡沫滅火設備（低發泡）進行綜合檢查時，對於設置泡沫頭者，每次選擇全部放射區域數之百分之多少以上之放射區域，進行逐區放水試驗，測其放射分布及放射壓力？
(A) 5%　(B) 10%　(C) 15%　(D) 20%

(C) 14. 移動式泡沫滅火設備其水帶接頭至防護對象任一點之水平距離應在多少公尺以下？　(A) 5 公尺　(B) 10 公尺　(C) 15 公尺　(D) 20 公尺

(D) 15. 泡沫滅火設備所使用之泡沫噴頭，下列構造外觀相關規定何者敘述錯誤？
(A) 泡沫噴頭裝置於配管上時，不得有損害機能之變形或破損等情形
(B) 內外表面不得有破損或造成使用上障礙之砂孔、毛邊、砂燒結、咬砂、刮痕、龜裂等現象
(C) 濾網使用金屬網者，紋路表面不得有造成使用上障礙之刮痕、龜裂、剝落、變形，或編織點錯誤、紋路交錯點鬆落等現象
(D) 沖壓加工品有龜裂或顯著沖壓皺褶

(A) 16. 檢測水成膜泡沫液發泡倍率使用之測定器具，除了採集器、計量器外，尙須何種設備？

(A) 1,000 mL 具刻度之量筒二只　(B) 1,000 mL 具刻度之量筒一只
(C) 1,400 mL 具刻度之量筒二只　(D) 1,400 mL 具刻度之量筒一只

(C) 17. 有關泡沫滅火設備之泡沫原液儲槽，下列哪一項規定錯誤？
(A) 設有便於確認藥劑量之液面計或計量棒
(B) 平時在加壓狀態者，應附設壓力表
(C) 設置於溫度攝氏 50 度以下，且無日光曝曬之處
(D) 採取有效防震措施

(B) 18. 有關泡沫滅火設備竣工時之流水檢知裝置，下列哪一項規定錯誤？
(A) 各樓層之樓地板面積在 3 千平方公尺以下者，裝設 1 套，超過 3 千平方公尺者，裝設 2 套
(B) 各樓層之樓地板面積在 3 千平方公尺以下者，裝設 1 套，超過 3 千平方公尺者，裝設 2 套；無隔間之樓層內，前述 3 千平方公尺得增為 6 千平方公尺
(C) 撒水頭或一齊開放閥開啓放水時，即發出警報
(D) 附設制水閥，其高度距離樓地板面在 1.5 公尺以下 0.8 公尺以上，並於制水閥附近明顯易見處，設置標明制水閥字樣之標識

(C) 19. 在泡沫滅火設備進行性能檢查時，對於泡沫原液槽的檢查方法，下列哪一項錯誤？
(A) 泡沫原液：打開原液槽之排液口制水閥，用燒杯或量筒採取泡沫原液（最好能由上、中、下 3 個位置採液）
(B) 泡沫原液：以目視確認所採取泡沫原液有無變質、污損
(C) 壓力表：關掉表計之控制水閥將水排出，確認指針是否在 1 之位置；再打開表針控制水閥，操作啓動裝置確認指針是否正常動作
(D) 閥類：用手操作確認開、關動作是否容易進行

(A) 20. 移動式泡沫滅火設備，其水帶接頭至防護對象任一點之水平距離，依各類場所消防安全設備設置標準，應在多少公尺以下？
(A) 十五　(B) 二十　(C) 三十　(D) 四十

(A) 21. 依各類場所消防安全設備設置標準之規定，設置泡沫原液儲槽時，下列敘述何者有誤？
(A) 設置於溫度攝氏四十度以下，可有日光曝曬之處
(B) 平時在加壓狀態者，應附設壓力表
(C) 設有便於確認藥劑量之液面計或計量棒
(D) 採取有效防震措施

(B) 22. 有關泡沫原液與水混合使用濃度，下列敘述何者正確？
(A) 蛋白質泡沫液百分之四或百分之六
(B) 合成界面活性泡沫液百分之一或百分之三
(C) 水成膜泡沫液百分之三或百分之五
(D) 所有種類之泡沫液皆為百分之三或百分之六

(C) 23. 公共危險物品儲槽設置補助泡沫消防栓之規定，下述何者正確：
(A) 設在儲槽防液堤外圍，距離槽壁十公尺以上，便於消防救災處
(B) 泡沫瞄子放射量在每分鐘二百六十公升以上
(C) 放射壓力在每平方公分三點五公斤以上
(D) 全部泡沫消防栓數量超過二支時，以同時使用二支計算之

(D) 24. 依竣工查驗作業規定，進行泡沫滅火設備綜合試驗，水成膜泡沫低發泡之放射試驗，下列何者正確？
(A) 放射區域就預設放射壓力最高處實施
(B) 發泡倍率應在 10 倍以上
(C) 25% 還原時間應在 30 秒以上
(D) 泡沫稀釋濃度 3% 型者應在 3～4% 範圍內

(A) 25. 對高發泡放出口之配置規定，當為全區放射防護對象為汽車修護廠時，下列敘述何者正確？
(A) 膨脹比種類在 80～250 時，每分鐘每立方公尺冠泡體積之泡沫水溶液放射量為 1.11 公升
(B) 膨脹比種類在 250～500 時，每分鐘每立方公尺冠泡體積之泡沫水溶液放射量為 0.5 公升
(C) 膨脹比種類在 250～500 時，每分鐘每立方公尺冠泡體積之泡沫水溶液放射量為 0.38 公升
(D) 膨脹比種類在 500～1000 時，每分鐘每立方公尺冠泡體積之泡沫水溶液放射量為 0.29 公升

(D) 26. 依據「泡沫噴頭認可基準」之規定，採用水成膜泡沫滅火藥劑、蛋白泡沫滅火藥劑之泡沫系統，進行 25% 還原時間之試驗時，還原時間各應在多久以上？
(A) 30 秒、30 秒　(B) 30 秒、60 秒　(C) 60 秒、30 秒　(D) 60 秒、60 秒

(C) 27. 實施泡沫噴頭外觀檢查，應進行之項目內容不包括以下哪一項？
(A) 確認有無因隔間變更而未加設泡沫頭，造成未警戒之部分
(B) 以目視確認泡沫頭周圍有無妨礙泡沫分布之障礙
(C) 確認泡沫噴頭網孔大小及其發泡性能
(D) 以目視確認外形有無變形、腐蝕、阻塞等

(D) 28. 停車空間泡沫滅火設備進行放射試驗時，其發泡倍率應達多少倍以上？
(A) 二倍以上　(B) 三倍以上　(C) 四倍以上　(D) 五倍以上

(A) 29. 依據各類場所消防安全設備設置標準之規定，下列有關泡沫滅火設備之敘述，何者正確？
(A) 固定式泡沫滅火設備，配置強制風機式高發泡放出口膨脹比可達 1000 以下
(B) 固定式泡沫滅火設備之泡沫放出口，如果膨脹比在 1000 以下，宜採用空氣吸引式高發泡放出口

(C) 使用水成膜泡沫液時，樓地板面積每平方公尺之放射量為每分鐘 6.5 公升以上
(D) 泡水噴頭放射量不得小於每分鐘 130 公升

(B) 30. 當操作泡沫瞄子時，若送水壓力過低，則藥劑吸入量太少，泡沫產生效果低，恐無法有效滅火，瞄子出水口壓力必須保持在下列何者之間？
(A) 1.7 kgf/cm^2 至 2.5 kgf/cm^2　(B) 3.5 kgf/cm^2 至 4.9 kgf/cm^2
(C) 5.0 kgf/cm^2 至 6.3 kgf/cm^2　(D) 6.5 kgf/cm^2 至 8.0 kgf/cm^2

(C) 31. 於 30 m×30 m×6 m（高）之汽車修護廠，防護對象物之尺寸為 10 m×10 m×3 m（高），若使用 3% 水成膜泡沫原液，及膨脹比為 350，且採全區放射方式，則其冠泡體積為多少？
(A) 2600 m^3　(B) 2850 m^3　(C) 3150 m^3　(D) 3500 m^3

(C) 32. 泡沫滅火設備竣工查驗作業規定，進行綜合試驗低發泡放射試驗，下列何者正確？
(A) 泡沫稀釋濃度 6% 型者應在 6～7% 範圍內
(B) 發泡倍率 10 倍以上
(C) 25% 還液時間水成膜泡沫應在 60 秒以上
(D) 放射區域就預設放射壓力最高處實施

(C) 33. 使用蛋白質泡沫原液之泡沫噴頭，其樓地板面積每平方公尺之放射量為？
(A) 三點七 公升 / 分鐘以上　(B) 五公升 / 分鐘以上
(C) 六點五公升 / 分鐘以上　(D) 八公升 / 分鐘以上

(B) 34. 測定水成膜泡沫滅火藥劑發泡倍率，依規定所需測定器具之量筒內容積為：
(A) 600 mL　(B) 1000 mL　(C) 1200 mL　(D) 1400 mL

(D) 35. 供外浮頂儲油槽上部注入泡沫之放出口，放射泡沫於儲槽側板與泡沫隔板間環狀部分，應採用下列何者？
(A) I 型泡沫放出口　(B) II 型泡沫放出口
(C) III 型泡沫放出口　(D) 特殊型泡沫放出口

(A) 36. 有一汽車修護廠之長、寬、高分別為 40 公尺、25 公尺、5.5 公尺，防護對象物之尺寸長、寬、高分別為 10 公尺、5 公尺、1.5 公尺，若使用合成界面活性泡沫液，及膨脹比為 350，且採全區放射方式，依「各類場所消防安全設備設置標準」規定，其冠泡體積為多少立方公尺？
(A) 2000 立方公尺　(B) 3000 立方公尺
(C) 4000 立方公尺　(D) 5000 立方公尺

(B) 37. 泡沫滅火設備綜合檢查中，有關蛋白質泡沫滅火藥劑 25% 還原時間標準值為？　(A) 30 秒　(B) 60 秒　(C) 90 秒　(D) 120 秒

(B) 38. 某建築物之一樓為汽車修理廠，擬採用移動式泡沫滅火設備作為滅火設備，預計設置五個泡沫消防栓箱，選用之泡沫溶液為百分之五的蛋白質泡沫，則泡沫原液儲槽內至少應存放多少公升的泡沫原液儲存量即可符合規定？　(A) 90 公升　(B) 150 公升　(C) 225 公升　(D) 300 公升

(A) 39. 下列何者不符合泡沫滅火設備之泡沫原液與水混合使用之濃度規定？
(A) 6% 合成界面活性泡沫液　(B) 3% 水成膜泡沫液
(C) 6% 蛋白質泡沫液　(D) 6% 水成膜泡沫液

(B) 40. 依「各類場所消防安全設備設置標準」第 80 條規定，移動式泡沫滅火設備在水帶接頭幾公尺範圍內需設置泡沫消防栓箱？
(A) 2 公尺　(B) 3 公尺　(C) 4 公尺　(D) 5 公尺

(D) 41. 以室外儲槽儲存閃火點在攝氏 40 度以下之第四類公共危險物品之顯著滅火困難場所者，且設於岸壁、碼頭或其他類似之地區，並連接輸送設備者，其設置的泡沫射水槍放射量應達到多少以上？
(A) 500 lpm　(B) 800 lpm　(C) 1500 lpm　(D) 1900 lpm

(D) 42. 移動式泡沫滅火設備之泡沫瞄子的放射壓力應達到多少以上？
(A) 0.05 MPa　(B) 0.1 MPa　(C) 0.25 MPa　(D) 0.35 MPa

(A) 43. 使用水成膜泡沫液之泡沫頭，其樓地板面積每平方公尺之放射量爲每分鐘多少公升？　(A) 3.7 lpm　(B) 6.5 lpm　(C) 8.0 lpm　(D) 10.0 lpm

(B) 44. 泡沫滅火設備計算之水溶液量，應加算充滿配管所需之泡沫水溶液量，且應加算總泡沫水溶液量之百分之多少？
(A) 十　(B) 二十　(C) 三十　(D) 四十

(B) 45. 下列何種滅火設備不適用於發電機室？
(A) 水霧　(B) 泡沫　(C) 二氧化碳　(D) 乾粉

(C) 46. 下列何者泡沫放出口非頂部注入式？
(A) I 型泡沫放出口　(B) II 型泡沫放出口
(C) III 型泡沫放出口　(D) 特殊型泡沫放出口

(B) 47. 泡沫滅火設備採用感知撒水頭做爲自動啓動裝置時，感知撒水頭的使用標示溫度應在多少溫度以下？
(A) 68 度以下　(B) 79 度以下　(C) 92 度以下　(D) 141 度以下

(D) 48. 泡沫滅火藥劑之敘述，下列何者爲錯誤？
(A) 化學泡沫滅火劑甲種藥劑含碳酸氫鈉（$NaHCO_3$）
(B) 化學泡沫滅火劑乙種藥劑以硫酸鋁（$Al_2(SO_4)_3 \cdot nH_2O$）爲主成分
(C) 機械泡沫滅火劑以表面活性劑或水成膜爲主成分
(D) 機械泡沫滅火劑應加入適量之起泡劑、穩泡劑、增黏劑及防腐劑等

(D) 49. 實施泡沫噴頭外觀檢查，應進行之項目內容不包括以下哪一項目？
(A) 以目視確認外形有無變形、腐蝕、阻塞等
(B) 以目視確認泡沫頭周圍有無妨礙泡沫分布之障礙
(C) 確認有無因隔間變更而未加設泡沫頭，造成未警戒之部分
(D) 確認泡沫噴頭網孔大小及其發泡性能

(B) 50. 某停車空間泡沫滅火設備進行綜合檢查泡沫放射試驗時，如採水成膜泡沫液，其發泡倍率應達多少倍以上？
(A) 3 倍以上　(B) 5 倍以上　(C) 10 倍以上　(D) 20 倍以上

(C) 51. 測定泡沫滅火設備之合成界面活性劑中之低發泡的發泡倍率，其測定的必要器具，包括泡沫試料採集器 1 個、量秤 1 個與多少容量之泡沫試料容器 2 個？　(A) 100 mL　(B) 1000 mL　(C) 1400 mL　(D) 2000 mL

(D) 52. 泡沫滅火設備之高發泡放出口配置規定，下列敘述何者正確？

(A) 冠泡體積是指防護區域自樓地板面至高出防護對象最高點 0.8 m 所圍體積

(B) 防護對象位置距離樓地板面高度超過 3 m，且使用高發泡放出口時應爲全區放射方式

(C) 全區放射時高發泡放出口在防護區域內，樓地板面積每 300 m^2 至少設置一個

(D) 局部放射時高發泡放出口之泡沫水溶液放射量應爲防護面積每平方公尺每分鐘二公升以上

(A) 53. 採用水成膜泡沫液之泡沫噴頭依規定每平方公尺、每分鐘最低放射量爲何？　(A) 3.7 公升　(B) 6.5 公升　(C) 7.2 公升　(D) 8.0 公升

連結送水管歷屆考題

【申論題】

某建設公司擬蓋地上四十層地下三層鋼筋混凝土構造之防火建築物一棟，基地土地面積為 2000 m^2，建築物各層面積如下：地下各層樓地板面積各為 1200 m^2（長 50 m× 寬 24 m），高度各為 3.5 m，用途為：停車場、機房；地上第一層至第四十層：各層樓地板面積各為 1000 m^2（長 50 m× 寬 20 m），高度各為 4 m，用途各為：辦公室；屋頂突出物樓地板面積為 185 m^2，高度為 2.5 m，用途為：電梯機械室。於 2018 年 3 月 10 日向基地管轄之某縣市政府申請「建築物建造執照」，並於 2018 年 5 月 2 日審核通過並核發建照，其設置有消防專用蓄水池及濕式連結送水管，已知：連結送水管使用 150 毫米（mm）管徑，配管摩擦損失水頭為 28.5 m、落差高度為 100 m，試求：

一、中繼幫浦設計之目的為何？

二、中繼幫浦全揚程為多少公尺（m）以上？

三、中繼幫浦出水量每分鐘為多少公升以上？

四、中繼幫浦所需屋頂水箱及水源容量為多少立方公尺（m^3）以上？

五、消防專用蓄水池有效水量應為多少立方公尺（m^3）以上？其投入孔或採水口設置規定為何？（107 年消防設備師）

解

一、連結送水管之設置係考量樓層較高之建築物於消防搶救上，假使逐層延著室內梯布置水帶至火災層，耗費體力且耗時，且摩擦損失大，以致不切實際，故設計連結送水管，希望消防車延伸水線能將水儘速送至高層部，以有效射水。但樓層過高時，消防車幫浦加壓有限，爲使水線具備一定水壓，以使消防水能射至遠方，故於建築物內設置中繼幫浦，目的是將消防車之用水送至高層搶救位置，所以連結送水管之中繼幫浦之設置位置，應考慮國內消防車之車齡、送水揚程、四周環境、水帶（耐壓）等現實狀況，設置高度原則仍以 60 公尺爲限，方能確保發揮其功能。且中繼幫浦之全閉揚程與押入揚程合計在 170 公尺以上時，應增設幫浦使串聯運轉方能確保發揮其功能，以符合其中繼之意旨。

二、中繼幫浦全揚程

全揚程 = 消防水帶摩擦損失水頭 + 配管摩擦損失水頭 + 落差 + 放水壓力

依第 184 條規定消防水帶摩擦損失水頭爲四公尺。

幫浦全揚程：$H = 4m + 28.5m + 100m + 60m = 192.5\ m$

中繼幫浦全閉揚程：$H = 192.5 \times 120\% = 231\ m$

三、中繼幫浦出水量

依第 183 條規定中繼幫浦出水量在每分鐘二千四百公升以上

四、中繼幫浦所需屋頂水箱及水源容量爲多少立方公尺（m^3）以上？依第 183 條

規定中繼幫浦之屋頂水箱有零點五立方公尺以上容量，中繼水箱有二點五立方公尺以上

五、消防專用蓄水池有效水量

依第 185 條：消防專用蓄水池，依下列規定設置：

蓄水池有效水量應符合下列規定設置：

1. 依第二十七條第一款及第三款設置者，其第一層及第二層樓地板面積合計後，每七千五百平方公尺（包括未滿）設置二十立方公尺以上。
2. 依第二十七條第二款設置者，其總樓地板面積每一萬二千五百平方公尺（包括未滿）設置二十立方公尺以上。

本棟屬第二十七條第二款設置場所，因此總樓地板面積

$40 \times 1000 + 185 + 1200 \times 3 = 43785\ m^2$

$43785 \div 12500 = 3.5$（包括未滿，故為 4）

$20\ m^3 \times 4 = 80\ m^3$

六、投入孔或採水口設置規定

依第 185 條：依下列規定設置投入孔或採水口。

1. 投入孔為邊長六十公分以上之正方形或直徑六十公分以上之圓孔，並設鐵蓋保護之。水量未滿八十立方公尺者，設一個以上；八十立方公尺以上者，設二個以上。
2. 採水口為口徑七十五毫米，並接裝陰式螺牙。水量二十立方公尺以上，設一個以上；四十立方公尺以上至一百二十立方公尺未滿，設二個以上；一百二十立方公尺以上，設三個以上。採水口配管口徑至少八十毫米以上，距離基地地面之高度在一公尺以下零點五公尺以上。

前項有效水量，指蓄水池深度在基地地面下四點五公尺範圍內之水量。但採機械方式引水時，不在此限。

【選擇題】

(D) 1. 消防搶救上之必要設備中，連結送水管之送水口設置，下列敘述何者錯誤？

(A) 送水口為雙口形，接裝口徑六十三公厘陰式快速接頭
(B) 距基地地面之高度在一公尺以下 點五公尺以上
(C) 標明連結送水管送水口字樣
(D) 送水口在其附近便於檢查確認處，裝設測試用出水口

(D) 2. 高度超過六十公尺之建築物者，連結送水管採用之中繼幫浦出水量最低限制為每分鐘多少公升？

(A) 1,600 公升　(B) 1,800 公升　(C) 2,000 公升　(D) 2,400 公升

(B) 3. 某建築物樓高 7 層，設置連結送水管設備，若配管摩擦損失水頭為 9m，落差為 21m，其送水設計壓力不得小於多少？

(A) 9.0 kgf/cm^2　(B) 9.4 kgf/cm^2　(C) 10.4 kgf/cm^2　(D) 11.4 kgf/cm^2

(B)　4. 連結送水管之中繼幫浦放水測試時，應從送水口以送水設計壓力送水，並以口徑二十一公厘瞄子在最頂層測試，其放水壓力不得小於每平方公分多少公斤？且放水量不得小於每分鐘多少公升？
(A) 每平方公分八公斤；每分鐘六百公升
(B) 每平方公分六公斤；每分鐘六百公升
(C) 每平方公分八公斤；每分鐘八百公升
(D) 每平方公分六公斤；每分鐘八百公升

泡沫送水口照片

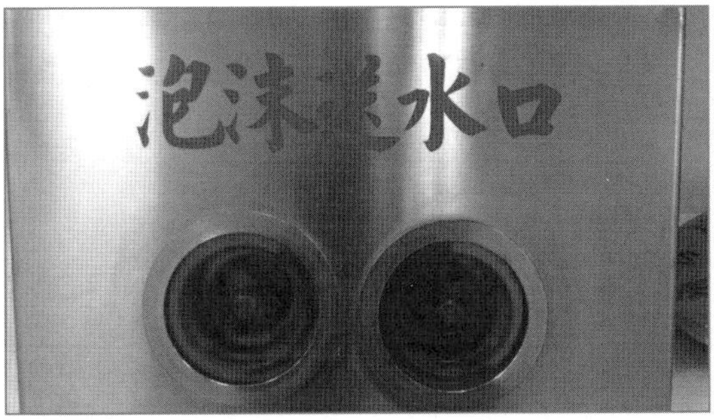

消防送水口照片

消防專用蓄水池歷屆考題

(D) 1. 消防專用蓄水池依規定設置之投入孔尺寸，應爲邊長 A 公分以上之正方形或直徑 B 公分以上之圓孔。下列 A，B 何者正確？
(A) A = 50，B = 60　(B) A = 60，B = 50
(C) A = 50，B = 50　(D) A = 60，B = 60

(B) 2. 任一消防專用蓄水池至建築物各部分之水平距離，應在多少公尺以下？
(A) 五十　(B) 一百　(C) 一百五十　(D) 二百

(B) 3. 有一 15 層樓高之建築物樓高共 60 m，總樓地板面積爲 50000 m^2，其消防專用蓄水池之有效水量爲何？
(A) 60 m^3　(B) 80 m^3　(C) 100 m^3　(D) 120 m^3

(B) 4. 依據各類場所消防安全設備設置標準之規定，消防專用蓄水池之設置，下列何者錯誤？
(A) 有進水管投入後，能有效抽取所需水量之構造
(B) 應設於消防車能接近至其 5 公尺範圍內，易於抽取處
(C) 任一消防專用蓄水池至建築物各部分之水平距離不得超過 100 公尺
(D) 其有效水量在 20 立方公尺以上

(C) 5. 某一建築物高度超過 31 公尺，當總樓地板面積達到多少以上時，應設置消防專用蓄水池：
(A) 15000 平方公尺　(B) 20000 平方公尺
(C) 25000 平方公尺　(D) 30000 平方公尺

Note

冷卻撒水設備歷屆考題

【申論題】

依據「各類場所消防安全設備設置標準」，試說明可燃性高壓氣體場所、加氣站、天然氣儲槽及可燃性高壓氣體儲槽之 卻撒水設備，應依哪些規定設置？

解

第 229 條　可燃性高壓氣體場所、加氣站、天然氣儲槽及可燃性高壓氣體儲槽之冷卻撒水設備，依下列規定設置：

1. 撒水管使用撒水噴頭或配管穿孔方式，對防護對象均勻撒水。
2. 使用配管穿孔方式者，符合 CNS 12854 之規定，孔徑 ≥ 4mm。
3. 撒水量爲防護面積 ≥ 5L/min.m^2。但以厚度 ≥ 25mm 之岩棉或同等以上防火性能之隔熱材被覆，外側以厚度≥ 0.3mm 符合 CNS1244 規定之鋅鐵板或具有同等以上強度及防火性能之材料被覆者，得將其撒水量減半。
4. 水源容量在加壓送水裝置連續撒水≥ 30min 水量。
5. 構造及手動啓動裝置準用第 216 條之規定。

【選擇題】

(D) 1. 公共危險物品室外儲槽場所之冷卻撒水設備如以幫浦方式進行加壓時，實際測得之放射量除以該冷卻撒水噴頭（噴孔）所防護儲槽側壁面積應在多少以上？

(A) 1.0 L/min m^2　(B) 1.2 L/min m^2　(C) 1.75 L/min m^2　(D) 2.0 L/min m^2

(B) 2. 室內、室外儲槽儲存閃火點在 70℃以下之第四類公共危險物品之顯著滅火困難場所，依規定設置 卻撒水設備，其撒水量按槽壁總防護面積每平方公尺每分鐘爲多少公升（L/min · m^2）以上計算之？

(A) 1　(B) 2　(C) 3　(D) 4

(D) 3. 可燃性高壓氣體場所、加氣站、天然氣儲槽及可燃性高壓氣體儲槽之射水設備，下列規定何者錯誤？

(A) 室外消防栓應設置於屋外，且具備消防水帶箱

(B) 全部射水設備同時使用時，各射水設備放水壓力在每平方公分 3.5 公斤以上或 0.35 MPa 以上

(C) 放水量在每分鐘 450 公升以上。但全部射水設備數量超過二支時，以同時使用二支計算之

(D) 射水設備之水源容量，在二具射水設備同時放水 20 分鐘之水量以上

(D) 4. 可燃性高壓氣體製造場所、加氣站、天然氣儲槽及可燃性高壓氣體儲槽之防護設備分類中，下列哪一項設備不屬於射水設備？

(A) 移動式射水槍　(B) 固定式射水槍　(C) 室外消防栓　(D) 室內消防栓

第2章
化學系統消防安全設備

2-1 滅火劑適用——火災學原理

選擇滅火藥劑考量因素項目

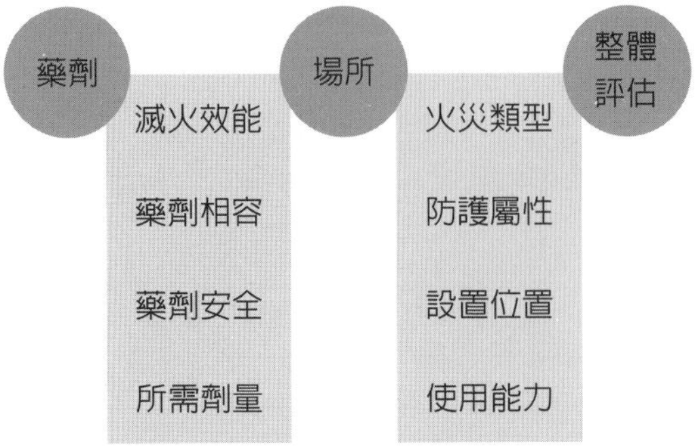

項目		內容	
滅火藥劑	滅火效能	1. 滅火效能值（Extinguisher Ratings）是測試滅火器是否能有效和安全地滅火。效能值也提供滅火器所能控制火災規模之一種指標。 2. A 類火災滅火效能值等級，從 1A 至 40A；如一個 4A 能控制火災比 2A 滅火器約 2 倍大。B 類滅火效能值等級從 1B 至 640B；如一個 10B 滅火器能撲滅約 $0.9m^2$ 漏油火災面積。 3. 在美國 A 類滅火器之火災測試，是使用木材和木刨片（Excelsior）進行。而 B 類滅火器使用正庚烷（N-Heptane）液體兩吋深度油盤火災，進行測試。C 類火災之滅火器是沒有滅火效能值；D 類滅火器是特定可燃金屬火災之試驗值。	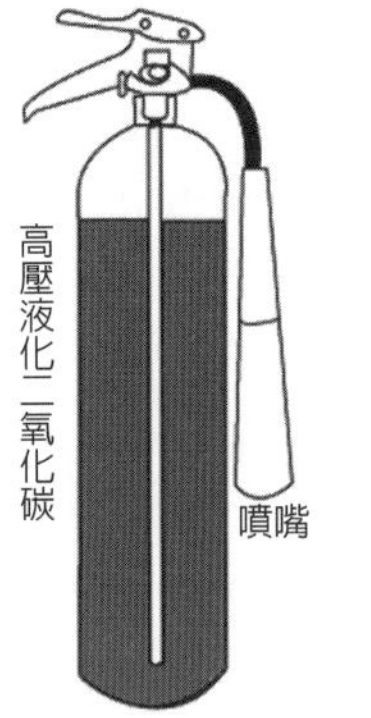
	藥劑相容	藥劑相容性（Agent Compatibility）是滅火器選擇之另一考慮因素；如所防護區域中含有甲乙基酮、極性溶劑，一般泡沫劑是不會有效的。  圖：極性溶劑火災使用一般泡沫劑是無效的	
	藥劑安全	1. 滅火藥劑可能產生分解蒸汽，藥劑製造商提供警告標籤。然而，有時危險不在於滅火器，而在其使用的區域。 2. 於 B 類火災使用泡水類型時，火勢可能受水影響，產生火焰突然躍起造成人員傷害；如果水基滅火器使用在帶電附近，可能使人員觸電。	

項目		內容
滅火藥劑		3. 雖然 CO_2 本身不具毒性，如果 CO_2 使用在不通風區域，會使人員變得無意識。此外，在釋放 CO_2 時冷凝水蒸汽的形成，也可能造成人員迷失方向（Disoriented）。 4. 乾粉滅火器沒有毒性，但釋放呼吸一段長時間，刺激性可令人不適。磷酸單銨是較具刺激性，其次是鉀基乾粉，而碳酸氫鈉則較少。乾粉劑都是非導電性、釋放後沉積在電氣接點會隔絕電氣；如果附近有空調也會造成堵塞作用。 5. 多用途乾粉（單銨磷酸基）為酸性，如以少量水混合會腐蝕金屬。 6. 滅火器初始釋放具有較大沖力，如果是近距離的易燃液體或油脂火災，可能造成噴濺擴大現象。 7. 幾乎每一場火災生成物皆有毒，直到火勢被撲滅，該區域應有良好的通風，不要停留該區域，或應配戴防護呼吸器。 
滅火藥劑	所需劑量	為防護實驗室區域一品脫（Pint）[註解 1]量的易燃液體火災，所選擇滅火器將只需控制局限火災之效能值即可。如果要防護 1.2 × 2.4 m 油筒（Dip Tank），需要一個更大滅火效能值。 
場所特性	火災類型	識別滅火器能適合火災類型，如一個存放紙張的商品倉庫，清水型（Water-Type）滅火器將比一個多用途乾粉更合適。因乾粉在 A 類所形成深層火災（Deep-Seated Fires），並不具有水之滲透力。 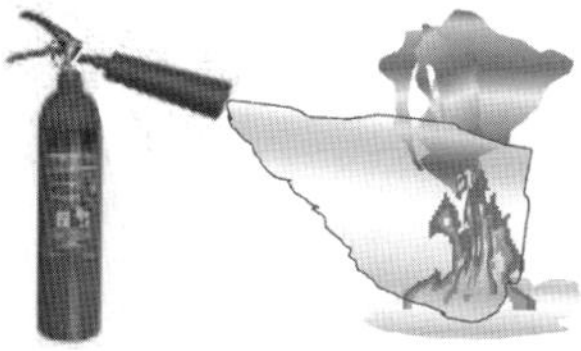

[註解 1] 品脫（pint）= 0.47 公升

<table>
<tr><th colspan="2">項目</th><th>內容</th></tr>
<tr><td rowspan="3">場所特性</td><td>防護屬性</td><td>滅火器防護屬性，如乾粉滅火器通常能提供易燃液體火災的最迅速控制，如果區域中存在電子設備，乾粉所留下殘餘物，會導致比火災更大的危害；因此，CO_2 或者任何海龍替代品將是更有效的藥劑。但也可能出現相反，在所防護戶外區域如碼頭，乾粉比 CO_2 受風影響會較小。</td></tr>
<tr><td>設置位置</td><td>1. 在放置滅火器之位置必須考慮環境影響。使用水和泡沫滅火，會受到天氣下雪區域影響。而風與瞬間氣流將對任何氣態滅火藥劑產生絕對影響；如 CO_2 特別難以在有風的條件下使用。
2. 滅火器閥頭通常使用鋁和黃銅材質，而腐蝕性環境應選擇黃銅。而噴出滅火藥劑反應性和污染也須考慮，因一些滅火劑可與某些材料發生不良反應。如食品加工區不當使用乾粉滅火劑，而使用 CO_2 則較不會污染。
3. 在一有限空間使用某些滅火劑，可能存在的危險，如 CO_2 即是。而海龍替代品受熱會分解毒性產物，對人體具危害性。

圖：碼頭季節風會影響滅火器效能</td></tr>
<tr><td>人員能力</td><td>1. 有受過訓練人員使用滅火器，是首要考慮因素。滅火器的大小和能力，在未經訓練的操作人員，提供一種安全的假象。
2. 撲滅較大的火災，需要較多的訓練。操作人員沒有足夠的訓練，不應從事滅火行動。未受過訓練人員可能受到身體或精神的限制，將無法發揮滅火器之應有滅火效能。
</td></tr>
<tr><td colspan="2">整體評估</td><td>1. 滅火器防護成本，是取決於所欲達成保護目標價值。改善滅火器設置成本，選擇的方法是評估防護對象物為一整體，而不是單獨區域。此種決定必須基於是否能滿足最低安全的要求。滅火器成本應在滅火器壽命與維修費用（重新充填）進行評估，而不是僅根據最初購買價格。例如碳酸氫鉀是比普通乾粉更貴，但需有效防護易燃液體規模，此額外的費用是合理的。
2. 選擇滅火器大小會影響初始成本。很多小型的成本，會高於同類型較少數量之大單位滅火器。實際上所有火災一開始是較小的，如能立即使用合適、數量充足的滅火劑，便不難撲滅。手提式滅火器就是為此目的而設計的，但滅火器撲救火災的成效還有賴於下列條件：
(1) 合適位置
(2) 合適類型
(3) 初期火災
火災必須及時發現，此時火勢尚小，滅火器才能有效地加以控制。</td></tr>
</table>

項目	內容
	(4) 有能力人員 發現火勢人員必須有準備、有意願、有能力人員來使用滅火器。 滅火器是防止火勢失去控制的第一道防線。因此，不管是否已採取其他消防措施，滅火器均應配置。

手提滅火器是防止火勢失控第一道防線

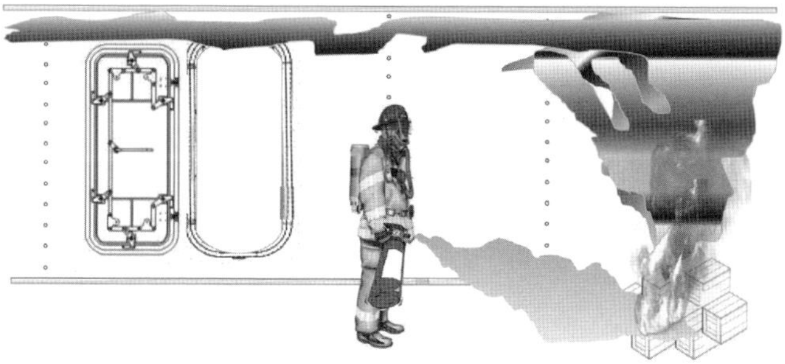

初期火災使用手提滅火器要領

手提滅火器使用 -PASS

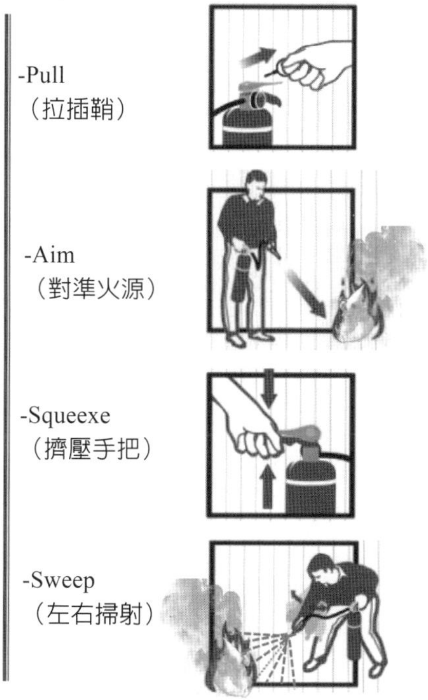

2-2 滅火器

設置目的	手提滅火器是火災初起階段，由人員快速移動使用，以達到火勢壓制之目的。
組成構件	滅火藥劑或高壓氣體及紅底白字標明滅火器字樣之標識。

一、應設場所（§ 14, § 31）

類別	目別	場所	樓地板面積	地下層或無開口	滅火效能值
	1	電影片映演場所（戲院、電影院）、歌廳、舞廳、夜總會、俱樂部、理容院（觀光理髮、視聽理容等）、指壓按摩場所、錄影節目帶播映場所（MTV 等）、視聽歌唱場所（KTV 等）、酒家、酒吧、酒店（廊）			
	2	保齡球館、撞球場、集會堂、健身休閒中心（含提供指壓、三溫暖等設施之美容瘦身場所）、室內螢幕式高爾夫練習場、遊藝場所、電子遊戲場、資訊休閒場所			
	3	觀光旅館、飯店、旅館、招待所（限有寢室客房者）			
	4	商場、市場、百貨商場、超級市場、零售市場、展覽場			
甲	5	餐廳、飲食店、咖啡廳、茶藝館	≧ 0		< 100m²
	6	醫院、療養院、榮譽國民之家、長期照顧服務機構（限機構住宿式、社區式之建築物使用類組非屬 H-2 之日間照顧、團體家屋及小規模多機能）、老人福利機構（限長期照護型、養護型、失智照顧型長期照顧機構、安養機構）、兒童及少 福利機構（限托嬰中心、早期療育機構、有收容未滿二歲兒童之安置及教養機構）、護理機構（限一般護理之家、精神護理之家、產後護理機構）、身心障礙福利機構（限供住宿養護、日間服務、臨時及短期照顧者）、身心障礙者職業訓練機構（限提供住宿或使用特殊機具者）、啟明、啟智、啟聰等特殊學校		≧ 50 m²	
	7	三溫暖、公共浴室			
	1	車站、飛機場大廈、候船室			
	2	期貨經紀業、證券交易所、金融機構			
乙	3	學校教室、兒童課後照顧服務中心、補習班、訓練班、K 書中心、前款第六目以外之兒童及少 福利機構（限安置及教養機構）及身心障礙者職業訓練機構	≧ 150 m²		< 200m²

類別	目別	場所	樓地板面積	地下層或無開口	滅火效能值
	4	圖書館、博物館、美術館、陳列館、史蹟資料館、紀念館及其他類似場所	≧ 150 m^2	≧ 50 m^2	< 200m^2
	5	寺廟、宗祠、教堂、供存放骨灰（骸）之納骨堂（塔）及其他類似場所			
	6	辦公室、靶場、診所、長期照顧服務機構（限社區式建築物使用類組屬 H-2 之日間照顧、團體家屋及小規模多機能）、日間型精神復健機構、兒童及少年心理輔導或家庭諮詢機構、身心障礙者就業服務機構、老人文康機構、前款第六目以外之老人服務機構及身心障礙福利機構			
	7	集合住宅、寄宿舍、住宿型精神復健機構			
	8	體育館、活動中心			
	9	室內溜冰場、室內游泳池			
	10	電影攝影場、電視播送場			
	11	倉庫、傢俱展示販售場			
	12	幼兒園	≧ 0		
丙	1	電信機器室	≧ 150 m^2		
	2	汽車修護廠、飛機修理廠、飛機庫			
	3	室內停車場、建築物依法附設之室內停車空間			
丁	1	高度危險工作場所			
	2	中度危險工作場所			
	3	低度危險工作場所			
戊	1	複合用途建築物中，有供甲類用途者			< 100m^2 設一滅火效能值
	2	前目以外供乙至丁類用途之複合用途建築物			
	3	地下建築物	總樓地板≧ 0		
其他		放映室或變壓器、配電盤及類似電氣設備場所			設一具滅火器 < 100m^2 設一具滅火器
		公共危險物品電氣設備場所（§204）			< 100m^2 設一具第 5 種滅火設備
		鍋爐房、廚房等大量使用火源場所			< 25m^2 設一滅火效能值

註：
1. 符號 ≥ 為以上（含本數）；符號 < 為小於（不含本數）；符號 ≤ 為以下或以內（含本數）。
2. 符號 § 表示「各類場所消防安全設備設置標準」第幾條條文。

二、設置規定

項目	內容
數量	設滅火器樓層，自樓面居室任一點至滅火器步行距離 ≤ 20m。
標識	固定放置於取用方便之明顯處所，並設有長邊 ≥ 24cm 短邊 ≥ 8cm，以紅底白字標明滅火器字樣之標識。

手提乾粉滅火器組成（圖左）；滅火效能值 A-3,B-10,C（圖右）

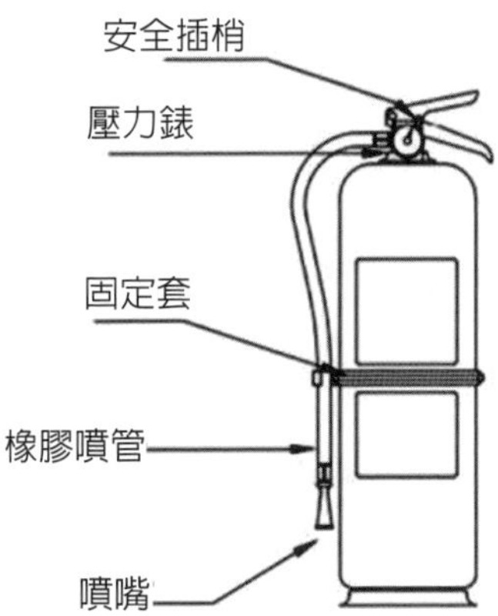

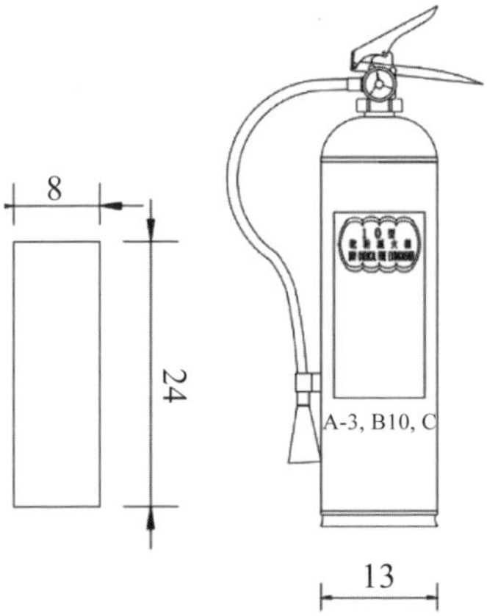

手提滅火設備標明滅火器字樣之標識

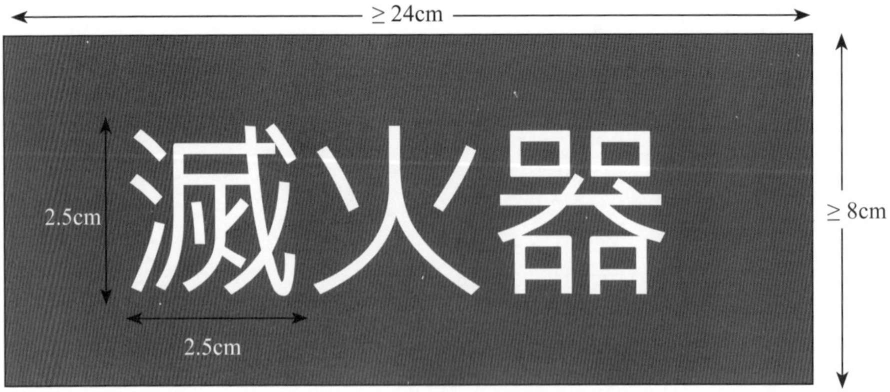

手提滅火設備裝置高度與防護距離

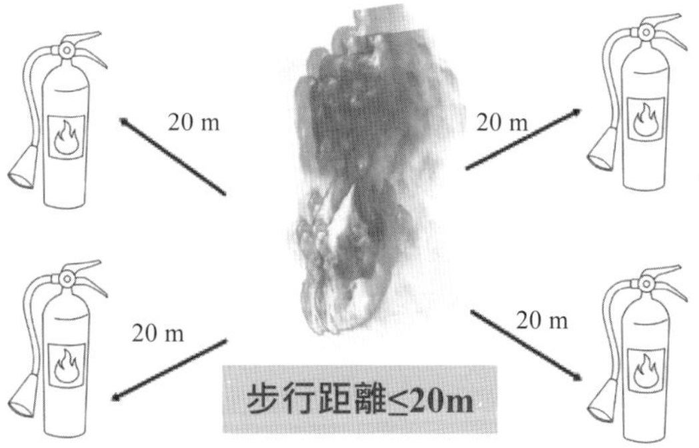

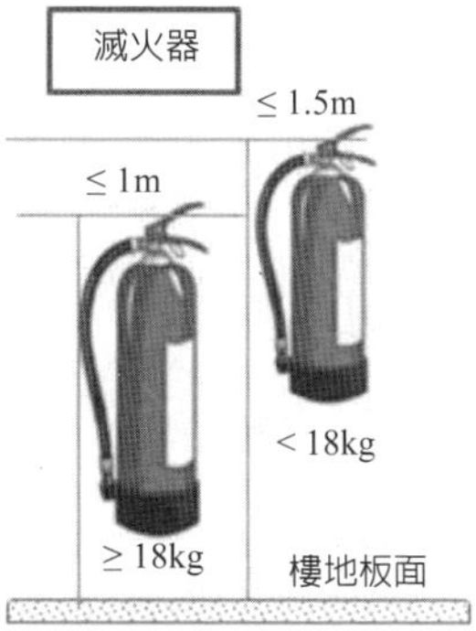

剖開手提乾粉滅火器照片

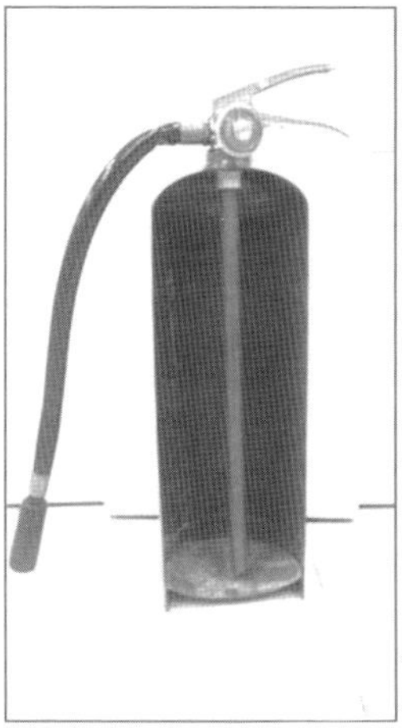

大型滅火器照片

大型滅火器滅火劑量

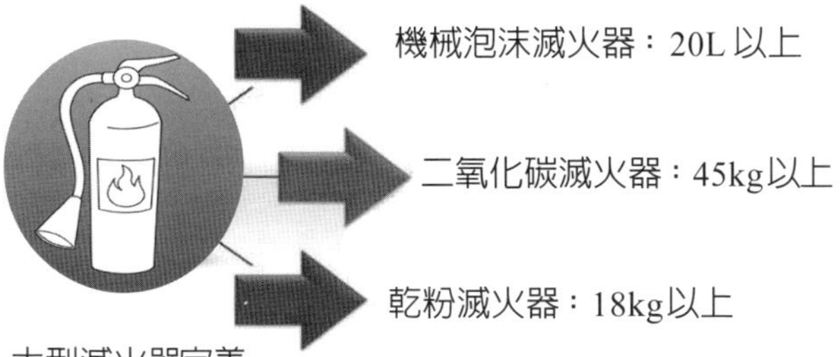

大型滅火器定義

2-3 簡易自動滅火設備

設置目的	一定規模以上（樓地板面積 ≥ $300m^2$）之餐廳，有一定收容人數及用火規模，而廚房用火之排油煙管及煙罩，易累積覆著油脂，在爐火之火舌易引燃油脂，導致火勢沿著管內向外延伸，而難以有效滅火之窘境。因此，考量排油煙管斷面積、警戒長度及風速，配置感知元件及噴頭，以一定放射量來達到有效滅火之目的。
組成構件	由感知元件、噴頭、啓動裝置、連動閉鎖閘門、儲存藥劑鋼瓶及加壓氣體鋼瓶等構成。

應設簡易自動滅火設備之規定

項目	內容		設置標準
應設場所	樓地板面積 ≥ $300m^2$ 之餐廳或供榮譽國民之家、長期照顧服務機構（限機構住宿式、社區式之建築物使用類組非屬 H-2 之日間照顧、團體家屋及小規模多機能）、老人福利機構（限長期照護型、養護型、失智照顧型之長期照顧機構、安養機構）、護理機構（限一般護理之家、精神護理之家）、身心障礙福利機構（限照顧植物人、失智症、重癱、長期臥床或身心功能退化者）樓地板面積合計 ≥ $500m^2$，其廚房排油煙管及煙罩應設簡易自動滅火設備。	但已設有水霧、泡沫、乾粉、二氧化碳滅火設備者，得免設。	§ 18
數量及放射量	視排油煙管之斷面積、警戒長度及風速，配置感知元件及噴頭，其設置數量、位置及放射量，應能有效滅火。	警戒長度指煙罩與排油煙管接合處往內 5m。	§ 31
啓動及閉鎖裝置	排油煙管內風速 ≥ 5m/sec，應在警戒長度外側設置放出藥劑之啓動裝置及連動閉鎖閘門。	但不設閘門能有效滅火時不在此限。	
有效射程	噴頭之有效射程內，應涵蓋煙罩及排油煙管，且所設位置不得因藥劑之放射使可燃物有飛散之虞。		
一齊放射	防護範圍內之噴頭，應一齊放射。		
儲存溫度	儲存鋼瓶及加壓氣體鋼瓶設置於 <40°C位置。		

註：
1. 符號 ≥ 為以上（含本數）；符號 < 為小於（不含本數）；符號 ≤ 為以下或以內（含本數）。
2. 符號 § 表「各類場所消防安全設備設置標準」第幾條條文。

簡易自動滅火設備警戒長度

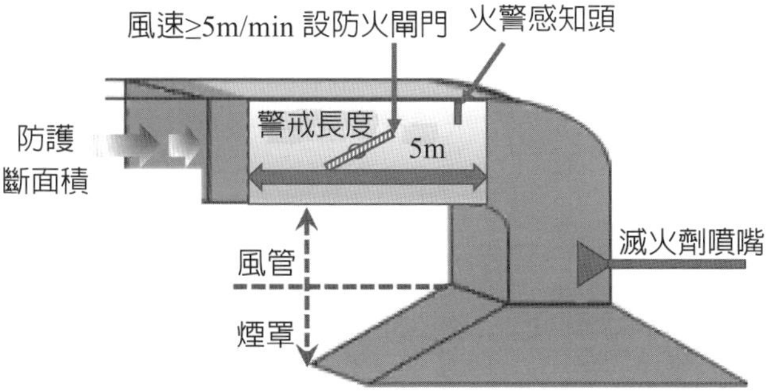

（參考神戶市消防用設備等技術基準，平成 28 年）

簡易自動滅火設備組成構件示意圖

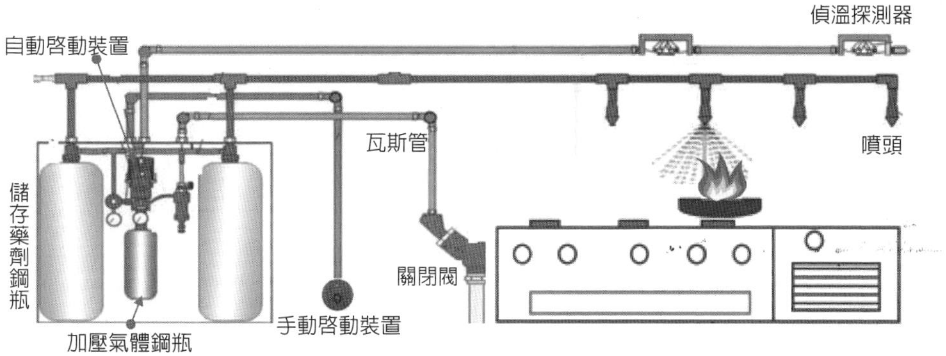

簡易自動滅火設備消防工程設計例

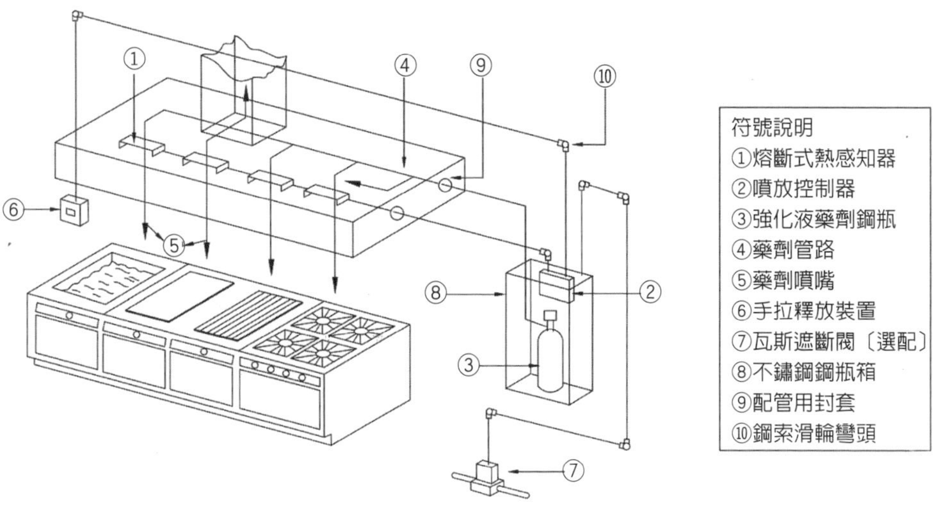

2-4 第四種及第五種滅火設備

第四種滅火設備：指大型滅火器，亦即滅火效能值 A10 與 B20。

第五種滅火設備：指滅火器、水桶、水槽、乾燥砂、膨脹蛭石或膨脹珍珠岩。

項目		內容		設置標準
顯著滅火困難場所	製造及一般處理場所儲存或處理高閃火點物品之操作溫度 <100°C	設置第 4 種及第 5 種滅火設備	但設置第 1 種、第 2 種或第 3 種滅火設備之有效範圍內，得免設第 4 種滅火設備	§ 201
	儲存第 4 類公共危險物品之室外儲槽場所或室內儲槽場所	設置第 5 種滅火設備 ≥ 2 具		
	室內加油站	設置第 5 種滅火設備		
一般滅火困難場所	室內及室外儲槽場所	設置第 4 種及第 5 種滅火設備各 ≥ 1 具	但設置第 1 種、第 2 種或第 3 種滅火設備之有效範圍內，得免設第 4 種滅火設備	§ 202
其他滅火困難場所		應設置第 5 種滅火設備	但該場所已設置第 1～4 種滅火設備之一時，在該設備有效防護範圍內，其滅火效能值得減至 1/5 以上。	
	地下儲槽場所	設置第 5 種滅火設備 ≥ 2 具		§ 203

公共危險品場所滅火效能值之規定

項目			內容	設置標準
公共危險物品	製造或處理場所	外牆為防火構造者	總樓地板面積 ≤ 100m^2 有一滅火效能值	§ 199
		外牆為非防火構造者	總樓地板面積 ≤ 50m^2 有一滅火效能值	
	儲存場所	外牆為防火構造者	總樓地板面積 ≤ 150m^2 有一滅火效能值	
		外牆為非防火構造者	總樓地板面積 ≤ 75m^2 有一滅火效能值	
	製造、儲存或處理場所	室外具有連帶使用關係附屬設施，以該設施為樓地板面積，準用外牆為防火構造者	核算其滅火效能值	
	每達管制量 ≤ 10 倍		為 1 滅火效能值	
	每 3 個 8 L 水桶		為 1 滅火效能值	§ 200
	每 80 L 水槽		為 1.5 滅火效能值	
	每 50 L 乾燥砂		為 0.5 滅火效能值	
	每 160 L 膨脹蛭石或膨脹珍珠岩		為 1 滅火效能值	

<table>
<tr><th colspan="2">項目</th><th>設置第四種及第五種滅火設備</th></tr>
<tr><td rowspan="3">顯著滅火困難場所</td><td>
製造及一般處理場所儲存或處理高閃火點物品之操作溫度 <100˚C</td><td>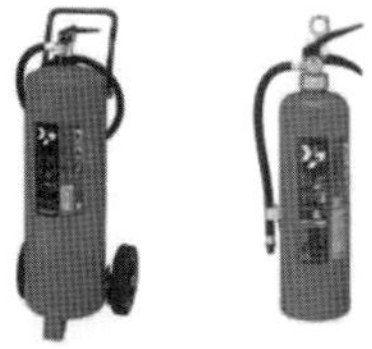
大型滅火器　小型滅火器</td></tr>
<tr><td>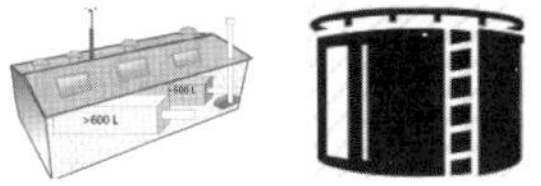
儲存第 4 類公共危險物品之室外儲槽場所或室內儲槽場所</td><td>
小型滅火器　小型滅火器</td></tr>
<tr><td>
室內加油站</td><td>
小型滅火器</td></tr>
<tr><td>一般滅火困難場所</td><td>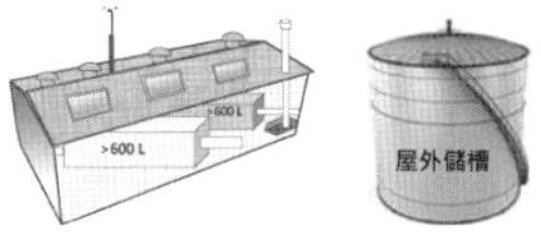

室內及室外儲槽場所</td><td>
大型滅火器　小型滅火器</td></tr>
<tr><td rowspan="2">其他滅火困難場所</td><td>其他場所</td><td>
小型滅火器</td></tr>
<tr><td>

地下儲槽場所</td><td>
小型滅火器　小型滅火器</td></tr>
</table>

2-5 二氧化碳滅火設備——火災學原理

CO_2用於滅火已有很長的歷史，本身具有許多特性，使其成爲一種理想的滅火劑。它不與大多數物質發生反應，且本身能提供壓力從儲存容器中直接釋放出。由於CO_2是一種乾淨的氣體，密度爲1.96 g/L（0℃, 1atm）[註解2]，則1kg CO_2體積爲0.53 m^3（0℃, 1atm）。無論CO_2爲氣體或爲固體之乾冰皆不導電；因此，可以在電氣設備中使用，不會留下殘留物，爲一種良好的滅火設備。

一、CO_2滅火劑物理特性

項目		內容
釋放特性	形成氣霧	1. 液態CO_2釋放，由於瞬間蒸氣中帶有非常細的乾冰，而呈現白雲霧狀外觀。由於低溫，一些水蒸氣會從大氣中凝結，產生額外氣霧，這種氣霧會繼續存在一段時間。 2. 對溫度極為敏感的設備，CO_2要避免強射流之直接噴射方式。
累積靜電	必須接地	1. CO_2自管口高速噴均不會帶電，但含有粉塵或霧滴，則可明顯帶電。 2. 從以往著火案例，顯示容器內部鐵鏽粉末，隨著噴出氣體接觸容器壁急速流出帶電所致。為了防止人員觸電危險，或靜電放電於潛在爆炸環境。所有釋放噴嘴必須接地。
蒸氣密度	稀釋氧氣	相同溫度下CO_2氣體是空氣密度1.5倍。冷的CO_2有較大的密度，這就是能覆著燃燒表面，保持窒息性原因。因任何CO_2和空氣混合物都比空氣重，所以含CO_2濃度最高的氣層沉在最下部位。
生理效應	安全措施	空氣中最小CO_2滅火濃度遠超過9%，每一CO_2滅火系統必須設計到足夠的安全預防措施。在釋放過程所產生乾冰能讓人體凍傷。由於極低的溫度，工作人員應被警告不要釋放後處理殘留的乾冰；必須隔一段長時間方能進入。

二、CO_2物理三態

CO_2爲一種物理性滅火機制，是空氣中常見的化合物，由兩個氧原子與一個碳原子共價鍵連接而成，是一種無色、無味、非導電性的氣體，密度約1.98 kg/m^3、分子量44，比空氣重1.5倍。

$$CO_2 + H_2O \rightarrow H_2CO_3$$

CO_2於常溫下壓力約75kg/cm^2即可液化，於−78.51℃時昇華成固態CO_2（乾冰）（下圖中C點），在圖中A點時溫度及壓力，都大於其臨界溫度及臨界壓力時，液體和氣體間無明顯界面，形成既非氣相也非液相另一種均勻相，爲超臨界流體。

[註解2] CO_2密度於0°C，1atm為$\frac{44g}{22.4L}$ = 1.96 g/L，於25°C，1atm為$\frac{44g}{24.5L}$ = 1.80 g/L

CO_2 呈現三態特性圖

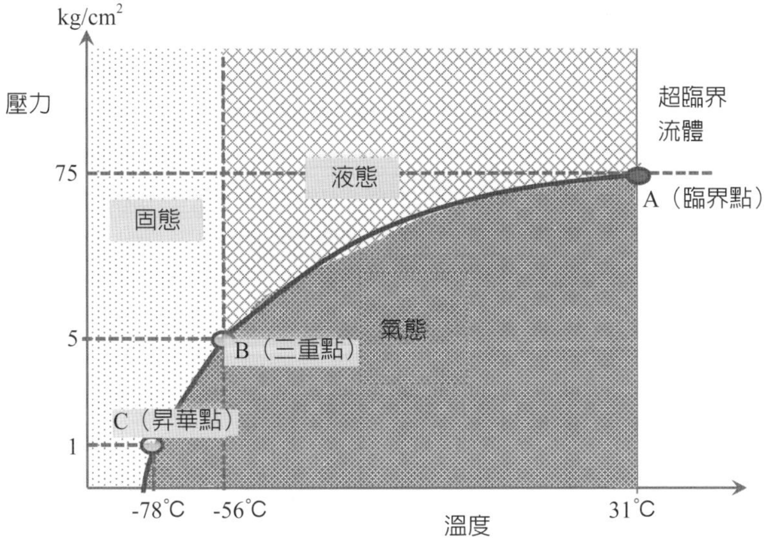

三、CO_2滅火特性

滅火主要機制是使空氣中氧含量減少到不再支持燃燒的程度，以達到窒息作用。當 CO_2 直接用於正在燃燒中的物質時，CO_2 冷卻作用僅相對較小的。

項目		內容
稀釋氧氣滅火	減緩氧化速率	在任何火災中，熱量是由可燃物快速氧化所產生的。這種熱量的一部分用以提升燃料溫度至其起火點，而大部分則透過輻射和對流而散失，特別是表面燃燒（Surface Burning）的物質。CO_2 能大量稀釋空氣中氧氣至火勢，產生熱量獲得速率就減慢，直到其低於熱量損失速率。當燃料冷卻至起火溫度以下時，火勢就衰退至熄滅為止。如是全區應用時，能迅速稀釋空間內氧氣濃度，達到火勢無法繼續氧化之目的。
冷卻滅火	避免復燃	雖 CO_2 釋放溫度能接近 −79°C，如等重水冷卻能力比較，CO_2 算是相當小的。在低壓儲存液態 1 磅的 CO_2 潛熱，約 120 BTU。以局部應用 CO_2 直接噴射至燃燒物質（如液體槽），冷卻效果是較明顯的。在噴放射流中存在乾冰粒子能幫助冷卻燃料，從而防止噴射後燃料區再度復燃。

四、CO_2濃度對人體影響

CO_2濃度	對人體的影響
0.036%	空氣中的一般濃度。
0.5%	職業健康之容許濃度（每日 8 小時工作場所）。
3%	呼吸困難、頭痛、噁心、虛弱的麻醉性質，伴有視力下降，血壓和脈率的減少。

CO_2濃度	對人體的影響
4%	激烈頭疼。
5%	約 30 分鐘後，出前頭痛、頭暈、冒汗徵兆。
8%	頭暈、陷入昏迷。
9%	血壓失衡、充血、約 4 小時死亡。
15～20%	嚴重視力障礙、驚厥、呼吸變強、血壓升高、意識喪失。
25～30%	中樞神經受損嚴重、昏迷、抽搐，數小時後死亡。

五、CO_2滅火使用局限性

在 A 類火災使用 CO_2 受到某些相對的限制。

項目		內容
冷卻不佳		CO_2 噴射出乾冰粒子不如水一樣，僅具相對低冷卻能力，無法潤濕或進行滲透。
不能維持		覆蓋不能保留其滅火濃度。
釋放時間長	深層火災	深層火災由於較厚燃料質量體能提供一層隔熱，以致減緩熱損失速率，而難以熄滅，釋放時間須長。
	高溫金屬或悶燒火災	高溫金屬或熾熱含碳素物餘燼時，要完全撲滅，就需更高 CO_2 濃度和更長的釋放及保留時間。
滅火無效	含氧物質火災	硝酸纖維素等本身含有氧化學火災，CO_2 不是有效的。
	對活性或氫化金屬火災	鈉、鉀、鎂、鈦、鋯等活性和氫化金屬火災，這些金屬和氫化物能使 CO_2 分解。
安全考量	人員空間	全區放射 CO_2 必須確保在 CO_2 釋放前人員安全疏散。
	低能見度	CO_2 釋放開始所產生噪音、氣霧大幅降低能見度以及 CO_2 濃度可能使人員生理效應，產生混淆使人員逃生困難。
	難以察覺	漏入或流入地下或坑洞等空間，人員往往覺察不到窒息性氣體存在。

二氧化碳滅火設備儲存鋼瓶容器閥安全裝置

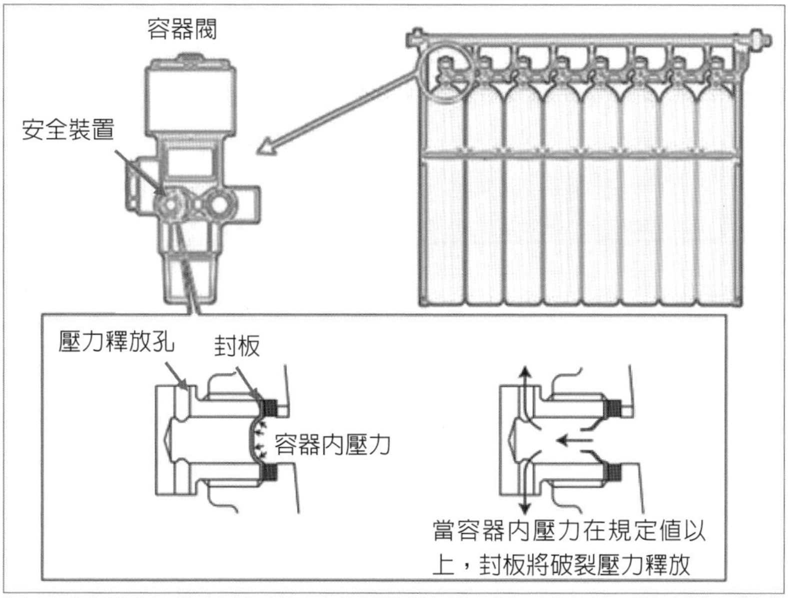

（SAITAMA 市消防局，平成 28 年）

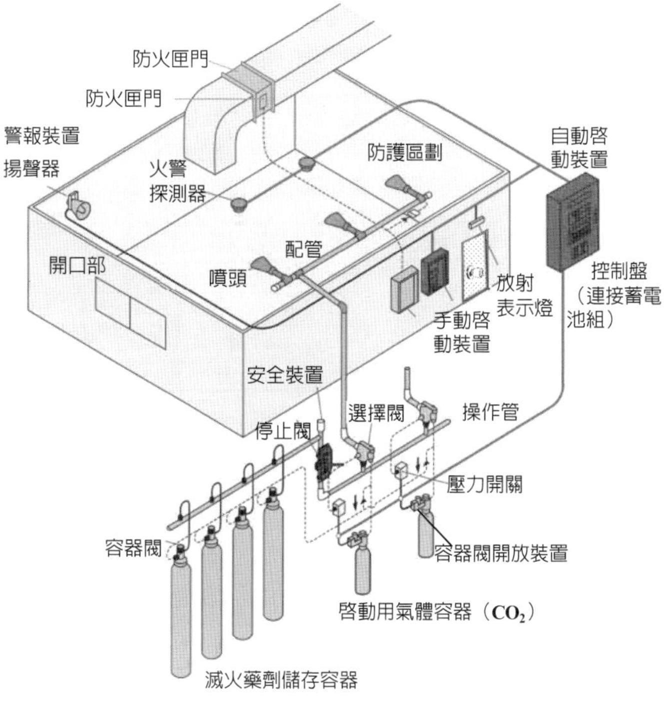

2-6 二氧化碳滅火設備——目的與構成

一、目的與構成

設置目的	CO_2 滅火設備集氣體及安全裝置之一種滅火系統。當火災發生時，由噴頭放射出不活性氣體，遮斷空氣供給，稀釋氧氣濃度達到窒息效果，使區域內燃燒停止目的之設備。
組成構件	由儲存容器、噴頭、控制盤、起動裝置、音響警報、配管、電源（含緊急電源）、火警感知器、放射表示燈、配線及標示所構成。

二、應設置場所（§ 18）

第 18 條　下表所列之場所，應就水霧、泡沫、乾粉、二氧化碳滅火設備等選擇設置之。但外牆開口面積（常時開放部分）達該層樓地板面積 ≥ 15% 者，上列滅火設備得採移動式設置。

<table>
<tr><th>項目</th><th>應設場所</th><th>樓地板面積</th><th>水霧</th><th>泡沫</th><th>二氧化碳</th><th>乾粉</th></tr>
<tr><td>一</td><td>屋頂直升機停機場（坪）</td><td>≥ 0m²</td><td>-</td><td>○</td><td>-</td><td>○</td></tr>
<tr><td>二</td><td>飛機修理廠、飛機庫</td><td>≥ 200m²</td><td>-</td><td>○</td><td>-</td><td>○</td></tr>
<tr><td rowspan="4">三</td><td colspan="2">汽車修理廠、室內停車空間</td><td rowspan="4">○</td><td rowspan="4">○</td><td rowspan="4">○</td><td rowspan="4">○</td></tr>
<tr><td>1F</td><td>≥ 500m²</td></tr>
<tr><td>BF 或 ≥ 2F</td><td>≥ 200m²</td></tr>
<tr><td>RF 停車場</td><td>≥ 300m²</td></tr>
<tr><td>四</td><td>升降機械式停車場</td><td>可容納 ≥ 10 輛者</td><td>○</td><td>○</td><td>○</td><td>○</td></tr>
<tr><td>五</td><td>發電機室、變壓器室及類似場所</td><td>≥ 200m²</td><td>○</td><td>-</td><td>○</td><td>○</td></tr>
<tr><td>六</td><td>鍋爐房、廚房等大量使用火源場所</td><td>≥ 200m²</td><td>-</td><td>-</td><td>○</td><td>○</td></tr>
<tr><td>七</td><td>電信機械室、電腦室或總機室及類似場所</td><td>≥ 200m²</td><td>-</td><td>-</td><td>○</td><td>○</td></tr>
<tr><td>八</td><td>引擎試驗室、石油試驗室、印刷機房及類似危險工作場所</td><td>≥ 200m²</td><td>○</td><td>○</td><td>○</td><td>○</td></tr>
</table>

CO_2 滅火設備動作流程

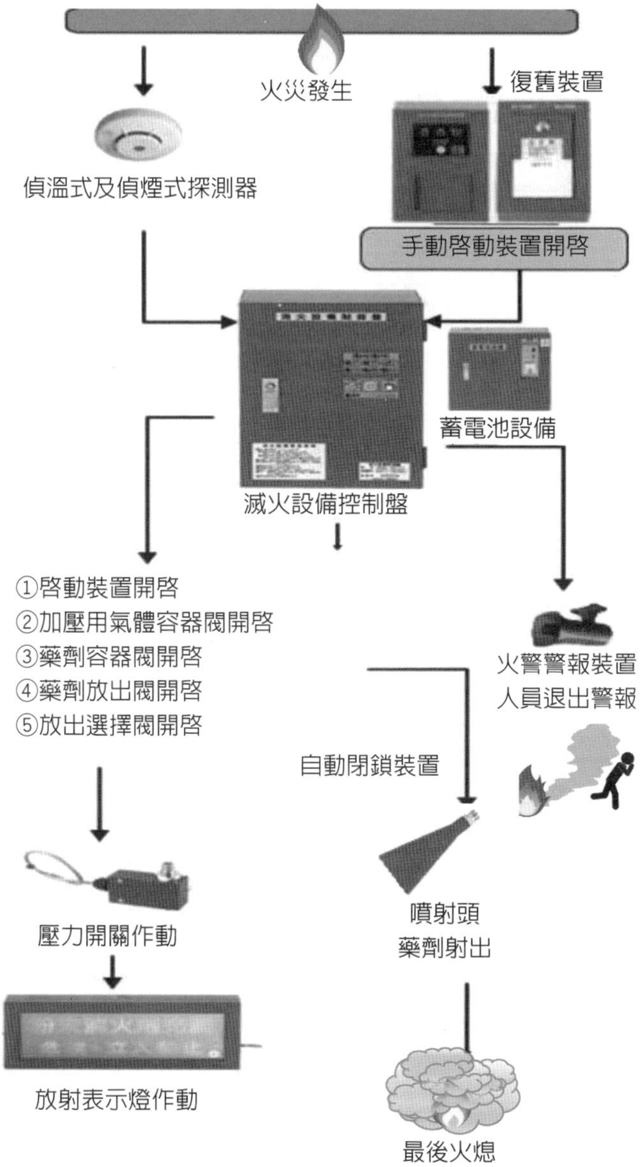

（參考日本東京防災設備保守協會，2017）

2-7 二氧化碳滅火設備——滅火濃度

三、滅火濃度

撲滅表面燃燒物質如液體燃料，所需最小 CO_2 濃度能精確地決定，因輻射和對流的熱量損失率是恆定的。最小設計濃度比理論最小 CO_2 濃度多 20%，但不會小於 34%（根據 NFPA 12）。但對固體物質卻很難得到同樣的數據，因輻射和對流造成的熱量損失率，取決於物質的物理配置所造成的遮蔽作用（Shielding Effects），而有很大變化。

CO_2 滅火所需最小濃度

滅火對象物（Material）	理論 CO_2 濃度（%）A	設計 CO_2 濃度（%）B = 1.2A
乙炔 Acetylene	55	68
丙酮 Acetone	27	34
苯 Benzene	31	37
丁二烯 Butadiene	34	41
丁烷 Butane	28	34
二硫化碳 Carbon Disulfide	60	72
一氧化碳 Carbon Monoxide	53	64
天然氣 Natural Gas	31	37
乙醚 Diethyl Ether	33	40
乙烷 Ethane	33	40
乙醇 Ethyl Alcohol	36	43
乙醚 Ethyl Ether	38	46
乙烯 Ethylene	41	49
汽油 Gasoline	28	34
氫 Hydrogen	62	75
甲烷 Methane	25	34
甲醇 Methyl Alcohol	33	40
甲乙基酮 Methyl Ethyl Ketone	32	40
戊烷 Pentane	29	35
丙烷 Propane	30	36
丙烯 Propylene	30	36

（資料來源：Fire Protection Handbook, NFPA）

不活性氣體滅火設備之種類與設備方式

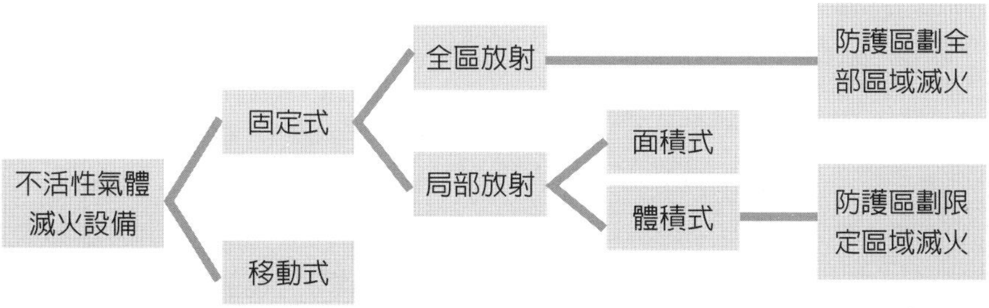

二氧化碳滅火設備工程設計例

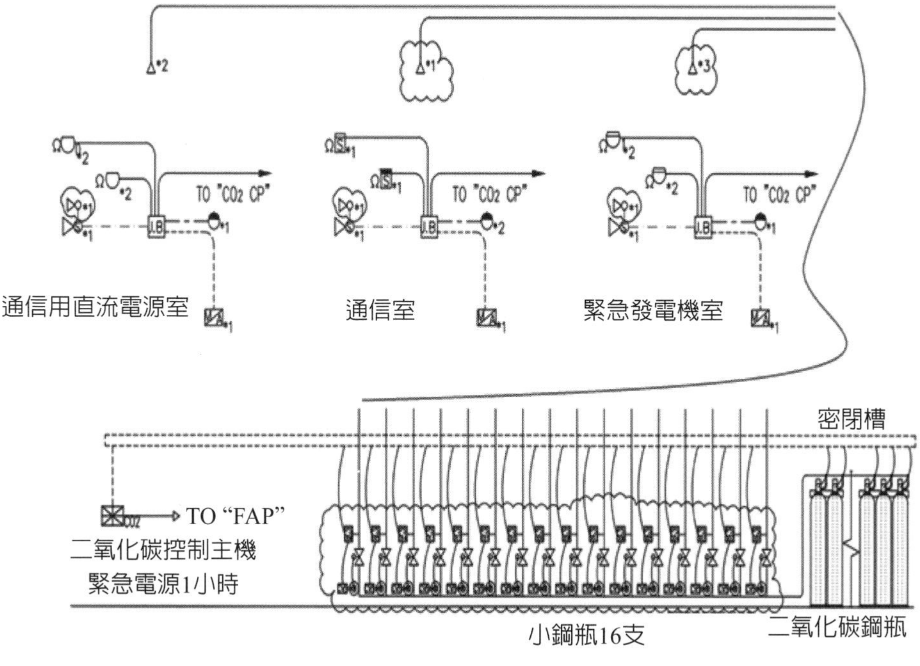

2-8 二氧化碳滅火設備——全區滅火

四、全區滅火規定

<table>
<tr><th colspan="2">項目</th><th colspan="2">內容</th><th>設置標準</th></tr>
<tr><td rowspan="3">全區</td><td>定義</td><td>用不燃材料建造之牆、柱、樓地板或天花板等區劃間隔，且開口部設有自動關閉裝置之區域，其噴頭設置數量、位置及放射量應視該部分容積及防護對象之性質作有效之滅火。但能有效補充開口部洩漏量者，得免設自動關閉裝置。</td><td>噴頭數量依防護對象而定

開口部設自動關閉裝置</td><td rowspan="2">§ 83</td></tr>
<tr><td rowspan="2">藥劑量</td><td colspan="2">
<table>
<tr><th rowspan="2">設置場所</th><th rowspan="2">電信機械室、總機室</th><th colspan="4">其他（m^3）</th></tr>
<tr><th>< 50</th><th>50～150</th><th>150～1500</th><th>≥ 1500</th></tr>
<tr><td>每立方公尺藥劑量（kg/m^3）</td><td>1.2</td><td>1.0</td><td>0.9</td><td>0.8</td><td>0.75</td></tr>
<tr><td>每平方公尺開口部藥劑量（kg/m^2）</td><td>10</td><td>5</td><td>5</td><td>5</td><td>5</td></tr>
<tr><td>滅火藥劑基本需要量（kg）</td><td></td><td></td><td>50</td><td>135</td><td>1200</td></tr>
</table>
</td></tr>
<tr><td colspan="2">
<table>
<tr><th>設置場所</th><th>電信機械室、總機室</th><th>其他</th></tr>
<tr><td>時間（分）</td><td>3.5</td><td>1</td></tr>
</table>
</td><td>§ 84</td></tr>
<tr><td></td><td>公共危險物品藥劑量</td><td colspan="2">
<table>
<tr><th>防護區域體積（m^3）</th><th><5</th><th>5<15</th><th>15<50</th><th>50～150</th><th>150～1500</th><th>≥ 1500</th></tr>
<tr><td>每立方公尺藥劑量（kg/m^3）</td><td>1.2</td><td>1.1</td><td>1.0</td><td>0.9</td><td>0.8</td><td>0.75</td></tr>
<tr><td>每平方公尺開口部藥劑量（kg/m^2）</td><td colspan="6">5</td></tr>
<tr><td>滅火藥劑基本需要量（kg）</td><td>1</td><td>6</td><td>17</td><td>50</td><td>135</td><td>1200</td></tr>
</table>
依下二頁五、防火對象物使用 CO_2 與乾粉之計算係數值，乘以前項之量。
</td><td>§ 222</td></tr>
</table>

項目	內容		設置標準
	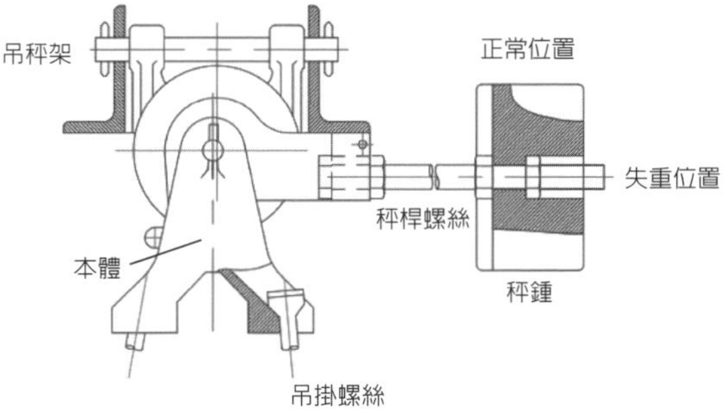 圖：鋼瓶藥劑量重量指示裝置		
通風換氣裝置	應在滅火藥劑放射前停止運轉		§ 85
開口部	1. 不得設於面對安全梯間、特別安全梯間、緊急升降機間或其他類似場所。 2. 開口部位於距樓地板面高度 <2/3 部分，應在滅火藥劑放射前自動關閉。 3. 不設自動關閉裝置之開口部總面積，供電信機械室使用時，應在圍壁面積 <1/100，其他處所則應在防護區域體積值或圍壁面積值二者中之較小數值 <1/10。	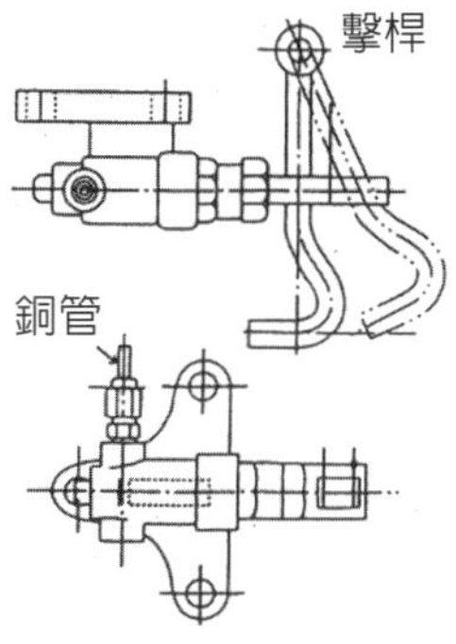 圖：自動關閉裝置	§ 86
	圍壁面積 = 牆壁 + 樓地板 + 天花板面積		

CO_2 噴頭照片

五、防火對象物使用CO_2與乾粉係數值

公共危險物品	CO_2	乾粉			
		第一種	第二種	第三種	第四種
丙烯腈	1.2	1.2	1.2	1.2	1.2
乙醛		–	–	–	–
氰甲烷	1.0	1.0	1.0	1.0	1.0
丙酮	1.0	1.0	1.0	1.0	1.0
苯氨		1.0	1.0	1.0	1.0
乙醇	1.2	1.2	1.2	1.2	1.2
乙胺	1.0				
氯乙烯		–	–	1.0	–
辛烷	1.2				
汽油	1.0	1.0	1.0	1.0	1.0
輕油	1.0	1.0	1.0	1.0	1.0
原油	1.0	1.0	1.0	1.0	1.0
醋酸		1.0	1.0	1.0	1.0
醋酸乙酯	1.0	1.0	1.0	1.0	1.0
乙醚	1.2	–	–	–	–
重油	1.0	1.0	1.0	1.0	1.0
潤滑油	1.0	1.0	1.0	1.0	1.0
煤油	1.0	1.0	1.0	1.0	1.0
三乙胺	1.0				
甲苯	1.0	1.0	1.0	1.0	1.0
石腦油	1.0	1.0	1.0	1.0	1.0

註：–：不可使用為該公共危險物品之滅火劑。

船舶使用 CO_2 滅火設備之鋼瓶室

（攝自臺中港化學船）

船舶 CO_2 滅火設備動作流程

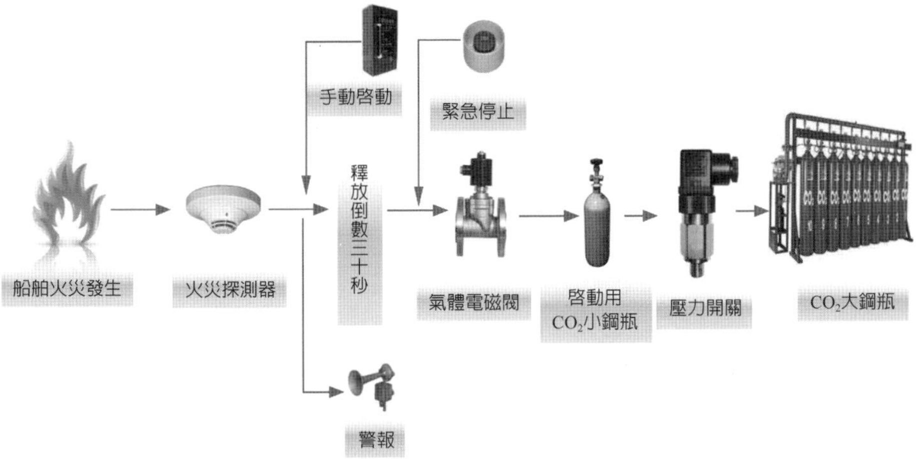

CO_2 滅火設備儲存容器分類及儲存方法

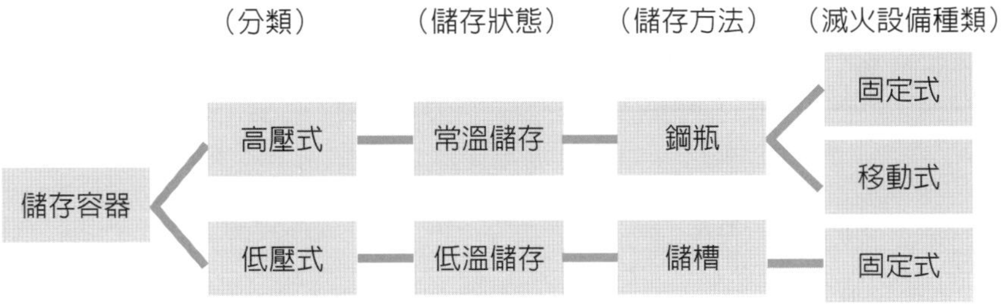

2-9 二氧化碳滅火設備——局部與移動式滅火

六、局部滅火

項目		內容	設置標準
局部	定義	視防護對象之形狀、構造、數量及性質，配置噴頭，其設置數量、位置及放射量，應能有效滅火。	
	藥劑量	1. 上方開放式容器，火災發生時，燃燒限於一面且可燃物無向外飛散之虞者，所需之滅火藥劑量，依該防護對象表面積 13kg/m^2 比例核算，在防護對象邊長 < 0.6m 時以 0.6m 計。但追加倍數，高壓式為 1.4，低壓式為 1.1。 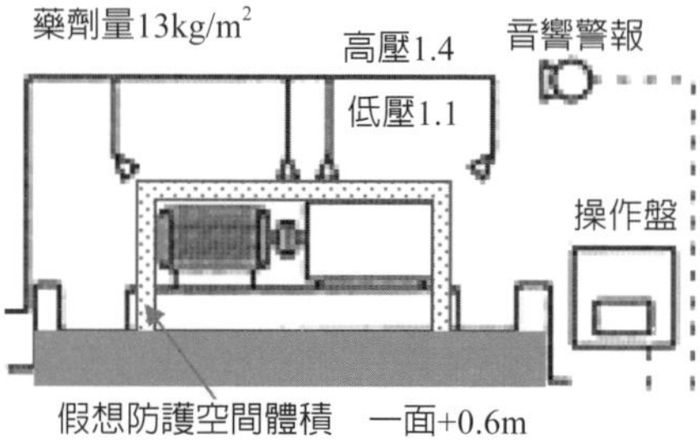 2. 假想防護空間（指距防護對象任一點 0.6m 範圍空間）單位體積滅火藥劑量，再乘以假想防護空間體積來計算所需滅火藥劑量： $Q = 8 - 6 \times a/A$ Q：假想防護空間單位體積滅火藥劑量（kg/m^3），所需追加倍數比照前目規定。 a：防護對象周圍實存牆壁面積之合計（m^2）。 A：假想防護空間牆壁面積之合計（m^2）。 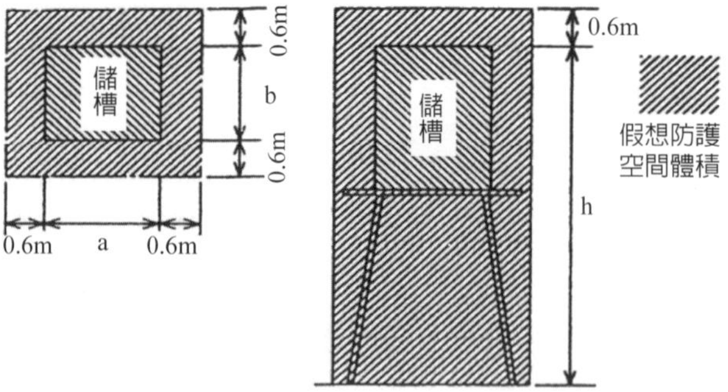 	§ 83
		滅火藥劑量應 ≤ 30 sec 全部放射完畢	§ 84

七、移動式滅火

項目		內容	設置標準
移動式	定義	皮管接頭至防護對象任一部分之水平距離 ≤ 15 m	§ 82
	藥劑量	每一具噴射瞄子所需滅火藥劑量 ≥ 90kg	
	設置	1. 儲存容器之容器閥能在皮管出口處以手動開關者。 2. 儲存容器分設於各皮管設置處。 3. 儲存容器近旁設紅色標示燈及標明移動式二氧化碳滅火設備字樣。 4. 設於火災時濃煙不易籠罩之處所。 5. 每一具瞄子之藥劑放射量在溫度 20˚C 時，應在 ≥ 60kg/min。	§ 96

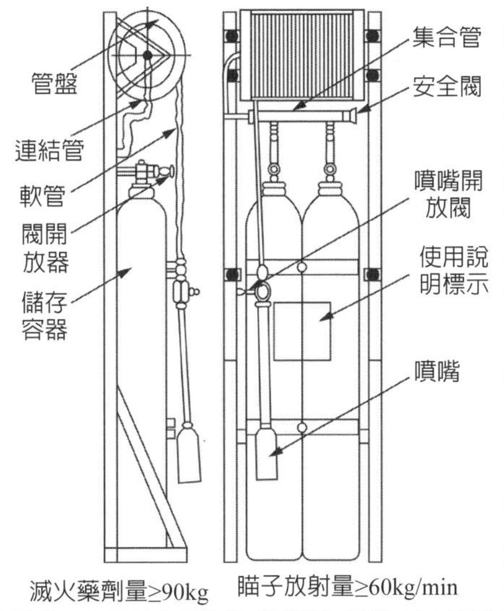

CO_2 滅火設備全區放射區域示意圖

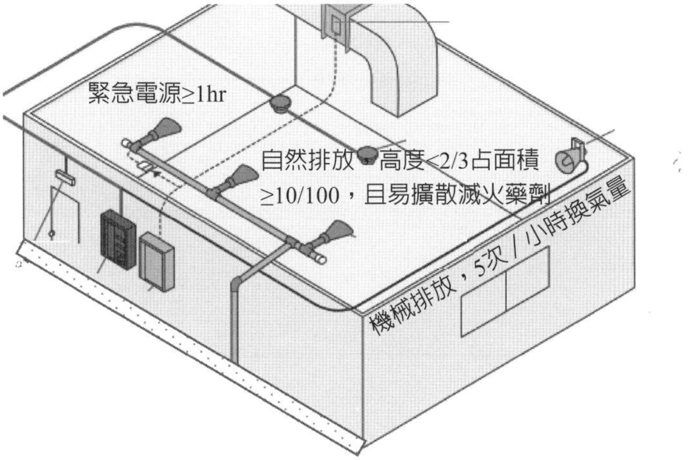

2-10 二氧化碳滅火設備——容器及配管

八、容器及配管

項目	內容		設置標準
儲存容器	1. 充填比【註解3】在高壓式為 1.5～1.9；低壓式為 1.1～1.4。 2. 儲存場所應符合下列規定： (1) 置於防護區域外。 (2) 置於溫度 ≤ 40℃，溫度變化較少處。 (3) 不得置於有日光曝曬或雨水淋濕之處。 3. 低壓式儲存容器，應設有液面計、壓力表及壓力警報裝置，壓力在 ≥ 23kg/cm² 或 ≤ 19kg/cm² 時發出警報。 4. 低壓式儲存容器應設置使容器內部溫度維持於 ≥ −20～−18℃ 之自動冷凍機。 5. 儲存容器之容器閥開放裝置，依下列規定： (1) 容器閥之開放裝置，具有以手動方式可開啓之構造。 (2) 容器閥使用電磁閥直接開啓時，同時開啓之儲存容器數在 ≥ 7 支，該儲存容器應設 ≥ 2 個電磁閥。 6. 採取有效防震措施。	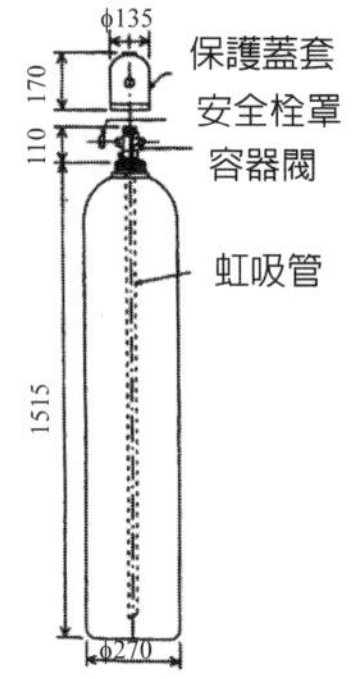 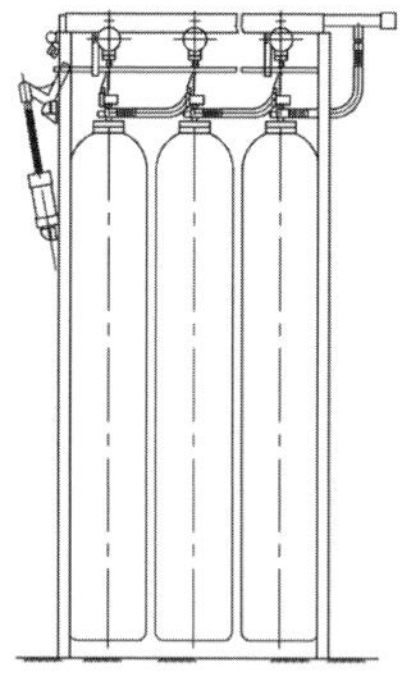 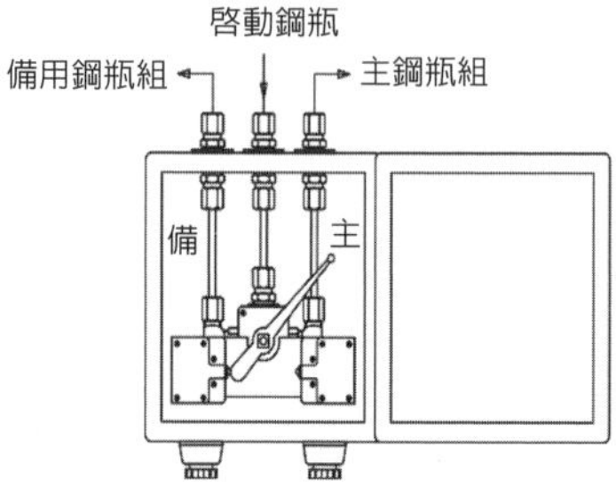	§ 87

【註解3】充填比（$\frac{L}{kg}$），係指容器內容積（公升）與液化氣體重量（公斤）之比值。

<table>
<tr><th>項目</th><th colspan="2">內容</th><th>設置標準</th></tr>
<tr><td>氣體啓動用</td><td>1. 容器能耐 250kg/cm² 壓力。
2. 容器內容積應有 ≥ 1L，其所儲存之二氧化碳重量在 ≥ 0.6kg，且其充填比在 ≥ 1.5。
3. 啓動用氣體容器不得兼供防護區域之自動關閉裝置使用。</td><td>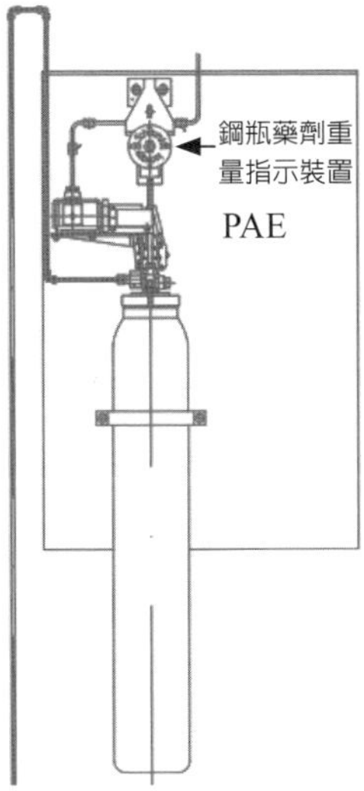
</td><td>§ 88</td></tr>
<tr><td>配管</td><td colspan="2">1. 專用。
2. 無縫鋼管，其中高壓式為管號 Sch80 以上，低壓式為管號 Sch40 以上厚度且施予鍍鋅防蝕處理。
3. 採用銅管配管時，高壓式能耐壓 ≥ 165kg/cm²，低壓式能耐壓 ≥ 37.5 kg/cm²。
4. 配管接頭及閥類之耐壓，高壓式為 ≥ 165kg/cm²，低壓式能耐壓 ≥ 37.5 kg/cm²，並予適當之防蝕處理。
5. 最低配管與最高配管間，落差在 ≤ 50m。
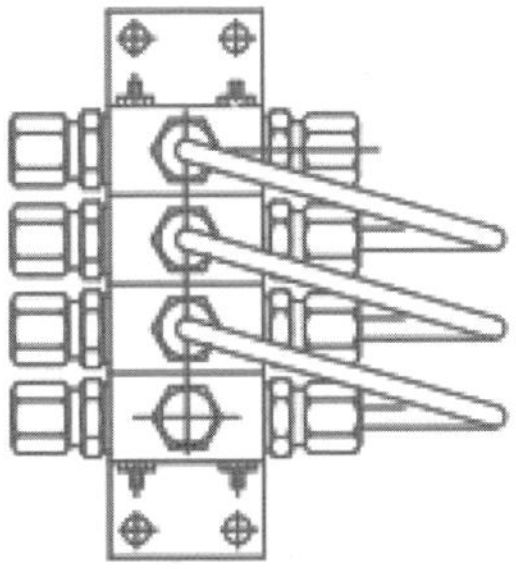
圖：各儲存容器配管彙集閥</td><td>§ 89</td></tr>
</table>

2-11 二氧化碳滅火設備——選擇閥與容器閥

九、選擇閥與容器閥

選擇閥應置於儲存容器附近或火災時容易接近處且人員易進出之場所。

<table>
<tr><th>項目</th><th colspan="2">內容</th><th>設置標準</th></tr>
<tr><td rowspan="2">選擇閥</td><td>1. 同一建築物內有 2 以上防護區域或防護對象，共用儲存容器時，每一防護區域或防護對象均應設置。
2. 設於防護區域外。
3. 標明選擇閥字樣及所屬防護區域或防護對象。
4. 儲存容器與噴頭設有選擇閥時，儲存容器與選擇閥間之配管依規定設置安全裝置或破壞板。</td><td>
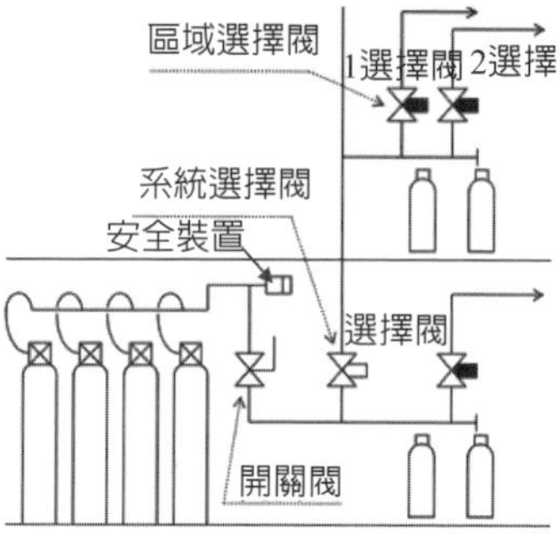

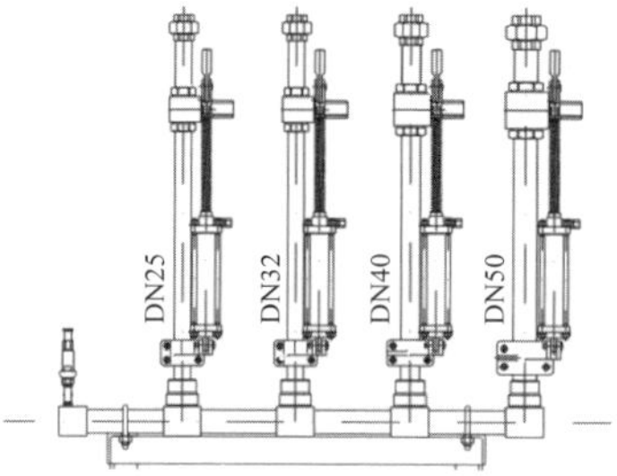

CO$_2$ 滅火設備選擇閥組圖</td><td rowspan="2">§ 90</td></tr>
<tr><td colspan="2">
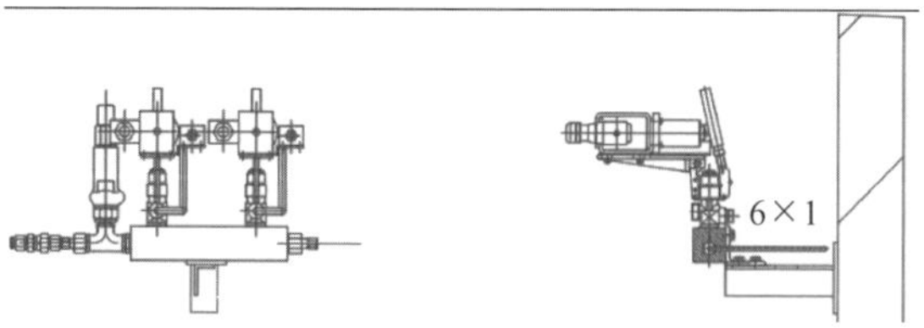

圖：CO$_2$ 滅火設備區域選擇閥啓動裝置

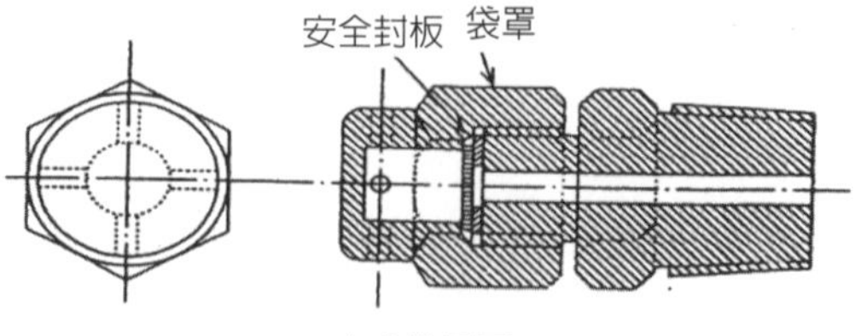

安全裝置圖</td></tr>
</table>

容器閥開放裝置種類

1.電磁式

儲存容器之開放裝置，使用容器閥螺型管（電磁開放裝置）時，容器設置 7 支以上且同時開放之設備時，應有 2 個以上之容器裝置螺型管（安全閥）。

容器閥電磁式開放裝置

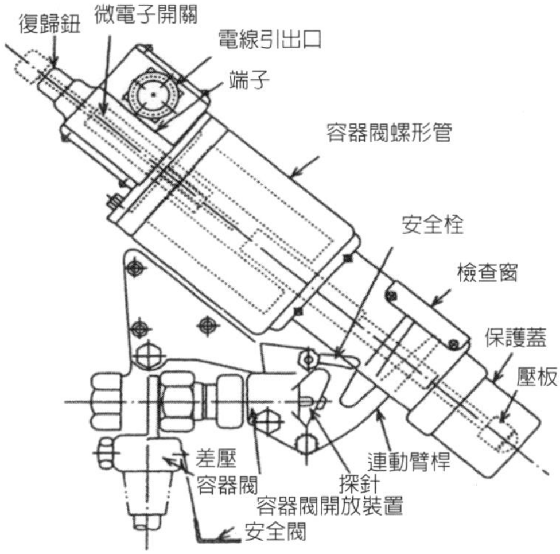

（參考日本危險物設施基準指南，平成 7 年）

2.氣壓式

(1) 以電氣裝置開啓之啓動容器，應設手動也能開啓之構造。
(2) 啓動專用容器，氣體塡充後 3 個月以上，期間應無漏氣情事，始可使用。
(3) 啓動專用容器內容積應爲 1 L 以上。

容器閥氣壓式開放裝置

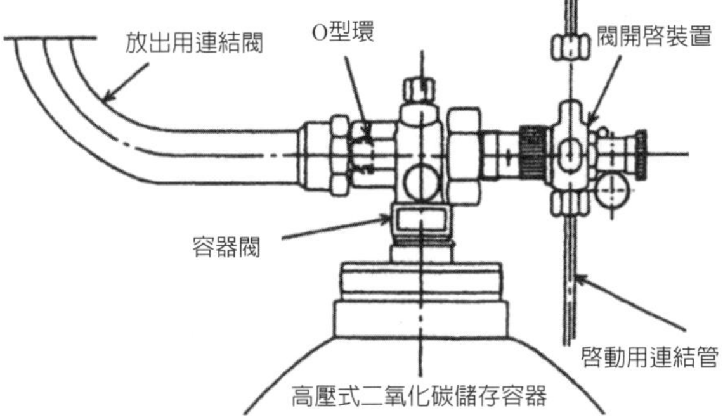

（參考日本危險物設施基準指南，平成 7 年）

2-12 二氧化碳滅火設備——啓動裝置

十、啓動裝置

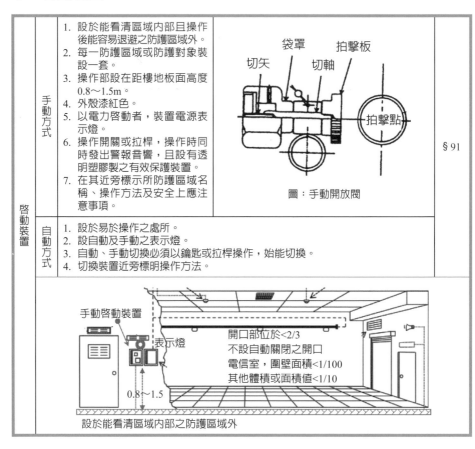

<table>
<tr><td rowspan="3">啓動裝置</td><td>手動方式</td><td>1. 設於能看清區域內部且操作後能容易退避之防護區域外。
2. 每一防護區域或防護對象裝設一套。
3. 操作部設在距樓地板面高度0.8～1.5m。
4. 外殼漆紅色。
5. 以電力啓動者，裝置電源表示燈。
6. 操作開關或拉桿，操作時同時發出警報音響，且設有透明塑膠製之有效保護裝置。
7. 在其近旁標示所防護區域名稱、操作方法及安全上應注意事項。</td><td>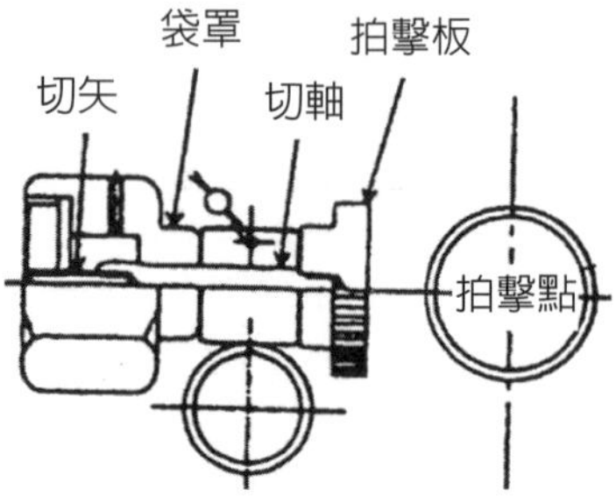

圖：手動開放閥</td><td rowspan="2">§ 91</td></tr>
<tr><td>自動方式</td><td colspan="2">1. 設於易於操作之處所。
2. 設自動及手動之表示燈。
3. 自動、手動切換必須以鑰匙或拉桿操作，始能切換。
4. 切換裝置近旁標明操作方法。</td></tr>
<tr><td colspan="4">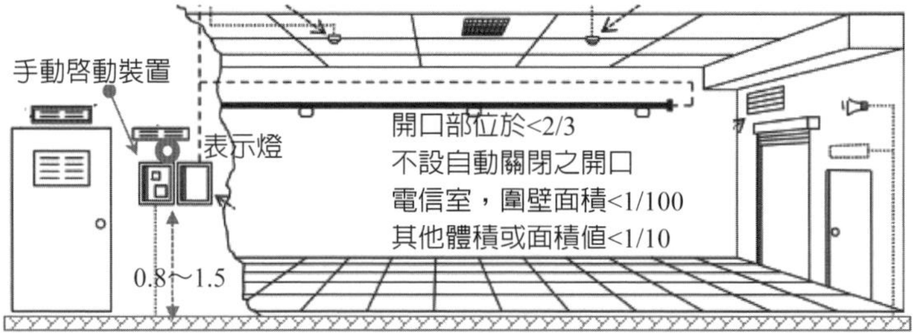

設於能看清區域內部之防護區域外</td></tr>
</table>

十一、選擇閥種類

電氣式選擇閥

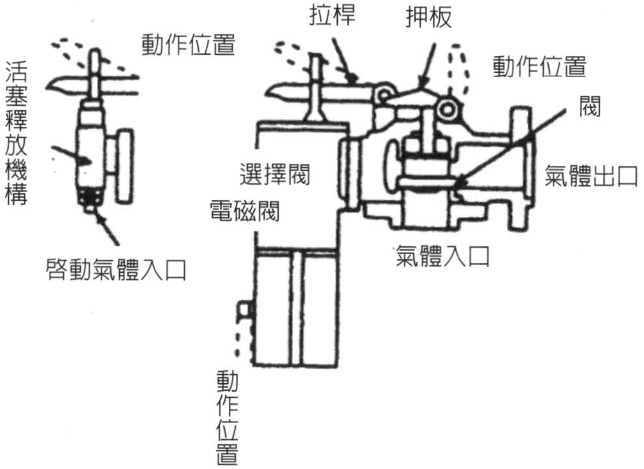

（日本危險物設施基準指南，平成 7 年）

氣壓式選擇閥

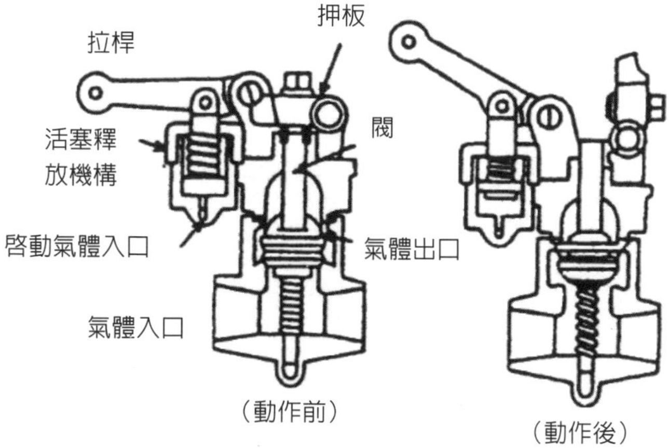

（日本危險物設施基準指南，平成 7 年）

2-13 二氧化碳滅火設備——安全措施

十二、安全措施

項目	內容		設置標準
音響警報裝置	1. 手動或自動裝置動作後，應自動發出警報，且藥劑未全部放射前不得中斷。 2. 音響警報應有效報知防護區域或防護對象內所有人員。 3. 設於全區放射方式之音響警報裝置採用人語發音。但平時無人駐守者，不在此限。	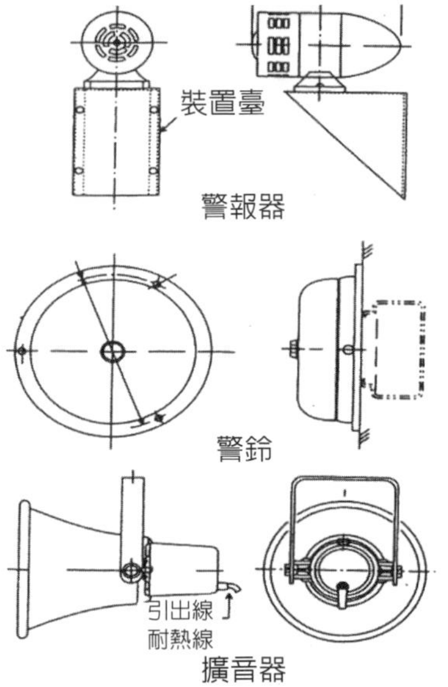 圖：音響警報裝置	§ 92
安全裝置	1. 啓動裝置開關或拉桿開始動作至儲存容器之容器閥開啓，設有 ≥ 20sec 之遲延裝置。 2. 於防護區域出入口等易於辨認處所設置放射表示燈。	 圖：CO_2 滅火系統釋放前人員須撤離（攝自臺中港油輪）	§ 93

<table>
<tr><th>項目</th><th colspan="2">內容</th><th>設置標準</th></tr>
<tr><td></td><td colspan="2">
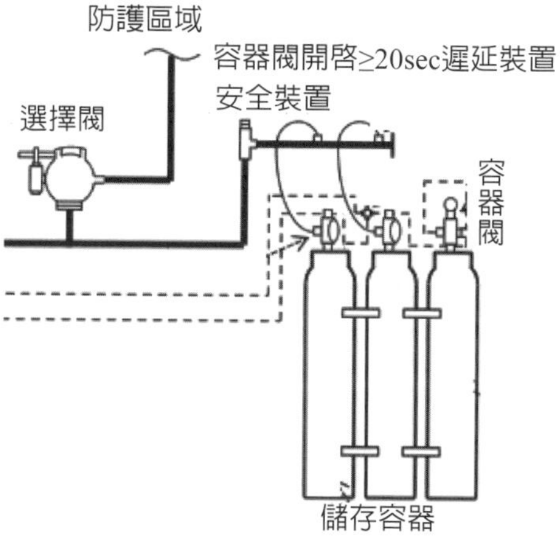

</td><td></td></tr>
<tr><td rowspan="4">藥劑排放</td><td colspan="2">1. 排放方式應就下列方式擇一設置，並於一小時內將藥劑排出。</td><td rowspan="4">§ 94</td></tr>
<tr><td>機械</td><td>排風機為專用，且具有 5 次 / 小時之換氣量。但與其他設備之排氣裝置共用，無排放障礙者，得共用之。</td></tr>
<tr><td>自然</td><td>設有能開啓之開口部，其面向外氣部分（限防護區域自樓地板面起高度 ≤ 2/3 部分）之大小，占防護區域樓地板面積 ≥ 10/100，且容易擴散滅火藥劑。</td></tr>
<tr><td colspan="2">2. 排放裝置之操作開關須設於防護區域外便於操作處，且在其附近設有標示。
3. 排放至室外之滅火藥劑不得有局部滯留之現象。</td></tr>
<tr><td>緊急電源</td><td colspan="2">應採用自用發電設備或蓄電池設備，其容量應能使該設備有效動作 ≥ 1 hr。</td><td>§ 95</td></tr>
<tr><td colspan="4">
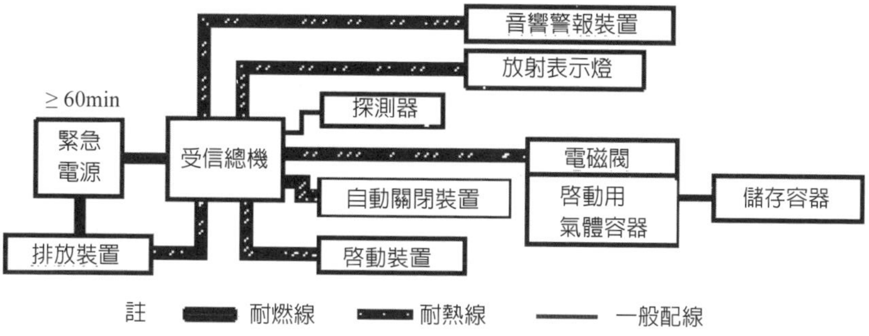

</td></tr>
<tr><td colspan="4">註：
1. 符號 ≥ 為以上（含本數）；符號 < 為小於（不含本數）；符號 ≦ 為以下或以內（含本數）。
2. 符號 § 表示「各類場所消防安全設備設置標準」第幾條條文。</td></tr>
</table>

2-14 二氧化碳滅火設備計算例

1. 在一密閉空間釋放 CO_2 量 0.75 kg/m^3，請問釋放後該空間氧濃度為多少？CO_2 理論濃度為多少？滅火濃度為多少？

解

氧濃度 $= \frac{21}{100} \times 0.75 = 0.157$　氧濃度爲 15.7%

CO_2 1kg 體積約 0.534 m^3（15℃），

$0.75\ kg/m^3 \times 0.534\ m^3 = 0.4$

CO_2 理論濃度 $\frac{x}{V+x} = \frac{0.4}{1+0.4} = 28.6\%$

滅火濃度 = 理論濃度 + 20% 安全係數

$28.6\% \times 1.2 = 34\%$

2. CO_2 滅火設備在防護空間單位體積所需之藥劑為 0.9 kg/m^3 時，其二氧化碳之濃度為多少？

解

CO_2 1kg 體積約 0.534 m^3（15℃），

$0.9\ kg/m^3 \times 0.534\ m^3 = 0.48$

CO_2 理論濃度 $\frac{x}{V+x} = \frac{0.48}{1+0.48} = 32.4\%$

3. CO_2 滅火設備因防護二硫化碳（Carbon Disulfide）空間，滅火設計濃度查表為 72% 時，此氧氣濃度剩為多少？

解

滅火濃度（x）$= \frac{0.21 - O_2'}{0.21}$

$0.72 = \frac{0.21 - O_2'}{0.21}$

$O_2' = 0.059$ 氧濃度爲 5.9 %

4. CO_2 滅火設備防護一精密儀器之密閉空間（15m × 10m × 4m），放射時空間內氧濃度至 10%，請問此時空間内 CO_2 濃度？需釋放 CO_2 藥劑重量（充填比 1.5）？

解

滅火濃度（x）$= \dfrac{0.21 - O_2'}{0.21}$

$$x = \frac{0.21 - 0.10}{0.21}$$

$x = 0.524$　CO_2 濃度爲 52.4.%

$\dfrac{x}{(x+v)} = 0.524$（滅火劑氣體體積爲 x；空氣體積爲 V），$x = 1.1\text{V}$

$x = 1.1 \times (15 \times 10 \times 4) = 660\ \text{m}^3$（$CO_2$ 體積）

$\dfrac{660}{w} = 1.5$，W = 440 kg（CO_2 藥劑量）

另一算法

$\dfrac{0.21V}{(V+x)} = 0.10$

$x = 1.1\text{V}$

$x = 1.1 \times (15 \times 10 \times 4) = 660\ \text{m}^3$（$CO_2$ 體積）

$\dfrac{660}{w} = 1.5$，W = 440 kg（CO_2 藥劑量）

CO_2 滅火設備之安全裝置與破壞板

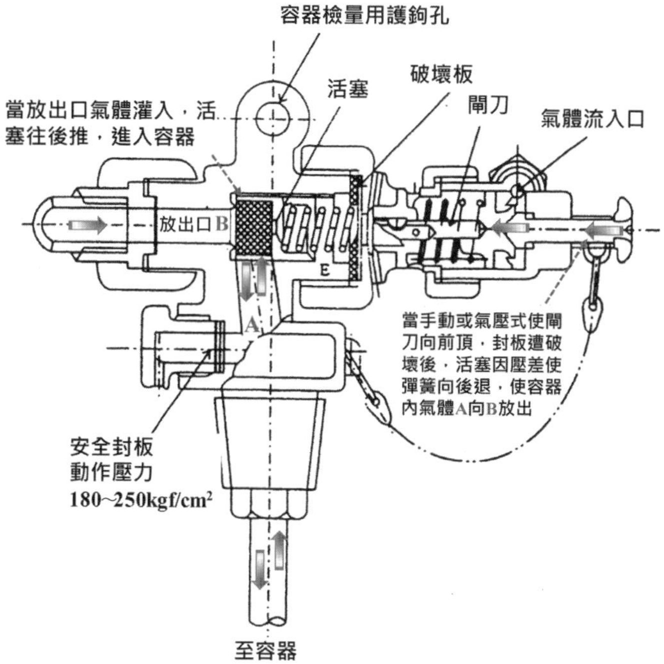

（參考日本危險物設施基準指南，平成 7 年）

2-15 乾粉滅火設備——火災學原理

乾粉為一種化學性滅火藥劑，應用時以手提式滅火器、移動式軟管系統或固定式硬管系統等方式，作為場所火災防護之目的。儘管乾粉滅火器早在二次大戰前即已使用多年，直到 1957 年 NFPA 17《乾粉滅火系統標準》才正式通過。

一、乾粉藥劑種類

項目		內容	化學式
第一種乾粉	碳酸氫鈉（$NaHCO_3$）	碳酸氫鈉即小蘇打粉，適用 BC 類火災，為白色粉末，為增加其流動性與防濕性，會加入一些添加劑。碳酸氫鈉易受熱分解為碳酸鈉、CO_2 和水。	$2NaHCO_3 \rightarrow Na_2CO_3 + H_2O + CO_2$ $Na_2CO_3 \rightarrow Na_2O + CO_2$ $Na_2O + H_2O \rightarrow 2NaOH$ $NaOH + H^+ \rightarrow Na + H_2O$ $NaOH + OH^- \rightarrow NaO + H_2O$
第二種乾粉	碳酸氫鉀（$KHCO_3$）	適用 BC 類火災，效果會比第一種乾粉佳，為紫色乾粉，受熱分解為碳酸鉀、CO_2 與水。本身吸濕性較高，儲藏時應注意防濕。	$2KHCO_3 \rightarrow K_2CO_3 + H_2O + CO_2$（化學式轉變大量吸熱反應） $2KHCO_3 \rightarrow K_2O + H_2O + 2CO_2$ $K_2O + H_2O \rightarrow 2KOH$ $KOH + OH^- \rightarrow KO + H_2O$ $KOH + K^- \rightarrow K_2O + H^+$
第三種乾粉	磷酸二氫銨（$NH_4H_2PO_4$）	適用 ABC 類火災，為淺粉紅粉末，又稱多效乾粉。磷酸二氫銨受熱後形成磷酸與 NH_3，最後五氧化二磷。與燃燒面產生玻璃狀薄膜，覆蓋隔絕效果，但乾粉冷卻能力不及泡沫或 CO_2 等，火勢熄滅後注意復燃。	$NH_4H_2PO_4 \rightarrow NH_3 + H_3PO_4$ $2H_3PO_4 \rightarrow H_4P_2O_7 + H_2O$ $H_4P_2O_7 \rightarrow 2HPO_3 + H_2O$ $2HPO_3 \rightarrow P_2O_5 + H_2O$
第四種乾粉	碳酸氫鉀及尿素（$KHCO_3 + H_2NCONH_2$）	適用 BC 類火災，為偏灰色，美國 ICI 產品，又稱錳鈉克斯（Monnex）乾粉。在滅火上，除抑制連鎖外，在熱固體燃料面熔化形成隔絕層，達到物理窒息。	$KHCO_3 + H_2NCONH_2 \rightarrow KC_2N_2H_3O_3 + H_2O$

二、乾粉物理特性

乾粉滅火劑主要基料是以碳酸氫鈉、碳酸氫鉀、氯化鉀、尿素一碳酸氫鉀和磷酸銨。在這些基料中混入不同的添加劑，可改善儲存、流動和斥水特性。

項目		內容
穩定	混合危險	1. 乾粉在低溫和常溫度下是穩定的。然而，某些添加劑在較高溫度，可能溶化發黏（Sticking），因此乾粉儲存溫度不可超過 49°C。 2. 不同乾粉混合會造成危險，如酸性之多用途乾粉（銨為基料）與鹼性乾粉（大多數乾粉）混合，會反應釋放出遊離二氧化碳並造成結塊；此種會在滅火器筒體內化學反應，於美國曾發生數起爆炸案例。因此，重新充填時不能把不同乾粉相互混合。

項目		內容
無毒性	刺激黏膜	1. 一般乾粉滅火劑是無毒與非致癌。但長期曝露是刺激黏膜與皮膚、眼睛和黏膜呼吸系統的化學灼傷。假使沾濕皮膚可能會加強這方面的作用。 2. 當固定式乾粉滅火系統釋放時，應佩戴自給式空氣呼吸器，以防止粉末、煙、熱煙氣體及粉塵大量進入人體呼吸道。 
粒子大小	最佳粒徑	1. 乾粉粒子從 10mm 到 75mm，低於可能完全分解和氣化，高於則呈現不完全分解或氣化。 2. 最佳粒徑的結果是 20～25mm，進行多相地混合得到，且粒徑大小也會影響乾粉流動性。粗粒乾粉導致過度澎湃，低流動率，並且需要更大氣動量。粒徑也受氣動阻力現象（Aerodynamic Drag Phenomenon, ADP）影響。粗粒乾粉取得動量將運輸小顆粒穿透火焰上升氣流；而較小顆粒在穿透之前會先分解或蒸發。

三、乾粉滅火特性

針對易燃液體滅火試驗，碳酸氫鉀比碳酸氫鈉乾粉更爲有效。同時，磷酸銨的滅火效能是與碳酸氫鈉相等或更好。而氯化鉀的效能與碳酸氫鉀大致相等。而在所有測試乾粉中，以尿素一碳酸氫鉀效能最佳。

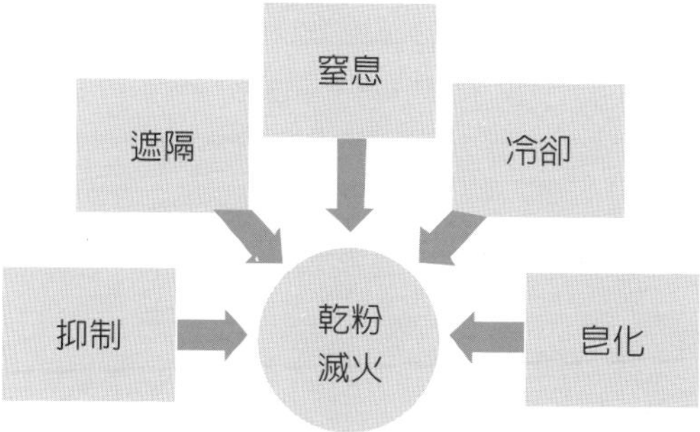

項目		內容
抑制連鎖	斷鏈機制	由乾粉中無機[註解4]鹽分解物，與燃燒生成自由基，發生化學抑制和副催化作用，其表面能捕獲 H+ 和 OH- 使之結合成水，而破壞鏈鎖反應，有效抑制火焰中 H+、OH- 等自由基濃度，導致燃燒中止。
遮隔	輻射熱遮隔	噴撒乾粉形成乾粉雲霧，產生輻射熱遮隔作用（Shielding Factor）。
窒息	釋放 CO_2	釋放 CO_2 達到窒息作用，正如乾粉受熱時能釋放水蒸氣一樣。但氣體並不是乾粉滅火之主因。第 3 種乾粉能分解磷酸銨在燃燒物上留下偏磷酸（Metaphosphoric Acid），產生黏附殘留體。
冷卻	分解吸熱	分解乾粉所需熱能，任何乾粉必須是熱敏感的，並因而吸收熱量以成為化學活性（Chemically Active）。
皀化[註解5]	表面塗層	對於廚房、抽油煙管和油炸鍋等火災防護，常使用乾粉及濕式化學藥劑，此種滅火機制是基於一過皀化過程。皀化在暴露於高熱則易分解。但乾粉沒有實質性冷卻效果，於一小段時間後，其高溫再起火現象，滅火時應注意這種特性。

四、乾粉使用局限性

項目		內容
悶燒火災	冷卻有限	用於 A 類或悶燒火災還應撒水以防止再蓄熱，如深層或捆包儲存區。
精密儀器	受熱發黏	乾粉高熱時變得發粘難以清除，不建議在精密機器。
高熱表面	重新復燃	乾粉不能在易燃液面上形成持久惰性氣體層，易重新復燃。
電子產品	絕緣特性	乾粉不應於電子區域（如電力變換機和電腦機房），使其無法再使用。
微腐蝕性	物品受損	乾粉略有腐蝕性，滅火後應進行清除。
含氧物質	無穿透性	乾粉不能穿透深處火勢，或燃燒物本身含氧物質之火災。
空氣泡不相容	斥水性	乾粉與大多數空氣泡沫是不相容的。

[註解4] 無機係指化學成分中不含有碳；而有機則指化學成分中含有碳及其他元素。
[註解5] 皀化是化學轉化脂肪酸（Fatty Acid）過程中，以肥皀或泡沫來形成表面塗層，達到覆蓋滅火。皀化值是透過 1 克脂肪皀化反應所消耗氫氧化鉀數量之一種量度（mg）。

乾粉滅火設備系統圖

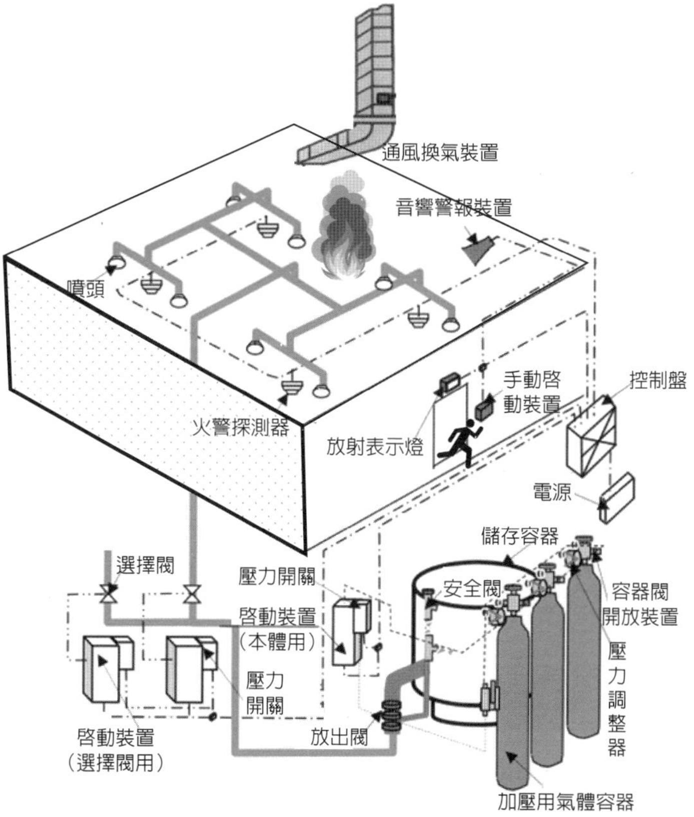

乾粉之種類與適應火災類型

種類		第1種乾粉	第2種乾粉	第3種乾粉	第4種乾粉
主成分		碳酸氫鈉	碳酸氫鉀	磷酸二氫銨	碳酸氫鉀與尿素
外觀顏色		白	紫	粉紅	灰
滅火作用	連鎖反應	○	○	○	○
	冷卻效果	○	○	○	○
	覆蓋效果	-	-	○	○
適應火災		油類火災 電氣火災 氣體火災	油類火災 電氣火災 氣體火災	普通火災 油類火災 電氣火災 氣體火災	油類火災 電氣火災 氣體火災

（日本能美防災株式會社，2017）

2-16 乾粉滅火設備——目的與構成

一、目的與構成

設置目的	當火災發生時，乾粉滅火設備從噴頭或噴嘴放射粉末，使燃燒反應產生抑制連鎖作用而達到熄滅，對電氣設備也具有電氣絕緣滅火性能之一種消防安全設備。
組成構件	由乾粉儲存容器、噴射頭、啓動裝置、火警警報裝置、配管、電源（含緊急電源）、加壓氣體容器、定壓動作裝置、偵溫式及偵煙式探測器、放射表示燈、壓力開關控制盤、配線、標示及開口關閉裝置等構成。

二、應設置場所（§ 18）

第 18 條　下表所列之場所，應就水霧、泡沫、乾粉、二氧化碳滅火設備等選擇設置之。但外牆開口面積（常時開放部分）達該層樓地板面積 ≥ 15% 者，上列滅火設備得採移動式設置。

項目	應設場所	樓地板面積	水霧	泡沫	二氧化碳	乾粉
一	屋頂直升機停機場（坪）	$\geq 0m^2$	-	○	-	○
二	飛機修理廠、飛機庫	$\geq 200m^2$	-	○	-	○
三	汽車修理廠、室內停車空間		○	○	○	○
	1F	$\geq 500m^2$				
	BF 或 ≥ 2F	$\geq 200m^2$				
	RF 停車場	$\geq 300m^2$				
四	升降機械式停車場	可容納 ≥ 10 輛者	○	○	○	○
五	發電機室、變壓器室及類似場所	$\geq 200m^2$	○	-	○	○
六	鍋爐房、廚房等大量使用火源場所	$\geq 200m^2$	-	-	○	○
七	電信機械室、電腦室或總機室及類似場所	$\geq 200m^2$	-	-	○	○
八	引擎試驗室、石油試驗室、印刷機房及類似危險工作場所	$\geq 200m^2$	○	○	○	○

註：符號 ≥ 為以上（含本數）；符號 < 為小於（不含本數）；符號 ≦ 為以下或未滿（含本數）。

乾粉自動滅火設備之動作流程

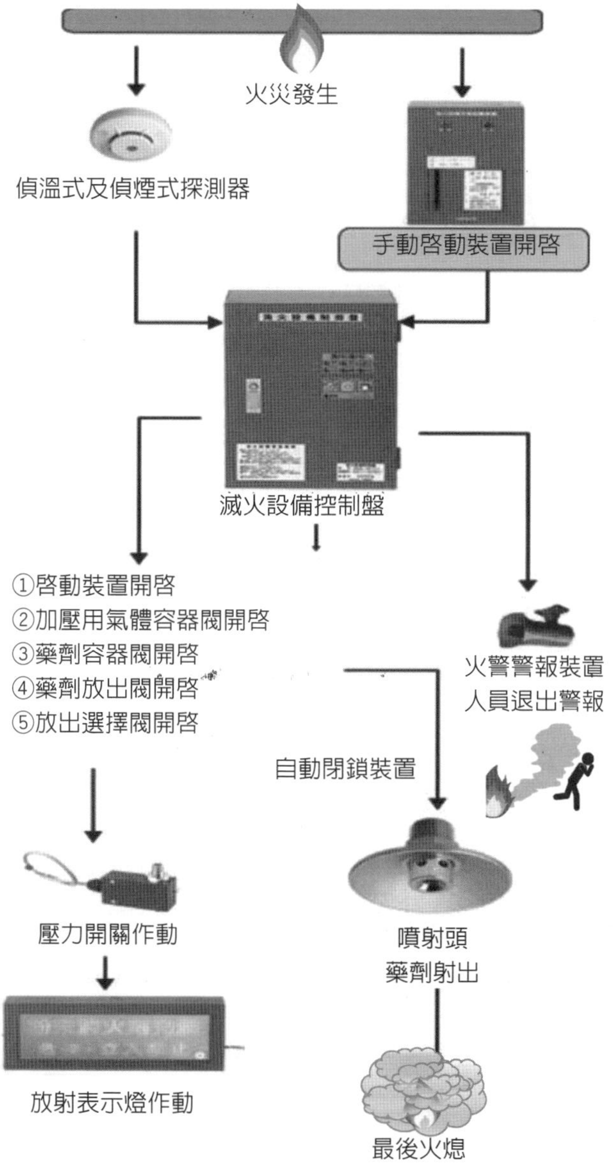

（參考日本東京防災設備保守協會，2017）

2-17 乾粉滅火設備——滅火藥劑等

三、滅火藥劑等

<table>
<tr><th colspan="2">項目</th><th colspan="3">內容</th><th>設置標準</th></tr>
<tr><td colspan="2">滅火藥劑種類</td><td colspan="3">第 1 種乾粉：碳酸氫鈉
第 2 種乾粉：碳酸氫鉀
第 3 種乾粉：磷酸二氫銨
第 4 種乾粉：碳酸氫鉀及尿素化合物</td><td>§ 99</td></tr>
<tr><td rowspan="5">全區</td><td rowspan="5">藥劑量</td><td>乾粉種類</td><td>每立方公尺防護區域所需藥劑量（kg/m^3）</td><td>開口部每平方公尺所需追加藥劑量（kg/m^2）</td><td rowspan="4">§ 99</td></tr>
<tr><td>第 1 種</td><td>0.60</td><td>4.5</td></tr>
<tr><td>第 2,3 種</td><td>0.36</td><td>2.7</td></tr>
<tr><td>第 4 種</td><td>0.24</td><td>1.8</td></tr>
<tr><td colspan="3">供室內停車空間使用之滅火藥劑，以第 3 種乾粉為限</td><td>§ 101</td></tr>
<tr><td>全區及局部</td><td colspan="4">1. 放射時間 30 秒
2. 放射壓力 $1kg/cm^2$
3. 在同一建築物內有 2 個以上防護區域或防護對象時，所需滅火藥劑量取其最大量者
全區30sec, $1kg/cm^2$
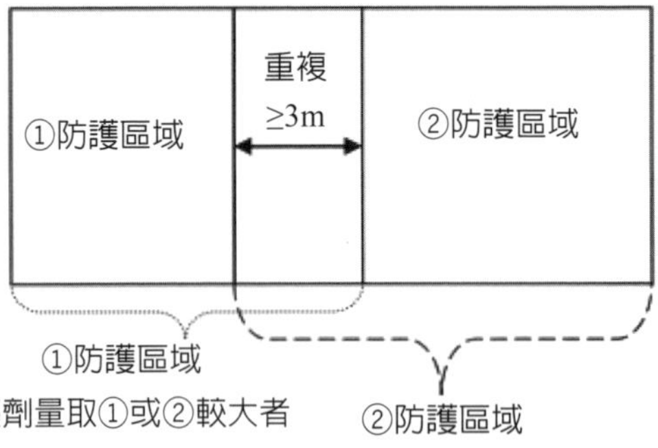</td><td>§ 99
§ 100</td></tr>
<tr><td>緊急電源</td><td colspan="4">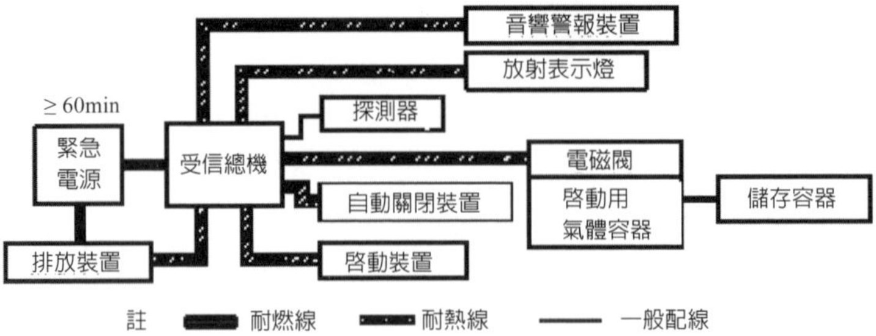</td><td>§ 95</td></tr>
</table>

乾粉滅火設備全區防護示意圖

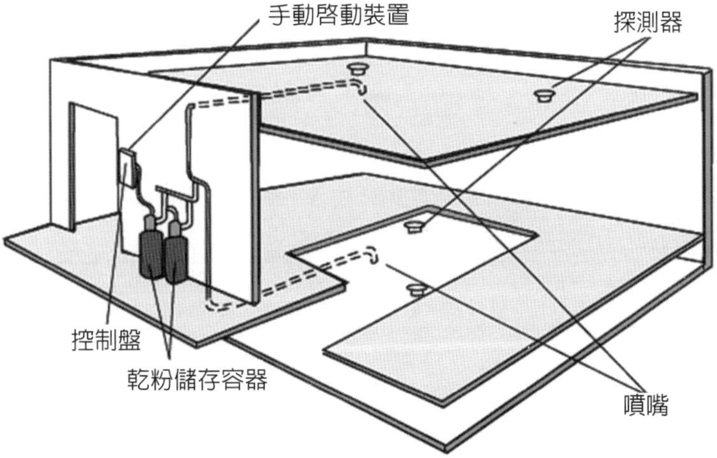

乾粉滅火設備全區防護消防工程設計例

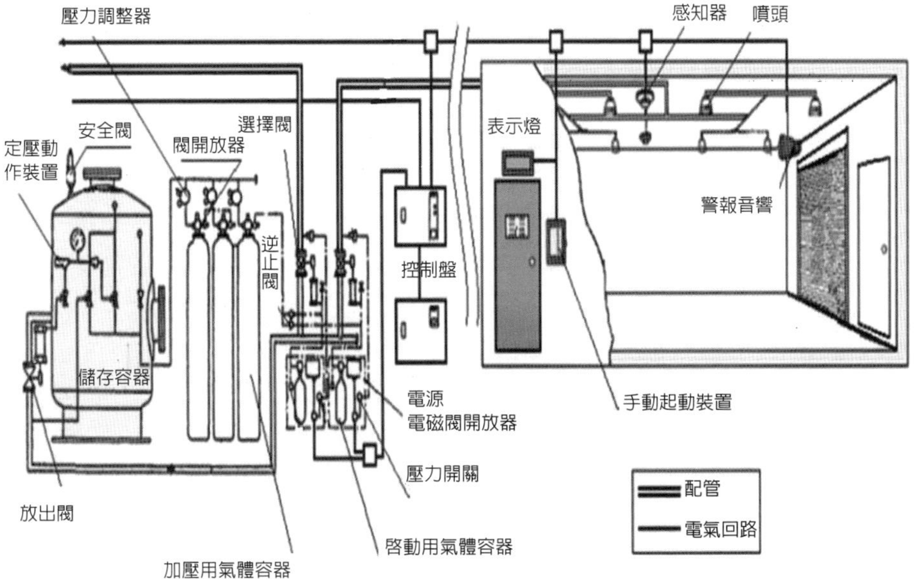

（參考福岡市消防設備等技術基準，平成 26 年）

2-18 乾粉滅火設備——氣體容器

四、氣體容器

<table>
<tr><th colspan="2">項目</th><th>內容</th><th>設置標準</th></tr>
<tr><td rowspan="5">氣體容器</td><td rowspan="3">加壓式</td><td>應設於儲存容器近旁，且須確實接連，並應設置符合 CNS 容器閥及安全裝置。</td><td>§ 103</td></tr>
<tr><td>應設壓力調整裝置，可自動調整壓力至 $<25\text{kg/cm}^2$。</td><td>§ 107</td></tr>
<tr><td>設置定壓動作裝置：
1. 啓動裝置動作後，儲存容器壓力達設定壓力時，應使放出閥開啓。
2. 定壓動作裝置設於各儲存容器。
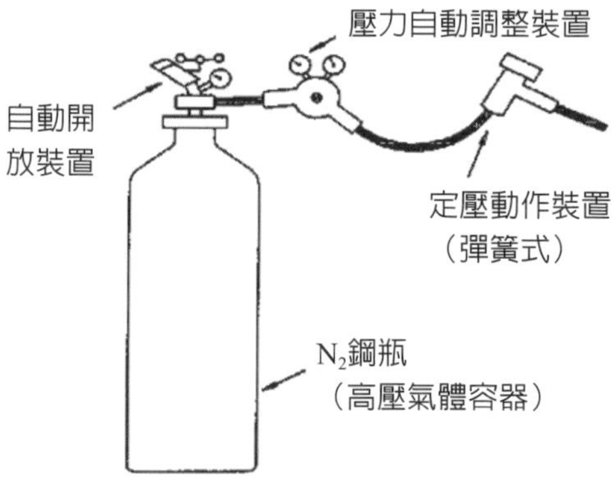
</td><td>§ 108</td></tr>
<tr><td>蓄壓式</td><td>應設置以綠色表示使用壓力範圍之指示壓力表。</td><td>§ 109</td></tr>
<tr><td>加壓或蓄壓式</td><td>1. 加壓或蓄壓用氣體應使用氮氣或 CO_2。
2. 加壓用氣體使用氮氣時，在溫度 35℃，大氣壓力（表壓力）每 0kg/cm^2 狀態下，每 1kg 乾粉藥劑需氮氣 ≥ 40L；使用 CO_2 時，每 1kg 乾粉藥劑需 CO_2 時 20g 並加算清洗配管所需要量以上。
3. 蓄壓用氣體使用氮氣時，在溫度 35℃，大氣壓力（表壓力）每 0kg/cm^2 狀態下，每 1kg 乾粉藥劑需氮氣 10L 並加算清洗配管所需要量以上；使用 CO_2 時，每 1kg 乾粉藥劑需 CO_2 時 20g 並加算清洗配管所需要量以上。
4. 清洗配管用氣體，另以容器儲存。
5. 採取有效之防震措施。</td><td>§ 104</td></tr>
</table>

五、定壓動作裝置原理

一般於加壓式乾粉滅火設備，爲使滅火藥劑能充分混合，儲槽內壓力上升達一定值時，定壓動作裝置自動作動，打開放出閥，滅火藥劑經由選擇閥、配管，由噴頭向防護區劃放射。亦即，當加壓用氣體一注入乾粉容器，在其尚未攪拌充分前，不讓其放射，當乾粉滅火劑達到放射之合適程度時，才打開放出閥之裝置。

定壓動作裝置

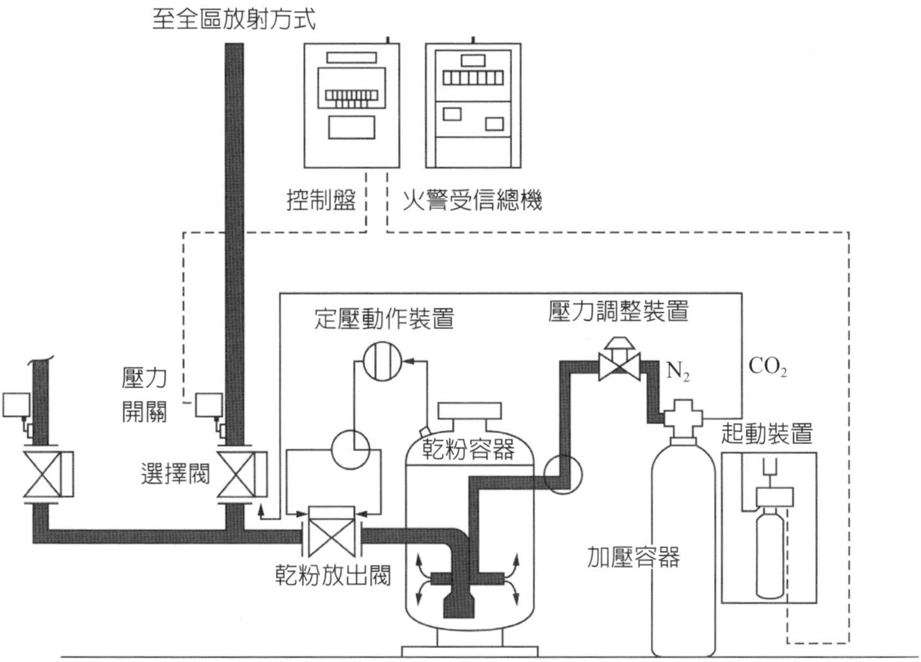

（參考日本 Nippon Dry-Chemical 株式會社，2017）

乾粉滅火藥劑應用設備方式

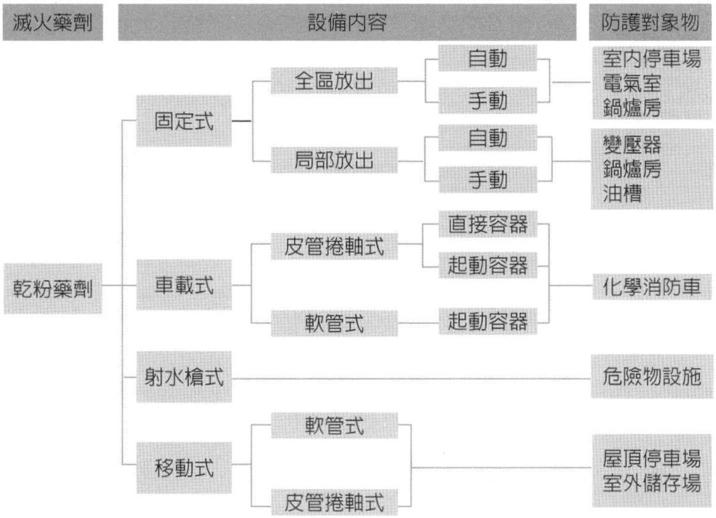

（日本 HATSUTA SEISAKUSHO 株式會社，2017）

2-19 乾粉滅火設備——局部式

六、局部式

<table>
<tr><th colspan="2">項目</th><th colspan="4">內容</th><th>設置標準</th></tr>
<tr><td rowspan="13">局部</td><td rowspan="6">藥劑量（面積式）</td><td colspan="4">可燃性固體或易燃性液體存放於上方開放式容器，火災發生時，燃燒限於一面且可燃物無向外飛散之虞者，所需之滅火藥劑量。</td><td rowspan="12">§ 99</td></tr>
<tr><td colspan="4">$S\ m^2 \times Q\ kg/m^2 \times 1.1$
S：防護對象物之邊長在 < 0.6m 時，以 0.6m 計</td></tr>
<tr><td>乾粉種類</td><td colspan="2">防護對象每平方公尺表面積所需滅火藥劑量（kg/m^2）</td><td>追加倍數</td></tr>
<tr><td>第 1 種</td><td colspan="2">8.8</td><td rowspan="3">1.1</td></tr>
<tr><td>第 2,3 種</td><td colspan="2">5.2</td></tr>
<tr><td>第 4 種</td><td colspan="2">3.6</td></tr>
<tr><td rowspan="6">藥劑量（體積式）</td><td colspan="4">$V\ m^2 \times Q\ kg/m^2 \times 1.1$
V：防護對象物之邊長在 < 0.6m 時，以 0.6m 計
$Q = X - Y \times a/A$
Q：假想防護空間單位體積滅火藥劑量（kg/m^3）所需追加倍數比照前目規定
a：防護對象周圍實存牆壁面積之合計（m^2）
A：假想防護空間牆壁面積之合計（m^2）
X 及 Y 值，依下表規定為準：</td></tr>
<tr><td>乾粉種類</td><td>X 值</td><td>Y 值</td><td>追加倍數</td></tr>
<tr><td>第 1 種</td><td>5.2</td><td>3.9</td><td rowspan="3">1.1</td></tr>
<tr><td>第 2,3 種</td><td>3.2</td><td>2.4</td></tr>
<tr><td>第 4 種</td><td>2.0</td><td>1.5</td></tr>
<tr><td colspan="4">供電信機器室使用者，所核算出之滅火藥劑量，須乘以 0.7。</td></tr>
<tr><td colspan="5">局部放射方式所設噴頭之有效射程內，應涵蓋防護對象所有表面，且所設位置不得因藥劑之放射使可燃物有飛散之虞。</td><td>§ 100</td></tr>
</table>

乾粉滅火設備防護區域與儲存容器

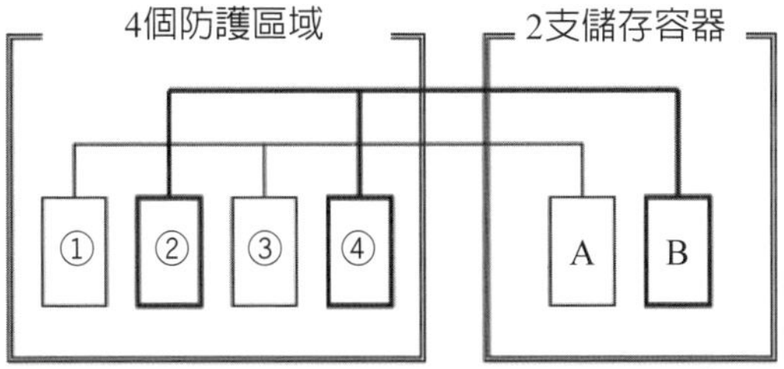

乾粉滅火設備局部防護假想防護空間示意圖

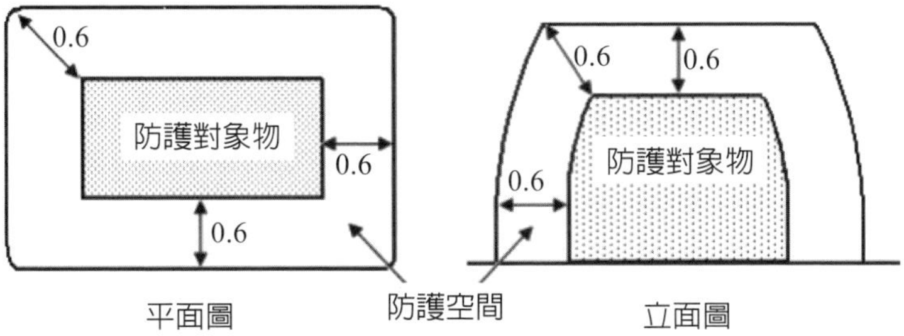

乾粉滅火設備種類與設備方式

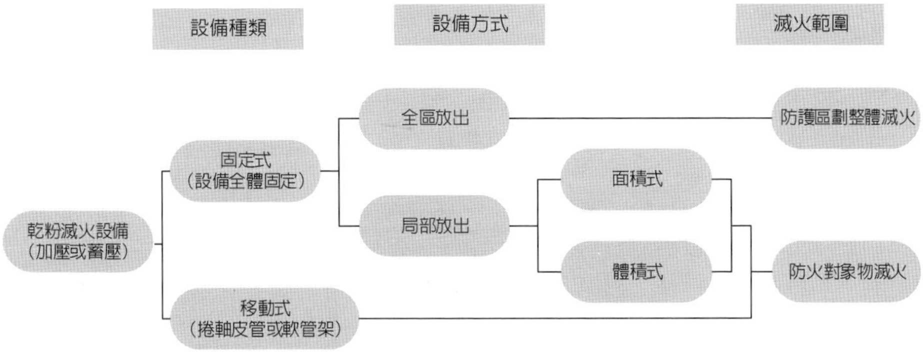

2-20 乾粉滅火設備——定壓動作裝置

七、定壓動作裝置

種類	內容
封板式	由儲槽之內壓力將封板破壞之設置，當注入儲存容器的壓力達一定壓力時，藉由壓力將封板破壞，通過氣體以打開放出閥送出之方式。
彈簧式	儲槽之內壓力上升達到一定值時，而彈簧動作將內藏閥門上壓後開放，通過氣體以打開放出閥送出之方式。 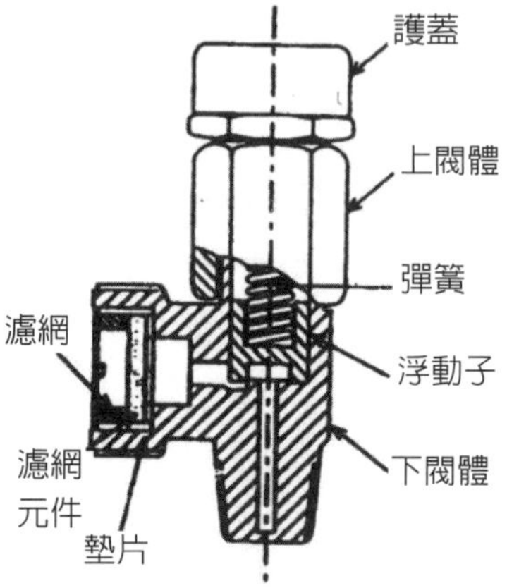 （日本危險物設施基準指南，平成 7 年）
壓力開關式	儲槽之內壓力上升達到一定值時，而使壓力開關關閉，電磁閥開放，另外通路之放出閥開放，使氣體送出之方式。因為使用電磁閥，因此需要緊急電源。 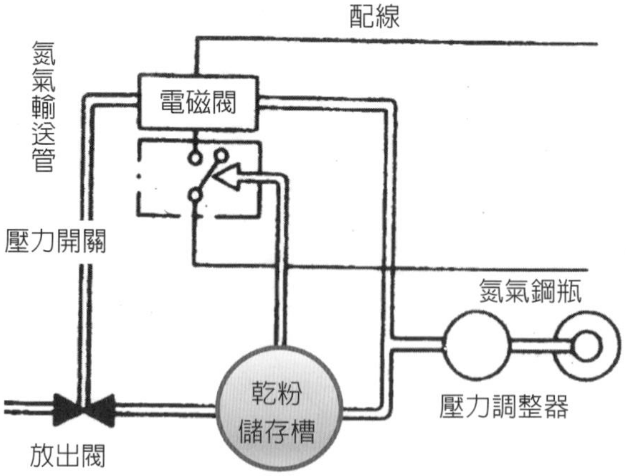 （日本危險物設施基準指南，平成 7 年）

種類	內容
機械連動式	儲槽之內壓力上升達到一定值時，藉由壓力使閥門之連動裝置跳脫，打開閥門氣體通路，打開放出閥氣體送出之方式。 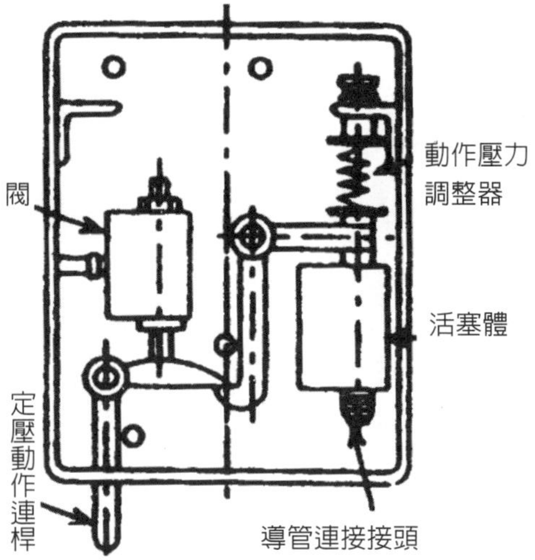 （日本危險物設施基準指南，平成 7 年）
定時器式	槽之內壓力上升達到一定值且達一定設定時間，計時繼電器接點結合，啓動設備同時於計時繼電器動作，打開電磁閥，打開放出閥氣體送出之方式；此需緊急電源。 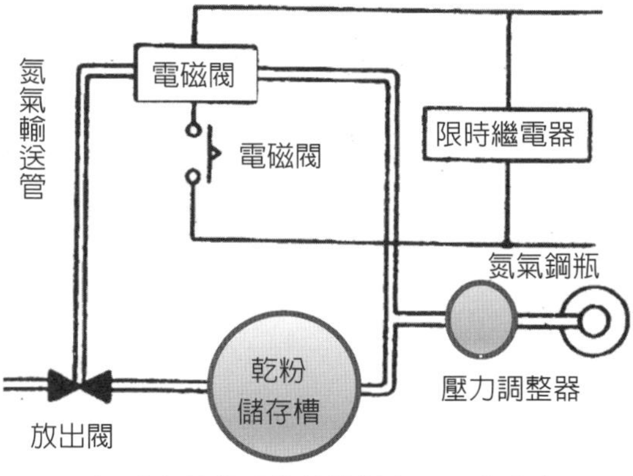 （日本危險物設施基準指南，平成7年）

2-21 乾粉滅火設備——儲存容器

八、儲存容器

<table>
<tr><th colspan="2">項目</th><th colspan="4">內容</th><th>設置標準</th></tr>
<tr><td rowspan="3">儲存容器</td><td rowspan="2">充填比</td><td>乾粉</td><td>第 1 種</td><td>第 2 或第 3 種</td><td>第四種</td><td rowspan="2">§ 102</td></tr>
<tr><td>充填比</td><td>0.85～1.45</td><td>1.05～1.75</td><td>1.5～2.5</td></tr>
<tr><td>場所</td><td colspan="4">1. 置於防護區域外。
2. 置於溫度 <40℃處。
3. 不得置於有日光曝曬或雨水淋濕處。
4. 儲存容器於明顯處所標示：充填藥劑量、滅火藥劑種類、最高使用壓力（限於加壓式）、製造年限及製造廠商等。
5. 儲存容器設置符合 CNS 安全裝置。
6. 蓄壓式內壓 ≥ $10kg/cm^2$ 者，設符合 CNS 容器閥。
7. 為排除儲存容器之殘留氣體，應設置排出裝置，為處理配管之殘留藥劑則應設置清洗裝置。
8. 採取有效之防震措施。</td><td>§ 102</td></tr>
</table>

九、乾粉滅火設備放出方式類型

<table>
<tr><th colspan="2">項目</th><th>內容</th><th>例如</th></tr>
<tr><td rowspan="2">固定式</td><td>全區放出</td><td>將滅火劑釋放到整個防護區域的方式，由乾粉儲存容器、噴射頭、啓動裝置、火警放射警報裝置、配管、電源（含緊急電源）、加壓氣體容器、定壓動作裝置、偵溫式及偵煙式探測器、放射表示燈、壓力開關控制盤、配線、標示及開口關閉裝置等構成之設備。</td><td>室內停車空間、變壓室、鍋爐房等。</td></tr>
<tr><td>局部放出</td><td>在防護對象物以直接放射藥劑之方式，與全區放出方式主要差異是火警放射警報裝置等設備。</td><td>油槽、鍋爐房、油類儲存室等。</td></tr>
<tr><td colspan="2">移動式</td><td>以泡沫容器與泡沫瞄子組成滅火設備之箱體，置於可能較無受火災濃煙充斥之位置。</td><td>室外容器儲存場、屋頂停車場等。</td></tr>
</table>

乾粉滅火設備藥劑儲存容器照片

乾粉滅火設備啓動方式

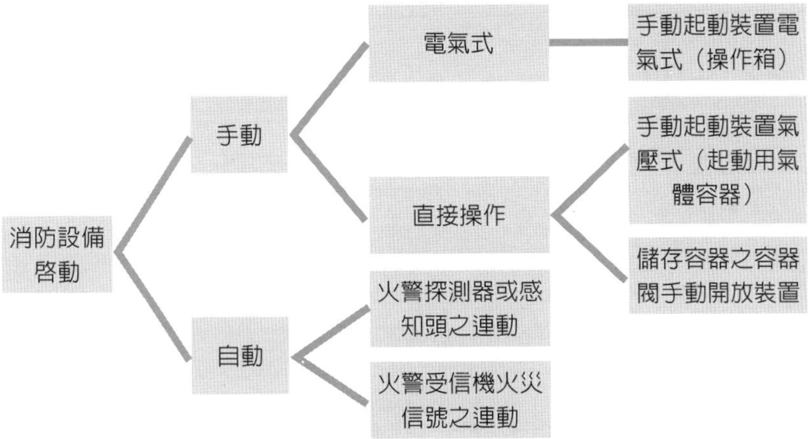

2-22 乾粉滅火設備——配管

十、配管

項目	內容	設置標準
配管	1. 應為專用，其管徑依噴頭流量計算配置。 2. 使用符合 CNS 規定，並施予鍍鋅等防蝕處理或具同等以上強度及耐蝕性之鋼管。但蓄壓式中，壓力在 25～42kg/cm^2，應使用符合 CNS 無縫鋼管 Sch40 以上並施予防蝕處理之鋼管。 3. 採用銅管配管時，應使用符合 CNS 強度及耐蝕性者，並能承受調整壓力或最高使用壓力 ≥ 1.5 倍之壓力。 4. 最低配管與最高配管間，落差在 ≤ 50m。 5. 配管採均分為原則，使噴頭同時放射時，放射壓力為均等。 6. 採取有效之防震措施。	§ 105
	自儲存容器起，其配管任一部分與彎曲部分之距離應為管徑 ≥ 20 倍。但能採取乾粉藥劑與加壓或蓄壓用氣體不會分離措施者，不在此限。	§ 106

十一、閥類與啓動用容器裝置

項目	內容	設置標準
閥類	1. 使用符合 CNS 之規定且施予防蝕處理或具有同等以上強度、耐蝕性及耐熱性者。 2. 標示開閉位置及方向。 3. 放出閥及加壓用氣體容器閥之手動操作部分設於火災時易於接近且安全之處。	§ 105
氣體啓動	1. 啓動用氣體容器能耐 250kg/cm^2 壓力。 2. 啓動用氣體容器之內容積有 ≥ 0.27L，其所儲存之氣體量在 ≥ 145g，且其充填比在 ≥ 1.5。 3. 啓動用氣體容器之安全裝置及容器閥符合 CNS 規定。 4. 啓動用氣體容器不得兼供防護區域之自動關閉裝置使用。	§ 110

乾粉滅火設備

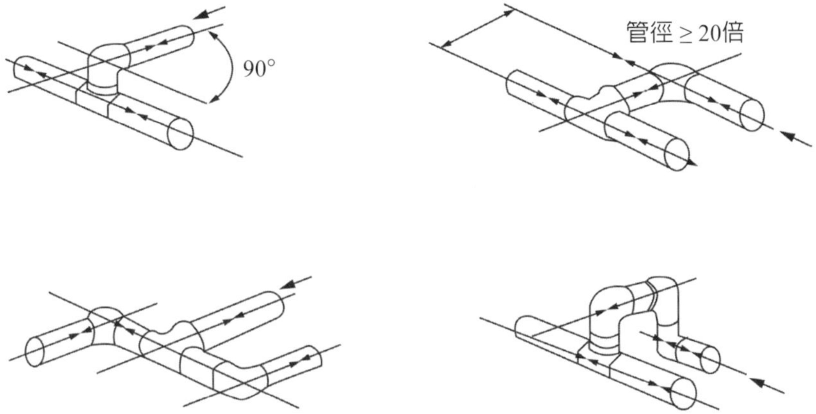

各種乾粉滅火設備藥劑內容積與氣體量

乾粉	第 1 種	第 2 或 3 種	第四種
充填比	0.85～1.45	1.05～1.75	1.5～2.5

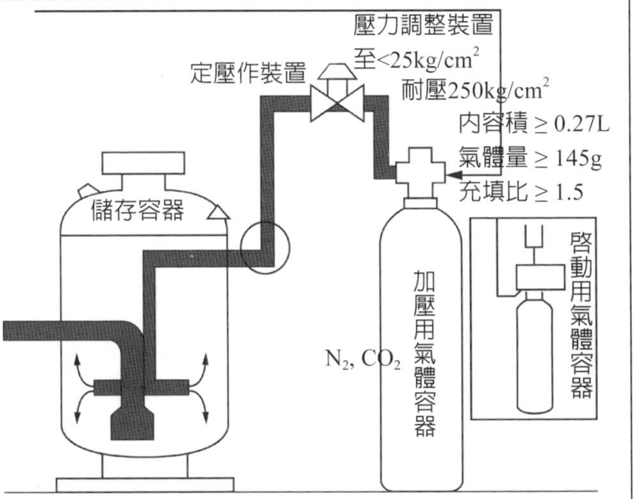

加壓式	蓄壓式
1kg ≥ 40L N_2 1kg ≥ 20g CO_2 + 清洗量	1kg ≥ 10L N_2 + 清洗量 1kg ≥ 20g CO_2 + 清洗量

2-23 乾粉滅火設備——移動式

十一、移動式

<table>
<tr><th>項目</th><th>內容</th><th></th><th>設置標準</th></tr>
<tr><td rowspan="4">移動式</td><td>1. 儲存容器之容器閥能在皮管出口處以手動開關者。
2. 儲存容器分設於各皮管設置處。
3. 儲存容器近旁設紅色標示燈及標明移動式乾粉滅火設備字樣。
4. 設於火災時濃煙不易籠罩之場所。
5. 每一具噴射瞄子之每分鐘藥劑放射量符合下表規定</td><td></td><td rowspan="4">§ 111</td></tr>
<tr><td colspan="2">
<table>
<tr><td>乾粉藥劑</td><td>第 1 種</td><td>第 2,3 種</td><td>第 4 種</td></tr>
<tr><td>每分鐘放射量（kg/min）</td><td>45</td><td>27</td><td>18</td></tr>
</table>
</td></tr>
<tr><td colspan="2">6. 移動式乾粉滅火設備之皮管、噴嘴及管盤符合 CNS 規定。</td></tr>
</table>

船舶移動式乾粉滅火設備（攝自臺中港 LPG 船）

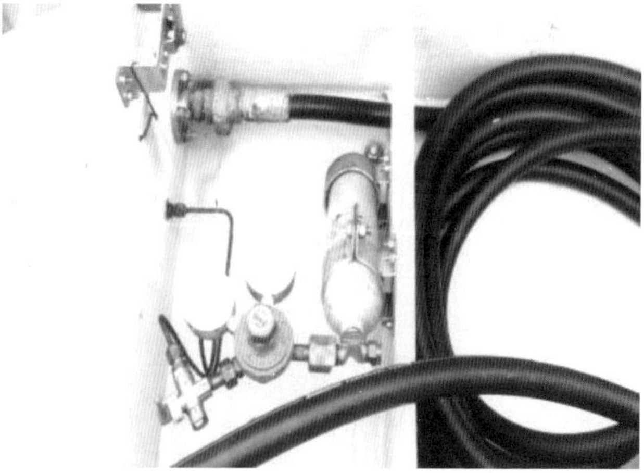

移動式乾粉滅火設備設置數量與應用場所

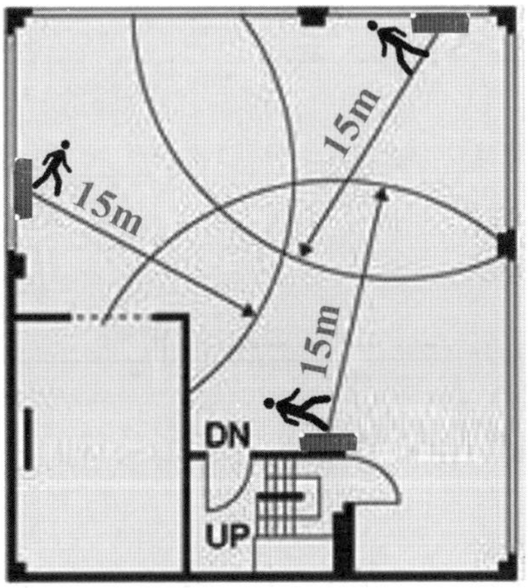

：移動式乾粉滅火設備

移動式乾粉應用場所：
室內、屋頂停車場、飛機庫、電氣室
等油類或電氣火災

（三津浜工業株式會社，2017）

移動式乾粉滅火設備藥劑放射量

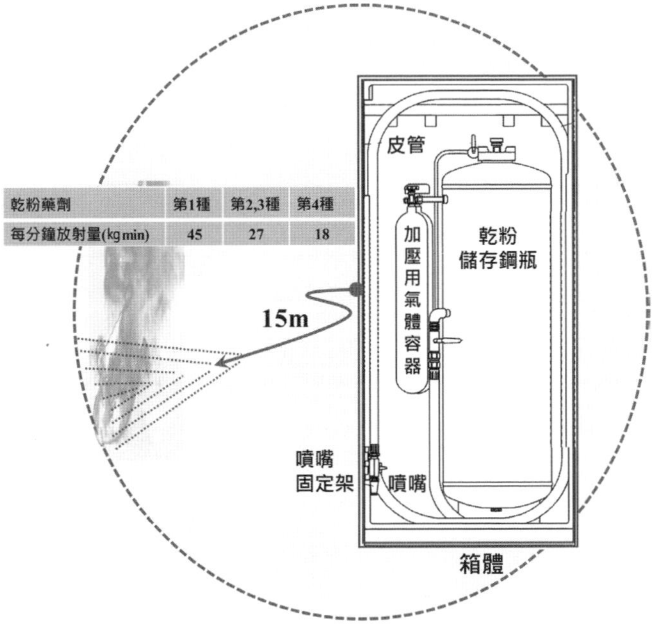

2-24 乾粉滅火設備計算例

例 1. 某儲油槽直徑為 12 m、高 9 m，若採用加壓式乾粉滅火設備及第一種乾粉，所需乾粉藥劑量為 1000 kg，加壓氣體為氮氣時，其體積為何（35℃，錶壓力 150 kg/cm^2）？依法令規定，加壓用氣體使用氮氣時，在溫度 35℃，大氣壓力（表壓力）0 kg/cm^2 或 0MPa 狀態下，每 1kg 乾粉藥劑需氮氣 40L。

解

$W = 40\ (\mathrm{L/kg}) \times 1000\ \mathrm{KG} = 40000\ \mathrm{L}$

依波以耳定律 $\dfrac{P_1 \times V_1}{T_1} = \dfrac{P_2 \times V_2}{T_2}$

P_1：絕對壓力 = 錶壓力（0）+ 1.033kgf/cm^2

P_2：絕對壓力 = 錶壓力（150）+ 1.033kgf/cm^2

$$\frac{1.033 \times 40000}{(35+273)} = \frac{(150+1.033) \times V_2}{(35+273)}$$

（表壓力之零點爲 1 大氣壓力）

$V_2 = 273.5\ \mathrm{L}$

例 2. 有一室內停車空間（15m×10m×5m），以全區放射第三種乾粉滅火設備作為火災防護，請問所需乾粉量多少？加壓氣體為氮氣時，其體積為何（35℃，錶壓力 150 kg/cm^2）？依法令規定，第 3 種乾粉單位藥劑量為 0.36kg/m^3，加壓用氣體使用氮氣時，在溫度 35℃，大氣壓力（表壓力）0kg/cm^2 或 0MPa 狀態下，每 1kg 乾粉藥劑需氮氣 40L。

解

$W = 0.36\ \mathrm{kg/m^3} \times 15\mathrm{m} \times 10\mathrm{m} \times 5\mathrm{m} = 270\ \mathrm{kg}$

$N_2 = 270\ \mathrm{kg} \times 40\ \mathrm{L/kg} = 10800\ \mathrm{L}$

依波以耳定律 $P_1 \times V_1 = P_2 \times V_2$

P_1：絕對壓力 = 錶壓力（0）+ 1.033kgf/cm^2

P_2：絕對壓力 = 錶壓力（150）+ 1.033kgf/cm^2

$1.033 \times 10800 = (150 + 1.033) \times V_2$

$V_2 = 73.9\ \mathrm{L}$

乾粉滅火設備儲存容器與防護區域配管設計例

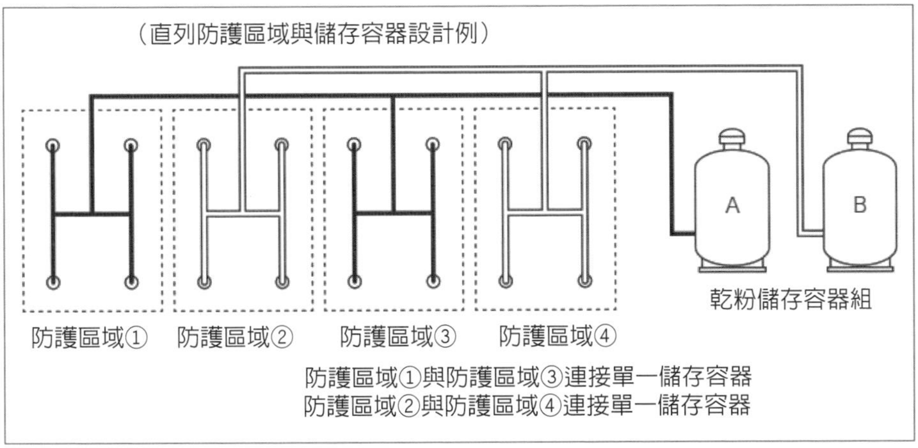

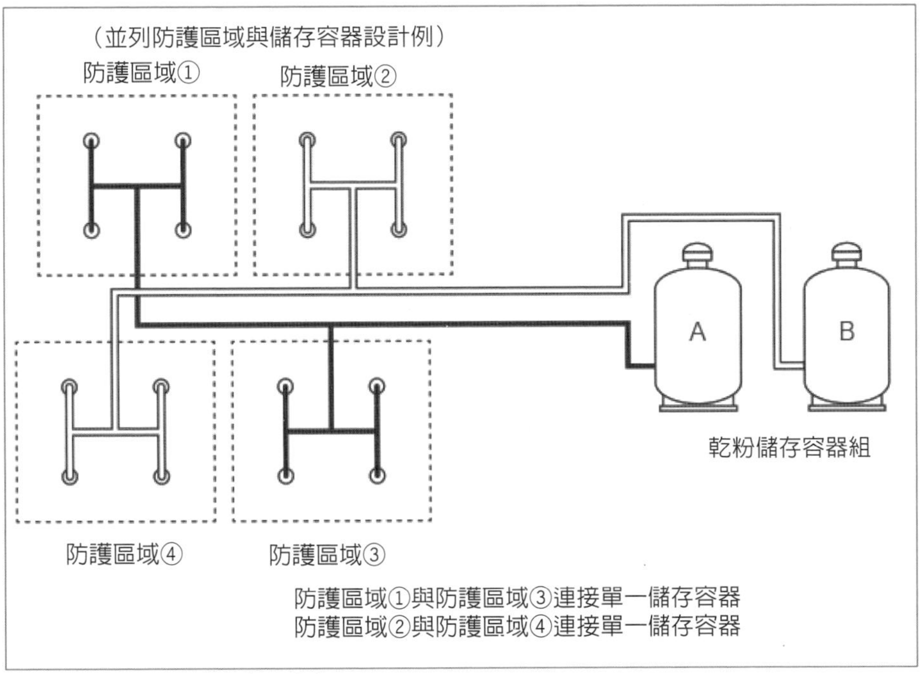

（SAITAMA 市消防局，平成 28 年）

2-25 海龍替代滅火設備——火災學原理

海龍滅火藥劑在滅火效能上已有諸多優異的表現，但其氟氯碳化物會造成大氣層中的臭氧層破壞，早在 1987 年全球簽署「蒙特婁公約」來強制各國限制使用，並於 1994 年起全面禁止生產。

但海龍滅火藥劑具有無臭、無色、低毒性，平時釋放時無毒、但是藥劑在接觸火源時會產生劇毒，原因在於氟、氯、溴及碘等物質，在遇到火焰時產生了觸媒作用後，使可燃物中碳氫化合物中氫，與燃燒產生氫氧結合，然而氫氧即是連鎖反應的關鍵因素，因而抑制燃燒之作用。

海龍藥劑經分解置換出鹵元素是屬於劇毒物質而產生環境負面問題。因此，一些海龍替代品（HALON Substitutes/Replacements）陸續改良。但有些（惰性氣體除外）與高溫接觸產生毒性物質，NFPA 規定藥劑放射應在 10 秒內完成。

海龍替代滅火藥劑應有基本考量

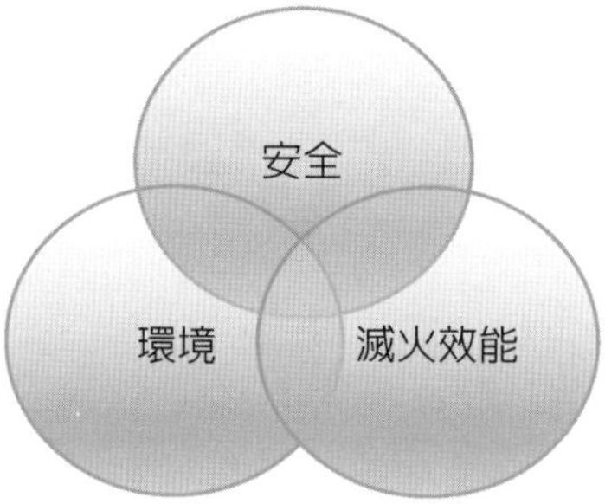

一、海龍替代品考量因素

項目	內容
滅火效能值高	能有效滅火是設備設置之主要目的。
人員安全性高	當滅火藥劑放射時，不影響人員逃生，對於放射後藥劑殘留不生損害性。
破壞臭氧層指數（ODP）溫室效應值（GWP）低	太陽紫外線及輻射線無大氣層保護，可以直接到地球表面，造成氣候變化及人體皮膚病變。
滯留大氣時間（ALT）短	藥劑受到紫外線照射分解鹵素原子與臭氧反應，使臭氧分解消失，間接造成地球臭氧層破壞。
滅火藥劑穩定性高	滅火藥劑儲存時間久，且不生化學變化之質變特性。
系統能取代原設備	從經濟考量並達到安全及有效之目的。
易於維修	取得便利且經濟。

二、海龍替代品滅火設備種類

種類	項目	成分或名稱	內容
惰性氣體	IG-541	N_2 52%、Ar 40%、CO_2 8%	惰性氣體主要使用氮氣（N_2）及氬氣（Ar）或兩者的混合物，藉由降低防護區環境中的氧濃度，達到窒息作用，使燃燒現象無法維持。
	IG-01	Ar 99.9%【註解 6】	
	IG-55	Ar 50%、N_2 50%	
	IG-100	N_2 100%	
鹵化烷化物	FM-200	HFC-227ea	鹵化烷大多以高壓液化儲存。在常溫常壓下，如海龍仍算是穩定的（除了破壞臭氧層）。但一旦環境因素改變，能水解產生光氣毒性。因此，替代海龍滅火劑只是將能破壞臭氧層之溴（Br_2）拿掉；整體上藉由切斷火焰之連鎖反應，達成滅火之目的。  圖：FM-200 滅火系統（攝自臺中港汽車船）
	NAFS-III	$CHClF_2$（82%） $CHClF_3$（9.5%） $CHCl2F_3$（4.8%）	
	FE-13	HFC-23	
	PFC-410	CEA-410	

海龍替代滅火設備應用方式

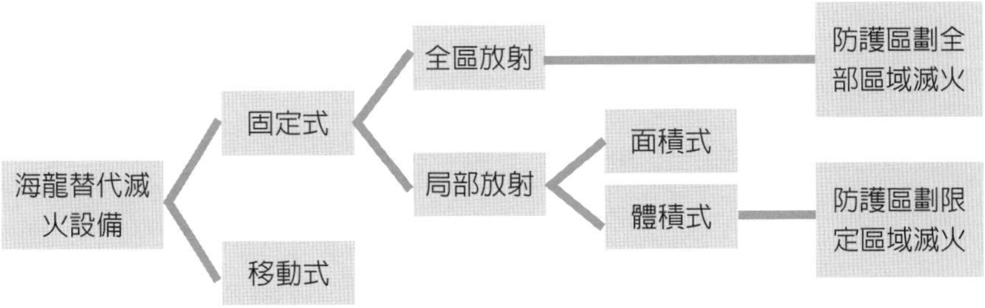

【註解 6】氬氣與其他元素均不化合，因價格昂貴，金屬火災如使用 CO_2 或 N_2，將產生化合物。放射性同位素火災，只有利用氬、氦等稀有元素。

三、海龍替代滅火藥劑綜合比較

滅火藥劑	Inergen（IG-541）	FM-200	CEA-410	NAF S-III	HFC-23	Halon1301
化學式	N_2 52% Ar 40% CO_2 8%	CF_3CHFCF_3	C_4F_{10}	HCFC	CHF_3	CF_3Br
製造商	Ansul	Great Lakes	3M	NAF	Dupont	
滅火原理	稀釋氧氣	抑制連鎖	抑制連鎖	抑制連鎖	抑制連鎖	抑制連鎖
破壞臭氧指數	0	0	0	0.044	0	16
溫室效應	0.08	0.3～0.6（中）	（高）	0.1（低）	（高）	0.8
大氣滯留時間	-	短 31～42 年	非常長 500 年	短 7 年	長 208 年	107 年
蒸氣壓（77˚F）	2205psi 高壓系統	66psi 低壓系統	42psi 低壓系統	199psi 低壓系統	686psi 高壓系統	241psi
等效替代量	10.5	1.70	1.67	1.09	1.93	1
安全性	安全	安全	安全	安全	安全	不安全
滅火濃度	30%	5.9%	5.9%	7.2%	12%	3.5%
熱分解物	無	HF	HF	HF	HF	HF
儲存狀態	氣態	液態	氣態	氣態	液態	氣態

滅火藥劑	LC50【註解 7】	NOAEL	LOAEL
Inergen	無毒	43%	52%
FM-200	＞80%	9%	10%
CEA-410	＞80%	40%	＞40%
NAF-S III	64%	10%	＞10%
FE-13	＞65%	50%	>50%

【註解 7】LC50 會造成 50% 實驗生物死亡的濃度

NOAEL（no observed adverse effect level），為無毒性濃度，藥劑對身體不產生明顯影響之最高濃度。

LOAEL（lowest observed adverse effect level），為確認毒性之最低濃度，即藥劑對身體產生明顯影響之最低濃度。

四、海龍替代品：IG-541滅火設備鋼瓶組與釋放前後濃度

IG-541 成分變化

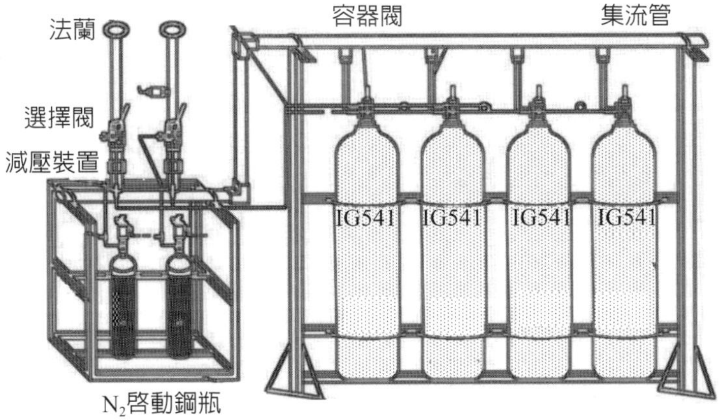

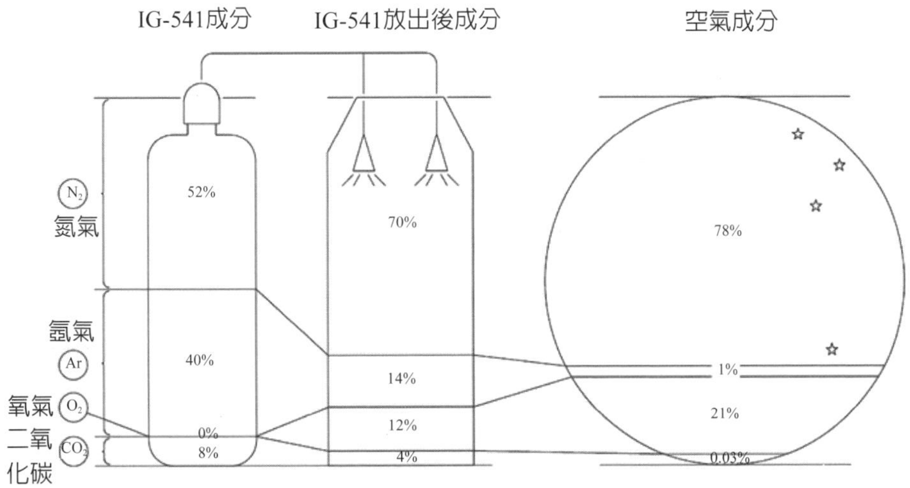

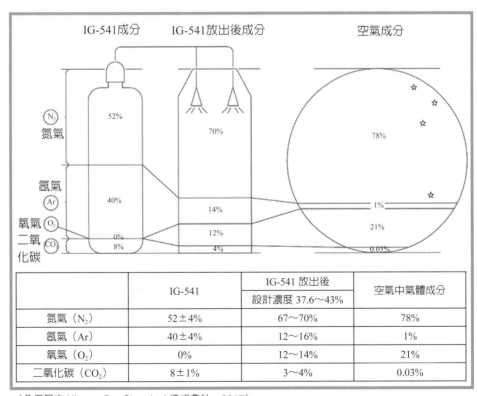

	IG-541	IG-541 放出後 設計濃度 37.6～43%	空氣中氣體成分
氮氣（N_2）	52±4%	67～70%	78%
氬氣（Ar）	40±4%	12～16%	1%
氧氣（O_2）	0%	12～14%	21%
二氧化碳（CO_2）	8±1%	3～4%	0.03%

（參考日本 Nippon Dry-Chemical 株式會社，2017）

2-26 海龍替代滅火設備——目的與構成

一、目的與構成

設置目的	海龍替代滅火設備由下列構件組成一套集氣體及安全裝置之系統。當火災發生時，由噴頭放射出不活性氣體（惰性或鹵化烷類）滅火藥劑，遮斷空氣供給，稀釋中空氣中氧氣濃度，以達窒息或抑制燃燒之連鎖反應效果，使區域內燃燒停止目的之一種滅火設備。
組成構件	由儲存容器、噴頭、控制盤、起動裝置、音響警報、配管、電源（含緊急電源）、火警感知器、放射表示燈、配線及標示所構成。

二、應設場所

第 18 條　下表所列之場所，應就水霧、泡沫、乾粉、二氧化碳滅火設備等選擇設置之。但外牆開口面積（常時開放部分）達該層樓地板面積 ≥ 15% 者，上列滅火設備得採移動式設置。

項目	應設場所	樓地板面積	水霧	泡沫	二氧化碳	乾粉
一	屋頂直升機停機場（坪）	$\geq 0m^2$	-	○	-	○
二	飛機修理廠、飛機庫	$\geq 200m^2$	-	○	-	○
三	汽車修理廠、室內停車空間		○	○	○	○
	1F	$\geq 500m^2$				
	BF 或 ≥ 2F	$\geq 200m^2$				
	RF 停車場	$\geq 300m^2$				
四	升降機械式停車場	可容納 ≥ 10 輛者	○	○	○	○
五	發電機室、變壓器室及類似場所	$\geq 200m^2$	○	-	○	○
六	鍋爐房、廚房等大量使用火源場所	$\geq 200m^2$	-	-	○	○
七	電信機械室、電腦室或總機室及類似場所	$\geq 200m^2$	-	-	○	○
八	引擎試驗室、石油試驗室、印刷機房及類似危險工作場所	$\geq 200m^2$	-	○	○	○

儲存容器類型及儲存方法

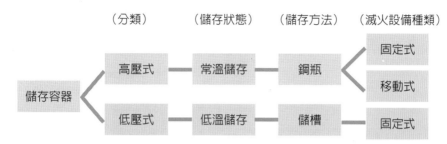

（分類）	（儲存狀態）	（儲存方法）	（滅火設備種類）
儲存容器 → 高壓式	常溫儲存	鋼瓶	固定式 移動式
儲存容器 → 低壓式	低溫儲存	儲槽	固定式

惰性氣體滅火系統手動操作流程

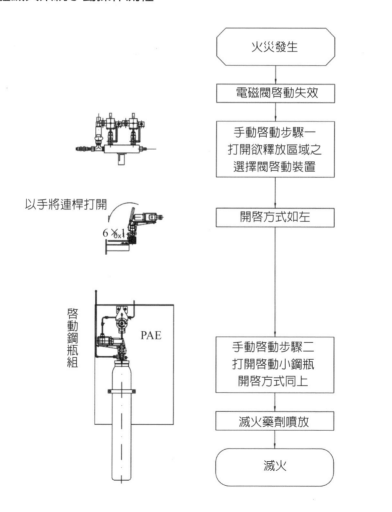

火災發生
↓
電磁閥啓動失效
↓
手動啓動步驟一
打開欲釋放區域之
選擇閥啓動裝置
↓
開啓方式如左
↓
手動啓動步驟二
打開啓動小鋼瓶
開啓方式同上
↓
滅火藥劑噴放
↓
滅火

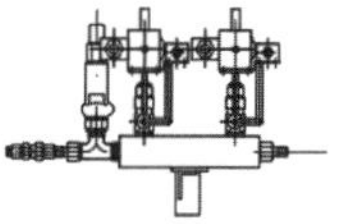

以手將連桿打開

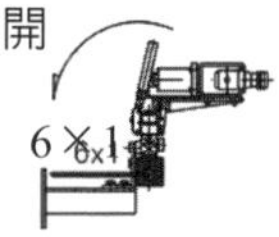

啓動鋼瓶組

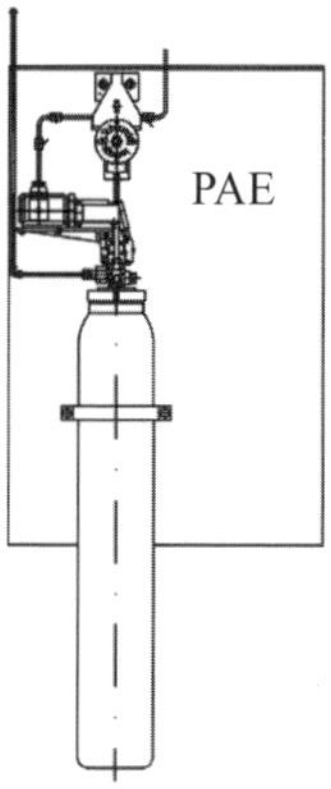

二、海龍替代滅火設備動作流程

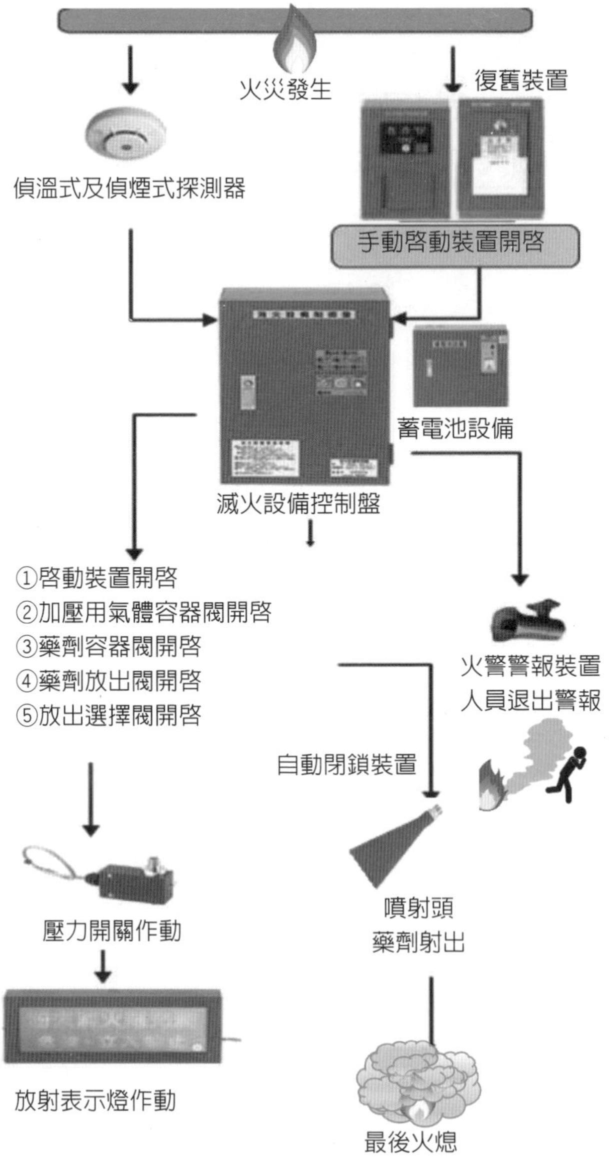

（參考日本東京防災設備保守協會，2017）

三、儲存容器充填氮氣

液態儲存易受溫度變化而變化，以氮氣充填能使液面穩定。

儲存容器充填氮氣比較

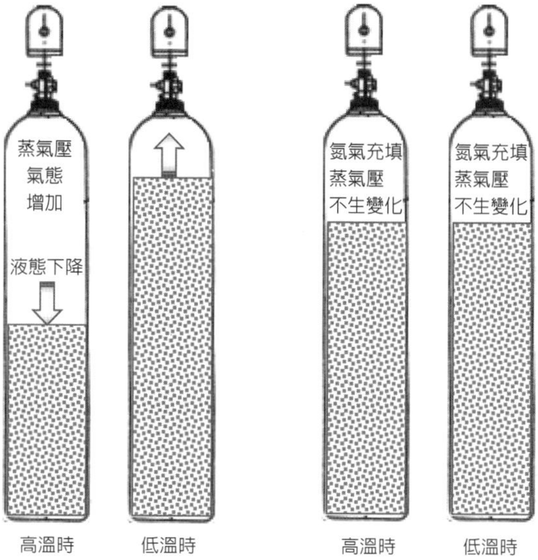

FM-200 滅火設備消防工程設計例

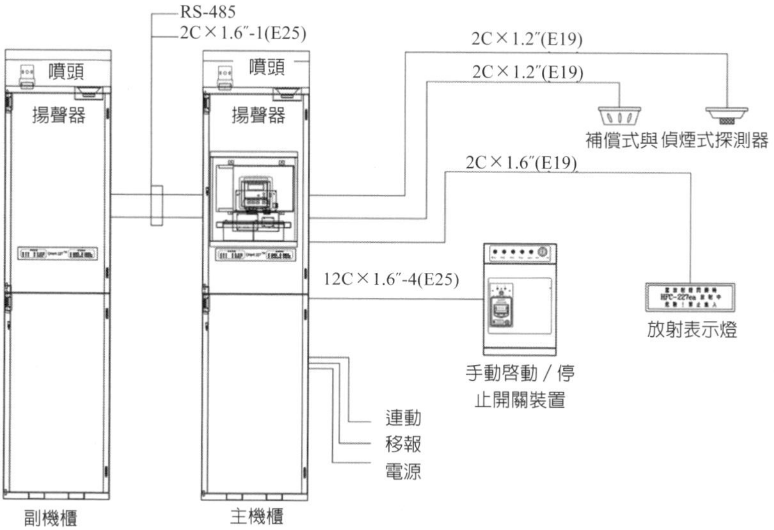

2-27 海龍替代滅火設備——個案申請表

四、個案申請表

<table>
<tr><td colspan="2">申請人名稱</td><td colspan="3"></td></tr>
<tr><td colspan="2">案件名稱</td><td colspan="3"></td></tr>
<tr><td colspan="2">審查結果</td><td colspan="3">□合格　□不合格</td></tr>
<tr><td rowspan="10">送審基本資料</td><td>□ 審核認可申請書</td><td colspan="3" rowspan="2">□ 申請案之基本資料（含申請事由、地點、申請範圍、建築概況、用途、樓層數、建照說明等）</td></tr>
<tr><td>□ 公司登記資料（申請人）</td></tr>
<tr><td>□ 公司登記資料（設計公司）</td><td colspan="3">□ 消防設備師／暫代人員證書（講習結業證明）</td></tr>
<tr><td>□ 公司登記證明文件（設計公司）</td><td colspan="3">□ 系統設計及程式使用人員之原廠受訓合格證明</td></tr>
<tr><td>□ 最近一次完稅證明（設計公司）</td><td colspan="3" rowspan="2">□ 流量計算程式使用手冊
□ 程式之國外第三公證機構登錄資料</td></tr>
<tr><td>□ 工程委託證明文件</td></tr>
<tr><td>□ 建築物詳細住址／□地籍資料</td><td colspan="3" rowspan="2">□ 計算單位全案應一致（採英制單位者，應將公制單位並列之，並標註於設計圖）</td></tr>
<tr><td>□ 通案審核認可書</td></tr>
<tr><td>□ 代理授權證明（有效期限）</td><td colspan="3">□ 消防安全設備名稱應符合法規用語</td></tr>
<tr><td>□ 原廠受訓合格證明</td><td colspan="3">□ 申請資料檔案光碟</td></tr>
<tr><td colspan="2">審查項目</td><td>審查內容</td><td>合</td><td>否</td></tr>
<tr><td colspan="2">建築物概要</td><td>□ 建築圖說（含整體配置平面圖、樓層平面圖、立面圖、門窗圖）
　□建築師簽證
□ 列表說明設置場所用途、火災危險[註解8]類別及設計濃度</td><td></td><td></td></tr>
<tr><td>滅火設計概要</td><td>設計準則及規範</td><td>□ 設計準則及構想
□ 原廠設計手冊（含中譯本）
□ 設計系統型式
　□套裝型　□非套裝型
□ 設備規範
□ 施工規範</td><td></td><td></td></tr>
</table>

[註解8] NFPA 10 將潛在火災危險度劃分 3 種等級：

A. 低度危險場所：包括辦公室、教室和其他一般使用區域。A 類可燃物數量在這些區域是相對較少的，而也存在少量 B 類可燃物。

B. 中度危險場所：包括輕工業製造、商店、工作坊（Workshops）還有一些倉庫。A 類和 B 類可燃物數量大於在低度危險性區域。

C. 高度危險場所：包括製造、汽車維修和倉庫，其中 A 類和 B 類可燃物數量大於中度危險場所。

	滅火 藥劑		□ 滅火藥劑____________之物質安全資料表（含中譯本） 藥劑放射後其藥劑充填方式 □ 原廠充填 □ 在台充填		
	設計 圖說		□ 設計要項 □構件圖例　□構件數量　□藥劑計算總表 □ 動作流程圖（含延遲時間、連動關閉空調及閘門、緊急暫停開關等，另手動啓動不得再有延遲時間） □ 彩色分層標示噴頭之防護範圍（確認防護無死角） □ 防護區域之火警配線及配管設計圖 □ 升位圖／□消防設備師或暫代人員簽證 □ 平面圖／□消防設備師或暫代人員簽證 □ 立體圖／□消防設備師或暫代人員簽證 □ 緊急電源容量計算 □ 噴頭、配管之設置位置、高度、管徑、轉換接頭、流量、壓損等設計資料應符合原廠設計手冊規定		
	防護 區域		□ 空間容積 □ 空間高度 □ 各防護區體積、可扣除體積及淨體積之詳細計算情形 □ 各防護區域牆、柱、樓地板或天花板材質、開口部位置、關閉裝置等區劃隔間情形予以繪明 □ 全區放射方式之區劃，玻璃門窗應採具半小時防火時效以上之防火門窗。 □ 常開式開口自動閉鎖裝置 □ 空調連動停止		
滅火設計概要	放射方法	放射時間／放射濃度	□ 檢附流量計算書或相關計算書____________ □ 環境溫度______～______℃／□設計溫度______℃ □ 設計放射時間______～______sec □ 最低需求濃度______%／□預計放射濃度______～______% □ 預計放射藥劑量______～______ □ 最高可能濃度______%（______℃）		
		配管	□ 管材規格______sch______ □ 配管最高使用壓力______kgf/cm^2 □ 配管最大長度______m		
		配線	□ 緊急供電系統配線施予耐燃或耐熱保護		
		選擇閥	□ 無 □ 有 □ 數量______個 □ 等價管長______m（□原廠資料 □納入計算書計算） □ 啓動鋼瓶______支（□設計圖上註明防護區域） □ 現場應加強標示鋼瓶之選擇閥及其防護區域		
		洩壓口	□ 無 □ 有 □ 於設計圖面上明確標示洩壓口計算、位置及尺寸		

滅火設計概要	噴頭	□ 3 層以上噴頭放射設計 □ 最大樓高______m，□最大層數______ □ 原廠或國外第三公證機構認證證明 □ 型式______ 圖說標明噴頭打印之編號		
	安全措施	防止誤動作之安全措施 □ 探測器之誤動作防止措施 □ 異常信號之誤動作防止措施		
		放射時之安全措施 □ 音聲警報 □ 延遲時間______sec □ 放射表示燈 □ 釋壓措施______		
		放射後滅火藥劑及分解氣體排放措施 □ 排氣裝置設計圖說 □ 機械排放 □風機專用　□空調兼用 □ 排風機規格及耐熱證明文件 □ 排氣量、換氣率、靜壓、壓損等詳細計算資料 □ 自然排放 □ 列表說明防護區內各式風機及閘門於平時或火災時之運轉狀況 □ 標明防火閘門之設置位置及回復操作步驟		
	使用構件	□ 構件型號及登錄（或認可）檔號一覽表		
		□ 構件登錄（或認可）證明文件		
		□ 構件型錄		
		鋼瓶 □ 標示符合危險物及有害物通識規則 □ 儲存壓力______kgf/cm² □ 儲存位置 □ 置於防護區域外 □ 專用鋼瓶室 □ 非專用鋼瓶室，有防護措施______ □ 非專用鋼瓶室，無防護措施 □ 置於防護區域內 □ 有防護措施______ □ 無防護措施 □ 手動啓動裝置能同時啓動各裝置		
氣密試驗		□ 氣密試驗計畫（應包含委託契約書及審核認可書等） □ 氣密試驗／最低需求氣密維持時間______min		
維護管理措施		□ 維護管理手冊 □ 平時維護保養應注意事項（外觀、性能檢查等） □ 故障之因應措施及維修 □ 動作後之處置 □ 依「各類場所消防安全設備檢修及申報作業基準」提供本設備之檢修方法、判定基準及檢查表 □ 依「消防安全設備審查及查驗作業基準」提供本設備竣工勘驗之測試項目、方法、判定基準及相關書表		

FM-200 氣體滅火系統動作流程

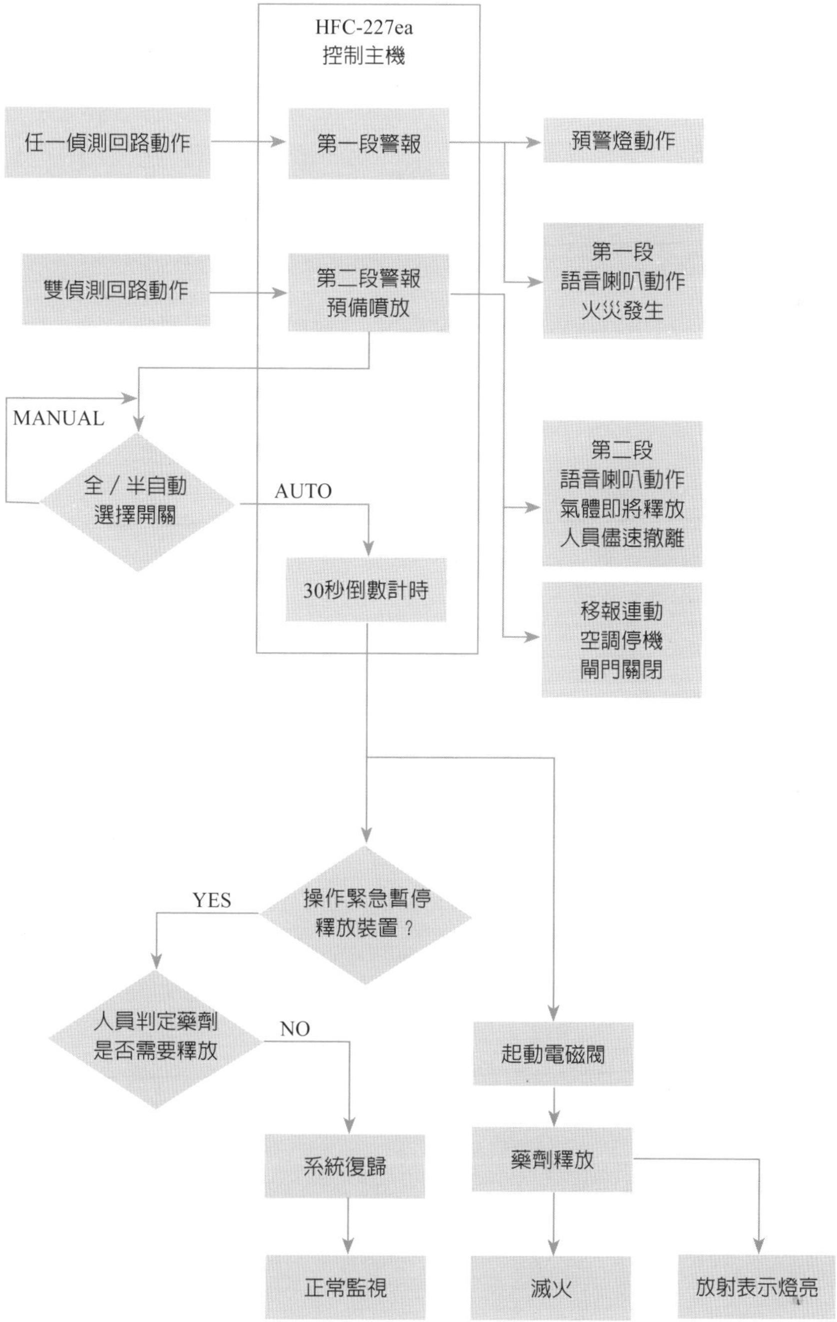

FM-200 氣體滅火系統釋放後操作流程

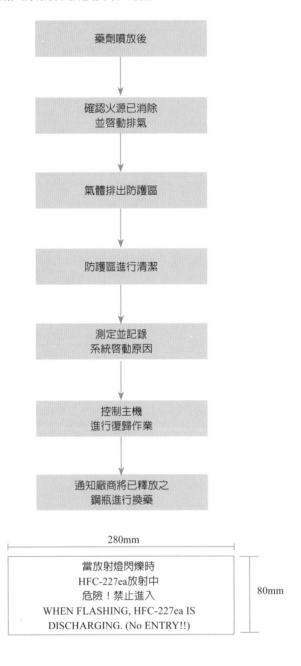

1. 藥劑噴放後
2. 確認火源已消除並啓動排氣
3. 氣體排出防護區
4. 防護區進行清潔
5. 測定並記錄系統啓動原因
6. 控制主機進行復歸作業
7. 通知廠商將已釋放之鋼瓶進行換藥

280mm × 80mm

當放射燈閃爍時
HFC-227ea放射中
危險！禁止進入
WHEN FLASHING, HFC-227ea IS
DISCHARGING. (No ENTRY!!)

Note

2-28 海龍替代滅火設備計算例

例 1. 以氮氣防護空間火災，稀釋氧濃度至 11%，始能達到滅火效果，該問該空間體積需加多少氮？

解

$$\frac{0.21V}{V+x}=0.11$$

$x = 0.9$ V

例 2. HFC227 滅火藥劑之分子量為 170，滅火濃度為 7%，試問於室溫 20℃之情形下，每 1m^2 之空間需要多少 kg 之滅火藥劑量？

解

$$\frac{x}{(x+V)}=\frac{7}{100}$$（滅火劑氣體體積爲 x；空氣體積爲 V）

$x = 0.075$V

$PV = nRT \rightarrow 1\times(0.075\times10^3) = \frac{m(g)}{170}\times0.082\times293\text{K}$

$m = 530$（g）

例 3. 某密閉檔案室其長、寬、高為 20 m（長）×10 m（寬）×3 m（高），使用 FM-200 作為防護氣體，其滅火設計體積濃度為 5.9%，室溫為 15℃，若氣體比容【註解 9】為 0.1346 m^3/kg，試計算滅火需要多少藥劑量？

解

FM200 濃度 % =（FM 體積）/（全部氣體體積）×100%

$$0.059=\frac{x}{V+x}$$

$x = 0.063V$

$V = 20\text{ m}\times10\text{ m}\times3\text{ m} = 600\text{ m}^3$

FM-200 體積爲 $600\times0.063 = 37.6\text{ m}^3$

FM-200 比容或容積比（m^3 / kg）爲 0.1346（15℃）

重量（kg）= 體積（m^3）/ 比容（m^3 / kg）= 37.6/0.1346 = 279.3 kg（藥劑量）

【註解 9】比容是體積除以重量，而密度是重量除以體積，所以兩個互為倒數。

例 4. 某場所使用海龍替代品 FM-200，若其設計之濃度為 10%，試問其放出後該空間之氧氣濃度為多少 %？滅火藥劑量單位空間 m^3 須為多少 kg？

解

滅火濃度（x）$= \dfrac{0.21 - O_2'}{0.21}$　$O_2' = 0.189$　氧濃度為 18.9%

FM-200 滅火濃度 % =（FM-200 體積）/（全部氣體體積）

$0.1 = \dfrac{x}{V+x}$

$x = 0.111V$

FM-200 體積爲 1 m^3 × 0.111=0.111 m^3

FM-200 比容（m^3 / kg）爲 0.1346（15℃）

重量（kg）= 體積（m^3）/ 比容（m^3 / kg）= 0.111/0.1346 = 0.83 kg（單位空間藥劑量）

海龍替代滅火設備之典型系統

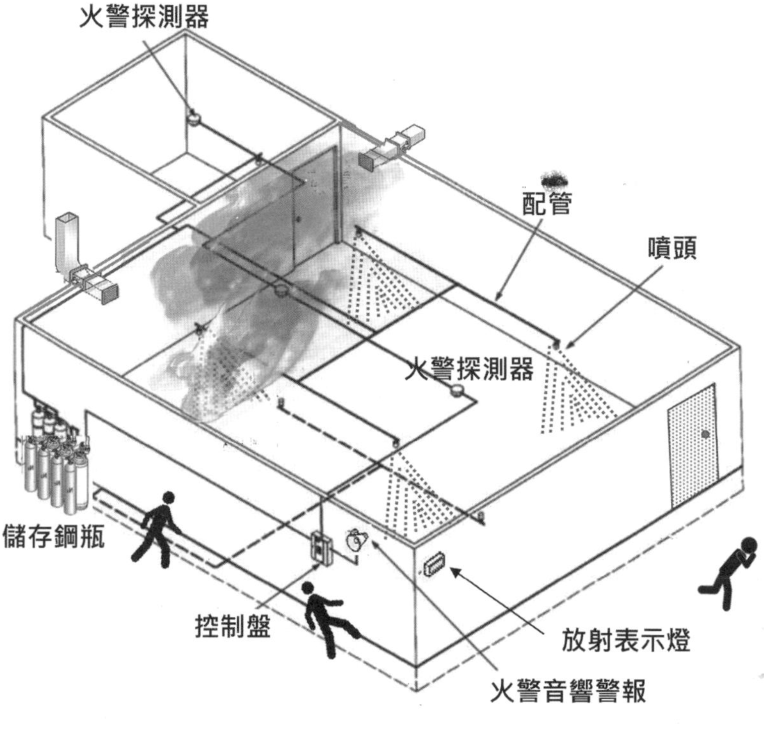

滅火器設備歷屆考題

【申論題】

1. 手提式滅火器種類、型式有哪些區分？在執行外觀檢查時，依檢修作業規定應如何檢查其構件及判定機能正常與否？

解

（一）

滅火器區分	
種類	加壓型式
水	手動幫浦式
	加壓式
	蓄壓式
化學泡沫	反應式
機械泡沫	加壓式
	蓄壓式
鹵化物	
二氧化碳	
乾粉	加壓式
	蓄壓式

（二）

1. 本體容器
   (1) 檢查方法
   以目視確認有無變形、腐蝕之情形。
   (2) 判定方法
   應無滅火藥劑洩漏、顯著之變形、損傷及腐蝕等情形。
   (3) 注意事項
   ①如發現熔接部位受損或容器顯著變形時，因恐對滅火器之性能造成障礙，應即予汰換。
   ②如發現有顯著之腐蝕情形時，應即予汰換。
   ③如發現鐵鏽似有剝離現象者，應即予汰換。
   ④如有①至③之情形時，得不須再施以性能檢查，即可予汰換。
2. 安全插梢
   (1) 檢查方法

以目視確認有無變形、損傷之情形。

(2) 判定方法

①安全裝置應無脫落。

②應無妨礙操作之變形或損傷。

(3) 注意事項

如發現該裝置有產生妨礙操作之變形或損傷時，應加以修復或更新。

3. 壓把（壓板）

(1) 檢查方法

以目視確認有無變形、損傷之情形。

(2) 判定方法

應無變形、損傷，且確實裝置於容器上。

(3) 注意事項

如發現該裝置有產生妨礙操作之變形、損傷時，應加以修理或更新。

4. 護蓋

(1) 檢查方法

以目視及用手旋緊之動作，確認有無變形、鬆動之現象。

(2) 判定方法

①應無強度上障礙之變形、損傷。

②應與本體容器緊密接合。

(3) 注意事項

①如發現有強度上障礙之變形、損傷者，應即加以更新。

②護蓋有鬆動者，應即重新予以旋緊。

5. 皮管

(1) 檢查方法

以目視及用手旋緊之動作，確認有無變形或鬆動之現象。

(2) 判定方法

①應無變形、損傷或老化之現象，且內部應無阻塞。

②應與本體容器緊密接合。

(3) 注意事項

①如發現有顯著之變形、損傷或老化者，應即予以更新。

②如有阻塞者，應即實施性能檢查。

③皮管裝接部位如有鬆動，應即重新旋緊。

6. 噴嘴、喇叭噴管及噴嘴栓

(1) 檢查方法

以目視及用手旋緊之動作，確認有無變形、鬆動之現象。

(2) 判定方法

①應無變形、損傷或老化之現象，且內部應無阻塞。

②應與噴射皮管緊密接合。

③噴嘴栓應無脫落之現象。
④喇叭噴管握把（僅限二氧化碳滅火器）應無脫落之現象。
(3) 注意事項
①如發現有顯著之變形、損傷或老化者，應即予以更新。
②螺牙接頭鬆動時，應即予旋緊；噴嘴栓脫落者，應重新加以裝配。
③喇叭噴管握把脫落者，應即予以修復。

7. 壓力指示計
(1) 檢查方法
以目視確認有無變形、損傷之現象。
(2) 判定方法
①應無變形、損傷之現象。
②壓力指示值應在綠色範圍內。
(3) 注意事項
如發現有性能上障礙之變形、損傷者，應即加以更新。

8. 壓力調整器（限大型加壓式滅火器）
(1) 檢查方法
以目視確認有無變形、損傷之現象。
(2) 判定方法
應無變形、損傷之現象。
(3) 注意事項
如發現有變形、損傷者，應即加以修復或更新。

9. 安全閥
(1) 檢查方法
以目視及用手旋緊之動作，確認有無變形、鬆動之現象。
(2) 判定方法
①應無變形、損傷之現象。
②應緊密裝接在滅火器上。
(3) 注意事項
如發現有顯著之變形、損傷者，應即予以更新。

10. 保持裝置
(1) 檢查方法
①以目視確認有無變形、腐蝕之現象。
②確認是否可輕易取用。
(2) 判定方法
①應無變形、損傷或顯著腐蝕之現象。
②可方便取用。
(3) 注意事項
如發現有變形、損傷或顯著腐蝕現象者，應即加以修復或更新。

2. 試說明具有 B-6 滅火效能值的手提式滅火器，以第二種滅火方式試驗，其滅火效能值該如何進行試驗？其判定方法為何？（107 年消防設備師）

解

一、第二種滅火試驗

1. 對象：適用測試 B 類火災滅火器之滅火效能值。
2. 方式：
   (1) 模型應如下圖所示，並於下表所列模型中，採用模型號碼數值 1 以上之 1 個模型來測試。
   (2) 滅火動作應於點火 1 分鐘後開始。
   (3) 操作滅火器人員得穿著防火衣及面具。實施滅火試驗時，應與油盤保持 1 公尺以上距離。
   (4) 應在風速 0.5m/sec 以下之狀態進行，B-20 以上可於室外進行試驗（應在風速 3.0m/sec 以下之狀態進行）。

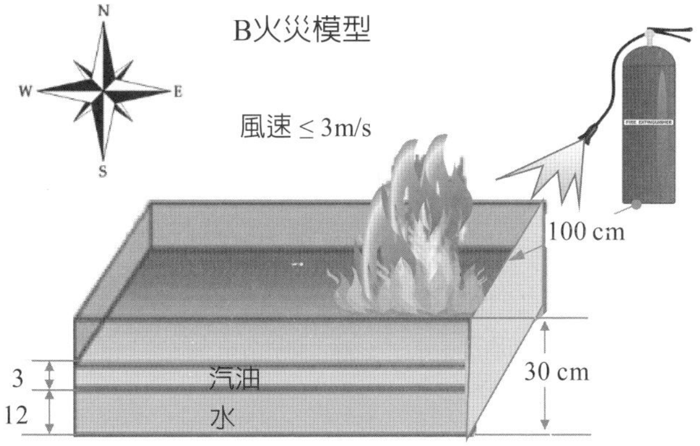

燃燒油盤

模型號碼	燃燒表面積 (m^2)	模型一邊之長度 L (cm)	汽油量（公升）	滅火效能值
1	0.2	44.7	6	B-1
2	0.4	63.3	12	B-2
3	0.6	77.5	18	B-3
4	0.8	89.4	24	B-4
5	1.0	100	30	B-5
6	1.2	109.5	36	B-6

二、判定方法：滅火劑噴射完畢後 1 分鐘以內不再復燃者，可判定已完全熄滅。

【選擇題】

(A) 1. 可燃性高壓氣體場所、加氣站、天然氣儲槽及可燃性高壓氣體儲槽之滅火器，其設置規定，下列敘述何者錯誤？
(A) 製造、儲存或處理場所設置四具以上　(B) 儲槽設置三具以上
(C) 加氣站儲氣槽區四具以上　(D) 加氣機每臺一具以上

(D) 2. 有關滅火器設置規定，下列何者正確？
(A) 供鍋爐房等大量使用火源之處所，樓地板面積每 50 平方公尺有一滅火效能值
(B) 供保齡球館使用之場所，樓地板面積每 200 平方公尺有一滅火效能值
(C) 供電信機器室使用之場所，樓地板面積每 300 平方公尺有一滅火效能值
(D) 供學校教室使用之場所，樓地板面積每 200 平方公尺有一滅火效能值

(A) 3. 依滅火器用滅火藥劑認可基準規定，紫焰乾粉（簡稱 KBC 乾粉）主成份與著色之規定為何？
(A) 碳酸氫鉀，淺紫色　(B) 硫酸鉀，白色
(C) 碳酸氫鈉，灰白色　(D) 磷酸二氫銨，粉紅色

(B) 4. 依滅火器藥劑更換及充填作業規定，經營滅火器藥劑更換及充填作業廠商聘用消防專技人員，應於事實發生之次日起多久時間內，報請直轄市、縣（市）政府備查？
(A) 14 日　(B) 30 日　(C) 45 日　(D) 7 日

(B) 5. 加氣站之滅火器，有關數量之設置規定，下列何者正確？
(A) 儲氣槽區四具以上
(B) 加氣機每臺四具以上
(C) 用火設備處所四具以上
(D) 建築物每層樓地板面積在 100 平方公尺以下設置四具，超過 100 平方公尺時，每增加（含未滿）100 平方公尺增設一具

(A) 6. 依據「滅火器認可基準」之內容，乾粉滅火器之使用溫度範圍為何？
(A) 0℃以上，40℃以下　(B) −5℃以上，40℃以下
(C) −5℃以上，50℃以下　(D) 0℃以上，60℃以下

(B) 7. 依據「滅火器認可基準」之規定，滅火器本體容器之耐壓試驗係以水壓施行 5 分鐘之試驗，不得發生洩漏、破損變形，亦不得產生圓周長多少以上之永久變形？
(A) 0.05%　(B) 0.5%　(C) 5%　(D) 10%

(B) 8. 依據「滅火器用滅火藥劑認可基準」之規定，機械泡沫滅火劑於 20℃使其作動時，泡沫膨脹比應在 5 倍以上，且 25% 還原時間應在多久以上？
(A) 0.5 分鐘　(B) 1 分鐘　(C) 1.5 分鐘　(D) 3 分鐘

(A) 9. 大型滅火器之滅火效能值適用於 A 類火災者，應在多少以上？
(A) 10 個　(B) 15 個　(C) 20 個　(D) 25 個

(C) 10. 有關可燃性高壓氣體儲槽區滅火器之設置，儲存場所任一點至滅火器之步行距離應在多少以下，並不得妨礙出入作業？
(A) 5 公尺　(B) 10 公尺　(C) 15 公尺　(D) 20 公尺

(D) 11. 簡易自動滅火設備蓄壓式滅火藥劑儲存容器進行外觀檢查時，須確認周圍溫度是否須在多少以下？
(A) 37.8℃　(B) 40℃　(C) 56℃　(D) 49℃

(B) 12. 簡易自動滅火設備，排油煙管內風速超過每秒 X 公尺，應在警戒長度外側設置放出藥劑之啓動裝置及連動閉鎖閘門。上述之警戒長度，係指煙罩與排油煙管接合處往內 Y 公尺。下列 X，Y 何者正確？
(A) X = 5，Y = 10　(B) X = 5，Y = 5
(C) X = 10，Y = 5　(D) X = 10，Y = 10

(A) 13. 依各類場所消防安全設備檢修及申報作業基準，在設有滅火器之可燃性高壓氣體儲存場所，任一點至滅火器之步行距離應在多少公尺以下，且不得妨礙出入作業？
(A) 15 公尺　(B) 20 公尺　(C) 25 公尺　(D) 30 公尺

(B) 14. 依據滅火器認可基準之內容，化學泡沫滅火器之使用溫度範圍爲何？
(A) 0℃以上，40℃以下　(B) 5℃以上，40℃以下
(C) −5℃以上，50℃以下　(D)0℃以上，60℃以下

(A) 15. 懸掛於牆上或放置滅火器箱中之滅火器，其上端與樓地板面之距離爲：
(A) 未滿 18 公斤者在 1.5 公尺以下；18 公斤以上者在 1 公尺以下
(B) 未滿 18 公斤者在 1 公尺以下；18 公斤以上者在 1.5 公尺以下
(C) 未滿 18 公斤者在 1 公尺以下；18 公斤以上者在 0.5 公尺以下
(D) 未滿 18 公斤者在 0.5 公尺以下；18 公斤以上者在 1 公尺以下

(C) 16. 依據滅火器藥劑更換及充塡作業規定，廠商應備置之滅火器藥劑更換及充塡作業登記簿，並至少保存幾年？
(A) 1　(B) 2　(C) 3　(D) 10

(C) 17. 依各類場所消防安全設備設置標準，應設置滅火器之場所，下列敘述何者錯誤？
(A) 地下建築物、幼兒園
(B) 總樓地板面積在一百五十平方公尺以上之乙、丙、丁類場所
(C) 設於地下層或無開口樓層，且樓地板面積在十五平方公尺以上之各類場所
(D) 設有鍋爐房、廚房等大量使用火源之各類場所

(C) 18. 國光加氣站有一儲氣槽、四臺加氣機及一棟每層樓地板面積爲九十六平方公尺之三層樓建築物，依各類場所消防安全設備設置標準，該加氣站至少應設置多少個滅火器？
(A) 十　(B) 十二　(C) 十四　(D) 十六

(C) 19. 某觀光飯店餐廳的廚房面積 600 平方公尺，其使用火源處所設置滅火器核算之最低滅火效能值應為多少？
(A) 3　(B) 6　(C) 24　(D) 30

(A) 20. 液化石油氣儲存場所設有滅火器，自場所內任一點至滅火器之步行距離不得超過多少公尺？
(A) 15 公尺　(B) 20 公尺　(C) 25 公尺　(D) 50 公尺

(C) 21. 依據「滅火器藥劑更換及充填作業規定」，廠商備置之滅火器藥劑更換及充填作業登記簿最短保存期限為何？
(A) 一年　(B) 二年　(C) 三年　(D) 五年

(B) 22. 依據「滅火器認可基準」，大型乾粉滅火器充填之滅火藥劑應在多少公斤以上？
(A) 15 kg　(B) 18 kg　(C) 20 kg　(D) 45 kg

(D) 23. 有關可燃性高壓氣體場所、加氣站、天然氣儲槽及可燃性高壓氣體儲槽設置滅火器之規定，何者正確：
(A) 製造或儲存場所至少應設置三具
(B) 儲存或處理場所在樓地板面積三百平方公尺以上者，每六十平方公尺（含未滿）應增設一具
(C) 儲槽設置二具以上
(D) 加氣站加氣機每臺應設置一具以上

(B) 24. 廚房排油煙管及煙罩設置之簡易自動滅火設備，當排油煙管內風速超過多少時，應在警戒長度外側設置放出藥劑之啓動裝置及連動閉鎖閘門？
(A) 每分鐘四公尺　(B) 每分鐘五公尺
(C) 每分鐘六公尺　(D) 每分鐘七公尺

(B) 25. 某醫院樓地板面積為 75 m×32 m，若選擇滅火效能值 A-2，B-5，C 之滅火器至少需設置多少具？
(A) 6 具　(B) 12 具　(C) 18 具　(D) 24 具

(D) 26. 設有滅火器之樓層，自樓面居室任一點至滅火器之步行距離最遠為多少公尺？
(A) 35 公尺　(B) 30 公尺　(C) 25 公尺　(D) 20 公尺

(A) 27. 檢修滅火器本體容器時，如有對滅火器性能造成障礙之情形時應即予以汰換，下列敘述何者錯誤？
(A) 發現護蓋有顯著之鬆動情形時　(B) 發現熔接部位有受損情形時
(C) 發現鐵鏽似有剝離現象者　(D) 洩漏、顯著之變形、損傷等情形

(B) 28. 進行滅火器之檢查時，一般注意事項，下列何者錯誤？
(A) 塑膠製容器或構件，不得以辛那（二甲苯）或汽油等有機溶劑加以清理
(B) 護蓋之開關緊閉時，應使用適當之拆卸扳手或鐵鎚執行
(C) 乾粉滅火器本體容器內壁及構件之清理及保養時，應充分注意防潮
(D) 開啓護蓋或栓塞時，應注意容器內殘壓之排除

(A) 29. 可燃性高壓氣體製造場所、加氣站及天然氣儲槽之滅火器，設置規定之敘述，下列何者正確？
(A) 加氣機每臺一具以上
(B) 儲氣槽區設置二具以上
(C) 用火設備處所二具以上
(D) 儲存場所任一點至滅火器之步行距離在 25 公尺以下

(A) 30. 可燃性高壓氣體場所設置滅火器對油類火災至少需具有幾個滅火效能值？
(A) 10 個 (B) 8 個 (C) 6 個 (D) 4 個

(D) 31. 總樓地板面積 300 平方公尺之可燃性高壓氣體處理場所應設幾具滅火器？
(A) 2 具 (B) 4 具 (C) 6 具 (D) 8 具

(A) 32. 滅火器滅火效能值之第二種滅火試驗，滅火劑噴射完畢後多少分鐘以內不再復燃，可判定已完全熄滅？
(A) 1 (B) 2 (C) 3 (D) 4

(B) 33. 下列何種滅火器不適用於 C 類火災？
(A) 海龍滅火器 (B) 泡沫滅火器 (C) 乾粉滅火器 (D) 二氧化碳滅火器

(A) 34. 進行滅火器之設置狀況檢查時，20 型 ABC 乾粉滅火器（總重約 10 公斤）其上端與樓地板面之距離，下列何者正確？
(A) 不得超過 1.5 公尺 (B) 不得超過 1 公尺
(C) 不得低於 1 公尺 (D) 不得低於 1.5 公尺

(A) 35. 依據「滅火器認可基準」之內容，乾粉滅火器之重量達多少以上時，定義爲大型滅火器？
(A) 18 kg 以上 (B) 28 kg 以上 (C) 38 kg 以上 (D) 48 kg 以上

(B) 36. 有關可燃性高壓氣體儲槽區滅火器之設置，每具滅火器對普通火災應具有 4 個以上之滅火效能值，對油類火災具有多少個以上之滅火效能值？
(A) 5 個 (B) 10 個 (C) 15 個 (D) 20 個

(B) 37. 乾粉滅火器實施第一種滅火試驗時，滅火器之對 A 類火災之滅火效能值，如完全滅火 2 個之第 1 模型及 1 個第 2 模型時，核算之滅火效能值爲多少？
(A) 3 個 (B) 5 個 (C) 7 個 (D) 9 個

(A) 38. 依據「各類場所消防安全設備設置標準」第 18 條之規定，樓地板面積在 300 平方公尺以上之餐廳，其廚房的何處應裝設簡易自動滅火裝置？
(A) 排油煙管及煙罩 (B) 天花板 (C) 牆面 (D) 燃燒器具內部

(C) 39. 新建建築物進行消防安全設備竣工查驗時，各一點至所設置滅火器之步行距離應在多少距離以下？
(A) 10 公尺 (B) 15 公尺 (C) 20 公尺 (D) 25 公尺

(B) 40. 依「滅火器認可基準」之規定，下列滅火器何者不能裝設在車上使用？
(A) 機械泡沫滅火器 (B) 水滅火器
(C) 二氧化碳滅火器 (D) 乾粉滅火器

(D) 41. 依「滅火器認可基準」規定，大型 CO_2 滅火器所充填之滅火劑量應有多少以上？
(A) 10 kg　(B) 18 kg　(C) 20 kg　(D) 45 kg

(A) 42. 進行滅火器外觀檢查，於設置狀況檢查時，50 型 ABC 乾粉滅火器（總重量十八公斤以上）本體上端與樓地板面之距離，下列何者正確？
(A) 不得超過 1 公尺　(B) 不得低於 1 公尺
(C) 不得超過 1.5 公尺　(D) 不得低於 1.5 公尺

(C) 43. 樓地板面積在多少平方公尺以上之餐廳，其廚房排油煙管及煙罩應設簡易自動滅火裝置？
(A) 100　(B) 200　(C) 300　(D) 500

(D) 44. 有關各種滅火器適用之火災類別，下列何者錯誤？
(A) 多效乾粉滅火器適用 A、B、C 類火災
(B) 水滅火器以霧狀放射者，亦可適用 B 類火災
(C) 水成膜及表面活性劑泡沫等泡沫滅火器者可適用 A、B 類火災
(D) 二氧化碳滅火器者可適用 A、B、C 類火災

D 類火災專用滅火器

打開後加壓式滅火器

Note

二氧化碳滅火設備歷屆考題

【申論題】

1. 針對 CO_2 全區放射方式，若防護乙炔之 CO_2 設計濃度為 66%，請計算防護區域每立方公尺所需 CO_2 之重量為何？

解

1 莫耳 CO_2 有 44g 重，22.4L（標準狀況下），依題意 $1m^3$（1000L）設計濃度爲 66%

$$66\% \times \frac{1000L}{22.4L} \times 44g = 1.296Kg$$

2. 一般工廠之電氣室通常設置低壓式、全區放射二氧化碳滅火設備防護，設置低壓式二氧化碳滅火設備之優點何在？低壓式二氧化碳滅火設備之「警報及安全裝置等」，應如何進行性能檢查？又其判定方法及注意事項為何？

解

一、二氧化碳滅火設備之優點

1. 無毒：穩定性大自然氣體，受熱不會產生毒性氣體。
2. 無腐蝕性：防護對象物及儲存容器無腐蝕性。
3. 降溫：液化變氣化會大量吸熱效果。
4. 儲存方便：可液化大量儲存。
5. ODP 臭氧層破壞與 GWP 溫室效應影響爲零。
6. 使用方便：相容性高，配管方便。
7. 善後：不產生物品污染損害。
8. 經濟性。

二、警報裝置及安全裝置等

1. 檢查方法
暫時將開關閥關閉，取下附接點之壓力表、壓力開關及安全閥等，使用試驗用氮氣確認其動作有無異常。
2. 判定方法
警報裝置等應在下列動作壓力範圍內動作，且功能正常。

壓力（kgf/cm^2）	動作
37	破壞板動作壓力
30	破壞板動作壓力
25	安全閥釋放壓力
23	壓力上升警報

壓力（kgf/cm^2）	動作
22	冷凍機啓動
21	冷凍機停止
19	壓力下降警報

3. 注意事項
   (1) 關閉安全閥、壓力表之開關時，最好會同高壓氣體作業人員共同進行。
   (2) 檢查後，務必將安全閥、壓力表之開關置於「開」之位置。

3. 依據「各類場所消防安全設備檢修及申報作業基準」，試說明採用全區放射方式之高壓式 CO_2 滅火設備進行綜合檢查時，檢查方法與判定方法為何？另請說明注意事項為何？

解

1. 全區放射方式
   (1) 檢查方法
   - 高壓式者依下列規定
     A. 應進行放射試驗其放射試驗所需之藥劑量，爲該放射區域所設儲存容器瓶數之 10% 以上（小數點以下有尾數時進一）。
     B. 檢查時應注意下列事項。
        (A) 檢查後，對藥劑再充填期間所使用之儲存容器，應準備與放射儲存容器同一產品之同樣瓶數。
        (B) 使用啓動用氣體容器之設備者，應準備與 (A) 相同之數量。
        (C) 應準備必要數量供塞住集合管部份或容器閥部及操作管部之帽蓋或塞子。
     C. 檢查前，應就儲存容器部分事先備好下列事項。
        (A) 暫時切斷控制盤等電源設備。
        (B) 供放射用之儲存容器，應與容器閥開放裝置及操作管連接。
        (C) 除放射用儲存容器外，應取下連接管，用帽蓋等塞住集合管。
        (D) 應塞住放射用以外之操作管。
        (E) 確認除儲存容器部外，其他部份是否處於平常設置狀態。
        (F) 控制盤等之設備電源，應在「開」之位置。
     D. 檢查時，啓動操作應就下列方式擇一進行。
        (A) 手動式，應操作手動啓動裝置使其啓動。
        (B) 自動式，應將自動、手動切換裝置切換至「自動」位置，以探測器動作、或使受信機、控制盤探測器回路端子短路使其啓動。

(2) 判定方法
①警報裝置應確實鳴響。
②遲延裝置應確實動作。
③開口部等之自動關閉裝置應能正常動作，換氣裝置應確實停止。
④指定防護區劃之啓動裝置及選擇閥能確實動作，可放射試驗用氣體。
⑤配管內之試驗用氣體應無洩漏情形。
⑥放射表示燈應確實亮燈。

(3) 注意事項
①完成檢查後，如爲高壓式者，應將檢查時使用之儲存容器等換爲替代容器，進行再充塡。
②在未完成完全換氣前，不得進入放射區域。遇不得已之情形非進入時，應著空氣呼吸器。
③檢查結束後，應將所有回復定位。

4. 依據「各類場所消防安全設備設置標準」規定，請說明二氧化碳滅火設備手動及自動啓動裝置之設置，及二者間切換之規定各為何？

解

第 91 條啓動裝置，依下列規定，設置手動及自動啓動裝置：
一、手動啓動裝置應符合下列規定：
1. 設於能看清區域內部且操作後能容易退避之防護區域外。
2. 每一防護區域或防護對象裝設一套。
3. 其操作部設在距樓地板面高度 0.8 ～ 1.5m。
4. 其外殼漆紅色。
5. 以電力啓動者，裝置電源表示燈。
6. 操作開關或拉桿，操作時同時發出警報音響，且設有透明塑膠製之
7. 有效保護裝置。
8. 在其近旁標示所防護區域名稱、操作方法及安全上應注意事項。

二、自動啓動裝置與火警探測器感應連動啓動。
前項啓動裝置，依下列規定設置自動及手動切換裝置：
1. 設於易於操作之處所。
2. 設自動及手動之表示燈。
3. 自動、手動切換必須以鑰匙或拉桿操作，始能切換。
4. 切換裝置近旁標明操作方法。

5. 依據各類場所消防安全設備檢修及申報作業基準，採移動式的二氧化碳滅火系統，在進行綜合檢查時，試說明其檢查方法、判定方法以及注意事項各為何？（107 年消防設備師）

解

一、移動式檢查方法

1. 進行放射試驗，其所需試驗用氣體量爲五支噴射瞄子內以該設備一具儲存容器量爲之。
2. 檢查後，供藥劑再充塡期間所使用之儲存容器替代設備，應準備與放射儲存容器同一型式之產品一支。
3. 放射用之儲存容器應處於正常狀態，其它容器，應採取適當塞住其容器閥之措施。
4. 以手動操作拉出皮管，確認放射狀態是否正常。

二、判定方法

1. 指定之容器閥開放裝置動作，皮管拉出及瞄子開關閥應無異常之情形，可正常放射二氧化碳。
2. 皮管及皮管連接部分應無二氧化碳之洩漏。

三、注意事項

1. 完成檢查後，高壓式者，應將檢查時使用之儲藏容器等換爲替代容器，進行再充塡。
2. 完成檢查後，應將所有裝置回復定位。

【選擇題】

(C) 1. 有一電信機械室其大小爲 20m（長）×10m（寬）×3m（高），若設置全區放射 CO_2 滅火設備，其開口部皆可在 CO_2 放射前自動關閉，所需滅火藥劑量爲多少？　(A) 540kg　(B) 600kg　(C) 720kg　(D) 780kg

(C) 2. 檢修高壓全區域放射二氧化碳滅火設備時，下列步驟敘述何者正確？
(A) 拆除選擇閥上之氣動式開放裝置是第一步驟
(B) 應先拆除氣體容器（小鋼瓶）容器閥之電磁閥開放裝置，再拆除容器閥放出口與操作管接續處
(C) 先拆除藥劑氣體容器（大鋼瓶）容器閥放出口與連結管（高壓軟管）接續處後，才能拆除氣動式開放裝置
(D) 應先拆除藥劑氣體容器（大鋼瓶）裝置再拆除氣體容器（小鋼瓶）裝置

(C) 3. 實施二氧化碳滅火設備檢修，下列何者非執行電氣式選擇閥開放裝置性能檢查方法？
(A) 取下盒蓋以螺絲起子，確認端子盤或結線接續無鬆動或連接正常
(B) 以電氣操作或手動操作，確認開放裝置動作
(C) 以試驗用二氧化碳容器，自操作管連接部加壓，確認動作是否正常
(D) 啓動裝置復歸後，於控制盤切斷電源，以拉桿復歸方式，使開放裝置復歸

(B) 4. 對有 18 支高壓鋼瓶全區放射之二氧化碳滅火系統進行綜合檢查，放射試驗所需之藥劑量，應爲多少支鋼瓶？

(A) 1 支　(B) 2 支　(C) 3 支　(D) 4 支

(D) 5. 二氧化碳滅火設備有關全區及局部放射方式之噴頭，下列敘述何者錯誤？
(A) 二氧化碳噴頭之放射壓力，其滅火藥劑以常溫儲存者之高壓式為每平方公分 14 公斤以上或 1.4MPa 以上
(B) 二氧化碳噴頭之放射壓力，其滅火藥劑儲存於 −18℃以下者之低壓式為每平方公分 9 公斤以上或 0.9MPa 以上
(C) 總機室採全區放射方式應於 3.5 分鐘內全部藥劑量放射完畢
(D) 採局部放射方式應於 1 分鐘內全部藥劑量放射完畢

(A) 6. 二氧化碳滅火設備使用之音響警報裝置標示須設於室內明顯之處所，顏色規格為何？
(A) 黃底黑字　(B) 紅底白字　(C) 白底紅字　(D) 綠底白字

(D) 7. 採用全區放射方式之二氧化碳滅火設備，於印刷機房須多久時間內全部放射完畢？　(A) 210 秒　(B) 30 秒　(C) 45 秒　(D) 60 秒

(A) 8. 二氧化碳滅火設備使用氣體啓動者，下列規定設置敘述何者錯誤？
(A) 啓動用氣體容器能耐每平方公分 250 公斤或 35MPa 之壓力
(B) 啓動用氣體容器之內容積應有 1 公升以上，其所儲存之二氧化碳重量在 0.6 公斤以上，且其充塡比在 1.5 以上
(C) 啓動用氣體容器之安全裝置及容器閥符合 CNS11176 規定
(D) 啓動用氣體容器不得兼供防護區域之自動關閉裝置使用

(A) 9. 下列哪一項敘述與二氧化碳滅火設備規定是不符合的？
(A) 全區或局部放射方式防護區域內之通風換氣裝置，應在滅火藥劑放射前持續運轉
(B) 全區放射方式防護區域之開口部，不得設於面對安全梯間、特別安全梯間、緊急升降機間或其他類似場所
(C) 全區放射方式防護區域之開口部位於距樓地板面高度三分之二以下部分，應在滅火藥劑放射前自動關閉
(D) 全區放射方式防護區域之開口部，不設自動關閉裝置之開口部總面積，供電信機械室使用時，應在圍壁面積 1% 以下，其他處所則應在防護區域體積值或圍壁面積值二者中之較小數值 10% 以下

(A) 10. 二氧化碳滅火設備之滅火藥劑儲存容器，其充塡比在高壓式為 X 以上 Y 以下，下列 X，Y 何者正確？
(A) X = 1.5，Y = 1.9　(B) X = 1.9，Y = 1.5
(C) X = 1.1，Y = 1.4　(D) X = 1.4，Y = 1.1

(D) 11. 有關二氧化碳滅火設備配管的設置規定，下列哪一項敘述錯誤？
(A) 使用符合 CNS4626 規定之無縫鋼管，其中高壓式為管號 Sch80 以上，低壓式為管號 Sch40 以上厚度或具有同等以上強度，且施予鍍鋅等防蝕處理
(B) 採用銅管配管時，應使用符合 CNS5127 規定之銅及銅合金無縫管或

具有同等以上強度者，其中高壓式能耐壓每平方公分 165 公斤以上或 16.5MPa 以上，低壓式能耐壓每平方公分 37.5 公斤以上或 3.75MPa 以上

(C) 配管接頭及閥類之耐壓，高壓式爲每平方公分 165 公斤以上或 16.5MPa 以上，低壓式爲每平方公分 37.5 公斤以上或 3.75MPa 以上，並予適當之防蝕處理

(D) 最低配管與最高配管間，落差在 100 公尺以下

(D) 12. 依二氧化碳滅火設備配管設置規定，下列敘述何者正確？

(A) 音響警報裝置，在手動裝置動作後，應發出警報，並依實際需要可隨時手動中斷

(B) 設於全區放射方式之音響警報裝置，不論平時有無人員駐守者，皆須採用人語發音

(C) 全區放射方式之安全裝置，應於監控室內設置放射表示燈

(D) 全區放射方式之啓動裝置開關或拉桿開始動作至儲存容器之容器閥開啓，設有二十秒以上之遲延裝置

(D) 13. 在進行二氧化碳滅火設備檢查測試時，針對以高壓式設計者，進行放射試驗其放射試驗所需之藥劑量，爲該放射區域所設儲存容器瓶數之多少比例以上（小數點以下有尾數時進 1）？

(A) 1%　(B) 5%　(C) 6%　(D) 10%

(C) 14. 某一 25m（長）×12m（寬）×4m（高）之電氣室，設置全區放射之高壓二氧化碳滅火設備防護，火災後排放裝置如採機械排放時，其排風機之換氣風量應爲每分鐘多少立方公尺以上？

(A) 六十　(B) 八十　(C) 一百　(D) 一百二十

(C) 15. 某一密閉立體機械停車空間長 8 公尺、寬 6 公尺及高 10 公尺，設置有二氧化碳滅火設備爲採全區放射方式時，開口可自動關閉，依各類場所消防安全設備設置標準，所需滅火藥劑量至少爲何？

(A) 280kg　(B) 360kg　(C) 384kg　(D) 480kg

(B) 16. 依各類場所消防安全設備設置標準之規定，移動放射方式之二氧化碳滅火設備，皮管接頭至防護對象任一部分之水平距離應在多少公尺以下？

(A) 10　(B) 15　(C) 20　(D) 25

(D) 17. 平時有特定或不特定人員使用之中央管理室、防災中心等類似處所，不得設置下列何種滅火設備？

(A) 水霧　(B) 泡沫　(C) 乾粉　(D) 二氧化碳

(D) 18. 有關二氧化碳滅火設備在電信機械室或總機室做全區放射時所需藥劑量之規定，每一立方公尺防護區域所需滅火藥劑量 X 公斤，每一平方公尺開口部所需追加滅火藥劑量 Y 公斤，試問 X、Y 各爲何？

(A) X = 0.8 公斤，Y = 5 公斤　(B) X = 1.0 公斤，Y = 5 公斤

(C) X = 1.0 公斤，Y = 10 公斤　(D) X = 1.2 公斤，Y = 10 公斤

(D) 19. 二氧化碳滅火設備，其放射藥劑之排放，若採機械排放時，排風機應具每小時幾次之換氣量？
(A) 1 次　(B) 2 次　(C) 4 次　(D) 5 次

(D) 20. 局部放射方式之二氧化碳滅火設備，其滅火藥劑量應於多少時間內全部放射完畢？　(A) 3.5 分鐘　(B) 2.5 分鐘　(C) 1.5 分鐘　(D) 0.5 分鐘

(A) 21. 二氧化碳滅火設備於使用手動啓動裝置時，其操作部高度應距樓地板面多少公尺範圍內？
(A) 0.8～1.5 公尺　(B) 0.7～1.3 公尺
(C) 0.6～1.2 公尺　(D) 0.5～1.0 公尺

(D) 22. 二氧化碳滅火設備使用氣體啓動者，依規定氣體容器最低耐壓値爲何？
(A) 每平方公分一百公斤　(B) 每平方公分一百五十公斤
(C) 每平方公分二百公斤　(D) 每平方公分二百五十公斤

(A) 23. 現場進行二氧化碳滅火設備竣工綜合動作試驗時，相關測試方法或程序，下列敘述何者錯誤？
(A) 以試驗用替代氣體（小量二氧化碳或氮氣）進行放射
(B) 操作各防護區域啓動裝置
(C) 施加與該設備設計使用壓力相同的壓力
(D) 控制該防護區域選擇閥動作確實

(C) 24. 下列敘述有關 CO_2 滅火設備之啓動用氣體容器規定，何者正確？
(A) 能耐 25kgf/cm^2 之壓力
(B) 內容積應有 2L 以上
(C) 所儲存之 CO_2 重量在 0.6kg 以上
(D) 得兼供防護區域之自動關閉裝置使用

(C) 25. 有關二氧化碳滅火設備配管設置之敘述，下列何者錯誤？
(A) 應爲專用
(B) 配管接頭及閥類之耐壓，低壓式爲每平方公分 37.5 公斤以上
(C) 最低配管與最高配管間，落差在 60 公尺以下
(D) 配管接頭及閥類之耐壓，高壓式爲每平方公分 165 公斤以上

(D) 26. 移動放射方式之二氧化碳滅火設備，其每一具噴射瞄子所需滅火藥劑量在多少公斤以上？
(A) 25 公斤以上　(B) 50 公斤以上　(C) 75 公斤以上　(D) 90 公斤以上

(D) 27. 進行二氧化碳滅火設備綜合檢查時，低壓式應進行放射試驗，其放射試驗所需之藥劑量，可使用幾公升氮氣五瓶以上作爲替代藥劑放射？
(A) 1 公升　(B) 10 公升　(C) 20 公升　(D) 40 公升

(A) 28. 全區放射方式之二氧化碳滅火設備於電信機械室時，每立方公尺防護區域所需滅火藥劑量（kg/m^3）計算値爲多少？
(A) 1.2　(B) 1　(C) 0.9　(D) 0.8

(C) 29. 有一電信機械室其大小爲 20m（長）×10m（寬）×3m（高），若設置全區

放射 CO_2 滅火設備，其開口部皆可在 CO_2 放射前自動關閉，所需滅火藥劑量爲多少？ (A) 540kg (B) 600kg (C) 720kg (D) 780kg

(C) 30. 某電信機械室使用空間，該空間長寬高各爲 10 公尺，若設置二氧化碳滅火設備採全區放射方式，不設自動關閉裝置之開口部總面積應在多少平方公尺以下？ (A) 4 (B) 5 (C) 6 (D) 10

(D) 31. 全區放射方式之二氧化碳滅火設備於電信機械室需多久時間內放射完畢？
(A) 5 分鐘 (B) 4.5 分鐘 (C) 4 分鐘 (D) 3.5 分鐘

(A) 32. 進行二氧化碳滅火設備性能檢查時，皮管連接部應無鬆動，皮管損傷、老化等情形，且皮管長度應在幾公尺以上？
(A) 20 公尺 (B) 15 公尺 (C) 10 公尺 (D) 5 公尺

(B) 33. 對二氧化碳滅火器及海龍滅火器進行重量檢查時，如失重比例超過多少即應予以更新？ (A) 5% (B) 10% (C) 15% (D) 20%

(A) 34. 二氧化碳滅火系統之全區放射防護區域對放射之滅火藥劑採自然排放時，設有面向外氣且爲防護區域自樓地板面起高度 2/3 以下，能開啓之開口部大小，應爲多少？
(A) 占防護區域樓地板面積 10% 以上 (B) 占防護區域圍壁面積 10% 以上
(C) 占防護區域樓地板面積 20% 以上 (D) 占防護區域圍壁面積 20% 以上

(B) 35. 依據「各類場所消防安全設備設置標準」之規定，二氧化碳滅火設備之藥劑放射規定，下列何者正確？
(A) 電信機械室採全區放射時，藥劑需於 7 分鐘內放射完畢
(B) 存放一般物品之無人倉庫採全區放射時，藥劑需於 1 分鐘內放射完畢
(C) 局部放射方式藥劑需於 3.5 分鐘內放射完畢
(D) 移動式放射方式每一具瞄子每分鐘之藥劑放射量應在 90 公斤以上

(D) 36. 二氧化碳滅火設備使用氣體啓動者，下列敘述何者正確？
(A) 內容積應有 0.6 公升以上
(B) 所儲存之二氧化碳重量在 1 公斤以上，充塡比在 1.5 以上
(C) 不得兼供防護之區選擇閥使用
(D) 啓動用氣體容器要能耐 25MPa 之壓力

(B) 37. 二氧化碳滅火系統全區放射設計中，藥劑以常溫儲存之高壓式噴頭，其放射壓力爲多少 kgf/cm^2？ (A) 9 (B) 14 (C) 19 (D) 23

(D) 38. 移動式放射方式之二氧化碳滅火系統，其皮管接頭至防護對象任一部分之水平距離應在多少距離以下？
(A) 30 公尺 (B) 25 公尺 (C) 20 公尺 (D) 15 公尺

(D) 39. 全區放射方式二氧化碳滅火設備，其啓動裝置開關或拉桿開始動作至儲存容器之容器閥開啓，應設有幾秒以上之遲延裝置？
(A) 5 秒 (B) 10 秒 (C) 15 秒 (D) 20 秒

(B) 40. 有關二氧化碳等氣體滅火設備防護區二區以上時設置選擇閥，下列敘述何者錯誤？

(A) 各防護區域均應設置　(B) 應設於防護區域內
(C) 得以氣體或電氣方式開啓　(D) 需設防護區域之標示

(C) 41. 二氧化碳滅火設備在防護空間單位體積所需之藥劑量爲 0.9kg/m^3 時，其二氧化碳之濃度爲多少？
(A) 39%　(B) 35%　(C) 33%　(D) 29%

(C) 42. 依據各類場所消防安全設備設置標準規定，二氧化碳滅火設備未要求設置下列何項裝置？
(A) 音響警報裝置　(B) 啓動延遲裝置　(C) 一齊開放閥　(D) 放射表示燈

(D) 43. 高壓式二氧化碳滅火設備採局部放射時，如採體積法設計，則滅火藥劑量追加倍數爲何？　(A) 1.1　(B) 1.2　(C) 1.3　(D) 1.4

(C) 44. 固定式自動二氧化碳滅火設備運用在公共危險物品等場所時，其歸類爲下列何種滅火設備？
(A) 第一種滅火設備　(B) 第二種滅火設備　(C) 第三種滅火設備　(D) 第四種滅火設備

(A) 45. 有關二氧化碳滅火設備「配管」之要求，下列何者爲非？
(A) 鋼管應爲符合 CNS4626 之無縫鋼管，高壓式者，管號 SCH40 以上
(B) 配管應施予鍍鋅等防蝕處理
(C) 銅管應符合 CNS5127 者，且低壓式應有 37.5kgf/cm^2 以上之耐壓性能
(D) 高壓式銅管的接頭應有 165kgf/cm^2 以上之耐壓性能

(C) 46. 二氧化碳滅火設備採用全區放射方式時，對放射之滅火藥劑，採自然排放方式時，設有能開啓之開口部，其面向外氣部分（限防護區域自樓地板面起高度三分之二以下部分）之大小，應占防護區域樓地板面積多少以上？
(A) 5%　(B) 8%　(C) 10%　(D) 15%

(B) 47. 二氧化碳滅火設備若採用全區放射方式，對「無人倉庫」來說應於多少時間內放射完畢？
(A) 30 秒　(B) 1 分鐘　(C) 3.5 分鐘　(D) 5 分鐘

(B) 48. 二氧化碳滅火設備採用局部放射方式時，所爲「假想防護空間」係指距防護對象任一點多少距離範圍內之空間？
(A) 0.2 公尺　(B) 0.6 公尺　(C) 1.0 公尺　(D) 1.3 公尺

(B) 49. 二氧化碳滅火設備採用移動放射方式時，皮管接頭至防護對象任一部分之水平距離應在多少距離以下？
(A) 5 公尺　(B) 15 公尺　(C) 20 公尺　(D) 25 公尺

(C) 50. 二氧化碳滅火設備採用移動式放射方式，每一具瞄子之藥劑放射量在溫度攝氏 20 度時，應在每分鐘多少公斤以上？
(A) 30 公斤　(B) 50 公斤　(C) 60 公斤　(D) 90 公斤

(B) 51. 二氧化碳滅火設備若採用全區放射方式，於防護區域內爲儲存乙醇時，原核算之滅火藥劑量需另乘上多少係數？
(A) 1.1　(B) 1.2　(C) 1.4　(D) 1.5

(B) 52. 二氧化碳滅火設備之「緊急電源」應爲發電機設備或蓄電池設備，其容量應能使該設備有效動作多久以上？
(A) 0.5 小時 (B) 1 小時 (C) 1.5 小時 (D) 2 小時

(C) 53. 二氧化碳滅火設備其最低配管與最高配管間，落差應在多少距離以下？
(A) 10 公尺 (B) 30 公尺 (C) 50 公尺 (D) 100 公尺

(B) 54. 二氧化碳滅火系統之全區放射方式，對一般防火對象物之噴射時間至少應爲多久？
(A) 0.5 分鐘 (B) 1 分鐘 (C) 3.5 分鐘 (D) 7 分鐘

(D) 55. 二氧化碳濃度達多少時，人員於短時間內會死亡？
(A) 2% (B) 4% (C) 10% (D) 20%

(C) 56. 二氧化碳滅火系統之全區放射或局部放射方式防護區域，對放射之滅火藥劑，採機械排放時，其排風機應爲專用，且具有每小時多少次之換氣量？
(A) 一次 (B) 三次 (C) 五次 (D) 七次

(C) 57. 二氧化碳滅火系統移動放射方式，每一具噴射瞄子所需滅火藥劑量在多少公斤以上？
(A) 30 公斤 (B) 60 公斤 (C) 90 公斤 (D) 120 公斤

(B) 58. 二氧化碳滅火系統之全區放射方式，對於一般火災之滅火設計濃度爲多少？ (A) 24% (B) 34% (C) 44% (D) 54%

(B) 59. 移動式二氧化碳滅火設備，其皮管接頭至防護對象任一部分之最大水平距離，應在幾公尺以下？
(A) 10m (B) 15m (C) 20m (D) 25m

(C) 60. 二氧化碳滅火設備高壓系統，在攝氏十五度下之儲存壓力應爲多少？
(A) $10kg/cm^2$ (B) $21kg/cm^2$ (C) $53kg/cm^2$ (D) $100kg/cm^2$

(A) 61. 二氧化碳滅火設備低壓系統之放射壓力最小應爲多少？
(A) $9kg/cm^2$ (B) $14kg/cm^2$ (C) $21kg/cm^2$ (D) $53kg/cm^2$

(B) 62. 某一密閉空間體積爲 $100m^3$，原有氧氣濃度爲 21%，今欲將氧氣濃度降至 14%，其所需之 CO_2 放出量爲多少？
(A) $25m^3$ (B) $50m^3$ (C) $75m^3$ (D) $100m^3$

(B) 63. 二氧化碳滅火設備檢修作業綜合檢查中，低壓式者進行放射試驗時，其放射試驗所需之藥劑量，爲該放射區域所設滅火藥劑量之 10% 以上，或使用四十公升氮氣幾瓶以上作爲替代藥劑放射？
(A) 3 (B) 5 (C) 7 (D) 9

(A) 64. 公共危險物品等場所設置 CO_2 滅火設備，若防護區域之開口部未設置自動關閉裝置時，除依規定計算藥劑量外，另應加算該開口部面積每平方公尺多少公斤之藥劑量？
(A) 5 (B) 10 (C) 15 (D) 20

(D) 65. 一 30m×20m×4m（高）之電氣室，設置全區放射之高壓二氧化碳滅火設備防護，採機械排放時，其排風機之風量應爲多少 m^3/min 以上？

(A) $50m^3$/min　(B) $120m^3$/min　(C) $180m^3$/min　(D) $200m^3$/min

(D) 66. 依各類場所消防安全設備設置標準第 18 條規定，下列場所何者不適合設置二氧化碳滅火設備？
(A) 升降機械式停車場可容納十輛以上者
(B) 發電機室及其他類似之電器設備場所，樓地板面積在 200 平方公尺以上者
(C) 廚房等大量使用火源之場所，樓地板面積在 200 平方公尺以上者
(D) 屋頂直升機停機場（坪）

(C) 67. 二氧化碳氣體滅火設備防護區域為二區以上時，如要共用一組藥劑鋼瓶，應設置下列何種裝置？
(A) 定壓動作裝置　(B) 自動關閉裝置　(C) 選擇閥　(D) 自動啓動裝置

(A) 68. 有關二氧化碳滅火設備設置之敘述，下列何者正確？
(A) 手動啓動裝置其操作部設在距樓地板面高度 1 公尺
(B) 選擇閥設於防護區域內
(C) 啓動裝置開關或拉桿開始動作至儲存容器之容器閥開啓，設有 15 秒以上之遲延裝置
(D) 防護區域對放射之滅火藥劑，需於 1.5 小時內將藥劑排出

Note

乾粉滅火設備歷屆考題

【申論題】

1. 某引擎試驗室設置全區放射方式之加壓式乾粉滅火設備防護，其定壓動作裝置採用壓力開關式設計，試依照「各類場所消防安全設備設置標準」之規定，說明其防護區域之開口部應如何設置？另請繪製壓力開關式定壓動作裝置之構造示意圖並說明其動作原理。

解

一、全區放射方式防護區域之開口部，依下列規定設置：

1. 不得設於面對安全梯間、特別安全梯間、緊急升降機間或其他類似場所。
2. 開口部位於距樓地板面高度 <2/3 部分，應在滅火藥劑放射前自動關閉。
3. 不設自動關閉裝置之開口部總面積，供電信機械室使用時，應在圍壁面積 <1/100，其他處所則應在防護區域體積值或圍壁面積值二者中之較小數值 <10/100。

   前項第三款圍壁面積，指防護區域內牆壁、樓地板及天花板等面積之合計。

二、加壓式乾粉滅火設備，依下列規定設置定壓動作裝置：

1. 啓動裝置動作後，儲存容器壓力達設定壓力時，應始放出閥開啓。
2. 定壓動作裝置設於各儲存容器。

   壓力開關式定壓動作裝置之構造示意圖如下：

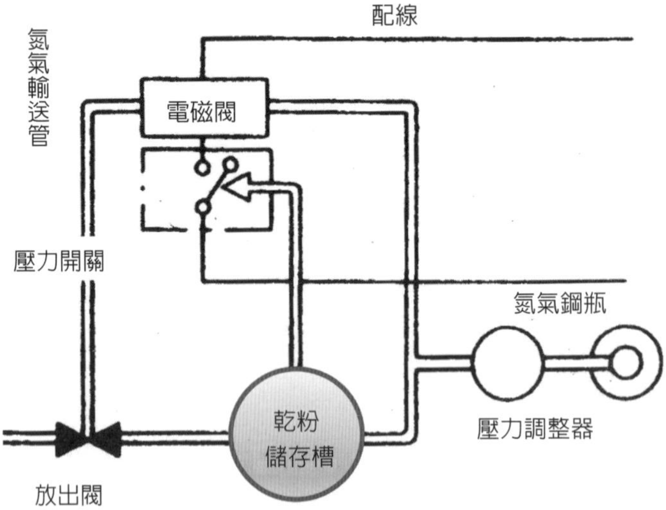

（日本危險物設施基準指南，平成 7 年）

壓力開關式動作原理為儲槽之內壓力上昇達到一定值時，而使壓力開關關閉，電磁閥開放，另外通路之放出閥開放，使氣體送出之方式。因為使用電磁閥，因此需要緊急電源。

2. 試寫出第一、二、三種乾粉滅火藥劑受熱之化學反應式，並依據全區放射方式時每立方公尺防護區所需滅火藥劑量（kg/m^3），比較此三種乾粉之滅火性能。

解

乾粉滅火藥劑量，依下列規定設置：

一、全區放射方式所需滅火藥劑量，依下表計算：

滅火藥劑種類	第一種乾粉（主成分碳酸氫鈉）	第二種乾粉（主成分碳酸氫鉀）	第三種乾粉（主成分磷酸二氫銨）	第四種乾粉（主成分碳酸氫鉀及尿素化合物）
每立方公尺所需藥劑量（kg/m^2）	0.6	0.36	0.36	0.24
每平方公尺開口部藥劑量（kg/m^2）	4.5	2.7	2.7	1.8

1. 第一種乾粉：碳酸氫鈉（$NaHCO_3$）

   適用於 B、C 類火災，為白色粉末，碳酸氫鈉即小蘇打粉，為增加其流動性與防濕性，會加入一些添加劑。碳酸氫鈉易受熱分解為碳酸鈉、二氧化碳和水。

$$2NaHCO_3 \rightarrow Na_2CO_3 + H_2O + CO_2$$

2. 第二種乾粉：碳酸氫鉀（$KHCO_3$）

   適用 B、C 類火災，效果會比第一種乾粉佳，為偏紫色粉末，受熱分解為碳酸鉀、二氧化碳與水。本身吸濕性較第一種乾粉為高，儲藏時應注意防濕。

$$2KHCO_3 \rightarrow K_2CO_3 + H_2O + CO_2$$

3. 第三種乾粉：磷酸二氫銨（$NH_4H_2PO_4$）

   適用 A、B、C 類火災，為淺粉紅粉末，又稱多效能乾粉。磷酸二氫銨受熱後初步形成磷酸與 NH_3，之後形成焦磷酸與水，再繼續變成偏磷酸，最後變成五氧化二磷。此種乾粉能與燃燒面產生玻璃狀之薄膜，覆蓋於表面上形成隔絕效果，所以也能適用於 A 類火災，但乾粉之冷卻能力不及泡沫或二氧化碳等，於火勢暫熄後，應注意火勢復燃之可能。

$$NH_4H_2PO_4 \rightarrow NH_3 + H_3PO_4$$

$$2H_3PO_4 \rightarrow H_4P_2O_7 + H_2O$$

$$H_4P_2O_7 \rightarrow 2HPO_3 + H_2O$$

$$2HPO_3 \rightarrow P_2O_5 + H_2O$$

4. 第四種乾粉：碳酸氫鉀及尿素（$KHCO_3 + H_2NCONH_2$）
適用於 BC 類火災，爲偏灰色粉末，爲美國 ICI 產品，又稱錳鈉克斯（Monnex）乾粉。在滅火上，除抑制連鎖化學作用外，在熱固體燃料表面上熔化，形成隔絕空氣層，達到物理窒息作用。

3. 某空間欲採用第三種乾粉作全區放射滅火系統設計（如下圖），其體積為 200 m^3，常開之外牆面積為 8 m^2，噴頭藥劑流量為 0.8 kg/sec，放射表壓力為 1 kgf/cm^2，大氣壓力為 1 kgf/cm^2，試計算乾粉儲存容器之設計壓力、乾粉滅火藥劑量及所需的放射時間各為何？（107 年消防設備師）

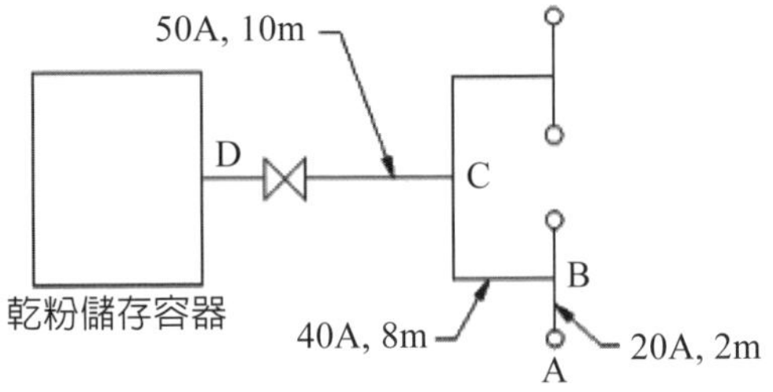

解

一、計算乾粉儲存容器之設計壓力

$$\frac{P}{L} = 0.7 \quad \frac{q^{2.4}}{d^{5.2}}$$

P：配管壓力損失（kg/cm^2）
L：等價管長
q：滅火劑流量（kg/sec）
d：配管內徑（cm）

查表

管徑（A）	10	15	20	25	32	40	50	65	80
彎頭	9.1	7.1	5.3	4.2	3.2	2.8	2.2	1.7	1.4
T型管	27.2	21.4	16.0	12.5	9.7	8.3	6.5	5.1	4.3
容積（L/m）	0.126	0.203	0.367	0.598	1.00	1.36	2.20	3.62	5.11

已知配管管件規格

配管	A-B	B-C	C-D
管徑（A）	20	40	50
管長（m）	2	8	10
彎頭	1	1	4
T型管	1	1	-
閥門	-	-	1
流量（kg/sec）	3.2	1.6	0.8

檢討等價管長

配管	A-B（20A）	B-C（40A）	C-D（50A）
管長（m）	2	8	10
彎頭	1 5.3	1×2.8	4 ×2.2
T型管	1×16	1 8.3	-
閥門	-	-	1×14
總等價管長（m）	23.3	19.1	32.8

儲槽設計壓力

A-B 段

$$\frac{P}{L}=0.7\quad\frac{q^{2.4}}{d^{5.2}}$$

$$P = 0.31 \times 23.3 = 7.24$$

B-C 段

$$P = 0.0016 \times 19.1 = 0.03$$

C-D 段

$$P = 0.000095 \times 32.8 = 0.003$$

配管系統壓力損失爲 7.24 + 0.03 + 0.003 = 7.273kg/cm^2

儲槽設計壓力爲噴頭放射壓力 + 配管壓力損失 = 1 + 7.273 = 8.273kg/cm^2

二、最少需要多少乾粉滅火藥劑量

全區放射方式所需滅火藥劑量，依下表計算：

滅火藥劑種類	第一種乾粉（主成分碳酸氫鈉）	第二種乾粉（主成分碳酸氫鉀）	第三種乾粉（主成分磷酸二氫銨）	第四種乾粉（主成分碳酸氫鉀及尿素化合物）
每立方公尺防護區域所需藥劑量（kg/m^2）	0.6	0.36	0.36	0.24
每平方公尺開口部所需追加藥劑量（kg/m^2）	4.5	2.7	2.7	1.8

因此，藥劑量計算如次

$W = G \times V + g \times A$

$W = 0.36 \times 200 + 2.7 \times 8 = 93.6\ kg$

三、所需的放射時間

$$t = \frac{W}{Q\text{ 噴頭}} = \frac{93.6kg}{0.8kg/sec \times 4\text{ 個}} = 29.28 < 30sec,\ OK$$

4.（一）請說明加壓式乾粉滅火系統中，遲延裝置、定壓動作裝置、壓力調整裝置、清洗裝置以及排出裝置等各裝置之作用。
（二）另請說明定壓動作裝置之類型及作動原理。（107 年消防設備士）

解

（一）請說明加壓式乾粉滅火系統中，遲延裝置、定壓動作裝置、壓力調整裝置、清洗裝置以及排出裝置等各裝置之作用

1. 遲延裝置

與二氧化碳及海龍替代藥劑等一樣，因藥劑釋放時壓力很大，瞬間釋放其濃度過濃會有缺氧等危險，且濃度遮蔽視線問題，造成內部人員難以逃出；因此，一旦探測器感知火災發生時，必須有遲延裝置之緩衝安全時間，此作用有使人員安全順利離開，如有誤報可緊急停止釋放之作用。

2. 定壓動作裝置

使氣粉有充分均勻混合之機會，並防氣體壓力過大，致損壞配管等構造組件及造成放射氣粉不均勻等事件，達到可放射程度之設定壓力時，再打開放出閥之裝置。

3. 壓力調整裝置

加壓式乾粉滅火設備壓力爲防過大，因焊接容器耐壓有限，須進行降壓至適當壓力範圍，避免物理壓力危險現象。

4. 清洗裝置

而乾粉不像二氧化碳或其他氣體滅火設備，本身具有蒸氣壓之動力來源，所以乾粉須藉額外動力源使其噴出；而滅火後管內殘餘乾粉因本身

具腐蝕性，且粉粒重量會存留積在管內，久而粉末吸收濕氣造成硬化結塊，所以有必要進行以高壓氣體完全清洗掉，再予以排出。

5. 排出裝置

一般液化氣體容器，當其蒸氣壓氣態增加時，會使其液態面降低，但使用氮氣時，其容器內蒸氣壓是不會產生變化的。但容器內爲固體時不會有些問題的。但使用蓄壓式比加壓式對容器內乾粉平時進行壓縮，較易有結塊之可能。爲防滅火後管內殘餘乾粉存留積在管內，久而粉末吸收濕氣造成硬化結塊，所以必須每次使用完畢予以高壓氣體導出。

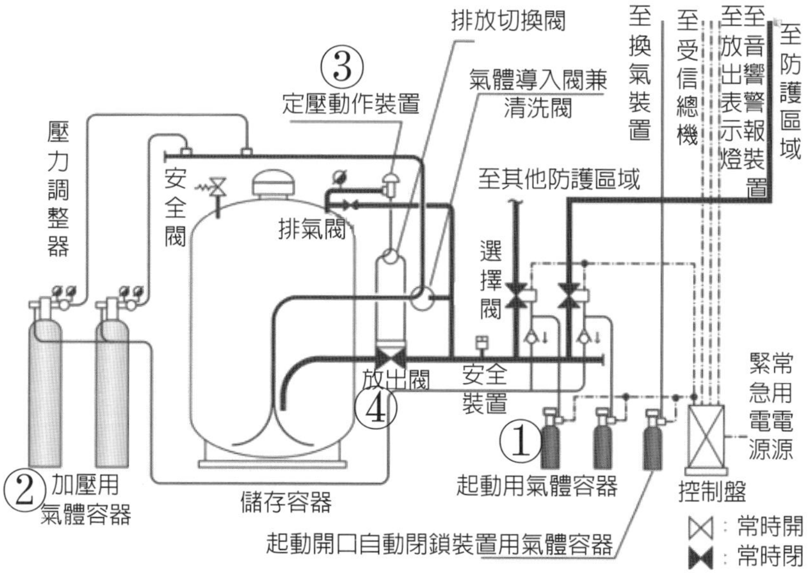

符號①②③④為乾粉動作順序

（二）定壓動作裝置之類型及作動原理

一般而言，起動用氣體容器動作後，會經由加壓用氣體容器及壓力調整器，再經由定壓動作裝置至儲存容器內乾粉，經放出閥、選擇閥至防護區域。而每一儲存容器皆有定壓動作裝置，使氣粉有充分均勻混合之機會，並防氣體壓力過大，致損壞配管等構造組件及造成放射氣粉不均勻等事件，達到可放射程度之設定壓力時，再打開放出閥之裝置。而定壓動作裝置可分封板式、彈簧式、壓力開關式、機械連動式、定時開關式等（如下圖之定壓動作裝置種類與內容）。

封板式	由儲槽之內壓力將封板破壞之設置，當注入儲存容器的壓力達一定壓力時，藉由壓力將封板破壞，通過氣體以打開放出閥送出之方式。	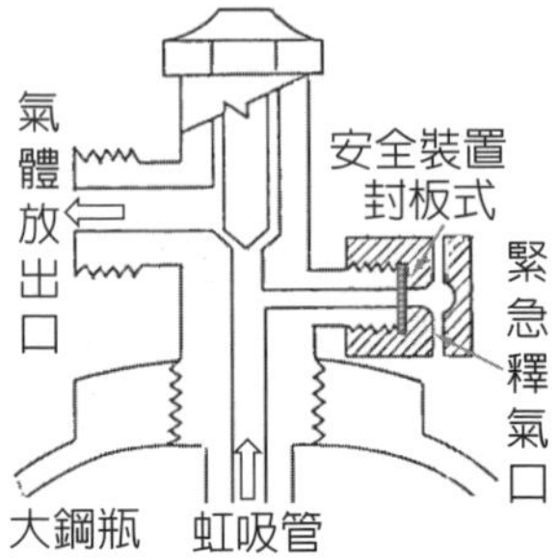
彈簧式	儲槽之內壓力上升達到一定值時，而彈簧動作將內藏閥門上壓後開放，通過氣體以打開放出閥送出之方式。	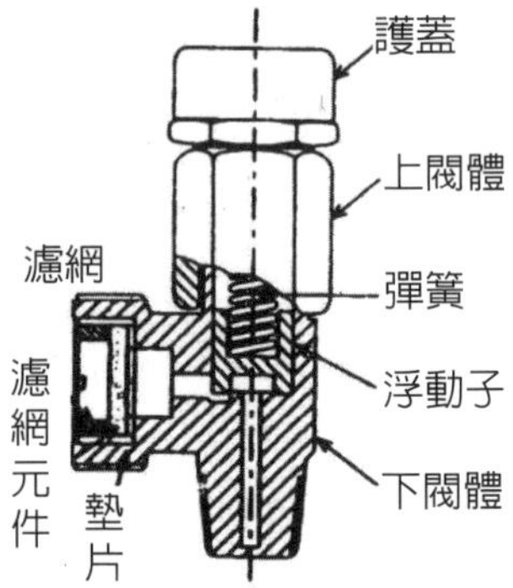
壓力開關式	儲槽之內壓力上升達到一定值時，而使壓力開關關閉，電磁閥開放，另外通路之放出閥開放，使氣體送出之方式。因為使用電磁閥，因此需要緊急電源。	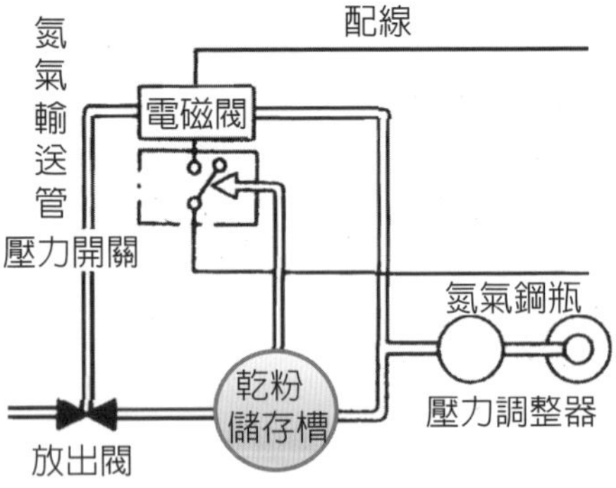
機械連動式	儲槽之內壓力上升達到一定值時，藉由壓力使閥門之連動裝置跳脫，打開閥門氣體通路，打開放出閥氣體送出之方式。	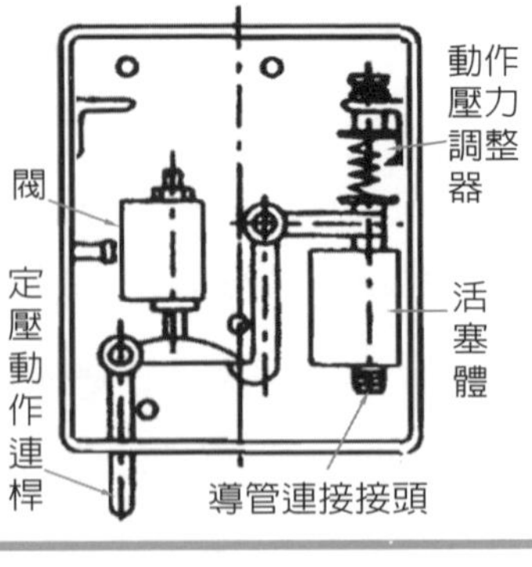

定時開關式	槽之內壓力上升達到一定值且達一定設定時間，計時繼電器接點結合，啓動設備同時於計時繼電器動作，打開電磁閥，打開放出閥氣體送出之方式；此需緊急電源。	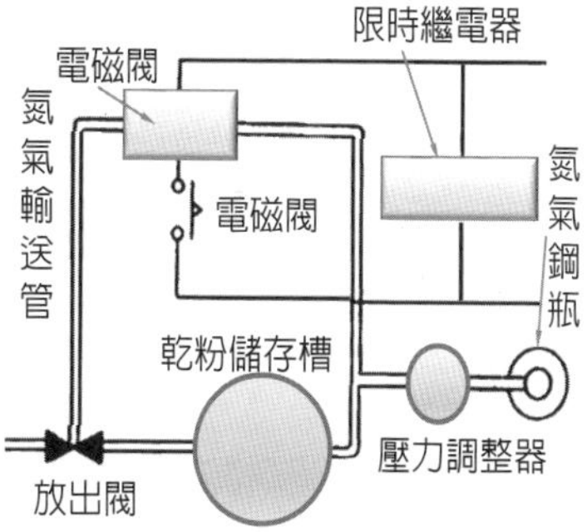

【選擇題】

(D) 1. 使用於室內停車空間之滅火藥劑，其主成分以何種乾粉爲限？
(A) 碳酸氫鉀 (B) 碳酸氫鉀與尿素 (C) 碳酸氫鈉 (D) 磷酸二氫銨

(B) 2. 乾粉滅火設備採用移動式放射方式，藥劑種類爲第三種乾粉，每一具噴射瞄子所需之藥劑放射量爲多少？
(A) 18 kg/min (B) 27 kg/min (C) 45 kg/min (D) 60 kg/min

(A) 3. 在檢查乾粉滅火設備之滅火藥劑量時，若溫度超過 40℃以上，濕度超過多少以上時，應暫停檢查？
(A) 60% (B) 50% (C) 40% (D) 30%

(D) 4. 有關蓄壓式乾粉滅火藥劑種類，下列哪一項敘述錯誤？
(A) 白色或淡藍色爲第一種乾粉 (B) 紫色系爲第二種乾粉
(C) 粉紅色爲第三種乾粉 (D) 黃色爲第四種乾粉

(D) 5. 加壓式乾粉滅火設備應設壓力調整裝置，可調整壓力至多少以下？
(A) 0.5 MPa (B) 1.0 MPa (C) 2.0 MPa (D) 2.5 MPa

(C) 6. 乾粉滅火設備除非能採取乾粉藥劑與加壓或蓄壓用氣體不會分離措施，自儲存容器起，其配管任一部分與彎曲部分之距離應爲管徑幾倍以上？
(A) 5 倍 (B) 10 倍 (C) 20 倍 (D) 30 倍

(A) 7. 乾粉滅火設備的噴頭，其放射壓力應在多少以上？
(A) 0.1 MPa (B) 0.5 MPa (C) 0.9 MPa (D) 1.0 MPa

(C) 8. 某空間採用全區放射方式之第一種乾粉滅火設備（主成份爲碳酸氫鈉）進行防護，則每立方公尺防護區域所需滅火藥劑量爲何？
(A) 0.24 kg/m^3 (B) 0.36 kg/m^3 (C) 0.60 kg/m^3 (D) 0.82 kg/m^3

(B) 9. 第三種乾粉滅火藥劑量，全區放射方式所需滅火藥劑量，每立方公尺防護區域所需滅火藥劑量（kg/m^3）與每平方公尺開口部所需追加滅火藥劑量（kg/m^2）各爲多少？
(A) 0.26、2.7 (B) 0.36、2.7 (C) 0.26、3.7 (D) 0.36、3.7

(C) 10. 乾粉滅火設備配管之設置規定，最低配管與最高配管間，落差在多少公尺以下？

(A) 35　(B) 40　(C) 50　(D) 55

(B) 11. 某一室內停車空間使用移動式乾粉滅火設備，依各類場所消防安全設備設置標準，每一具噴射瞄子之每分鐘藥劑放射量應爲多少公斤（kg/min）？

(A) 十八　(B) 二十七　(C) 三十六　(D) 四十八

(A) 12. 依乾粉滅火設備設置規定，下列敘述何者正確？

(A) 加壓式乾粉滅火設備應設壓力調整裝置，可調整壓力至每平方公分二十五公斤以下

(B) 加壓式乾粉滅火設備，其定壓動作裝置設於控制中心

(C) 加壓式乾粉滅火設備，啓動裝置動作後，儲存容器壓力達設定壓力百分之八十時，應使放出閥開啓

(D) 蓄壓式乾粉滅火設備應設置以 色表示使用壓力範圍之指示壓力表

(B) 13. 依乾粉滅火設備設置規定，有關加壓或蓄壓用氣體容器之設置，下列敘述何者錯誤？

(A) 加壓或蓄壓用氣體應使用氮氣或二氧化碳

(B) 加壓用氣體使用氮氣時，在一大氣壓、溫度攝氏二十五度狀態下，每一公斤乾粉藥劑需氮氣四十公升以上

(C) 採取有效之防震措施

(D) 清洗配管用氣體，另以容器儲存

(A) 14. 乾粉滅火設備如採用全區放射方式，所核算之滅火藥劑量須於多久時間內放射完畢？

(A) 三十秒　(B) 四十五秒　(C) 一分鐘　(D) 三點五分鐘

(A) 15. 停車空間設置乾粉滅火設備時，有關選擇閥之規定，下列敘述何者錯誤？

(A) 得設於防護區域內

(B) 得以氣體或電氣開啓

(C) 每一防護區域或防護對象均應設置

(D) 需設防護區域之標示及選擇閥字樣

(D) 16. 乾粉滅火設備之滅火藥劑儲存容器其充塡比規定，下列敘述何者錯誤？

(A) 第四種乾粉爲 1.5～2.5　　(B) 第三種乾粉爲 1.05～1.75

(C) 第二種乾粉爲 1.05～1.75　　(D) 第一種乾粉爲 1.5～2.5

(C) 17. 使用於室內停車空間之滅火藥劑，以何種乾粉爲限？

(A) 第一種乾粉　(B) 第二種乾粉　(C) 第三種乾粉　(D) 第四種乾粉

(B) 18. 加壓式乾粉滅火設備應設壓力調整裝置，可調整壓力至每平方公分多少公斤以下？

(A) 10　(B) 25　(C) 30　(D) 50

(A) 19. 進行乾粉滅火設備性能檢查時，滅火藥劑不得有雜質、變質、固化等情形，且以手輕握搓揉，並自地面上多少高度公分處使其落下，應呈粉狀？

(A) 50 公分　(B) 25 公分　(C) 20 公分　(D) 10 公分

(D) 20. 現場進行乾粉滅火設備竣工性能音響警報裝置動作試驗時，相關測試方法或程序，下列敘述何者錯誤？
(A) 操作手動啓動裝置確認動作狀況
(B) 自動啓動裝置比照火警探測器動作試驗方式測試動作狀況
(C) 按下緊急停止開關時，如火警探測器動作時仍應自動發出警報
(D) 警鈴或蜂鳴器動作同時人語音亦應動作播放

(B) 21. 加壓式乾粉滅火設備如加壓用氮氣鋼瓶壓力達 200kgf/cm^2，依規定應設壓力調整裝置，可調整壓力至多少以下？
(A) 20 kgf/cm^2　(B) 25 kgf/cm^2　(C) 30 kgf/cm^2　(D) 35 kgf/cm^2

(D) 22. 移動放射方式之乾粉滅火設備如使用主成分爲碳酸氫鈉乾粉，其每一具噴射瞄子所需滅火藥劑量（kg）爲？
(A) 20 公斤　(B) 30 公斤　(C) 40 公斤　(D) 50 公斤

(C) 23. 進行乾粉滅火設備性能檢查時，對於滅火藥劑檢查注意事項，溫度及濕度超過多少以上時，應暫停檢查？
(A) 溫度超過 30℃以上，濕度超過 50% 以上
(B) 溫度超過 30℃以上，濕度超過 60% 以上
(C) 溫度超過 40℃以上，濕度超過 60% 以上
(D) 溫度超過 40℃以上，濕度超過 50% 以上

(C) 24. 室內停車空間使用乾粉滅火設備防護，若其樓地板面積爲 100 m^2，則其外牆常開之開口部至少達多少時，始得採用移動式？
(A) 5 m^2　(B) 10 m^2　(C) 15 m^2　(D) 20 m^2

(C) 25. 乾粉滅火設備加壓用氣體使用二氧化碳時，除加算清洗配管所需要量外，每公斤乾粉需二氧化碳之量爲何？
(A) 10 公克　(B) 15 公克　(C) 20 公克　(D) 40 公克

(D) 26. 移動放射方式之乾粉滅火設備如使用主成分爲磷酸二氫銨乾粉，每一具噴射瞄子所需藥劑量應爲下列何者？
(A) 18 公斤　(B) 20 公斤　(C) 27 公斤　(D) 30 公斤

(B) 27. 依據「各類場所消防安全設備設置標準」之規定，乾粉滅火設備如採全區放射方式，啓動裝置開關或拉桿開始動作至儲存容器閥開啓，應設有多少時間以上之延遲裝置？
(A) 10 秒　(B) 20 秒　(C) 30 秒　(D) 不需設延遲裝置

(D) 28. 下列何種乾粉藥劑，其單位面積下設計所需乾粉最少？
(A) 第一種乾粉藥劑　(B) 第二種乾粉藥劑
(C) 第三種乾粉藥劑　(D) 第四種乾粉藥劑

(B) 29. 法定之第三種乾粉滅火藥劑爲下列何者？
(A) 碳酸氫鉀　(B) 磷酸二氫銨　(C) 碳酸氫鈉　(D) 碳酸氫鉀與尿素

(B) 30. 電信機械室如採局部放射之乾粉滅火設備設計時，依體積法所核算出之滅火藥劑量，應再乘以多少比例？

(A) 0.5　(B) 0.7　(C) 1.1　(D) 1.2

(D) 31. 乾粉滅火設備全區及局部放射之緊急電源，應爲自用發電設備或蓄電池設備，其容量應能使設備有效動作之時間多久以上？

(A) 30 分鐘　(B) 60 分鐘　(C) 90 分鐘　(D) 20 分鐘

(B) 32. 乾粉滅火設備自儲存容器起，其配管任一部分與彎曲部分之距離應爲管徑幾倍以上？但能採取乾粉藥劑與加壓或蓄壓用氣體不會分離措施者，不在此限。

(A) 10　(B) 20　(C) 30　(D) 40

(C) 33. 乾粉滅火設備配管設置，最低配管與最高配管間，落差在多少公尺以下？

(A) 30　(B) 40　(C) 50　(D) 60

(B) 34. 乾粉滅火設備採用移動式放射方式，藥劑種類爲第三種乾粉，每一具噴射瞄子所需之藥劑放射量爲多少？

(A) 18 kg/min　(B) 27 kg/min　(C) 45 kg/min　(D) 60 kg/min

(A) 35. 使用主成分爲碳酸氫鉀與 素化合物乾粉之移動放射方式乾粉滅火設備，每一具噴射瞄子之每分鐘藥劑放射量應爲下列何者？

(A) 18 kg/min　(B) 27 kg/min　(C) 36 kg/min　(D) 45 kg/min

(C) 36. 對於乾粉滅火設備滅火藥劑儲存容器之設置規定，下列敘述何者錯誤？

(A) 爲排除儲存容器之殘留氣體，應設置排出裝置

(B) 置於溫度 40℃以下，溫度變化較少處

(C) 置於防護區域內

(D) 不得置於有日光曝曬或雨水淋濕之處

(B) 37. 下列有關乾粉滅火設備之敘述，何者錯誤？

(A) 全區放射方式所設之噴頭應能使放射藥劑迅速均勻地擴散至整個防護區域

(B) 乾粉噴頭之放射壓力不得大於每平方公分一公斤

(C) 依法規所核算之滅火藥劑量須於三十秒內全部放射完畢

(D) 全區及局部放射方式在同一建築物內有二個以上防護區域或防護對象時，所需滅火藥劑量取其最大量者

(C) 38. 有關乾粉滅火設備使用加壓或蓄壓用氣體容器，其所使用之氣體應爲下列何者？

(A) 氮氣或氫氣　　(B) 空氣或二氧化碳

(C) 氮氣或二氧化碳　(D) 氬氣或氧氣

Note

海龍替代滅火設備歷屆考題

【申論題】

1. 當某一場所設置鹵化烴滅火設備時，請依「各類場所消防安全設備檢修及申報作業基準」，說明全區放射方式綜合檢查時之判定方法與注意事項。

解

（一）判定方法

1. 警報裝置應確實鳴響。
2. 遲延裝置應確實動作。
3. 開口部等之自動關閉裝置應能正常動作，換氣裝置須確實停止。
4. 指定防護區劃之啓動裝置及選擇閥能確實動作，可放射試驗用氣體。
5. 配管內之試驗用氣體應無洩漏情形。
6. 放射表示燈應確實亮燈。

（二）注意事項

1. 檢查結束後，應將檢查時使用之試驗用氣體容器，換裝回復爲原設置之儲存容器。
2. 在未完成完全換氣前，不得進入放射區域。遇不得已之情形非進入時，應著空氣呼吸器。
3. 完成檢查後，應確實將所有裝置回復定位。

2. 依據「各類場所消防安全設備檢修及申報作業基準」規定，進行 HFC-23 或 HFC-227ea 等鹵化烴滅火設備之性能檢查時，請分別說明檢查「啓動用氣體容器之氣體量」與「防護區劃内以氣壓動作之自動關閉裝置」二項目之檢查方法與判定方法，另請說明注意事項為何？

解

（一）1. 氣體量

(1)檢查方法

依下列規定確認之。

① 將裝在容器閥之容器閥開放裝置、操作管卸下，自容器收存箱中取出。

② 使用可測定達 20kg 之彈簧秤或秤重計，測量容器之重量。

③ 應與裝在容器上之面板或重量表所記載之重量相核對。

(2)判定方法

二氧化碳或氮氣之重量，其記載重量與測得重量之差值，應在充塡量 10% 以下。

2. 容器閥開放裝置

(1)檢查方法

① 電氣式者，依電氣式規定確認之。

② 手動式者，應將容器閥開放裝置取下，以確認活塞桿或撞針有無彎曲、斷裂或短缺等情形，及手動操作部之安全栓或封條是否能迅速脫離。

(2)判定方法

① 活塞桿、撞針應無彎曲、斷裂或短缺等情形。

② 應可確實動作。

（二）以氣壓動作者（閘板等）

1. 檢查方法

(1) 使用試驗用氣體（試驗用啓動用氣體、氮氣或空氣），連接通往自動關閉裝置之操作管。

(2) 釋放試驗用氣體，確認自動關閉裝置之關閉狀態有無異常。

(3) 確認有無氣體自操作管、自動關閉裝置洩漏，自動關閉裝置於洩放加壓壓力後有無自動復歸，及其復歸狀態是否異常。

2. 判定方法

(1) 所有自動關閉裝置均應能確實動作。

(2) 屬復歸型者，應能確實復歸。

3. 注意事項

使用氮氣或空氣時，應加壓至大約 30kgf/cm^2。

3. 近年來，國內工程消防滅火系統使用潔淨藥劑案件越來越多，因滅火藥劑價格昂貴，且考慮釋放後對環境的影響，故於驗收或消防檢查時，一般皆不採實際放射測試，而進行空間氣密測試（Enclosure Integrity Testing），確保火災發生時，系統能達到真正滅火之功效；請說明氣密測試的意義並解釋「柱壓（Column Pressure）」、「沉降介面（Descending Interface）」、「最高防護高度（Maximum Protected Height）」、以及「最小防護高度（Minimum Protected Height）」的定義為何？另請說明在藥劑設計濃度下，判定氣密測試合格之條件為何？

解

（一）實務上 FM-200 氣密測試：

1. 柱壓：因海龍替代藥劑之分子量比空氣重，故防護區內藥劑釋放後之混合氣體平均分子量大於空氣，假如此時有外在之洩漏因素時，將使混合氣體因重力之關係而下降，此種混合氣體形成之重力因素稱之爲柱壓（Column Pressure）。

2. 沉降介面：預測該藥劑混合氣空氣成分由介面下之洩漏處外洩氣密之保持時間。

3. 最高防護高度：防護區高度 4 m 以下

4. 最小防護高度：指定防護高度（防護對象最高高度或 75% 高度）2.5 m

（二）合格之條件：NFPA 計算 FM-200 氣密標準 10 分鐘，10 分鐘時之介面高度大於指定防護高度表示合格；而小於指定防護高度則不合格。

1. 防護區之總洩露面積必須小於 NFPA 標準氣密時間時之最大允許洩漏面積。

2. 氣密時間必須大於 NFPA 計算之氣密標準時間 10 分鐘。

3. 10 分鐘時之藥劑混合介面高度必須大於指定防護高度（防護對象最高高度或 75% 高度）。

4. FM-200 為常見的海龍滅火藥劑之替代品，但在設計過程中必須考慮使用空間之人員安全性，試說明在評估人員安全性指標中，何謂 LC50、NOAEL、LOAEL？請寫出 FM-200 在滅火過程中，中斷燃燒產生毒性氫氟酸（HF）的化學反應式為何？（107 年消防設備師）

解

一、LC50、NOAEL、LOAEL

1. LC50 會造成 50% 實驗生物死亡的濃度。

2. NOAEL（no observed adverse effect level），爲無毒性濃度，藥劑對身體不產生明顯影響之最高濃度。

3. LOAEL（lowest observed adverse effect level），爲毒性最低濃度，藥劑對身體產生明顯影響之最低濃度。

二、FM-200 在滅火過程中，中斷燃燒產生毒性氫氟酸（HF）化學反應式

目前對 FM-200（HFC-227ea）功能的了解是，其 80% 的滅火效能是透過吸熱達成，20% 則透過直接的化學反應方式（火焰的連鎖反應下，氟的強力反應）。FM-200 的滅火機理：FM-200 的滅火機理與鹵代烷系列滅火劑的滅火機理相似，屬於化學滅火的範疇，通過滅火劑的熱分解產生含氟的自由基，與燃燒反應過程中產生支鏈反應的 H、OH-、O_{2-} 活性自由基發生氣相作用，從而抑制燃燒過程中化學反應來實施滅火。

FM-200 滅火原理之反應式

$$\text{HFC-227ea} + M = CF_3CHF + CF_3 + M$$

$$CF_3CHF + M = CHFCF_2 + F + M$$

$$CHFCF_2 + H = CH_2F + CF_2$$

$$CHFCF_2 + O = CHF_2 + CFO$$

$$CHFCF_2 + OH = CF_2CF + H_2O$$

$$CF_3 + H = CF_2 + HF$$

$$CF_2 + H = CF + HF$$

$$CF_2 + OH = CFO + HF$$

$$CFO + M = CO + F + M$$

$$CF + O_2 = CFO + O$$

$$CF + OH = CO + HF$$

$$CHF_2 + H = CHF + HF$$

$$CHF + H = CF + H_2$$

$$CH_2F + H = CH_2^* + HF$$

【選擇題】

(B) 1. 下列何者非海龍（Halon）滅火之機制？
(A) 冷卻　(B) 隔離　(C) 窒息　(D) 破壞連鎖反應

(D) 2. 有關海龍（Halon）滅火系統被有效管制使用之原因，下列何者是關鍵？
(A) 價格太貴　(B) 取得不易　(C) 滅火效果不好　(D) 破壞臭氧層

(D) 3. 有關潔淨藥劑滅火系統竣工測試，下列何者敘述錯誤？
(A) 在確定防護區保持滅火劑濃度的時間，採用「氣密試驗法」進行試驗
(B) 氣密試驗並不等同正確的釋放試驗
(C) 防護區不宜開口，如必須開口應設自動關閉裝置
(D) 通過氣密試驗，臨時封閉空隙即可不必填塞

(C) 4. 海龍替代品潔淨滅火藥劑之鹵化烴滅火藥劑 HFC-227ea，該商品名稱爲何？
(A) FE-13　(B) R-32　(C) FM-200　(D) INERGEN

(B) 5. 依各類場所消防安全設備檢修及申報作業基準，海龍滅火設備氣壓式選擇閥開放裝置之檢查方法乃使用試驗用二氧化碳或氮氣容器（內容積 X 公升以上，二氧化碳藥劑量 Y kg 以上），自操作管連接部加壓，確認其動作是否正常。此處 X，Y 各爲多少？
(A) X = 0.5，Y = 0.27　(B) X = 1，Y=0.6
(C) X=2，Y=1.2　(D) X=3，Y=1.8

(C) 6. 進行惰性氣體滅火藥劑儲存容器性能檢查時，對於遲延裝置動作時限應在多少時間以上？
(A) 60 秒　(B) 30 秒　(C) 20 秒　(D) 15 秒

(B) 7. 有關蓄壓式鹵化烴滅火藥劑量之測定，下列哪一項敘述錯誤？
(A) 使用台秤測定計之方法：將容器置於台秤上，測定其重量至小數點第 1

位
(B) 使用水平液面計之方法：其鈷 60 有效使用年限約為 10 年，如已超過時，應即時連絡專業單位處理或更換
(C) 使用鋼瓶液面計之方法：需考慮溫度變化造成之影響
(D) 將藥劑量之測定結果與重量表、圖面明細表或原廠技術手冊規範核對，其差值應在充填值 10% 以下

(C) 8. 海龍替代藥劑自動滅火設備竣工勘驗前，為維持放射藥劑濃度之有效性，需進行哪一項測試程序？
(A) 水壓試驗　(B) 釋壓試驗　(C) 氣密測試　(D) 沖管試驗

(C) 9. 有關惰性氣體滅火設備之防護區劃的自動關閉裝置（以氣壓動作者），在檢查時若使用氮氣或空氣時，應加壓至大約多少 kgf/cm^2？
(A) $10kgf/cm^2$　(B) $20kgf/cm^2$　(C) $30kgf/cm^2$　(D) $50kgf/cm^2$

(C) 10. 依據各類場所消防安全設備檢修及申報作業基準，加壓式海龍滅火藥劑儲存容器設置狀況之檢查方法，下列敘述何者錯誤？
(A) 確認周圍濕度有無過高，及周圍溫度是否在 40℃以下
(B) 確認設置場所是否設照明設備、明亮窗口，及周圍有無障礙物。並確認是否確保供操作及檢查之空間
(C) 確認設在專用鋼瓶室之鋼瓶，應有適當之固定措施；設於防護區域內之鋼瓶，應置於可燃性或易燃性材料製成之防護箱內
(D) 確認有無遭日光曝曬、雨水淋濕之虞

(A) 11. 現場進行海龍（替代氣體）滅火設備外觀檢查容器閥開放裝置時，相關檢查方法或判定程序，下列敘述何者錯誤？
(A) 以目視確認容器閥開放裝置有無變形、脫落等情形，必要時得以手觸碰搖動
(B) 如為電氣式者，其導線應無 化或斷
(C) 如為氣壓式者，操作管及其連接部分應無鬆弛或脫落之情形
(D) 具有手動啓動裝置之開放裝置，其操作部及安全插銷應無明顯之鏽蝕情形

(D) 12. 有關海龍（鹵化烷）滅火藥劑之特性，下列敘述何者正確？
(A) 化學性質不安定，長期儲存會變質　(B) 絕緣性低，不適合電氣火災
(C) 受熱後易分解出氫氣　(D) 會破壞臭氧層

(A) 13. 依據「各類場所消防安全設備檢修及申報作業基準」進行 HFC-227ea 滅火設備（藥劑）之綜合檢查時，如以空氣或氮氣進行放射試驗，每公斤核算空氣量或氮氣量為何？
(A) 14 公升　(B) 20 公升　(C) 28 公升　(D) 34 公升

(D) 14. 潔淨藥劑氣體滅火設備滅火藥劑 HFC-23 主要成分為下列何者？
(A) 三氟氯化乙烷　(B) 七氟化丙烷　(C) 四氯化碳　(D) 三氟化甲烷

(C) 15. IG-541 惰性氣體滅火設備全區放射方式設計，藥劑放射應在多少時間內完

成？

(A) 10 秒　(B) 30 秒　(C) 1 分鐘　(D) 3.5 分鐘

(D) 16. 惰性氣體海龍替代藥劑經快速釋放滅火劑時，如室內壓力有升高狀況，為空間設施耐壓安全考量應設置下列何種裝置？

(A) 自動關閉閘門　(B) 浸潤裝置　(C) 排放裝置　(D) 釋壓口裝置

(B) 17. 鹵化烴滅火設備綜合檢查以空氣或氮氣進行放射試驗，所需空氣量或氮氣量，應就放射區域應設滅火藥劑量之多少核算？

(A) 5%　(B) 10%　(C) 15%　(D) 20%

(D) 18. HFC-23 滅火設備進行綜合檢查以空氣或氮氣進行放射試驗時，每公斤核算所需之空氣量或氮氣量為何？

(A) 7 L/kg　(B) 14 L/kg　(C) 21 L/kg　(D) 34 L/kg

(B) 19. 惰性氣體滅火設備進行滅火藥劑量檢查的水平液面計，其中鈷 60 的有效使用年限約為多久，如已超過時，應即時連絡專業單位處理或更換？

(A) 2 年　(B) 3 年　(C) 5 年　(D) 8 年

(A) 20. HFC-227ea 滅火設備進行綜合檢查以空氣或氮氣進行放射試驗時，核算所需之空氣量或氮氣量為何？

(A) 14 L/kg　(B) 16 L/kg　(C) 24 L/kg　(D) 34 L/kg

(D) 21. 海龍替代滅火藥劑全區放射方式，其確認毒性之最低濃度，即藥劑對身體產生明顯影響之最低濃度稱為：

(A) LC50　(B) LD50　(C) NOAEL　(D) LOAEL

(A) 22. 全區放射式海龍替代藥劑系統，俗稱 FM-200 之最大放射時間應為多久？

(A) 10 秒鐘　(B) 20 秒鐘　(C) 30 秒鐘　(D) 40 秒鐘

(D) 23. 下列何種滅火劑成分可被用以作為海龍滅火劑之替代品？

(A) CF_2BrCl　(B) CCl_4　(C) CF_3Br　(D) C_4F_{10}

(C) 24. 海龍替代品潔淨滅火藥劑之鹵化烴滅火藥劑 HFC-227ea，其商品名為何？

(A) FE-13　(B) Novec 1230　(C) FM-200　(D) INERGEN

(A) 25. 下列海龍替代品中之何項指標數值為愈低愈好？

(A) ODP　(B) LC50　(C) NOAEL　(D) LOAEL

(B) 26. 依據潔淨區消防安全設備設置指導綱領之規定，無塵室建議設置之基本共通性消防安全設備中，應設置之滅火器為下列何者？

(A) 強化液滅火器　(B) 二氧化碳滅火器

(C) HFC-236fa 滅火器　(D) NOVEC-1230 滅火器

(A) 27. 下列何者不是海龍替代藥劑 IG541 的成分？

(A) 氦氣　(B) 氬氣　(C) 氮氣　(D) 二氧化碳

(A) 28. 海龍替代藥劑自動滅火設備竣工勘驗前，為維持放射藥劑濃度之有效性，應進行下列哪一測試程序？

(A) 氣密測試　(B) 釋壓試驗　(C) 水壓試驗　(D) 沖管試驗

(A) 29. 依據潔淨區消防安全設備設置指導綱領之規定，無塵室建議設置之基本共通性消防安全設備中，對於排放可燃性氣體之可燃材質排氣導管內部，採用自動撒水滅火設備撒水密度每平方公尺每分鐘應多少以上？

(A) 1.9 公升以上　(B) 2.5 公升以上　(C) 5 公升以上　(D) 10 公升以上

(D) 30. 海龍替代滅火設備經快速釋放滅火劑時，如室內壓力有升高狀況，為空間設施耐壓安全考量應設置下列何種裝置？

(A) 分解裝置　(B) 浸潤裝置　(C) 自動關閉閘門　(D) 釋壓口裝置

(B) 31. 有關潔淨式氣體滅火設備之設計放射時間，下列何者為錯誤？

(A) HFC-227 ea 者應在 10 sec 以內　(B) HFC-23 者應在 30 sec 以內

(C) IG-541 者應在 60 sec 以內　(D)IG-100 者應在 60 sec 以內

(A) 32. 惰性氣體滅火設備綜合檢查以空氣或氮氣進行放射試驗，每次試驗最多放出幾支？

(A) 5 支　(B) 6 支　(C) 7 支　(D) 10 支

(B) 33. 有關鹵化煙滅火設備之氣壓式選擇閥開放裝置，確認其動作是否正常時，若使用試驗用二氧化碳容器其藥劑量應在多少以上？

(A)0.3kg　(B)0.6kg　(C)0.9kg　(D)1.2kg

(B) 34. 選用海龍替代品的考量因素中，下列何者錯誤？

(A) 大氣滯留時間愈短愈好　(B) 溫室效應值愈高愈好

(C) 臭氧破壞指數愈低愈好　(D) 半致死濃度愈高愈好

第3章
警報系統消防安全設備

3-1 火警自動警報設備——火災學原理

依英國 Drysdale 指出，人類爲何會使死於火災中，就是未能克服火災所形成環境條件，而無法到達安全位置。在 Marchant（1976）區別出人類避難逃生時間，可分察覺火災已發生之時間（tp）、從察覺火災到開始進行避難逃生動作之時間（ta）、移動到一相對（絕對）安全之位置（tr）、從起火到已形成無法克服之火災環境（tf），即：

$$tp + ta + tr > tf（安全）$$

$$tp + ta + tr \leq tf（失敗）$$

其中 tp 與 ta 是主要依靠能察覺出火災存在之因素，tr 是受到許多因素之影響，這些因素包括個人之行動能力、建築物幾何形狀與內容物，以及人類受到火災生成物之影響程度等。因此，Drysdale 指出人類爲能避難逃生成功之機率，必須藉由初期就能探測出火災之存在，以減少 tp 時間；避免使用易燃材質而導致火災快速成長及增加防火區劃、內裝限制，而延長 tf 時間。另一方面，當然能採取減少 ta 與 tr 之消防措施，包括規劃良善之避難逃生路線及消防安全設備，免於受到濃煙來影響人員避難逃生行動。此外，避難所需時間（t, sec）計算如次：

$$t = \frac{d}{V} = \frac{P}{N \times W}$$

式中 d 爲步行距離（m），V 爲步行速度（m/sec），P 爲收容人數（人），N 爲人員至出口流動係數（人 /m/sec），W 爲出入口寬度（m）。

所以，火警自動警報設備主要是減少 tp 時間，增加人員在火災存活機率。

一、探測器安裝與火勢關係

項目	內容	圖示
啓動機制	探測器受到天花板噴流為主要受熱機制。因此，探測器安裝上，應考量場所之火載量、火災猛烈度以及通風程度，依此所形成之潛在火災大小。而不同種類探測器有其天花板高度距離之影響關係。	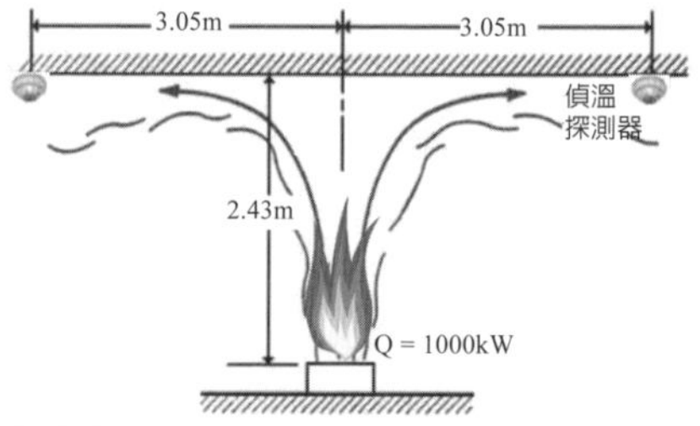

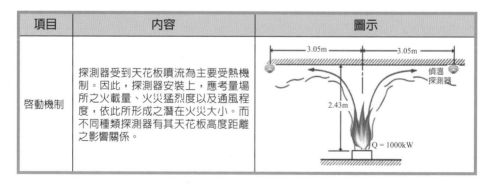

項目	內容	圖示
安裝高度與火勢關係	依 NFPA 72 所示，火災時探測器之安裝高度與火勢規模成正相關。在安裝探測器時探測器與火勢頂端之高度距離，應落於圖中陰影區域，始為正確安裝。	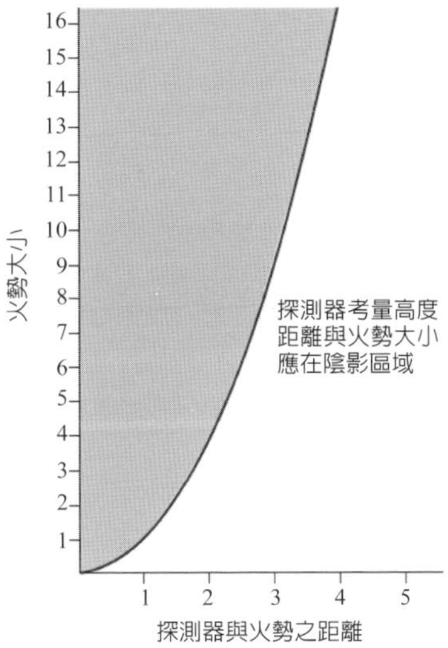

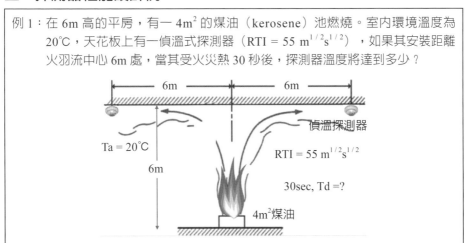

二、探測器性能設計例（例1至例12於國家考試原則不考）

例 1：在 6m 高的平房，有一 4m^2 的煤油（kerosene）池燃燒。室內環境溫度為 20°C，天花板上有一偵溫式探測器（RTI = 55 m$^{1/2}$s$^{1/2}$），如果其安裝距離火羽流中心 6m 處，當其受火災熱 30 秒後，探測器溫度將達到多少？

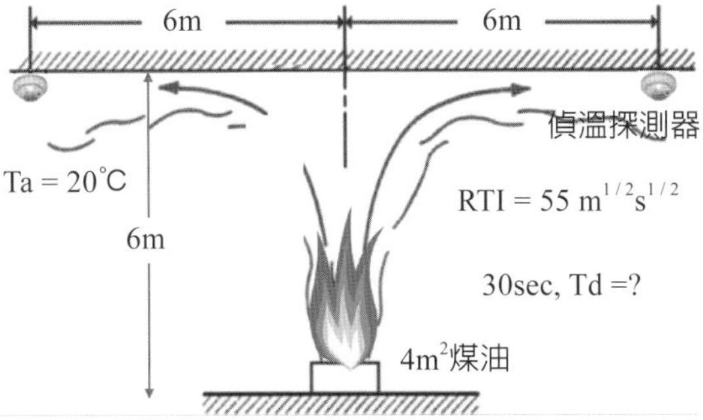

解

煤油燃燒化學熱爲 40.3kJ/g，當對流分數在 65% 時對流熱 26.2kJ/g，使用 Alpert 方程式，燃燒速率約爲 67 g/m^{2}s。所以，全部熱釋放率如下：

$$Q = H_c m'' A \text{ (kW)}$$

$$Q = 40.3 \times 67 \times 4 \text{ (kW)}$$

$$Q = 10800\ (kW)$$

$$\frac{r}{H} = \frac{6}{6} = 1 > 0.18$$

$$T_g - T_a = \frac{\left[5.38\left(\frac{Q}{r}\right)^{2/3}\right]}{H}\ (℃)$$

$$T_g - 20 = \frac{\left[5.38\left(\frac{10800}{6}\right)^{2/3}\right]}{6}\ (℃)$$

$$T_g - 20 = 132.7\ (℃)$$

$$T_g = 153\ (℃)$$

在天花板噴流（ceiling jet）上火災熱流速度如下

$$u = \frac{[0.20Q^{1/3}H^{1/2}]}{r^{5/6}}\ (m/s)$$

$$u = \frac{[0.20(10800)^{1/3}(6)^{1/2}]}{(6)^{5/6}}\ (m/s)$$

$$u = 2.4\ m/s$$

因此，在火災受熱 30 秒後，探測器溫度將達到多少？

$$\Delta T_d = T_d - T_a = (T_g - T_a)\left[1 - \exp\left(\frac{-tu^{1/2}}{RTI}\right)\right]\ (℃)$$

$$\Delta T_d = (153 - 20)\left[1 - \exp\left(\frac{-30(2.4)^{1/2}}{55}\right)\right]\ (℃)$$

$$\Delta T_d = 76\ (℃)$$

$$76 = T_d - 20$$

$$T_d = 96\ (℃)$$

例 2：承接上一題，假使偵溫式探測器額定溫度為 57℃，則探測器的反應時間（RTI）是多少？

解

$$\Delta T_d = T_d - T_a = (T_g - T_a)\left[1 - \exp\left(\frac{-tu^{1/2}}{RTI}\right)\right]\ (℃)$$

重新排列，將額定反應溫度 Td 替代爲 Tr，t 反應時間爲 tr

$$t_r = \frac{RTI}{u^{1/2}} \ln\left[\left(\frac{T_g - T_a}{T_g - T_r}\right)\right] \ (℃)$$

$$t_r = \frac{55}{2.4^{1/2}} \ln\left[\left(\frac{153 - 20}{153 - 57}\right)\right] \ (℃)$$

$$t_r = 12 \ (\text{sec})$$

例 3：在 6m 高的平房，有一木條堆燃燒，環境溫度為 20℃，天花板上有一偵溫式探測器（RTI = 55 $m^{1/2}s^{1/2}$），如果其安裝距離火羽流中心 6m 處，當其受火災熱 180 秒後，探測器溫度將達到多少？

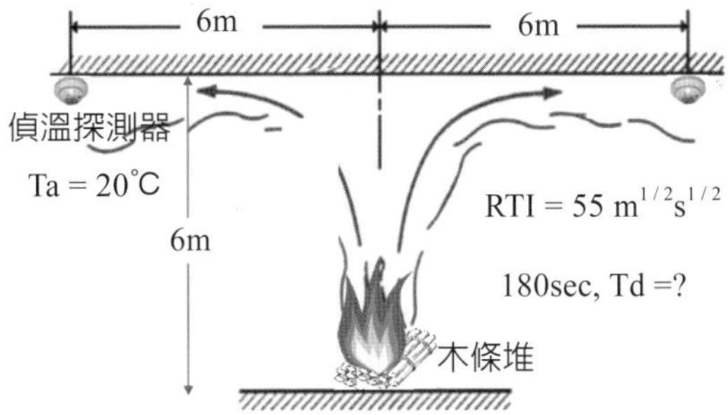

解

探測器是位在天花板噴流範圍，第 1 步是計算每一熱釋放率之溫度與速度變化率，從 0～10 秒熱釋放率將達到 5kW，位在天花板噴流範圍探測器之溫度與速度變化率如下：

$$T_g - T_a = \frac{\left[5.38\left(\frac{Q}{r}\right)^{2/3}\right]}{H} \ (℃)$$

$$T_{g,1} - T_a = \frac{\left[5.38\left(\frac{5}{6}\right)^{\frac{2}{3}}\right]}{6} = 0.794 \ (℃)$$

$$T_{g,1} = 20.794 \ (℃)$$

$$u = \frac{[0.20Q^{1/3}H^{1/2}]}{r^{5/6}} \ (\text{m/s})$$

$$u = \frac{[0.20(5)^{1/3}(6)^{1/2}]}{6^{5/6}} \ (\text{m/s}) = 0.188\text{m/s}$$

接下來計算假設暫態穩定溫度與速度情況，探測器溫度的變化率Δ Td？

$$\frac{dT_d}{dt} = \frac{T_g - T_a}{\tau} = \frac{u^{\frac{1}{2}}(T_g - T_d)}{RTI}$$

$$\Delta T_d = T_{d,n} - T_{d,n-1} = \frac{u^{\frac{1}{2}} n (T_{g,n} - T_{d,n-1})}{RTI} \Delta t \ (℃)$$

$$T_{d,n} = \left[\frac{u^{\frac{1}{2}} (T_{g,n} - T_{d,n-1})}{RTI} \Delta t \right] + T_{d,n-1} \ (℃)$$

一開始探測器是未受火災熱氣體，而是環境溫度。

$$T_{d,1} = \left[\frac{u^{\frac{1}{2}} (T_{g,1} - T_{d,0})}{RTI} \Delta t \right] + T_{d,0} \ (℃)$$

$$T_{d,1} = \left[\frac{(0.188)^{\frac{1}{2}} (20.974 - 20)}{55} 10 \right] + 20 = 20.063 \ (℃)$$

簡化這過程，計算如下表所示，在 120 秒後，受火災熱之探測器溫度約爲 32℃，假使探測器之額定溫度是 57℃，則將不會動作。

表：於例題3參數之計算

t	Q	ΔT_g	T_g	u	ΔT_d	T_d
0	0	0		0	0	20
10	5	0.794	20.794	0.188	0.063	20.063
20	19	1.934	21.934	0.294	0.184	20.247
30	42	3.281	23.281	0.383	0.341	20.588
40	75	4.830	24.830	0.464	0.525	21.114
50	117	6.496	26.496	0.538	0.718	21.832
60	169	8.301	28.301	0.609	0.918	22.749
70	230	10.194	30.194	0.674	1.112	23.861
80	300	12.170	32.170	0.737	1.297	25.158
90	380	14.247	34.247	0.797	1.476	26.633
100	469	16.393	36.393	0.855	1.641	28.274
110	567	18.603	38.603	0.911	1.792	30.066
120	675	20.896	40.896	0.965	1.935	32.00

例 4：在一未安裝撒水頭的工業廠房，設計火災探測器系統。天花板 5.0m 高，環境溫度通常為 20℃，但在周末溫度降至 10℃。假設火災情境是一疊木托盤的起火。托盤堆疊高度為 1.5m。從火災試驗顯示這種類型的火災在 150 秒後火災成長係數 T_g（或 α）將遵循 t^2 火勢發展。則火災成長係數 T_g（或 α）為多少？偵溫式探測額定動作溫度為 57℃，探測器安裝間距為 30 呎，在火災熱放率達到 2500kW 前能偵測到火災發生，則時間常數為 80 秒，其氣體流速為 1.5 m/s，則探測器 RTI 為多少？

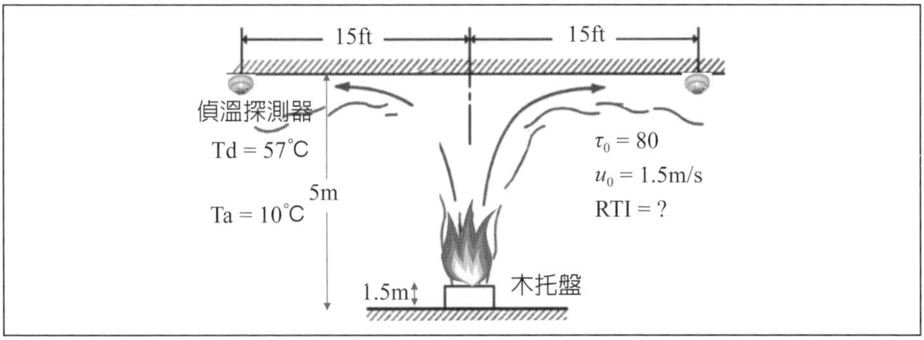

解

$$Q = \alpha t^2 \text{（kW）}$$

$$\alpha = \frac{1055}{t^2 g} = \frac{1055}{150^2} = 0.047 \text{（kW/S）}$$

表：探測器對應之時間常數（τ_0）

安裝間距（ft）	UL（°F）						FMRC所有溫度
	128	135	145	160	170	196	
10	400	330	262	195	160	97	195
15	250	190	156	110	89	45	110
20	165	135	105	70	52	17	79
25	124	100	78	48	32		48
30	95	80	61	36	22		36
40	71	57	41	18			
50	59	44	30				
70	36	24	9				

$$Q = \alpha t^2 \text{（kW）}$$

$$t = \sqrt{\frac{Q}{\alpha}} = \sqrt{\frac{2500}{0.047}} = 231 \text{（S）}$$

$$RTI = \tau_0 u_0^{1/2} = 80\sqrt{1.5} = 98 m^{1/2} s^{1/2}$$

例 5：承接上一題，製造業建築物偵溫探測器，以彼此 15.0m 間隔均勻地分布在天花板上。探測器特性與上述相同，動作溫度為 57°C，RTI 為 98m$^{1/2}$s$^{1/2}$。此天花板高度為 5m，木托板的高度為 1.5m。環境溫度為 10°C，火災成長係數（α）為 0.047kW / s^2（tg = 150s），αc 為 0.033kW / s^2。當火災在 360 秒總熱釋放率為多少？假使探測器反應動作時間收斂在 295 秒，則此時總熱釋放率為多少？假使例 4 之探測器反應動作收斂在探測器安裝間距為 10.5m，試比較例 4 與例 5 在探測器安裝間距差異，所導致探測器動作反應時間與熱釋放率差異量各為多少？

解

首先，計算從火勢軸心至探測器之最大半徑距離。

$$S=r\sqrt{2}\ (\mathrm{m})$$

$$r=\frac{S}{\sqrt{2}}=\frac{15.0}{\sqrt{2}}=10.6\ (\mathrm{m})$$

下一步估計探測器之反應時間，當探測器距離火源 7m 處，依上述火勢到 231 秒將成長到 2500kW，探測器動作。此例題顯示半徑距離是較大的，而相對地動作時間會較慢的，而有較大的火勢。

當火災在 360 秒總熱釋放率

$$Q=\alpha t^2\ (\mathrm{kW})$$

$$Q=0.047(360)^2=6091\ (\mathrm{kW})$$

當在 360 秒時探測器溫度將達到 84℃。

在這種情況下，反應動作時間收斂在 295 s。該結果動作時間是對應於熱釋放率 4090 kW的火災規模。這時熱釋放速率使得探測器溫度達到其額定57℃的動作溫度。

比較例題 4 與例題 5，顯示探測器間距如何影響動作反應時間。在二者探測器安裝間距差異 4.5m（15-10.5m），卻導致探測器反應時間的差異約爲 64 秒（295-231 秒）。因火勢是時間平方冪律關係在加速成長，所以火勢規模在探測器動作反應時，熱釋放率差異量達到 1590kW（4090-2500kW）。

例 6：有一倉庫（warehouse）存放沙發和其他家具。沙發類燃燒特性火災成長係數（α）為 0.1055kW / s ^{2}，tg = 100s; 峰值熱釋放率為 3000 kW。沙發存放有一到兩個高度。假設熱對流係數（convective fraction）為 65%。倉庫為一個平屋頂和有天花板。從地板到天花板的距離為 4.6m。當沙發堆疊兩個高時，從燃料包裝的頂部到天花板的距離為 2.4m。倉庫內環境溫度保持在 10℃以上（見下圖）。雇主希望在第二個可燃物（沙發）起火延燒前，消防部門就能到場將火勢控制撲滅。

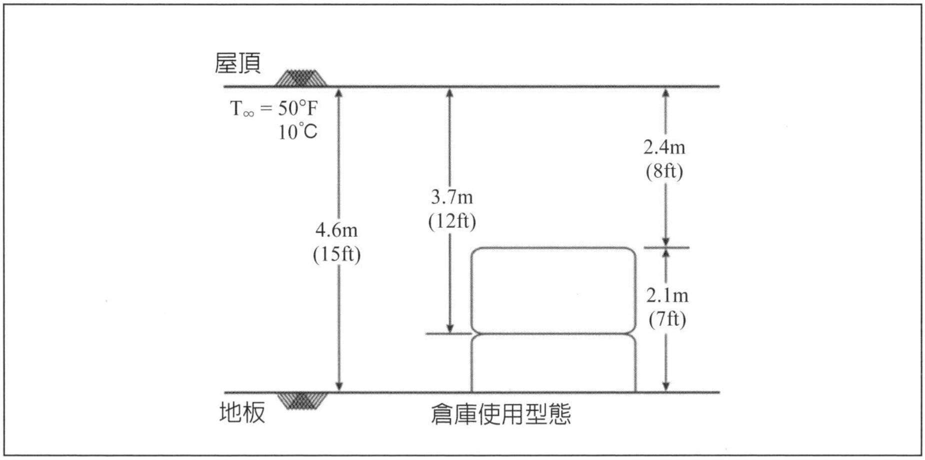

解

當火災達到 3000 kW 的總熱釋放率時，跨 2m 通道的家具能會點燃。目標將是足夠快地偵測到火勢發生，以便在火勢尚未達到 3000kW 之前，就能熄滅或控制火勢。因此，假設當其達到約 2000 kW 的總熱釋放率時，必須偵測到火災發生。

火災探測系統將由火警受信總機控制面板又連接到當地消防部門。所使用的定溫式探測器（fixed temperature detectors）額定動作溫度爲 57℃和 $42m^{1/2}s^{1/2}$ 的 RTI 值。

本題是要確定這種火災規模時，所需的探測器的間距值。當以電腦運算，如果使用燃料頂部和天花板之間距離爲 2.4m，則計算表明探測器，必須間隔 7.3m，當火焰達到 2000kW 的熱釋放時，能產生反應動作。

對於最壞情況分析，使用從地板到天花板的距離爲 4.6m；如此距離將導致所需探測器安裝間距爲 5.9m。

更最壞情況是，當沙發不堆疊兩層時。在地板上沙發，從燃料到天花板的距離約爲 3.7m，則所需探測器間距將爲 6.5m。

這些結果顯示在下表中。該表清楚地顯示了天花板高度和探測器動作反應之間關係。從火焰到天花板的距離愈大，偵測器間距必須愈靠近，以能在所設定的目標內作出反應。基於地板到天花板距離的設計是保守的，並且代表最壞情況的條件。更現實的設計，是基於燃料和探測器之間最大預期垂直距離（vertical clearance）。

表：天花板高度或燃料頂端高度與探測器安裝間距（Detector Spacing）

天花板高度H（m）	所需安裝間距，S（m）
2.4	10.3
3.7	9.2
4.6	8.4

例 7：承接上一題，如果探測器安裝間距固定為 10.3 m（r = 7.3 m），天花板高度如何影響探測器的動作反應時間？

解

此題計算結果，四捨五入之計算值顯示在下表所示。

表：天花板高度或燃料頂端高度與探測器動作反應時間（Response Time）

天花板高度H（m）	動作反應時間，tr（s）
2.4	140
3.7	150
4.6	160

（問題與討論）

例 8：此例題將顯示如何選擇偵溫式探測器類型，以較經濟地能滿足所設定的目標。將使用例題 6 和 7 中使用的火災情況和目標：H = 2.4m; Ta = 10℃; RTI = $42m^{1/2}s^{1/2}$; X = 65%，tg = 100s。

（討論）

在例題 6 中，發現定溫式探測器 57℃、RTI 為 $42m^{1/2}s^{1/2}$ 的偵溫式探測器必須間隔 10.3m，能滿足在 2000kW 的探測器反應到所設定的目標。

這裡，將估計差動式（rate-of-rise）偵溫探測器的安裝間距。

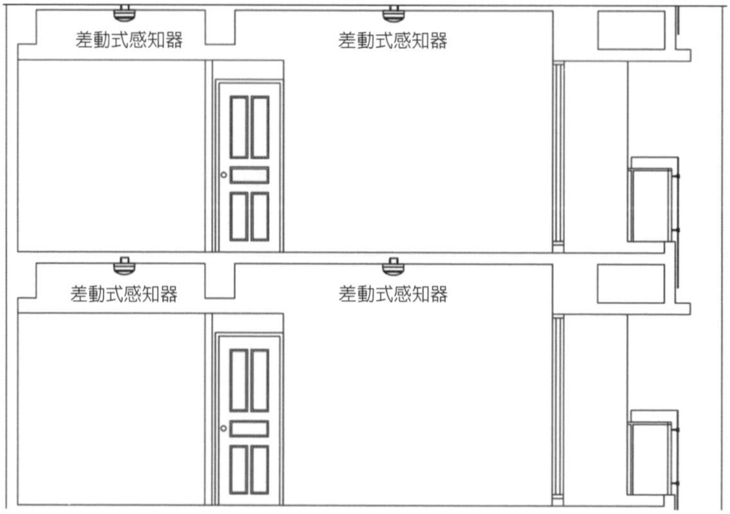

當其溫度以 11°C/ min 以上的速率增加時，所使用的探測器能等比率進行反應。探測器的 RTI 將假定為與例題 6 中的探測器相同。計算程序與定溫式探測器（fixed temperature detectors）相同，除了在最後一步中使用溫度變化率的方程式，如下：

$$\frac{dT_d(t)}{dt} = \frac{4\Delta T}{3\Delta T_2^*} = \Delta T_2^{*1/4}\frac{(1-e^{-Y})}{(t/t_2^*)D}$$

為解決此一方程式，發現差動式探測器間距可以間隔至 25m，並以約 2000kW 的總熱釋放率時，進行動作反應。
如果倉庫的總面積為 5000m^2，則需要大約 48 個定溫式（fixed-temperature）熱探測器，才能滿足既定的目標。如果使用大約 8 個差動式（rate-of-rise）升溫速率的探測器，就能滿足相同的目的。
由於可能有樑或牆壁阻擋，可能需要額外的探測器。在此應指出，使用 m^2 計算所需探測器數量，這只是一個估計。探測器是不能含蓋 625 m^2（25m×25m）的防護區域，它含蓋應不大於半徑 17.7m 的圓形防護區域。也就是說，天花板上的所有點必須在探測器的防護半徑內，這樣計算才有效。如果使用探測器的「額定面積」（rated area）而不是徑向測量（radial measurement）工程設計例，則在此例題中僅為 5m 寬，每一探測器是含蓋 125m 長的防護空間。

例 9：本題中將分析組合定溫式和差動式偵溫探測器，並且將比較兩個元件的反應動作。對於探測器安裝間距為 10.0 m（r = 0.707 m），將顯示火勢成長速率對反應時間的影響。在此以上述例題 6、7 和 8 條件：H = 2.4m; Ta = 10°C; RTI = 42 $m^{1/2}s^{1/2}$; X_C = 65%。定溫式探測器反應動作值為 Tr = 57°C、差動式探測器反應動作值 dTr/dt = 11°C/ min。

解

結果顯示如下表及下圖所示，當火災成長至 tg=509 秒，差動式探測器動作反應較快速；當火災成長較緩慢時（tg 持續增加），則定溫式探測器動作反應較快速。

表：動作反應時間（tr）為火災成長時間（tg）之函數

tg（s）	動作反應時間tr（s）	
	定溫式	差動式
50	85	31
100	135	53
200	219	98
300	297	155

tg（s）	動作反應時間tr（s）	
	定溫式	差動式
400	373	241
500	447	426
509	454	454
600	521	835

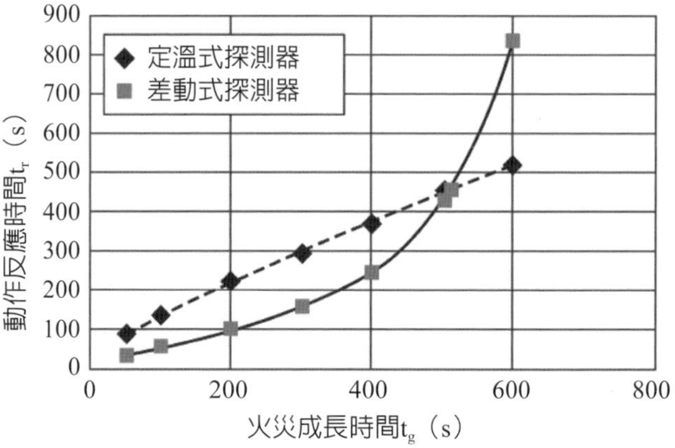

圖：動作反應時間（tr）為火災成長時間（tg）之函數

假使有較大安裝間距，如之前例題所示差動式間距爲25m，則防護交叉點（cross-over point）發生得較快，其結果顯示如下表與下圖所示。火災成長時間至tg = 228秒，差動式探測器動作反應較快速；當火災成長較緩慢時（tg持續增加），則定溫式探測器動作反應較快速。

表：動作反應時間（tr）為火災成長時間（tg）之函數

tg（s）	動作反應時間tr（s）	
	定溫式	差動式
50	168	77
100	269	140
200	448	355
228	497	497
300	619	1330

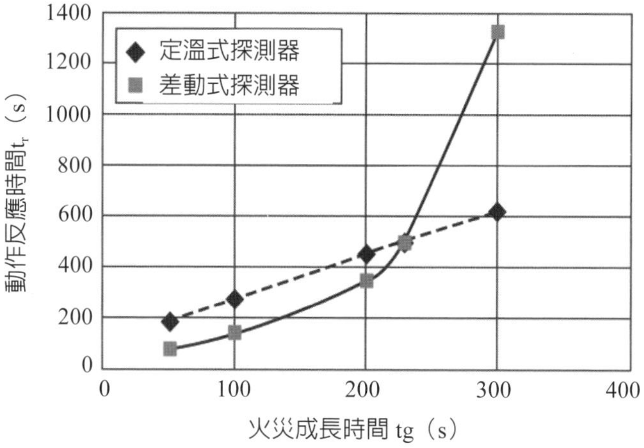

圖：動作反應時間（tr）為火災成長時間（tg）之函數

例 10：本例題將分析探測器裝置間距與火災成長時間之影響關係。在此以上述例題 6、7、8 和 9 條件：H = 2.4m; Ta = 10℃; RTI = 42 $m^{1/2}s^{1/2}$; X_C = 65%。定溫式探測器反應動作值為 Tr = 57℃、差動式探測器反應動作值 dTr/dt = 11℃/ min。在例題 6、7、8，火災依時間平方成正比，火災成長係數 α = 0.1055kW/s^2 或 tg = 100s。請計算不同 tg 值所產生結果如何？

解

結果顯示如下表及下圖所示。當火災成長較快速時（較小 tg），則需較小探測器裝置間距，始能符合所設定之目標；假使火災成長較緩慢時（較大 tg），則較大探測器裝置間距，是能符合所設定之目標。這種關係清楚顯示火災熱吸收遲滯（thermal lag）在探測器動作反應之影響。

依下圖顯示曲線峰值約在 tg = 110 及 S = 25m 時，以差動式探測器而言，當火災成長較緩慢時（較大 tg），則降低火災熱吸收遲滯（thermal lag）影響，這也如定溫式探測器一樣。

然而，隨著火災成長速率減慢時，探測器溫度的變化速率也相對減慢。對於這種探測器和火勢情況，在火災成長時間約在 110sec 以上時，必須減小探測器裝置間距（detector spacing），使其達到最大允許的熱釋放速率（heat release rate）之前，就能達到探測器額定動作值。

表：探測器所需裝置間距（S）為火災成長時間（tg）之函數

tg（S）	探測器所需裝置間距（m）	
	定溫式	差動式
50	7.2	23
75	9	24
100	10	25
110	11	25
120	11	24
150	12	24
200	14	22
300	15	18
400	16	14
500	17	12
600	18	10

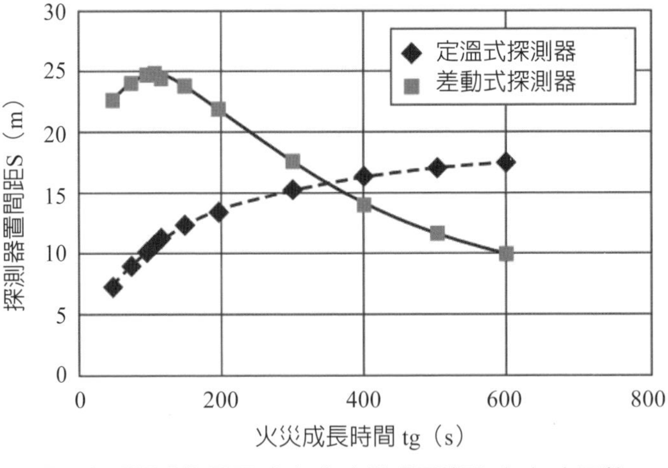

圖：探測器動作間距（S）為火災成長時間（tg）之函數

例 11：在探測器受火災熱暴露於天花板噴流，在 tg = 150s 和 X_C = 75% 對流分數的火災。環境溫度為 10℃、天花板高 4 m、探測器位於離火源軸心 5 m 的徑向距離處、探測器的 RTI 值 50。請以探測器溫度和探測器位置處的火焰氣體溫度繪圖，直到 t = 240 秒。一開始探測器仍維持環境溫度，直到天花板噴流到達探測器位置。請問，何時天花板噴流將到達探測器位置？

解

設定 $t_{2f}^* = t_2^*$，求解 t？

$$\alpha = \frac{t_g^2}{1055} = \frac{1055}{150^2} = 0.047\,\frac{kW}{s^2}$$

$$\alpha_c = X\alpha = 0.75(0.047) = 0.035\,\frac{kW}{s^2}$$

$$t_{2f}^* = t_2^*$$

因

$$0.813\left(1+\frac{r}{H}\right) = \frac{t}{A^{-\frac{1}{5}}\alpha_c^{-\frac{1}{5}}H^{\frac{4}{5}}}$$

$$t = 0.813\left(1+\frac{r}{H}\right) = A^{-\frac{1}{5}}\alpha_c^{-\frac{1}{5}}H^{\frac{4}{5}}\ (\text{s})$$

$$t = 0.813\left(1+\frac{5}{4}\right) = (0.030^{-\frac{1}{5}})(0.035^{-\frac{1}{5}})(4^{\frac{4}{5}})\ (\text{s})$$

$$= 21.86\ (\text{s})$$

因此，火災熱對流前緣到達探測器約需 22 sec，而探測器開始受熱。在此之前，環繞在探測器僅是環境溫度而已。

這種計算與上述例題方法是相同的，計算天花板噴流氣體溫度（ceiling-jet gas temperature）變化率如以下方程式：

$$\Delta T_2^* = \frac{\Delta T}{A^{\frac{2}{5}}(T_a/g)\alpha_c^{\frac{2}{5}}H^{-\frac{3}{5}}} \text{ 及 } \Delta T_2^* = \left[\frac{(t_2^* - t_{2f}^*)}{(0.126+0.210r/H)}\right]^{-4/3}$$

$$\Delta T = A^{\frac{2}{5}}\,(T_a/g)\alpha_c^{\frac{2}{5}}H^{-\frac{3}{5}}\left[\frac{(t_2^* - t_{2f}^*)}{(0.126+0.210r/H)}\right]^{-4/3}$$

計算結果顯示如下表及下圖所示。

表：天花板噴流（Ceiling Jet）與探測器溫度為時間之函數

t（s）	Tg（s）	Td（s）
22	10	10
30	12	10
40	15	10
50	19	11
60	24	13
70	29	15
80	34	18

t（s）	Tg（s）	Td（s）
90	39	21
100	45	25
110	51	30
120	58	35
130	64	40
140	71	46
150	78	52
160	85	59
170	93	66
180	100	73
190	108	81
200	116	88
210	124	96
220	132	104
230	140	112
240	148	120

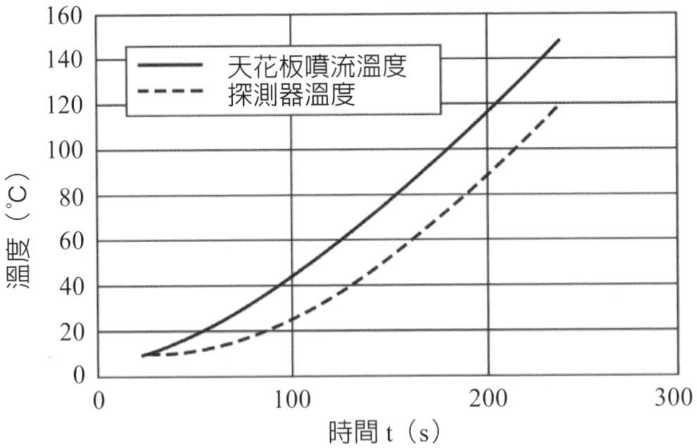

圖：天花板噴流（Ceiling Jet）與探測器溫度為時間之函數

例 12：假設室內環境初始溫度為 25℃，發生泡棉椅火災成火勢穩定狀態（Steady State），熱釋放率為 1000 kW，燃料頂端至天花板高度距離 2.43m，室內天花板設置定溫式探測器，其防護半徑距離 3.05m（如圖），請計算此情境下該探測器之啓動時間？〔定溫式探測器啓動溫度為 71℃，對流熱傳係數（Xc）為 0.7〕

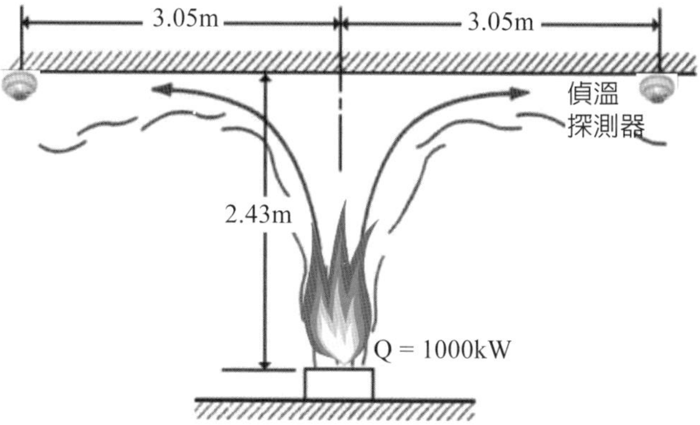

解

依題意所示

Q = 火災熱釋放率（穩態 Steady State）爲 1000 kW

r = 火羽流中心線至探測器半徑距離或探測器防護半徑距離爲 3.05m

Tactivation = 定溫式探測器啓動溫度爲 71℃

H = 燃料頂端至天花板高度距離爲 2.43m

Ta = 環境初始溫度爲 25℃

Xc = 對流熱釋放率係數（Convective Heat Release Fraction）爲 0.7

計算定溫式探測器啓動時間 tactivation（sec）

依照美國防火工程協會（SFPE 2002）參考 Alpert 經驗公式指出，定溫式探測器啓動時間之方程式如次：

$$t_{activation} = \frac{RTI}{\sqrt{u_{jet}}} \ln\left(\frac{T_{jet} - T_a}{T_{jet} - T_{actiation}}\right)$$

其中

RTI = 探測器反應時間指數（m-sec）$^{1/2}$ 查下表爲 239（m-sec）$^{1/2}$

T_{jet} = 天花板熱煙噴流溫度（℃）（Ceiling Jet Temperature）

u_{jet} = 天花板噴流速度（m/sec）（Ceiling Jet Velocity）

$T_{actiation}$ = 定溫探測器啓動溫度（℃）

表：定溫式探測器防護半徑與啓動溫度（℃）之RTI值

探測器防護半徑r（m）	RTI（m-sec）$^{1/2}$					
	啓動溫度（℃）					
	53	57	63	71	77	91
3.05	254	207	161	115	91	48
4.57	152	112	88	57	43	13
6.10	163	74	54	30	18	−6
7.62	67	51	36	15	4	
9.14	47	37	24	7	−3	
12.19	31	21	10	−6		
15.24	22	12	3			
21.34	7	−7	−12			

資料來源：NFPA Fire Protection Handbook, 2003

計算對流熱釋放率 Q_c（kW）（Convective Heat Release Rate）

$$Q_c = \chi_c \times Q$$

$$= 0.7 \times 1000$$

$$= 700 \text{ kW}$$

其中
Q = 火災熱釋放率（kW）
χ_c = 對流熱釋放率係數（Convective Heat Release Fraction）
計算防護半徑距離對天花板高度之比（Radial Distance to Ceiling Height Ratio）

$$r/H$$

$$= 3.05/2.43$$

$$= 1.23$$

計算天花板熱煙流溫度 T_{jet}（℃）（Ceiling Jet Temperature）

$$T_{jet} - T_a = 16.9\,(Q)^{\frac{2}{3}}\,(H)^{\frac{3}{5}} \text{ 在 } r/H \le 0.18 \text{ 情況}$$

$$T_{jet} - T_a = 5.38\frac{\left(\frac{Q}{r}\right)^{\frac{2}{3}}}{H} \text{ 在 } r/H > 0.18 \text{ 情況}$$

$$T_{jet} - T_a = 5.38\frac{\left(\frac{Q}{r}\right)^{\frac{2}{3}}}{H}$$

$$= 106.44（℃）$$

$$T_{jet} = 131.44（℃）$$

計算天花板熱煙流速 u_{jet}（m/sec）（Ceiling Jet Velocity）

$$u_{jet} = 0.96\left(\frac{Q}{H}\right)^{1/3} \text{ 在 r/H} < 0.15 \text{ 情況}$$

$$u_{jet} = \frac{0.195Q^{1/3}H^{1/2}}{r^{5/6}} \text{ 在 r/H} => 0.15 \text{ 情況}$$

$$u_{jet} = \frac{0.195Q^{1/3}H^{1/2}}{r^{5/6}}$$

$$= 1.217（m/sec）$$

計算探測器啓動時間 $t_{activation}$（sec）（Detector Activation Time）

$$t_{activation} = \frac{RTI}{\sqrt{u_{jet}}} \ln\left(\frac{T_{jet} - T_a}{T_{jet} - T_{actiation}}\right)$$

$$= \frac{269}{\sqrt{1.217}} \ln\left(\frac{106.44}{131.44 - 71}\right)$$

$$= 123.02 \text{ 秒}$$

3-2 火警自動警報設備——應設一般場所

一、應設一般場所（§ 19）

類別	目別	場所	樓地板面積以上				
			全部（總）	任一層			
				≤5層	地下層或無開口	6～10層	≧11層
甲	1	電影片映演場所（戲院、電影院）、歌廳、舞廳、夜總會、俱樂部、理容院（觀光理髮、視聽理容等）、指壓按摩場所、錄影節目帶播映場所（MTV 等）、視聽歌唱場所（KTV 等）、酒家、酒吧、酒店（廊）	300 m²（畫底線者為 0 m²）	300 m²	100 m²	300 m²	0
	2	保齡球館、撞球場、集會堂、健身休閒中心（含提供指壓、三溫暖等設施之美容瘦身場所）、室內螢幕式高爾夫練習場、遊藝場所、電子遊戲場、資訊休閒場所。		500 m²	300 m²		
	3	觀光旅館、飯店、旅館、招待所（限有寢室客房者）					
	4	商場、市場、百貨商場、超級市場、零售市場、展覽場					
	5	餐廳、飲食店、咖啡廳、茶藝館			100 m²		
	6	醫院、療養院、榮譽國民之家、長期照顧服務機構（限機構住宿式、社區式之建築物使用類組非屬 H-2 之日間照顧、團體家屋及小規模多機能）、老人福利機構（限長期照護型、養護型、失智照顧型長期照顧機構、安養機構）、兒童及少年福利機構（限托嬰中心、早期療育機構、有收容未滿二歲兒童之安置及教養機構）、護理機構（限一般護理之家、精神護理之家、產後護理機構）、身心障礙福利機構（限供住宿養護、日間服務、臨時及短期照顧者）、身心障礙者職業訓練機構（限提供住宿或使用特殊機具者）、啓明、啓智、啓聰等特殊學校、身心障礙福利機構（限照顧植物人、失智症、重癱、長期臥床或身心功能退化者）			300 m²		
	7	三溫暖、公共浴室					
乙	1	車站、飛機場大廈、候船室	–				
	2	期貨經紀業、證券交易所、金融機構					

<table>
<tr><th rowspan="3">類別</th><th rowspan="3">目別</th><th rowspan="3">場所</th><th colspan="5">樓地板面積以上</th></tr>
<tr><th rowspan="2">全部（總）</th><th colspan="4">任一層</th></tr>
<tr><th>≤5層</th><th>地下層或無開口</th><th>6～10層</th><th>≧11層</th></tr>
<tr><td rowspan="10"></td><td>3</td><td>學校教室、兒童課後照顧服務中心、補習班、訓練班、K 書中心、前款第六目以外之兒童及少年福利機構（限安置及教養機構）及身心障礙者職業訓練機構</td><td rowspan="3"></td><td rowspan="3"></td><td rowspan="3"></td><td rowspan="3"></td><td rowspan="3"></td></tr>
<tr><td>4</td><td>圖書館、博物館、美術館、陳列館、史蹟資料館、紀念館及其他類似場所</td></tr>
<tr><td>5</td><td>寺廟、宗祠、教堂、供存放骨灰（骸）之納骨堂（塔）及其他類似場所</td></tr>
<tr><td>6</td><td>辦公室、靶場、診所、長期照顧服務機構（限社區式之建築物使用類組屬 H-2 之日間照顧、團體家屋及小規模多機能）、日間型精神復健機構、兒童及少年心理輔導或家庭諮詢機構、身心障礙者就業服務機構、老人文康機構、前款第六目以外之老人服務機構及身心障礙福利機構</td><td colspan="5">0</td></tr>
<tr><td>7</td><td>集合住宅、寄宿舍、住宿型精神復健機構</td><td rowspan="12">－</td><td rowspan="5">500 m^2</td><td rowspan="12">300 m^2</td><td rowspan="12">300 m^2</td><td rowspan="12">0</td></tr>
<tr><td>8</td><td>體育館、活動中心</td></tr>
<tr><td>9</td><td>室內溜冰場、室內游泳池</td></tr>
<tr><td>10</td><td>電影攝影場、電視播送場</td></tr>
<tr><td>11</td><td>倉庫、傢俱展示販售場</td></tr>
<tr><td>12</td><td>幼兒園</td><td>300 m^2</td></tr>
<tr><td rowspan="3">丙</td><td>1</td><td>電信機器室</td><td rowspan="6">500 m^2</td></tr>
<tr><td>2</td><td>汽車修護廠、飛機修理廠、飛機庫</td></tr>
<tr><td>3</td><td>室內停車場、建築物依法附設之室內停車空間</td></tr>
<tr><td rowspan="3">丁</td><td>1</td><td>高度危險工作場所</td></tr>
<tr><td>2</td><td>中度危險工作場所</td></tr>
<tr><td>3</td><td>低度危險工作場所</td></tr>
<tr><td rowspan="3">戊</td><td>1</td><td>複合用途建築物中，有供甲類用途者</td><td>500 m^2（甲300）</td><td colspan="4" rowspan="3">-</td></tr>
<tr><td>2</td><td>前目以外供乙至丁類用途之複合用途建築物</td><td>-</td></tr>
<tr><td>3</td><td>地下建築物</td><td>300 m^2</td></tr>
<tr><td colspan="2">其他</td><td>經中央主管機關公告之場所</td><td colspan="5">-</td></tr>
<tr><td colspan="8">設有火警自動警報建築物，應設置緊急廣播設備</td></tr>
</table>

火警自動警報設備消防工程設計例

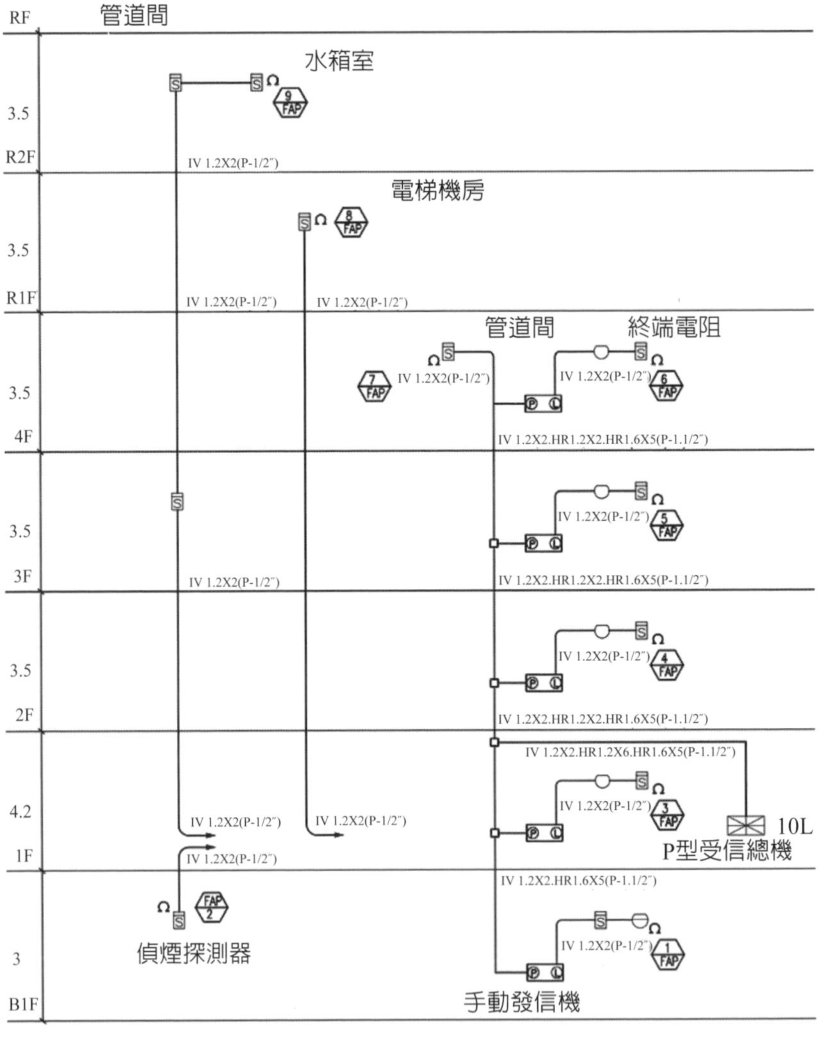

✚ 免設規定

應設火警自動警報設備之場所，除供甲類場所、地下建築物、高層建築物或應設置偵煙式探測器之場所外，如已依本標準設置自動撒水、水霧或泡沫滅火設備（限使用標示溫度 ≤ 75°C，動作時間 ≤ 60sec 之密閉型撒水頭）者，在該有效範圍內，得免設火警自動警報設備。

註：

1. 符號 ≥ 為以上（含本數）；符號 < 為小於（不含本數）；符號≦為以下或以內（含本數）。
2. 符號 § 表「各類場所消防安全設備設置標準」第幾條條文。

不同火警探測器與火災成長時間關係

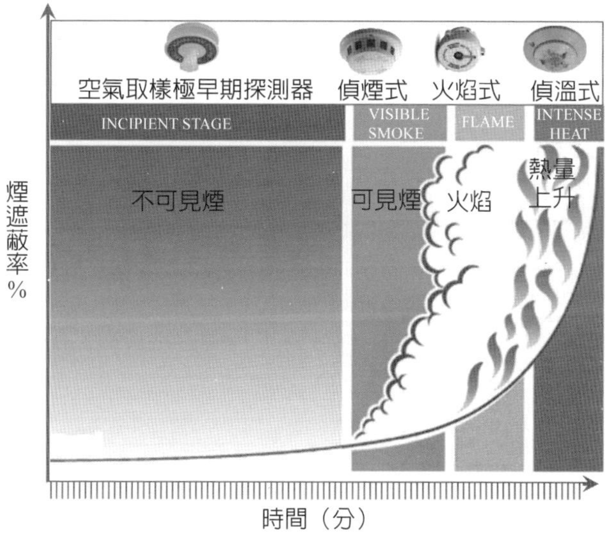

各種災害探測設備

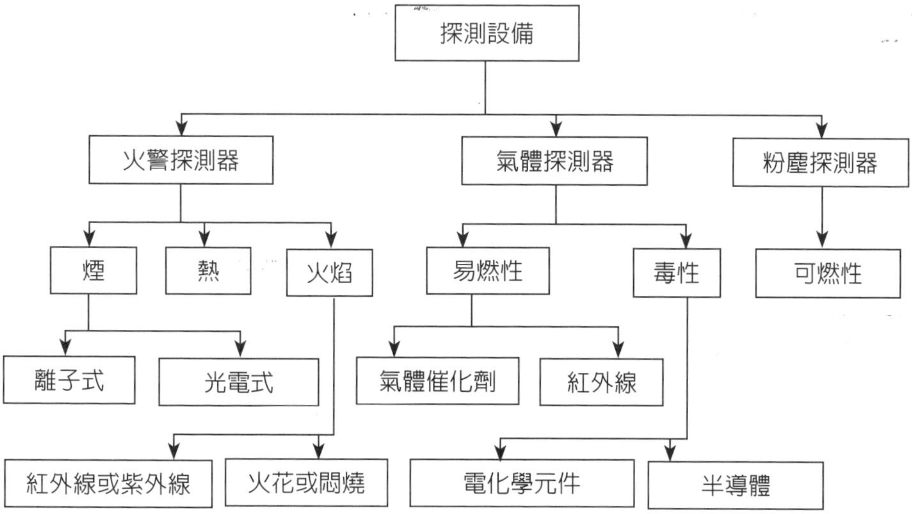

3-3 火警自動警報設備——應設公共危險物品場所

二、應設之公共危險物品場所（§ 205）

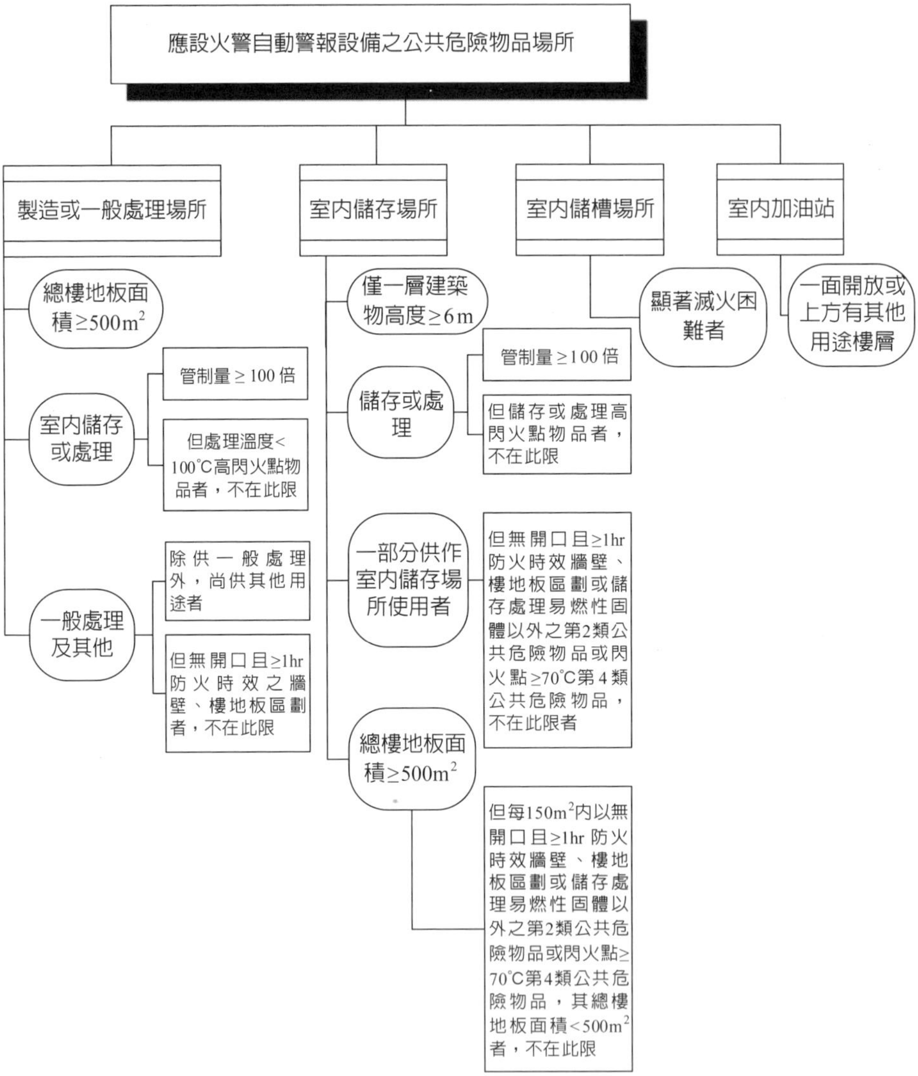

定溫式局限型火警探測器構造

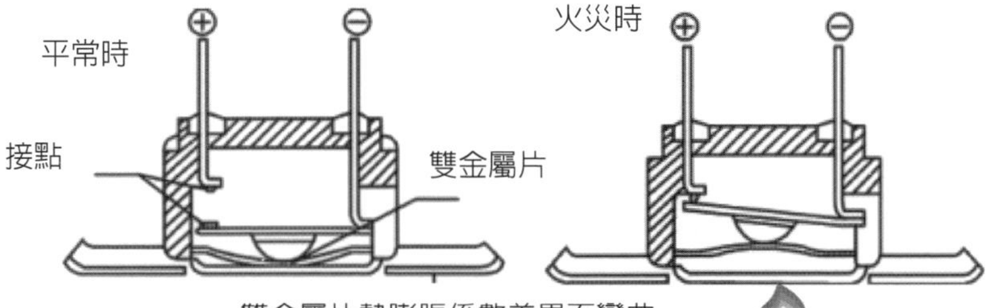

雙金屬片熱膨脹係數差異而彎曲

差動式局限型火警探測器構造

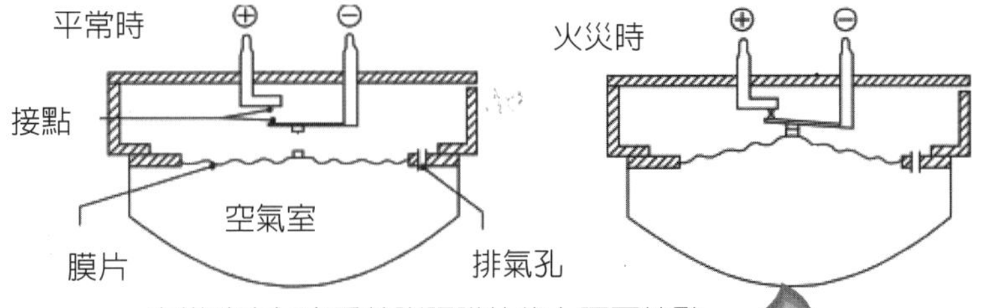

火災時空氣室受熱膨脹膜片往上頂至接點

火警自動警報工程設計例

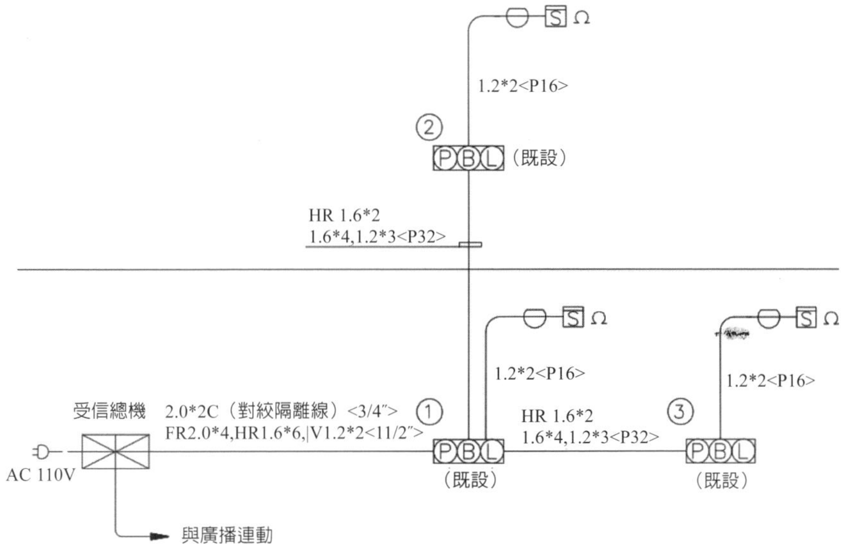

3-4 火警自動警報設備——應設手動與瓦斯漏氣場所

三、應設手動與瓦斯漏氣場所（§ 20. § 21）

類別	目別	場所	樓地板面積 地下層全部（總）	樓地板面積 ≧3層之任一層
甲	1	電影片映演場所（戲院、電影院）、歌廳、舞廳、夜總會、俱樂部、理容院（觀光理髮、視聽理容等）、指壓按摩場所、錄影節目帶播映場所（MTV 等）、視聽歌唱場所（KTV 等）、酒家、酒吧、酒店（廊）	≧ 1000 m² 瓦斯漏氣火警	≧ 200 m² 手動報警設備
	2	保齡球館、撞球場、集會堂、健身休閒中心（含提供指壓、三溫暖等設施之美容瘦身場所）、室內螢幕式高爾夫練習場、遊藝場所、電子遊戲場、資訊休閒場所。		
	3	觀光旅館、飯店、旅館、招待所（限有寢室客房者）		0 m² 手動報警設備
	4	商場、市場、百貨商場、超級市場、零售市場、展覽場		≧ 200 m² 手動報警設備
	5	餐廳、飲食店、咖啡廳、茶藝館		
	6	醫院、療養院、榮譽國民之家、長期照顧服務機構（限機構住宿式、社區式之建築物使用類組非屬 H-2 之日間照顧、團體家屋及小規模多機能）、老人福利機構（限長期照護型、養護型、失智照顧型長期照顧機構、安養機構）、兒童及少年福利機構（限托嬰中心、早期療育機構、有收容未滿二歲兒童之安置及教養機構）、護理機構（限一般護理之家、精神護理之家、產後護理機構）、身心障礙福利機構（限供住宿養護、日間服務、臨時及短期照顧者）、身心障礙者職業訓練機構（限提供住宿或使用特殊機具者）、啓明、啓智、啓聰等特殊學校、身心障礙福利機構（限照顧植物人、失智症、重癱、長期臥床或身心功能退化者）		
	7	三溫暖、公共浴室		
乙	1	車站、飛機場大廈、候船室	-	
	2	期貨經紀業、證券交易所、金融機構		
	3	學校教室、兒童課後照顧服務中心、補習班、訓練班、K 書中心、前款第六目以外之兒童及少年福利機構（限安置及教養機構）及身心障礙者職業訓練機構		
	4	圖書館、博物館、美術館、陳列館、史蹟資料館、紀念館及其他類似場所		

類別	目別	場所	樓地板面積	
			地下層全部（總）	≧3層之任一層
	5	寺廟、宗祠、教堂、供存放骨灰（骸）之納骨堂（塔）及其他類似場所	—	
	6	辦公室、靶場、診所、長期照顧服務機構（限社區式建築物使用類組屬 H-2 之日間照顧、團體家屋及小規模多機能）、日間型精神復健機構、兒童及少年心理輔導或家庭諮詢機構、身心障礙者就業服務機構、老人文康機構、前款第六目以外之老人服務機構及身心障礙福利機構		
	7	集合住宅、寄宿舍、住宿型精神復健機構		
	8	體育館、活動中心		
	9	室內溜冰場、室內游泳池		
	10	電影攝影場、電視播送場		
	11	倉庫、傢俱展示販售場		
	12	幼兒園		
丙	1	電信機器室		
	2	汽車修護廠、飛機修理廠、飛機庫		
	3	室內停車場、建築物依法附設之室內停車空間		
丁	1	高度危險工作場所		
	2	中度危險工作場所		
	3	低度危險工作場所		
戊	1	複合用途建築物中，有供甲類用途者	≧ 1000 m^2（甲 500）瓦斯漏氣火警	-
	2	前目以外供乙至丁類用途之複合用途建築物	-	
	3	地下建築物	≧ 1000 m^2 瓦斯漏氣火警	
其他		經中央主管機關公告之場所	-	
設有瓦斯漏氣火警自動警報設備之建築物，應設置緊急廣播設備				

補償式局限型火警探測器構造

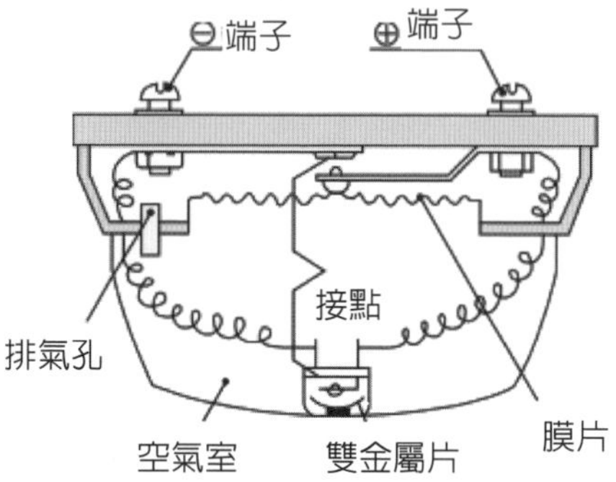

並接式配線—終端電阻無法確認回路斷線例

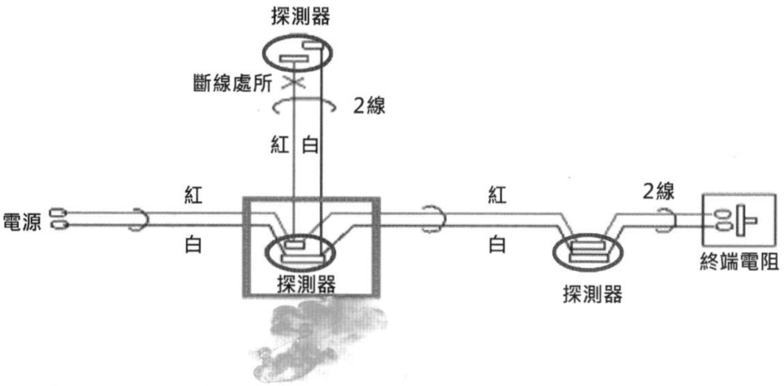

（日本 YOKOI 株式會社，2017）

串接式配線—終端電阻能確認回路斷線例

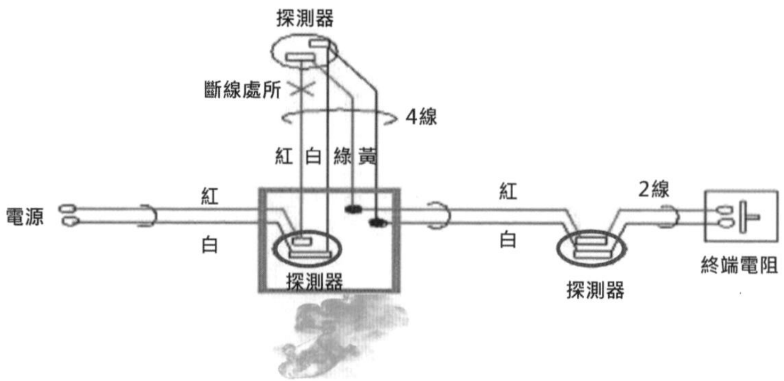

（日本 YOKOI 株式會社，2017）

瓦斯漏氣表示燈與檢知器設置例

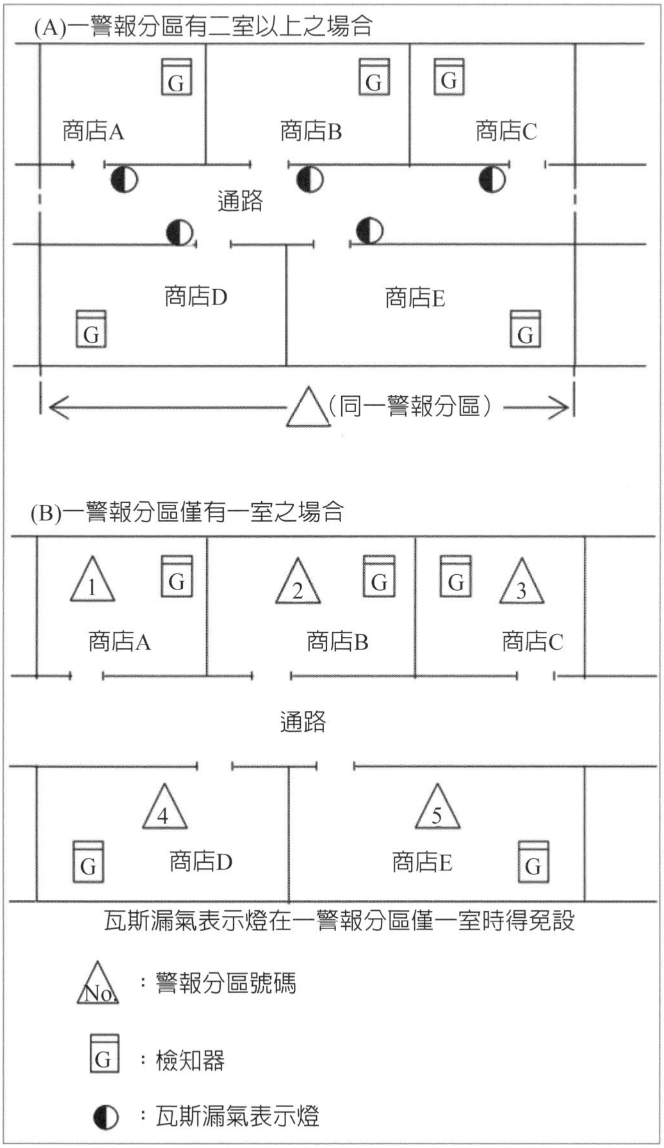

（KAWASAKI 市消防用設備等技術基準，平成 28 年）

3-5 火警自動警報設備——鳴動方式與探測器位置

四、鳴動方式與探測器位置

<table>
<tr><th>項目</th><th colspan="2">內容</th><th>設置標準</th></tr>
<tr><td>鳴動方式</td><td>在≥ 5F 且總樓地板面積≥ 3000m² 者，依下列規定：
1. 起火層≥ 2F 時，限該樓層與其直上2層及其直下層鳴動。
2. 起火層為地面層時，限該樓層與其直上層及地下層各層鳴動。
3. 起火層為地下層時，限地面層及地下層各層鳴動。</td><td>
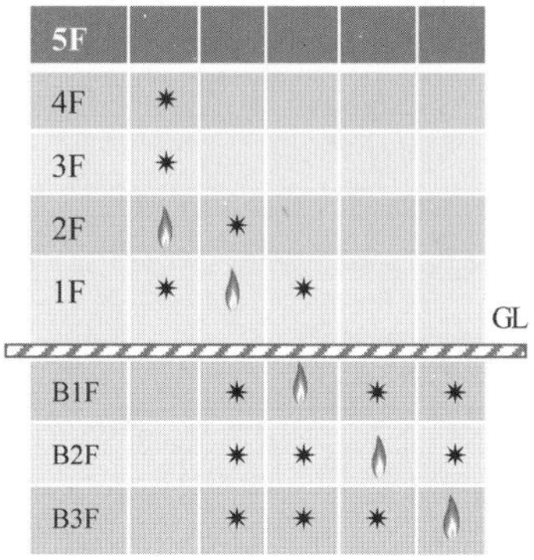

</td><td>§ 113</td></tr>
<tr><td>探測器位置</td><td colspan="2">1. 天花板上設有出風口時，除火焰式、差動式分布型及光電式分離型探測器外，應距離該出風口≥ 1.5m。
2. 牆上設有出風口時，應距離該出風口≥ 1.5m。但該出風口距天花板在 ≥ 1m 時，不在此限。
3. 天花板設排氣口或回風口時，偵煙式探測器應裝置於排氣口或回風口周圍 1m 範圍内。
4. 局限型探測器以裝置在探測區域中心附近為原則。
5. 局限型探測器之裝置，不得傾斜≥ 45°。但火焰式探測器，不在此限。
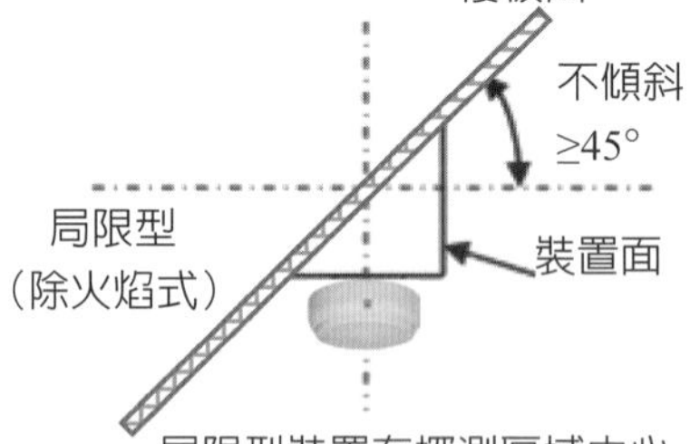

局限型裝置在探測區域中心</td><td>§ 115</td></tr>
</table>

定溫式線型火警探測器構造

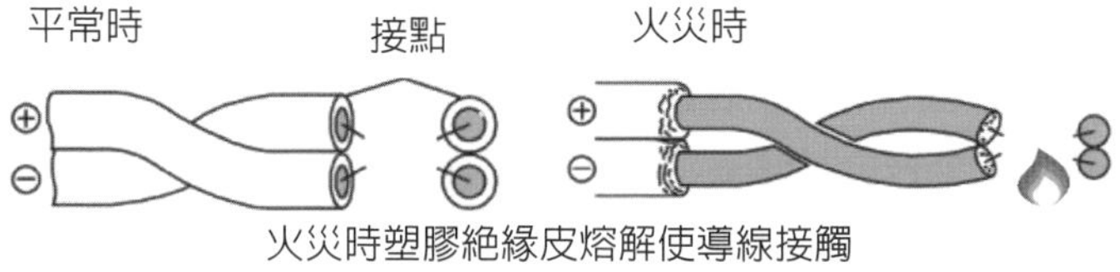

火警探測器裝設位置與出風口距離示意圖一

除火焰式、差動式分布型及光電式分離型探測器外

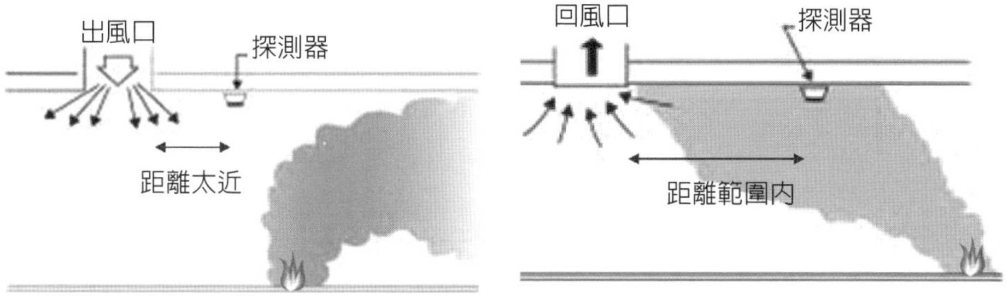

火警探測器裝設位置與出風口距離示意圖二

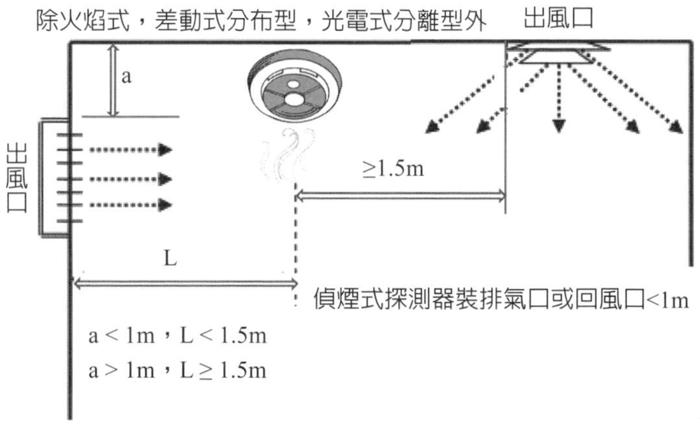

3-6 火警自動警報設備——免設場所等

五、免設場所等

項目	內容	設置標準
免設探測器	1. 探測器除火焰式外，裝置面高度≥ 20m 者。 2. 外氣流通無法有效探測火災之場所。 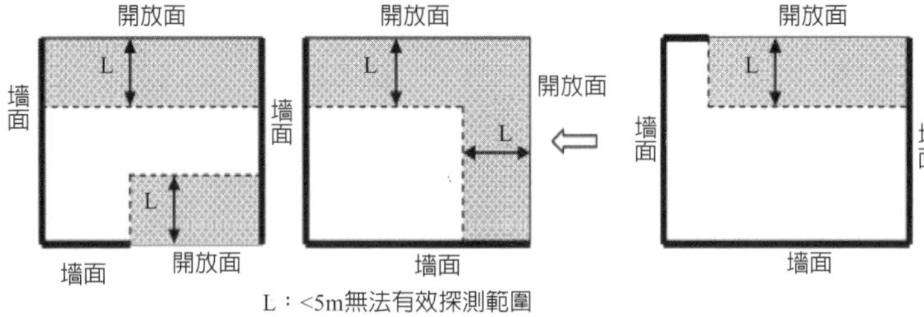 3. 洗手間、廁所或浴室。 4. 冷藏庫等設有能早期發現火災之溫度自動調整裝置者。 5. 主要構造為防火構造，且開口設有具≥ 1hr 防火時效防火門之金庫。 6. 室內游泳池之水面或溜冰場之冰面上方。 7. 不燃性石材或金屬等加工場，未儲存或未處理可燃性物品處。 8. 其他經中央主管機關指定之場所。	§ 116

六、探測區域、配線與電源規定

項目	內容	設置標準
探測區域	指探測器裝置面之四周以淨高 ≥ 40cm 之樑或類似構造體區劃包圍者。但差動式分布型及偵煙式探測器，其裝置面之四周淨高應為 ≥ 60cm。 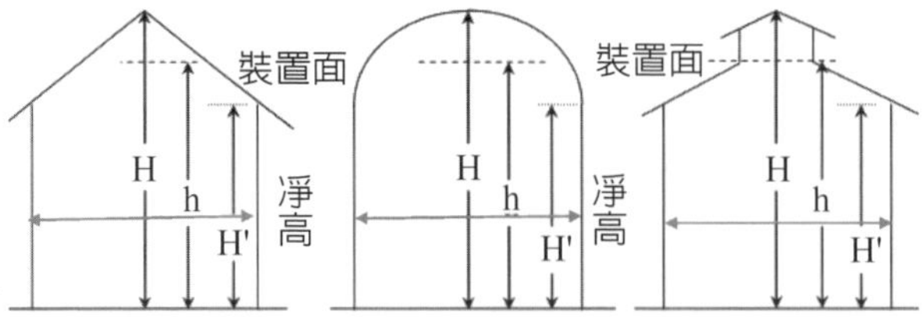 探測區域 $h=\frac{H+H'}{2}\geq 40\text{cm}$　差動及偵煙式 $h=\frac{H+H'}{2}\geq 60\text{cm}$	§ 119

<table>
<tr><th>項目</th><th>內容</th><th>設置標準</th></tr>
<tr><td></td><td>
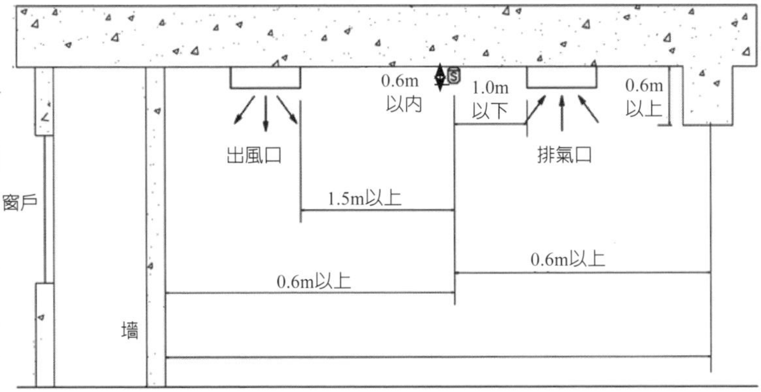

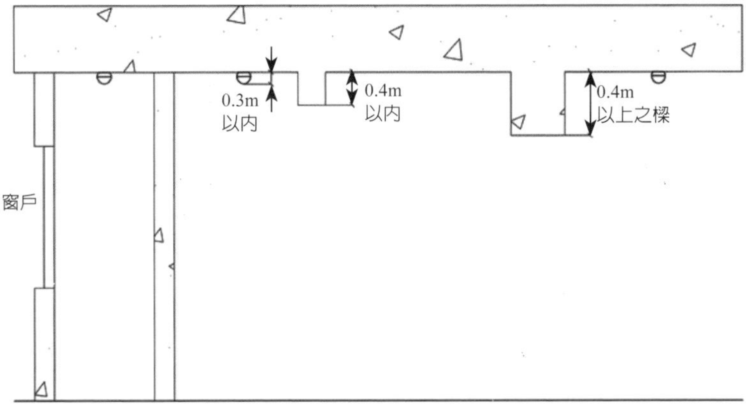

</td><td>§ 119</td></tr>
<tr><td>配線</td><td>
1. 常開式之探測器信號回路，其配線採用串接式，並加設終端電阻，以便藉由火警受信總機作回路斷線自動檢出用。
2. P 型受信總機採用數個分區共用 1 公用線方式配線時，該公用線供應之分區數，不得超過 7 個。
3. P 型受信總機之探測器回路電阻，在 50Ω 以下。
4. 電源回路導線間及導線與大地間之絕緣電阻值，以直流 250V 額定之絕緣電阻計測定，
(1) 對地電壓 <150V 者，在≥ 0.1MΩ。
(2) 對地電壓≥ 150V 者，在≥ 0.2MΩ。
(3) 探測器回路導線間及導線與大地間之絕緣電阻值，以直流 250V 額定之絕緣電阻計測定，每一火警分區在≥ 0.1MΩ。
5. 埋設於屋外或有浸水之虞之配線，採用電纜並穿於金屬管或塑膠導線管，與電力線保持≥ 30cm 之間距。
</td><td>§ 127</td></tr>
</table>

<table>
<tr><th>項目</th><th>內容</th><th>設置標準</th></tr>
<tr><td></td><td>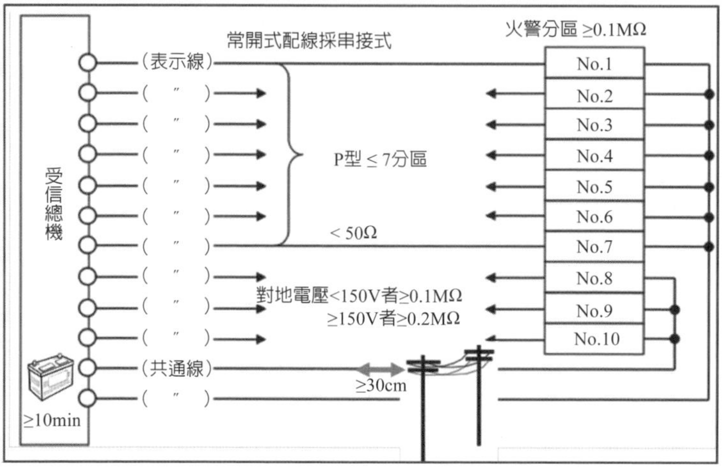
</td><td></td></tr>
<tr><td>緊急電源</td><td>應使用蓄電池設備，其容量能使其有效動作≥ 10min
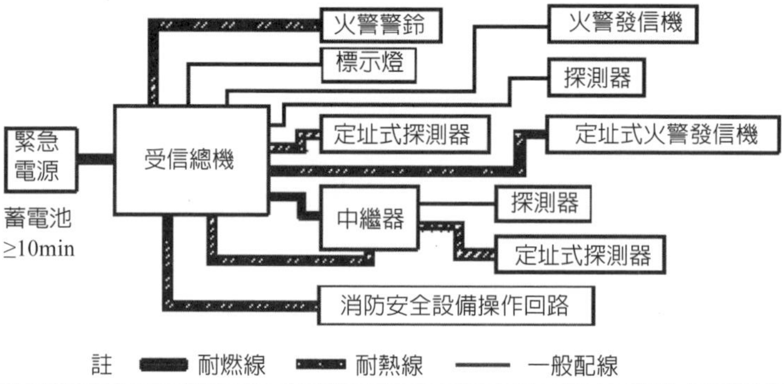
</td><td>§ 128</td></tr>
</table>

火警探測器種類示意圖

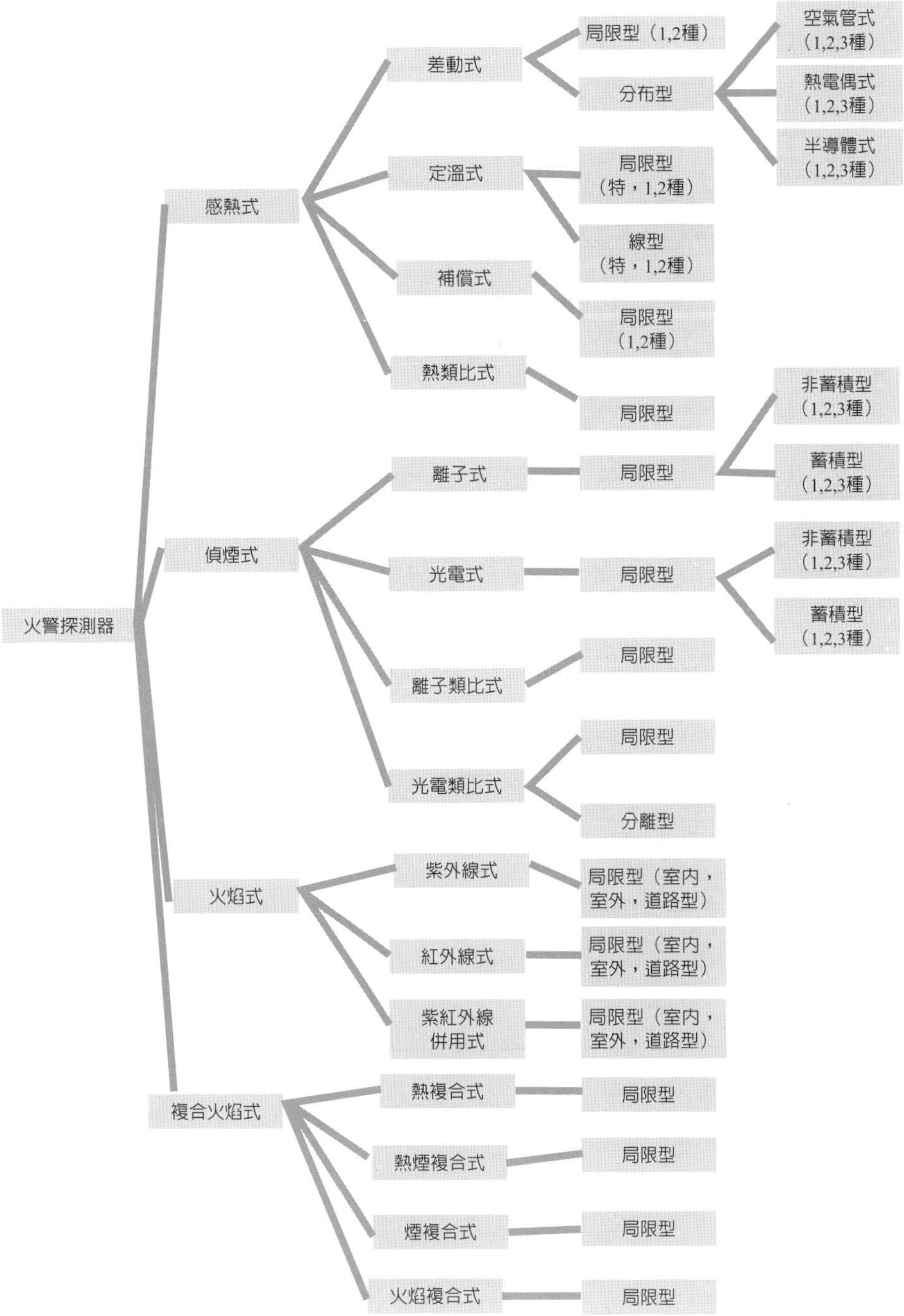
火警探測器
感熱式
差動式
局限型（1,2種）
分布型
空氣管式（1,2,3種）
熱電偶式（1,2,3種）
半導體式（1,2,3種）
定溫式
局限型（特，1,2種）
線型（特，1,2種）
補償式
局限型（1,2種）
熱類比式
局限型
偵煙式
離子式
局限型
非蓄積型（1,2,3種）
蓄積型（1,2,3種）
光電式
局限型
非蓄積型（1,2,3種）
蓄積型（1,2,3種）
離子類比式
局限型
光電類比式
局限型
分離型
火焰式
紫外線式
局限型（室內，室外，道路型）
紅外線式
局限型（室內，室外，道路型）
紫紅外線併用式
局限型（室內，室外，道路型）
複合火焰式
熱複合式
局限型
熱煙複合式
局限型
煙複合式
局限型
火焰複合式
局限型

3-7 火警自動警報設備——火警分區

七、火警分區

原則		例外
每 1 火警分區不得超過 1 樓層	1. 上下 2 層樓地板面積之和在 ≤ 500m² 者，得 2 層共用 1 分區。 2. 樓梯、斜坡通道、升降機之升降路及管道間等場所，在水平距離 50m 範圍內，且其頂層相差在 2 層以下時，得為一火警分區。 3. 但應與建築物各層之走廊、通道及居室等場所分別設置火警分區。 4. 樓梯或斜坡通道，垂直距離每 ≤ 45m 為一火警分區。但其地下層部分應為另 1 火警分區。	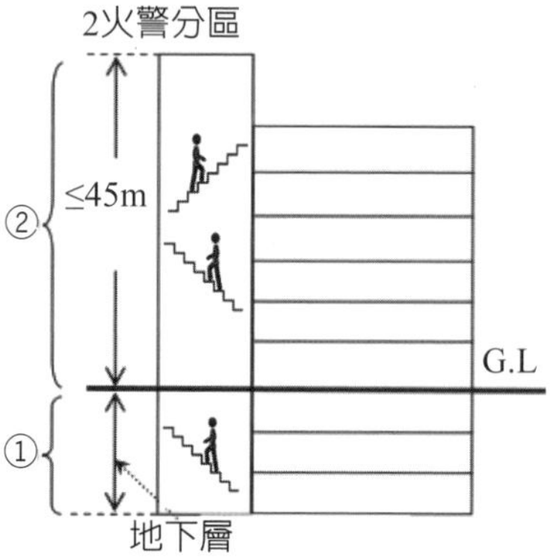
每一分區在樓地板面積 ≤ 600m²。每一分區之任一邊長在 ≤ 50m。但裝設光電式分離型探測器時，其邊長得在 <100m。		主要出入口或直通樓梯出入口能直接觀察該樓層任一角落時，第一款規定之 600m² 得增為 1000m²。

火警探測器有樑裝置例

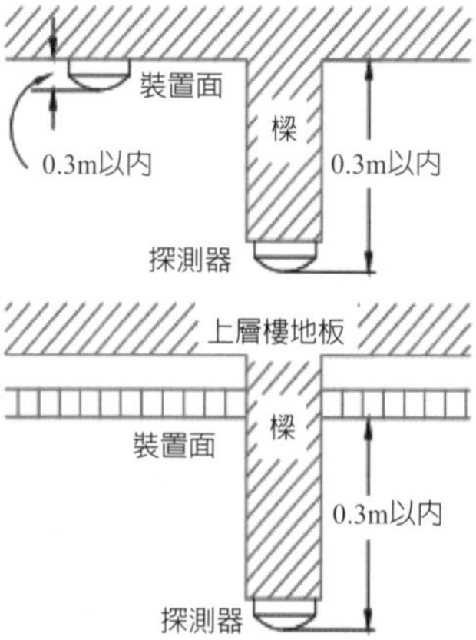

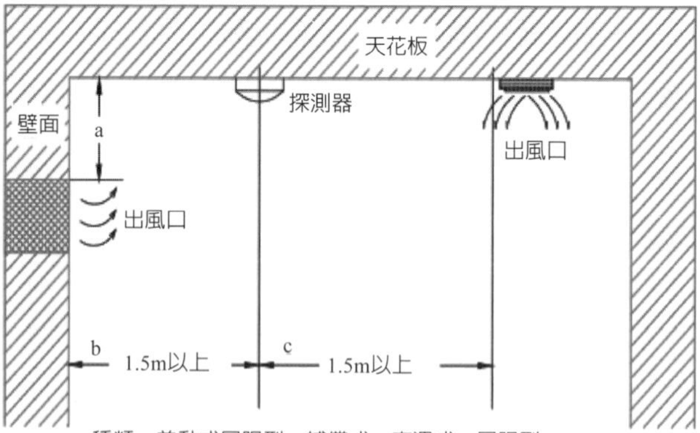

種類：差動式局限型、補償式、定溫式、局限型

八、火警分區面積設定

每一分區在樓地板面積 ≤ 600m^2，下圖中有 6 個分區。

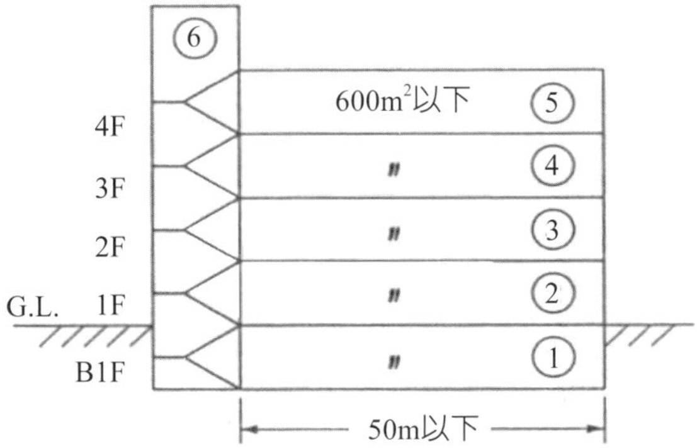

○代表火警分區號碼

（參考日本 MINAKAMI 株式會社，2017）

九、火警分區邊長設定

每一分區之任一邊長在 ≤ 50m，下圖中有 11 個分區。

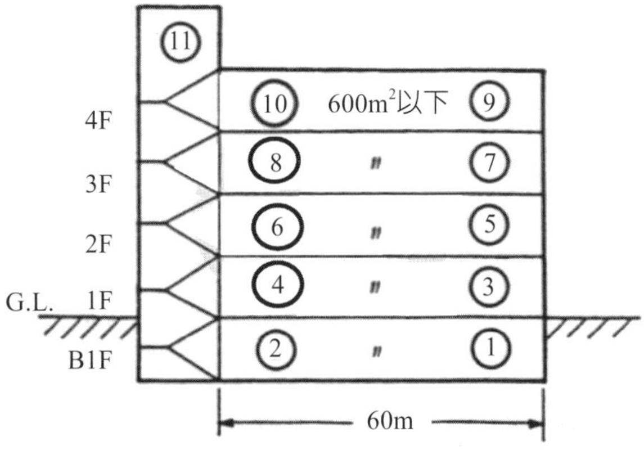

○代表火警分區號碼

（參考日本 MINAKAMI 株式會社，2017）

十、火警分區上下2層設定

上下 2 層樓地板面積之和在 ≤ 500m^2 者，得 2 層共用 1 分區；下面圖上中有 4 個分區，下面圖下中有 2 個分區。

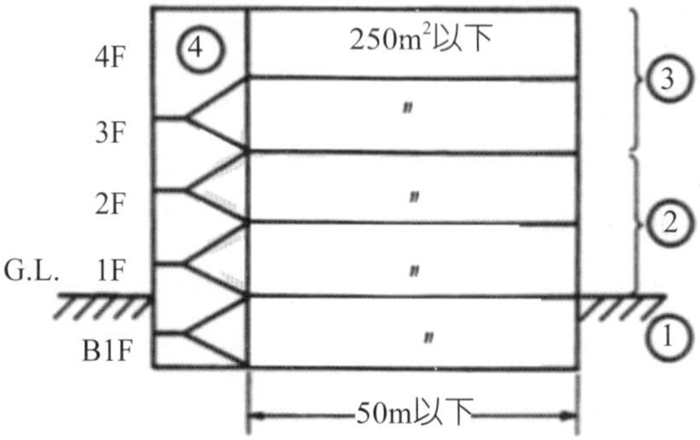

○代表火警分區號碼

（參考日本 MINAKAMI 株式會社，2017）

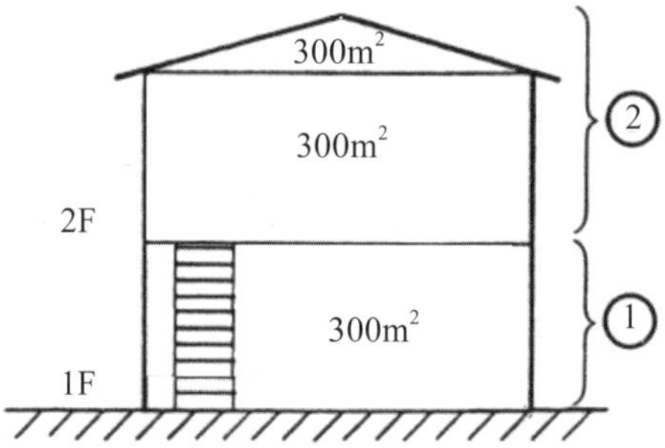

○代表火警分區號碼

（參考日本 MINAKAMI 株式會社，2017）

十一、火警分區樓梯或斜坡通道設定

以垂直距離每 ≤ 45m 爲一火警分區；其地下層部分應爲另 1 火警分區

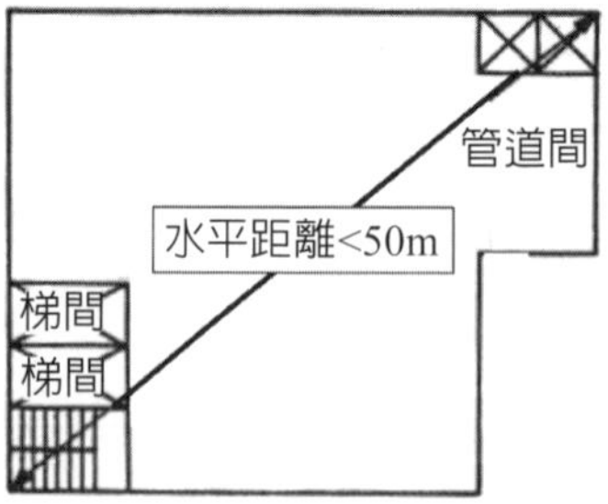

在下圖中，升降機間與管道間之水平距離 50m 爲一相同的火警分區。圖中①跨地下層雖水平距離 ≤ 50m，其管道的頂部，與①管道頂部不同爲另一分區，④因管道的頂部是在地下室，爲一單獨的分區。而地下 2 樓以下之②爲另一分區。於本圖例有 4

個分區。

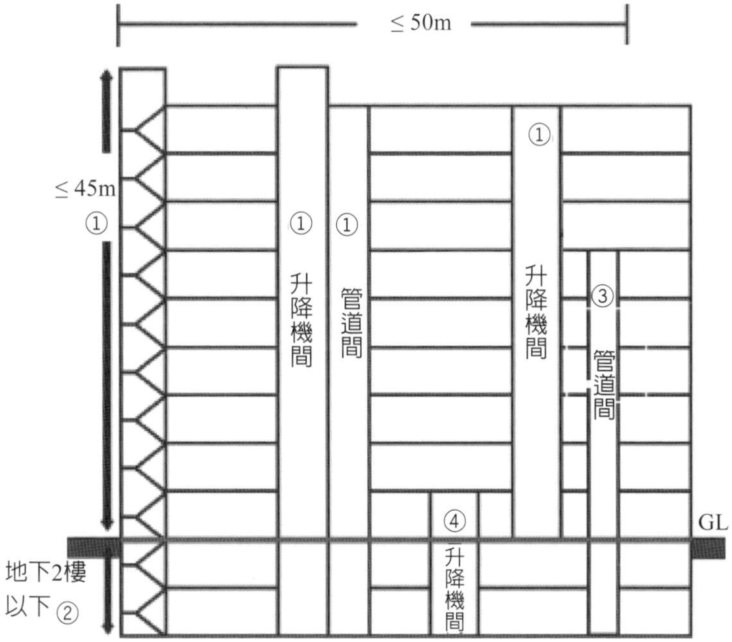

（參考日本神戶市消防用設備等技術基準，2015）

十二、火警分區樓梯間地面層及地下層設定

樓梯間在地面層部分和地下層部分，原則上爲各自火警分區（下圖左）；但僅地下一層，則地下層與地面層樓梯間在垂直距離 ≤ 45m，可共用一火警分區（下圖右）。本例下圖左有 2 個分區；下圖右有 1 個分區。

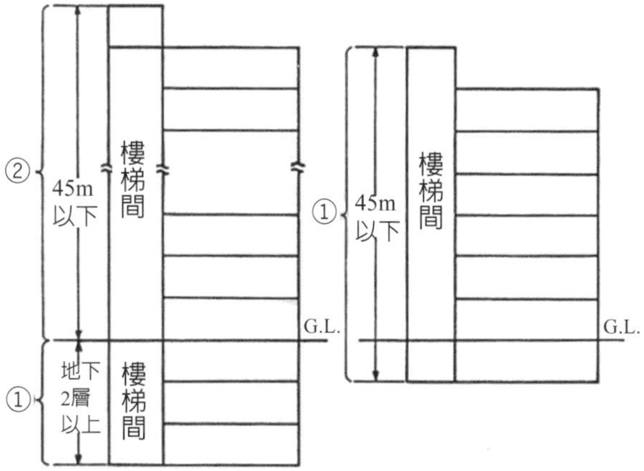

（參考日本 MINAKAMI 株式會社，2017）

十三、火警分區2層樓居室與樓梯間設定

在 2 層樓建築物，則樓梯間與居室樓地板面積 ≤ 600m²，則二者可共用一火警分區；本例中有 2 個分區。

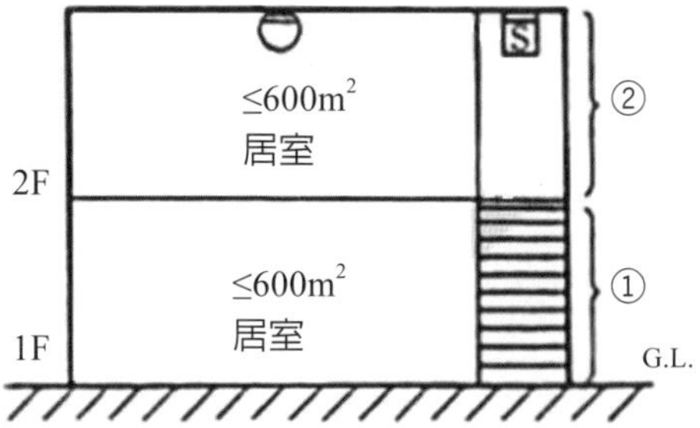

（參考日本 MINAKAMI 株式會社，2017）

十四、探測器安裝

依 NFPA 72 規定，探測器安裝例如下。

探測器安裝

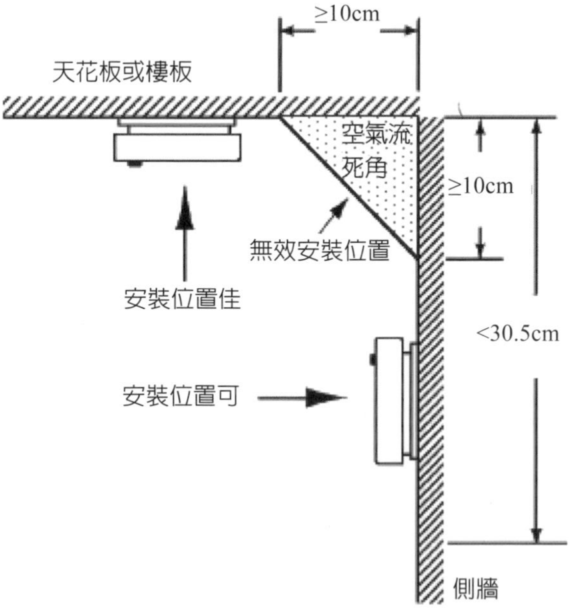

十五、火警受信總機分類

R 型自動火警設備受信總機配線構造

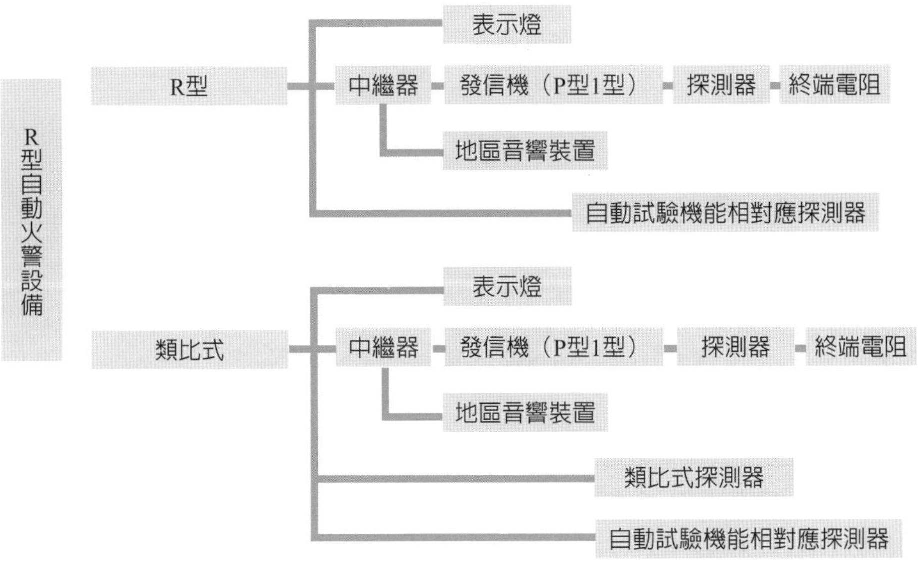

P 型自動火警設備受信總機配線構造

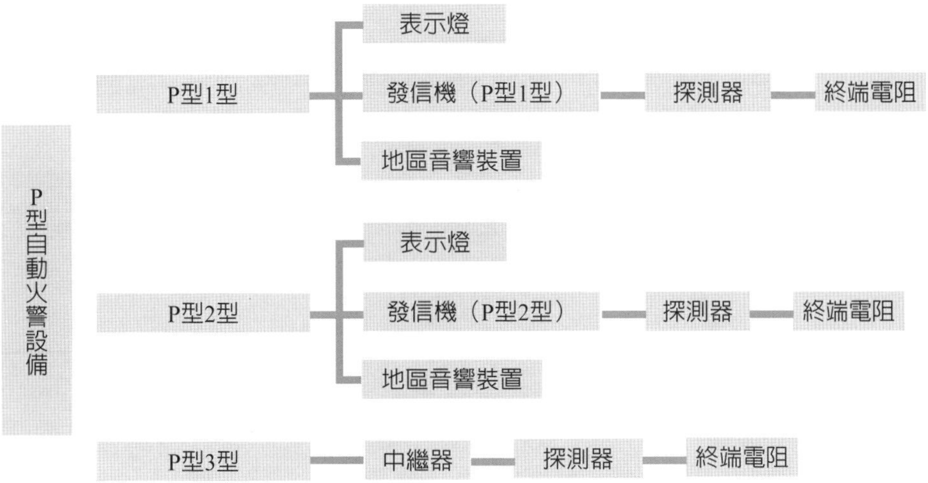

3-8 火警自動警報設備——受信總機裝置規定

十六、受信總機裝置規定（§ 125）

項目		內容
裝置規定	火警分區	具有火警區域表示裝置，指示火警發生之分區。
	警戒音響	火警發生時，能發出促使警戒人員注意之音響。
	通話裝置	附設與火警發信機通話之裝置。
	同時互通	一棟建築物內設有 2 臺以上火警受信總機時，設受信總機處，設有能相互同時通話連絡之設備。
	識別圖面	受信總機附近備有識別火警分區之圖面資料。
	不雙信號	裝置蓄積式探測器或中繼器之火警分區，該分區在受信總機，不得有雙信號功能。
	蓄積時間	受信總機、中繼器及偵煙式探測器，有設定蓄積時間時，其蓄積時間之合計，每一火警分區 $\leq$ 60sec，使用其他探測器時 $\leq$ 20sec。

十七、火警受信總機位置規定

項目		內容
位置	經常有人員	裝置於值日室等經常有人之處所。但設有防災中心時，設於該中心。
	不直接照射	裝置於日光不直接照射之位置。
	避免傾斜	避免傾斜裝置，其外殼應接地。
	裝設高度	壁掛型總機操作開關距離樓地板面之高度，在 0.8～1.5m（座式操作者為 0.6m）。

受信總機裝置規定示意圖

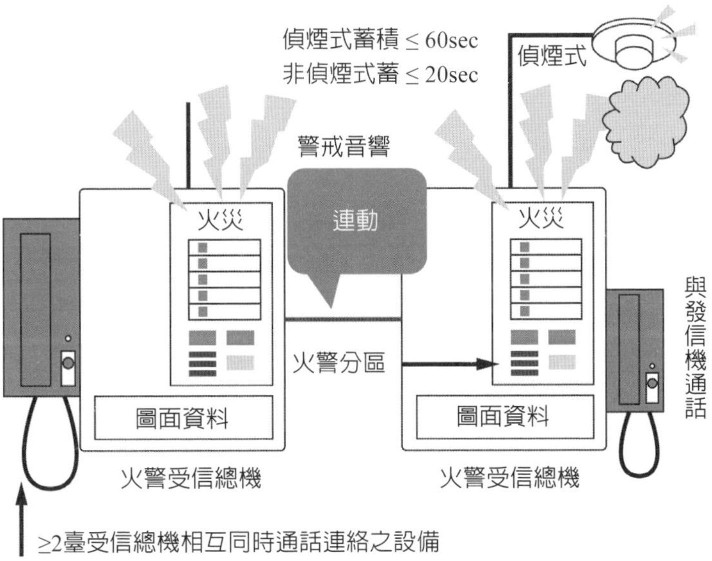

壁掛型受信總機裝置規定

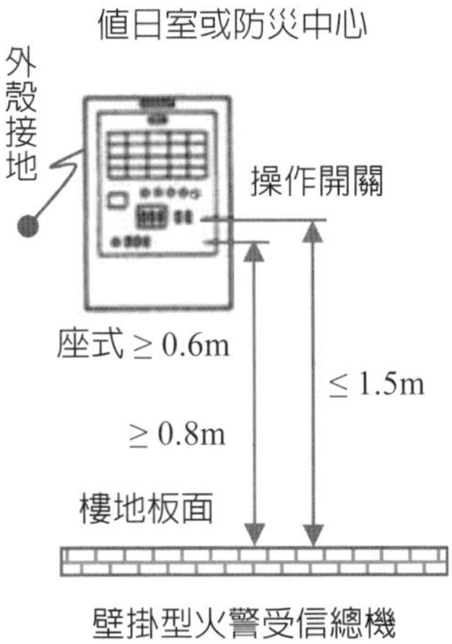

3-9 火警自動警報設備——探測器裝置高度

十八、探測器裝置高度（§ 114）

<table>
<tr><td>裝置場所高度</td><td colspan="2"><4m</td><td colspan="2">4～8m</td><td colspan="2">8～15m</td><td colspan="2">15～20m</td></tr>
<tr><td rowspan="3">探測器種類</td><td rowspan="2">差動式</td><td>局限型</td><td rowspan="2">差動式</td><td>局限型</td><td rowspan="2">光電式</td><td>局限型一種或二種</td><td rowspan="2">光電式</td><td>局限型一種</td></tr>
<tr><td>分布型</td><td>分布型</td><td>分離型</td><td>分離型 一種</td></tr>
<tr><td colspan="2">光電式局限型、光電式分離型、補償式局限型、離子式局限型、定溫式、火焰式</td><td colspan="2">補償式局限型、定溫式特種或一種、離子式局限型一種或二種、光電式局限型一種或二種、光電式分離型、火焰式</td><td colspan="2">差動式分布型、離子式局限型一種或二種、火焰式</td><td colspan="2">火焰式、離子式局限型一種</td></tr>
</table>

十九、偵煙式或熱煙複合式局限型及火焰式探測器不得裝設處所（§ 117）

1. 塵埃、粉末或水蒸氣會大量滯留之場所。
2. 會散發腐蝕性氣體之場所。
3. 廚房及其他平時煙會滯留之場所。
4. 顯著高溫之場所。
5. 排放廢氣會大量滯留之場所。
6. 煙會大量流入之場所。
7. 會結露之場所。
8. 其他對探測器機能會造成障礙之場所。

火焰式探測器不得設於下列處所：

1. 前項第二款至第四款、第六款、第七款所列之處所。
2. 水蒸氣會大量滯留之處所。
3. 用火設備火焰外露之處所。
4. 其他對探測器機能會造成障礙之處所。

前 2 項所列場所，依下表狀況，選擇適當探測器設置：

場所			1	2	3	4	5	6	7	8
			灰塵、粉末會大量滯留場所	水蒸氣會大量滯留之場所	會散發腐蝕性氣體之場所	平時煙會滯留之場所	顯著高溫之廠所	排放廢氣會大量滯留之場所	煙會大量流入之場所	會結露之場所
適用探測器	差動式局限型	一種						○	○	
		二種						○	○	
	差動式分布型	一種	○		○			○	○	○
		二種	○	○	○			○	○	○
	補償式局限型	一種	○		○			○	○	○
		二種	○	○	○			○	○	○
	定溫式	特種	○	○	○	○	○		○	○
		一種		○	○	○	○		○	○
	火焰式		○					○		

註：
1. ○表可選擇設置。
2. 場所 1、2、4、8 所使用之定溫式或補償式探測器，應具有防水性能。
3. 場所 3 所使用之定溫式或補償式探測器，應依腐蝕性氣體別，使用具耐酸或耐鹼性能者；使用差動式分布型時，其空氣管及檢出器應採有效措施，防範腐蝕性氣體侵蝕。

二十、偵煙式、熱煙複合式或火焰式探測器之設置（§ 118）

設置場所	樓梯或斜坡通道	走廊或通道（限供第12條第1款、第2款第2目、第6目至第10目、第4款及第5款使用者）	升降機之升降坑道或配管配線管道間	天花板高度在15～20m場所	天花板等高度≥20m場所	地下層、無開口樓層及11層以上之各層（前揭所列樓層限供第12條第1款、第2款第2目、第6目、第8目至第10目及第5款使用者）
偵煙式	○	○	○	○		○
熱煙複合式	○					○
火焰式				○	○	○

註：○表可選擇設置。

二十一、差動式局限型、補償式局限型及定溫式局限型設置

探測器設置規定

探測器	內容	設置標準
差動式局限型、補償式局限型及定溫式局限型	1. 探測器下端，裝設在裝置面下方 30cm 範圍內。 2. 各探測區域應設探測器數，依下表之探測器種類及裝置面高度，在每一有效探測範圍，至少設置 1 個。 3. 具有定溫式性能之探測器，應裝設在平時之最高周圍溫度，比補償式局限型探測器之標稱定溫點或其他具有定溫式性能探測器之標稱動作溫度低 20℃以上處。但具二種以上標稱動作溫度者，應設在平時之最高周圍溫度比最低標稱動作溫度低 20℃以上處。	§ 120

裝置面高度			＜4m		4～8m	
建築物構造			防火構造建築物	其他建築物	防火構造建築物	其他建築物
種類及有效探測範圍（m^2）	差動式局限型	一種	90	50	45	30
		二種	70	40	35	25
	補償式局限型	一種	90	50	45	30
		二種	70	40	35	25
	定溫式局限型	特種	70	40	35	25
		一種	60	30	30	15
		二種	20	15	-	-

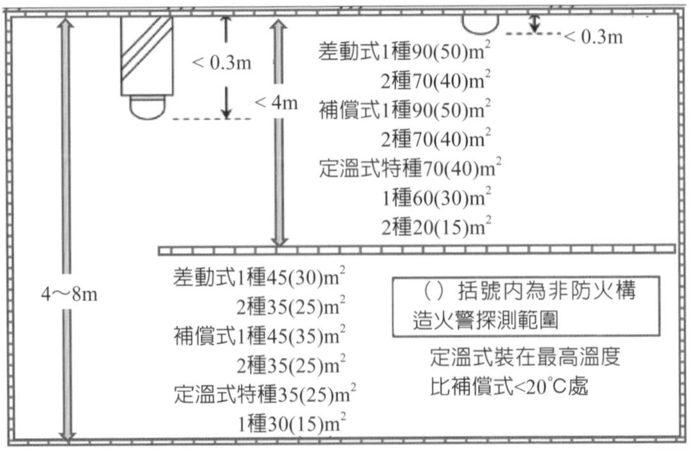

二十二、室內安全梯間探測器位置

室內安全梯間探測器位置示意圖

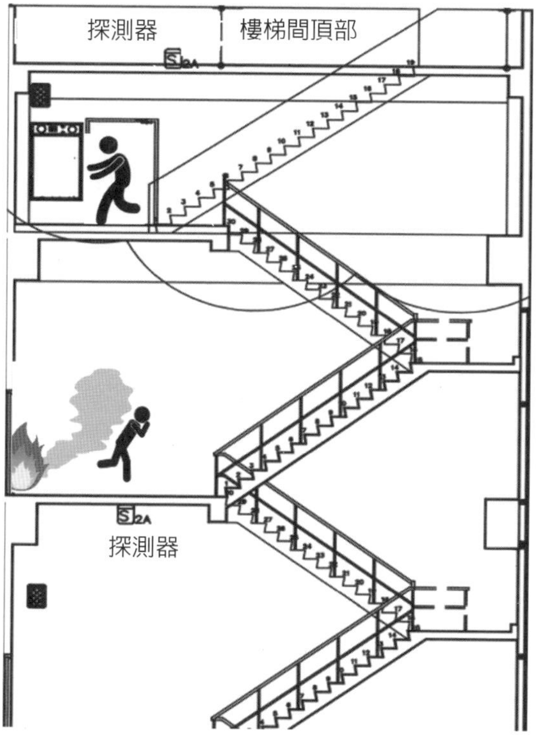

定址式火警探測器底座（配線二進二出）

3-10 火警自動警報設備——差動式分布型

二十三、差動式分布型

<table>
<tr><th>探測器</th><th colspan="3">內容</th><th>設置標準</th></tr>
<tr>
<td rowspan="3">差動式分布型</td>
<td rowspan="2">空氣管式</td>
<td>1. 每一探測區域內之空氣管長度，露出部分在≥ 20m。
2. 裝接於一個檢出器之空氣管長度，在<100m。
3. 空氣管裝置在裝置面下方 30cm 範圍內。
4. 空氣管裝置在自裝置面任一邊起 <1.5m 之位置，其間距在防火。構造建築物在<9m，其他建築物在<6m。但依探測區域規模及形狀能有效探測火災發生者，不在此限。</td>
<td>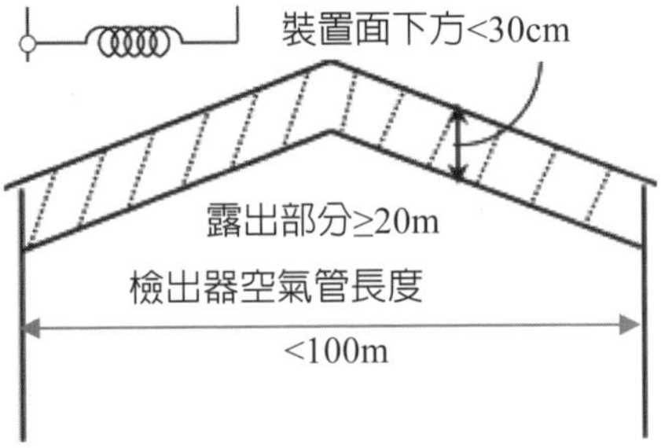
</td>
<td rowspan="3">§ 121</td>
</tr>
<tr>
<td colspan="2">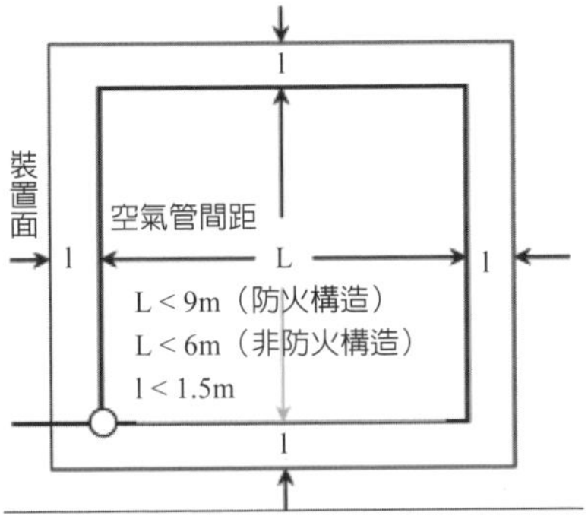
</td>
</tr>
<tr>
<td>熱電偶式</td>
<td colspan="2">1. 熱電偶應裝置在裝置面下方 30cm 範圍內。
2. 各探測區域應設探測器數，依下表之規定：
<table>
<tr><th>建築物構造</th><th>探測區域面積</th><th>應設探測器數</th></tr>
<tr><td rowspan="2">防火構造建築物</td><td>< 88m²</td><td>≥ 4 個</td></tr>
<tr><td>≥ 88m²</td><td>應設 4 個每增加 22m²（含未滿）增設 1 個。</td></tr>
<tr><td rowspan="2">其他建築物</td><td>< 72m²</td><td>≥ 4 個</td></tr>
<tr><td>≥ 72m²</td><td>應設 4 個每增加 18m²（含未滿）增設 1 個。</td></tr>
</table>
3. 裝接於一個檢出器之熱電偶數，在 <20 個。</td>
</tr>
</table>

探測器	內容	設置標準

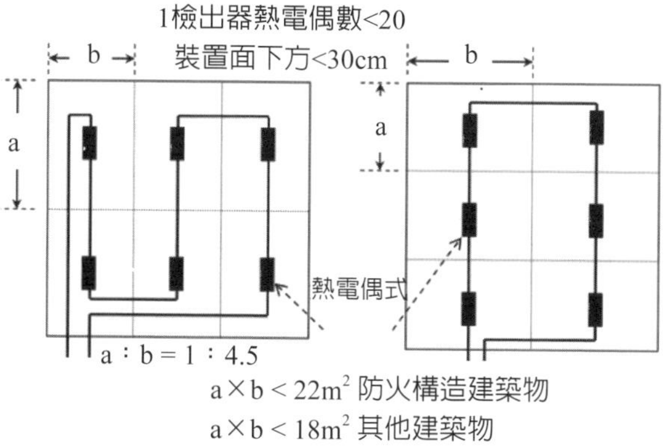

熱半導體式（設置標準：§ 121）

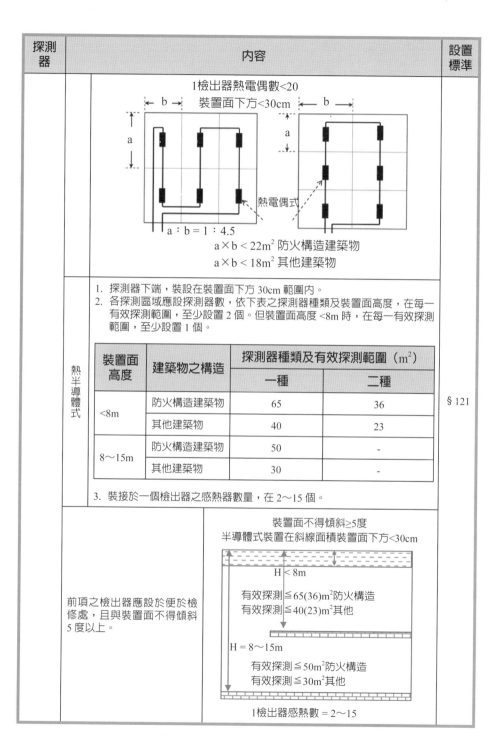

1. 探測器下端，裝設在裝置面下方 30cm 範圍內。
2. 各探測區域應設探測器數，依下表之探測器種類及裝置面高度，在每一有效探測範圍，至少設置 2 個。但裝置面高度 <8m 時，在每一有效探測範圍，至少設置 1 個。

裝置面高度	建築物之構造	探測器種類及有效探測範圍（m^2）	
		一種	二種
<8m	防火構造建築物	65	36
	其他建築物	40	23
8～15m	防火構造建築物	50	-
	其他建築物	30	-

3. 裝接於一個檢出器之感熱器數量，在 2～15 個。

前項之檢出器應設於便於檢修處，且與裝置面不得傾斜 5 度以上。

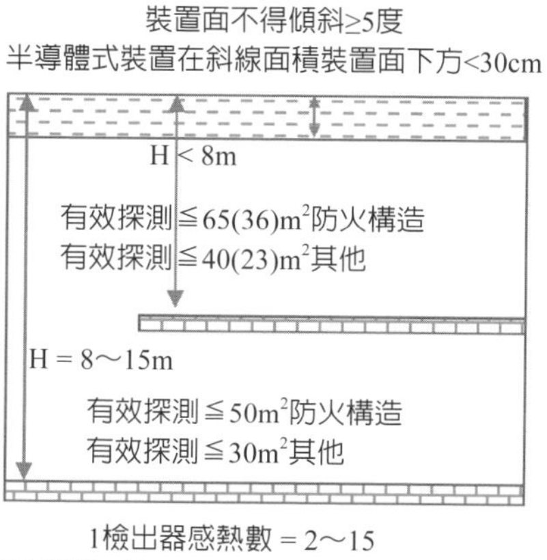

<table>
<tr><th>探測器</th><th colspan="3">內容</th><th>設置標準</th></tr>
<tr><td></td><td>定溫式線型</td><td>1. 探測器設在裝置面下方 30cm 範圍內。
2. 探測器在各探測區域，使用第 1 種探測器時，裝置在自裝置面任一點起水平距離 3m（防火構造建築物為 4.5m）以內；使用第 2 種探測器時，裝在自裝置面任一點起水平距離 1m（防火構造建築物為 3m）以內。</td><td>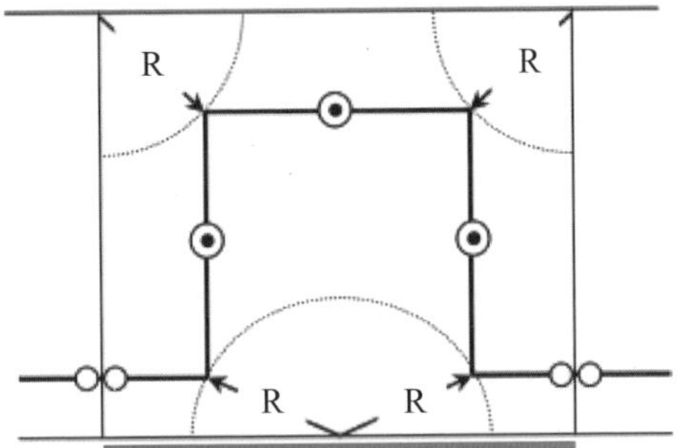

<table>
<tr><th colspan="3">探測區域R(m)</th></tr>
<tr><td></td><td>特種，1種</td><td>2種</td></tr>
<tr><td>防火構造</td><td>< 4.5</td><td>< 3</td></tr>
<tr><td>其他</td><td>< 3</td><td>< 1</td></tr>
</table></td><td>§ 121</td></tr>
</table>

二十四、差動式分布型空氣管式構造

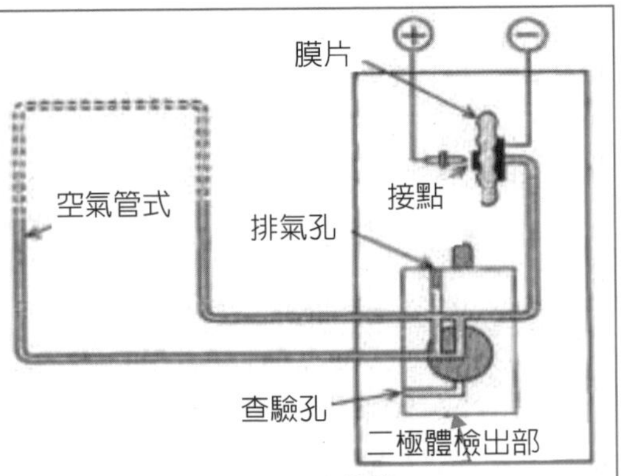

平時溫度變化由排氣孔排掉
火災時空氣管內膜片熱膨脹至接點

二十五、差動式分布型熱電偶式構造

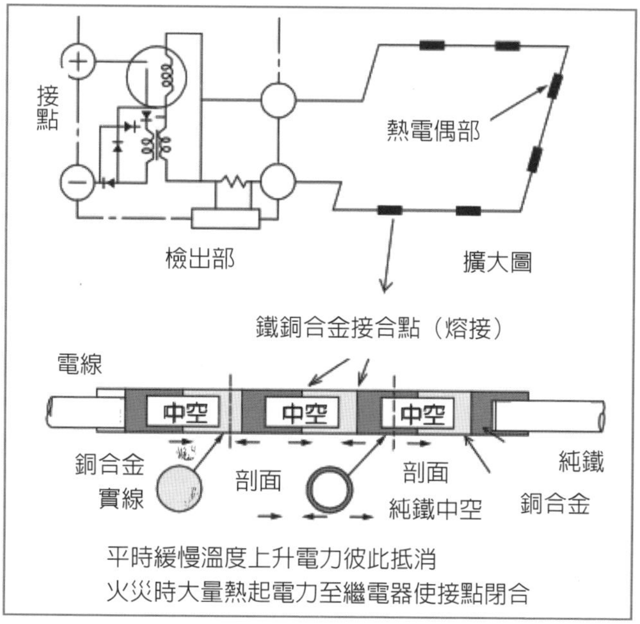

火警自動警報設備組成構件總覽

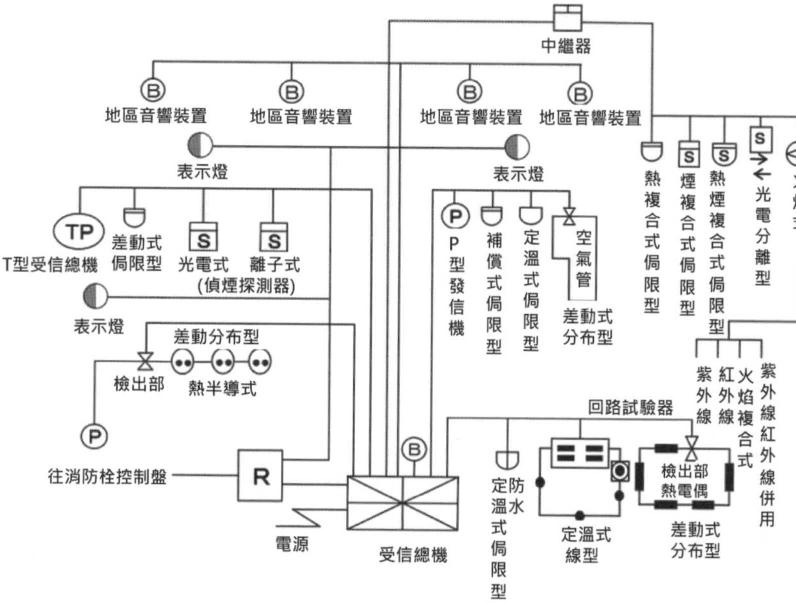

（福岡市消防用設備等技術基準，2017）

3-11 火警自動警報設備——偵煙式探測器

二十六、偵煙式探測器

<table>
<tr><th>探測器</th><th>內容</th><th>設置標準</th></tr>
<tr><td>偵煙式探測器（除光電式分離型外）</td><td>
1. 居室天花板距樓地板面高度在 < 2.3m 或樓地板面積在 < 40m² 時，應設在其出入口附近。
2. 探測器下端，裝設在裝置面下方 60cm 範圍內。
3. 探測器裝設於距離牆壁或樑 ≥ 60cm 之位置。
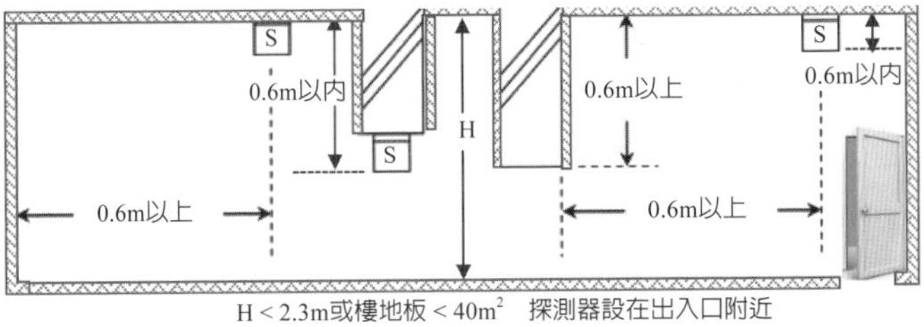

H < 2.3m或樓地板 < 40m²　探測器設在出入口附近
4. 探測器除走廊、通道、樓梯及傾斜路面外，各探測區域應設探測器數，依下表之探測器種類及裝置面高度，在每一有效探測範圍，至少設置一個。
<table>
<tr><th rowspan="2">裝置面高度</th><th colspan="2">探測器種類及有效探測範圍（m²）</th></tr>
<tr><th>一種或二種</th><th>三種</th></tr>
<tr><td><4m</td><td>150</td><td>50</td></tr>
<tr><td>4～20m</td><td>75</td><td>-</td></tr>
</table>
5. 探測器在走廊及通道，步行距離每 30m 至少設置一個；使用第 3 種探測器時，每 20m 至少設置一個；且距盡頭之牆壁在 <15m，使用第 3 種探測器應在 <10m。但走廊或通道至樓梯之步行距離在 <10m，且樓梯設有平時開放式防火門或居室有面向該處之出入口時，得免設。
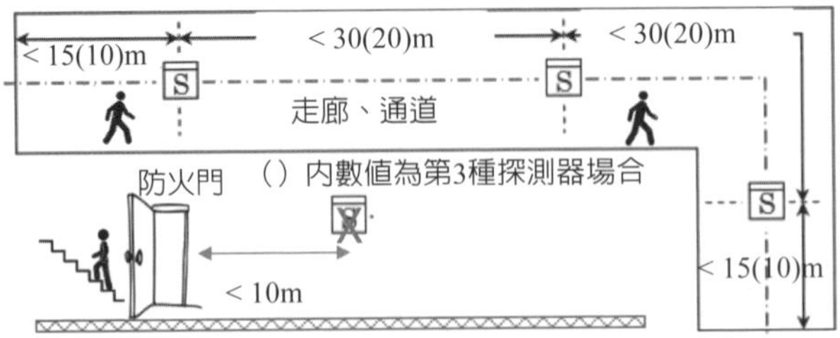

</td><td>§ 122</td></tr>
</table>

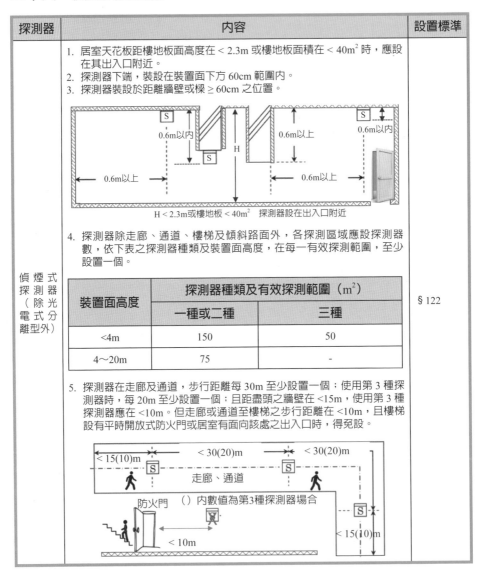

<table>
<tr><th>探測器</th><th>內容</th><th>設置標準</th></tr>
<tr><td></td><td>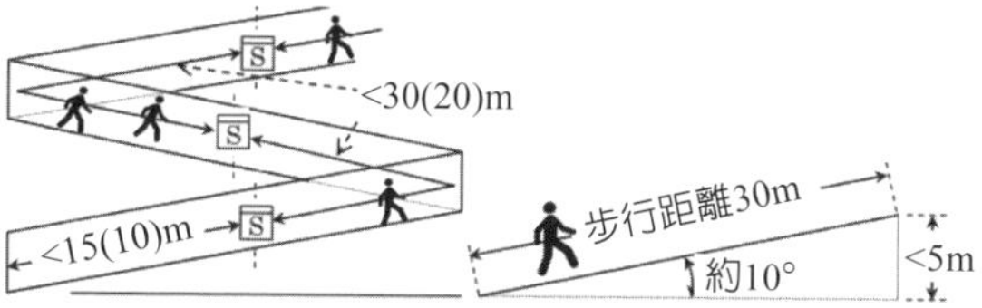

6. 在樓梯、斜坡通道及電扶梯，垂直距離每 15m 至少設置一個；使用第 3 種探測器時，其垂直距離每 10m 至少設置一個。
7. 在升降機坑道及管道間（管道截面積在≥ $1m^2$ 者），應設在最頂部。但升降路頂部有升降機機械室，且升降路與機械室間有開口時，應設於機械室，升降路頂部得免設。
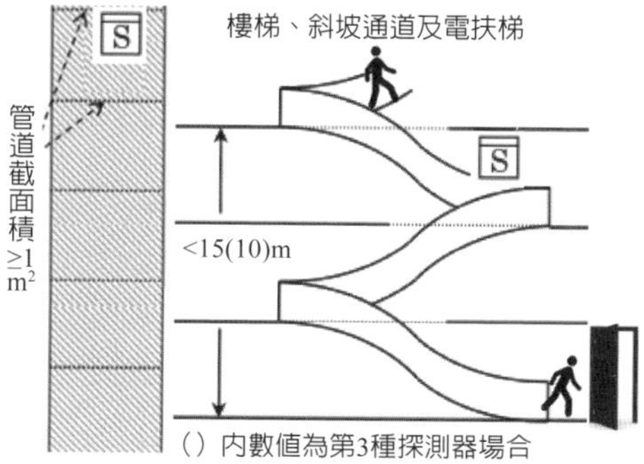
</td><td>§ 122</td></tr>
</table>

二十七、光電式分離型探測器規定

<table>
<tr><th>探測器</th><th>內容</th><th>設置標準</th></tr>
<tr><td>光電式
分離型</td><td>1. 探測器之受光面設在無日光照射之處。
2. 設在與探測器光軸平行牆壁距離 ≥ 60cm 之位置。
3. 探測器之受光器及送光器，設在距其背部牆壁 1m 範圍內。
4. 設在天花板等高度 < 20m 之場所。
5. 探測器之光軸高度，在天花板等高度 ≥ 80% 之位置。
6. 探測器之光軸長度，在該探測器之標稱監視距離以下。
7. 探測器之光軸與警戒區任一點之水平距離，在 < 7m。
前項探測器之光軸，指探測器受光面中心點與送光面中心點之連結線。
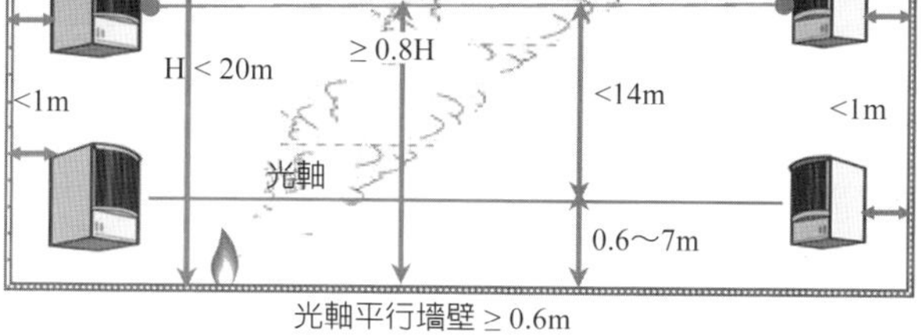
</td><td>§ 123</td></tr>
</table>

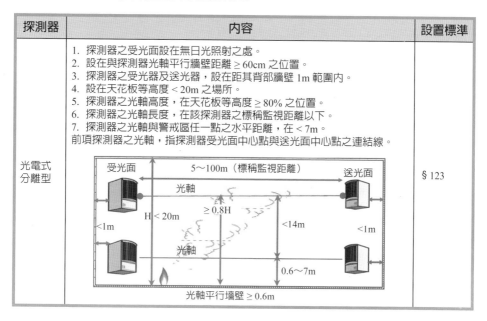

二十八、火焰式探測器規定

<table>
<tr>
<td>火焰式</td>
<td>

1. 裝設於天花板、樓板或牆壁。
2. 距樓地板面 1.2m 範圍內之空間，應在探測器標稱監視距離範圍內。

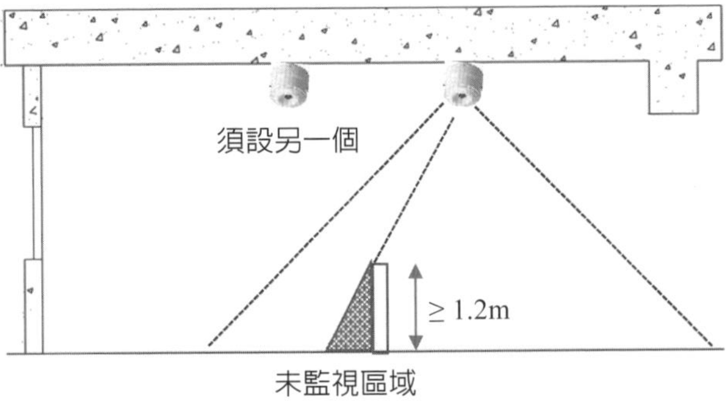

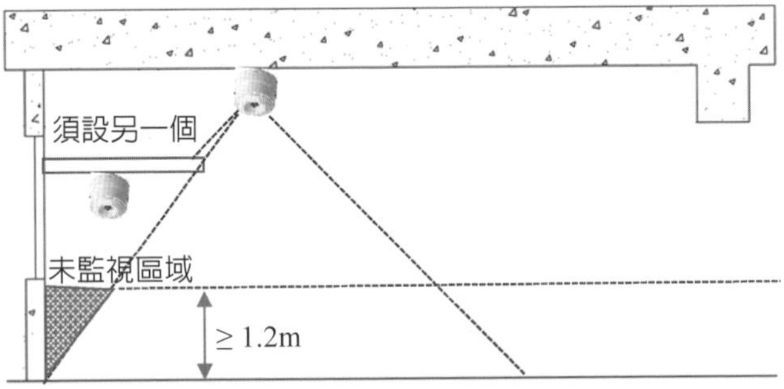

3. 探測器不得設在有障礙物妨礙探測火災發生處。
4. 探測器設在無日光照射之處。但設有遮光功能可避免探測障礙者，不在此限。

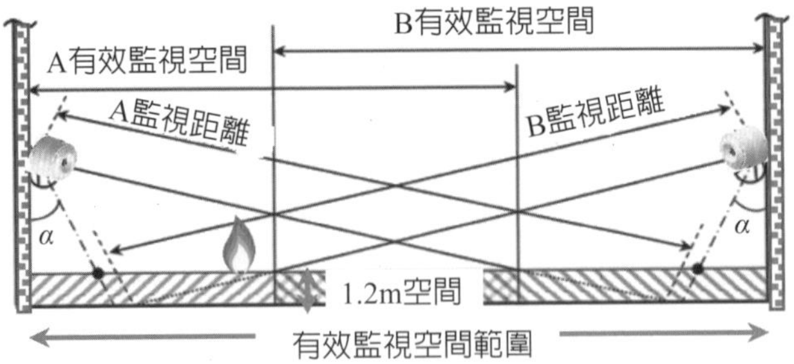

</td>
<td>§ 123</td>
</tr>
</table>

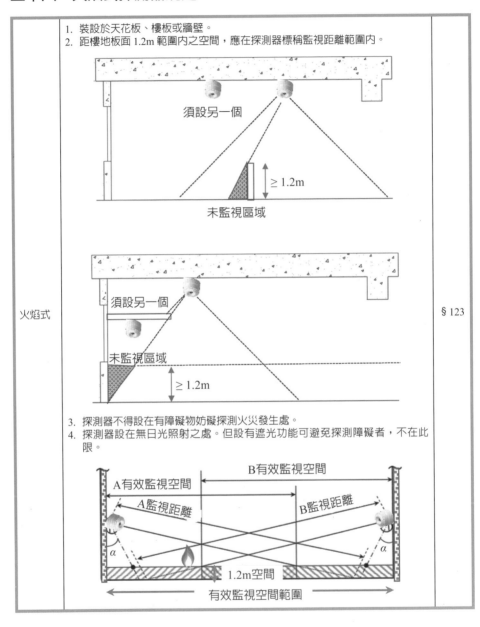

Note

3-12 手動報警設備

一、應設手動報警設備之場所

場所	條件	設置標準
≥ 3F 建築物	任何一層樓地板面積 ≥ $200m^2$	§ 20
觀光旅館、飯店、旅館、招待所（限有寢室客房者）	任何一層樓地板面積 ≥ $0m^2$	

二、手動報警設備設置之規定

項目		內容	設置標準
LBP	標示燈（L）	標示燈應平時保持明亮，其透明罩為圓弧形，裝置後突出牆面，標示燈與裝置面成 15° 角，在 10m 距離內須無遮視物且明顯易見。	§ 130
	火警警鈴（B）	1. 電壓到達規定電壓之 80% 時，能即刻發出音響。 2. 在規定電壓下，離開火警警鈴 100cm 處，所測得之音壓，在 ≥ 90 db。 3. 電鈴絕緣電阻以直流 250V 額定之絕緣電阻計測定，在 ≥ 20MΩ。 4. 警鈴音響應有別於建築物其他音響，並除報警外不得兼作他用。 5. 設有緊急廣播設備時，得免設火警警鈴。	§ 131
	火警發信機（P）	每一火警分區，依下列規定設置火警發信機： 1. 按鈕按下時，能即刻發出火警音響。 2. 按鈕前有防止隨意撥弄之保護板。 3. 附設緊急電話插座。 4. 裝置於屋外之火警發信機，具防水之性能。	§ 129
		免設： 二樓層共用一火警分區者，火警發信機應分別設置。但樓梯或管道間之火警分區得免設。	
	裝置規定	1. 裝設於火警時人員避難通道內適當而明顯之位置。 2. 火警發信機離地板面之高度在 1.2～1.5m。 3. 標示燈及火警警鈴距離地板面之高度，在 2～2.5m。但與火警發信機合併裝設者，不在此限。 4. 建築物內裝有消防立管之消防栓箱時，火警發信機、標示燈及火警警鈴裝設在消防栓箱上方牆上。	§ 132

註：
1. 符號 ≥ 為以上（含本數）；符號 < 為小於（不含本數）；符號 ≤ 為以下或以內（含本數）。
2. 符號 § 表示「各類場所消防安全設備設置標準」第幾條條文。

手動報警設備工程設計例

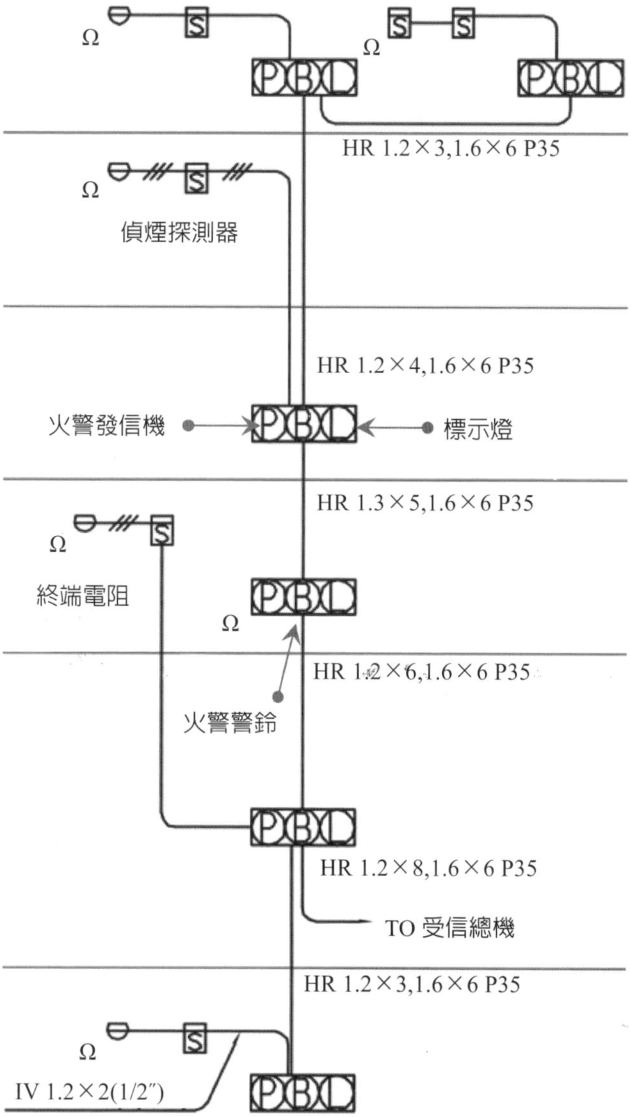
Ω
S
Ω
S
S
PBL
PBL
HR 1.2×3,1.6×6 P35
Ω
S
偵煙探測器
HR 1.2×4,1.6×6 P35
火警發信機
PBL
標示燈
HR 1.3×5,1.6×6 P35
Ω
S
終端電阻
PBL
Ω
HR 1.2×6,1.6×6 P35
火警警鈴
PBL
HR 1.2×8,1.6×6 P35
TO 受信總機
HR 1.2×3,1.6×6 P35
Ω
S
IV 1.2×2(1/2″)
PBL

3-13 緊急廣播設備——應設場所

一、應設場所（§ 22）

依第 19 條或前條規定設有火警自動警報或瓦斯漏氣火警自動警報設備之建築物，應設置緊急廣播設備。

二、緊急廣播設備與火警自動警報連動

緊急廣播主機消防工程例

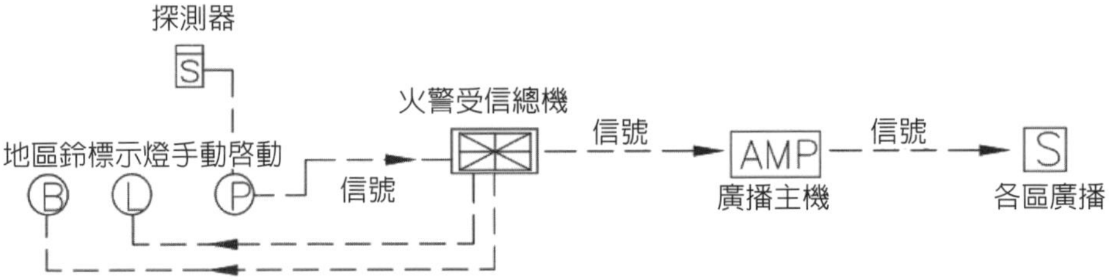

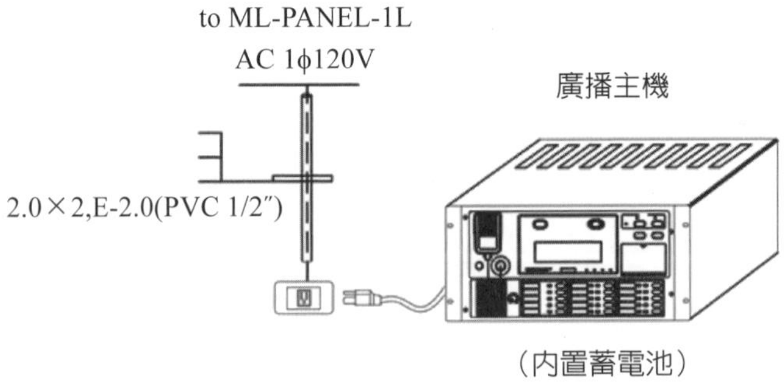

緊急廣播設備配線消防工程例

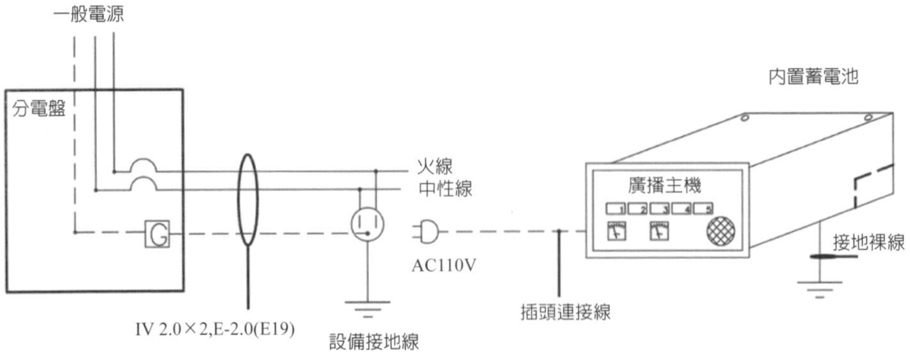

緊急廣播主機配線工程例

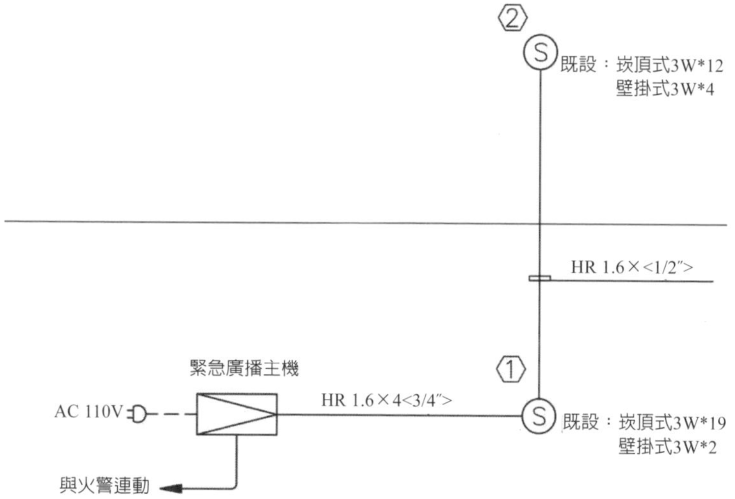

緊急廣播設備裝置工程例

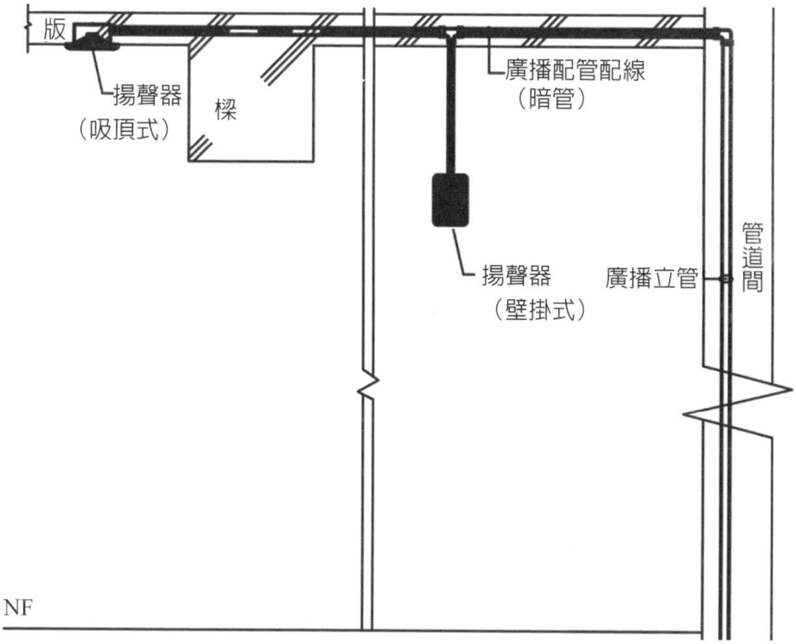

3-14 緊急廣播設備——設置規定

三、設置規定

<table>
<tr><th colspan="2">項目</th><th>內容</th><th>設置標準</th></tr>
<tr><td rowspan="4">裝置規定</td><td>音壓</td><td>距揚聲器 1m 處所測得之音壓應符合下表規定：

揚聲器	音壓（分貝）
L 級	≥ 92
M 級	87～92
S 級	84～87

</td><td rowspan="4">§ 133</td></tr>
<tr><td rowspan="3">揚聲器</td><td>

揚聲器	廣播區域（m^2）
L 級	≥ 100
L, M 級	50～100
S 級	< 50

</td></tr>
<tr><td>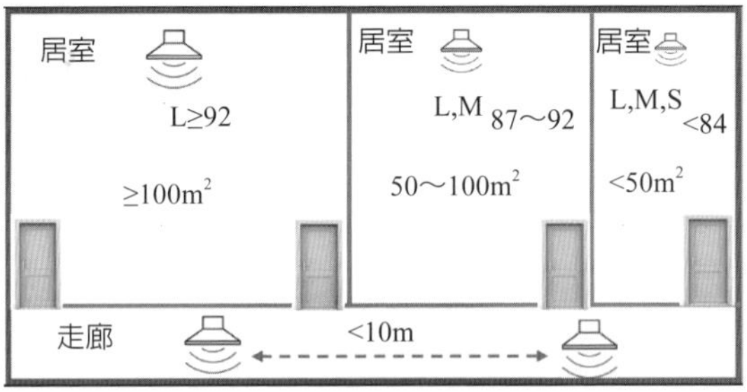
</td></tr>
<tr><td>1. 設於樓梯或斜坡通道時，至少垂直距離每 15m 設一個 L 級揚聲器。

樓梯、斜坡通道及電扶梯
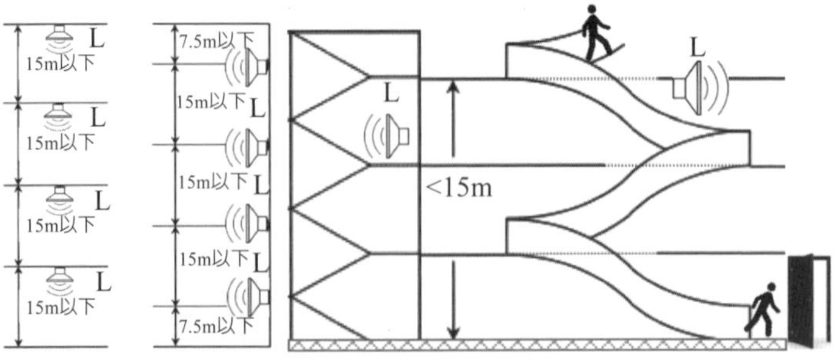

天花板場合　牆壁場合</td></tr>
</table>

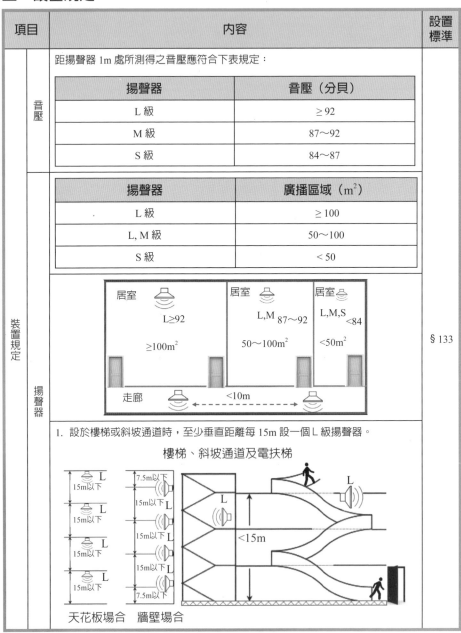

項目	內容	設置標準
	2. 從各廣播區域內任一點至揚聲器之水平距離在 <10m。 免設： 居室樓地板面積在 $6m^2$ 或由居室通往地面之主要走廊及通道樓地板面積在 $<6m^2$，其他非居室部分樓地板面積在 $<30m^2$，且該區域與相鄰接區域揚聲器之水平距離相距 <8m 時，得免設。 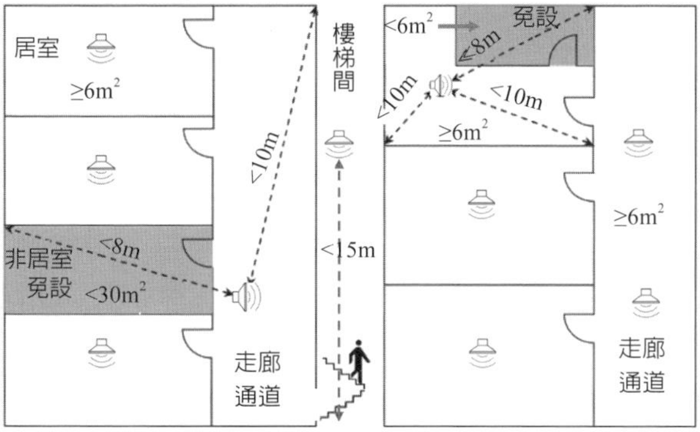 	
	樓梯或斜坡通道以外之場所，揚聲器之音壓及裝設 1. 廣播區域內距樓地板面 1m 處，依下列公式求得之音壓在 75 分貝以上者。 $P = p + 10\log_{10}\left(\frac{Q}{4\pi r^2} + \frac{4(1-\alpha)}{s\alpha}\right)$ P 值：音壓（單位：dB） p 值：揚聲器音響功率（單位：dB） Q 值：揚聲器指向係數 r 值：受音點至揚聲器之距離（單位：公尺） a 值：廣播區域之平均吸音率 S 值：廣播區域內牆壁、樓地板及天花板面積之合計（單位：平方公尺） 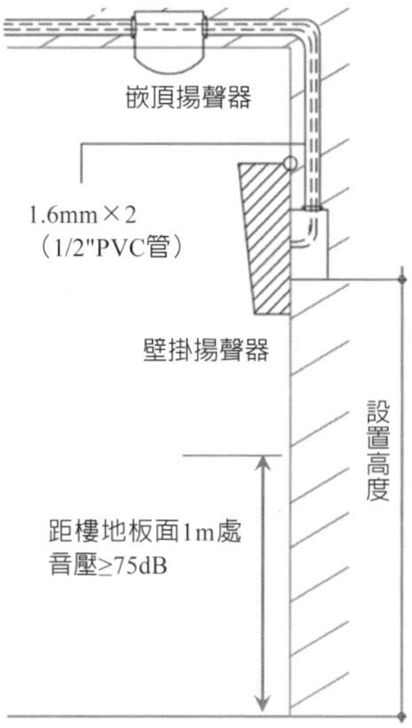 	§ 133

項目	內容	設置標準
	2. 廣播區域之殘響時間在 ≥ 3sec 時，距樓地板面 1m 處至揚聲器之距離，在下列公式求得值以下者。 $r=\frac{3}{4}\sqrt{\frac{QS\alpha}{\pi(1-\alpha)}}$ r 值：受音點至揚聲器之距離（m） Q 值：揚聲器指向係數 S 值：廣播區域內牆壁、樓地板及天花板面積之合計（m^2） a 值：廣播區域之平均吸音率	

項目	內容	設置標準
廣播分區	1. 每一廣播分區不得超過一樓層。 2. 室內安全梯或特別安全梯應垂直距離每 45m 單獨設定一廣播分區。安全梯或特別安全梯之地下層部分，另設定一廣播分區。 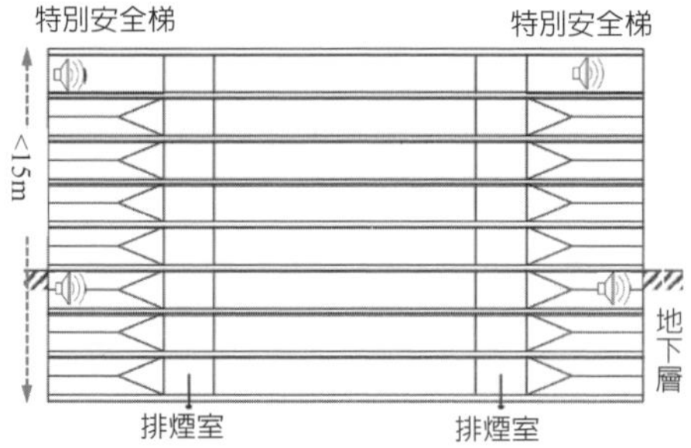 3. 建築物挑空構造部分，所設揚聲器音壓符合規定時，該部分得為一廣播分區。 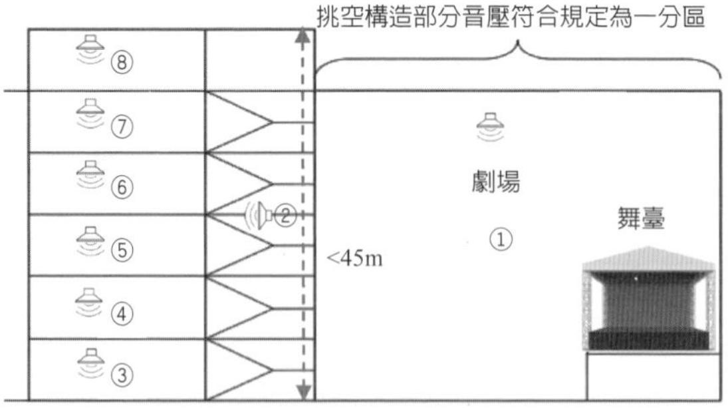 每一廣播分區不得超過一樓層，本例為8個分區	§ 134
音響	緊急廣播設備之音響警報應以語音方式播放。	§ 135

項目	内容	設置標準
啓動裝置	1. 各樓層任一點至啓動裝置之步行距離在 <50m。 2. 設在距樓地板高度 0.8～1.5m 範圍内。 3. 各類場所 ≥ 11F 之各樓層、<BF3 之各樓層或地下建築物，應使用緊急電話方式啓動。	§ 136
共用	緊急廣播設備與其他設備共用者，在火災時應能遮斷緊急廣播設備以外之廣播。	§ 137
擴音機	1. 作裝置與啓動裝置或火警自動警報設備動作連動，並標示該啓動裝置或火警自動警報設備所動作之樓層或區域。 2. 具有選擇必要樓層或區域廣播之性能。 3. 各廣播分區配線有短路時，應有短路信號之標示。 4. 操作裝置之操作開關距樓地板面之高度，在 0.8～1.5m（座式操作者，為 0.6～1.5m）。 5. 操作裝置設於值日室等經常有人之處所。但設有防災中心時，設於該中心。 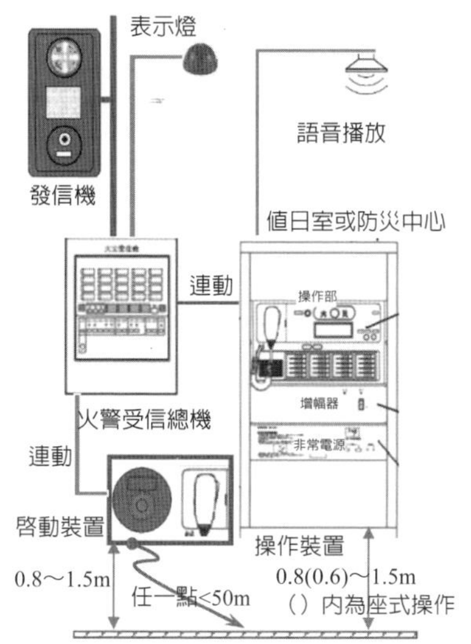 ≥11F，<BF3或地下建築物緊急電話啓動	§ 138

項目	内容	設置標準
配線	1. 導線間及導線對大地間之絕緣電阻值，以直流 250V 額定之絕緣電阻計測定，對地電壓在 <150V 者，在 ≥ 0.1MΩ，對地電壓 ≥ 150V 者，在 ≥ 0.2MΩ。 2. 不得與其他電線共用管槽。但電線管槽内之電線用於 <60V 之弱電回路者，不在此限。 3. 任一層之揚聲器或配線有短路或斷線時，不得影響其他樓層之廣播。 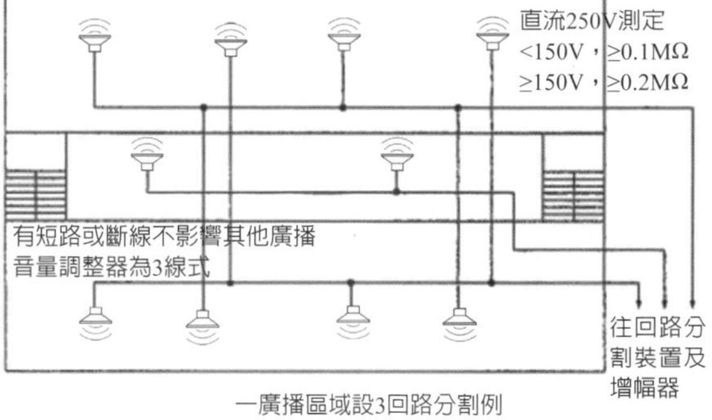 一廣播區域設3回路分割例	§ 139

<table>
<tr><th>項目</th><th>內容</th><th>設置標準</th></tr>
<tr><td></td><td>4. 設有音量調整器時，應為 3 線式配線。
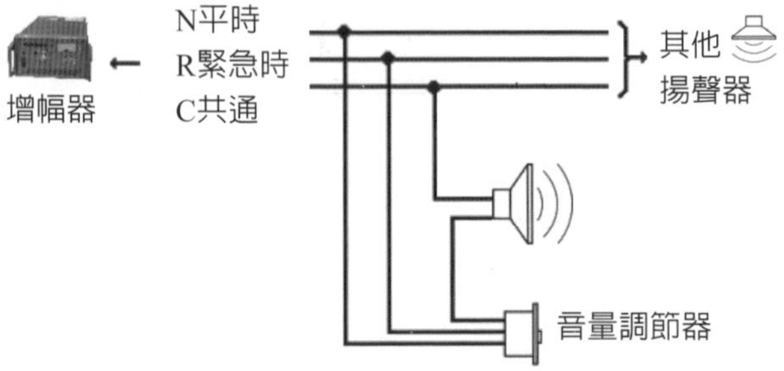
</td><td></td></tr>
<tr><td>緊急電源</td><td>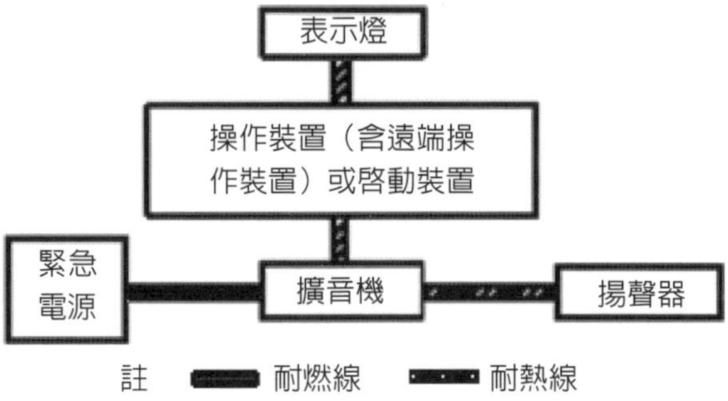
</td><td>§ 236</td></tr>
<tr><td colspan="3">註：
1. 符號 ≥ 為以上（含本數）；符號 < 為小於（不含本數）；符號 ≦ 為以下或以內（含本數）。
2. 符號 § 表示「各類場所消防安全設備設置標準」第幾條條文。</td></tr>
</table>

緊急廣播設備裝置工程例

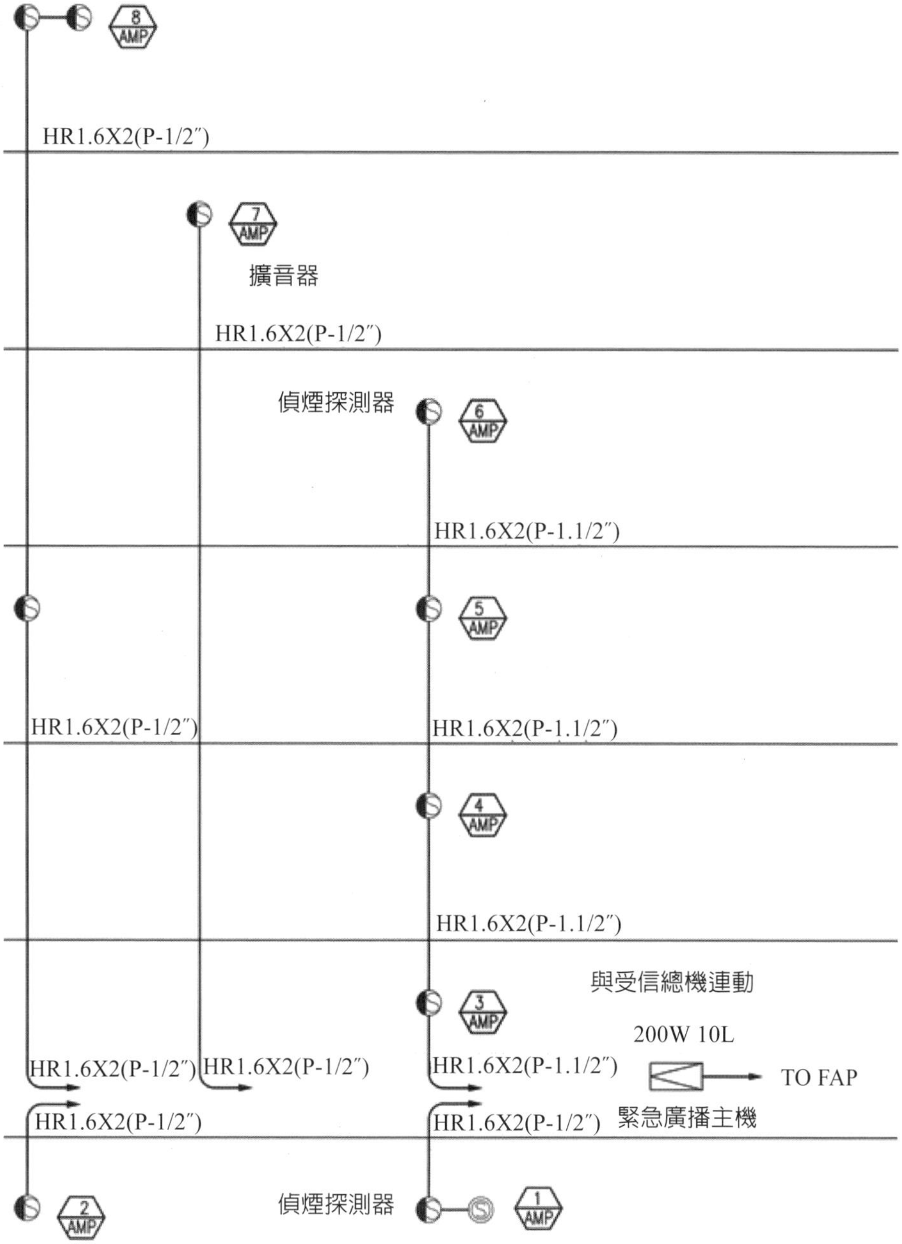
8 AMP
HR1.6X2(P-1/2″)
7 AMP
擴音器
HR1.6X2(P-1/2″)
偵煙探測器
6 AMP
HR1.6X2(P-1.1/2″)
5 AMP
HR1.6X2(P-1/2″)
HR1.6X2(P-1.1/2″)
4 AMP
HR1.6X2(P-1.1/2″)
與受信總機連動
3 AMP
200W 10L
HR1.6X2(P-1/2″)
HR1.6X2(P-1/2″)
HR1.6X2(P-1.1/2″)
TO FAP
HR1.6X2(P-1/2″)
HR1.6X2(P-1/2″)
緊急廣播主機
偵煙探測器
2 AMP
1 AMP

3-15 瓦斯漏氣火警自動警報設備

一、應設置瓦斯漏氣火警與手動報警設備之場所（§ 20. § 21）

<table>
<tr><th rowspan="2">類別</th><th rowspan="2">目別</th><th rowspan="2">場所</th><th colspan="2">樓地板面積</th></tr>
<tr><th>地下層
全部（總）</th><th>≧3層之
任一層</th></tr>
<tr><td rowspan="7">甲</td><td>1</td><td>電影片映演場所（戲院、電影院）、歌廳、舞廳、夜總會、俱樂部、理容院（觀光理髮、視聽理容等）、指壓按摩場所、錄影節目帶播映場所（MTV 等）、視聽歌唱場所（KTV 等）、酒家、酒吧、酒店（廊）</td><td rowspan="7">1000 m^2
瓦斯漏氣火警</td><td rowspan="2">200 m^2
手動報警設備</td></tr>
<tr><td>2</td><td>保齡球館、撞球場、集會堂、健身休閒中心（含提供指壓、三溫暖等設施之美容瘦身場所）、室內螢幕式高爾夫練習場、遊藝場所、電子遊戲場、資訊休閒場所</td></tr>
<tr><td>3</td><td>觀光旅館、飯店、旅館、招待所（限有寢室客房者）</td><td>0 m^2
手動報警設備</td></tr>
<tr><td>4</td><td>商場、市場、百貨商場、超級市場、零售市場、展覽場</td><td rowspan="8">200 m^2
手動報警設備</td></tr>
<tr><td>5</td><td>餐廳、飲食店、咖啡廳、茶藝館</td></tr>
<tr><td>6</td><td>醫院、療養院、榮譽國民之家、長期照顧服務機構（限機構住宿式、社區式之建築物使用類組非屬 H-2 之日間照顧、團體家屋及小規模多機能）、老人福利機構（限長期照護型、養護型、失智照顧型長期照顧機構、安養機構）、兒童及少年福利機構（限托嬰中心、早期療育機構、有收容未滿二歲兒童之安置及教養機構）、護理機構（限一般護理之家、精神護理之家、產後護理機構）、身心障礙福利機構（限供住宿養護、日間服務、臨時及短期照顧者）、身心障礙者職業訓練機構（限提供住宿或使用特殊機具者）、啓明、啓智、啓聰等特殊學校</td></tr>
<tr><td>7</td><td>三溫暖、公共浴室</td></tr>
<tr><td rowspan="4">乙</td><td>1</td><td>車站、飛機場大廈、候船室</td><td rowspan="4">—</td></tr>
<tr><td>2</td><td>期貨經紀業、證券交易所、金融機構</td></tr>
<tr><td>3</td><td>學校教室、兒童課後照顧服務中心、補習班、訓練班、K 書中心、前款第六目以外之兒童及少年福利機構（限安置及教養機構）及身心障礙者職業訓練機構</td></tr>
<tr><td>4</td><td>圖書館、博物館、美術館、陳列館、史蹟資料館、紀念館及其他類似場所</td></tr>
</table>

類別	目別	場所	樓地板面積	
			地下層全部（總）	≧3層之任一層
	5	寺廟、宗祠、教堂、供存放骨灰（骸）之納骨堂（塔）及其他類似場所		
	6	辦公室、靶場、診所、長期照顧服務機構（限社區式建築物使用類組屬 H-2 之日間照顧、團體家屋及小規模多機能）、日間型精神復健機構、兒童及少年心理輔導或家庭諮詢機構、身心障礙者就業服務機構、老人文康機構、前款第六目以外之老人服務機構及身心障礙福利機構		
	7	集合住宅、寄宿舍、住宿型精神復健機構		
	8	體育館、活動中心		
	9	室內溜冰場、室內游泳池		
	10	電影攝影場、電視播送場	—	
	11	倉庫、傢俱展示販售場		
	12	幼兒園		
丙	1	電信機器室		
	2	汽車修護廠、飛機修理廠、飛機庫		
	3	室內停車場、建築物依法附設之室內停車空間		
丁	1	高度危險工作場所		
	2	中度危險工作場所		
	3	低度危險工作場所		
戊	1	複合用途建築物中，有供甲類用途者	1000 m^2 （甲 500） 瓦斯漏氣火警	-
	2	前目以外供乙至丁類用途之複合用途建築物	-	
	3	地下建築物	1000 m^2 瓦斯漏氣火警	
其他		經中央主管機關公告之場所	-	

設有瓦斯漏氣火警自動警報設備之建築物，應設置緊急廣播設備。

註：
1. 符號 ≥ 為以上（含本數）；符號 < 為小於（不含本數）；符號 ≦ 為以下或以內（含本數）。
2. 符號 § 表示「各類場所消防安全設備設置標準」第幾條條文。

二、瓦斯漏氣火警自動警報設置規定

<table>
<tr><th colspan="2">項目</th><th>內容</th><th>設置標準</th></tr>
<tr><td colspan="2">瓦斯</td><td>指天然氣、液化石油氣等。</td><td rowspan="2">§ 140</td></tr>
<tr><td colspan="2">警報分區</td><td>瓦斯漏氣火警自動警報設備依火警分區之規定劃定警報分區。
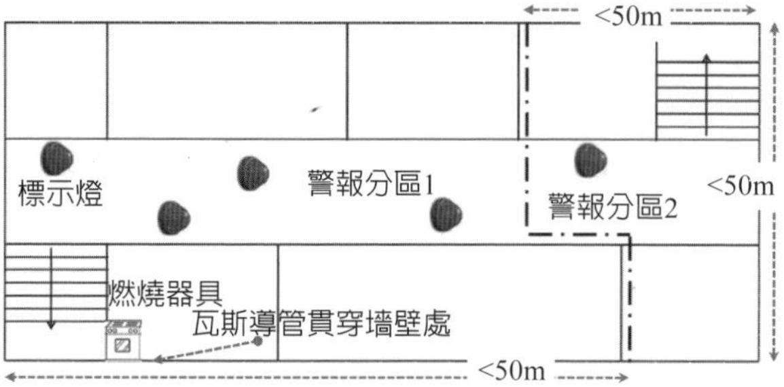
</td></tr>
<tr><td>檢知器</td><td>比重 <1</td><td>1. 設於距瓦斯燃燒器具或瓦斯導管貫穿牆壁處水平距離 < 8m。
2. 但樓板有淨高 ≥ 60cm 之樑或類似構造體時，設於近瓦斯燃燒器具或瓦斯導管貫穿牆壁處。
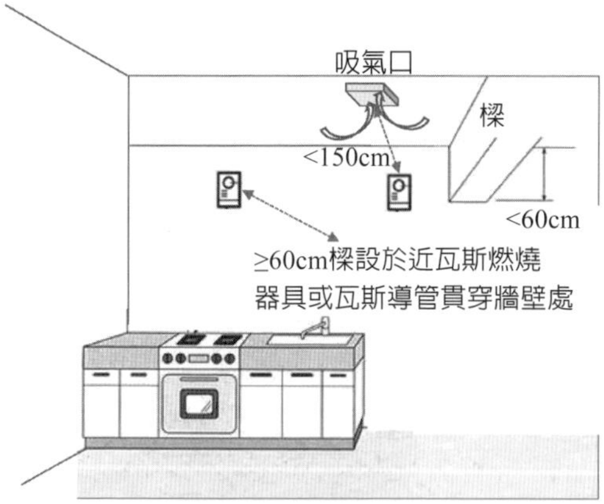

3. 瓦斯燃燒器具室內之天花板附近設有吸氣口時，設在距瓦斯燃燒器具或瓦斯導管貫穿牆壁處與天花板間，無淨高 ≥ 60cm 之樑或類似構造體區隔之吸氣口 1.5m 範圍內。
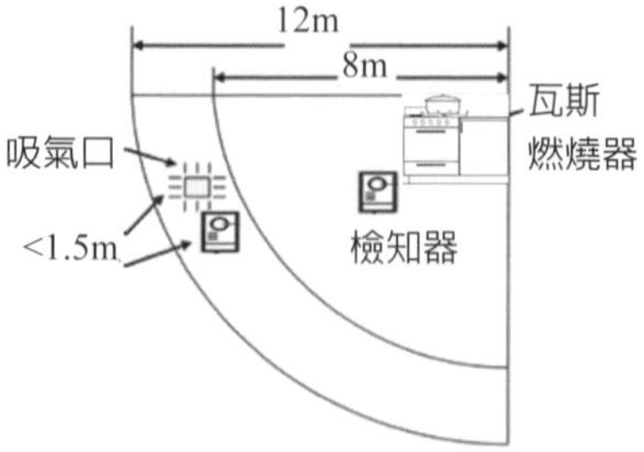
</td><td>§ 141</td></tr>
</table>

<table>
<tr><th colspan="2">項目</th><th>內容</th><th>設置標準</th></tr>
<tr><td rowspan="3"></td><td></td><td>4. 檢知器下端，裝設在天花板下方 30cm 範圍內。</td><td rowspan="3">§ 141</td></tr>
<tr><td>比重 ≥ 1</td><td>1. 設於距瓦斯燃燒器具或瓦斯導管貫穿牆壁處水平距離 <4m。
2. 檢知器上端，裝設在距樓地板面 30cm 範圍內。
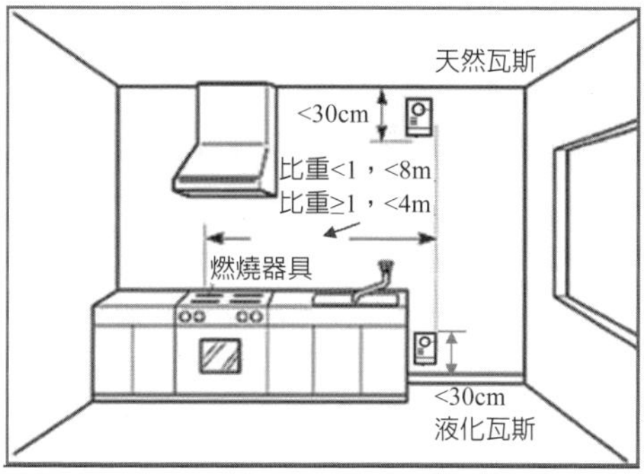
</td></tr>
<tr><td colspan="2">水平距離之起算，依下列規定：
1. 瓦斯燃燒器具為燃燒器中心點。
2. 瓦斯導管貫穿牆壁處為面向室內牆壁處之瓦斯配管中心處。
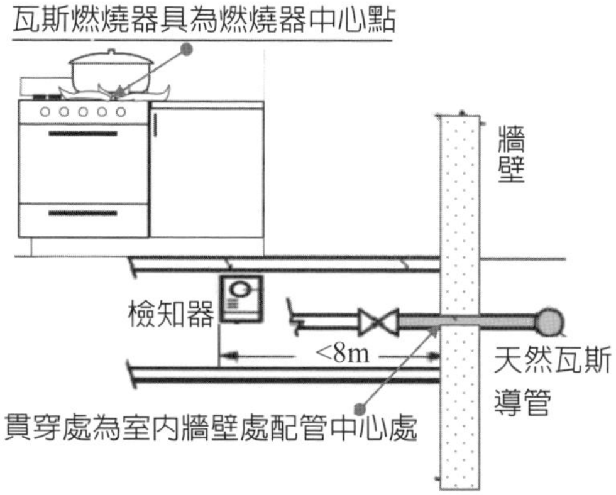
</td></tr>
<tr><td colspan="2">受信總機</td><td>1. 裝置於值日室等平時有人之處所。但設有防災中心時，設於該中心。
2. 具有標示瓦斯漏氣發生之警報分區。
3. 設於瓦斯導管貫穿牆壁處之檢知器，其警報分區應個別標示。
4. 操作開關距樓地板面之高度，須在 0.8～1.5m（座式操作者為 0.6～1.5m）。
5. 主音響裝置之音色及音壓應有別於其他警報音響。
6. 一棟建築物內有 2 臺以上瓦斯漏氣受信總機時，該受信總機處，設有能相互同時通話連絡之設備。</td><td>§ 142</td></tr>
</table>

<table>
<tr><th colspan="2">項目</th><th>內容</th><th>設置標準</th></tr>
<tr><td colspan="2"></td><td>
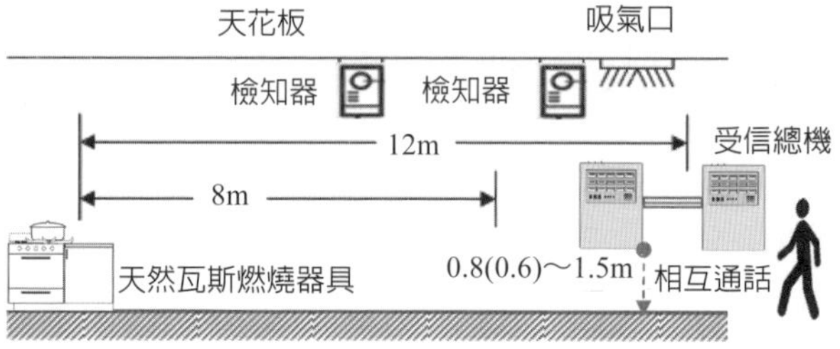

</td><td></td></tr>
<tr><td rowspan="2">警報裝置</td><td>瓦斯漏氣表示燈</td><td>1. 設有檢知器之居室面向通路時，設於該面向通路部分之出入口附近。
2. 距樓地板面之高度，在 <4.5m。
3. 其亮度在表示燈前方 3m 處能明確識別，並於附近標明瓦斯漏氣表示燈字樣。</td><td rowspan="2">§ 143</td></tr>
<tr><td>警報音響</td><td>音壓在距 1m 處應有 ≥ 70 db。但檢知器具有發出警報功能者，或設於機械室等常時無人場所及瓦斯導管貫穿牆壁處者，不在此限。
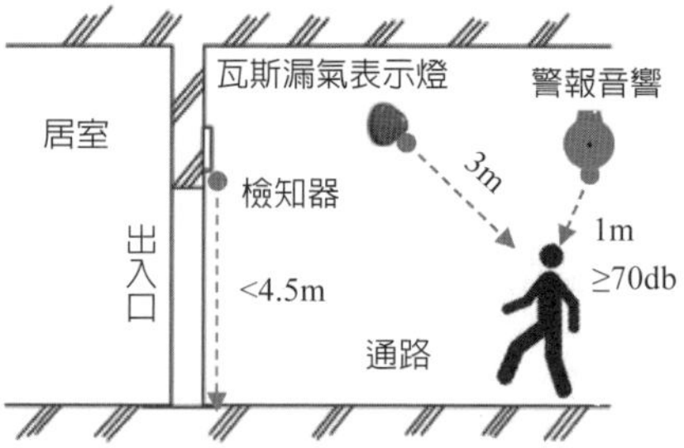

</td></tr>
<tr><td colspan="2">配線</td><td>1. 電源回路導線間及導線對大地間之絕緣電阻值，以直流 500V 額定之絕緣電阻計測定，對地電壓在 <150V 者，應在 ≥ 0.1MΩ，對地電壓 ≥ 150V 者，在 ≥ 0.2MΩ。檢知器回路導線間及導線與大地間之絕緣電阻值，以直流 500V 額定之絕緣電阻計測定，每一警報分區在 ≥ 0.1MΩ。
2. 常開式檢知器信號回路之配線採用串接式，並加設終端電阻，以便藉由瓦斯漏氣受信總機作斷線自動檢出用。
3. 檢知器回路不得與瓦斯漏氣火警自動警報設備以外之設備回路共用。
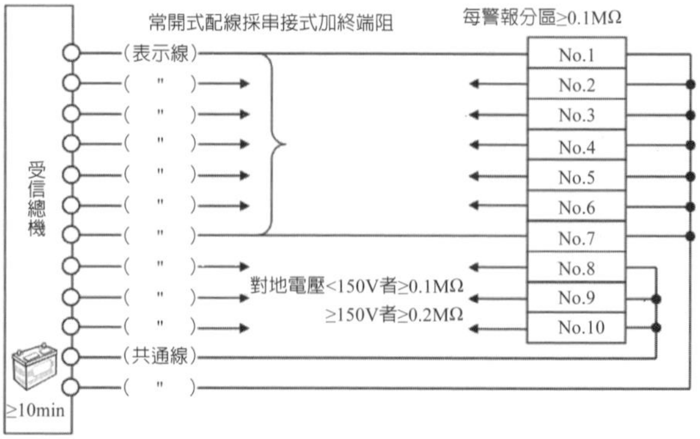

</td><td>§ 144</td></tr>
</table>

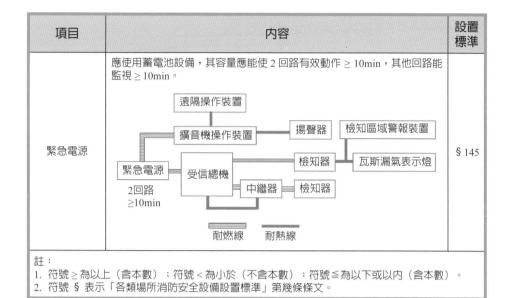

項目	內容	設置標準
緊急電源	應使用蓄電池設備，其容量應能使 2 回路有效動作 ≥ 10min，其他回路能監視 ≥ 10min。 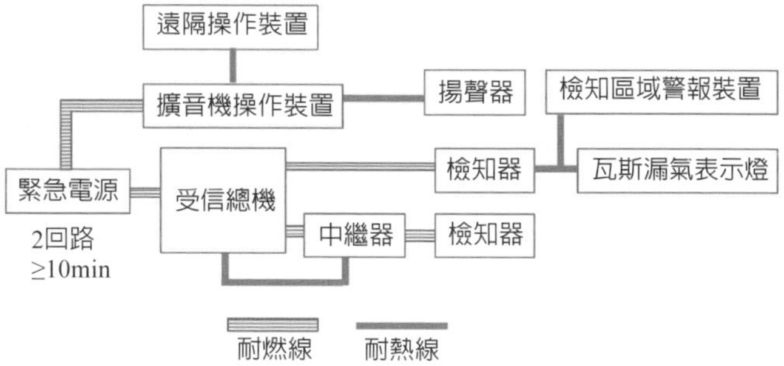 	§ 145

註：
1. 符號 ≥ 為以上（含本數）；符號 < 為小於（不含本數）；符號 ≦ 為以下或以內（含本數）。
2. 符號 § 表示「各類場所消防安全設備設置標準」第幾條條文。

建築物整體火災防護之軟硬體（Life Safety Service Co, 2017）

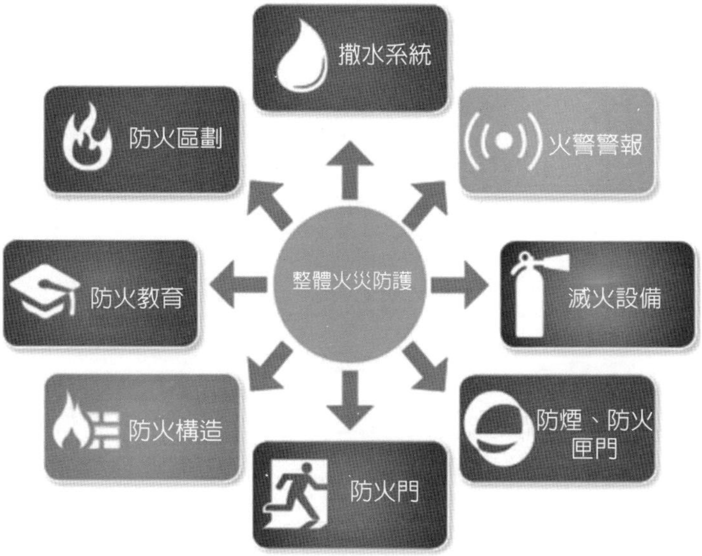

3-16 一一九火災通報裝置

一、應設置一一九火災通報裝置之場所（§ 22-1）

類別	目別	場所	樓地板面積
甲	6	醫院、療養院、榮譽國民之家、長期照顧服務機構（限機構住宿式、社區式之建築物使用類組非屬 H-2 之日間照顧、團體家屋及小規模多機能）、老人福利機構（限長期照護型、養護型、失智照顧型長期照顧機構、安養機構）、兒童及少年福利機構（限托嬰中心、早期療育機構、有收容未滿二歲兒童之安置及教養機構）、護理機構（限一般護理之家、精神護理之家、產後護理機構）、身心障礙福利機構（限供住宿養護、日間服務、臨時及短期照顧者）、身心障礙者職業訓練機構（限提供住宿或使用特殊機具者）、啓明、啓智、啓聰等特殊學校、身心障礙福利機構（限照顧植物人、失智症、重癱、長期臥床或身心功能退化者）	$\geq 0\ m^2$，左列畫底線者應設
其他經中央主管機關公告之供公眾使用之場所應設。			
說明： 本條於民 107 年 10 月新增條文。基本上，條文內有之 1 或之 2，係新增插入條文，並以之 1……方式作新增規定。旨在避難行為能力程度非常低如需維生器材、行動遲緩或無法行動之患者或年長者之長照服務等場所，增加火災發生儘速通報公設消防單位能快速介入，以提高此等場所人命安全度。而在日本如地下建築物或超過 $500m^2$ 之工廠、電影攝影場、幼兒園、百貨商場、超級市場、旅館、集會場、文化財場所（指古蹟歷史建築等）等，也應設置。 於本條消防署參酌日本消防法施行規則第二十五條及一一九火災通報裝置設置指導綱領，明定一一九火災通報裝置之設置規範。當自動啓動裝置係指接收到火警自動警報設備訊號時可自動對消防機關及設定電話發出通報；手動啓動裝置則以手動操作對消防機關及設定電話發出通報。 一一九火災通報裝置設置場所，應以場所火警自動警報設備可連接自動報警功能者優先設置，以發揮裝置之自動報警功能。若場所無法連接自動報警功能，考量一一九火災通報裝置具有手動報警之功能，亦可設置，俾利聘用語言不通之外籍看護或人力不足之場所，能透過本裝置手動報警功能通報消防機關，惟仍以可連接自動報警功能場所優先設置。為避免誤報，設置場所於進行消防安全設備測試前，應先將火災通報裝置關閉，測試完畢後再復歸。火災通報裝置將火警訊號通報消防機關後，消防機關應主動聯繫設置場所相關人員確認火災狀況，如經聯繫未回應者，視為授權消防機關現場指揮官進行救助相關處置。			

二、一一九火災通報裝置設置規定

項目	內容	設置標準
位置	應設於值日室等經常有人之處所。但設有防災中心時，應設於該中心	§ 145-1
	操作部（手動啓動裝置、監控部、發報顯示及緊急送收話器）與控制部分離者，應設在便於維護操作處所	
功能	應具手動及自動啓動功能	
	設置遠端啓動裝置時，應設有可與設置一一九火災通報裝置場所通話之設備	

項目	內容	設置標準
高度	手動啓動裝置之操作開關距離樓地板面之高度，在零點八公尺以上一點五公尺以下	§ 145-1
裝置	裝置附近，應設置送、收話器，並與其他內線電話明確區分	
	應避免傾斜裝置，並採取有效防震措施	

一一九火災通報裝置設置示意圖

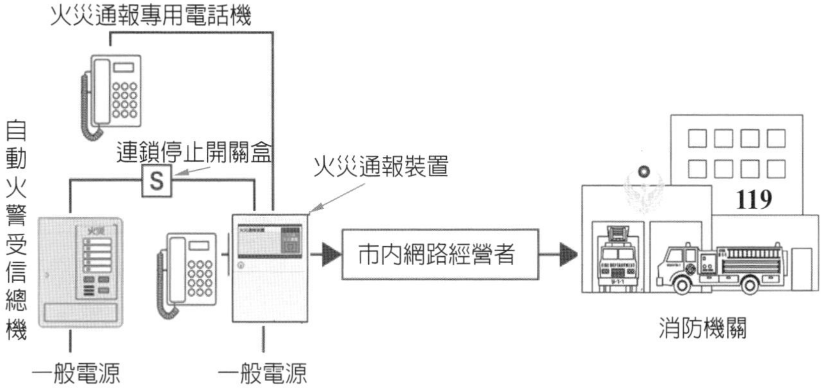

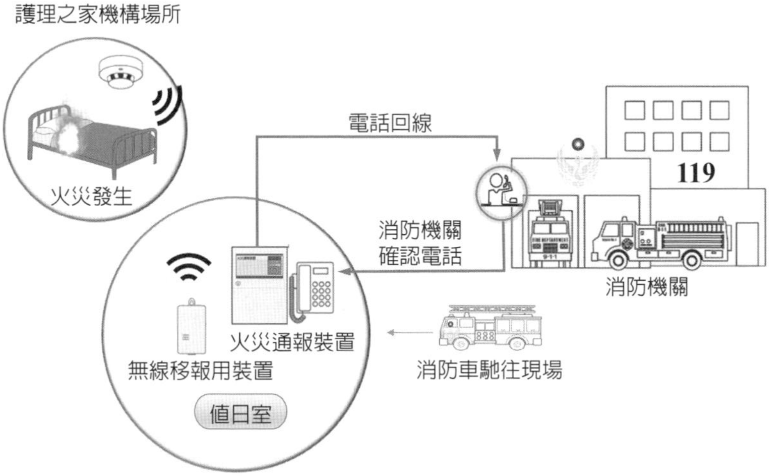

火警自動警報設備歷屆考題

【申論題】

1. 火警自動警報設備之受信總機可分為 P 型及 R 型，請回答下列問題：
   (1) 請敘述 P 型及 R 型受信總機原理之差異。
   (2) 請比較 P 型及 R 型受信總機於建築物回路規模、定址、配線量、維修成本之優缺點。

解

（一）P 型及 R 型受信總機原理之差異

傳統式一般爲受信總機送出電流，提供偵測迴路及探測器所需工作電源，當探測器偵測到煙霧或熱源而動作將接點閉合產生動作警報，因以 1 個迴路爲 1 偵測單元，當受信總機只知道該探測迴路警報，無法確認哪個探測器動作。

P 型與 R 型差異較大處，R 型是採兩線式通信傳輸技術，除了具有 DC24V 工作電壓外，另外載有各廠商自訂之數位信號，因此 R 型透過此兩線傳輸之通信機制與回路線上之所有定址型探測器下達指令，並減少許多傳統回路配線。R 型之探測器作動時，能知哪一迴路之哪一感測器動作（探測器編號），再告知發報原因。

（二）P 型及 R 型受信總機於建築物回路規模、定址、配線量、維修成本之優缺點

P 型火警受信總機與探測器回路在配線上，每一探測器回路需配接 2C 電線（L、C），並在回路的末端接上終端電阻（一般爲 10kΩ），在回路配線上可採共線方式配線，最多可七個回路共用一條共線方式配置。

但 P 型的優點是配線容易，設備材料成本也較便宜。以 5～100 回路居多，擴充性以每 5 回路爲一個單位，受限於箱體大小。但多線式施作，需要投資更大的管路施工、線材及配線接線成本；且線材迴路及配線多，失誤率提高，偵錯成本亦較高。因技術性不高，一般消防維護廠商均有能力對外線進行查修與維護。

而 R 型每一探測器上都有一組獨立編碼，有些廠家是以軟體設定，系統規模可隨時增減，並可就鄰近管路接新設備，因採二線式多重傳輸架構，可節省大量管路施工、布線及接線工程費用。但配線及設備成本較高，維修技術性會較高。在維護上需熟悉每套系統之配線與架構設備更換與程式修改，需有原廠專人到場服務。

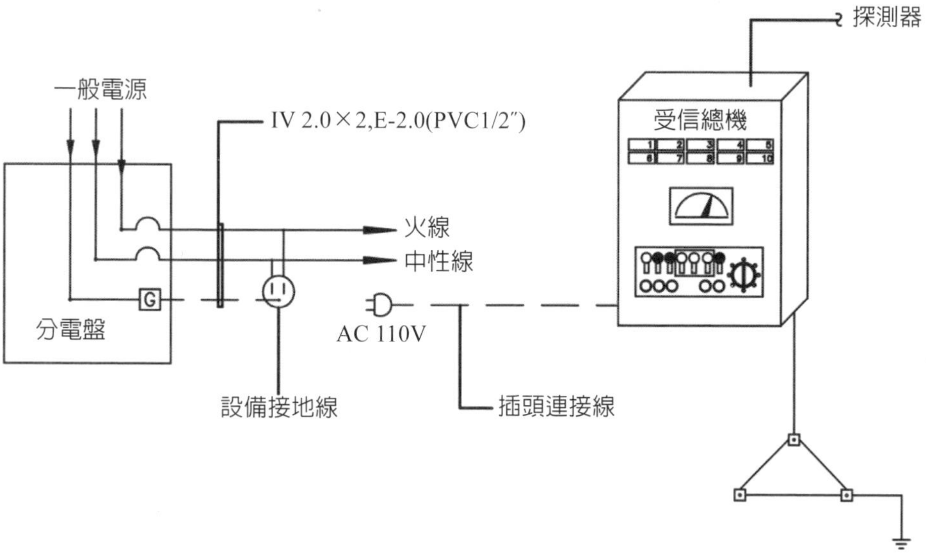

圖：P型受信總機

> 2. 火焰式探測器具有獨特的性能，其設置規範亦有特殊考量，請依「各類場所消防安全設備設置標準」規定，申論有關火焰式探測器之高度限制及裝置位置應考慮因素為何？均請詳述之。

解

火焰式探測器係指當火焰放射出來之紫外線或紅外線之變化，在定量以上時會發出火災信號之型式中， 用某一局部處所之紫外線或紅外線引起光電元件受光量之變化而動作。可分爲紫外線式、紅外線式、紫外線紅外線併用式、複合式。

火焰探測器優點爲反應速度快、探測距離遠、環境適應性好，但其價格高。

1. 火焰式能安裝在該保護區域內最高的目標高度兩倍處，不能受到阻礙物的阻擋，其中包括玻璃等透明的材料和其他的隔離物，同時能夠涵蓋所有目標和需要保護的地區，而且方便定期維護。
2. 安裝時一般向下傾斜 30～45° 角，即能向下看又能向前看，同時又減低鏡面受到的污染的可能。應該對保護區內各可能發生的火災均保持直線入射，避免間接入射和反射。
3. 爲避免錐形探測範圍內探測盲區，一般在對面的角落安裝另一火焰探測器，同時也能在其中一火焰探測器發生故障時提供備用。

第 124 條　火焰式探測器，依下列規定設置：

一、裝設於天花板、樓板或牆壁。

二、距樓地板面 1.2m 範圍內之空間，應在探測器標稱監視距離範圍內。

三、探測器不得設在有障礙物妨礙探測火災發生處。
四、探測器設在無日光照射之處。但設有遮光功能可避免探測障礙者，不在此限。
火焰式探測器不得設於下列處所：
1. 會散發腐蝕性氣體之場所。
2. 廚房及其他平時煙會滯留之場所。
3. 顯著高溫之場所。
4. 煙會大量流入之場所。
5. 會結露之場所。
6. 水蒸氣會大量滯留之處所。
7. 用火設備火焰外露之處所。
8. 其他對探測器機能會造成障礙之處所。

3. 火警自動警報設備在綜合檢查中，其同時動作試驗與受信總機性能檢查中之火災表示（火災動作試驗）有何不同？其理由何在？

解

（一）同時動作試驗與受信總機性能檢查中之火災表示（火災動作試驗）
同時動作試驗（任意五回路）
1. 檢查方法
操作火災試驗開關及回路選擇開關，不要復舊使任意 5 回路（不滿 5 回路者，全部回路），進行火災動作表示試驗。
2. 判定方法
受信機（含副機）應正常動作，主音響及地區音響裝置之全部或接續該五回路之地區音響裝置應鳴動。
受信總機性能檢查中火災表示檢查方法：（一次一回路）
將火災試驗開關開到試驗側，再操作回路選擇開關，進行每一回路之測試，進行火災表示試驗確認。此時，試驗每一回路確認其保持性能後操作復舊開關，再進行下一回路之測試。主音響裝置及地區音響裝置是否鳴動，且火災燈及地區表示裝置之亮燈是否正常。
理由：兩者試驗方式不同，主要在確保每一回路個別動作及有二回路以上同時動作都能確保其表示及警報功能。

4. 依據「各類場所消防安全設備檢修及申報作業基準」規定，某觀光飯店裝設有 P 型一級火警受信總機，試問該受信總機之火災表示試驗之檢查方法及判定方法為何？飯店的一般商務客房，高度約 3.5 公尺，應裝設何種探測器？其動作時間及性能檢查規定為何？

解

（一）火災表示試驗之檢查方法及判定方法

1. 檢查方法：依下列步驟進行火災表示試驗確認。此時，試驗每一回路確認其保持性能後操作復舊開關，再進行下一回路之測試。

(1)蓄積式

將火災試驗開關開到試驗側，再操作回路選擇開關，進行每一回路之測試，確認下列事項。

① 主音響裝置及地區音響裝置是否鳴動，且火災燈及地區表示裝置 之亮燈是否正常。

② 蓄積時間是否正常。

(2)二信號式

將火災試驗開關開到試驗側，再操作回路選擇開關，依正確之方法進行，確認於第一信號時主音響裝置或副音響裝置是否鳴動及地區表示裝置之亮燈是否正常，於第二信號時主音響裝置、地區音響裝置之鳴動及火災燈、地區表示裝置之亮燈是否正常。

(3)其他

將火災試驗開關開到試驗側，再操作回路選擇開關，依正確之方法進行，確認主音響裝置、地區音響裝置之鳴動及火災燈、地區表示裝置之亮燈是否正常。

2. 判定方法

(1)各回路之表示窗與編號應對照符合，火災燈、地區表示裝置之亮燈及音響裝置之鳴動、應保持性能正常。

(2)對於蓄積式受信機除前項 (1) 外，其蓄積之測定時間，應在受信機設定之時間加 5 秒以內。

（二）高度約 3.5 公尺應裝設何種探測器及其動作時間及性能檢查

客房使用，因夜間人員就寢時段，宜選用偵煙探測器。對偵煙式探測器加煙測試時，應於下列時間內動作：

1. 非蓄積型：

下表所示之時間加蓄積式中繼器或受信總機設定之蓄積時間之合計時間（最大 60 秒）。

動作時間	探測器之種別		
探測器	1 種	2 種	3 種
離子式局限型 光電式局限型	30 秒	60 秒	90 秒

2. 蓄積型

上表所示之時間加蓄積型之標稱蓄積時間與蓄積式中繼器或受信機設定之蓄積時間之合計時間（最大 60 秒）再加上 5 秒。

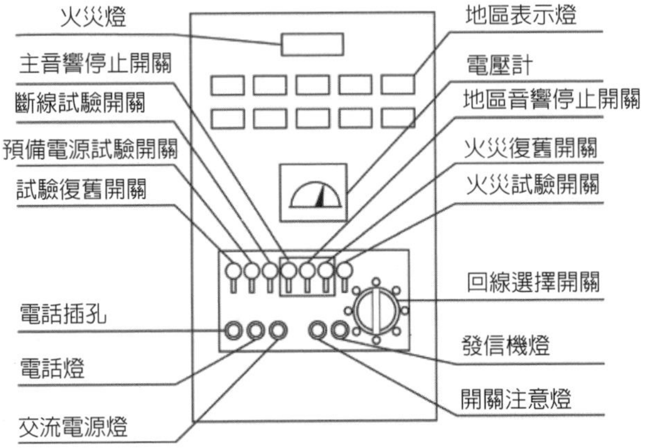

5. 依「各類場所消防安全設備設置標準」規定，說明公共危險物品製造場所、一般處理場所及室內儲存場所，應設置火警自動警報設備的相關條件為何？

解

應設置火警自動警報設備的相關條件

第 205 條　下列場所應設置火警自動警報設備：

一、公共危險物品製造場所及一般處理場所符合下列規定之一者：

（一）總樓地板面積 ≥ 500m² 者。

（二）室內儲存或處理公共危險物品數量達管制量≥ 100 倍者。但處理操作溫度 <100℃之高閃火點物品者，不在此限。

（三）建築物除供一般處理場所使用外，尚供其他用途者。但以無開口且具一小時以上防火時效之牆壁、樓地板區劃分隔者，不在此限。

二、室內儲存場所符合下列規定之一者：

（一）儲存或處理公共危險物品數量達管制量≥ 100 倍者。但儲存或處理高閃火點物品，不在此限。

（二）總樓地板面積≥ 150m² 者。但每 150m² 內以無開口且具一小時以上防火時效之牆壁、樓地板區劃分隔，或儲存、處理易燃性固體以外之第二類公共危險物品或閃火點 ≥ 70℃之第四類公共危險物品之場所，其總樓地板面積 <500m² 者，不在此限。

（三）建築物之一部分供作室內儲存場所使用者。但以無開口且具一小時以上防火時效之牆壁、樓地板區劃分隔者，或儲存、處理易燃性固體以外之第二類公共危險物品或閃火點 ≥ 70℃之第 4 類公共危險物品，不在此限。

（四）高度 ≥ 6m 之一層建築物。

三、室內儲槽場所達顯著滅火困難者。

四、一面開放或上方有其他用途樓層之室內加油站。

前項以外之公共危險物品製造、儲存或處理場所儲存、處理公共危險物品數量達管制量 10 倍以上者，應設置手動報警設備或具同等功能之緊急通報裝置。但平日無作業人員者，不在此限。

6. 各類場所進行火警自動警報設備性能檢查時，以白金懷爐式加熱試驗器檢測何種型式火警探測器？其檢測程序與試驗結果在性能上判定如何？

解

（一）白金懷爐式加熱試驗器檢測

加熱試驗器係利用溫度調節板調整白金火口大小的白金懷爐式或以類似吹風機構造加熱線圈的電熱式，進行定溫式、差動式、補償式局限型探測器之加熱試驗。

1. 感熱型探測器（多信號探測器除外。以下相同）

(1)局限型

①檢查方法

A. 定溫式及差動式（再用型）

使用加熱試驗器對探測器加熱，確認到動作之時間及警戒區域之表示是否正常。

B. 定溫式（非再用型）

按下表選取檢查數量，依再用型探測器進行加熱試驗。

探測器之設置數量	選取檢查數量
1 ～ 10	1
11～50	2
51 ～ 100	4
101 以上	7

②判定方法

A. 動作時間應在下表時間以內。

表：探測器之動作時間表　　單位：秒

探測器＼動作時間	探測器之種別			
	特種	1種	2種	3種
差動式局限型	—	30	30	—
定溫式局限型	40	60	120	—
離子式局限型光電式局限型	—	30	60	90
光電式分離型	—	30	30	—
備註	定溫式局限型當其標稱動作溫度與周圍溫度之差超過 50 度時，其動作時間得加倍計算			

B. 火警分區之表示應正常。

7. 空氣管式分布型探測器因隱蔽性佳，常使用於古蹟或歷史性建築物，在進行該型探測器之性能檢查時，試問空氣管之檢查方法有何試驗？請說明試驗之內容。

解

性能檢查空氣管之檢查方法

（一）火災動作試驗：測試探測器的功能是否正常。

（二）持續動作時間：測試探測器的排氣功能是否正常。

（三）流通試驗：測試空氣管是否正常，有無阻塞或破洞情形。

（四）接點水高：測試探測器動作時的膜片與接點的距離是否正常，如果太靈敏就表示動作的膜片與接點的距離過近，但如果不動作或太慢時，就表示距離過多。

其檢查方法如次：

1. 火災動作試驗（空氣注入試驗）

依下列方式，將相當於探測器動作空氣壓之空氣量，使用空氣注入試驗器（5cc 用）送入，確認其至動作之時間及火警分區之表示是否正常。

(1) 依圖將空氣注入器接在檢知器之試驗孔上，再將試驗旋塞配合調整至動作試驗位置。

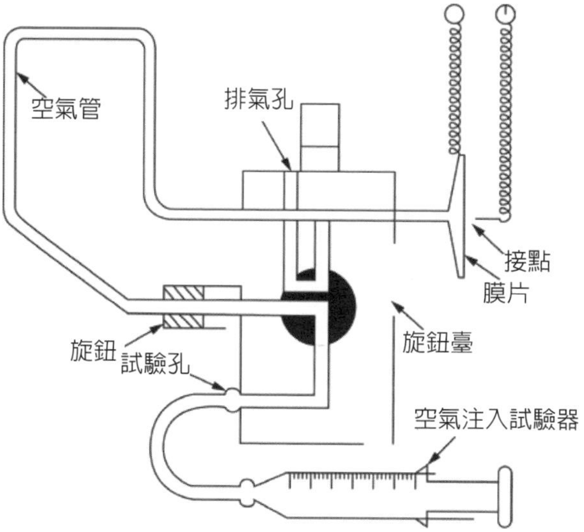

(2) 注入檢出器所標示之空氣量。

(3) 測定注入空氣後至動作之時間。

2. 動作持續試驗

作火災動作試驗，測定探測器動作之後，至復舊之時間，確認探測器之動作持續是否正常。

判定方法

1. 動作時間及動作持續時間，應在檢出器貼附之範圍表所示值內。
2. 火警分區之表示應正常。

注意事項

1. 火災動作試驗注入之空氣量，因探測器感度種別或空氣管長度不一，如注入規定量以上之空氣，恐有損壞膜片之虞，應特別注意。
2. 具有注入之空氣不通過逃氣孔之構造者，注入規定量之空氣後，應立即將試驗旋塞歸定位。
3. 於空氣管式之火災動作或動作持續試驗，不動作或測定之時間超過範圍時，或與前次檢查之測定值相差幅度大時，應即確認空氣管與旋塞台之連接部位是否栓緊，且應進行流通試驗及接點水高試驗。

(1) 流通試驗

① 檢查方法

將空氣注入空氣管，並依下列事項確認空氣管有無洩漏、堵塞、凹陷及空氣管長度。

A. 在檢出器之試驗孔或空氣管之一端連接流體壓力計，將試驗旋塞配合調整至動作試驗位置，並在另一端連接空氣注入器。

B. 以空氣注入器注入空氣，使流體壓力計之水位由零上升至約 100mm 即停止水位。如水位不停止時，有可能由連接處洩漏，應即中止試驗予以檢查。

C. 由試驗旋塞，測定開啓送氣口使上升水位下降至 1/2 之時間。（流通時間）

D. 有關流體壓力計之處置如下：

(A) 測定流通時間使用之流體壓力計（U型玻璃管），內徑約 3mm 如圖之形狀，通常是由底部加水至 100mm 左右，對準○之刻度。刻度約達 130mm 左右，標示於玻璃管上。

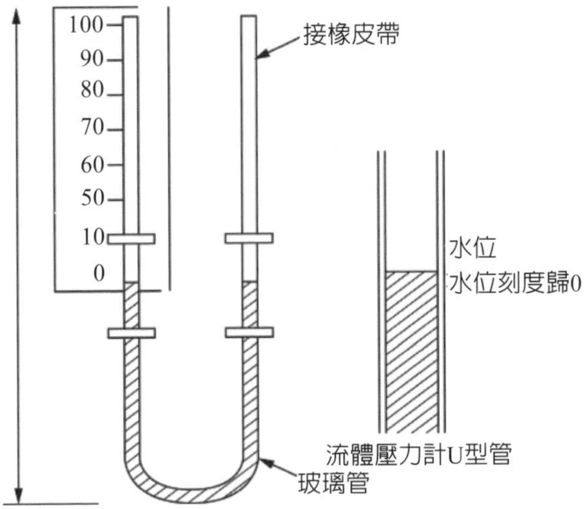

(B) 使用流體壓力計時，玻璃管內之水因表面張力成圓形，但可於底部觀察調整至歸零。又水位上升與下降時，會有 0.1 ～ 0.3mm 之差，故以上升時作爲標準。

② 判定方法

對空氣管長之流通時間，應在流通曲線標示之範圍內。

(2) 接點水高試驗

① 檢查方法

將空氣管由旋塞台取下，連接流體壓力計及空氣注入器，並將試驗旋塞調整至接點水高試驗位置，再緩緩注入空氣，確認接點閉合時之水位（接點水位高）。

② 判定方法

接點水高値，應在檢出器標示値之範圍內。

8. 如何從偵煙型火警探測器外觀上分辨究係離子式或光電式？其第 1 種、第 2 種或第 3 種型之判別基準為何？其靈敏度在選用安裝上有何意義？試申論之。

解

（一）偵煙型火警探測器外觀上分辨究係離子式或光電式

1. 離子式探測器外觀上，有放射線物質標示牌。

2. 從外觀標示作判別。

（二）第 1 種、第 2 種或第 3 種型之判別基準

使用加煙試驗器動作時間測試：第 1 種爲 30 秒、第 2 種爲 60 秒、第 3 種爲 90 秒。倘若爲蓄積型探測器應爲前述時間加其標稱蓄積時間再加 5 秒之時間。

（三）靈敏度在選用安裝意義

依各類場所消防安全設備設置標準第 122 條，探測器種類及裝置面高度，在每一有效探測範圍，至少設置一個。

裝置面高度	探測器種類及有效探測範圍（m^2）	
	一種或二種	三種
＜4m	150	50
4～20m	75	-

安裝依合適高度及探測器種類及有效探測面積範圍，選擇使用不同靈敏度之探測器，獲得每一探測器有效範圍，再與設置場所面積相除，即可獲得設置數量。

9. 某飯店有高度 18 公尺的挑高中庭，採用光電式分離型探測器（1 種）產生警報訊號，並連動排煙設備啓動，且總機設有蓄積功能，試問該類型探測器裝置規定？檢修時最長動作時間（秒）？檢修時的檢查方法、判定方法及注意事項為何？（107 年消防設備師）

解

（一）光電式分離型探測器裝置規定

第 123 條：光電式分離型探測器，依下列規定設置：

一、探測器之受光面設在無日光照射之處。

二、設在與探測器光軸平行牆壁距離六十公分以上之位置。

三、探測器之受光器及送光器，設在距其背部牆壁一公尺範圍內。

四、設在天花板等高度二十公尺以下之場所。

五、探測器之光軸高度，在天花板等高度百分之八十以上之位置。

六、探測器之光軸長度，在該探測器之標稱監視距離以下。

七、探測器之光軸與警戒區任一點之水平距離，在七公尺以下。

前項探測器之光軸，指探測器受光面中心點與送光面中心點之連結線。

（二）檢修時最長動作時間（秒）

光電式分離型探測器之動作時間於第 1 種應於 30 秒動作，但總機設有蓄積功能蓄積時間應在 5 秒以上，60 秒以下。因此，檢修時最長動作時間應在 60 秒以下。

（三）分離型檢修時的檢查方法、判定方法及注意事項

1. 檢查方法

使用減光罩，確認探測器之動作及火警分區之表示是否正常。

2. 判定方法

(1) 插入減光罩後到動作之時間，應在 30 秒內。

(2) 蓄積型探測器之動作時間，應在 30 秒加其標稱蓄積時間及 5 秒之時間內。

(3) 火警分區之表示應正常。

3. 注意事項

(1) 應使用規定之減光罩。

(2) 對於連接蓄積性能之回路，亦可先行解除其蓄積性能。

10. 某一防火建築物某一樓層簡易平面示意圖（如下圖所示），天花板高度 3.5m，中間設有樑，樑深 50 cm，樓地板面積 Af ＝ 70 m×30 m，試依下列各種用途狀況，分別依法規設計探測器種類（限設 1 種）與數量？（107 年消防設備師）

（一）熱水室。

（二）停車場。

（三）不燃性石材加工場。

（四）飯店客房。

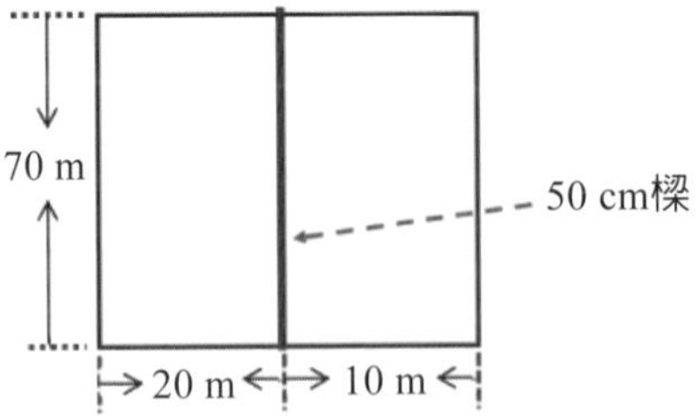

解

場所			1	2	3	4	5	6	7	8
			灰塵、粉末會大量滯留場所	水蒸氣會大量滯留之場所	會散發腐蝕性氣體之場所	平時煙會滯留之場所	顯著高溫之廠所	排放廢氣會大量滯留之場所	煙會大量流入之場所	會結露之場所
適用探測器	差動式局限型	一種						○	○	
		二種						○	○	
	差動式分布型	一種	○		○			○	○	○
		二種	○	○	○			○	○	○
	補償式局限型	一種	○		○			○	○	○
		二種	○	○	○			○	○	○
	定溫式	特種	○	○	○	○	○		○	○
		二種		○	○	○	○		○	○
	火焰式		○					○		

註：
1. ○表可選擇設置。
2. 場所 1、2、4、8 所使用之定溫式或補償式探測器，應具有防水性能。
3. 場所 3 所使用之定溫式或補償式探測器，應依腐蝕性氣體別，使用具耐酸或耐鹼性能者；使用差動式分布型時，其空氣管及檢出器應採有效措施，防範腐蝕性氣體侵蝕。

第 119 條
探測器之探測區域，指探測器裝置面之四周以淨高四十公分以上之樑或類似構造體區劃包圍者。但差動式分布型及偵煙式探測器，其裝置面之四周淨高應爲六十公分以上。

（一）熱水室

熱水室爲水蒸氣會大量滯留之場所，可設定溫式特種探測器，裝設數量依第 120 條：差動式局限型、補償式局限型及定溫式局限型探測器，依下列規定設置：

一、探測器下端，裝設在裝置面下方三十公分範圍內。

二、各探測區域應設探測器數，依下表之探測器種類及裝置面高度，在每一有效探測範圍，至少設置一個。

裝置面高度			未滿四公尺		四公尺以上未滿八公尺	
建築物構造			防火構造建築物	其他建築物	防火構造建築物	其他建築物
探測器種類及有效探測範圍（平方公尺）	差動式局限型	一種	90	50	45	30
		二種	70	40	35	25
	補償式局限型	一種	90	50	45	30
		二種	70	40	35	25
	定溫式局限型	特種	70	40	35	25
		一種	60	30	30	15
		二種	20	15	-	-

因此，樓地板面積 70m×20m = 1400m^2　1400÷70 = 20（個）

70m×10m = 700m^2　700÷70 = 10（個）　20+10 = 30（個）

（二）停車場

停車場爲排放廢氣會大量滯留之場所，可設差動式局限型一種，裝設數量依第 120 條規定。

因此，樓地板面積 70m×20m = 1400m^2　1400÷90 = 15.5（16 個）

70m×10m = 700m^2　700÷90 = 7.8（8 個）　16+8 = 24（個）

（三）不燃性石材加工場

依第 116 條：下列處所得免設探測器：

一、探測器除火焰式外，裝置面高度超過二十公尺者。

二、外氣流通無法有效探測火災之場所。

三、洗手間、廁所或浴室。

四、冷藏庫等設有能早期發現火災之溫度自動調整裝置者。

五、主要構造爲防火構造，且開口設有具一小時以上防火時效防火門之金庫。

六、室內游泳池之水面或溜冰場之冰面上方。

七、不燃性石材或金屬等加工場，未儲存或未處理可燃性物品處。

八、其他經中央主管機關指定之場所。

假使不燃性石材加工場，有儲存或處理可燃性物品處，則要裝設，此爲灰塵、粉末會大量滯留場所，設補償式局限型一種，裝設數量依第 120 條規定。

因此，樓地板面積 70m×20m = 1400m^2　1400÷90 = 15.5（16 個）

70m×10m = 700m^2　700÷90 = 7.8（8 個）　16+8 = 24（個）

（四）飯店客房

依第 114 條：探測器應依裝置場所高度，就下表選擇探測器種類裝設。但同一室內之天花板或屋頂板高度不同時，以平均高度計。

裝置場所高度	未滿四公尺	四公尺以上未滿八公尺	八公尺以上未滿十五公尺	十五公尺以上未滿二十公尺
探測器種類	差動式局限型、差動式分布型、補償式局限型、離子式局限型、光電式局限型、光電式分離型、定溫式、火焰式	差動式局限型、差動式分布型、補償式局限型、定溫式特種或一種、離子式局限型一種或二種、光電式局限型一種或二種、光電式分離型、火焰式	差動式分布型、離子式局限型一種或二種、光電式局限型一種或二種、火焰式、光電式分離型	離子式局限型一種、光電式局限型一種、光電式分離型一種、火焰式

因此，可裝設光電式局限型一種，依第 122 條：偵煙式探測器除光電式分離型外，依下列規定裝置：

一、居室天花板距樓地板面高度在二點三公尺以下或樓地板面積在四十平方公尺以下時，應設在其出入口附近。

二、探測器下端，裝設在裝置面下方六十公分範圍內。

三、探測器裝設於距離牆壁或樑六十公分以上之位置。

四、探測器除走廊、通道、樓梯及傾斜路面外，各探測區域應設探測器數，依下表之探測器種類及裝置面高度，在每一有效探測範圍，至少設置一個。

裝置面高度	探測器種類及有效探測範圍（平方公尺）	
	一種或二種	三種
未滿四公尺	150	50
四公尺以上未滿二十公尺	75	-

因此，樓地板面積 $70m \times 20m = 1400m^2$　$1400 \div 150 = 9.3$（10 個）
$70m \times 10m = 700m^2$　$700 \div 150 = 4.6$（5 個）　$10 + 5 = 15$（個）

11. 桃園市某工廠發生大火，造成多名消防員殉職，公共危險物品安全管理議題再度被社會大眾重視，請依據「各類場所消防安全設備設置標準」，分別試述公共危險物品製造場所、一般處理場所、室內儲存場所及室內儲槽場所應設置火警自動警報設備之規定？（107 年消防設備士）

解

依第 205 條：下列場所應設置火警自動警報設備：

一、公共危險物品製造場所及一般處理場所符合下列規定之一者：

（一）總樓地板面積在 $500m^2$ 以上者。

（二）室內儲存或處理公共危險物品數量達管制量 100 倍以上者。但處理操作溫度未滿 100℃之高閃火點物品者，不在此限。

（三）建築物除供一般處理場所使用外，尚供其他用途者。但以無開口且具 1 小時以上防火時效之牆壁、樓地板區劃分隔者，不在此限。

二、室內儲存場所符合下列規定之一者：

（一）儲存或處理公共危險物品數量達管制量 100 倍以上者。但儲存或處理高閃火點物品，不在此限。

（二）總樓地板面積在 $150m^2$ 以上者。但每 $150m^2$ 內以無開口且具 1 小時以上防火時效之牆壁、樓地板區劃分隔，或儲存、處理易燃性固體以外之第 2 類公共危險物品或閃火點在 70℃以上之第 4 類公共危險物品之場所，其總樓地板面積在 $500m^2$ 以下者，不在此限。

（三）建築物之一部分供作室內儲存場所使用者。但以無開口且具 1 小時以上防火時效之牆壁、樓地板區劃分隔者，或儲存、處理易燃性固體以外之第 2 類公共危險物品或閃火點在 70℃以上之第 4 類公共危險物品，不在此限。

（四）高度在 6 m 以上之一層建築物。

三、室內儲槽場所達顯著滅火困難者。

前項以外之公共危險物品製造、儲存或處理場所儲存、處理公共危險物品數量達管制量 10 倍以上者，應設置手動報警設備或具同等功能之緊急通報裝置。但平日無作業人員者，不在此限。

【選擇題】

(B) 1. 依據各類場所消防安全設備設置標準，有關免設探測器處所的規定，下列敘述何者錯誤？

(A) 室內游泳池之水面或溜冰場之冰面上方

(B) 主要構造爲防火構造，且開口設有具半小時以上防火時效防火門之金庫

(C) 冷藏庫等設有能早期發現火災之溫度自動調整裝置者

(D) 不燃性石材或金屬等加工場，未儲存或未處理可燃性物品處

(C) 2. 依據各類場所消防安全設備設置標準，有關空氣管式差動式分布型探測器設置時的規定，下列敘述何者錯誤？

(A) 每一探測區域內之空氣管長度，露出部分在 20 公尺以上

(B) 裝接於一個檢出器之空氣管長度，在 100 公尺以下

(C) 空氣管裝置在裝置面下方 40 公分範圍內

(D) 空氣管裝置在自裝置面任一邊起 1.5 公尺以內之位置，其間距，在防火構造建築物，在 9 公尺以下，其他建築物在 6 公尺以下

(D) 3. 依據各類場所消防安全設備設置標準，有關光電式分離型探測器設置時的規定，下列敘述何者錯誤？

(A) 設在與探測器光軸平行牆壁距離 60 公分以上之位置

(B) 探測器之受光器及送光器，設在距其背部牆壁 1 公尺範圍內

(C) 設在天花板等高度 20 公尺以下之場所
(D) 探測器之光軸與警戒區任一點之水平距離，在 10 公尺以下

(B) 4. 依據各類場所消防安全設備設置標準，有關火警受信總機之位置設置時的規定，下列敘述何者錯誤？
(A) 裝置於値日室等經常有人之處所。但設有防災中心時，設於該中心
(B) 壁掛型總機操作開關距離樓地板面之高度，在 0.6 公尺以上 1.5 公尺以下
(C) 裝置於日光不直接照射之位置
(D) 避免傾斜裝置，其外殼應接地

(B) 5. 依據火警探測器認可基準規定，有關火警自動警報設備所使用火警探測器之構造，下列敘述何者錯誤？
(A) 不得因氣流方向改變而影響探測功能
(B) 探測器的底座視爲探測器的一部位，且與本體連結試驗 100 次後，內部接觸彈片不得發生異狀及功能失效
(C) 應有排除水分侵入之功能
(D) 探測器之接點不得露出在外

(D) 6. 依據住宅用火災警報器認可基準，有關住宅用火災警報器構造與功能的規定，下列敘述何者錯誤？
(A) 應能確實動作且易於操作、附屬零件易於更換
(B) 應具有易於安裝及更換之構造
(C) 正常使用狀態下，不得因溫度變化導致外殼變形
(D) 外部配線應能承受任何方向之 100 N 拉力達 1 分鐘，且拉力不會傳遞到導線和電池端子連接器之接頭上

(A) 7. 依據火警自動警報設備測試報告書測試方法及判定要領，有關定溫式感知線型探測器之外觀試驗的規定，下列敘述何者錯誤？
(A) 感知線應設置在裝置面下方 0.1 m 以內之位置
(B) 感知線之安裝在直線部分以每 0.5 m 以內之間隔固定
(C) 感知線之彎曲半徑應在 0.05 m 以上
(D) 感知線之接續，應使用端子接線

(C) 8. 依據火警自動警報設備檢修及申報作業基準，探測器外觀檢查警戒狀況之判定方法的規定，有關性能障礙下列敘述何者錯誤？
(A) 應無被塗漆
(B) 火焰探測器應無日光直射等影響性能之顧慮
(C) 光電式型探測器之受光部，應無日光直射等影響性能之顧慮
(D) 應無因裝修造成妨礙熱氣流、煙流動之障礙

(D) 9. 有一高度爲 3.9 公尺，樓地板面積爲 490 平方公尺之探測區域，探測器如爲偵煙式三種，其設置數量至少爲多少個？
(A) 4 (B) 7 (C) 8 (D) 10

(B) 10. 某須設火警自動警報設備之場所，其中一層之長爲 100 公尺，寬爲 14 公尺，且任一點無法見到全部區域，則該樓層之火警分區數至少須多少區？
(A) 2　(C)3　(C) 4　(D) 5

(A) 11. 一地下二層地上六層之建築物，總樓地板面積超過 3,000 平方公尺，若起火樓層位於三樓時，下列哪一樓層不需鳴動？
(A) 一樓　(B) 二樓　(C) 三樓　(D) 五樓

(A) 12. 差動式局限型、差動式分布型（空氣管式）及補償式局限型等探測器的構造中，非共通構件爲下列哪一個？
(A) 感熱室　(B) 洩漏孔　(C) 模片　(D) 接點

(A) 13. 下列何者探測器，未利用空氣膨脹原理而作動？
(A) 定溫式局限型探測器　(B) 差動式局限型探測器
(C) 差動式分布型探測器　(D) 補償式局限型探測器

(B) 14. 下列新建一棟四層的建築物的第三層樓層當中，何者應設置火警自動警報設備？
(A) 樓地板面積在 250 m^2 之旅館　(B) 樓地板面積在 350 m^2 之餐廳
(C) 樓地板面積在 200 m^2 之舞廳　(D) 樓地板面積在 450 m^2 之辦公室

(B) 15. 會散發腐蝕性氣體之場所，設置下列何種探測器爲佳？
(A) 差動式局限型　(B) 差動式分布型
(C) 熱煙複合式局限型　(D) 火焰式

(C) 16. 依各類場所消防安全設備檢修及申報作業基準之規定，消防專技人員發現某既有場所設有局限型定溫式感熱型探測器 80 個，由於屬於非再用型，依規定應選取多少做爲檢查數量？
(A) 1 個　(B) 2 個　(C) 4 個　(D) 8 個

(B) 17. 住宅火災往往因延遲偵知、通報及避難造成住戶傷亡，設置住宅用火災警報器可及早偵知火災發生，以利住戶採取滅火、避難及通報等應變作爲，依住宅用火災警報器設置辦法之規定，住宅用火災警報器之安裝方式，下列何者錯誤？
(A) 裝置於天花板者，警報器距離天花板 60 公分以內
(B) 不得裝置於牆面
(C) 距離出風口 1.5 公尺以上
(D) 以裝置於居室中心爲原則

(D) 18. 某貨運公司貨物處理所有經常性車輛進出，因所排放廢氣會大量滯留，不適合設置下列何種探測器？
(A) 差動式　(B) 火焰式　(C) 補償式局限型　(D) 熱煙複合式

(A) 19. 偵煙式局限型探測器裝設於高度 6 公尺之裝置面時，爲確保有效探測，其每一探測器之有效探測範圍應以多少計算？
(A) 75 平方公尺　(B) 50 平方公尺　(C) 150 平方公尺　(D) 65 平方公尺

(A) 20. 火警分區目的在於火災時能顯示火警發生的範圍，快速地找到起火點，進

行撲滅，因此，有關火警自動警報設備之火警分區劃定規定，下列何者正確？

(A)每一火警分區不得超過一樓層，並不得超過樓地板面積 600 平方公尺。但上下兩層樓地板面積之和不超過 500 平方公尺者，得二層共用一分區
(B)每一分區之任一邊長不得超過 50 公尺。但裝設光電式分離型探測器時，其邊長得在 150 公尺以下
(C)由主要出入口或直通樓梯出入口能直接觀察該樓層任一角落時，火警分區得增為 1,500 平方公尺
(D)樓梯、斜坡通道、升降機之升降路及管道間等場所，在水平距離 50 公尺範圍內，且其頂層相差在二層以下時，得與建築物各層之走廊、通道及居室等場所共同設置火警分區

(C) 21. 某室內立體停車場檢測火警分布型空氣管式探測器，發現與前次檢查之測定值相差幅度大時，除應即確認空氣管與旋塞台之連接部位是否栓緊，亦應進行何種測試？

(A)流通試驗及回路斷線試驗　(B)加熱試驗及接點水高試驗
(C)流通試驗及接點水高試驗　(D)回路合成阻抗試驗及接點水高試驗

(D) 22. 某場所使用非蓄積型偵煙探測器，若其所使用之中繼器有 10 秒之蓄積時間，則其受信總機之蓄積時間，最多可為多少？

(A) 20 秒　(B) 30 秒　(C) 40 秒　(D) 50 秒

(A) 23. 火警自動警報設備有關預備電源與緊急電源之檢查方法，下列何者錯誤？

(A)端子電壓：操作一般電源試驗開關，由電壓表確認
(B)切換裝置：由受信總機內部之電源開關動作確認
(C)充電裝置：以目視確認有無變形、腐蝕、發熱等
(D)結線接續：以目視或螺絲起子確認有無斷線、端子鬆動等

(C) 24. 依規定火焰式探測器設置在距樓地板面 X 公尺範圍內之空間，應在探測器標稱監視距離範圍內。而使用火焰式探測器用動作試驗器，確認探測器之動作，探測器之動作時間應在 Y 秒內。則 X、Y 值，下列何者正確？

(A) X = 2、Y = 10　(B) X = 1.5、Y = 20　(C) X = 1.2、Y = 30　(D) X = 1、Y = 40

(D) 25. 火警自動警報設備預備電源及緊急電源（內藏型）性能檢查及判定方法，下列何者錯誤？

(A)預備電源之容量超過緊急電源時，得取代緊急電源
(B)電壓表指示不正常時，充電不足可能為原因之一
(C)切換裝置，自動切換成緊急電源；常用電源恢復時，可自動切換成常用電源
(D)充電回路使用抵抗器者，如有發熱現象，即可判定為異常

(A) 26. 火焰式探測器設置之處所，下列何者正確？

(A)塵埃、粉末會大量滯留之場所　(B)會散發腐蝕性氣體之場所

(C) 煙會大量流入之場所　　(D) 會結露之場所

(D) 27. 探測器性能障礙之判定方法下列何者錯誤？
(A) 光電式分離型探測器之受光面應設在無日光照射之處
(B) 應無因裝修造成妨礙熱氣流、煙流動之障礙
(C) 火焰式探測器應設在無日光照射之處
(D) 光電式分離型探測器之光軸與警戒區任一點之水平距離，應在 10 公尺以下

(C) 28. 塵埃、粉末及水蒸氣會大量滯留之場所應設置下列何種探測器較適當？
(A) 差動式局限型 1 種　(B) 差動式局限型 2 種
(C) 定溫式特種　(D) 定溫式 1 種

(C) 29. 竣工測試及確認場所火警發信機的設置狀況，下列何者正確？
(A) 每一火警分區應設置 1 個，但上下 2 層，樓地板面積之和在 500 平方公尺以下者，得 2 層共用 1 個
(B) 在規定電壓下，離開火警警鈴 1m 處所測得之音壓應在 70 分貝以上
(C) 按鈕開關之位置應設在距離地板面 1.2m 以上 1.5m 以下
(D) 從設置樓層各部分至裝置位置步行距離應在 30m 以下之範圍內

(C) 30. 探測器之動作時間敘述下列何者錯誤？
(A) 差動式局限型 30 秒
(B) 光電式分離型 30 秒
(C) 定溫式局限型 2 種 90 秒
(D) 定溫式局限型當其標稱動作溫度與周圍溫度之差超過攝氏 50 度時，其動作時間加倍計算

(A) 31. 偵煙式探測器之檢修判定方法，下列何者錯誤？
(A) 探測器裝設於距離牆壁或樑 50 公分以上之位置，光電式分離型除外
(B) 分離型插入減光罩後到動作之時間，應在 30 秒內
(C) 蓄積型之動作時間，應在 30 秒加其標稱蓄積時間及 5 秒之時間內動作
(D) 檢查時，對於連接蓄積性能之回路，可先行解除其蓄積性能

(A) 32. 體育館等大空間且天花板高，熱、煙易擴散之場所，下列探測器何者不適用？
(A) 離子式偵煙探測器　(B) 火焰式探測器
(C) 光電式分離型偵煙探測器　(D) 差動式分布型感熱探測器

(C) 33. 地區音響裝置之音壓檢修判定方法，下列敘述何者錯誤？
(A) 在距音響裝置設置位置中心 1 公尺處測量音壓
(B) 音壓使用普通或簡易噪音計測定
(C) 音壓應在 70 分貝以上
(D) 警鈴於收藏箱內者，應維持原狀測定其音壓

(C) 34. 某地上 7 樓層、地下 2 樓層之建築物，其總樓地板面積為 5000 平方公尺，當地下一層發生火災時，火警自動警報設備應鳴動樓層為何？

(A) 限地面層與地下一層　(B) 限地面層、地上二層與地下一、二層
(C) 限地面層與地下一、二層　(D) 各樓層一齊鳴動

(A) 35. 某地上六樓層、地下三樓層之建築物，其總樓地板面積為五千平方公尺，當地面層發生火災時，火警自動警報設備應鳴動樓層為何？
(A) 限地面層、地上二層與地下一、二、三層
(B) 限地面層、地上二、三層與地下一、二、三層
(C) 限地面層、地上二層與地下一、二層
(D) 各樓層一齊鳴動

(D) 36. 火警自動警報設備之鳴動方式，建築物在五樓以上，且總樓地板面積在多少平方公尺以上者應採分層鳴動？
(A) 1500　(B) 2000　(C) 2500　(D) 3000

(A) 37. 建築物在5層以上，且總樓地板面積超過3000平方公尺者，當第3層（3F）火災時，其地區音響裝置應依下列所示分區鳴動（地面層：1F及地下一層：B1F），何者正確？
(A) 2F,3F,4F,5F　(B) B1F,1F,2F　(C) B1F,B2F,1F　(D) 3F,4F,5F

(D) 38. 第一種或第二種偵煙式探測器在走廊及通道，步行距離每幾公尺至少設置1個？
(A) 10　(B) 15　(C) 20　(D) 30

(A) 39. 樓梯間應裝設何種探測器？
(A) 偵煙式　(B) 差動式　(C) 定溫式　(D) 補償式

(C) 40. 非再用型定溫式局限型探測器之設置數量為 51-100，選取檢查數量應為多少個？
(A) 1　(B) 2　(C) 4　(D) 7

(A) 41. 下列探測器何者不適合裝置於高度在 15 m 以上 20 m 以下之場所？
(A) 離子式局限型二種　(B) 光電式分離型一種
(C) 光電式局限型一種　(D) 火焰式

(B) 42. 天花板設有出風口時，除火焰式、差動式分布型及光電式分離型探測器外，設置之探測器應距離出風口至少幾公尺以上？
(A) 1.0 公尺　(B) 1.5 公尺　(C) 2.0 公尺　(D) 2.5 公尺

(D) 43. 某地下停車場常有排放廢氣大量滯留，下列哪一種探測器不適合裝設？
(A) 補償式局限型二種　(B) 差動式局限型一種
(C) 火焰式探測器　(D) 定溫式局限型二種

(C) 44. 依照各類場所消防安全設備設置標準之規定，探測器之探測區域，指探測器裝置面之四周以淨高 X 公分以上之樑或類似構造體區劃包圍者；但若為差動式分布型及偵煙式探測器時，其探測區域，係指裝置面之四周淨高應為 Y 公分以上，請問前述 X，Y 為何？
(A) X = 20，Y = 40　(B) X = 30，Y = 50
(C) X = 40，Y = 60　(D) X = 50，Y = 70

(C) 45. 偵煙式探測器除光電式分離型外，設置在樓梯、斜坡通道及電扶梯時，垂直距離爲每 X 公尺至少設置一個；使用第三種探測器時，垂直距離爲每 Y 公尺至少設置一個，試問 X、Y 分別爲何？

(A) X = 5、Y = 25　(B) X = 10、Y = 20

(C) X = 15、Y = 10　(D) X = 25、Y = 8

(B) 46. 依照各類場所消防安全設備檢修及申報作業基準之規定，走廊、樓梯、通道等煙須經長時間移動方能到達探測器之場所，其適用的探測器，下列何者爲正確？

(A) 差動式局限型　(B) 光電式非蓄積型

(C) 光電式蓄積型　(D) 火焰式探測器

(D) 47. 某一層樓高度 3.6 公尺供辦公室使用爲非防火構造建築物，其探測區域爲 200 平方公尺，若裝設補償式局限型二種探測器，設置探測器最少數量應爲多少個？

(A) 2　(B) 3　(C) 4　(D) 5

(C) 48. 依照各類場所消防安全設備檢修及申報作業基準之規定，電鍍工廠適用的探測器，下列何者爲正確？

(A) 差動式局限型一種　(B) 差動式局限型二種

(C) 定溫式探測器特種　(D) 火焰式探測器

(A) 49. 依照各類場所消防安全設備檢修及申報作業基準之規定，某光電式局限型三種蓄積型探測器，其標稱蓄積時間合計爲 25 秒，進行性能檢查時，其動作時間最長在多久範圍以內，方能符合規定？

(A) 120 秒　(B) 90 秒　(C) 85 秒　(D) 60 秒

(A) 50. 某探測器其裝置場所高度爲 9 公尺，依照各類場所消防安全設備設置標準之規定，可以選擇探測器的種類，下列何者爲正確？

(A) 光電式局限型二種　(B) 光電式局限型三種

(C) 補償式局限型一種　(D) 定溫式特種

(A) 51. 裝置探測器時需依裝置場所之高度選擇探測器，當同一室內天花板高度不同時，高度之計算方式爲何？

(A) 依平均高度　(B) 以最嚴格之方式依最高高度

(C) 以距人員最近之方式依最低高度　(D) 以最嚴重之火災情境計算

(A) 52. 下列何種火警探測器於認可測試時不須進行粉塵試驗？

(A) 差動式局限型探測器　(B) 離子式探測器

(C) 光電式探測器　(D) 火焰式探測器

(B) 53. 某防火構造建築物之內部空間，高度未滿四公尺，面積爲一百平方公尺，若裝置定溫式局限型特種探測器需裝置之數量爲？

(A) 一個　(B) 二個　(C) 三個　(D) 四個

(C) 54. 下列何項探測器並未在「各類場所消防安全設備設置標準」中所規定之警報設備中？

(A) 火焰式探測器　(B) 光電式探測器
(C) 一氧化碳探測器　(D) 差動式探測器

(D) 55. 火警分區每一分區之任一邊長不得超過 50 m，但是下列何種型式火警探測器設置時，分區邊長得增為 100 m 以下？
(A) 火焰式紫外光波型　(B) 偵煙式離子局限型
(C) 差動式分布型　(D) 偵煙式光電分離型

(B) 56. 竣工查驗定溫式感知線型火警探測器設置之狀況，下列何者為錯誤？
(A) 感知線設置在裝置面下方 30 cm 以內位置
(B) 感知線之彎曲半徑在 10 cm 以上
(C) 感知線安裝直線部分以每 50 cm 以內間隔固定，彎曲部分以每 10 cm 以內間隔固定
(D) 設置在周圍溫度低於探測器標稱動作溫度 20℃以上處所

(A) 57. 某飯店之餐廳廚房處所設有定溫式局限型探測器（非再用型），竣工測試以加熱試驗器加熱測定其動作時間，已知現場配置數量為 21 個，請問應抽取個數為何？
(A) 2 個　(B) 4 個　(C) 6 個　(D) 8 個

(B) 58. 下列何者不是差動分布型空氣管式探測器檢修的實驗？
(A) 空氣注入試驗　(B) 流氣隔絕試驗　(C) 接點水高試驗　(D) 流通試驗

(C) 59. 有一辦公室面積四百平方公尺（長 20 公尺 × 寬 20 公尺），天花板高度為三公尺，但有一下垂四十五公分的樑從中間隔開，試問該辦公室裝置光電式局限型一種的偵煙式探測器要幾個？
(A) 1　(B) 2　(C) 3　(D) 4

(A) 60. 依各類場所消防安全設備檢修及申報作業基準，偵煙分離型探測器（多信號探測器除外）使用減光罩確認動作是否正常時，當插入減光罩後到動作之時間，應在幾秒內才判定合格？
(A) 30　(B) 40　(C) 50　(D) 60

(D) 61. 依各類場所消防安全設備檢修及申報作業基準，定溫式局限型探測器當其標稱動作溫度與周圍溫度之差超過幾度時，其動作時間得加倍計算？
(A) 20　(B) 30　(C) 40　(D) 50

(C) 62. 某防火構造建築物，其探測器裝置面高度為六公尺，若採差動式局限型二種探測器其有效探測範圍為多少平方公尺？
(A) 25　(B) 30　(C) 35　(D) 40

(C) 63. 火焰式探測器得設於下列何處所？
(A) 顯著高溫之場所　(B) 煙會大量流入之場所
(C) 排放廢氣會大量滯留之場所　(D) 會結露之場所

(D) 64. 水蒸氣會大量滯留之場所，可設置下列何種探測器？
(A) 差動式局限型一種　(B) 差動式局限型二種
(C) 差動式分布型一種　(D) 差動式分布型二種

(B) 65. 下列有關差動式探測器之敘述何者爲錯誤？
(A) 差動式局限型探測器下端，裝設在裝置面下方三十公分範圍內
(B) 對於未滿四公尺防火構造建築物，差動式局限型一種探測器之有效探測範圍爲 45 平方公尺
(C) 差動式分布型探測器爲空氣管式時，每一探測區域內之空氣管長度，露出部分在二十公尺以上
(D) 差動式分布型探測器爲空氣管式時，裝接於一個檢出器之空氣管長度，在一百公尺以下

(C) 66. 探測器之裝置場所高度爲 10 公尺時，下列哪一種探測器不適合安裝？
(A) 差動式分布型　(B) 火焰式　(C) 補償式局限型　(D) 光電式分離型

(C) 67. 偵煙式探測器之探測區域，指探測器裝置面之四周以淨高多少公分以上之樑或類似構造體區劃包圍者？
(A) 30　(B) 40　(C) 60　(D) 80

(C) 68. 差動式分布型探測器爲空氣管式時，其間距，在防火構造建築物，在多少公尺以下？
(A) 3　(B) 6　(C) 9　(D) 12

(D) 69. 探測器應依裝置場所高度，於同一室內之天花板或屋頂板高度不同時，以何種高度計算？
(A) 最低　(B) 最高　(C) 加權　(D) 平均

(B) 70. 依各類場所消防安全設備設置標準，下列那些場所得免設探測器？
(A) 探測器除火焰式外，裝置面高度超過 15 公尺者
(B) 外氣流通無法有效探測火災之場所
(C) 冷藏庫等設有能早期發現火災之溫度手動調整裝置者
(D) 主要構造爲防火構造，且開口設有具半小時以上防火時效防火門之金庫

(B) 71. 具有定溫式性能之探測器，應裝設在平時之最高周圍溫度，比補償式局限型探測器之標稱定溫點或其他具有定溫式性能探測器之標稱動作溫度低攝氏多少度以上處？
(A) 10　(B) 20　(C) 30　(D) 40

(B) 72. 光電式分離型探測器，下列規定設置何者正確？
(A) 設在與探測器光軸平行牆壁距離 60 公分以下之位置
(B) 探測器之受光器及送光器，設在距其背部牆壁 1 公尺範圍內
(C) 設在天花板等高度 20 公尺以上之場所
(D) 探測器之光軸高度，在天花板等高度百分之 80 以下之位置

(D) 73. 天花板上設有出風口時，下列哪種探測器應距離該出風口 1.5 公尺以上？
(A) 火焰式　(B) 差動式分布型　(C) 光電式分離型　(D) 差動式局限型

(A) 74. 防火構造建築物，其探測區域樓地板面積爲 100 平方公尺，採差動式分布型探測器爲熱電偶式時，應設探測器數爲多少個？
(A) 5　(B) 6　(C) 7　(D) 8

(A) 75. 下列有關偵煙式探測器之敘述何者為錯誤？
(A) 居室樓地板面積在六十平方公尺以下時，應設在其出入口附近
(B) 探測器裝設於距離牆壁或樑六十公分以上之位置
(C) 探測器在走廊及通道，步行距離每三十公尺至少設置一個
(D) 光電式分離型探測器光軸高度，在天花板等高度百分之八十以上之位置

(B) 76. 配管配線管道間可選擇下列何種探測器設置？
(A) 火燄式 (B) 偵煙式 (C) 熱煙複合式 (D) 差動式

(B) 77. 定溫式探測器一種其以 125% 之額定溫度的熱風進行測試時應於多少秒內作動？
(A) 40 (B) 120 (C) 300 (D) 400

(D) 78. 下列何者非影響定溫式探測器作動之因子？
(A) 反應時間指數（RTI） (B) 熱氣溫度 (C) 熱氣速度 (D) 熱氣煙濃度

(C) 79. 所謂補償式探測器係指下列那兩種探測器之組合？
(A) 離子式 + 光電式 (B) 離子式 + 定溫式
(C) 定溫式 + 差動式 (D) 光電式 + 差動式

(C) 80. 於樓梯裝設光電式二種探測器請問每多少公尺要裝設一顆探測器？
(A) 5 公尺 (B) 10 公尺 (C) 15 公尺 (D) 20 公尺

(A) 81. 某一室內立體停車場所裝置火警探測器為差動式分布型（空氣管式）於流通試驗時，以測試幫浦注入空氣，應使流體壓力計的水位上升至約多少 mm，然後停止水位？
(A) 100 (B) 150 (C) 200 (D) 250

(B) 82. 某一飲食店設有定溫式局限型（非再用型）探測器共有 63 個，於動作試驗，以加熱試驗器加熱測定至探測器動作為止，應抽取幾個測試？
(A) 2 (B) 4 (C) 6 (D) 8

(D) 83. 火警探測器回路加設終端電阻之目的為何？
(A) 短路測試 (B) 音壓測試 (C) 電量測量 (D) 斷線測試

(D) 84. 以適當之試驗器對下列探測器施以性能檢查，其動作時間何者合格（各探測器皆非蓄積型，且標稱動作溫度與周圍溫度之差皆在 50℃以下）？
(A) 一種光電式局限型，32 秒 (B) 二種光電式分離型，32 秒
(C) 二種差動式局限型，32 秒 (D) 特種定溫式局限型，32 秒

(A) 85. 下列何者不是差動式局限型探測器的構造？
(A) 雙金屬片 (B) 排氣孔（洩氣孔） (C) 感壓室（空氣室） (D) 膜片

(C) 86. 若有一棟防火構造建築物，其探測區域樓地板面積為 180 平方公尺，若其差動式分布型探測器採用熱電偶式，至少應設探測器數目為幾個？
(A) 7 (B) 8 (C) 9 (D) 10

(A) 87. 進行感熱型分布型空氣管式探測器接點水高試驗時，應將空氣管由旋 台取下，連接 H 計及空氣注入器，並將試驗旋 調整至接點水高試驗位置，請問 H 計所指為何？

(A) 流體壓力計　(B) 感度試驗計　(C) 空氣流量計　(D) 接點電壓計

(C) 88. 依各類場所消防安全設備設置標準之規定，局限型探測器之裝置不得傾斜幾度以上？
(A) 15　(B) 30　(C) 45　(D) 60

(A) 89. 以加煙試驗器對偵煙式探測器二種進行測試，應於多少秒內作動為合格？
(A) 60　(B) 80　(C) 100　(D) 120

(A) 90. 天花板設有回風口時其偵煙式探測器應於回風口多少距離以內？
(A) 1 公尺　(B) 1.5 公尺　(C) 2 公尺　(D) 2.5 公尺

(C) 91. 依據各類場所消防安全設備設置標準之規定，未滿四公尺高之防火構造建築物使用差動式局限型二種其保護面積最多為多少平方公尺？
(A) 20　(B) 60　(C) 70　(D) 90

(D) 92. 電腦室有成為燻燒火災之虞的場所應裝設哪一種探測器？
(A) 定溫式探測器　(B) 差動式探測器
(C) 離子式探測器　(D) 光電式探測器

(D) 93. 醫院的茶水間（水蒸氣會大量滯留之場所）適合裝設哪一種探測器？
(A) 偵煙式局限型三種　(B) 差動式局限型一種
(C) 火焰式探測器　(D) 定溫式局限型一種

(A) 94. 下列探測器何者不適合裝置於 8m 以上至 15m 以下的高度？
(A) 差動式局限型一種　(B) 差動式分布型一種
(C) 光電式局限型一種　(D) 火焰式

(A) 95. 有關探測器裝置，下列何者非規定項目？
(A) 差動式分布型探測器應距離出風口一點五公尺以上
(B) 偵煙式局限型探測器應裝置於回風口周圍一公尺範圍內
(C) 定溫式局限型探測器之裝置，不得傾斜四十五度以上
(D) 偵煙式探測器應距離牆或樑六十公分以上

(C) 96. 有一棟地面二十層、地下三層樓之防火構造建築物，其每層樓高三公尺，從特別安全梯間最高層天花板往下垂直距離裝設偵煙式局限型探測器一種，請問最少要裝幾個？
(A) 三　(B) 四　(C) 五　(D) 六

(C) 97. 光電式分離型探測器光軸與光軸之間距最大不得超過幾公尺？
(A) 七　(B) 八　(C) 十四　(D) 十六

(C) 98. 有一設置於地下一樓的 KTV，其探測器之選定，下列何者錯誤？
(A) 自助飲食拿取區設偵煙式局限型　(B) 走廊間設偵煙式局限型
(C) 接待大廳設差動式局限型　(D) 包廂內設偵煙式局限型

(C) 99. 有一樓層高 4.5 公尺之防火構造建築物，探測區域為 200 平方公尺，若裝設差動式局限型一種探測器，則需幾個？
(A) 3　(B) 4　(C) 5　(D) 6

(D) 100. 有一長方形通道寬一點五公尺，步行距離長一百二十公尺，使用偵煙式局

限型三種探測器最少需設幾個？

(A) 3 (B) 4 (C) 5 (D) 6

(B)101. 某一防火構造建築物，裝置面高度爲 4.2 公尺，若裝設補償式局限型第一種探測器，其有效探測範圍應爲多少平方公尺？

(A) 50 平方公尺 (B) 45 平方公尺 (C) 40 平方公尺 (D) 35 平方公尺

(A)102. 對於設置場所平時溫度之變化，差動式局限型探測器係利用下列何者構件，來防止此種非火災訊息的誤報情形？

(A) 排氣孔 (B) 空氣室 (C) 隔膜片 (D) 接點

(B)103. 下列何者不是補償式局限型探測器的組成構件？

(A) 空氣室 (B) 光電元件 (C) 雙金屬片 (D) 排氣孔

(C)104. 下列何者爲偵煙離子式局限型探測器的動作原理？

(A) 光電元件之受光量變化 (B) 熱電偶之熱電效應變化

(C) 放射性物質之電離電流變化 (D) 焦電元件之閃動頻率變化

(D)105. 同一只探測器裝置盒內，能依其性能、種別（靈敏度）、標稱動作溫度或標稱蓄積時間之不同，而發出二種以上輸出信號者，稱爲下列何種探測器？

(A) 定址式 (B) 複合式 (C) 類比式 (D) 多信號式

(A)106. 下列何者爲差動式分布型空氣管式探測器的動作原理？

(A) 空氣受熱膨脹 (B) 雙金屬片受熱彎曲 (C) 熱電效應 (D) 熱阻效應

(D)107. 走廊、通道等屬於煙須經長時間移動方能到達探測器之場所，應選用下列何種探測器較爲適當？

(A) 差動式局限型 (B) 定溫式局限型

(C) 離子式局限蓄積型 (D) 光電式局限非蓄積型

(B)108. 廚房等平時煙會滯留之場所，應選用下列何種探測器較爲適當？

(A) 差動式局限型第 1 種 (B) 定溫式局限型第 1 種

(C) 補償式局限型第 1 種 (D) 差動式分布型第 2 種

(B)109. 差動式分布型熱半導體式探測器之火災動作試驗，當其感熱部之裝置未滿 8 公尺者，準用下列何者儀器進行測試？

(A) 流體水壓計 (B) 加熱試驗器

(C) 空氣注入試驗器 (D) 儀表繼電器試驗器

(B)110. 某光電式局限型第 1 種蓄積型偵煙探測器，其標稱蓄積時間爲 35 秒，現欲使用加煙試驗器進行動作試驗時，其動作時間最多應在多少秒以內，方爲正常？

(A) 60 秒 (B) 70 秒 (C) 80 秒 (D) 90 秒

(B)111. 火警探測器，離子局限型探測器，受周圍空氣達一定含煙量時即動作，探測器感測裝置受煙產生何者變化？

(A) 光通量 (B) 離子電流 (C) 紅外線 (D) 光電素子

(C)112. 定溫式探測器，其動作感度可分爲特種或一種及二種，其原理及構造，何者有誤？
(A) 利用雙金屬片之反轉功能　(B) 利用雙金屬片之膨脹差異功能
(C) 利用光度差異功能　(D) 利用溫升率功能

(A)113. 火警探測器設備，光電式分離型探測器，依下列規定設置，何者有誤？
(A) 受光面設在日光照射之處
(B) 探測器光軸平行牆壁距離 60 公分以上之位置
(C) 天花板等高度 20 公尺以下之場所
(D) 光軸與警戒區任一點之水平距離，在 7 公尺以下

(C)114. 下列處所何者不可裝設定溫式探測器？
(A) 平時煙會滯留之場所　(B) 煙會大量流入之場所
(C) 排放廢氣會大量滯留之場所　(D) 設有用火設備其火焰外露之場所

(B)115. 差動式分布型探測器空氣管式工程安裝完成時，所實施之機能檢測確認，何者錯誤？
(A) 接點水高試驗　(B) 回路合成阻抗試驗
(C) 火災動作試驗　(D) 流通試驗

(D)116. 下列分布型探測器，何者為「非再用型」？
(A) 差動式分布型探測器空氣管式　(B) 差動式分布型探測器熱電偶式
(C) 差動式分布型探測器熱半導體式　(D) 定溫式線型探測器

(A)117. 有一高度為 3.5 公尺，樓地板面積為 420 平方公尺之探測區域，探測器如為偵煙式二種，其設置數量至少為多少個？
(A) 3　(B) 6　(C) 8　(D) 9

(D)118. 離子式集中型偵煙探測器內，若有煙粒子進入外部離子室內時，離子電流和電壓如何變化？
(A) 離子電流增加，電壓減少　(B) 離子電流增加，電壓增加
(C) 離子電流減少，電壓減少　(D) 離子電流減少，電壓增加

(D)119. 探測器裝置場所高度為 10 公尺時，下列何種探測器不適合裝設？
(A) 離子式局限型一種　(B) 光電式局限型一種
(C) 光電式分離型　(D) 定溫式一種

(A)120. 偵煙式探測器（除光電式分離型外）之裝置規定，何者正確？
(A) 探測器裝設於距離牆壁或樑 60 公分以上之位置
(B) 探測器下端，裝設在裝置面下方 30 公分範圍內
(C) 探測器在走廊及通道，步行距離每 20 公尺至少設置一個
(D) 使用第三種探測器時，每 30 公尺至少設置一個

(B)121. 差動式分布型探測器為空氣管式時，每一探測區域內之空氣管長度，露出部分在多少公尺以上？
(A) 10　(B) 20　(C) 30　(D) 100

(D)122. 依裝置場所高度，探測器種類裝設中不能選差動式分布型的為多少公尺？（同一室內之天花板或屋頂板高度不同時，以平均高度計）

(A) 未滿 4 公尺　(B) 4 公尺以上未滿 8 公尺
(C) 8 公尺以上未滿 15 公尺　(D) 15 公尺以上未滿 20 公尺

(D)123. 下列處所哪一選項不屬於得免設探測器之場所：
(A) 探測器除火焰式外，裝置面高度超過 20 公尺者
(B) 外氣流通無法有效探測火災之場所
(C) 洗手間、廁所或浴室
(D) 可燃性石材或金屬等加工場，儲存或處理可燃性物品處

(A)124. 光電式分離型探測器，依下列規定設置，哪一項是錯誤的？
(A) 探測器之受光面設在有日光照射之處
(B) 設在與探測器光軸平行牆壁距離 60 公分以上之位置
(C) 探測器之受光器及送光器，設在距其背部牆壁 1 公尺範圍內
(D) 設在天花板等高度 20 公尺以下之場所

(A)125. 進行感熱型分布型空氣管式探測器接點水高試驗時，應將空氣管由旋塞台取下，連接 H 計及空氣注入器，並將試驗旋塞調整至接點水高試驗位置，請問 H 計所指爲何？
(A) 流體壓力計　(B) 感度試驗計　(C) 空氣流量計　(D) 接點電壓計

(C)126. 差動式分布型探測器爲空氣管式時，下列規定中哪一項有誤？
(A) 每一探測區域內之空氣管長度，露出部分在 20 公尺以上
(B) 裝接於一個檢出器之空氣管長度，在 100 公尺以下
(C) 空氣管裝置在裝置面下方 80 公分範圍內
(D) 空氣管裝置在自裝置面任一邊起 1.5 公尺以內之位置，其間距，在防火構造建築物，在 9 公尺以下，其他建築物在 6 公尺以下。但依探測區域規模及形狀能有效探測火災發生者，不在此限

(B)127. 若某場所設有局限型定溫式（非再用型）感熱型探測器（多信號探測器除外）45 個，請問依據「各類場所消防安全設備檢修及申報作業基準」的規定，進行該探測器性能檢查時，應選取檢查數量爲何？
(A) 1　(B) 2　(C) 3　(D) 4

(D)128. 有一防火構造建築物，其探測區域樓地板面積爲 120 平方公尺，採用差動式分布型探測器爲熱電偶式時，需設置多少個探測器？
(A) 3　(B) 4　(C) 5　(D) 6

(A)129. 定溫式線型探測器之設置規定，何者錯誤？
(A) 於防火構造建築物中，使用第一種探測器時，裝置在自裝置面任一點起水平距離 3 公尺以內
(B) 探測器設在裝置面下方 30 公分範圍內
(C) 於防火構造建築物中，使用第二種探測器時，裝在自裝置面任一點起水平距離 1 公尺以內
(D) 於其他建築物中，使用第二種探測器時，裝在自裝置面任一點起水平距離 3 公尺以內

(B)130. 依各類場所消防安全設備設置標準，有關火警自動警報設備之配線規定，下列敘述何者有誤？
(A) P 型受信總機採用數個分區共用一公用線方式配線時，該公用線供應之分區數，不得超過七個
(B) 電源回路導線間及導線與大地間之絕緣電阻值，以直流二百五十伏特額定之絕緣電阻計測定，對地電壓在一百五十伏特以下者，在零點五 MΩ 以上，對地電壓超過一百五十伏特者，在零點一 MΩ 以上
(C) 探測器回路導線間及導線與大地間之絕緣電阻值，以直流二百五十伏特額定之絕緣電阻計測定，每一火警分區在零點一 MΩ 以上
(D) P 型受信總機之探測器回路電阻，在五十 Ω 以下

(D)131. 火警自動警報設備之定溫式局限型探測器（2 種感度），以加熱試驗器檢查其動作時間，下列何者爲合格？
(A) 30 秒　(B) 40 秒　(C) 60 秒　(D) 120 秒

(B)132. 火警自動警報設備之檢修作業中，下列何種火警探測器可允許最長之動作時間？
(A) 差動式局限型　(B) 定溫式局限型
(C) 離子式局限型　(D) 光電式分離型

(C)133. 已設置高感度密閉式撒水頭自動撒水設備之場所，得免設火警自動警報設備，依各類場所消防安全設備設置標準規定，下列何種場所適用？
(A) 地下建築物　(B) 甲類場所
(C) 乙類場所　(D) 應設偵煙式探測器場所

(C)134. 下列火警自動警報設備探測器之動作時間敘述，何者錯誤？
(A) 差動式局限型一種探測器爲三十秒　(B) 火焰式探測器爲三十秒
(C) 定溫式局限型一種探測器爲三十秒　(D) 光電式分離型探測器爲三十秒

(B)135. 下列火警自動警報設備有關探測器設置場所，所述何者錯誤？
(A) 在地下室的電話機械室設置光電式局限型的偵煙式探測器
(B) 鍋爐室設置差動式局限型探測器
(C) 木材加工場所設置火焰式探測器
(D) 餐廳的廚房設置定溫式探測器

(D)136. 下列火警自動警報設備探測器的設置場所，所述何者錯誤？
(A) 位於第十樓的辦公室內的走廊要設偵煙式探測器
(B) 位於第十二樓的餐廳內要設偵煙式探測器
(C) 位於第十二樓的辦公室內要設偵煙式探測器
(D) 位於第十二樓的集合住 的住家內要設偵煙式探測器

(D)137. 有一設於無開口樓層之飲食店，當其面積達多少平方公尺時，該樓層要設置火警自動警報設備？
(A) 三百平方公尺　(B) 五百平方公尺
(C) 一百五十平方公尺　(D) 一百平方公尺

(B)138. 裝設火警自動警報設備之建築物，火警分區之劃定，下列規定何者錯誤？
(A) 每一火警分區不得超過一樓層，並在樓地板面積六百平方公尺以下
(B) 裝設光電式局限型探測器時，火警分區邊長得在 100 公尺以下
(C) 樓梯或斜坡通道，垂直距離每 45 公尺以下為一火警分區
(D) 樓梯、斜坡通道應與建築物各層之走廊、通道及居室等場所分別設置火警分區

(A)139. 火警自動警報設備之緊急電源，應使用蓄電池設備，其容量能使其有效動作多少分鐘以上？
(A) 10 (B) 20 (C) 30 (D) 40

(A)140. 火警自動警報設備檢修作業中，蓄積式受信機性能檢查時，其蓄積之測定時間之判定，應在受信機設定之時間加多少秒以內？
(A) 5 (B) 10 (C) 15 (D) 20

(B)141. 進行火警自動警報設備性能檢查時，光電式局限型 1 種之動作時間應在多少秒以內？
(A) 20 (B) 30 (C) 60 (D) 90

(B)142. 火警自動警報設備之探測器信號回路配線，若是碳素電阻的終端電阻，值為 10kΩ 誤差 ±10% 其電阻色碼辨識順序為何？（由左至右，第一位色：第二位色：指數：容許誤差）
(A) 棕：黑：黑：銀 (B) 棕：黑：橙：銀
(C) 棕：黑：黑：金 (D) 棕：黑：橙：金

(C)143. 一般情形之下，火警自動警報設備之火警分區，每一分區之任一邊長應在多少公尺以下？
(A) 25 公尺 (B) 30 公尺 (C) 50 公尺 (D) 75 公尺

(B)144. 下列何者錯誤？
(A) 有一棟四樓建築物，各層樓地板面積為 250 平方公尺，則該棟建築物應整棟設手動報警設備
(B) 飯店場所不論面積皆應設火警自動警報設備
(C) 應設瓦斯漏氣火警自動警報設備之場所，即應設緊急廣播設備
(D) 甲類場所之居室不論面積應設緊急照明設備

(A)145. 火警自動警報設備，探測器應依裝置場所高度，選擇探測器種類裝設。同一室內之天花板或屋頂板高度 15 公尺以上未滿 20 公尺時，可採用型式？
(A) 光電式分離型一種 (B) 差動式分布型
(C) 補償式局限型 (D) 定溫式特種或一種

(C)146. 火警自動警報設備之配線，何者有誤？
(A) P 型受信總機採用數個分區共用一公用線方式配線時，該公用線供應之分區數，不得超過 7 個
(B) 與電力線保持 30 公分以上之間距
(C) 配線採用並接式

(D) P 型受信總機之探測器回路電阻，在 50Ω 以下

(A)147. 火警自動警報設備之配線，電源回路導線間及導線與大地間之絕緣電阻值，以直流 250 伏特額定之絕緣電阻計測定，對地電壓在 150 伏特以下者，在 xMΩ 以上，對地電壓超過 150 伏特者，在 yMΩ 以上，此處 x，y 爲何？

(A) 0.1，0.2　(B) 0.2，0.3　(C) 0.1，0.1　(D) 0.2，0.2

(A)148. 火警自動警報設備，下列處所得免設探測器，何者有誤？

(A) 煙會大量流入之場所

(B) 探測器除火焰式外，裝置面高度超過 20 公尺者

(C) 洗手間、廁所或浴室

(D) 室內游泳池之水面或溜冰場之冰面上方

(A)149. 裝設火警自動警報設備之建築物劃定火警分區時，上下二層樓地板面積之和在多少平方公尺以下者，得二層共用一分區？

(A) 500　(B) 600　(C) 1000　(D) 1500

(C)150. P 型受信總機之探測器回路電阻應在多少歐姆以下？

(A) 0.1　(B) 0.2　(C) 50　(D) 100

(A)151. 火警受信總機、中繼器及偵煙式探測器，如有設定蓄積時間時，其蓄積時間之合計，每一火警分區在 X 秒以下，使用其他探測器時，在 Y 秒以下，試問 X、Y 分別爲何？

(A) X = 60、Y = 20　(B) X = 100、Y = 30

(C) X = 120、Y = 60　(D) X = 240、Y = 120

(D)152. 火災自動警報及防災連動控制設備用火警受信總機，其構造、材質、性能等技術上之規範及試驗方法，下列敘述何者正確？

(A) 受信總機之外箱（殼）應爲良導體，使用不燃性或耐燃性材料，其厚度應在 0.8 mm 以上，並設置接地端子，端子必須能固定線徑 1.2 mm 以上之電線，且須有接地標示及不得有不必要之開口

(B) 供電源變壓器初級輸入側使用時，非束線之配線導體斷面積最低爲 0.2 mm^2 以上，且不可與其他配線結成束線

(C) 束線之配線時電流密度，絞線應在 5 A/mm^2 以下，單線應在 6.2 A/mm^2 以下

(D)153. 在進行竣工測試火警受信總機之操作部外觀試驗，以下判定要領何者爲錯誤？

(A) 電源監視裝置應正常

(B) 各種表示燈亮燈應正常且距 3 m 處能明確識別

(C) 表示裝置以不易磨滅方法標示及適當火警分區名稱

(D) 壁掛式操作開關應設置在距離樓地板面高度 0.6 m 以上 1.5 m 以下處

(B)154. 進行火警自動警報設備綜合檢查，操作 P 型 1 級受信總機火災試驗開關及回路選擇開關，不要復舊使任意多少回路進行火災同時動作表示試驗？

(A) 二回路　(B) 五回路　(C) 十回路　(D) 全部回路

(C)155. 受信總機竣工後試驗二信號式機能，測試其火災表示，依規定操作火警表示試驗開關，就各回路進行，下列步驟何者為錯誤？
(A) 第一信號時，地區表示裝置應亮燈及主音響裝置應鳴動
(B) 第二信號時，火警燈應即亮燈、地區表示裝置亮燈及主、地區音響裝置應鳴動
(C) 使發信機動作應在接收第二信號時操作
(D) 使發信機動作時火警及地區表示亮燈、主音響及地區音響裝置鳴動

(C)156. 有一大樓共有十六個火警分區，依各類場所消防安全設備設置標準第一百二十七條規定，其火警自動警報設備則須選擇至少有幾個共線端點的 P 型受信總機？
(A) 1　(B) 2　(C) 3　(D) 4

(D)157. 依各類場所消防安全設備檢修及申報作業基準，火警自動警報設備之受信總機前應確保多少公尺以上之空間才判定合格？
(A) 0.5　(B) 0.6　(C) 0.8　(D) 1.0

(B)158. 火警受信總機之裝置規定，下列何者正確？
(A) 壁掛型火警受信總機操作開關距離樓地板面之高度，在 0.3 公尺以上 1.5 公尺以下
(B) P 型受信總機之探測器回路電阻，在 50 Ω 以下
(C) 緊急電源，應使用蓄電池設備，其容量能使其有效動作 20 分鐘以上
(D) R 型受信總機採用數個分區共用一公用線方式配線時，該公用線供應之分區數，不得超過 7 個

(B)159. 攜帶加熱試驗棒或加煙試驗棒至現場測試探測器，從事火警自動警報設備性能綜合檢查時，下列敘述何者錯誤？
(A) 必須先切換成緊急電源狀態或預備電源狀態
(B) 測試結果火警自動警報未動作，一定是火警受信總機故障
(C) 測試結果緊急廣播及警鈴一定要自動動作
(D) 測試結果火警受信總機火警分區燈及探測器 LED 燈一定要會亮起

(A)160. 下列有關火警受信總機之敘述何者為錯誤？
(A) 受信總機、中繼器及偵煙式探測器，有設定蓄積時間時，其蓄積時間之合計，每一火警分區在二十秒以下
(B) 裝置蓄積式探測器或中繼器之火警分區，該分區在受信總機，不得有雙信號功能
(C) 壁掛型總機操作開關距離樓地板面之高度，在零點八公尺以上一點五公尺以下
(D) P 型受信總機採用數個分區共用一公用線方式配線時，該公用線供應之分區數，不得超過七個

(C)161. 查驗未具定期自動測試機能之受信總機時，應施行之性能試驗項目，下列

何者有誤？
(A) 火災表示試驗　　(B) 回路斷線試驗
(C) 回路合成阻抗試驗　(D) 緊急電源試驗

(A)162. 受信總機、中繼器及偵煙式探測器設蓄積時間時，其蓄積時間合計不得大於幾秒？
(A) 60　(B) 70　(C) 90　(D) 120

(A)163. P 型受信總機之探測器回路電阻應在多少歐姆以下？
(A) 50　(B) 100　(C) 150　(D) 200

(D)164. 有關火警受信總機之裝置規定，何者錯誤？
(A) 受信總機附近備有識別火警分區之圖面資料
(B) 附設與火警發信機通話之裝置
(C) 裝置蓄積式探測器或中繼器之火警分區，該分區在受信總機，不得有雙信號功能
(D) 受信總機、中繼器及定溫式探測器，有設定蓄積時間時，其蓄積時間之合計，每一火警分區在 60 秒以下

(C)165. 火警自動警報設備裝置完成後，裝置人實施測試，有關受信總機性能試驗之回路斷線試驗，下列何者錯誤？
(A) 應操作斷線試驗開關、回路選擇開關等
(B) 除自動監視回路斷線狀況者外，應就各回路逐一測試
(C) 如為自動監視回路斷線狀況者，仍應拆下 3 探測回路，使其在斷線狀態
(D) 發出斷線警報，則可判定合格

(C)166. 火警受信總機應符合 CNS 8877 之規定，依下列規定裝置，何者有誤？
(A) 具有火警區域表示裝置，指示火警發生之分區
(B) 火警發生時，能發出促使警戒人員注意之音響
(C) 不得裝置蓄積式探測器或中繼器之火警分區，分區受信總機，得有雙信號功能
(D) 一棟建築物內設有 2 臺以上火警受信總機時，設受信總機處，設有能相互同時通話連絡之設備

(D)167. 有一 P 型一級 20 回路之火警受信總機，欲進行火災同時動作試驗時，除操作火災試驗開關及回路選擇開關不要復舊，並應使任意多少個回路，進行火災動作表示試驗？
(A) 2 回路　(B) 5 回路　(C) 10 回路　(D) 全部回路

(A)168. 進行二信號式受信總機火災動作試驗，當收到第一信號時，下列何者動作表示其功能正常？
(A) 主音響鳴動　(C) 火警標示燈閃滅　(C) 地區音響鳴動　(D) 火災燈亮

(D)169. 火警受信總機之位置，下列規定裝置哪一項是正確的？
(A) 裝置於值日室等經常有人之處所。但設有防災中心時，設於遠離該中心
(B) 裝置於日光可直接照射之位置

(C) 避免傾斜裝置，其外殼不應接地

(D) 壁掛型總機操作開關距離樓地板面之高度，在 0.8 公尺（座式操作者，爲 0.6 公尺）以上 1.5 公尺以下

(C)170. 某大樓設有十個火警分區，下列何種受信總機最不適合設置於大樓？

(A) P 型一級受信總機　(B) R 型受信總機

(C) P 型二級受信總機　(D) 二信號受信總機

(D)171. 某 5 層樓的複合用途甲類場所之建築物，無地下層且沒有無開口樓層，其中 1 至 3 層供觀光旅館用途使用，4 至 5 層供辦公室用途使用，各樓層樓地板面積皆爲 180 平方公尺，請依照各類場所消防安全設備設置標準之規定，判斷本案火警自動警報設備之設置情形，下列何者爲正確？

(A) 全棟均不須設置　(B) 觀光旅館用途場所設置

(C) 辦公室用途場所設置　(D) 全棟均必須設置

(A)172. 下列何場所依規定應設置火警自動警報設備？

(A) 養護型長期照顧機構

(B) 地下層供課後托育中心使用，樓地板面積在一百平方公尺以上者

(C) 複合用途建築物中，有供俱樂部使用之建築物，總樓地板面積在三百平方公尺以上，且其中甲類場所樓地板面積合計在一百平方公尺以上者

(D) 六層以上十層以下之建築物，任何一層樓地板面積在二百平方公尺以上者

手動報警設備歷屆考題

(B) 1. 各類場所消防安全設備設置標準，有關手動報警設備中火警警鈴之規定，下列何者錯誤？
(A) 電壓到達規定電壓之 80% 時，能即刻發出音響
(B) 設有緊急廣播設備時，仍應設火警警鈴
(C) 電鈴絕緣電阻以直流 250 伏特額定之絕緣電阻計測定，在 20 MΩ 以上
(D) 警鈴音響應有別於建築物其他音響，並除報警外不得兼作他用

(A) 2. 手動報警設備中有關標示燈設置之規定，下列何者錯誤？
(A) 距離地板面之高度，在 1.2 公尺以上 1.5 公尺以下
(B) 標示燈與裝置面成 15 度角
(C) 在 10 公尺距離內須無遮視物且明顯易見
(D) 平時應保持明亮

(C) 3. 依據各類場所消防安全設備設置標準，有關火警發信機設置的規定，下列敘述何者錯誤？
(A) 附設緊急電話插座
(B) 裝置於屋外之火警發信機，具防水之性能
(C) 樓梯或管道間之火警分區，應分別設置
(D) 二樓層共用一火警分區者，應分別設置

(D) 4. 火警發信機的設置場所之竣工測試，標示燈在 X 公尺距離內須無遮視物且明顯易見；在規定電壓下，離開火警警鈴 100 公分處，所測得之音壓，應在 Y 分貝以上，請問前述 X，Y 為何？
(A) X = 5，Y = 70　(B) X = 10，Y = 80
(C) X = 5，Y = 85　(D) X = 10，Y = 90

(D) 5. 下列有關手動報警設備火警發信機設置之規定，何者錯誤？
(A) 按鈕按下時，能立即發出火警音響
(B) 按鈕前有防止隨意撥弄之保護板
(C) 附設緊急電話插座
(D) 裝置於屋外之火警發信機，具防火之性能

(D) 6. 火警發信機之裝置規定，下列何者錯誤？
(A) 二樓層共用一火警分區者，火警發信機應分別設置
(B) 標示燈與裝置面成 15 度角，在 10 公尺距離內須無遮視物且明顯易見
(C) 若設有緊急廣播設備時，得免設火警發信機之火警警鈴
(D) 火警警鈴在規定電壓下，離開火警警鈴 100 公分處，所測得之音壓，在 70 分貝以上

(A) 7. 下列有關手動報警設備之敘述，何者錯誤？
(A) 火警發信機之按鈕按下時，能有二十秒蓄積時間才發出火警音響，避免

誤動作的產生

(B) 二樓層共用一火警分區者，火警發信機應分別設置

(C) 其標示燈與裝置面成十五度角，在十公尺距離內須無遮視物且明顯易見

(D) 建築物內裝有消防立管之消防栓箱時，火警發信機、標示燈及火警警鈴裝設在消防栓箱上方牆上

(D) 8. 依「火警發信機」作動原理得知，當火警發信機被按壓作動時，若以三用電錶量測該探測回路時，其電壓值應為多少伏特（V）？

(A) 24 (B) 16 (C) 12 (D) 0

(C) 9. 下列敘述何者錯誤？

(A) 緊急廣播設備操作裝置之操作開關距樓地板面之高度，須在零點八公尺以上一點五公尺以下

(B) 火警受信總機之壁掛型總機操作開關距離樓地板面之高度，須在零點八公尺以上一點五公尺以下

(C) 消防栓箱上方牆上火警發信機離地板面之高度，須在零點八公尺以上一點五公尺以下

(D) 瓦斯漏氣受信總機操作開關距樓地板面之高度，須在零點八公尺以上一點五公尺以下

(B) 10. 有關火警發信機設置規定，何者錯誤？

(A) 按鈕按下時，能即刻發出火警音響

(B) 二樓層共用一火警分區者，火警發信機應為一起設置

(C) 按鈕前有防止隨意撥弄之保護板

(D) 火警發信機之構造及功能符合 CNS8876 之規定

緊急廣播設備歷屆考題

【申論題】

1. 請依據「各類場所消防安全設備設置標準」，試述擴音機及操作裝置設置的規定？並依據「緊急廣播設備檢修及申報作業基準」，試述綜合檢查之檢查方法與判定方法？

解

（一）擴音機及操作裝置設置

第 138 條

擴音機及操作裝置，應符合 CNS10522 之規定，並依下列規定設置：

1. 操作裝置與啓動裝置或火警自動警報設備動作連動，並標示該啓動裝置或火警自動警報設備所動作之樓層或區域。
2. 具有選擇必要樓層或區域廣播之性能。
3. 各廣播分區配線有短路時，應有短路信號之標示。
4. 操作裝置之操作開關距樓地板面之高度≥ 0.8 ～ 1.5m（座式操作者爲 0.6m）。
5. 操作裝置設於值日室等經常有人之處所。但設有防災中心時，設於該中心。

（二）綜合檢查

1. 檢查方法

   切換成緊急電源供電狀態，操作任一啓動裝置或操作裝置之緊急廣播開關，或受信由火警自動警報設備啓動之信號，確認是否進行火災表示及正常廣播。
2. 判定方法

   火災表示及揚聲器之鳴動應正常。

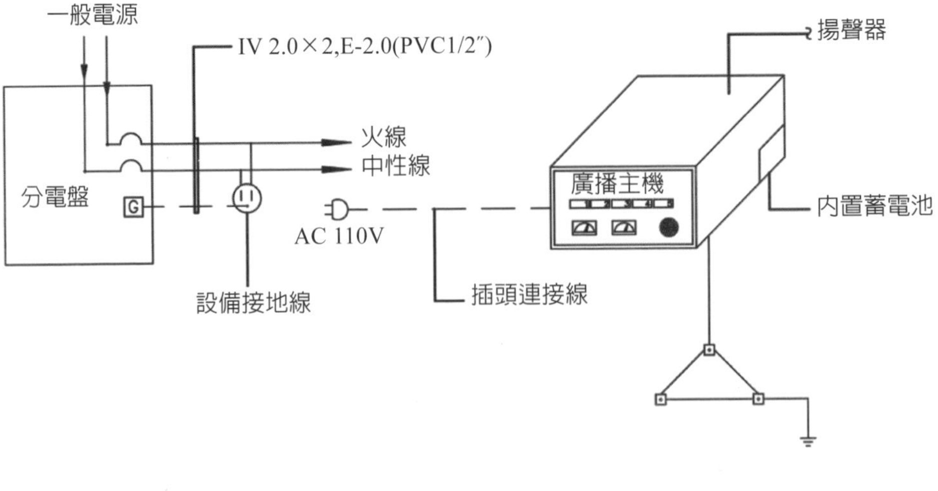

2. 設置緊急廣播設備之場所，其某一廣播區域面積為 120 平方公尺，試問應設置何種類揚聲器？其音壓設置規定為何？並請說明其啓動裝置之設置規定。

解

（一）設置何種類揚聲器

第 133 條

緊急廣播設備，依下列規定裝置：

一、距揚聲器 1m 處所測得之音壓應符合下表規定：

揚聲器種類	音壓
L 級	≥ 92dB
M 級	87～92dB
S 級	84～87dB

二、揚聲器廣播區域≥ 100m² 時，設 L 級揚聲器。

（二）音壓設置規定

樓梯或斜坡通道以外之場所，揚聲器之音壓及裝設符合下列規定者，不受前款第四目之限制：

1. 廣播區域內距樓地板面 1m 處，依下列公式求得之音壓 ≥ 75dB。

$$P = p + 10\log_{10}\left(\frac{Q}{4\pi r^2} + \frac{4(1-\alpha)}{s\alpha}\right)$$

P 值：音壓（單位：dB）

p 值：揚聲器音響功率（單位：dB）

Q 值：揚聲器指向係數

r 值：受音點至揚聲器之距離（單位：公尺）

α 值：廣播區域之平均吸音率

S 值：廣播區域內牆壁、樓地板及天花板面積之合計（單位：平方公尺）

2. 廣播區域之殘響時間在≥ 3sec 時，距樓地板面 1m 處至揚聲器之距離，在下列公式求得值以下者。

$$r = \frac{3}{4}\sqrt{\frac{QS\alpha}{\pi(1-\alpha)}}$$

r 值：受音點至揚聲器之距離（單位：m）

Q 值：揚聲器指向係數

S 值：廣播區域內牆壁、樓地板及天花板面積之合計（單位：m^2）

α 值：廣播區域之平均吸音率

（三）啓動裝置之設置規定

第 136 條緊急廣播設備之啓動裝置應符合 CNS10522 規定，並依下列規定設置：

1. 各樓層任一點至啓動裝置之步行距離在 < 50m。
2. 設在距樓地板高度 0.8 ～ 1.5m 範圍內。
3. 各類場所第 11 層以上之各樓層、地下第 3 層以下之各樓層或地下建築物，應使用緊急電話方式啓動。

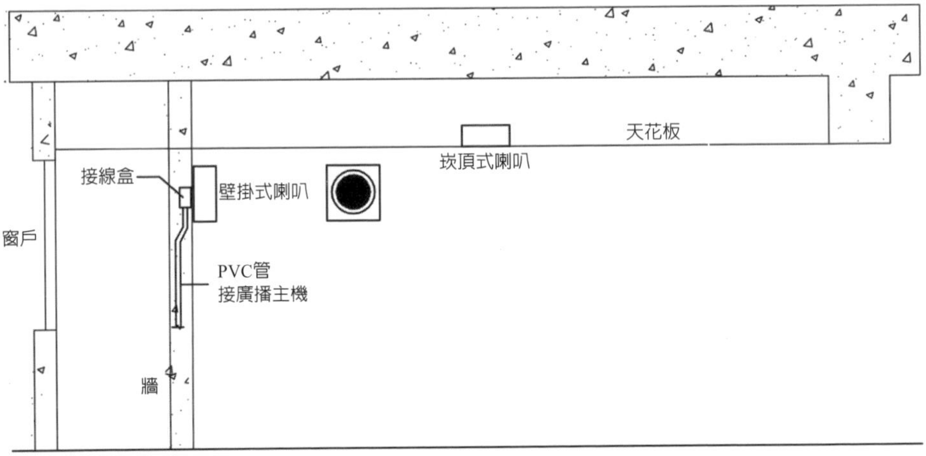

3. 緊急廣播設備之性能檢查中，啓動裝置之檢查方法為何？

解

啓動裝置之檢查方法

1. 檢查方法
   (1) 手動按鈕開關
       操作手動按鈕開關，確認是否動作。
   (2) 火警自動警報設備之手動報警機。
       ① 操作火警自動警報設備之手動報警機，確認廣播設備是否確實啓動，自動進行火災廣播。
       ② 操作緊急電話（分機），於操作部（主機）呼出鳴動之同時，確認能否相互通話。
       ③ 操作二具以上之緊急電話（分機），確認於操作部是否可任意選擇通話，且此時被遮斷之緊急電話是否能聽到講話音。
   (3) 與火警自動警報設備之連動
       使火警自動警報設備動作，確認是否能確實連動。

2. 判定方法
(1) 手動按鈕開關
在操作部應發出音響警報及火災音響信號。
(2) 火警自動警報設備之手動報警機
① 應能自動地進行火災廣播。
② 操作部（主機）呼出鳴動，且應能明確相互通話。
③ 應能任意選擇通話，且此時被遮斷之緊急電話亦應能聽到講話音。
(3) 與火警自動警報設備之連動
① 於受信火災信號後，自動地啓動廣播設備，其火災音響信號或音響裝置應鳴動。
② 起火層表示燈應亮燈。
③ 起火層表示燈至火災信號復舊前，應保持亮燈。

4. 某場所設有 P 型一級受信總機火警自動警報設備及緊急廣播系統，試問兩者配線安裝規定有何不同？另緊急廣播系統揚聲器何種條件下可免設？（107 年消防設備師）

解

（一）兩者配線安裝規定有何不同
依第 127 條：火警自動警報設備之配線，除依屋內線路裝置規則外，依下列規定設置：
一、常開式之探測器信號回路，其配線採用串接式，並加設終端電阻，以便藉由火警受信總機作回路斷線自動檢出用。
二、P 型受信總機採用數個分區共用一公用線方式配線時，該公用線供應之分區數，不得超過七個。
三、P 型受信總機之探測器回路電阻，在五十 Ω 以下。
四、電源回路導線間及導線與大地間之絕緣電阻值，以直流二百五十伏特額定之絕緣電阻計測定，對地電壓在一百五十伏特以下者，在零點一 MΩ 以上，對地電壓超過一百五十伏特者，在零點二 MΩ 以上。探測器回路導線間及導線與大地間之絕緣電阻值，以直流二百五十伏特額定之絕緣電阻計測定，每一火警分區在零點一 MΩ 以上。
五、埋設於屋外或有浸水之虞之配線，採用電纜並穿於金屬管或塑膠導線管，與電力線保持三十公分以上之間距。
依第 139 條：緊急廣播設備之配線，除依屋內線路裝置規則外，依下列規定設置：
一、導線間及導線對大地間之絕緣電阻值，以直流二百五十伏特額定之絕緣電阻計測定，對地電壓在一百五十伏特以下者，在零點一 MΩ 以上，對地電壓超過一百五十伏特者，在零點二 MΩ 以上。

二、不得與其他電線共用管槽。但電線管槽內之電線用於六十伏特以下之弱電回路者，不在此限。

三、任一層之揚聲器或配線有短路或斷線時，不得影響其他樓層之廣播。

四、設有音量調整器時，應爲三線式配線。

此外，二者在配線上如下圖所示。

火警自動警報設備

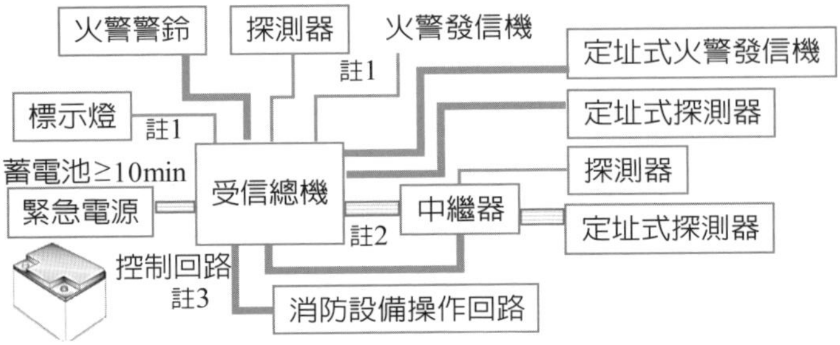

緊急廣播設備

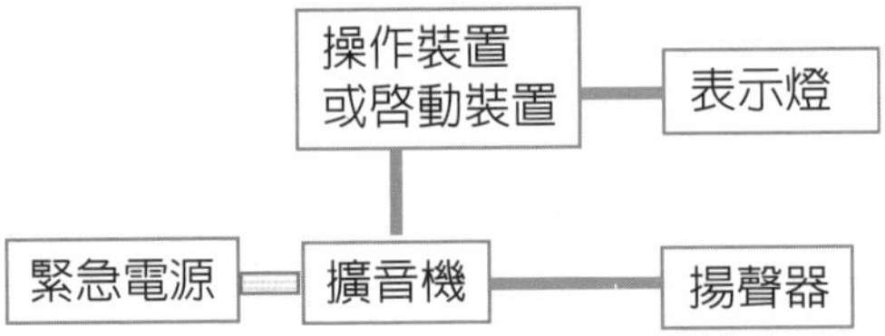

註 1：火警發信機兼作其他消防安全設備之啓動裝置者：火警發信機及標示燈回路應採耐熱保護。

註 2：中繼器（亦稱模組）之緊急電源迴路：中繼器內裝蓄電池者，得採一般配線。

註 3：中繼器之控制回路：得採耐熱保護。

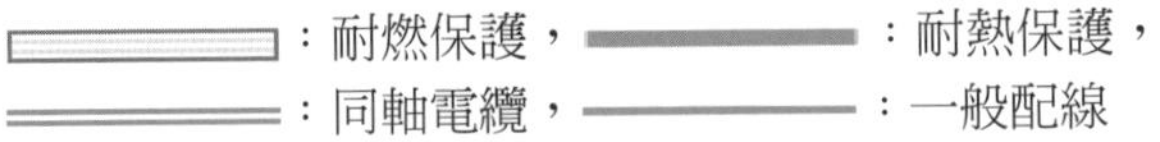

（二）緊急廣播系統揚聲器何種條件下可免設

依第 133 條：從各廣播區域內任一點至揚聲器之水平距離在十公尺以下。但居室樓地板面積在六平方公尺或由居室通往地面之主要走廊及通道樓地板面積在六平方公尺以下，其他非居室部分樓地板面積在三十平方公尺以下，且該區域與相鄰接區域揚聲器之水平距離相距八公尺以下時，得免設。

【選擇題】

(D) 1. 揚聲器之音壓檢查及判定方法，下列何者錯誤？
(A) L 級揚聲器音壓應在 92 分貝以上
(B) 廣播區域在 50 平方公尺以下時，設 L 級、M 級或 S 級揚聲器
(C) 揚聲器音壓 S 級應在 84 分貝以上 87 分貝未滿
(D) 設於樓梯或斜坡通道時，至少垂直距離每 15 公尺設一個 S 級揚聲器

(A) 2. 緊急廣播設備 M 級揚聲器，距揚聲器 1 公尺處，以噪音計量測所測得之音壓，下列敘述何者正確？
(A) 87 分貝以上 92 分貝未滿　(B) 84 分貝以上 87 分貝未滿
(C) 80 分貝以上 84 分貝未滿　(D) 76 分貝以上 79 分貝未滿

(C) 3. 某供公眾使用場所應設緊急廣播設備揚聲器，其廣播區域超過 200 平方公尺時，對揚聲器設置之敘述，下列何者正確？
(A) 設 S 級　(B) 設 M 級　(C) 設 L 級　(D) 設 L 級、M 級或 S 級均可

(B) 4. 從各廣播區域內任一點至揚聲器之水平距離最遠在幾公尺以下？
(A) 5　(B) 10　(C) 15　(D)20

(A) 5. 某廣播區域面積為 125 平方公尺的餐廳，進行竣工測試時，該場所在距離揚聲器 1 公尺處所測得之音壓，至少應為多少分貝以上，方能符合規定？
(A) 92 分貝　(B) 87 分貝　(C) 84 分貝　(D) 75 分貝

(C) 6. 設於供公共使用場所樓梯或斜坡通道之緊急廣播設備，每十五公尺垂直距離至少應設一個何種級別之揚聲器？
(A) S 級　(B) M 級　(C) L 級　(D) XL 級

(A) 7. 殘響時間是指音源訊號自聲源（揚聲器）播送，聲源停止時，廣播區域中聲音音壓強度自然衰減至多少分貝之時間？
(A) 60 dB　(B) 65 dB　(C) 75 dB　(D) 80 dB

(D) 8. 圓錐型揚聲器應用於火警緊急廣播設備時應有之性能，下列何者為錯誤？
(A) 額定頻率範圍上限值需達到 8 kHz 以上者為正常功能
(B) 額定頻率範圍上限值之音壓位準不可低於特性感度音壓位準 20 dB 以上
(C) 額定頻率範圍之最低阻抗值需達標稱阻抗之 80% 以上
(D) 指向特性為 W 者，區分角在 30 至 60 度時指向係數為 5

(C) 9. 進行緊急廣播設備 M 級揚聲器之音壓檢測時，距離揚聲器 1 公尺處，以噪音計量測其音壓至少應在多少分貝以上為合格判定？
(A) 92 分貝　(B) 90 分貝　(C) 87 分貝　(D) 84 分貝

(C) 10. 某供公共使用場所緊急廣播設備揚聲器之音壓為 85 分貝時，屬於以下哪一級別之揚聲器？
(A) L 級　(B) M 級　(C) S 級　(D) XL 級

(D) 11. 有關於緊急廣播設備之敘述，下列何者錯誤？
(A) 地下四樓的啓動裝置要使用緊急電話方式
(B) 緊急電話啓動裝置係拿起電話既可以啓動緊急廣播設備，並具有與廣播

主機對講之功能
(C) 緊急廣播設備啓動裝置應採分層分梯間設置爲原則
(D) 緊急電源使用蓄電池設備，其容量能使其二回路有效動作十分鐘以上

(C) 12. 緊急廣播設備之裝置規定，下列何者正確？
(A) L 級揚聲器：距揚聲器 100 公分處所測得之音壓，在 90 分貝以上
(B) 設於樓梯或斜坡通道時，至少水平距離每 15 公尺設一個 L 級揚聲器
(C) 廣播區域在 50 平方公尺以下時，設 L 級、M 級或 S 級揚聲器
(D) 從各廣播區域內任一點至揚聲器之水平距離在 8 公尺以下

(B) 13. 下列有關緊急廣播設備之敘述，何者爲錯誤？
(A) 各樓層任一點至啓動裝置之步行距離在五十公尺以下
(B) 每一廣播分區不得超過一樓層，惟上下兩樓層面積合計小於六百平方公尺，可設爲同一廣播分區
(C) 各類場所第十一層以上之各樓層、地下第三層以下之各樓層或地下建築物，應使用緊急電話方式啓動
(D) 廣播區域超過一百平方公尺時，設 L 級揚聲器

(C) 14. 下列有關進行緊急廣播設備檢查，下列敘述何者錯誤？
(A) 與一般廣播兼用時，於一般廣播狀態，進行緊急廣播時，應確實切換成緊急廣播
(B) 與火警自動警報設備之連動時，於受信火災信號後，自動地啓動廣播設備，其火災音響信號或音響裝置應鳴動
(C) 距揚聲器一公尺處，使用噪音計（A 特性），確認揚聲器之音壓，L 級 90 分貝以上
(D) 若採分區鳴動，起火層爲地面層時，限該樓層與其直上層及地下層各層鳴動

(B) 15. 緊急廣播設備之配線，除依屋內線路裝置規則外，不得與其他電線共用管槽。但電線管槽內之電線用於多少伏特以下之弱電回路者，不在此限？
(A) 24　(B) 60　(C) 110　(D) 220

(D) 16. 緊急廣播設備檢修作業中，揚聲器性能檢查時，其檢查項目不包括下列哪一項？
(A) 音量　(B) 鳴動方式　(C) 音量調整器　(D) 開關裝置

(B) 17. 緊急廣播設備其防護面積內之性能化設計的最低音壓爲多少分貝？
(A) 70　(B) 75　(C) 80　(D) 85

(A) 18. 有關緊急廣播設備的敘述，下列何者錯誤？
(A) 各樓層任一點至啓動裝置之步行距離在二十五公尺以下
(B) 樓梯間垂直距離每十五公尺設一個 L 級揚聲器
(C) 廣播區域超過一百平方公尺設 L 級揚聲器
(D) 任一層之揚聲器或配線有短路或斷線時，不得影響其他樓層之廣播

(C) 19. 緊急廣播設備之啓動裝置，在下列何種場所不需使用緊急電話方式啓動？

(A) 第十五層樓　(B) 地下第四層樓
(C) 無開口樓層　(D) 地下建築物的地下街

(C) 20. 從各廣播區域內任一點至揚聲器之水平距離應在幾公尺以下？
(A) 6 公尺　(B) 8 公尺　(C) 10 公尺　(D) 12 公尺

(A) 21. 某一廣播區域面積為 110 平方公尺，試問該廣播分區應裝設哪一級之揚聲器？
(A) L 級　(B) M 級　(C) S 級　(D) 以上皆可

(A) 22. 使用噪音計進行緊急廣播之 L 級揚聲器的音量檢測時，必須距離揚聲器 1 公尺處，其音壓量應在多少分貝以上方為合格？
(A) 92 分貝　(B) 90 分貝　(C) 87 分貝　(D) 84 分貝

(A) 23. 緊急廣播設備裝置完成後，裝置人實施測試，有關啓動裝置之性能試驗，下列何者錯誤？
(A) 以麥克風進行廣播時，廣播設備之音聲警報音仍應繼續
(B) 測試方法為依各樓層動作
(C) 同時使 2 個以上任意不同樓層之啓動裝置動作時，性能應無異常
(D) 只要未以手動回復啓動裝置及廣播設備，動作狀態即應繼續

(B) 24. 緊急廣播設備之啓動裝置，各類場所第 x 層以上之各樓層、地下第 y 層以下之各樓層或地下建築物，應使用緊急電話方式啓動，此處 x，y 為何？
(A) 10，2　(B) 11，3　(C) 11，2　(D) 10，3

(A) 25. 緊急廣播設備，揚聲器依下列規定裝設於樓梯或斜坡通道時，至少垂直距離每 15 公尺設一個多少等級揚聲器？
(A) L　(B) M　(C) S　(D) L 或 M

(D) 26. 緊急廣播與火警自動警報設備之連動，下列何者有誤？
(A) 受信火災信號後，自動地啓動廣播設備
(B) 受信火災信號後，其火災音響信號或音響裝置應鳴動
(C) 起火層表示燈應亮燈
(D) 起火層表示燈至火災信號復舊前，應自動熄滅

(B) 27. 裝設緊急廣播設備之建築物，室內安全梯或特別安全梯應垂直距離多少公尺單獨設定一廣播分區？
(A) 50　(B) 45　(C) 30　(D) 15

(C) 28. 緊急廣播設備之擴音機及操作裝置規定，何者錯誤？
(A) 具有選擇必要樓層或區域廣播之性能
(B) 操作裝置與啓動裝置或火警自動警報設備動作連動
(C) 設有防災中心時，操作裝置設於值日室
(D) 各廣播分區配線有短路時，應有短路信號之標示

(C) 29. 緊急廣播設備之喇叭線路電壓為 100V，若該回路喇叭總功率為 40W，則該回路的喇叭總阻抗應為多少歐姆（Ω）？
(A) 0.4　(B) 2.5　(C) 250　(D) 2500

(B) 30. 使用性能設計之揚聲器音壓，在廣播區域內距樓地板面 1 公尺處，依各類場所消防安全設備設置標準之公式，求得之音壓至少應在 75 分貝以上，其計算公式不會用到下列何項參數？
(A) 揚聲器音響功率　(B) 廣播區域空間大小（單位：立方公尺）
(C) 廣播區域之平均吸音率　(D) 揚聲器指向係數

(D) 31. 室內裝修常常會影響步行距離，爲期在火災發生時，能迅速傳遞警示，室內裝修完後，各樓層任一點至緊急廣播設備啓動裝置之步距，依相關規定仍應確保在多少公尺以下？
(A) 20 公尺　(B) 30 公尺　(C) 40 公尺　(D) 50 公尺

(B) 32. 緊急廣播設備用揚聲器音源訊號產生之警報測試聲訊號頻寬 A，與音聲引導功能之引導燈具所使用之揚聲器頻寬 B，下列何者正確？
(A) A 含括 B　(B) B 含括 A　(C) A、B 完全重疊　(D) A、B 部分重疊

(B) 33. 建築物裝設緊急廣播設備，有關廣播分區劃定，下列何者錯誤？
(A) 每一廣播分區不得超過一樓層
(B) 室內安全梯或特別安全梯應垂直距離每 15 公尺單獨設定一廣播分區
(C) 安全梯或特別安全梯之地下層部分，另設定一廣播分區
(D) 挑空構造部分，所設揚聲器音壓符合規定時，得爲一廣播分區

(C) 34. 緊急廣播設備之配線設置，下列何者錯誤？
(A) 依屋內線路裝置規則
(B) 不得與其他電線共用管槽
(C) 設有音量調整器時，應爲二線式配線
(D) 導線間及導線對大地間之絕緣電阻值，以直流 250 伏特額定之絕緣電阻計測定

(A) 35. 有關緊急廣播設備之啓動裝置及操作裝置的設置規定，下列何者錯誤？
(A) 各樓層任一點至啓動裝置之步行距離在 30 公尺以下
(B) 操作裝置之操作開關距樓地板面之高度，在 0.8 公尺以上（座式操作者，爲 0.6 公尺）1.5 公尺以下
(C) 操作裝置設於值日室等經常有人之處所
(D) 啓動裝置設在距樓地板高度 0.8 公尺以上 1.5 公尺以下

(A) 36. 緊急廣播設備之配線，除依屋內線路裝置規則外，導線間及導線對大地間之絕緣電阻值，以直流 250 伏特額定之絕緣電阻計測定，對地電壓在 150 伏特以下者，應在多少 MΩ 以上？
(A) 0.1　(B) 0.2　(C) 0.3　(D) 0.4

(C) 37. 緊急廣播設備之配線，除依屋內線路裝置規則外，依下列規定設置：設有音量調整器時，應爲幾線式配線？
(A) 1　(B) 2　(C) 3　(D) 4

(C) 38. 緊急廣播設備中，擴音機及操作裝置，應符合 CNS10522 之規定，下列規定設置中哪一項錯誤？

(A) 操作裝置與啓動裝置或火警自動警報設備動作連動，並標示該啓動裝置或火警自動警報設備所動作之樓層或區域
(B) 具有選擇必要樓層或區域廣播之性能
(C) 各廣播分區配線有短路時，不應有短路信號之標示
(D) 操作裝置之操作開關距樓地板面之高度，在 0.8 公尺以上（座式操作者，爲 0.6 公尺）1.5 公尺以下

(C) 39. 緊急廣播設備中，公式 $P = p + 10\log_{10}\left(\frac{Q}{4\pi r^2} + \frac{4(1-\alpha)}{s\alpha}\right)$，其中 Q 表示：
(A) 音壓（單位：dB） (B) 揚聲器音響功率（單位：dB）
(C) 揚聲器指向係數 (D) 受音點至揚聲器之距離（單位：公尺）

(B) 40. 緊急廣播設備依規定：距揚聲器 1 公尺處所測得之音壓應符合標準，當音壓爲 87 分貝以上 92 分貝未滿時，揚聲器種類爲：
(A) L 級 (B) M 級 (C) R 級 (D) S 級

(A) 41. 室內安全梯或特別安全梯之垂直距離每多少公尺應單獨設定一廣播分區？
(A) 四十五 (B) 五十 (C) 五十五 (D) 六十

瓦斯漏氣火警自動警報設備歷屆考題

【申論題】

1. 那些場所應設置「瓦斯漏氣火警自動警報設備」？並說明「瓦斯漏氣火警自動警報設備」之綜合檢查要領。

解

（一）應設置「瓦斯漏氣火警自動警報設備」場所

依第 21 條下列使用瓦斯之場所應設置瓦斯漏氣火警自動警報設備：

1. 地下層供第 12 條第 1 款所列場所使用，樓地板面積合計≥ 1000m^2。
2. 供第 12 條第 5 款第 1 目使用之地下層，樓地板面積合計≥ 1000m^2，且其中甲類場所樓地板面積合計 ≥ 500m^2。
3. 總樓地板面積在≥ 1000m^2 之地下建築物。

（二）「瓦斯漏氣火警自動警報設備」之綜合檢查要領

1. 同時動作

(1)檢查方法

使用加瓦斯試驗器，使兩個回路之任一檢知器（各回路一個）同時動作，確認其性能是否異常。

(2)判定方法

中繼器、瓦斯漏氣表示燈及檢知區域警報裝置之動作應正常，且受信總機之瓦斯漏氣燈、主音響裝置之動作及警報分區之表示應正常。

2. 檢知區域警報裝置

(1)檢查方法

使任一檢知器動作，於檢知區域警報鳴動時，於距該裝置之裝設位置中心 1m 處，使用噪音計確認其音壓是否在規定值以上。

(2)判定方法

音壓應在 ≥ 70dB。

(3)注意事項

設在箱內者，應保持原狀測定其音壓。

（三）綜合動作

1. 檢查方法

切換成緊急電源之狀態，使任一檢知器動作，確認其性能是否正常。

2. 判定方法

中繼器、瓦斯漏氣表示燈及檢知區域警報裝置之動作應正常，且受信總機之瓦斯漏氣燈、主音響裝置之動作及警報分區之表示應正常。

3. 注意事項

得以預備電源取代緊急電源實施綜合動作測試。

2. 依「各類場所消防安全設備設置標準」規定，瓦斯漏氣檢知器，依瓦斯特性之不同而裝設，試說明其裝設規定？並說明其性能檢查要領。

解

（一）裝設規定

依第 141 條瓦斯漏氣檢知器，依瓦斯特性裝設於天花板或牆面等便於檢修處，並符合下列規定：

1. 瓦斯對空氣之比重 <1 時，依下列規定：

(1)設於距瓦斯燃燒器具或瓦斯導管貫穿牆壁處水平距離 <8m。但樓板有淨高 ≥ 60cm 之樑或類似構造體時，設於近瓦斯燃燒器具或瓦斯導管貫穿牆壁處。

(2)瓦斯燃燒器具室內之天花板附近設有吸氣口時，設在距瓦斯燃燒器具或瓦斯導管貫穿牆壁處與天花板間，無淨高 ≥ 60cm 之樑或類似構造體區隔之吸氣口 <1.5m 範圍。

(3)檢知器下端，裝設在天花板下方 <30cm 範圍內。

2. 瓦斯對空氣之比重≥ 1 時，依下列規定：

(1)設於距瓦斯燃燒器具或瓦斯導管貫穿牆壁處水平距離 <4m。

(2)檢知器上端，裝設在距樓地板面 <30cm 範圍內。

3. 水平距離之起算，依下列規定：

(1)瓦斯燃燒器具爲燃燒器中心點。

(2)瓦斯導管貫穿牆壁處爲面向室內牆壁處之瓦斯配管中心處。

（二）性能檢查要領如次：

1. 檢查方法

使用「加瓦斯試驗器」進行加瓦斯測試（對空氣之比重未滿一者使用甲烷，對空氣之比重大於一者使用異丁烷），依下列 (1)～(3) 其中之一來測定檢知器是否動作及到受信機動作之時間，同時確認中斷器，瓦斯漏氣表示燈及檢知區域警報裝置之動作狀況。

(1)有動作確認燈之檢知器，測定由確認燈亮燈至受信總機之瓦斯漏氣燈亮燈之時間。

(2)由檢知區域警報裝置或中繼器之動作確認燈，能確認檢知器之動作時，測定由檢知區域警報裝置動作或中繼器之動作確認亮燈，至受信總機之瓦斯漏氣燈亮燈之時間。

(3)無法由前述 (1)、(2) 測定者，測定加壓試驗用瓦斯後，至受信總機之瓦斯漏氣燈亮燈之時間。

(4)檢知器應按下表選取檢查數量。

檢知器選取檢查數量表

一回路之檢知器數量	檢查數量
1～5 個	1
6 ～ 10 個	2
11 ～ 15 個	3
16 ～ 20 個	4
21 ～ 25 個	5
26 ～ 30 個	6
≥ 30 個	20%

2. 判定方法
  (1)中斷器、瓦斯漏氣表示燈及檢知區域警報裝置之動作應正常。受信總機之瓦斯漏氣燈、主音響裝置之動作及警報分區之表示應正常。
  (2)由前述檢查方法之 (1)、(2)、(3) 測得之時間，扣除下列①及②所定之時間，應在 < 60sec。
    ① 介入中繼器時為 5sec。
    ② 檢查方法採用 (3) 時為 20sec。
3. 注意事項
  (1)檢知器每次測試時應輪流選取，可於圖面或檢查表上註記每次選取之位置。
  (2)在選取之檢知器中，發現有不良品時，該回路之全部檢知器均應實施檢查。

3. 某地下層俱樂部設有廚房且使用桶裝瓦斯，試問該場所需設置瓦斯漏氣火警自動警報設備的條件？其檢知器裝置規定？檢知器檢修時的檢查方法、判定方法及注意事項？（107 年消防設備師）

解

（一）需設置瓦斯漏氣火警自動警報設備的條件

依第 21 條：下列使用瓦斯之場所應設置瓦斯漏氣火警自動警報設備：

一、地下層供第十二條第一款所列場所使用，樓地板面積合計一千平方公尺以上者。

二、供第十二條第五款第一目使用之地下層，樓地板面積合計一千平方公尺以上，且其中甲類場所樓地板面積合計五百平方公尺以上者。

三、總樓地板面積在一千平方公尺以上之地下建築物。

（二）檢知器裝置規定

依第 141 條：瓦斯漏氣檢知器，依瓦斯特性裝設於天花板或牆面等便於檢修處，並符合下列規定：

一、瓦斯對空氣之比重大於一時，依下列規定：

（一）設於距瓦斯燃燒器具或瓦斯導管貫穿牆壁處水平距離四公尺以內。

（二）檢知器上端，裝設在距樓地板面三十公分範圍內。

二、水平距離之起算，依下列規定：

（一）瓦斯燃燒器具爲燃燒器中心點。

（二）瓦斯導管貫穿牆壁處爲面向室內牆壁處之瓦斯配管中心處。

（三）檢知器檢修時的檢查方法、判定方法及注意事項

1. 檢查方法

使用「加瓦斯試驗器」進行加瓦斯測試（對空氣之比重未滿一者使用甲烷，對空氣之比重大於一者使用異丁烷），依下列 (1) 至 (3) 其中之一來測定檢知器是否動作及到受信機動作之時間，同時確認中斷器，瓦斯漏氣表示燈及檢知區域警報裝置之動作狀況。

(1) 有動作確認燈之檢知器，測定由確認燈亮燈至受信總機之瓦斯漏氣燈亮燈之時間。

(2) 由檢知區域警報裝置或中繼器之動作確認燈，能確認檢知器之動作時，測定由檢知區域警報裝置動作或中繼器之動作確認亮燈，至受信總機之瓦斯漏氣燈亮燈之時間。

(3) 無法由前述 (1)、(2) 測定者，測定加壓試驗用瓦斯後，至受信總機之瓦斯漏氣燈亮燈之時間。

(4) 檢知器應按下表選取檢查數量。

檢知器選取檢查數量表

一回路之檢知器數量	撰取檢查數量
1～5 個	1
6～10 個	2
11～15 個	3
16～20 個	4
21～25 個	5
26～30 個	6
30 個以上	20%

2. 判定方法

(1) 中斷器、瓦斯漏氣表示燈及檢知區域警報裝置之動作應正常。受信總機之瓦斯漏氣燈、主音響裝置之動作及警報分區之表示應正常。

(2) 由前述檢查方法之 (1)、(2)、(3) 測得之時間，扣除下列 A 及 B 所定之時間，應在 60 秒內。

A. 介入中繼器時為 5 秒。

B. 檢查方法採用 (3) 時為 20 秒。

3. 注意事項

(1) 檢知器每次測試時應輪流選取，可於圖面或檢查表上註記每次選取之位置。

(2) 在選取之檢知器中，發現有不良品時，該回路之全部檢知器均應實施檢查。

【選擇題】

(A) 1. 瓦斯漏氣火警自動警報設備檢知區域警報裝置，在距離警報裝置中心 1m 之位置，使用噪音計（A 特性）測定音壓，應在多少分貝以上？

(A) 70　(B) 84　(C) 87　(D) 92

(C) 2. 依「各類場所消防安全設備設置標準」第 143 條規定，設有檢知器之居室面向通路時，瓦斯漏氣表示燈應設於該面向通路部分之出入口附近，且距離樓地板面之高度，應在多少公尺以下？

(A) 2.5 公尺　(B) 3.5 公尺　(C) 4.5 公尺　(D) 5.5 公尺

(D) 3. 下列何者不是瓦斯漏氣火警受信總機之外觀檢查項目？

(A) 周圍狀況及外形　(B) 表示裝置及開關、標示

(C) 預備零件　(D) 警戒狀況

(C) 4. 某一檢知回路裝設有 18 個瓦斯漏氣檢知器，試問於檢知器之性能檢查時，應至少選取數量多少個來進行試驗？

(A) 2　(B) 3　(C) 4　(D) 5

(B) 5. 瓦斯漏氣檢知器，檢知區域警報裝置，音壓應在 70 分貝以上，有一回路之檢知器數量為 9 個，撰取檢查數量應為多少個？

(A) 1　(B) 2　(C) 3　(D) 4

(C) 6. 瓦斯漏氣火警自動警報設備，其瓦斯濃度檢知器警報原理有 3 種，下列何者有誤？

(A) 即時警報型　(B) 延遲警報型

(C) 固定壓差警報型　(D) 反時限警報型

(B) 7. 瓦斯漏氣受信總機操作開關距樓地板面之高度，下列哪一選項錯誤？

(A) 1.0 公尺　(B) 1.6 公尺　(C) 0.9 公尺　(D) 1.3 公尺

(C) 8. 使用「加瓦斯試驗器」進行瓦斯漏氣火警自動警報設備檢知器加瓦斯測試時，若該瓦斯對空氣之比重未滿一者應使用 M，對空氣之比重大於一者應使用 N，進行測試，請問 M、N 各為何？

(A) 異丁烷、甲烷　(B) 丙烷、異丁烷

(C) 甲烷、異丁烷　(D) 甲烷、丙烷

(B) 9. 某餐廳廚房之瓦斯燃燒器具使用液化石油氣爲燃料時，依法應於距瓦斯燃燒器具或瓦斯導管貫穿牆壁處水平距離 X 公尺以內、便於檢修處設有瓦斯漏氣檢知器，檢知器上端，裝設在距樓地板面 Y 公分範圍內，試問 X、Y 分別爲何？

(A) X = 3、Y = 60 (B) X = 4、Y = 30

(C) X = 5、Y = 20 (D) X = 8、Y = 10

(D) 10. 某場所的瓦斯漏氣火警自動警報設備一回路的檢知器數量有 18 個，依照各類場所消防安全設備檢修及申報作業基準之規定，請問進行性能檢查時，應至少選取檢知器的檢查數量爲何？

(A) 1 個 (B) 2 個 (C) 3 個 (D) 4 個

(A) 11. 下列何項非瓦斯漏氣火警自動警報設備性能檢查之項目？

(A) 結線接續電壓 (B) 切換裝置 (C) 充電裝置 (D) 端子電壓

(D) 12. 有關瓦斯漏氣檢知器之檢修作業之敘述，下列何者爲誤？

(A) 瓦斯對空氣比重大於一時，檢知器上端裝設在距樓地板面三十公分範圍內

(B) 瓦斯對空氣比重大於一時，檢知器裝設在距瓦斯燃燒器具水平距離四公尺以內

(C) 瓦斯對空氣比重小於一時，檢知器裝設在距瓦斯燃燒器具水平距離八公尺以內

(D) 水平距離之計算以瓦斯導管貫穿牆壁處起算

(A) 13. 使用加瓦斯試驗器進行瓦斯漏氣火警警報設備之檢知器測試性能檢查時，若檢測對象之瓦斯對空氣之比重小於 1 者，應使用何種瓦斯氣體來檢測？

(A) 甲烷 (B) 乙烷 (C) 丙烷 (D) 異丁烷

(A) 14. 依瓦斯漏氣檢知器之裝置規定，若測漏之瓦斯爲 LPG（液化石油氣），則下列規定何者正確？

(A) 檢知器上端，裝設在距樓地板面 30 公分範圍內

(B) 設於距瓦斯燃燒器具或瓦斯導管貫穿牆壁處水平距離 8 公尺以內

(C) 樓板有淨高 60 公分以上之樑或類似構造體時，設於近瓦斯燃燒器具或瓦斯導管貫穿牆壁處

(D) 無須設置瓦斯漏氣檢知器

(D) 15. 進行瓦斯漏氣火警自動警報設備檢查時，下列何者錯誤？

(A) 受信總機之延遲時間，應在 60 秒以內

(B) 檢知器數目 30 個以上時，檢知器選取檢查數量爲總數之 20%

(C) 在選取之檢知器中，發現有不良品時，該回路之全部檢知器均應實施檢查

(D) 確認檢知區域警報裝置之音壓是否在九十分貝以上

(A) 16. 瓦斯漏氣表示燈之設置規定，何者正確？

(A) 設有檢知器之居室面向通路時，設於該面向通路部分之出入口附近

(B) 距樓地板面之高度，在 2.5 公尺以下
(C) 其亮度在表示燈前方 10 公尺處能明確識別，並於附近標明瓦斯漏氣表示燈字樣
(D) 在一警報分區僅一室時，仍應設之

(D) 17. 瓦斯漏氣火警自動警報設備檢修作業中，一回路之檢知器設置數量爲 42 個，則選取檢查數量應爲多少個？
(A) 4　(B) 6　(C) 7　(D) 9

(B) 18. 下列何者非瓦斯漏氣火警自動警報設備之檢修項目？
(A) 標示燈　(B) 手動報警機　(C) 緊急電源　(D) 檢知器

(C) 19. 下列何者不是瓦斯漏氣檢知器常見之種類？
(A) 二氧化錫半導體式　(B) 白金線接觸燃燒式
(C) 熱電偶接觸燃燒式　(D) 白金線二氧化錫氣體熱傳導式

(A) 20. 有關瓦斯漏氣檢知器用於檢知液化石油氣（LPG）的說明，下列何者錯誤？
(A) 設於距瓦斯燃燒器具水平距離八公尺以內
(B) 檢知器上端，裝設在距樓地板面三十公分範圍內
(C) 設於瓦斯導管貫穿牆壁處水平距離四公尺以內
(D) 檢知器回路不得與瓦斯漏氣火警自動警報設備以外之設備共用

(C) 21. 有關瓦斯漏氣受信總機規定，何者錯誤？
(A) 設於瓦斯導管貫穿牆壁處之檢知器，其警報分區應個別標示
(B) 操作開關距樓地板面之高度，須在 0.8 公尺以上 1.5 公尺以下
(C) 主音響裝置之音色及音壓和其他警報音響一樣
(D) 具有標示瓦斯漏氣發生之警報分區

(A) 22. 瓦斯漏氣火警自動警報設備之緊急電源應使用蓄電池設備，其容量應能使 2 回路有效動作多少分鐘以上？其他回路能監視多少分鐘以上？
(A) 動作 10 分鐘，監視 10 分鐘　(B) 動作 10 分鐘，監視 20 分鐘
(C) 動作 20 分鐘，監視 10 分鐘　(D) 動作 20 分鐘，監視 20 分鐘

(D) 23. 使用「加瓦斯試驗器」進行加瓦斯漏氣檢知器測試性能檢查時，若檢測對象之瓦斯對空氣之比重大於 1 者，應使用何種瓦斯氣體來檢測？
(A) 甲烷　(B) 乙烷　(C) 丙烷　(D) 異丁烷

(C) 24. 瓦斯漏氣火警自動警報設備之性能檢查，若 1 回路內裝設有 12 個瓦斯漏氣檢知器，應選取多少數量的檢知器來進行檢查測試？
(A) 1　(B) 2　(C) 3　(D) 4

(B) 25. 瓦斯漏氣受信總機，依下列規定：一棟建築物內有 X 臺以上瓦斯漏氣受信總機時，該受信總機處，設有能相互同時通話連絡之設備。此 X 爲何？
(A) 1　(B) 2　(C) 3　(D) 4

(A) 26. 瓦斯漏氣火警自動警報設備之緊急電源應使用蓄電池設備，其容量應能使二回路有效動作 10 分鐘以上，其他回路能監視多少分鐘以上？
(A) 10　(B) 20　(C) 30　(D) 40

(D) 27. 瓦斯漏氣火警自動警報設備之配線，除依屋內線路裝置規則外，下列規定哪一項有誤？
(A) 電源回路導線間及導線對大地間之絕緣電阻值，以直流 500 伏特額定之絕緣電阻計測定，對地電壓在 150 伏特以下者，應在 0.1MΩ 以上，對地電壓超過 150 伏特者，在 0.2MΩ 以上
(B) 檢知器回路導線間及導線與大地間之絕緣電阻值，以直流 500 伏特額定之絕緣電阻計測定，每一警報分區在 0.1MΩ 以上
(C) 常開式檢知器信號回路之配線採用串接式，並加設終端電阻，以便藉由瓦斯漏氣受信總機作斷線自動檢出用
(D) 檢知器回路應與瓦斯漏氣火警自動警報設備及緊急照明設備回路共用

(C) 28. 瓦斯對空氣之比重大於 1 時，則下列瓦斯漏氣檢知器裝設之規定何者正確？
(A) 應設於距瓦斯燃燒器具或瓦斯導管貫穿牆壁處水平距離 8 公尺以內
(B) 應設於距瓦斯燃燒器具或瓦斯導管貫穿牆壁處水平距離 4 公尺以外
(C) 檢知器上端應裝設在距樓地板面 30 公分範圍內
(D) 檢知器下端應裝設在天花板下方 30 公分範圍內

(A) 29. 針對瓦斯漏氣火警自動警報設備，進行天然氣檢知器加瓦斯測試性能檢查，應使用何種加瓦斯試驗器？
(A) 甲烷 (B) 乙烷 (C) 異丙烷 (D) 異丁烷

(B) 30. 火警自動警報設備與瓦斯漏氣火警自動警報設備，所使用緊急電源採蓄電池設備，其容量應能使所規定回路有效動作，分別要求為 M 及 N 分鐘以上。則 M、N 值，下列何者正確？
(A) M = 10、N = 20 (B) M = 10、N = 10
(C) M = 20、N = 20 (D) M = 20、N = 10

(D) 31. 有關瓦斯漏氣火警自動警報設備之警報裝置，下列何者錯誤？
(A) 瓦斯漏氣表示燈在一警報分區僅一室時，免設之
(B) 瓦斯漏氣表示燈距離樓地板面之高度為 4.5 m 以下
(C) 瓦斯漏氣表示燈其亮度應在表示燈前方 3 m 能明確識別
(D) 警報音響，其音壓在距 1 m 處，應有 90 分貝以上

(B) 32. 瓦斯漏氣火警自動警報設備性能檢查，由受信機內部遮斷常用電源開關確認其動作，係檢查其何種項目？
(A) 端子電壓 (B) 切換裝置 (C) 充電裝置 (D) 結線接續

(A) 33. 使用桶裝（液化石油氣）瓦斯餐廳需要裝設瓦斯漏氣檢知器時，依規定應設於距瓦斯燃燒器具或瓦斯導管貫穿牆壁處之水平距離為多少公尺以內？
(A) 4 (B) 5 (C) 6 (D) 7

(A) 34. 瓦斯漏氣火警自動警報設備測試方法及判定要領之性能檢查，其串接式配線試驗，若警報分區數為 11 以上 50 以下，試驗回路數應為多少？
(A) 1 (B) 2 (C) 3 (D) 4

(C) 35. 瓦斯漏氣火警自動警報設備一回路之檢知器數量在 21～25 個時，選取之檢查數量，下列敘述何者正確？

(A) 3 個　(B) 4 個　(C) 5 個　(D) 6 個

(A) 36. 有關瓦斯漏氣檢知器之檢修作業，下列敘述何者錯誤？

(A) 瓦斯對空氣之比重未滿 1 時，檢知器上端，裝設在天花板下方 30 公分範圍內

(B) 瓦斯對空氣之比重未滿 1 時，設於距瓦斯燃燒器具或瓦斯導管貫穿牆壁處水平距離 8 公尺以內

(C) 瓦斯對空氣之比重大於 1 時，設於距瓦斯燃燒器具或瓦斯導管貫穿牆壁處水平距離 4 公尺以內

(D) 水平距離之起算，以瓦斯燃燒器具爲燃燒器中心點

(A) 37. 天然氣漏氣檢知器檢知瓦斯洩漏之濃度設定值爲多少？

(A) 1.25%　(B) 2.5%　(C) 5%　(D) 10%

(B) 38. 某餐廳瓦斯設備，採用天然氣（LNG）型檢知器，其瓦斯主要種類及瓦斯對空氣之比重可能爲多少？

(A) 甲烷，1.1　(B) 甲烷，0.87　(C) 異丁烷，1.1　(D) 丙烷，1.27

(B) 39. 依照各類場所消防安全設備設置標準之規定，瓦斯漏氣表示燈距樓地板面之高度，應在 X 公尺以下，其亮度在表示燈前方 Y 公尺處能明確識別，請問前述 X，Y 爲何？

(A) X = 3，Y = 2　(B) X = 4.5，Y = 3　(C) X = 6，Y = 4　(D) X = 7.5，Y = 5

(B) 40. 瓦斯漏氣火警自動警報設備檢知器之性能檢查時，檢知器有動作確認燈者，測定由確認燈亮至受信總機之瓦斯漏氣燈亮之時間要在幾秒內？

(A) 八十五秒　(B) 六十秒　(C) 四十五秒　(D) 三十秒

第4章
避難系統消防安全設備

4-1 標示設備——火災學原理

<table>
<tr><th colspan="3">項目</th><th>內容</th></tr>
<tr><td rowspan="2">可見光</td><td colspan="2">紅、橙、黃、綠、藍、靛、紫</td><td>7 種光譜是電磁波譜中人眼可以看見（感受得到）的部分，此波長範圍一般於 390～700 nm。</td></tr>
<tr><td colspan="3">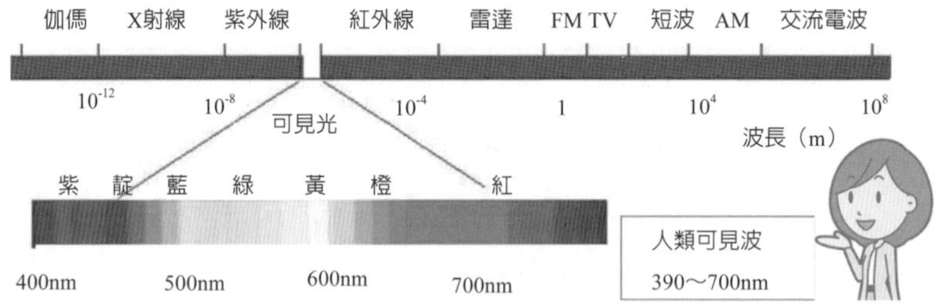
</td></tr>
<tr><td>火災煙</td><td colspan="2">人類行為能力受限</td><td>煙為空氣捲入燃燒過程伴隨未燃燒分解、冷凝物或其他方式混入質量體數量，所產生熱揮發之混合物，對於內部人員逃生避難行為造成某種程度影響。</td></tr>
<tr><td rowspan="2">標示引導</td><td>發光性燈源</td><td>出口標示燈及避難方向指示燈</td><td rowspan="2">在濃煙遮蔽視線環境下，能提供某種程度之能見度及辨識性，在視覺上發光或反光性，導引內部人員進行避難及消防搶救之輔助裝置。</td></tr>
<tr><td>反光性非燈源</td><td>避難指標</td></tr>
<tr><td>火場逃生</td><td colspan="2">視覺能見度受限</td><td>在明視覺下，人眼對綠色波段較為敏感；在介視覺與暗視覺下，人眼則對藍光較為敏感。</td></tr>
<tr><td>逃生極限</td><td colspan="2">火場安全疏散 3 個極限值</td><td>1. 逃生視距的極限值。
2. 人能承受煙濃度極限值。
3. 煙濃度人員逃生視覺光強度的最低極限值。</td></tr>
</table>

標示設備火災學計算例（例1至例2於國家考試原則不考）

例 1：假設室內寬度（w_c）、長度（l_c）及高度（h_c），分別為 6m、4m 及 3m，室內火災燃燒材質為聚脂纖維布料（Polyester）已有 1.2 kg，形成火焰燃燒型態，燒至電器設備時造成斷電後，室內光源沒有發光性燈源裝置，請問此時火災室情況，室內設置避指標之能見度有效距離為多少公尺？

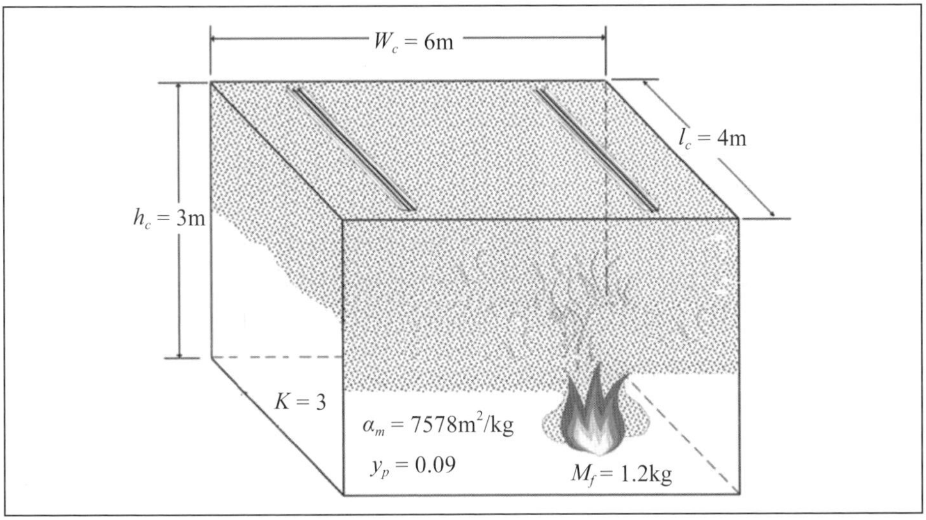

解

依題意所示

M_f = 燃料已燃燒質量爲 1.2 kg

K = 能見度比例常數，依題意沒有發光性查下表爲 3

α_m = 特定熄滅係數，依題意沒有發光性查下表爲 7578 m^2/kg

y_p = 特定生成係數，依題意聚脂纖維布料（Polyester）燃燒查表爲 0.09

表：能見度比例常數（K）

室內光源	比例常數（K）
發光性（Illuminated Signs）	8
反光性（Reflecting Signs）	3

表：特定熄滅係數m（m^2/kg）

燃燒型態	α_m（m^2/kg）
火焰燃燒（Flaming Combustion）	7578
悶燒（Smoldering Combustion）	4301

表：室內各類可燃物質特定煙生成係數（y_p）

可燃物質（Material）	y_p
丙烯腈－丁二烯－苯乙烯（ABS）	0.105
纖維板	0.008
尼龍	0.075
酚醛泡沫（Phenolic Foam）	0.002
聚脂纖維（Polyester）	0.09
聚乙烯（PE）	0.06
聚乙烯泡沫	0.076
聚丙烯	0.059
聚苯乙烯	0.164
聚苯乙烯泡沫	0.194
聚氨酯泡沫（彈性）	0.188
聚氨酯泡沫（硬）	0.118
聚氯乙烯（PVC）	0.172
有機矽	0.065
矽橡膠	0.078
木材（花旗松）	0.018
木（鐵杉）	0.015
木材（紅橡）	0.015
羊毛 100%	0.008

（資料來源：Klote & James, 2002）

計算室內能見度 S（m）（Visibility Through Smoke）

依照 Klote & James（2002）研究指出，室內能見度之方程式如次：

$$S=\frac{K}{\propto_m m_p}$$

其中

K 爲能見度比例常數（Proportionality Constant）

α_m 爲特定熄滅係數（m^2/kg）（Specific Extinction Coefficient）

m_p 爲質量濃度（kg/m^3）

計算室內體積 V（m^3）（Compartment Volume）

$$V = w_c \times l_c \times h_c$$

$$V = 6 \times 4 \times 3 = 72m^3$$

其中

w_c 爲室內寬度（m），l_c 爲室內長度（m），h_c 爲室內高度（m）

計算火災生成物質量 M_p（kg）

$$M_p = y_p \times M_f = 0.09 \times 1.2 = 0.108kg$$

其中

y_p 爲特定生成係數（Particulates Yield）
M_f 爲燃料已燃燒質量（kg）（Mass of Fuel Consumed）
計算質量濃度 m_p（kg/m^3）

$$m_p = \frac{M_p}{V}$$

$$m_p = \frac{0.108}{72} = 1.5 \times 10^{-3} \text{kg/m}^3$$

計算室內能見度 S（m）（Visibility through Smoke）

$$S = \frac{K}{\propto_m m_p}$$

$$= \frac{3}{7578 \times 1.5 \times 10^{-3}} = 0.26\text{m}$$

因此，此時室內聚脂纖維布料燃燒質量 1.2 kg 火災，室內僅有反光性材質如避難指標，依照 Klote& James（2002）研究，室內能見到此一標識之有效距離僅爲 0.26m。

例 2：承接上一題，假設室內同一火災情境，但設有燈源之發光性標識如避難方向指示燈，室內能見度為多少？

解

$$S = \frac{K}{\propto_m m_p} = \frac{8}{7578 \times 1.5 \times 10^{-3}} = 0.7\text{m}$$

因此，此時室內聚脂纖維布料燃燒質量 1.2 kg 火災，室內如避難方向指示燈之燈源發光性標識，室內能見到此一標識之有效距離，依照 Klote& James（2002）則增加到 0.7m。

又假設火災成長到室內聚脂纖維布料燃燒質量爲 3 kg，室內如避難方向指示燈，室內能見到此一標識之有效距離，依照 Klote& James（2002）則減到 0.28m 之危險情境，此時內部人員也同時受到火災大量有毒生成氣體之嚴重威脅。

4-2 標示設備——免設

一、免設出口標示燈、避難方向指示燈或避難指標（§ 146）

<table>
<tr><th colspan="2">項目</th><th colspan="3">免設</th><th>條件</th><th>例外</th></tr>
<tr><td rowspan="4">步行距離</td><td rowspan="3">自居室任一點易於觀察識別其主要出入口，且與主要出入口之符合規定者</td><td colspan="3">出口標示燈</td><td>步行距離在避難層為 <20m，在避難層以外之樓層為 <10m 者</td><td rowspan="3">地下建築物、地下層或無開口樓層者不適用之</td></tr>
<tr><td colspan="2">避難方向指示燈</td><td colspan="2">步行距離在避難層為 <40m，在避難層以外之樓層為 <30m</td></tr>
<tr><td colspan="2">避難指標</td><td colspan="2">步行距離 <30m</td></tr>
<tr><td colspan="6">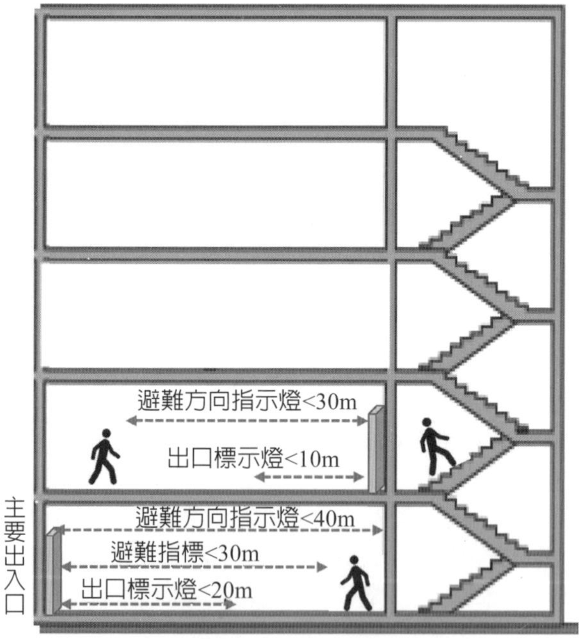地下建築物、地下層或無開口不適用</td></tr>
<tr><td rowspan="2">居室</td><td rowspan="2">自居室任一點易於觀察識別該居室出入口，且樓地板面積符合規定</td><td>用途別場所</td><td>甲 1～甲 3</td><td>甲 4、甲 5、甲 7、乙 10</td><td>甲 6、乙 1～乙 9、乙 11、乙 12. 丙、丁類</td><td rowspan="2"></td></tr>
<tr><td>居室樓地板面積</td><td><100m²</td><td><200m²</td><td><400m²</td></tr>
</table>

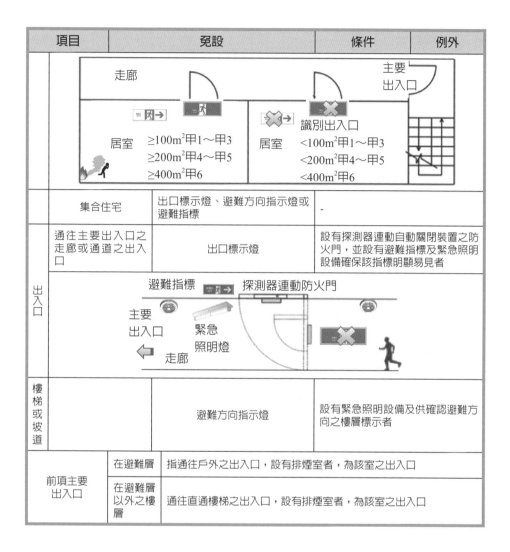

<table>
<tr><th colspan="2">項目</th><th>免設</th><th>條件</th><th>例外</th></tr>
<tr><td></td><td colspan="4">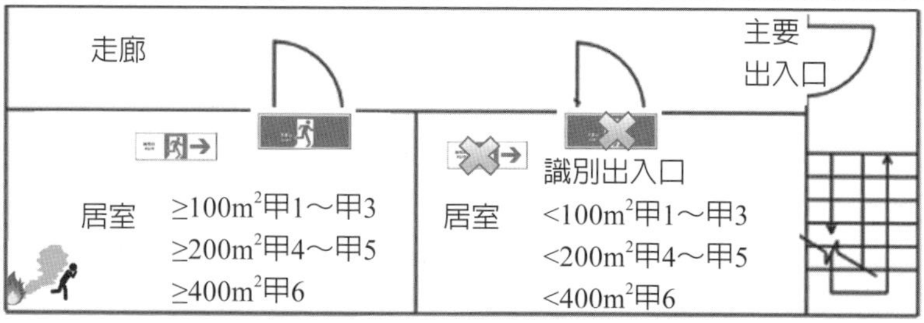
</td></tr>
<tr><td></td><td>集合住宅</td><td>出口標示燈、避難方向指示燈或避難指標</td><td colspan="2">-</td></tr>
<tr><td rowspan="2">出入口</td><td>通往主要出入口之走廊或通道之出入口</td><td>出口標示燈</td><td colspan="2">設有探測器連動自動關閉裝置之防火門，並設有避難指標及緊急照明設備確保該指標明顯易見者</td></tr>
<tr><td colspan="4">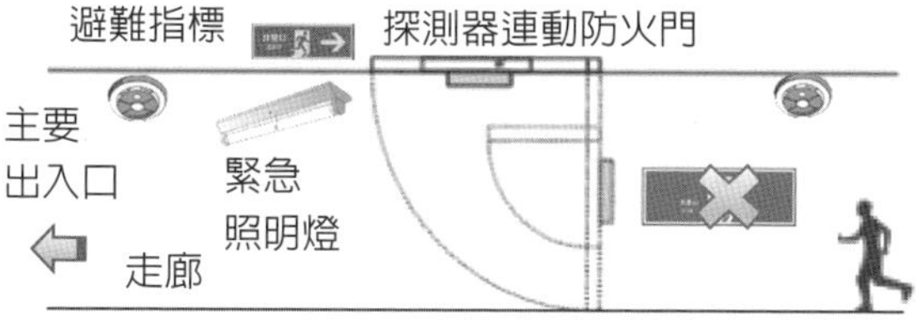
</td></tr>
<tr><td>樓梯或坡道</td><td></td><td>避難方向指示燈</td><td colspan="2">設有緊急照明設備及供確認避難方向之樓層標示者</td></tr>
<tr><td rowspan="2" colspan="2">前項主要出入口</td><td>在避難層</td><td colspan="2">指通往戶外之出入口，設有排煙室者，為該室之出入口</td></tr>
<tr><td>在避難層以外之樓層</td><td colspan="2">通往直通樓梯之出入口，設有排煙室者，為該室之出入口</td></tr>
</table>

4-3 標示設備──出口標示燈及避難方向指示燈

二、出口標示燈及避難方向指示燈

<table>
<tr><th>項目</th><th>內容</th><th>設置標準</th></tr>
<tr><td rowspan="2">標示面縱向尺度及光度</td><td>
<table>
<tr><th colspan="2">區分</th><th>標示面縱向尺度（m）</th><th>標示面光度 (cd)</th></tr>
<tr><td rowspan="3">出口標示燈</td><td>A 級</td><td>0.4 以上</td><td>50 以上</td></tr>
<tr><td>B 級</td><td>0.2～0.4</td><td>10 以上</td></tr>
<tr><td>C 級</td><td>0.1～0.2</td><td>1.5 以上</td></tr>
<tr><td rowspan="3">避難方向指示燈</td><td>A 級</td><td>0.4 以上</td><td>60 以上</td></tr>
<tr><td>B 級</td><td>0.2～0.4</td><td>13 以上</td></tr>
<tr><td>C 級</td><td>0.1～0.2</td><td>5 以上</td></tr>
</table>
</td><td rowspan="2">§ 146-1</td></tr>
<tr><td>
本條避難方向指示燈指非設於樓梯或坡道
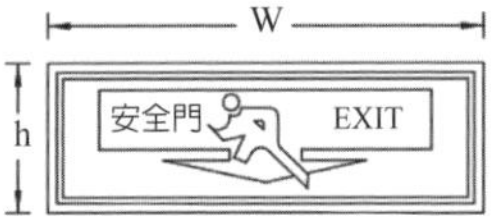

出口標示燈規格
內置蓄電池
出口標示燈配備規範：
1. 標示面縱向尺寸（m）
A級：0.4以上
B級：0.2以上，未滿0.4
C級：0.1以上，未滿0.2
2. 標示面亮度（cd）
A級：50以上
B級：10以上
C級：1.5以上
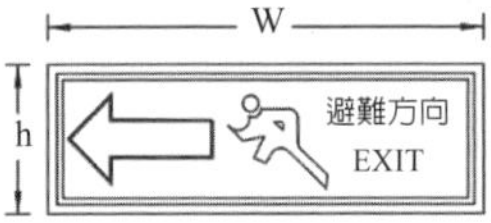

避難方向指示燈、
內置蓄電池
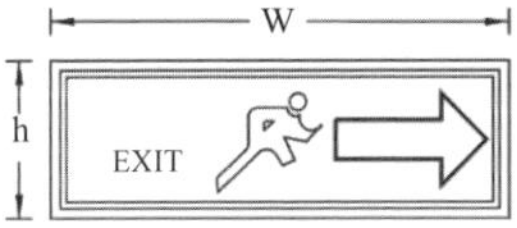

避難方向指示燈、
內置蓄電池
避難方向標示燈配備規範：
1. 標示面縱向尺寸（m）
A級：0.4以上
B級：0.2以上，未滿0.4
C級：0.1以上，未滿0.2
2. 標示面亮度（cd）
A級：50以上
B級：10以上
C級：1.5以上

避難方向指示燈、
內置蓄電池
避難方向標示牌配備規範：
• 標示面縱向尺寸（m）
A級：0.4以上
B級：0.2以上，未滿0.4
C級：0.1以上，未滿0.2
</td></tr>
</table>

項目	內容	設置標準

有效範圍

有效範圍指至該燈之步行距離，在下列 2 款之一規定步行距離以下之範圍。但有不易看清或識別該燈情形者，該有效範圍為 10m：

1. 依下表之規定：

區分			步行距離(m)
出口標示燈	A 級	未顯示避難方向符號者	60
		顯示避難方向符號者	40
	B 級	未顯示避難方向符號者	30
		顯示避難方向符號者	20
	C 級		15
避難方向指示燈	A 級		20
	B 級		15
	C 級		10

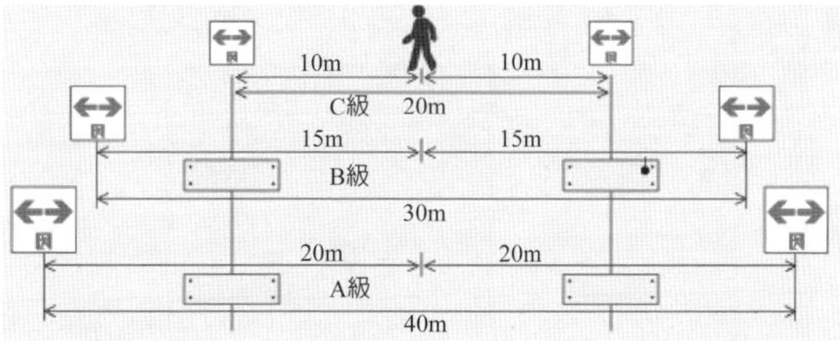

2. 依下列計算值：

$D = k \times h$

式中，D：步行距離（公尺）

h：出口標示燈或避難方向指示燈標示面之縱向尺度（m）

k：依下表左欄所列區分，採右欄對應之 k 值

區分		k 值
出口標示燈	未顯示避難方向符號者	150
	顯示避難方向符號者	100
避難方向指示燈		50

設置標準：§ 146-2

位置

出口標示燈：應設於下列出入口上方或其緊鄰之有效引導避難處：

1. 通往戶外之出入口；設有排煙室者，為該室之出入口。

設置標準：§ 146-3

<table>
<tr><th>項目</th><th colspan="2">內容</th><th>設置標準</th></tr>
<tr><td></td><td></td><td>
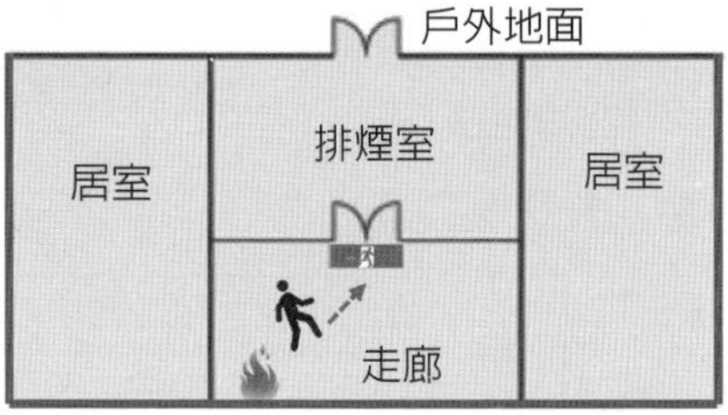

2. 通往直通樓梯之出入口；設有排煙室者，為該室之出入口。

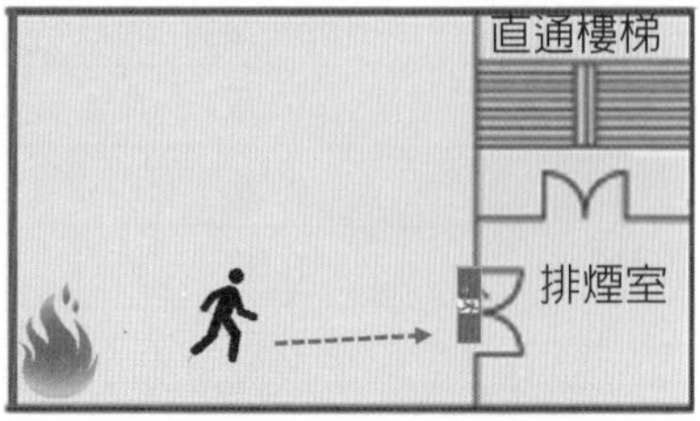

3. 通往前 2 款出入口，由室內往走廊或通道之出入口。

4. 通往第 1 款及第 2 款出入口，走廊或通道上所設跨防火區劃之防火門。

</td><td>§ 146-3</td></tr>
</table>

<table>
<tr><th>項目</th><th colspan="2">內容</th><th>設置標準</th></tr>
<tr><td></td><td>避難方向指示燈</td><td>應裝設於設置場所之走廊、樓梯及通道，並符合下列規定：
1. 優先設於轉彎處。
2. 設於依出口標示燈第 1 款及第 2 款所設出口標示燈之有效範圍內。
3. 設於前 2 款規定者外，把走廊或通道各部分包含在避難方向指示燈有效範圍內，必要之地點。
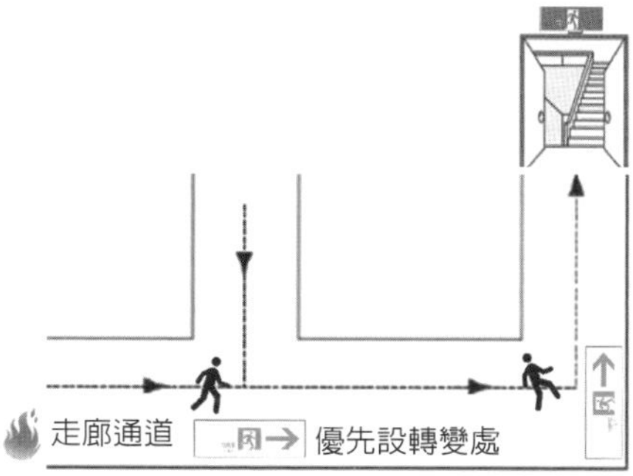
</td><td></td></tr>
<tr><td>裝設</td><td colspan="2">1. 設置位置應不妨礙通行。
2. 周圍不得設有影響視線之裝潢及廣告招牌。
3. 設於地板面之指示燈，應具不因荷重而破壞之強度。
4. 設於可能遭受雨淋或濕氣滯留之處所者，應具防水構造。
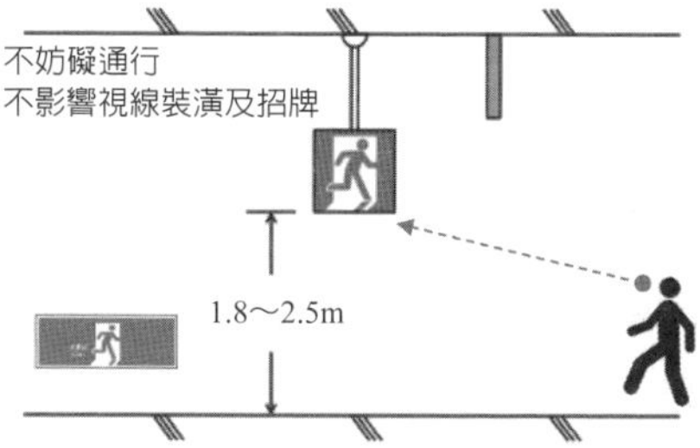
</td><td>§ 146-4</td></tr>
<tr><td>觀眾席引導燈</td><td colspan="2">照度應在觀眾席通道地面之水平面上測得之值在≥ 0.2（Lux）。
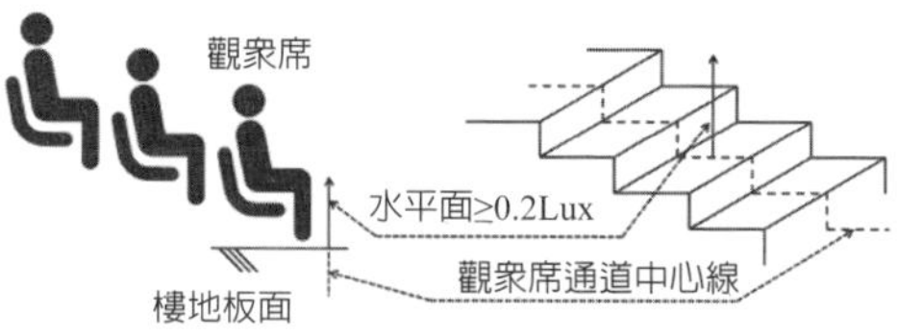

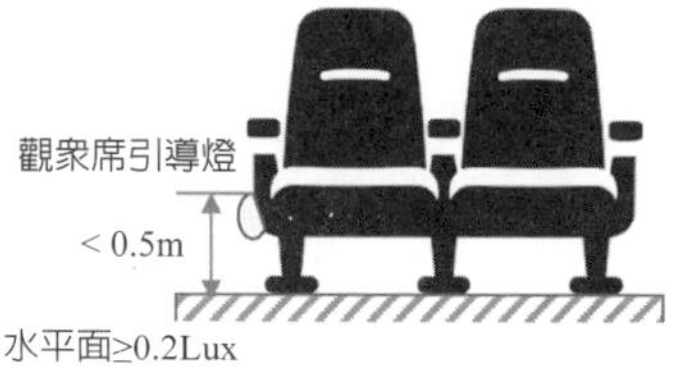
</td><td>§ 146-6</td></tr>
</table>

<table>
<tr><th>項目</th><th colspan="2">內容</th><th>設置標準</th></tr>
<tr><td rowspan="9">緊急電源</td><td colspan="2">應使用蓄電池設備，其容量應能使其有效動作≥ 20min。
但設於下列場所之主要避難路徑者，該容量應在 60min，並得採蓄電池設備及緊急發電機併設方式：</td><td rowspan="9">§ 155</td></tr>
<tr><td>場所</td><td>總樓地板面積（m^2）</td></tr>
<tr><td>任一場所</td><td>≥ 50000</td></tr>
<tr><td>高層建築物</td><td>≥ 30000</td></tr>
<tr><td>地下建築物</td><td>≥ 1000</td></tr>
<tr><td colspan="2">前項之主要避難路徑，指符合下列規定者：</td></tr>
<tr><td rowspan="2">通往戶外之出入口</td><td>走廊或通道</td></tr>
<tr><td>設有排煙室者，為該室之出入口</td></tr>
<tr><td>通往直通樓梯之出入口</td><td>設有排煙室者，為該室之出入口</td></tr>
<tr><td></td><td colspan="2">直通樓梯。</td><td></td></tr>
<tr><td>配線</td><td colspan="2">依屋內線路裝置規則外，並應符合下列規定：
1. 蓄電池設備集中設置時，直接連接於分路配線，不得裝置插座或開關等。
2. 電源回路不得設開關。但以 3 線式配線使經常充電或燈具內置蓄電池設備者，不在此限。
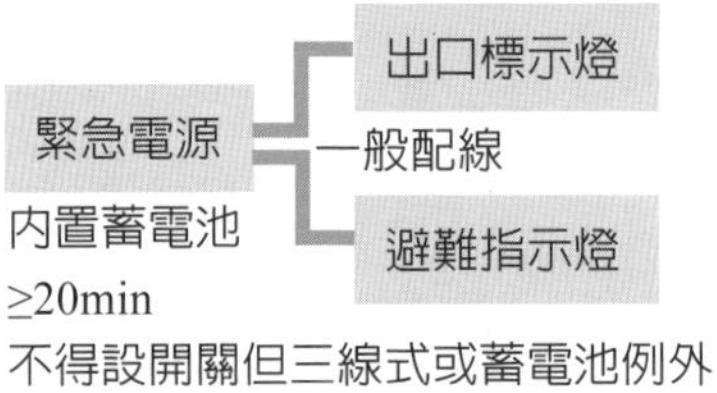</td><td>§ 156</td></tr>
</table>

三、出口標示燈及避難方向指示燈（非設於樓梯或坡道）規定（§ 146-5）

<table>
<tr><th colspan="2">場所</th><th>內容</th><th>例外</th></tr>
<tr><td colspan="2">乙 1、丙 3、戊 3</td><td rowspan="3">應使用 A 級或 B 級出口標示燈標示面光度應在≥ 20cd，或具閃滅功能；
避難方向指示燈標示面光度應在≥ 25cd。</td><td rowspan="3">走廊有效範圍內各部分容易識別該燈者，不在此限。</td></tr>
<tr><td>甲 1～甲 5、甲 7、戊 1</td><td>且樓地板面積在≥ 1000m^2。</td></tr>
<tr><td>醫院、療養院、榮譽國民之家、長期照顧服務機構（限機構住宿式、社區式之建築物使用類組非屬 H-2 之日間照顧、團體家屋及小規模多機能）、老人福利機構（限長期照護型、養護型、失智照顧型之長期照顧機構、安養機構）、兒童及少年福利機構（限托嬰中心、早期療育機構、有收容未滿二歲兒童之安置及教養機構）、護理機構（限一般護理之家、精神護理之家、產後護理機構）、身心障礙福利機構（限供住宿養</td><td>出口標示燈並應採具閃滅功能，或兼具音聲引導功能。</td></tr>
</table>

場所	內容
護、日間服務、臨時及短期照顧者）、身心障礙者職業訓練機構（限提供住宿或使用特殊機具者）、啓明、啓智、啓聰等特殊學校。	
出口標示燈具閃滅或音聲引導功能者	1. 設於主要出入口。 2. 與火警自動警報設備連動。 3. 由主要出入口往避難方向所設探測器動作時，該出入口之出口標示燈應停止閃滅及音聲引導。
避難方向指示燈設於樓梯或坡道者	照度應有≥ 1（Lux）

標示設備與火警系統工程設計例

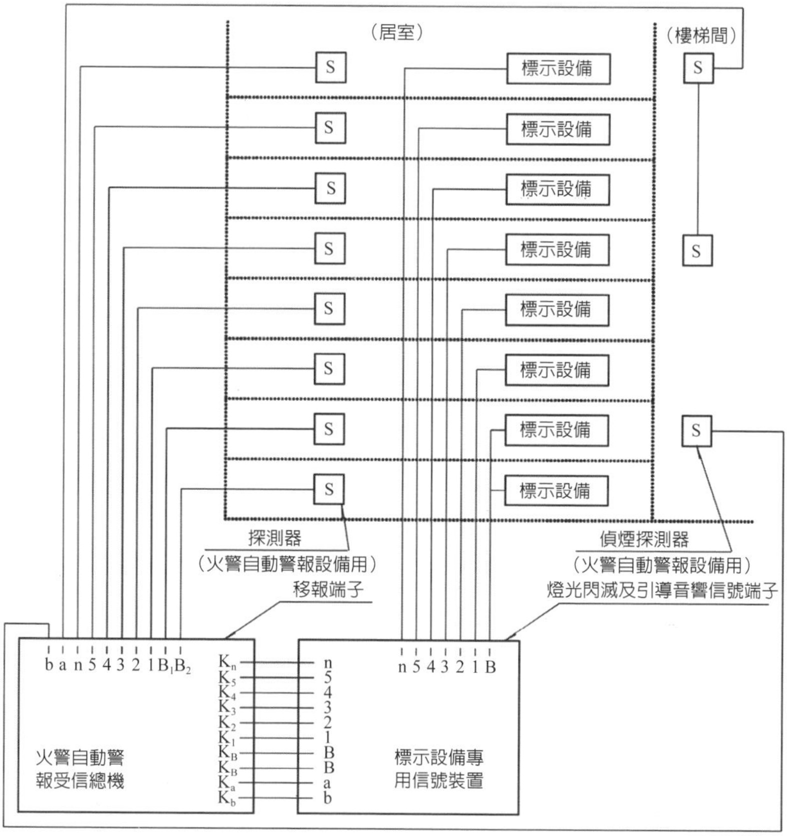

4-4 標示設備——得減光或消燈

四、出口標示燈及避難方向指示燈應保持不熄滅，下列得減光或消燈（§ 146-7）

出口標示燈及非設於樓梯或坡道之避難方向指示燈	設於樓梯或坡道之避難方向指示燈
與火警自動警報設備之探測器連動亮燈，且配合其設置場所使用型態採取適當亮燈方式，並符合下列規定之一者，得予減光或消燈。	
1. 設置場所無人期間。 2. 設置位置可利用自然採光辨識出入口或避難方向期間。 3. 設置在因其使用型態而特別需要較暗處所，於使用上較暗期間。 4. 設置在主要供設置場所管理權人、其雇用之人或其他固定使用之人使用之處所。	1. 設置場所無人期間。 2. 設置位置可利用自然採光辨識出入口或避難方向期間。
說明：與探測器連動亮燈，表示火災時才亮燈，且場所無人、有自然採光、需要較暗或供特定人使用之任一條件者，得減光消燈。	說明：設於樓梯或坡道，需較佳亮度，避免人員踩空摔傷，因此條件較嚴，僅無人或自然採光，始得減光消燈。

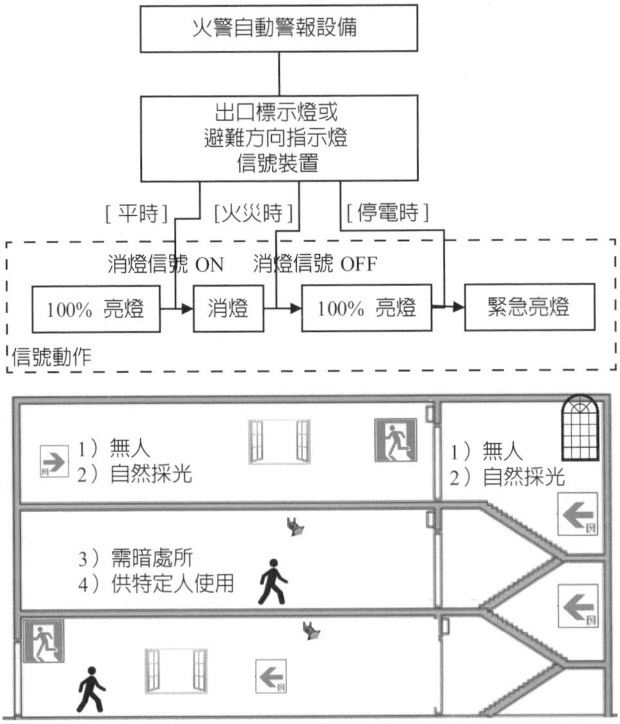

五、避難指標設置規定（§ 153）

項目	內容
出入口	裝設高度距樓地板面 <1.5m。
走廊或通道	自走廊或通道任一點至指標之步行距離在 <7.5m 且優先設於走廊或通道之轉彎處。
周圍不得設有影響視線之裝潢及廣告招牌，且設於易見且採光良好處。	

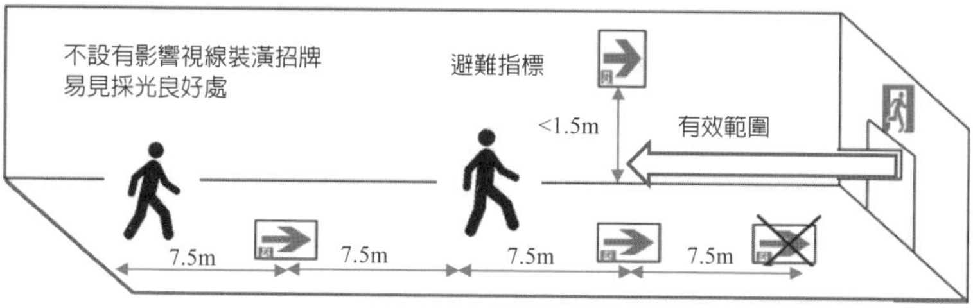

樓梯或坡道設有緊急照明設備及供確認避難方向之樓層標示者，得免設避難方向指示燈。

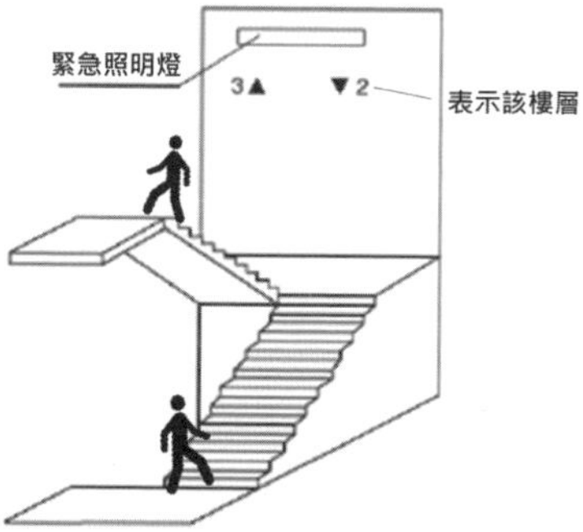

（日本 IWASAKI 株式會社，2017）

走廊通道於出口標示燈有效範圍內免檢討避難方向指示燈

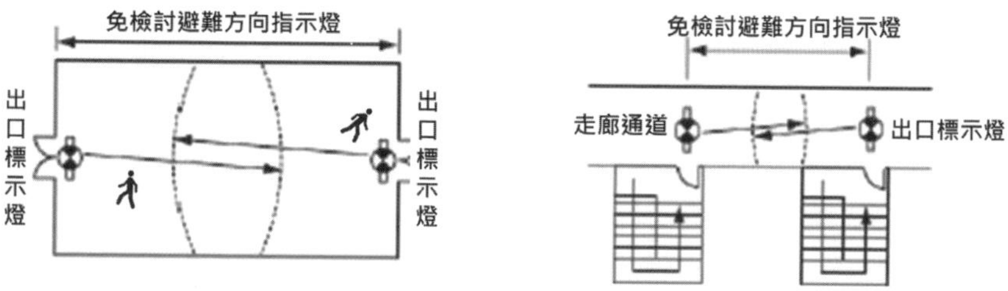

（日本 IWASAKI 株式會社，2017）

4-5 避難器具——應設場所

一、應設場所

應設避難器具（§ 157）

類別	目別	場所	收容人員	應設數量	應設樓層	編號
甲	1	電影片映演場所（戲院、電影院）、歌廳、舞廳、夜總會、俱樂部、理容院（觀光理髮、視聽理容等）、指壓按摩場所、錄影節目帶播映場所（MTV 等）、視聽歌唱場所（KTV 等）、酒家、酒吧、酒店（廊）	≥ 50 人	50～200 人 1 具，每 200 人加 1 具	2～10F BF	III
	2	保齡球館、撞球場、集會堂、健身休閒中心（含提供指壓、三溫暖等設施之美容瘦身場所）、室內螢幕式高爾夫練習場、遊藝場所、電子遊戲場、資訊休閒場所				
	3	觀光旅館、飯店、旅館、招待所（限有寢室客房者）	≥ 30 人（其下層供甲 1. 甲 2. 甲 4. 甲 5. 甲 7 康復之家或丁類為 10 人）	<100 人 1 具，每 100 人加 1 具	2～10F BF	II
	4	商場、市場、百貨商場、超級市場、零售市場、展覽場	≥ 50 人	50～200 人 1 具，每 200 人加 1 具	2～10F BF	III
	5	餐廳、飲食店、咖啡廳、茶藝館				
	6	醫院、療養院、榮譽國民之家、長期照顧服務機構（限機構住宿式、社區式之建築物使用類組非屬 H-2 之日間照顧、團體家屋及小規模多機能）、老人福利機構（限長期照護型、養護型、失智照顧型長期照顧機構、安養機構）、兒童及少年福利機構（限托嬰中心、早期療育機構、有收容未滿二歲兒童之安置及教養機構）、護理機構（限一般護理之家、精神護理之家、產後護理機構）、身心障礙福利機構（限供住宿養護、日間服務、臨時及短期照顧者）、身心障礙者職業訓練機構（限提供住宿或使用特殊機具者）、啓明、啓智、啓聰等特殊學校、身心障礙福利機構（限照顧植物人、失智症、重癱、長期臥床或身心功能退化者）	≥ 20（其下層供甲 1～甲 5. 甲 7. 乙 2. 乙 6. 乙 7. 丙 3 或丁類為 10 人）	<100 人 1 具，每 100 人加 1 具	2～10F BF	I
	7	三溫暖、公共浴室	≥ 50 人	50～200 人 1 具，每 200 人加 1 具	2～10F BF	III
乙	1	車站、飛機場大廈、候船室				
	2	期貨經紀業、證券交易所、金融機構				

應設避難器具（§ 157）						
類別	目別	場所	收容人員	應設數量	應設樓層	編號
	3	學校教室、兒童課後照顧服務中心、補習班、訓練班、K 書中心、前款第六目以外之兒童及少年福利機構（限安置及教養機構）及身心障礙者職業訓練機構				
	4	圖書館、博物館、美術館、陳列館、史蹟資料館、紀念館及其他類似場所				
	5	寺廟、宗祠、教堂、供存放骨灰（骸）之納骨堂（塔）及其他類似場所				
	6	辦公室、靶場、診所、長期照顧服務機構（限社區式建築物使用類組屬 H-2 之日間照顧、團體家屋及小規模多機能）、日間型精神復健機構、兒童及少年心理輔導或家庭諮詢機構、身心障礙者就業服務機構、老人文康機構、前款第六目以外之老人服務機構及身心障礙福利機構	≥ 100 人	100～300 人 1 具，每 300 人加 1 具	3～10F BF	Ⅳ
	7	集合住宅、寄宿舍、住宿型精神復健機構	≥ 30（其下層供甲 1、甲 2、甲 4、甲 5、甲 7 康復之家或丁類為 10 人）	< 100 人 1 具，每 100 人加 1 具	2～10F BF	Ⅱ
	8	體育館、活動中心	≥ 50 人	50～200 人 1 具，每 200 人加 1 具	2～10F BF	Ⅲ
	9	室內溜冰場、室內游泳池				
	10	電影攝影場、電視播送場	≥ 100 人	100～200 人 1 具，每 300 人加 1 具	3～10F BF	Ⅳ
	11	倉庫、傢俱展示販售場	-			
	12	幼兒園	≥ 20 人（其下層供甲 1～甲 5、甲 7、乙 2、乙 6、乙 7、丙 3 或丁類為 10 人）	< 100 人 1 具，每 100 人加 1 具	2～10F BF	Ⅰ
丙	1	電信機器室	-			
	2	汽車修護廠、飛機修理廠、飛機庫				
	3	室內停車場、建築物依法附設之室內停車空間				
丁	1	高度危險工作場所	≥ 100 人	10～100 人 1 具，每 300 人加 1 具	BF	Ⅳ
	2	中度危險工作場所				
	3	低度危險工作場所				
戊	1	複合用途建築物中，有供甲類用途者	-			
	2	前目以外供乙至丁類用途之複合用途建築物				
	3	地下建築物				

<table>
<tr><th colspan="7">應設避難器具（§ 157）</th></tr>
<tr><th>類別</th><th>目別</th><th>場所</th><th>收容人員</th><th>應設數量</th><th>應設樓層</th><th>編號</th></tr>
<tr><td colspan="3">供甲 1～甲 3 與戊 1（含甲 1～甲 3）≥ 2F 直通避難層或地面之樓梯僅一座</td><td rowspan="2">≥ 10 人</td><td rowspan="2">10～100 人 1 具，每 10 人加 1 具</td><td>2～10F</td><td rowspan="2">Ⅴ</td></tr>
<tr><td colspan="3">上述以外場所 ≥ 3F 直通避難層或地面之樓梯僅一座</td><td>3～10F</td></tr>
</table>

一、避難器具選擇設置（§157）

場所編號（依上表）	BF	2F	3F～5F	6F～10F
Ⅰ	A[註]	ABCDE	BCD	BCD
Ⅱ	A	ABCDEFG	ABCDE	ABCDE
Ⅲ	A	ABCDEFG	ABCDE	ABCDE
Ⅳ	A	-	ABCDE	ABCDE
Ⅴ	-	-	ABCDE	ABCDE
註：A 避難梯、B 避難橋、C 救助袋、D 滑台、E 緩降機、F 避難繩索、G 滑杆				

二、避難器具得分別依下列規定減免（§158、159）

<table>
<tr><th colspan="2">項目</th><th>場所</th><th>內容</th><th>免設條件</th></tr>
<tr><td rowspan="3">減設</td><td rowspan="2">收容人員加倍</td><td>依上表編號Ⅰ～Ⅴ場所</td><td>收容人員 100 人，200 人，300 人，得分別以其加倍數值。</td><td>1. 建築物主要構造為防火構造者。
2. 設有 2 座以上不同避難方向之安全梯者。但剪刀式樓梯視為 1 座。</td></tr>
<tr><td colspan="3">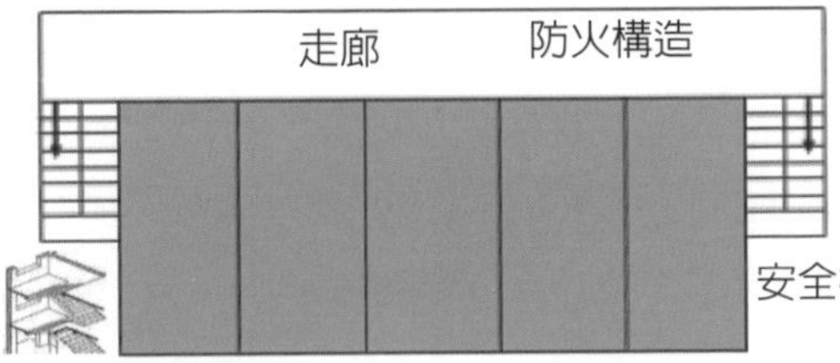
剪刀梯視為1座</td></tr>
<tr><td>避難橋減設</td><td>設有避難橋之屋頂平臺</td><td>直下層設有 2 座以上安全梯可通達，且屋頂平臺，其直下層每一座避難橋可減設 2 具。</td><td>1. 屋頂平臺淨空間面積在 ≥ 100m²。
2. 臨屋頂平臺出入口設 ≥ 0.5hr 防火時效之防火門窗，且無避難逃生障礙。
3. 通往避難橋必須經過之出入口，具容易開關之構造。</td></tr>
</table>

<table>
<tr><th colspan="2">項目</th><th>場所</th><th>內容</th><th>免設條件</th></tr>
<tr><td rowspan="7">免設</td><td>架空走廊減設</td><td>設有架空走廊之樓層</td><td>架空走廊合於下列規定者，該樓層每一座架空走廊可減設 2 具。</td><td>1. 為防火構造。
2. 架空走廊 2 側出入口設有能自動關閉 ≥ 1hr 防火時效之防火門（不含防火鐵捲門）。
3. 不得供避難、通行及搬運以外之用途使用。</td></tr>
<tr><td rowspan="6">主要構造為防火構造</td><td>居室面向戶外部分</td><td>設有陽臺等有效避難設施。</td><td>該陽臺等設施設有可通往地面之樓梯或通往他棟建築物之設施。</td></tr>
<tr><td colspan="3">防火構造
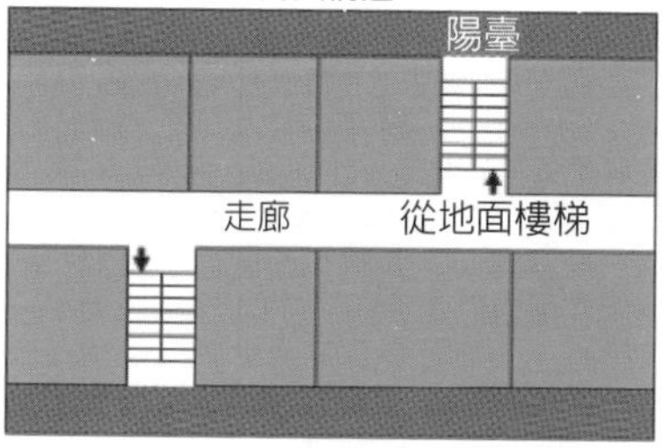
（斜線面積為陽臺）</td></tr>
<tr><td>由居室或住戶可直接通往直通樓梯</td><td>該居室或住戶所面向之直通樓梯設有隨時可自動關閉之甲種防火門（不含防火鐵捲門）。</td><td>收容人員 <30 人</td></tr>
<tr><td colspan="3">旅館（防火構造）樓層
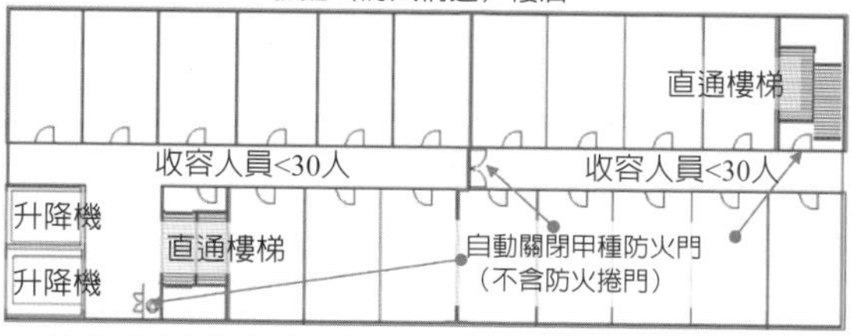</td></tr>
<tr><td>乙 1，乙 2，乙 5，乙 8，乙 9 之樓層</td><td>設 ≥ 2 座安全梯</td><td>且設有自動撒水設備或內部裝修符合建築技術規則建築設計施工篇 § 88。</td></tr>
<tr><td colspan="3">活動中心大樓（防火構造）
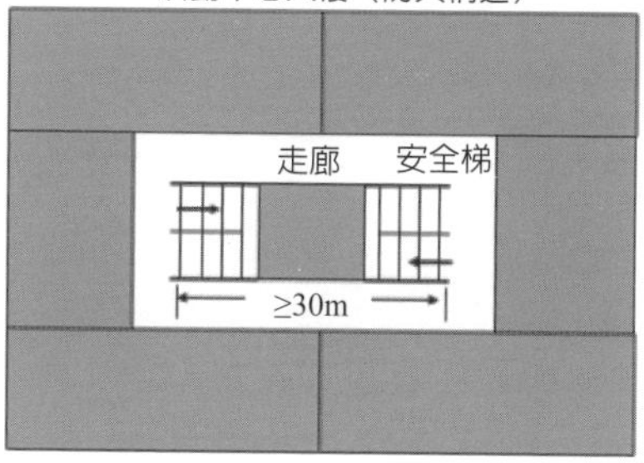
設自動撒水或符合內部裝修88條</td></tr>
</table>

<table>
<tr><th colspan="2">項目</th><th>場所</th><th>內容</th><th>免設條件</th></tr>
<tr><td rowspan="3">免設</td><td rowspan="2">設 ≥ 2 座安全梯</td><td rowspan="2">乙 6（辦公室、靶場、診所、日間型精神復健機構、兒童及少年心理輔導或家庭諮詢機構、身心障礙者就業服務機構、老人文康機構、前款第 6 目以外之老人服務機構及身心障礙福利機構）、乙 10（電影攝影場、電視播送場）、丁類（高度、中度、低度危險工作場所）之樓層</td><td>-</td><td>該樓層各部分均有 2 個以上不同避難逃生路徑能通達安全梯。</td></tr>
<tr><td colspan="2">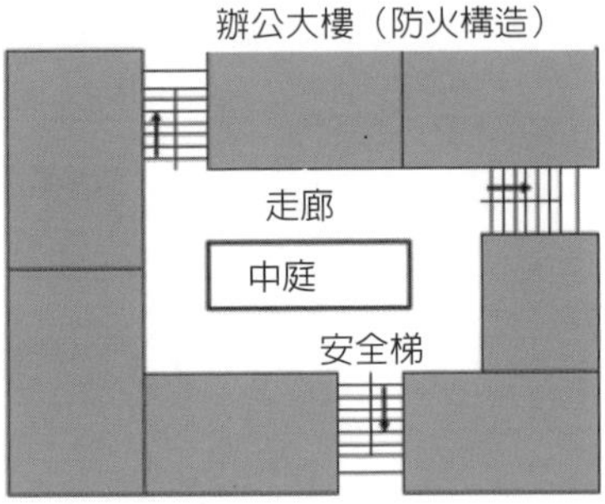
</td></tr>
<tr><td colspan="4">供第十二條第一款第六目之榮譽國民之家、長期照顧服務機構（限機構住宿式、社區式之建築物使用類組非屬 H-2 之日間照顧、團體家屋及小規模多機能）、老人福利機構（限長期照護型、養護型、失智照顧型之長期照顧機構、安養機構）、兒童及少年福利機構（限托嬰中心、早期療育機構、有收容未滿二歲兒童之安置及教養機構）、護理機構（限一般護理之家、精神護理之家、產後護理機構）、身心障礙福利機構（限供住宿養護、日間服務、臨時及短期照顧者）場所使用之樓層，符合下列規定者：
（一）各樓層以具一小時以上防火時效之牆壁及防火設備分隔為二個以上之區劃，各區劃均以走廊連接安全梯，或分別連接不同安全梯。
（二）裝修材料以耐燃一級材料裝修。
（三）設有火警自動警報設備及自動撒水設備（含同等以上效能之滅火設備）。
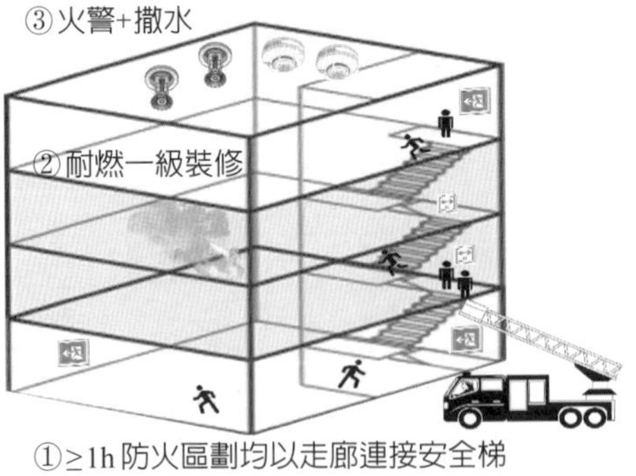
</td></tr>
<tr><td colspan="5">註：
1. 符號 ≥ 為以上（含本數）；符號 < 為小於（不含本數）；符號 ≦ 為以下或以內（含本數）。
2. 符號 § 表示「各類場所消防安全設備設置標準」第幾條條文。</td></tr>
</table>

三、收容人員之計算（§ 157、§ 160）

各類場所		收容人員計算方式（合計）
1	電影片映演場所（戲院、電影院）、歌廳、集會堂、體育館、活動中心	一、從業員工數。 二、各觀眾席部分以下列數額合計之。 （一）固定席位，座椅數。 如連續式席位，$\frac{\text{座椅正面寬度}}{0.4\text{m}}$（<1 不計）。 （二）立位，$\frac{\text{樓地板面積}}{0.2\text{m}^2}$。 （三）其他，$\frac{\text{樓地板面積}}{0.5\text{m}^2}$。
2	遊藝場所、電子遊戲場、資訊休閒場所	一、從業員工數。 二、遊樂用機械器具，供遊樂之人數。 三、供觀覽、飲食或休息使用，設固定席位，座椅數。 如連續式席位，$\frac{\text{座椅正面寬度}}{0.5\text{m}}$（<1 不計）。
3	舞廳、舞場、夜總會、俱樂部、酒家、酒吧、酒店（廊）、理容院、指壓按摩場所、節目錄影帶播映場所、視聽歌唱場所、保齡球館、室內溜冰場、撞球場、健身休閒中心（含提供指壓、三溫暖等設施之美容瘦身場所）、室內螢幕式高爾夫練習場、餐廳、飲食店、咖啡廳、茶藝館及其他類似場所	一、從業員工數。 二、各客人座席以下列合計： （一）固定席位，座椅數。 如連續式席位，$\frac{\text{座椅正面寬度}}{0.5\text{m}}$（<1 不計）。 （二）其他，$\frac{\text{樓地板面積}}{3\text{m}^2}$。 三、保齡球館，球道之座椅數。 四、視聽歌唱場所包廂，固定座椅數及麥克風數之合計。
4	商場、市場、百貨商場、超級市場、零售市場、展覽場	一、從業員工數。 二、供從業人員以外使用以下列合計： （一）供飲食或休息用部分，$\frac{\text{樓地板面積}}{3\text{m}^2}$。 （二）其他（含百貨商場之櫥窗部分），$\frac{\text{樓地板面積}}{4\text{m}^2}$。
5	觀光飯店、飯店、旅館、招待所 (限有寢室客房者)	一、從業員工數。 二、各客房以下列合計： （一）西式客房，床位數。 （二）日式客房，$\frac{\text{樓地板面積}}{6\text{m}^2}$（團體，$\frac{\text{樓地板面積}}{3\text{m}^2}$）所得之數。 三、供集會、飲食或休息以下列合計： （一）設固定席位，座椅數。 如連續式席位，$\frac{\text{座椅正面寬度}}{0.5\text{m}}$（<1 不計）。 （二）其他，$\frac{\text{樓地板面積}}{3\text{m}^2}$。
6	集合住宅、寄宿舍	合計居住人數，每戶以 3 人計。
7	醫療機構 (醫院、診所)、療養院	一、從業員工數。 二、病房內病床數。

各類場所		收容人員計算方式（合計）
		三、各候診室，$\frac{樓地板面積}{3m^2}$。 四、醫院育嬰室之嬰兒，列為收容人員計算。
8	長期照護機構、養護機構、安養機構、老人服務機構（限供日間照顧、臨時照顧、短期保護及安置使用者）、兒童福利設施、托兒所、育嬰中心、幼稚園、護理之家機構、產後護理機構	一、從業員工數。 二、老人、幼兒、身體障礙者、精神耗弱者及其他需保護者合計。
9	學校、啓明、啓聰、啓智等特殊學校、補習班、訓練班、兒童與少年福利機構、K 書中心、安親（才藝）班	教職員工數與學生數合計。
10	圖書館、博物館、美術館、紀念館、史蹟資料館及其他類似場所	一、從業員工數。 二、閱覽室、展示室、展覽室、會議室及休息室，$\frac{樓地板面積}{3m^2}$。
11	三溫暖、公共浴室	一、從業員工數。 二、供浴室、更衣室、按摩室及休息室，$\frac{樓地板面積}{3m^2}$。
12	寺廟、宗祠、教堂、靈骨塔及其他類似場所	一、從業員工數。 二、供禮拜、集會或休息室，$\frac{樓地板面積}{3m^2}$。
13	車站、候機室、室內停車場、室內停車空間、電影攝影場、電視播送場、倉庫、傢俱展示販售場等工作場所	從業員工數合計。
14	其他場所	一、從業員工數。 二、供從業員以外使用，$\frac{樓地板面積}{3m^2}$。

註：

項目	內容
收容人數	應以樓層為單位
複合用途建築物	以主用途來核算其收容人數
從業員工數	一、從業員工，不分正式或臨時，以平時最多服勤人數計算。但雇用人員屬短期、臨時性質者，得免計入。 二、勤務制度採輪班制時，以服勤人員最多時段之從業員工數計算。但交班時，不同時段從業員工重複在勤時，該重複時段之從業員工數不列入計算。 三、外勤員工有固定桌椅者，應計入從業員工數。
樓地板面積	一、樓地板面積除單位面積所得之數，<1 之零數不計。 二、走廊、樓梯及廁所，原則上不列入計算收容人員之樓地板面積。
固定席位	構造上固定，或設在一定場所固定使用且不易移動者。下列情形均應視為固定席位： 1. 沙發等座椅。 2. 座椅相互連接者。 3. 平時在同一場所，固定使用，且不易移動之座椅。

<table>
<tr><th colspan="9">避難器具樓層適應性</th></tr>
<tr><th>避難器具</th><th>地下層</th><th>1F</th><th>2F</th><th>3F</th><th>4F</th><th>5F</th><th>6～10F</th><th>≥11F</th></tr>
<tr><td>避難繩索</td><td rowspan="2">×</td><td rowspan="2">—</td><td rowspan="2">○</td><td rowspan="2">×</td><td rowspan="2">×</td><td rowspan="2">×</td><td rowspan="2">×</td><td rowspan="2">—</td></tr>
<tr><td>滑杆</td></tr>
<tr><td>避難梯</td><td>⊙</td><td>—</td><td>⊙</td><td>○</td><td>○</td><td>○</td><td>○</td><td>—</td></tr>
<tr><td>緩降機</td><td>×</td><td>—</td><td>⊙</td><td>○</td><td>○</td><td>○</td><td>○</td><td>—</td></tr>
<tr><td>救助袋</td><td rowspan="3">×</td><td rowspan="3">—</td><td rowspan="3">⊙</td><td rowspan="3">⊙</td><td rowspan="3">⊙</td><td rowspan="3">⊙</td><td rowspan="3">⊙</td><td rowspan="3">—</td></tr>
<tr><td>滑台</td></tr>
<tr><td>避難橋</td></tr>
<tr><td>註</td><td colspan="8">⊙ 全部對象物可
O 除了編號 I （指 4-5 節避難場所之表內編號 I 醫院、幼兒園等）外，其他可
× 不可設置
— 免設</td></tr>
</table>

避難梯照片

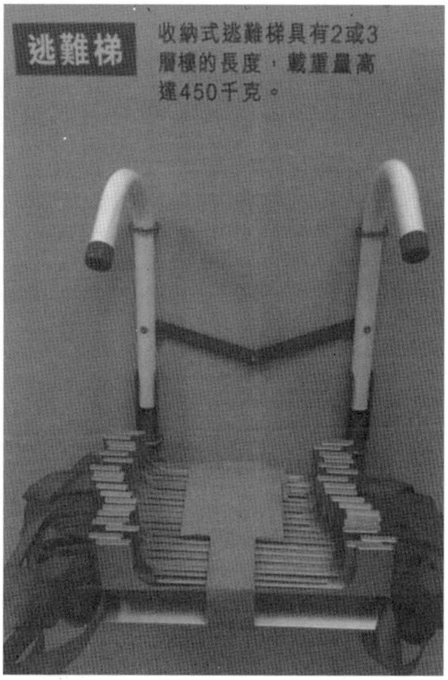

4-6 避難器具——裝設規定

四、避難器具裝設規定

<table>
<tr><th>項目</th><th colspan="3">內容</th><th>設置標準</th></tr>
<tr><td>裝設</td><td colspan="2">1. 設在避難時易於接近處。
2. 與安全梯等避難逃生設施保持適當距離。
3. 供避難器具使用之開口部，具有安全之構造。
4. 避難器具平時裝設於開口部或必要時能迅即裝設於該開口部。
5. 設置避難器具（滑杆、避難繩索及避難橋除外）之開口部，上下層應交錯配置，不得在同一垂直線上。但在避難上無障礙者不在此限。</td><td>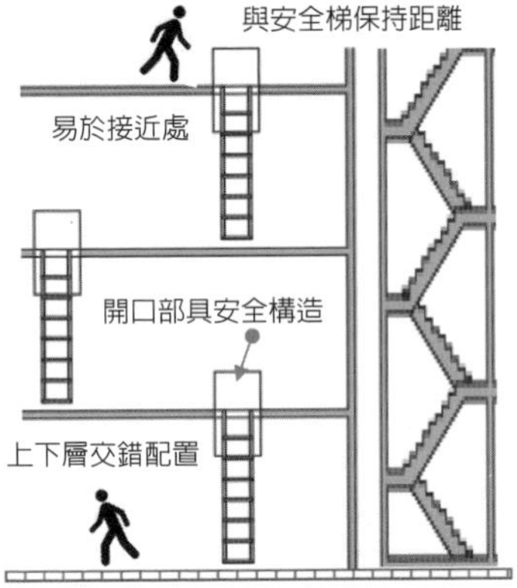
</td><td>§ 161</td></tr>
<tr><td rowspan="4">開口面積</td><td>緩降機、避難梯、避難繩索及滑杆</td><td>高 ≥ 80cm，寬 ≥ 50cm 或高 ≥ 100cm，寬 ≥ 45cm。</td><td>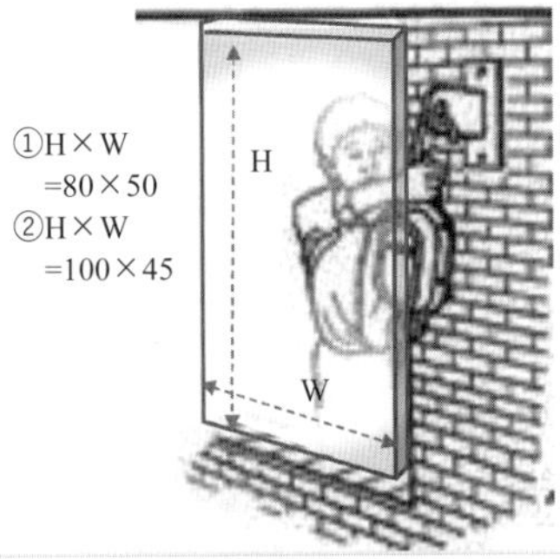
</td><td rowspan="4">§ 162</td></tr>
<tr><td>救助袋</td><td>高 ≥ 60cm，寬 ≥ 60cm。</td><td>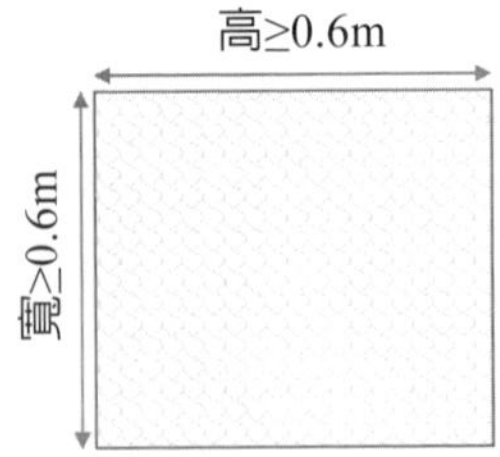
</td></tr>
<tr><td>滑臺</td><td colspan="2">高 ≥ 80cm，寬為滑臺最大寬度以上。</td></tr>
<tr><td>避難橋</td><td colspan="2">高 ≥ 180cm，寬為避難橋最大寬度。</td></tr>
</table>

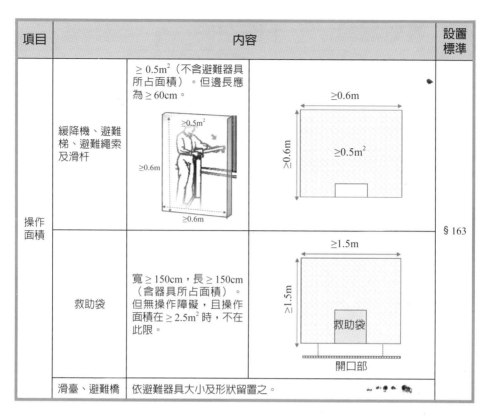

<table>
<tr><th>項目</th><th colspan="3">內容</th><th>設置標準</th></tr>
<tr><td rowspan="3">操作面積</td><td>緩降機、避難梯、避難繩索及滑杆</td><td>$\geq 0.5m^2$（不含避難器具所占面積）。但邊長應為 $\geq 60cm$。
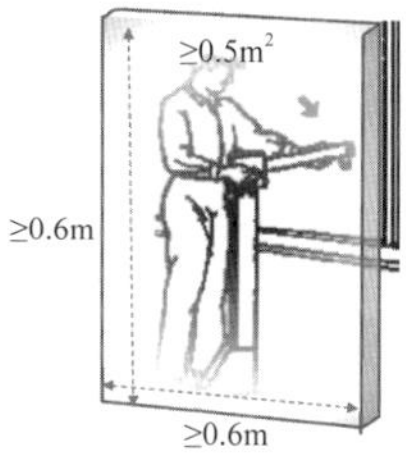</td><td>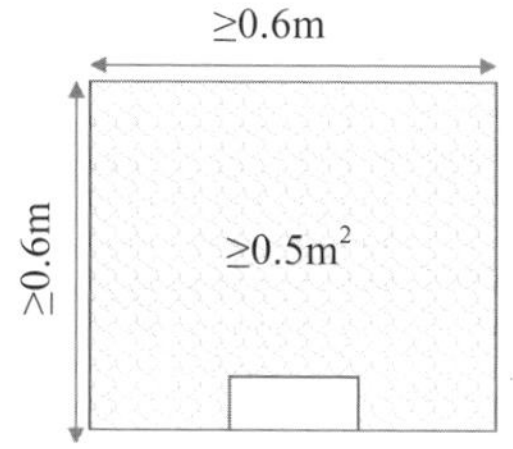</td><td rowspan="3">§ 163</td></tr>
<tr><td>救助袋</td><td>寬 $\geq 150cm$，長 $\geq 150cm$（含器具所占面積）。但無操作障礙，且操作面積在 $\geq 2.5m^2$ 時，不在此限。</td><td>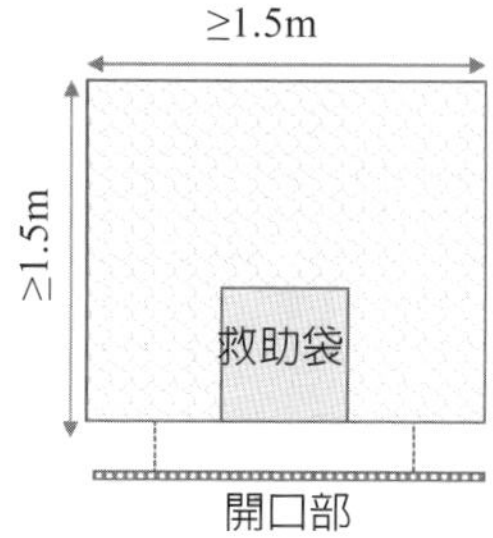</td></tr>
<tr><td>滑臺、避難橋</td><td colspan="2">依避難器具大小及形狀留置之。</td></tr>
</table>

五、緩降機設計例

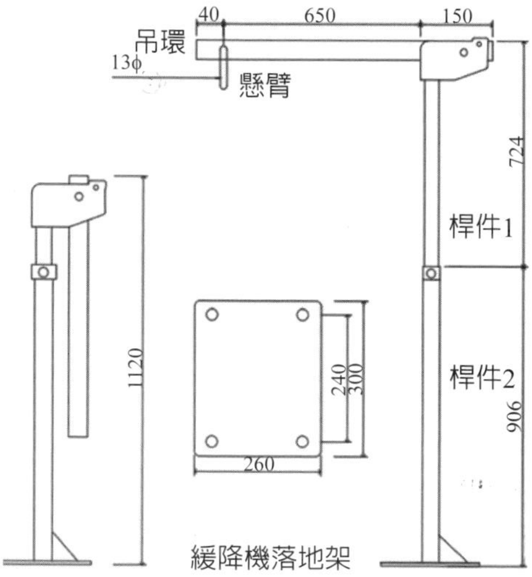

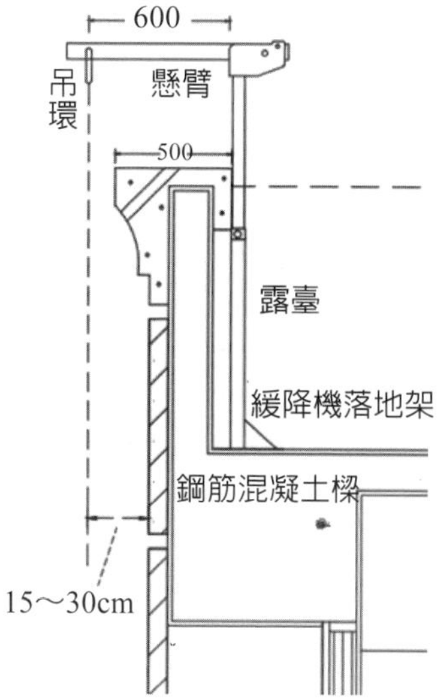

4-7 避難器具——下降空間

六、避難器具下降空間規定

<table>
<tr><th>項目</th><th colspan="3">內容</th><th>設置標準</th></tr>
<tr><td rowspan="3">下降空間</td><td>緩降機</td><td>以器具中心半徑 0.5m 圓柱形範圍內。但突出物在 <10cm，且無避難障礙者，或 ≥ 10cm 時，能採取不損繩索措施者，該突出物得在下降空間範圍內。
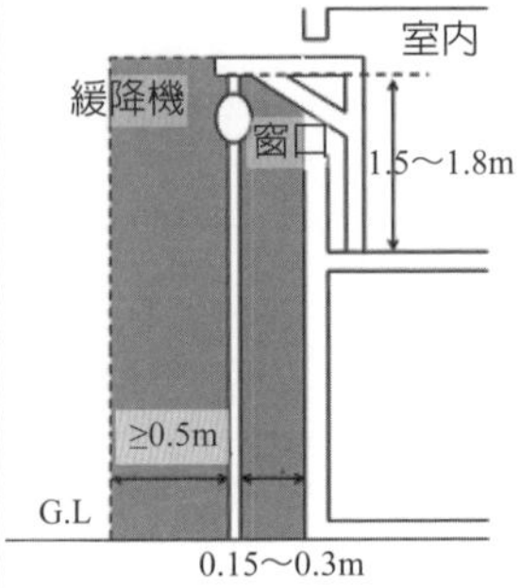
</td><td>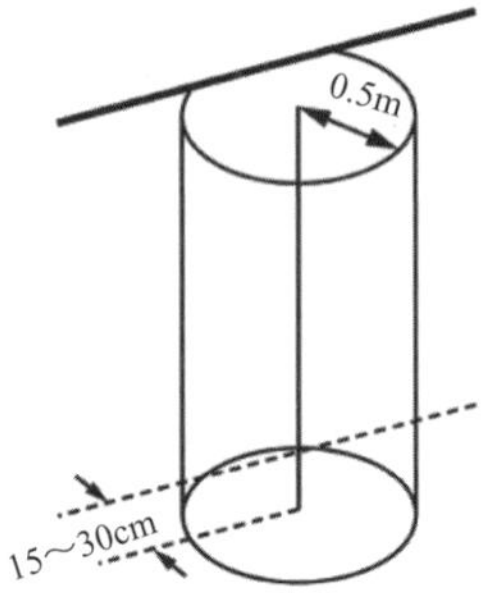
</td><td rowspan="3">§ 164</td></tr>
<tr><td>避難梯</td><td>自避難梯二側豎桿中心線向外 ≥ 20cm 及其前方 ≥ 65cm 範圍內。</td><td>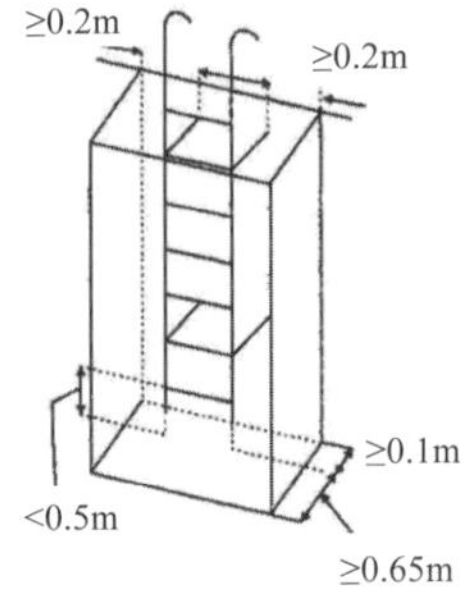
</td></tr>
<tr><td>避難繩索及滑杆</td><td>應無避難障礙之空間。</td><td>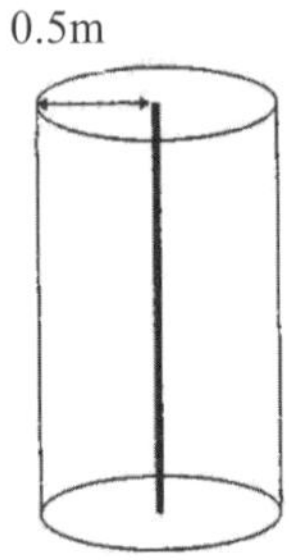
</td></tr>
</table>

<table>
<tr><th>項目</th><th colspan="4">內容</th><th>設置標準</th></tr>
<tr><td rowspan="4"></td><td rowspan="2">救助袋</td><td>斜降式</td><td>救助袋下方及側面，在上端 25 度，下端 35 度方向依下圖所圍範圍內。但沿牆面使用時，牆面側不在此限。</td><td>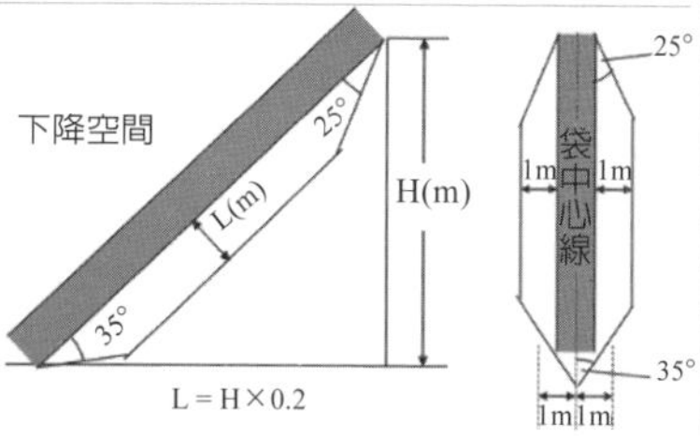</td><td rowspan="4">§ 164</td></tr>
<tr><td>直降式</td><td>1. 救助袋與牆壁之間隔 ≥ 30cm。但外牆有突出物，且突出物距救助袋支固器具裝設處在 ≥ 3m 時，應距突出物前端 ≥ 50cm。
2. 以救助袋中心，半徑 1m 圓柱形範圍內。</td><td>半徑 ≥ 1m
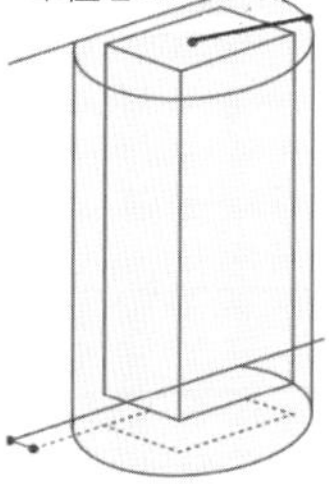
與牆壁間隔 ≥ 0.3m</td></tr>
<tr><td>滑臺</td><td colspan="2">滑面上方 ≥ 1m 及滑臺兩端向外 ≥ 20cm 所圍範圍內。</td><td>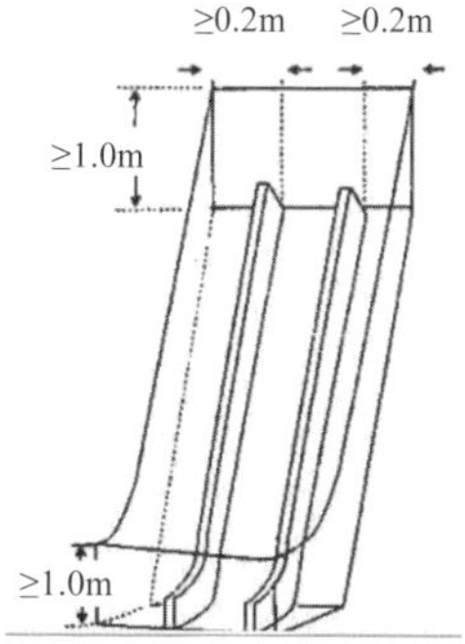</td></tr>
<tr><td>避難橋</td><td colspan="2">避難橋之寬度以上及橋面上方 ≥ 2m 所圍範圍內。</td><td>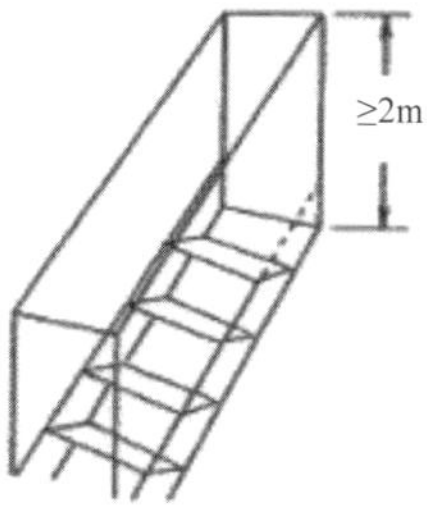</td></tr>
</table>

4-8 避難器具──下降空地

七、避難器具下降空地

<table>
<tr><th>項目</th><th colspan="4">內容</th><th>設置標準</th></tr>
<tr><td rowspan="5">下降空間</td><td colspan="2">緩降機</td><td>下降空間之投影面積。
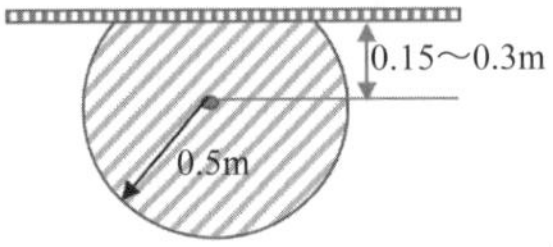
</td><td>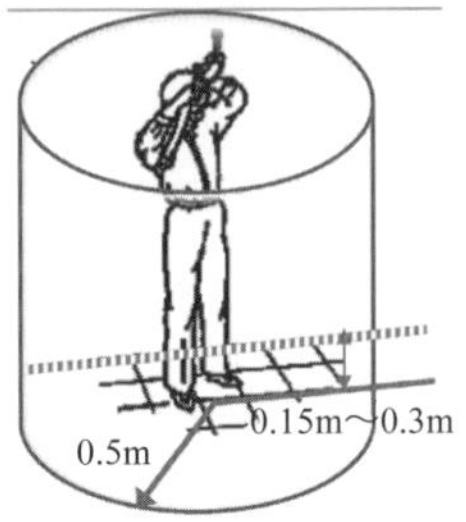
</td><td rowspan="5">§ 165</td></tr>
<tr><td colspan="2">避難梯</td><td>下降空間之投影面積。</td><td>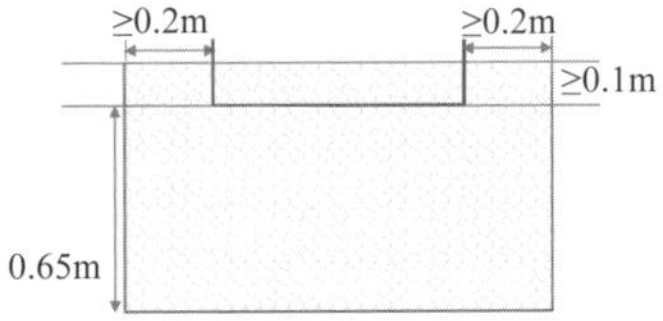
</td></tr>
<tr><td colspan="2">避難繩索及滑杆</td><td>應無避難障礙之空間。</td><td></td></tr>
<tr><td rowspan="2">救助袋</td><td>斜降式</td><td>救助袋最下端起 2.5m 及其中心線左右≥ 1m 所圍範圍。</td><td>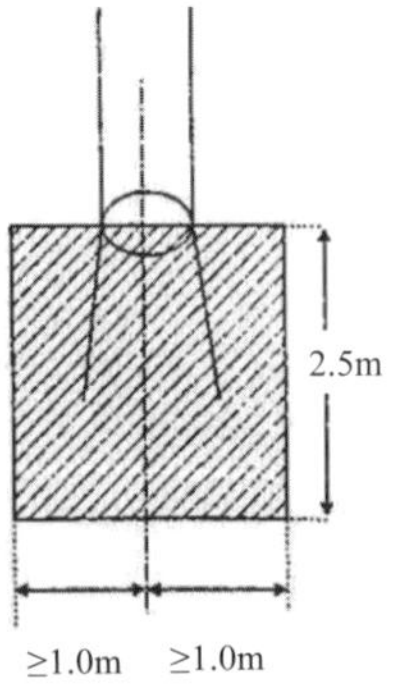
</td></tr>
<tr><td>直降式</td><td>下降空間之投影面積。</td><td>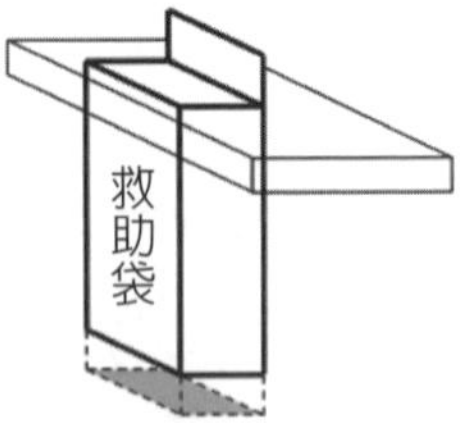

水平投影面積</td></tr>
</table>

項目		內容		設置標準
	滑臺	滑臺前端起 1.5m 及其中心線左右 0.5m 所圍範圍。	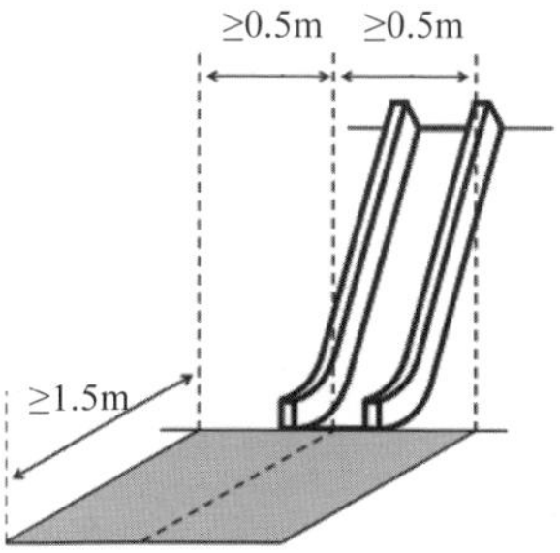	§ 165
	避難橋	無避難障礙空地。		

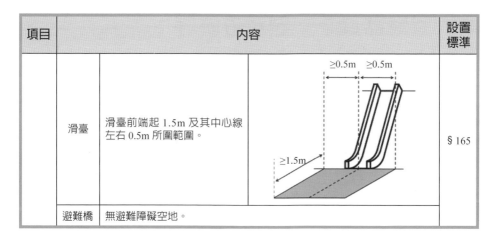

直降式救助袋消防工程設計例

室內型固定收存箱					(YP-R3)
編號	品名	規格	編號	品名	規格
01	施放逃生入口	38*38 四方管 *1.5L	08	活動支撐管	38*38 四方管 *1.5t
02	安全遮布	POLYESTER	09	支撐管收存管	60*2T(4T)
03	鋼索	1/8″	10	本體框架管	30*60 四方管 *1.5t
04	懸吊臂	30*4T 不銹鋼扁機	11	支撐遮布框	ϕ6 圓條
05	活動支撐管	25*50 四方管 *1.5t	12	膨脹螺絲	BOLT-3/8″*3″L
06	強化活頁	驗 ϕ12 軸心 板 4.5T 白鐵板	13	不鏽鋼鏈條	ϕ6 鏽條（2 條）
07	定位管	ϕ20*3T 圓管式 ϕ19 光圓機	14	入口圖框	內徑 600，外徑 660 25*25 四方管 *0.8t

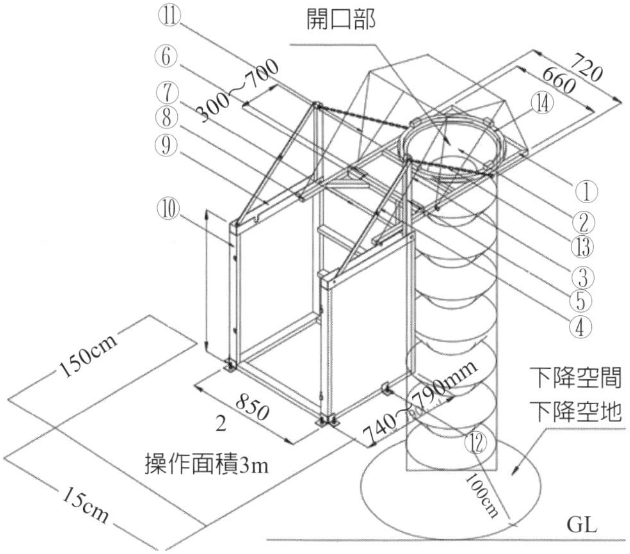

4-9 避難器具——標示位置等

八、避難器具標示位置方法及指標

項目	避難器具標示種類	設置處所	尺寸	顏色	標示方法	設置標準
標示位置方法及指標	設置位置	避難器具或其附近明顯易見處。	長 ≥ 36cm 寬 ≥ 12cm	白底黑字	字樣為「避難器具」，每字 ≥ 5cm²。但避難梯等較普及之用語，得直接使用其名稱為字樣。	§ 166
	使用方法		長 ≥ 60cm 寬 ≥ 30cm		標示易懂之使用方法，每字 ≥ 1cm²。	
	避難器具指標	通往設置位置之走廊、通道及居室之入口。	長 ≥ 36cm 寬 ≥ 12cm		字樣為「避難器具」，每字 ≥ 5cm²。	

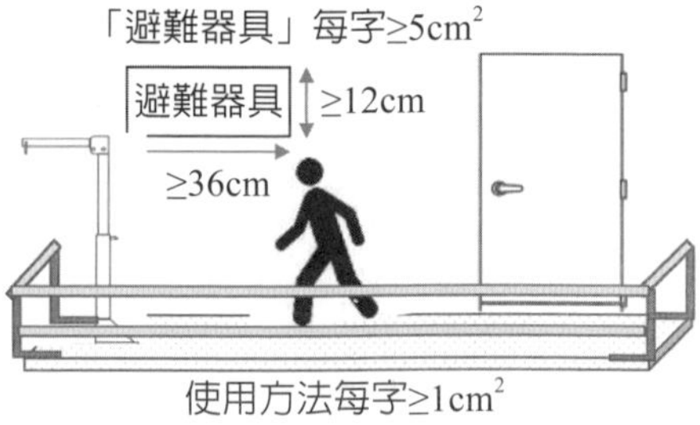

九、避難器具設置規定

項目	內容		設置標準
緩降機	繩子接觸	緩降機之設置，在下降時，所使用繩子應避免與使用場所牆面或突出物接觸。	§ 167
	繩子長度	緩降機所使用繩子之長度，以其裝置位置至地面或其他下降地點之等距離長度為準。	

項目	內容	設置標準
	支固器具 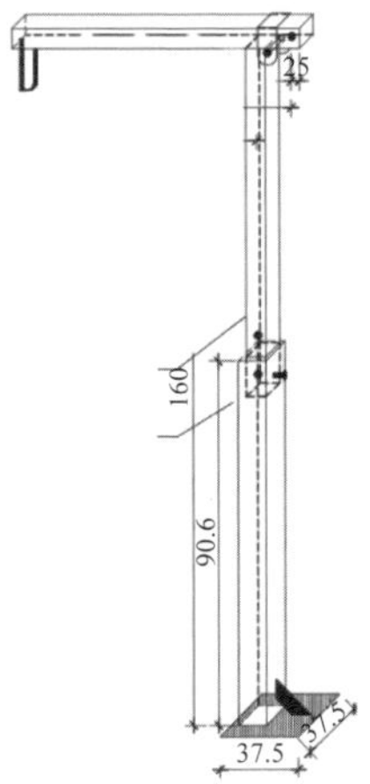 1. 設在使用場所之柱、地板、樑或其他構造上較堅固及容易裝設場所。 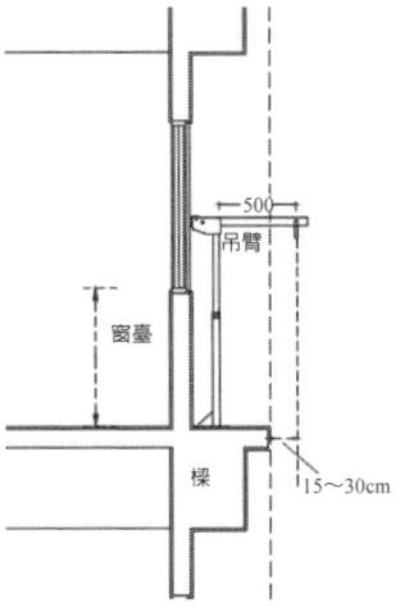 2. 以螺栓、熔接或其他堅固方法裝置。 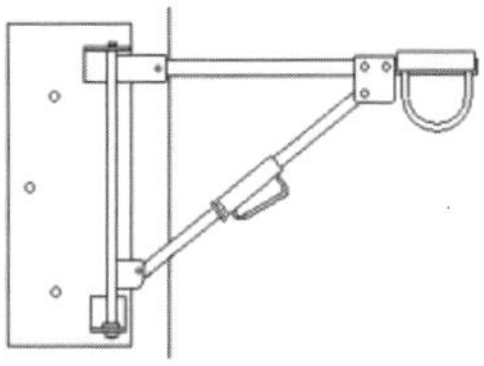 設在構造堅固及容易裝設場所 以螺栓、熔接或其他堅固方法	§ 167
滑臺	1. 安裝在使用場所之柱、地板、樑或其他構造上較堅固或加強部分。 2. 以螺栓、埋入、熔接或其他堅固方法裝置。 3. 設計上無使用障礙，且下降時保持一定之安全速度。 4. 有防止掉落之適當措施。 5. 滑台之構造、材質、強度及標示符合 CNS 規定。 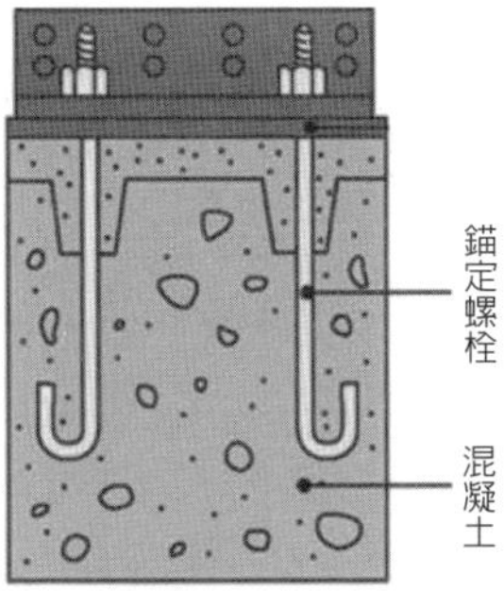 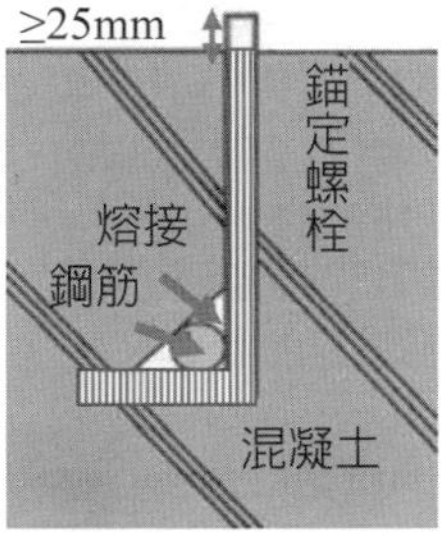 日本鋼筋熔接堅固方法例	§ 168
避難橋	1. 裝置在使用場所之柱、地板或其他構造上較堅固或加強部分。 2. 一邊以螺栓、熔接或其他堅固方法裝置。 3. 避難橋之構造、材質、強度及標示符合 CNS 規定。	§ 169
救助袋	1. 救助袋之長度應無避難上之障礙，且保持一定之安全下滑速度。 2. 裝置在使用場所之柱、地板、樑或其他構造上堅固或加強部分。 3. 救助袋支固器具以螺栓、熔接或其他堅固方法裝置。	§ 170

<table>
<tr><th>項目</th><th colspan="3">內容</th><th>設置標準</th></tr>
<tr><td rowspan="3">避難梯</td><td>固定梯及固定式不鏽鋼爬梯（直接嵌於建築物牆、柱等構造，不可移動或收納者）。</td><td>1. 裝置在使用場所之柱、地板、樑或其他構造上較堅固或加強部分。
2. 以螺栓、埋入、熔接或其他堅固方法裝置。
3. 橫桿與使用場所牆面保持 ≥ 10cm 之距離。</td><td rowspan="2">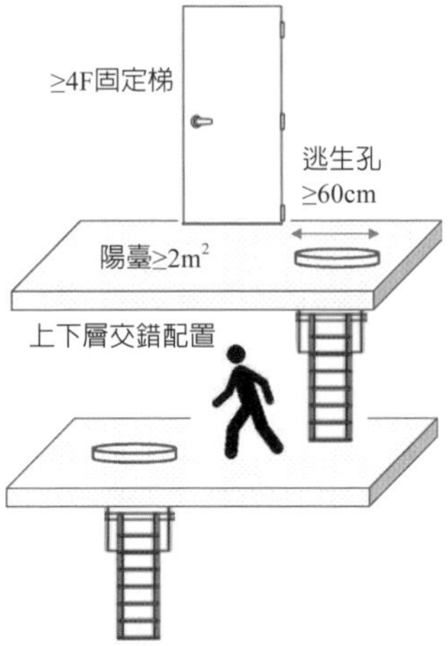
</td><td rowspan="3">§ 171</td></tr>
<tr><td>≥ 4F 設避難梯時，應設固定梯。
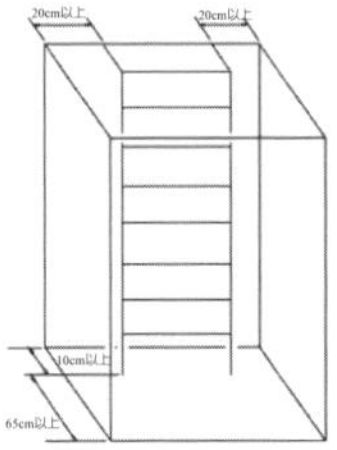</td><td>1. 設於陽臺等具安全且容易避難逃生構造處，其樓地板面積 ≥ 2m²，並附設能內接直徑 ≥ 60cm 之逃生孔。
2. 固定梯之逃生孔應上下層交錯配置，不得在同一直線上。</td></tr>
<tr><td>懸吊型梯</td><td colspan="2">1. 懸吊型梯固定架設在使用場所之柱、地板、樑或其他構造上較堅固及容易裝設處所。但懸吊型固定梯能直接懸掛於堅固之窗臺等處所時，得免設固定架。
2. 懸吊型梯橫桿在使用時，與使用場所牆面保持 ≥ 10cm 距離。
懸吊型固定梯免固定架
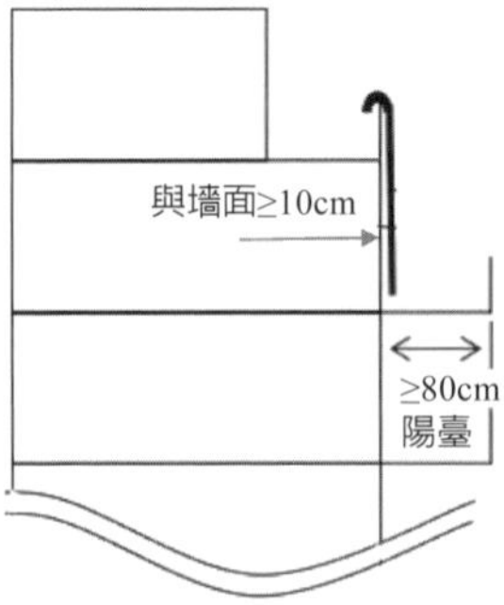
</td></tr>
</table>

項目	內容		設置標準
滑杆及避難繩索	1. 長度以其裝置位置至地面或其他下降地點之等距離長度為準。 2. 滑杆上端與下端應能固定。 3. 固定架設在使用場所之柱、地板、樑或其他構造上較堅固及容易裝設處所。但懸吊型固定梯能直接懸掛於堅固之窗臺等處所時，得免設固定架。	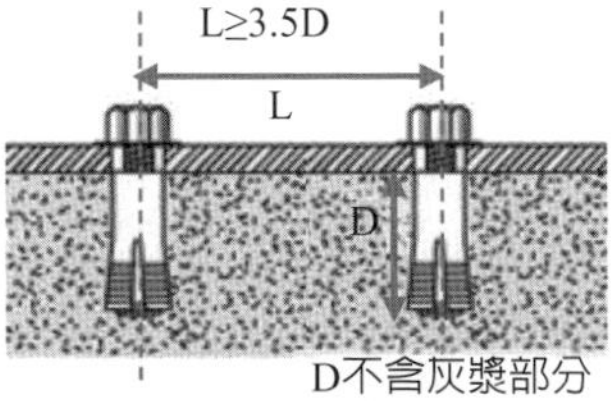 D不含灰漿部分 日本金屬膨脹螺絲施工方法例	§ 172

十、地下層避難梯之下降空間

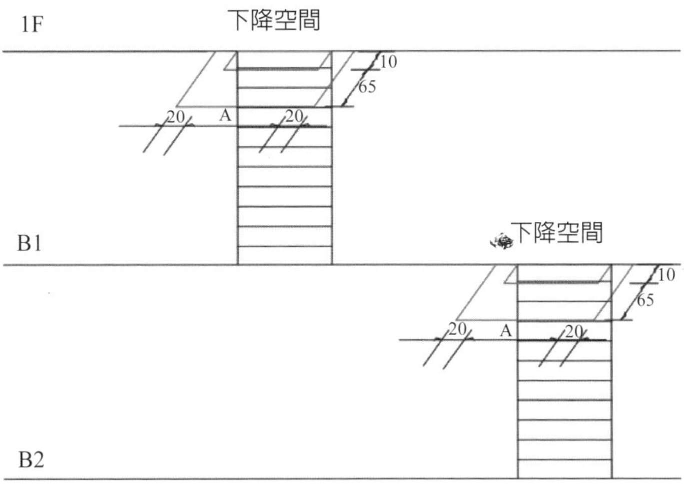

4-10 避難器具——固定架等

十一、固定架或支固器具規定

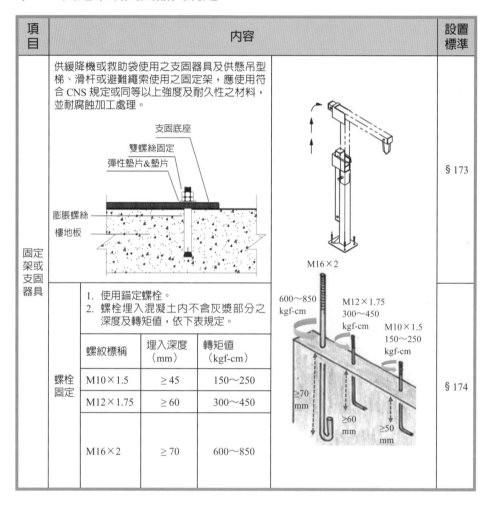

<table>
<tr><th>項目</th><th colspan="3">內容</th><th>設置標準</th></tr>
<tr><td rowspan="2">固定架或支固器具</td><td colspan="2">供緩降機或救助袋使用之支固器具及供懸吊型梯、滑杆或避難繩索使用之固定架，應使用符合 CNS 規定或同等以上強度及耐久性之材料，並耐腐蝕加工處理。
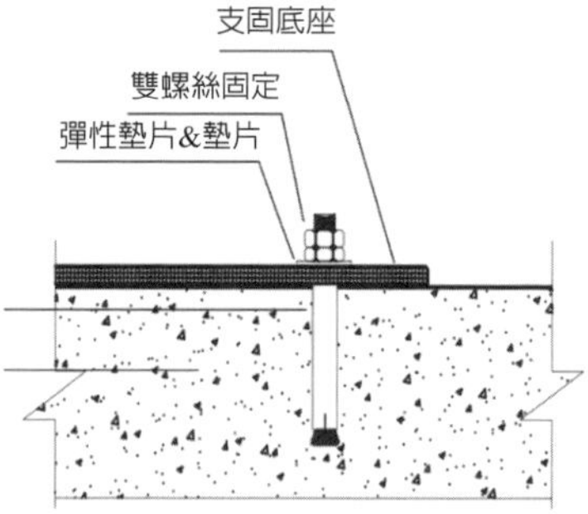
</td><td rowspan="2">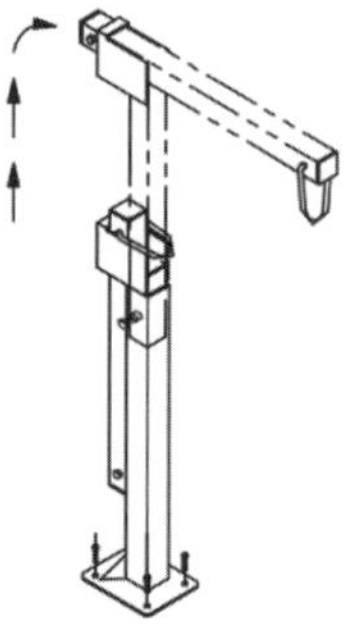
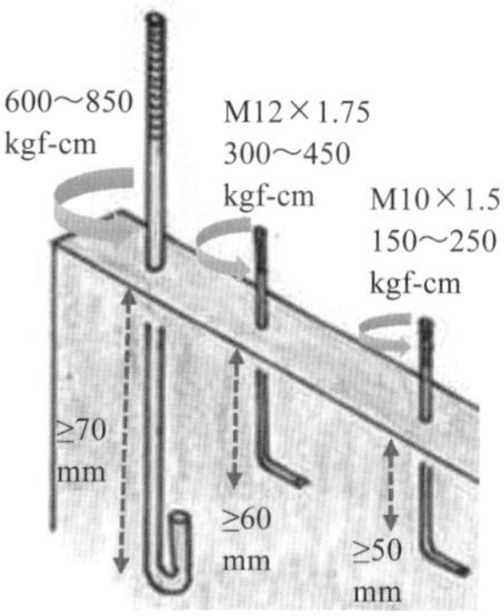
</td><td>§ 173</td></tr>
<tr><td>螺栓固定</td><td>1. 使用錨定螺栓。
2. 螺栓埋入混凝土內不含灰漿部分之深度及轉矩值，依下表規定。
<table><tr><th>螺紋標稱</th><th>埋入深度（mm）</th><th>轉矩值（kgf-cm）</th></tr><tr><td>M10×1.5</td><td>≥ 45</td><td>150～250</td></tr><tr><td>M12×1.75</td><td>≥ 60</td><td>300～450</td></tr><tr><td>M16×2</td><td>≥ 70</td><td>600～850</td></tr></table></td><td>§ 174</td></tr>
</table>

固定架或支固器具規定

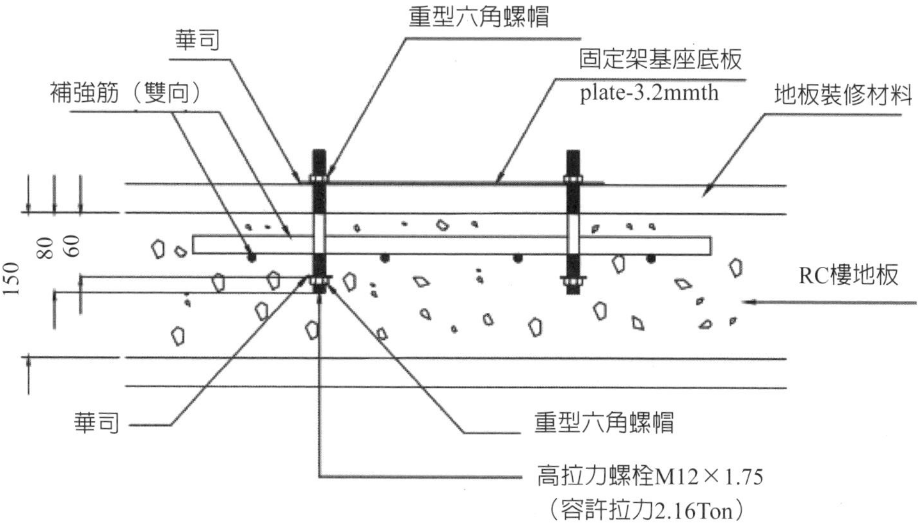

各樓層供避難及消防搶救用之有效開口

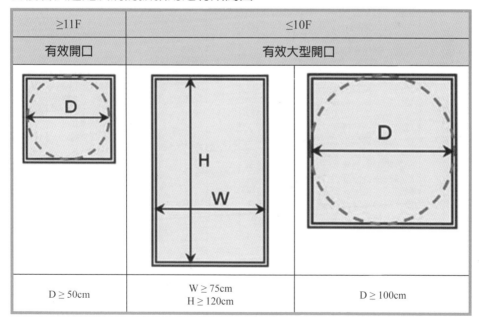

≥11F	≤10F	
有效開口	有效大型開口	
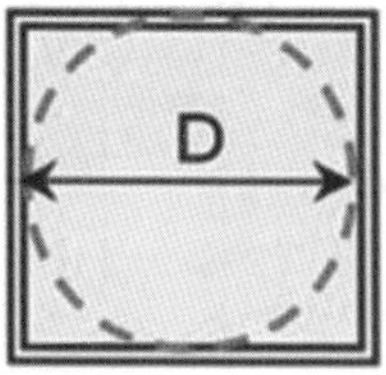	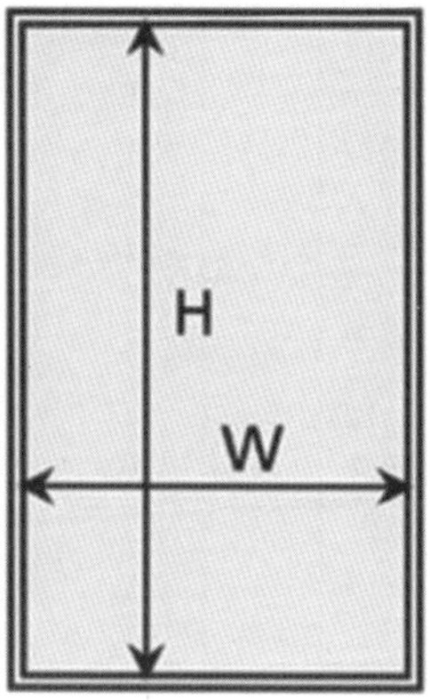	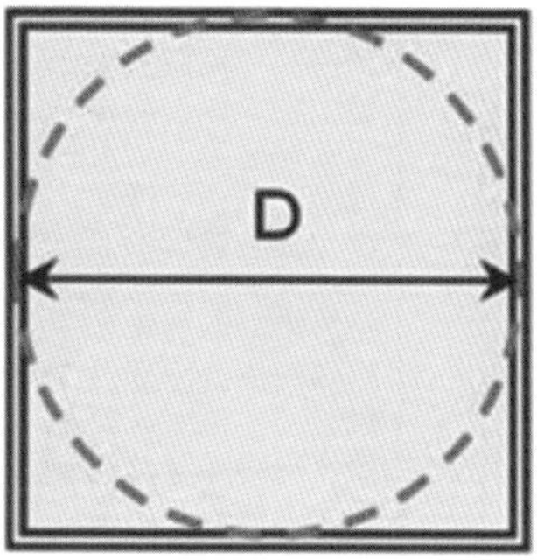
D ≥ 50cm	W ≥ 75cm H ≥ 120cm	D ≥ 100cm

4-11 緊急照明設備

應設置緊急照明設備之場所（§ 24）						
類別	目別	場所	居室			
				樓地板	採光	人工照明
甲	1	電影片映演場所（戲院、電影院）、歌廳、舞廳、夜總會、俱樂部、理容院（觀光理髮、視聽理容等）、指壓按摩場所、錄影節目帶播映場所（MTV 等）、視聽歌唱場所（KTV 等）、酒家、酒吧、酒店（廊）	應設	總樓地板面積在 $1000m^2$ 者應設（學校教室與集合住宅除外）	有效採光面積未達該居室樓地板面積 5% 者應設（集合住宅除外）	自居室通達避難層所須經過走廊、樓梯間、通道及其他平時依賴人工照明部分者皆應設
	2	保齡球館、撞球場、集會堂、健身休閒中心（含提供指壓、三溫暖等設施之美容瘦身場所）、室內螢幕式高爾夫練習場、遊藝場所、電子遊戲場、資訊休閒場所				
	3	觀光旅館、飯店、旅館、招待所（限有寢室客房者）				
	4	商場、市場、百貨商場、超級市場、零售市場、展覽場				
	5	餐廳、飲食店、咖啡廳、茶藝館				
	6	醫院、療養院、榮譽國民之家、長期照顧服務機構（限機構住宿式、社區式之建築物使用類組非屬 H-2 之日間照顧、團體家屋及小規模多機能）、老人福利機構（限長期照護型、養護型、失智照顧型長期照顧機構、安養機構）、兒童及少年福利機構（限托嬰中心、早期療育機構、有收容未滿二歲兒童之安置及教養機構）、護理機構（限一般護理之家、精神護理之家、產後護理機構）、身心障礙福利機構（限供住宿養護、日間服務、臨時及短期照顧者）、身心障礙者職業訓練機構（限提供住宿或使用特殊機具者）、啓明、啓智、啓聰等特殊學校、身心障礙福利機構（限照顧植物人、失智症、重癱、長期臥床或身心功能退化者）				
	7	三溫暖、公共浴室				
乙	1	車站、飛機場大廈、候船室	應設（學校教室除外）			
	2	期貨經紀業、證券交易所、金融機構				
	3	學校教室、兒童課後照顧服務中心、補習班、訓練班、K 書中心、前款第六目以外之兒童及少年福利機構（限安置及教養機構）及身心障礙者職業訓練機構				

應設置緊急照明設備之場所（§ 24）						
類別	目別	場所	居室			
				樓地板	採光	人工照明
	4	圖書館、博物館、美術館、陳列館、史蹟資料館、紀念館及其他類似場所		總樓地板面積在 $1000m^2$ 者應設（學校教室與集合住宅除外）	有效採光面積未達該居室樓地板面積 5% 者應設（集合住宅除外）	自居室通達避難層所須經過走廊、樓梯間、通道及其他平時依賴人工照明部分者皆應設
	5	寺廟、宗祠、教堂、供存放骨灰（骸）之納骨堂（塔）及其他類似場所				
	6	辦公室、靶場、診所、長期照顧服務機構（限社區式建築物使用類組屬 H-2 之日間照顧、團體家屋及小規模多機能）、日間型精神復健機構、兒童及少年心理輔導或家庭諮詢機構、身心障礙者就業服務機構、老人文康機構、前款第六目以外之老人服務機構及身心障礙福利機構				
	7	集合住宅、寄宿舍、住宿型精神復健機構	僅住宿型精神復健機構應設			
	8	體育館、活動中心	應設			
	9	室內溜冰場、室內游泳池				
	10	電影攝影場、電視播送場				
	11	倉庫、傢俱展示販售場				
	12	幼兒園				
丙	1	電信機器室	應設			
	2	汽車修護廠、飛機修理廠、飛機庫				
	3	室內停車場、建築物依法附設之室內停車空間				
丁	1	高度危險工作場所	-			
	2	中度危險工作場所				
	3	低度危險工作場所				
戊	1	複合用途建築物中，有供甲類用途者	應設			
	2	前目以外供乙至丁類用途之複合用途建築物				
	3	地下建築物				
其他		經中央主管機關公告之場所	-			

一、緊急照明設備設置規定

<table>
<tr><th colspan="2">項目</th><th colspan="2">內容</th><th>設置標準</th></tr>
<tr><td colspan="2">構造</td><td colspan="2">1. 白熾燈為雙重繞燈絲燈泡，其燈座為瓷製或與瓷質同等以上之耐熱絕緣材料製成者。
2. 日光燈為瞬時起動型，其燈座為耐熱絕緣樹脂製成者。
3. 水銀燈為高壓瞬時點燈型，其燈座為瓷製或與瓷質同等以上之耐熱絕緣材料製成者。
4. 其他光源具有與前三款同等耐熱絕緣性及瞬時點燈之特性，經中央主管機關核准者。
5. 放電燈之安定器，裝設於耐熱性外箱。
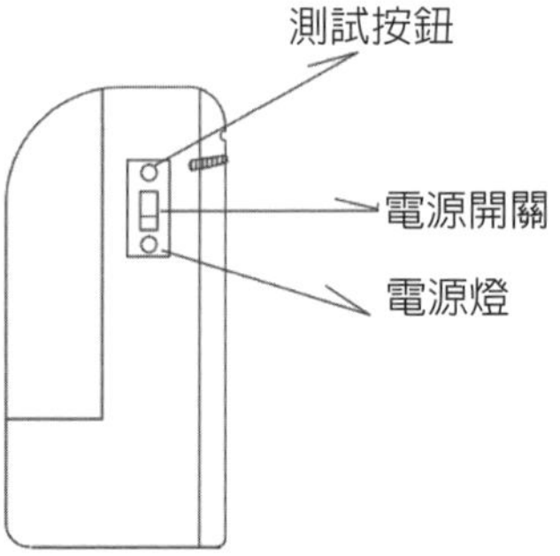
</td><td>§ 175</td></tr>
<tr><td rowspan="2">配線</td><td>規定</td><td>1. 照明器具直接連接於分路配線，不得裝置插座或開關等。
2. 緊急照明燈之電源回路，其配線施予耐燃保護。但天花板及其底材使用不燃材料時，得施予耐熱保護。</td><td rowspan="2">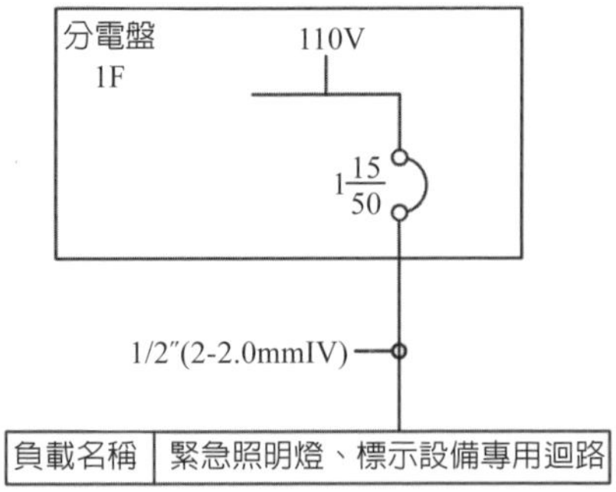
</td><td rowspan="2">§ 176</td></tr>
<tr><td>例外</td><td>內置蓄電池式</td></tr>
</table>

✚ 免設規定

1. 在避難層，由居室任一點至通往屋外出口之步行距離在 <30m 之居室。
2. 具有效採光，且直接面向室外之通道或走廊。
3. 集合住宅之居室。
4. 保齡球館球道以防煙區劃之部分。
5. 工作場所中，設有固定機械或裝置之部分。
6. 洗手間、浴室、盥洗室、儲藏室或機械室。
7. 經中央主管機關認可為容易避難逃生或具有效採光之場所。

<table>
<tr><th>項目</th><th colspan="2">內容</th><th>設置標準</th></tr>
<tr><td>緊急電源</td><td colspan="2">應使用蓄電池設備，其容量應能使其持續動作 ≥ 30min。但採蓄電池設備與緊急發電機併設方式時，其容量應能使其持續動作分 別為 ≥ 10min 及 ≥ 30min。
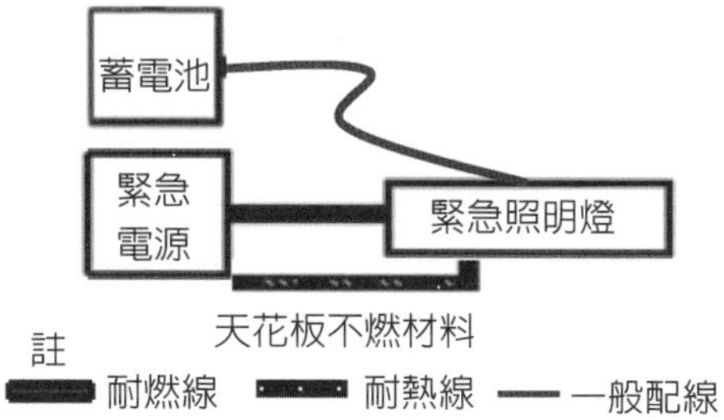
</td><td>§ 177</td></tr>
<tr><td rowspan="5">照度</td><td colspan="2">在地面之水平面照度，使用低照度測定用光電管照度計測得之值 。</td><td rowspan="5">§ 178</td></tr>
<tr><td>地下建築物之地下通道</td><td>地板面應在≥ 10 Lux</td></tr>
<tr><td>其他場所</td><td>應在 2 Lux</td></tr>
<tr><td>走廊曲折點處</td><td>應增設緊急照明燈</td></tr>
<tr><td colspan="2">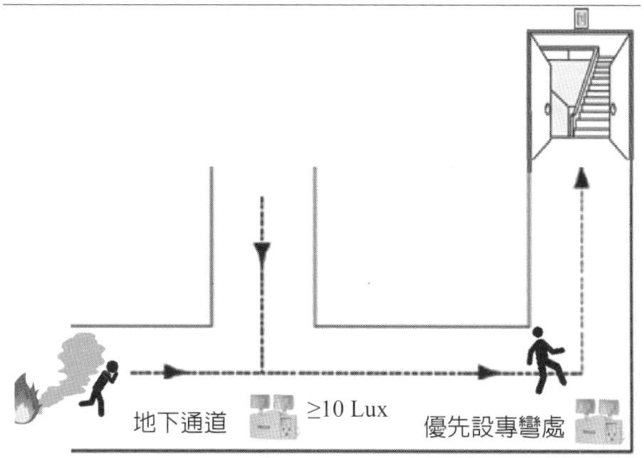
</td></tr>
</table>

4-12 排煙設備——火災學原理

排煙設備是在一定防煙區劃空間內產生正壓而自然排流；機械式則產生負壓，利用自然或強制對流的原理，使火災受熱浮升煙流加以排出。依各類場所消防安全設備設置標準第 188 條規定及其火災學原理如下：

條文	火災學原理
每層樓地板面積每 500 m^2 內，以防煙壁區劃。但戲院、電影院、歌廳、集會堂等場所觀眾席，及工廠等類似建築物，其天花板高度在 5 m 以上，且天花板及室內牆面以耐燃一級材料裝修者，不在此限。	防煙壁區劃是增加排煙有效性，所進行一定面積之區劃。戲院等建築物天花板高度達 5 m 以上，會有較大蓄煙量空間，假使牆面也是不燃材質者，則不受此限。
地下建築物之地下通道每 300 m^2 應以防煙壁區劃。	地下通道因開口有限，燃燒供氧問題致火災時會形成大量不完全燃燒，及濃煙瀰漫問題；因此，防煙區劃縮小以能使排煙較有效率之快速排煙。
任一位置至排煙口之水平距離在 30 m 以下，排煙口設於天花板或其下方 80 cm 範圍內。 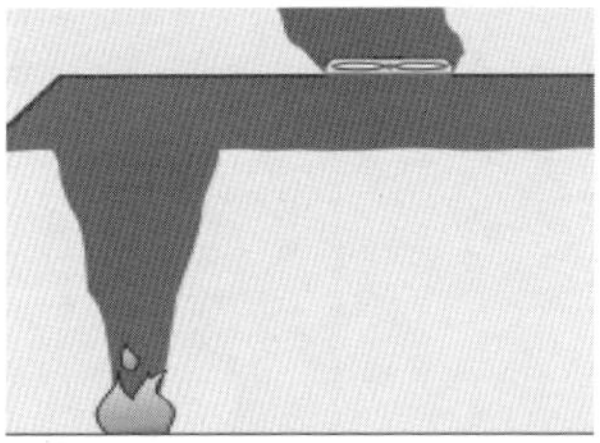	排煙口有其排煙能力之限制，距離過遠勢必難以有效排出；因此，須在天花板或其下方 80 cm 範圍內。基本上，天花板面設置排煙口，排煙效率是最好的，比天花板下方任何處，皆更有效果。假使設在距天花板面下方過大，須待火災規模已相當大，方能將煙流排出，屆時對人命安全而言，已沒有多大意義。
排煙設備之排煙口、風管及其他與煙接觸部分應使用不燃材料。	室內火災熱煙層煙流皆含有大量碳粒子，碳粒子及電磁波能造成輻射能回饋效應；因此，與煙接觸部分應使用不燃材料，以絕對避免其熱裂解變形或熔融問題，造成結構失敗情況。
排煙風管貫穿防火區劃時，應在貫穿處設防火閘門。 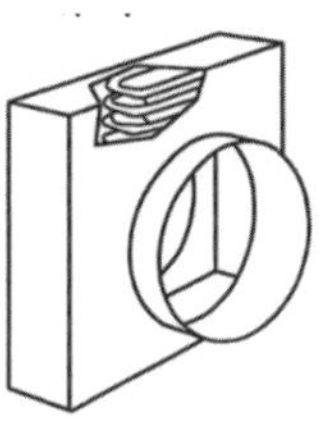	防火閘門（Fire Dampers）係設置在排煙設備風管上，火災時風管內氣體溫度達到設定點（121～177℃）時閘門自動關閉。因此，貫穿防火區劃處設防火閘門，以確保另一防火區劃之完整性，一旦熱煙流超過上述額定溫度時，應即關閉使高溫熱煙流不經過該區劃，避免高溫失敗或高溫風管壁造成熱傳導可燃物質之起火。
排煙口設手動開關裝置及探測器連動自動開關裝置；以該等裝置或遠隔操作開關裝置開啓，平時保持關閉狀態，開口葉片之構造應不受開啓時所生氣流之影響而關閉。手動開關裝置用手操作部分應設於距離樓地板面 80～150 cm 之牆面。	所有消防設備有自動就須有手動裝置，這是確保可靠度問題。而開口葉片之構造須具一定強度不受較大氣流影響。在手動開關裝置高度，所有消防設備手動操作皆在 150 cm 以下，這是東方人體位問題；而距離樓地板面 80 cm 以上，這是人類眼睛高度視覺性問題，方便視覺可見度及操作便利性考量。

條文	火災學原理
排煙口之開口面積在防煙區劃面積之 2% 以上，且以自然方式直接排至戶外。排煙口無法以自然方式直接排至戶外時，應設排煙機。	排煙口之開口須有一定面積，以使其快速有效排煙，過小開口會有較大摩擦損失問題；如果能以熱膨脹及火災室形成正壓形成自然方式排煙，則具無機械故障之設備可靠度優勢，也較沒有檢修申報問題；假使無法，就須以機械負壓排煙方式進行。
排煙機之排煙量在 120 m^3/min 以上；且在一防煙區劃時，在該防煙區劃面積每平方公尺 1 m^3/min 以上；在二區以上之防煙區劃時，在最大防煙區劃面積每平方公尺 2 m^3/min 以上。但地下建築物之地下通道，其總排煙量應在 600 m^3/min 以上。	排煙量在 120 m^3/min 以上且每平方公尺 1 m^3/min 以上，這種排煙量是大的，不但排煙也能排出火災熱，使內部人員或消防人員較沒有熱煙、發生閃燃或爆燃之問題。而地下通道火災常常是濃煙瀰漫環境，能見度相當差，其發煙量勢必比一般空間大，相對地排煙能力要相對更大。
連接緊急電源，其供電容量應供其有效動作 30 min 以上。	機械排煙有效動作 30 min 以上，此段期間可確保內部人員能有效採取避難逃生，及消防單位也能到達現場進行滅火控制。
防煙壁以不燃材料建造，自天花板下垂 50 cm 以上之垂壁或具有同等以上阻止煙流動構造者。但地下建築物之地下通道，防煙壁應自天花板下垂 80 cm 以上。	防煙壁係阻止煙流通過之障礙體，因熱煙流有其一定溫度，須為不燃材料建造，且在天花板下方 50 cm 以上，以防止火災初期與成長期濃煙迅速擴散問題。事實上，整個火災生命週期也以成長期濃煙最多，進入火災最盛期已不是煙，而是火之問題。

防煙區劃不應跨 2 樓層（圖左，設二個），但無避難上或消防搶救上障礙得以一個防煙區劃（圖右）

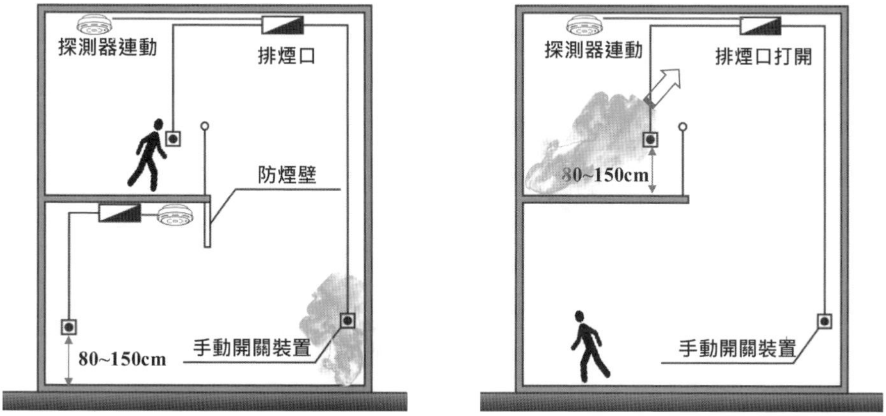

（日本 Saitama 市消防用設備等審查基準，2016）

4-13 排煙設備——火災學計算例

排煙設備火災學計算例（例1至例2於國家考試原則不考）

例 1：假設一混凝土磚造房間（牆壁厚度 22cm），室內環境溫度 25℃，室內寬度（w_c）、長度（l_c）及高度（h_c），分別為 6m、4m 及 3m，天花板下方 80cm 範圍內設有機械排煙設備，排煙量依各類場所消防安全設備設置準規定，排煙量為 120 m^3/min，請在室內起火後 300 秒，可燃物燃燒產生火災熱 d 釋放率（Q）約 1000 kW，請問此時室內熱煙氣體層溫度為何？

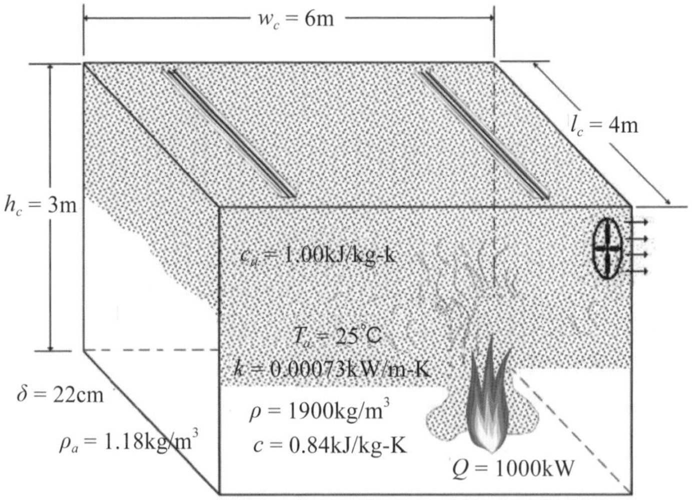

解

依題意所示

Q = 火災熱釋放率爲 1000 kW

c_v = 空氣定容比熱（Specific Heat of Air at Constant Volume）一般爲 0.71 kJ/kg-K

T_a = 初始環境溫度爲 25℃（298K）

Pa = 初始環境大氣壓力爲 101.35 kPa

ρ_a = 初始空氣密度爲 1.18 kg/m^3

t = 起火後經過時間爲 300 sec

δ = 室內牆壁材質厚度爲 0.22m

m = 強制通風質量流（Forced Ventilation Flow Rate）爲 120 m^3/min（2 m^3/sec）

k = 混凝土磚造爲 0.00073 kW/m-K

ρ = 混凝土磚造爲 1900 kg/m^3
c = 混凝土磚造爲 0.84 kJ/kg-K

表：室內各種壁面暨內襯材質之kρc屬性

壁面材質Material	kρc（kW/m^2-K）^{2}-sec	k（kW/m-K）	ρ（kg/m^3）	c（kJ/kg-K）
鋁	500	0.206	2710	0.895
鋼鐵	197	0.054	7850	0.465
混凝土	2.9	0.0016	2400	0.75
磚	1.7	0.0008	2600	0.8
玻璃	1.6	0.00076	2710	0.8
混凝土／磚造	1.2	0.00073	1900	0.84
石膏板	0.18	0.00017	960	1.1
膠合板（Plywood）	0.16	0.00012	540	2.5
保溫纖維板（Fiber Insulation Board）	0.16	0.00053	240	1.25
刨花板（Chipboard）	0.15	0.00015	800	1.25
石膏板	0.12	0.00016	950	0.84
矽酸鈣板	0.098	0.00013	700	1.12
氧化鋁矽酸鹽磚	0.036	0.00014	260	1.0
保溫性玻璃纖維	0.0018	0.000037	60	0.8
發泡性聚苯乙烯	0.001	0.000034	20	1.5

（資料來源：Klote& Milke, 2002）

計算室內熱煙層溫度ΔT_g（℃）
依 Foote, Pagni, and Alvares 等人所提出方法

$$\frac{\Delta T_g}{T_a}=0.63\left(\frac{Q}{m\times c_a\times T_a}\right)^{0.72}\times\left(\frac{h_k\times A_T}{m\times c_a}\right)^{-0.36}$$

其中
$\Delta T_g = T_g - T_a$ = 室內上方熱煙層溫度（K）
T_a = 初始環境溫度（ambient air temperature）（K）
Q = 火災熱釋放率（kW）
m = 室內通風質量流率（kg/sec）
c_a = 空氣比熱 1.00（kJ/kg-K）

h_k = 對流熱傳係數（kW/m²-K）
A_T = 室內所有表面積（開口面積除外）（m²）
計算熱穿透時間 t_p【註解1】（sec）（ Penetration Time）

$$t_p=\left(\frac{\rho c_p}{k}\right)\left(\frac{\delta}{2}\right)^2=\left(\frac{1900\times 0.84}{0.00073}\right)\left(\frac{0.22}{2}\right)^2=26454.25\text{sec}$$

其中
ρ = 室內壁面材質密度（kg/m³）
c_p = 室內壁面材質比熱（specific heat）（kJ/kg-K）
k = 室內壁面熱傳導率（kW/m-K）
δ = 室內牆壁內襯厚度（m）
計算熱傳係數 h_k（kW/m²-K）

$$h_k=\sqrt{\frac{k\rho c}{t}}\ 在\ t<t_p$$

$$h_k=\frac{K}{\delta}\ 在\ t>t_p$$

$$所以\ t<t_p$$

$$h_k=\sqrt{\frac{k\rho c}{t}}=\sqrt{\frac{1.2}{300}}=0.06$$

其中
h_k = 熱傳係數（Heat Transfer Coefficient ）（kW/m²-K）
$k_{\rho c}$ = 室內壁面熱慣性【註解2】（Thermal Inertia）（kW/m²-K）²-sec
t = 起火後經過時間（sec）
計算室內所有表面積 A_T（m²）

$$A_T=[2(w_c\times l_c)+2(h_c\times w_c)+2(h_c\times l_c)]=108\ (\text{m}^2)$$

計算室內通風質量流率 m（kg/sec）

$$\text{m (kg/s)}=\rho\times v=1.18\ \text{kg/m}^3\times 2\ \text{m}^3\text{/s}=2.36\ \text{kg/s}$$

計算室內熱煙層溫度Δ T_g（℃）

$$\frac{\Delta T_g}{T_a}=0.63\left(\frac{Q}{m\times c_a\times T_a}\right)^{0.72}\times\left(\frac{h_k\times A_T}{m\times c_a}\right)^{-0.36}$$

$$\frac{\Delta T_g}{T_a}=0.63\times\left(\frac{1000}{2.36\times 1.00\times 298}\right)^{0.72}\times\left(\frac{0.06\times 108}{2.36\times 1.00}\right)^{-0.36}$$

【註解1】熱穿透時間指熱傳導通過一個特定的對象物，即熱量從牆壁一側到另一側所需的時間。
【註解2】熱慣性係指物質對溫度上升率反應之一種熱屬性（thermal property）。

$$\frac{\Delta T_g}{T_a}=0.56$$

$$\Delta T_g = 168.15(\mathrm{K}) \text{ 又} \Delta T_g = T_g - T_a = 168.15(\mathrm{K})$$

$$T_g = 168.15 + 298(\mathrm{K}) = 466.15(\mathrm{K}) = 193.15\text{（℃）}$$

例 2：承接上一題，假設同一火災情境，機械排煙量依法規為 120 m^3/min（2 m^3/s），現排煙量改為 6 m^3/min（0.10 m^3/s），請問一樣起火後經過 300 秒，此時室內熱煙氣體層溫度為何？

解

$$\frac{\Delta T_g}{T_a}=0.63\left(\frac{Q}{m \times c_a \times T_a}\right)^{0.72} \times \left(\frac{h_k \times A_T}{m \times c_a}\right)^{-0.36}$$

在此計算 m（kg/s）

$m = \rho \times v = 1.18\ \mathrm{kg/m^3} \times 0.1\ \mathrm{m^3/s} = 0.12\ \mathrm{kg/s}$

所以

$$\frac{\Delta T_g}{T_a}=0.63 \times \left(\frac{1000}{0.12 \times 1.00 \times 298}\right)^{0.72} \times \left(\frac{0.06 \times 108}{0.12 \times 1.00}\right)^{-0.36}$$

$$\frac{\Delta T_g}{T_a}=1.67$$

$$\Delta T_g = 497.44\text{（K）}$$

$$\text{又} \Delta T_g = T_g - T_a = 497.44\text{（K）}$$

$$\text{所以 } T_g = 497.44 + 298\text{（K）} = 795.44\text{（K）} = 522.44\text{（℃）}$$

問題與討論

從上揭排煙設備運算，比較機械排煙問題，依法規消防排煙設備須有 2.0 m^3/s 之排煙量，如此大強制對流，雖會造成外面大量送氧進入火災室，但卻能快速將火災生成熱與氣體大量排出，火災熱量也就無法輻射回饋，並使火災室一直處於燃料控制燃燒，如同室外火災一樣，溫度難以有效提升，閃燃發生能量之一氧化碳等可燃氣體，皆排出室外，閃燃發生三要素中燃料，閃燃所需熱量也不足，所以大量排煙在消防上是有其效果與意義，並列入在消防人員搶救必要設備之一。

但如果排煙量受阻礙或排煙量減少為 6 m^3/min（0.10 m^3/s），此時會造成外部給氧，火災生成熱及氣體也無法有效排出，從上揭例題顯示這種情況，火災室溫度會達到 522˚C，這已是閃燃所需溫度了，這對內部尚未逃出者而言，已是相當危險之潛在閃燃情境。

4-14 排煙設備——應設場所

一、應設場所（§ 28）

<table>
<tr><th rowspan="2">類別</th><th rowspan="2">目別</th><th rowspan="2">場所</th><th rowspan="2">總樓地板面積（m^2）</th><th colspan="3">樓地板面積（m^2）</th><th rowspan="2">排煙室</th></tr>
<tr><th>居室</th><th>無開口樓層</th><th>舞臺</th></tr>
<tr><td rowspan="6">甲</td><td>1</td><td>電影片映演場所（戲院、電影院）、歌廳、舞廳、夜總會、俱樂部、理容院（觀光理髮、視聽理容等）、指壓按摩場所、錄影節目帶播映場所（MTV 等）、視聽歌唱場所（KTV 等）、酒家、酒吧、酒店（廊）</td><td rowspan="6">≥ $500m^2$ 應設</td><td rowspan="6">≥ $100m^2$ 居室，其天花板下方 80cm 範圍內之有效通風面積未達該居室樓地板面積 2% 者</td><td rowspan="6">≥ $1000m^2$</td><td>≥ $500m^2$ 應設</td><td rowspan="6">依建築技術規則應設置之特別安全梯或緊急升降機間</td></tr>
<tr><td>2</td><td>保齡球館、撞球場、集會堂、健身休閒中心（含提供指壓、三溫暖等設施之美容瘦身場所）、室內螢幕式高爾夫練習場、遊藝場所、電子遊戲場、資訊休閒場所</td><td>集會堂舞臺 ≥ $500m^2$ 應設</td></tr>
<tr><td>3</td><td>觀光旅館、飯店、旅館、招待所（限有寢室客房者）</td><td rowspan="4"></td></tr>
<tr><td>4</td><td>商場、市場、百貨商場、超級市場、零售市場、展覽場</td></tr>
<tr><td>5</td><td>餐廳、飲食店、咖啡廳、茶藝館</td></tr>
<tr><td>6</td><td>醫院、療養院、榮譽國民之家、長期照顧服務機構（限機構住宿式、社區式之建築物使用類組非屬 H-2 之日間照顧、團體家屋及小規模多機能）、老人福利機構（限長期照護型、養護型、失智照顧型長期照顧機構、安養機構）、兒童及少年福利機構（限托嬰中心、早期療育機構、有收容未滿二歲兒童之安置及教養機構）、護理機構（限一般護理之家、精神護理之家、產後護理機構）、身心障礙福利機構（限供住宿養護、日間服務、臨時及短期照顧者）、身心障礙者職業訓練機構（限提供住宿或使用特殊機具者）、啓明、啓智、啓聰等特殊學校、身心障礙福利機構（限照顧植物人、失智症、重癱、長期臥床或身心功能退化者）</td></tr>
</table>

類別	目別	場所	總樓地板面積（m^2）	樓地板面積（m^2）			排煙室
				居室	無開口樓層	舞臺	
	7	三溫暖、公共浴室		≥ 100m^2 居室，其天花板下方 80cm 範圍內之有效通風面積未達該居室樓地板面積 2% 者	≥ 1000m^2		依建築技術規則應設置之特別安全梯或緊急升降機間
乙	1	車站、飛機場大廈、候船室					
	2	期貨經紀業、證券交易所、金融機構					
	3	學校教室、兒童課後照顧服務中心、補習班、訓練班、K 書中心、前款第六目以外之兒童及少年福利機構（限安置及教養機構）及身心障礙者職業訓練機構					
	4	圖書館、博物館、美術館、陳列館、史蹟資料館、紀念館及其他類似場所					
	5	寺廟、宗祠、教堂、供存放骨灰（骸）之納骨堂（塔）及其他類似場所					
	6	辦公室、靶場、診所、長期照顧服務機構（限社區式建築物使用類組屬 H-2 之日間照顧、團體家屋及小規模多機能）、日間型精神復健機構、兒童及少年心理輔導或家庭諮詢機構、身心障礙者就業服務機構、老人文康機構、前款第六目以外之老人服務機構及身心障礙福利機構					
	7	集合住宅、寄宿舍、住宿型精神復健機構					
	8	體育館、活動中心					
	9	室內溜冰場、室內游泳池					
	10	電影攝影場、電視播送場					
	11	倉庫、傢俱展示販售場					
	12	幼兒園					
丙	1	電信機器室					
	2	汽車修護廠、飛機修理廠、飛機庫					
	3	室內停車場、建築物依法附設之室內停車空間					

類別	目別	場所	總樓地板面積（m^2）	樓地板面積（m^2）			排煙室
				居室	無開口樓層	舞臺	
丁	1	高度危險工作場所		≥ 100m^2 居室，其天花板下方 80cm 範圍內之有效通風面積未達該居室樓地板面積 2% 者	≥ 1000m^2		依建築技術規則應設置之特別安全梯或緊急升降機間
	2	中度危險工作場所					
	3	低度危險工作場所					
戊	1	複合用途建築物中，有供甲類用途者					
	2	前目以外供乙至丁類用途之複合用途建築物					
	3	地下建築物	≥ 500m^2 應設				
其他		經中央主管機關公告之場所	-				

前項場所之樓地板面積，在建築物以具有 ≥ 1hr 防火時效之牆壁、平時保持關閉之防火門窗等防火設備及各該樓層防火構造之樓地板區劃，且防火設備具 ≥ 1hr 之阻熱性者，增建、改建或變更用途部分得分別計算。

註：
1. 符號 ≥ 為以上（含本數）；符號 < 為小於（不含本數）；符號 ≦ 為以下或以內（含本數）。
2. 符號 § 表示「各類場所消防安全設備設置標準」第幾條之意。

排煙設備消防工程設計例

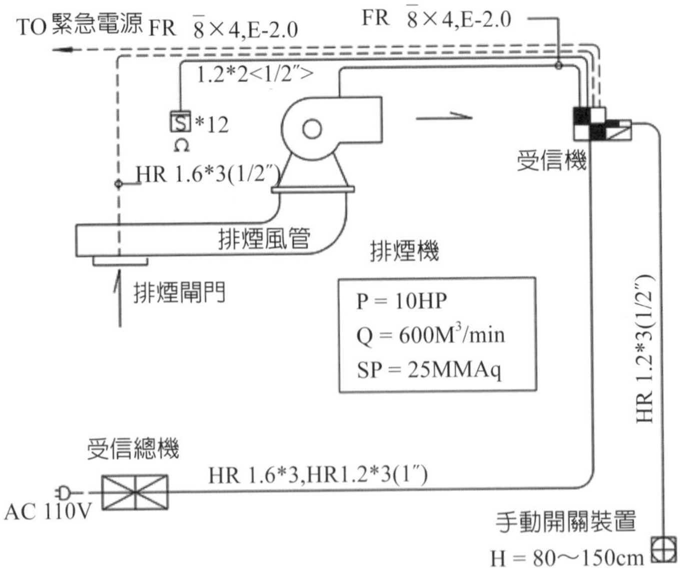

未設排煙設備火場煙流

排煙設備消防工程設計例

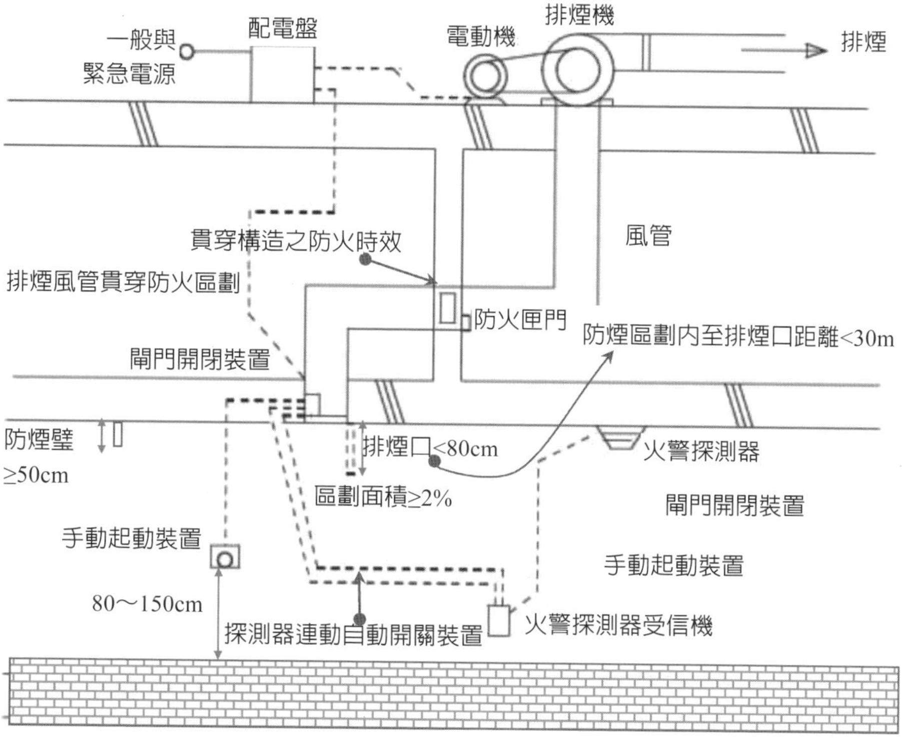

4-15 排煙設備——防煙區劃等

二、防煙區劃等（§ 188）

項目		內容	例外
防煙區劃		每層樓地板面積每 $500m^2$ 內，以防煙壁區劃。	戲院、電影院、歌廳、集會堂等場所觀衆席，及工廠等類似建築物，其天花板高度在 ≥ 5m，且天花板及室內牆面以耐燃一級材料裝修者，不在此限。
		地下建築物之地下通道每 $300m^2$ 內應以防煙壁區劃。	-
		防煙壁，指以不燃材料建造，自天花板下垂 ≥ 50cm 之垂壁或具有同等以上阻止煙流動構造者。	地下建築物之地下通道，防煙壁應自天花板下垂 ≥ 80cm。
排煙口	距離	防煙區劃範圍內，任一位置至排煙口之水平距離在 <30m 排煙口設於天花板或其下方 80cm 範圍內，除直接面向戶外，應與排煙風管連接。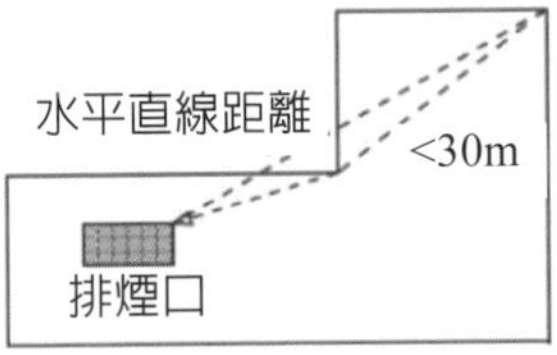	排煙口設在天花板下方，防煙壁下垂高度 <80cm 時，排煙口應設在該防煙壁之下垂高度內。
	不燃	排煙口、風管及其他與煙接觸部分應使用不燃材料。	-
	開關裝置	1. 排煙口設手動開關裝置及探測器連動自動開關裝置；以該等裝置或遠隔操作開關裝置開啓，平時保持關閉狀態，開口葉片之構造應不受開啓時所生氣流之影響而關閉。 2. 手動開關裝置用手操作部分應設於距離樓地板面 80～150cm 下之牆面，裝置於天花板時，應設操作垂鍊或垂桿在距離樓地板 180cm 之位置，並標示簡易之操作方式。	排煙口直接面向戶外且常時開啓者，得不受限制。
		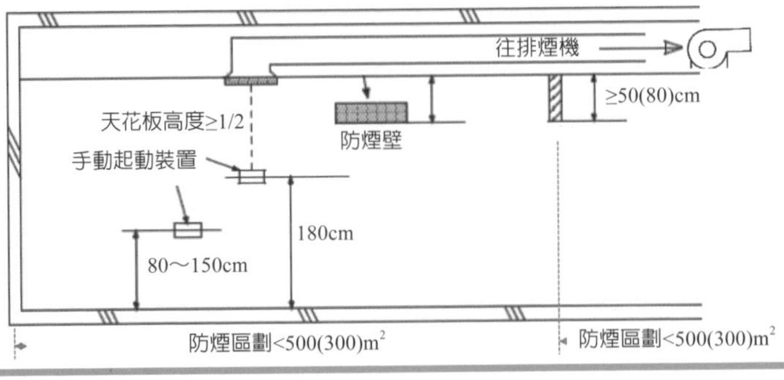	

項目		內容	例外
	開口面積	排煙口之開口面積在防煙區劃面積之 ≥ 2%，且以自然方式直接排至戶外。	排煙口無法以自然方式直接排至戶外時，應設排煙機。
排煙風管		排煙風管貫穿防火區劃時，應在貫穿處設防火閘門；該風管與貫穿部位合成之構造應具所貫穿構造之防火時效；其跨樓層設置時，立管應置於防火區劃之管道間。	風管具防火性能並經中央主管機關審核認可，該風管與貫穿部位合成之構造具所貫穿構造之防火時效者，不在此限。
		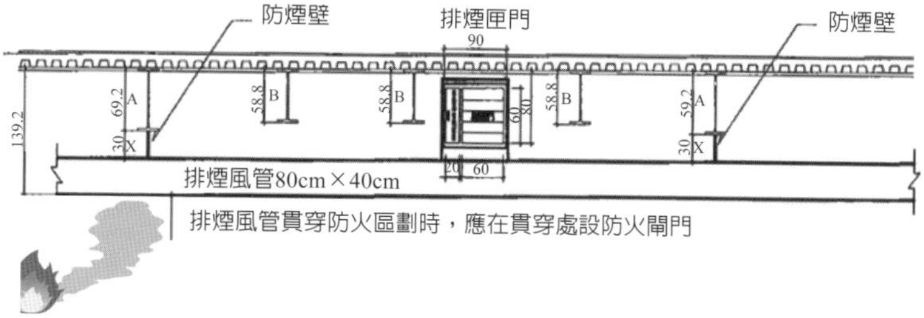	
排煙機		1. 排煙機應隨任一排煙口之開啟而動作。排煙機之排煙量 ≥ 120m³/min。 2. 且在一防煙區劃時，在該防煙區劃面積 ≥ 1m³/min.m² 。 3. 在二區以上之防煙區劃時，在最大防煙區劃面積 ≥ 2m³/min.m² 。	但地下建築物之地下通道，其總排煙量應在 ≥ 600m³/min。
		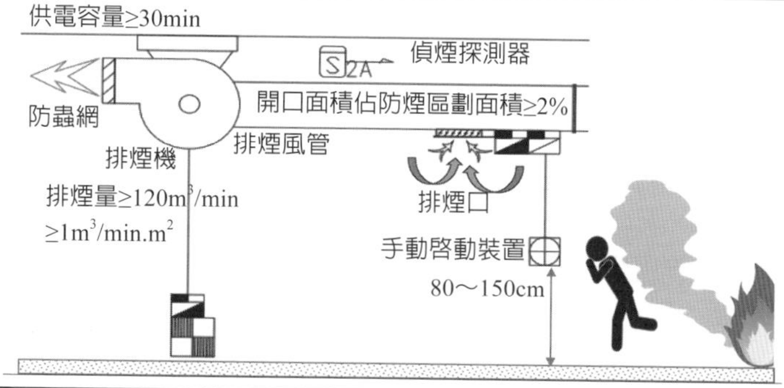	
緊急電源		供電容量應供其有效動作 ≥ 30min。	排煙口直接面向戶外且常時開啓者，得不受限制。
		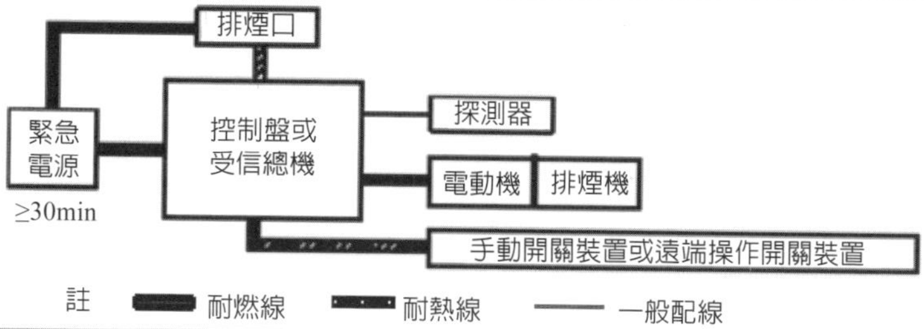	

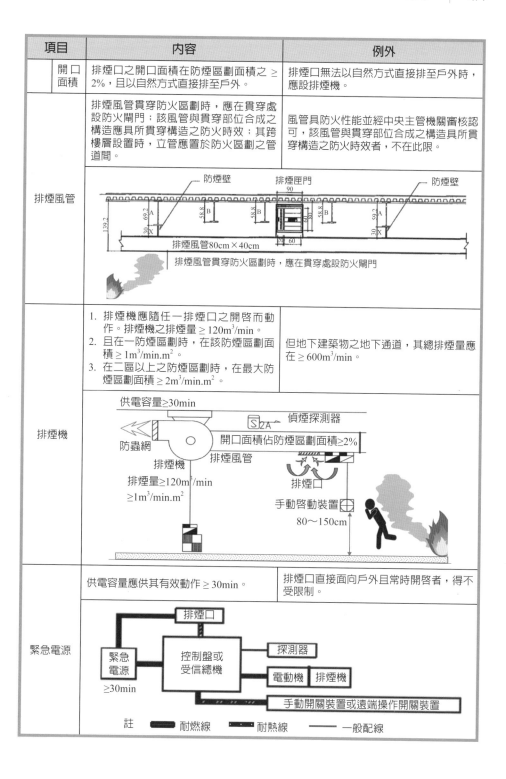

自然排煙窗照片

排煙閘門消防工程例

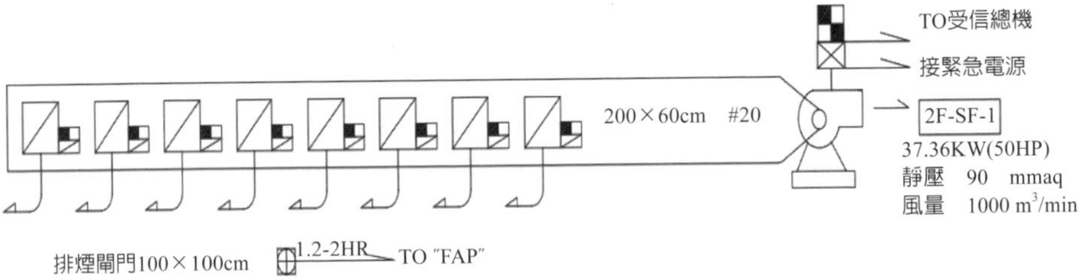

排煙閘門消防工程例

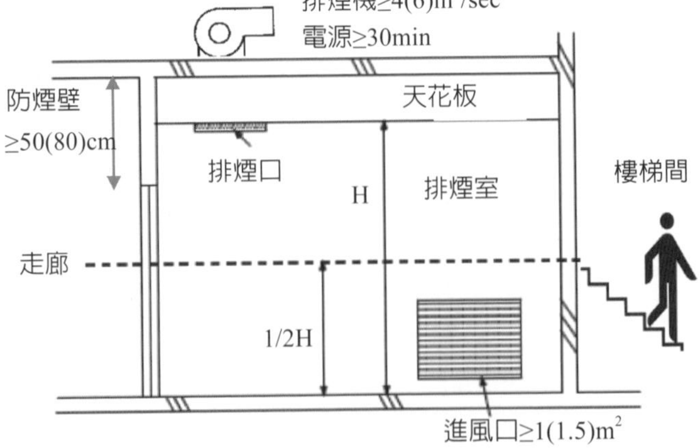

天花板上排煙口消防工程例

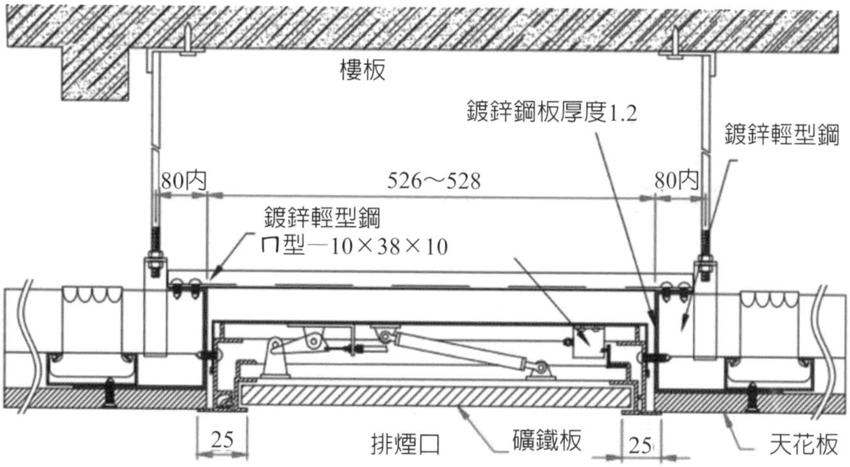

（單位：mm）

有效排煙開口面積

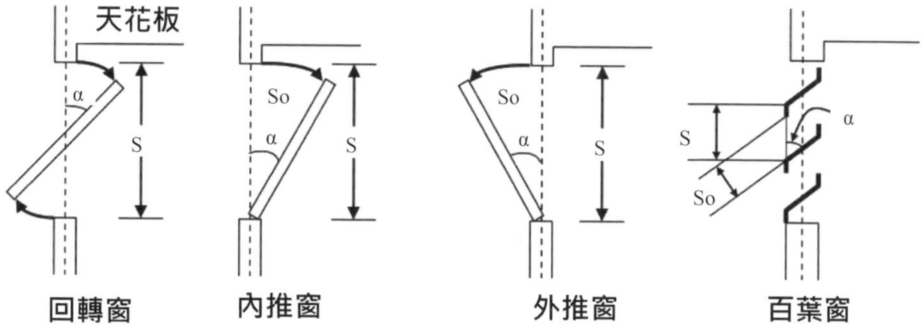

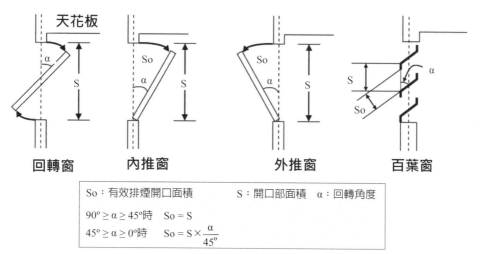

So：有效排煙開口面積　　S：開口部面積　α：回轉角度

$90^{\circ} \geq \alpha \geq 45^{\circ}$時　$So = S$

$45^{\circ} \geq \alpha \geq 0^{\circ}$時　$So = S \times \frac{\alpha}{45^{\circ}}$

（福岡市消防用設備等技術基準，2017）

4-16 排煙設備——特別安全梯排煙室

二、特別安全梯或緊急升降機間排煙室排煙設備設置規定（§ 189）

項目		內容	例外
直接面向戶外窗戶	不燃材料	在排煙時窗戶與煙接觸部分使用不燃材料。	
	開口面積	窗戶有效開口面積位於天花板高度 ≥ 1/2 之範圍內。	
		窗戶之有效開口面積在 ≥ $2m^2$ 。	特別安全梯排煙室與緊急升降機間兼用時，應在 ≥ $3m^2$ 。
	開關裝置	平時關閉之窗戶設手動開關裝置，其操作部分設於距離樓地板面 80～150cm 之牆面，並標示簡易之操作方式。	
排煙與進風風管	不燃材料	排煙設備之排煙口、排煙風管、進風口、進風風管及其他與煙接觸部分應使用不燃材料。	
	貫穿部	排煙、進風風管貫穿防火區劃時，應在貫穿處設防火閘門；該風管與貫穿部位合成之構造應具所貫穿構造之防火時效；其跨樓層設置時，立管應置於防火區劃之管道間。	設置之風管具防火性能並經中央主管機關認可，該風管與貫穿部位合成之構造具所貫穿構造之防火時效者，不在此限。
	排煙口	排煙口位於天花板高度 ≥ 1/2 之範圍內，與直接連通戶外之排煙風管連接，該風管並連接排煙機。進風口位於天花板高度 <1/2 範圍內；其直接面向戶外，開口面積在 $1m^2$（兼用時為 $1.5m^2$）以上；或與直接連通戶外之進風風管連接，該風管並連接進風機。	
	排煙機、進風機	排煙機、進風機之排煙量、進風量在 ≥ $4m^3/sec$（兼用時 ≥ $6m^3/sec$），且可隨排煙口、進風口開啓而自動啓動。	
	開關裝置	設手動開關裝置及探測器連動自動開關裝置；除以該等裝置或遠隔操作開關裝置開啓外，平時保持關閉狀態，開口葉片之構造應不受開啓時所生氣流之影響而關閉。	
	緊急電源	排煙口、進風口、排煙機及進風機連接，其供電容量應供其有效動作 ≥ 30min。	

三、免設排煙設備規定（§ 190）

項目		內容	例外
<10F 樓層	非居室	1. 天花板及室內牆面，以耐燃 1 級材料裝修，且除面向室外之開口外，以 ≥ 0.5hr 防火時效之防火門窗等防火設備區劃者。 2. 樓地板面積每 $100m^2$ 以下，以防煙壁區劃者。	地下層除外

項目	內容	例外
居室	1. 樓地板面積每 100m² 以下，以具 ≥ 1hr 防火時效之牆壁、防火門窗等防火設備及各該樓層防火構造之樓地板形成區劃，且天花板及室內牆面，以耐燃 1 級材料裝修者。 2. 樓地板面積在 <100m²，天花板及室內牆面，且包括其底材，均以耐燃 1 級材料裝修者。	
≥ 11F 樓層、地下層或地下建築物	樓地板面積每 <100m²，以具 ≥ 1hr 防火時效之牆壁、防火門窗等防火設備及各該樓層防火構造之樓地板形成區劃間隔，且天花板及室內牆面，以耐燃一級材料裝修者。	地下層或地下建築物之甲類場所除外
非人常駐部分	樓梯間、升降機升降路、管道間、儲藏室、洗手間、廁所及其他類似部分。	-
自動滅火	設有二氧化碳或乾粉等自動滅火設備之場所。	
不燃性	機器製造工廠、儲放不燃性物品倉庫及其他類似用途建築物，且主要構造為不燃材料建造者。	
影響面大	集合住宅。	
火載量少	學校教室、學校活動中心、體育館、室內溜冰場、室內游泳池。	
其他	經中央主管機關核定之場所。	

排煙機開口設計圖例

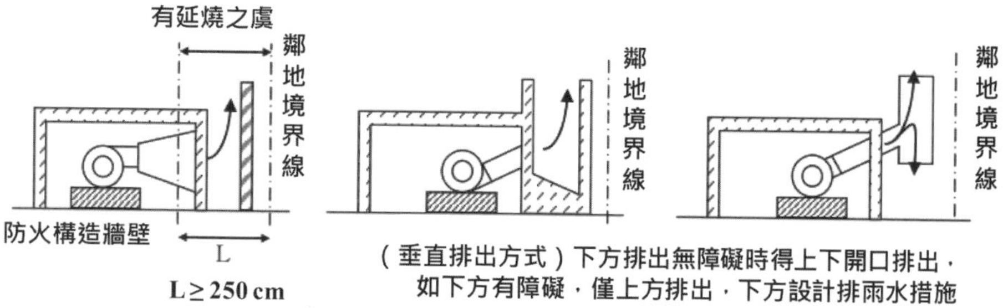

（福岡市消防用設備等技術基準，2017）

4-17 緊急電源插座

一、緊急電源插座設置目的與組成

項目	內容
設置目的	在高樓層或地下建築物火災時，消防人員可能使用圓盤切割器或撐開器等插電式救災機具時，由於此等場所係屬搶救不易之場所，為利於搶救之目的，必須進行破壞或其他用途，為消防人員搶救必要設備之一種。
構成組件	由緊急電源插座、紅色標示燈、保護箱及緊急供電系統組成。

二、應設緊急電源插座之場所（§ 29）

場所	總樓地板面積	
≥ 11F 各樓層	≥ 0 m^2	
地下建築物	≥ 1000 m^2	
緊急升降機間		

三、緊急電源插座之設置規定（§ 191）

項目		內容
裝設於樓梯間或緊急升降機間等（<5m 內）	消防人員易於施行救火處	且每一層任何一處至插座水平距離 <50m。
電流供應容量	交流單相 110～120V, 15A	容量 ≥ 1.5 瓩
緊急電源插座之規範	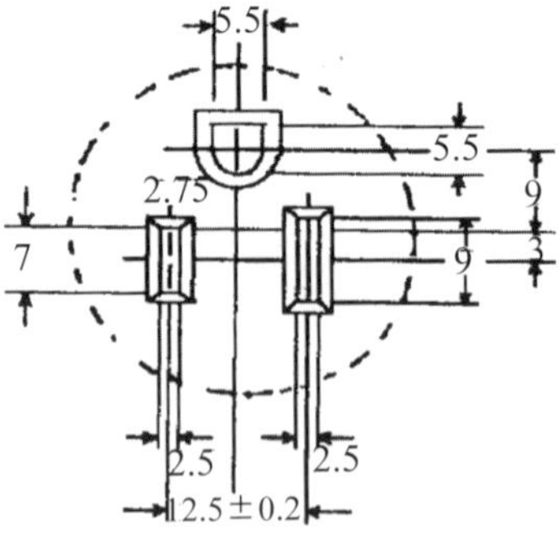 （單位mm）	
接地型	裝設高度 1～1.5m	裝設 2 個崁裝式保護箱

項目	內容	
保護箱 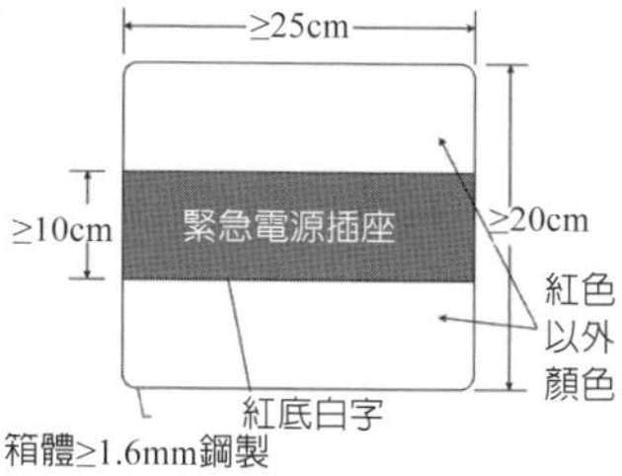 	長邊 × 短邊為 25cm × 20cm 以上	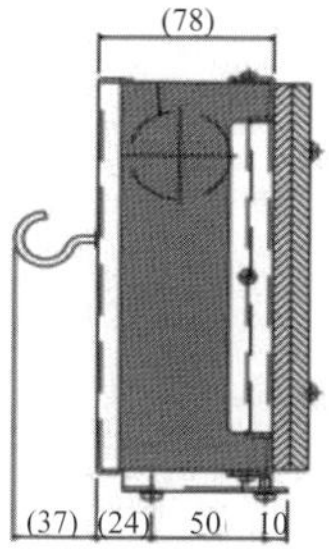
	厚度 ≥ 1.6mm 鋼板或不燃材料製	
	有防止插頭脫落裝置（L 型或 C 型護鉤，如右圖單位 mm）	
	箱蓋易於開閉	
	接地	
	標示緊急電源插座字樣，每字 ≥ $2cm^2$	
	與室內消防栓箱併設時，設於上方且能另外開啓	
紅色表示燈	保護箱上方	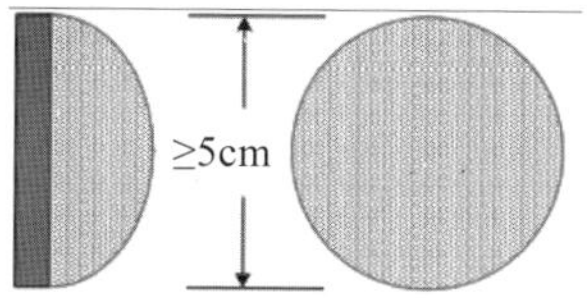
專用回路	各層設 ≥ 2 回路	且每一回路連接插座數 <10 個（每回路電線 ≥ 2 個插座同時使用之容量）
	不得設漏電斷路器 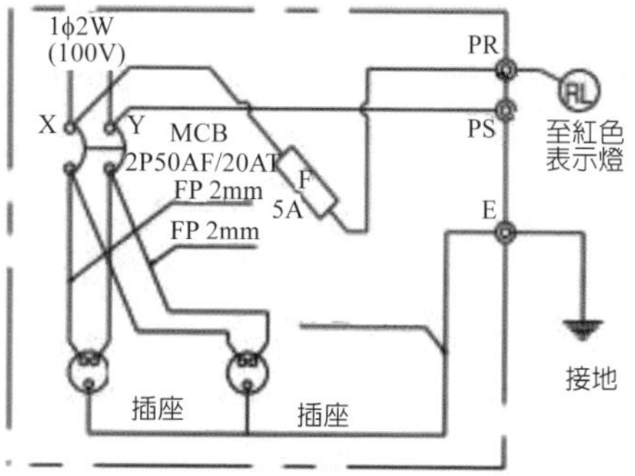 	
無熔絲斷路器	容量 110V、15A 以上	
連接至緊急供電系統	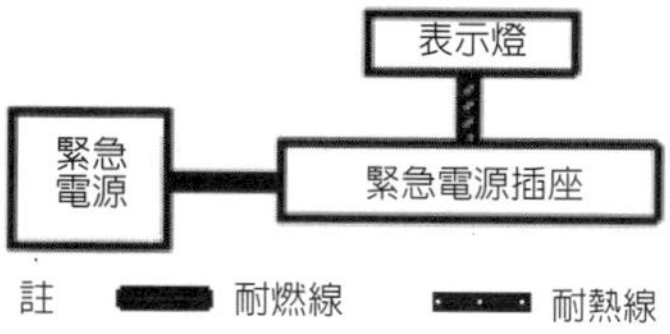 	

4-18 無線電通信輔助設備

一、無線電通信輔助設備設置目的與組成

項目	內容
設置目的	一般在難以救災且通信不良之場所，如隧道、地下車站或地下建築（街）進行消防活動，因這些場所往往火災濃煙大及通信困難問題，且須深入災害現場，救災人員能攜帶無線電通訊輔助行動台等搶救設備進入，確保救災與指揮人員間能進行有效通信連絡，為一種消防救災活動之必要設備。
構成組件	由洩波同軸電纜、分配器、混合器、分波器、增幅器、無線電之接頭及洩波同軸電纜所連接之天線所組成。

二、應設無線電通信輔助之場所及規定（§ 30、§ 192）

項目		內容
應設場所	地下層	樓高在 ≥ 100m 建築物。
	地下建築物	總樓地板面積在 ≥ 1000m^2
設置規定	洩波同軸電纜	1. 電纜適合傳送或輻射 150MHz 或中央主管機關指定之周波數。 2. 標稱阻抗為 50Ω。 3. 經耐燃處理。 
	分配器、混合器、分波器及其他	應使用介入衰耗少，且接頭部分有適當防水措施者。 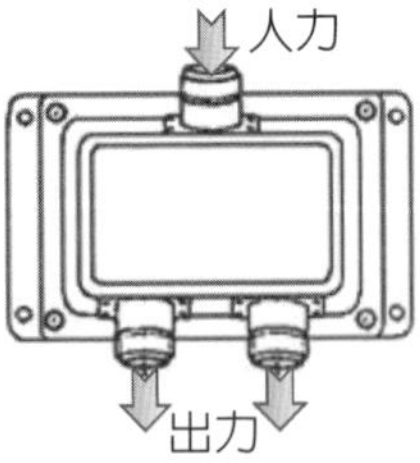 圖：分配器 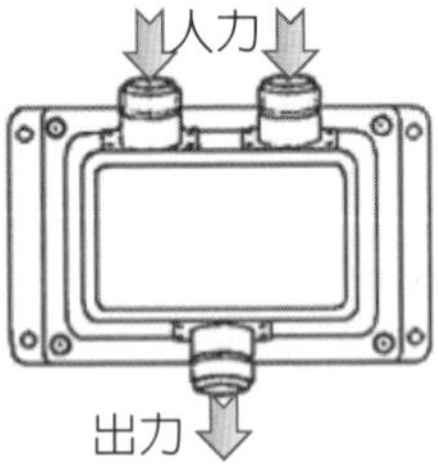 圖：混合器
	增幅器	緊急電源應使用蓄電池設備，其能量能使其有效動作 ≥ 30min 。
	無線電之接頭	1. 設於地面消防人員便於取用處及值日室等平時有人之處所。 2. 前目設於地面之接頭數量，在任一出入口與其他出入口之步行距離 ≥ 300m 時，設置 2 個以上。 3. 距地板面高度 0.8～1.5m。

項目		內容
		4. 裝設於保護箱內，箱內設長度 $\geq$ 2m 之射頻電纜，保護箱應構造堅固，有防水及防塵措施，其箱面應漆紅色，並標明消防隊專用無線電接頭字樣。
	配線	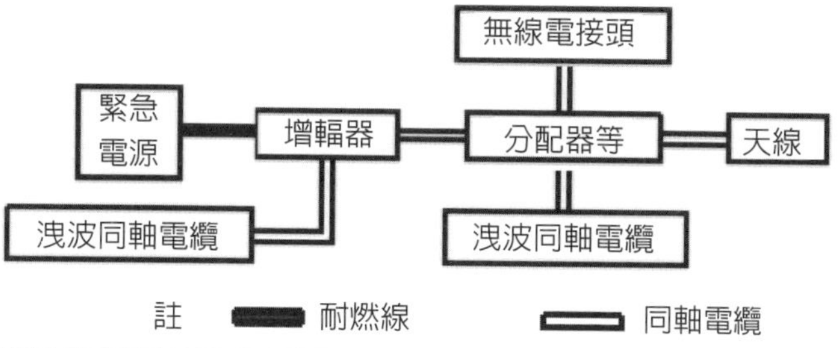

三、洩波同軸電纜設備方式

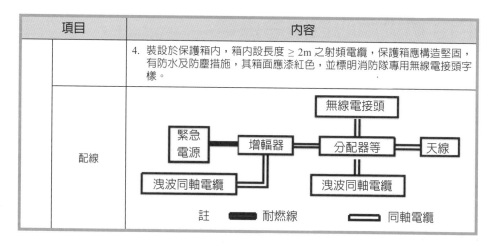

分類	使用場所及安裝（參考福岡消防用設備等技術基準，平成 28 年）。
天線方式	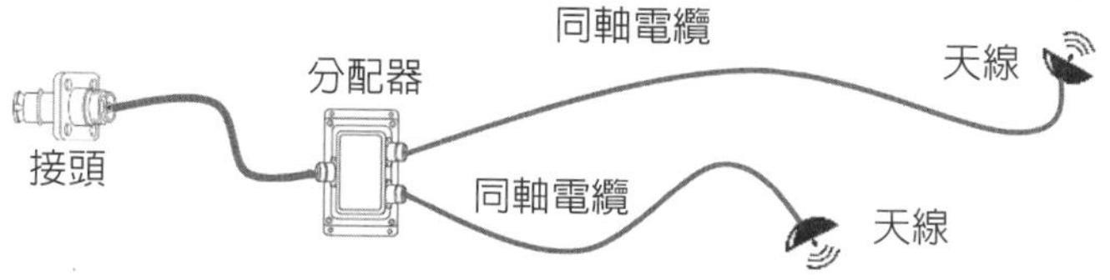 適合於細長建築構造如隧道、停車場或地下通道等場所。安裝固定於樓板下或架設在隧道等壁面上。
洩波同軸電纜方式	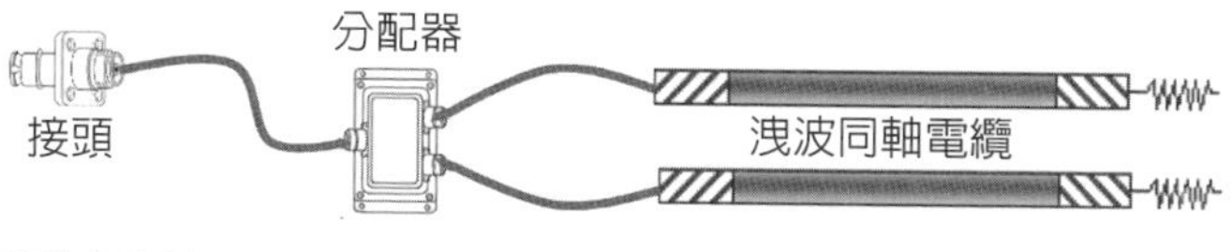 適合障礙物相對較少的大空間，如大廳堂、車站。同軸電纜能敷設在天花板面和電纜固定架等安裝。
洩波同軸電纜與天線方式	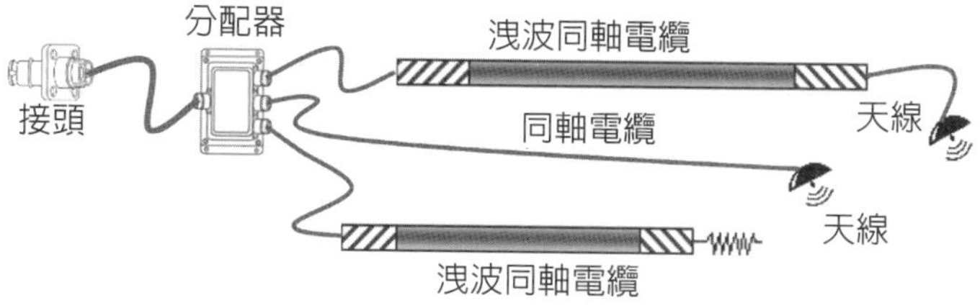 以上二種特徵之組合應用。

4-19 防災中心與緊急供電

一、防災中心之目的與組成

項目	內容
設置目的	為因應高層建築物可能火災或地震等緊急性危害時，能提供有效災害應變之指揮，進行整棟之建築設備安全、防火避難設施及消防設備管控，以便救災人員得以在指示下於相對安全環境進行消防活動。
構成要件	依規定應設防災設備及設備監控裝置，如消防安全設備、緊急升降設備、電力設備、通風空調設備、連絡通信及燃氣設備及其他之必要設備等，設置空間樓地板面積 ≥ $40m^2$。

二、應設防災中心之場所

場所	內容
高層建築物	高度 50 m 或 ≥ 16 F 以上
高層建築連接地下建築物或地下運輸系統之建築物	

三、防災中心之場設置規定（§ 238）

項目	內容
空間	面積 ≥ $40m^2$
位置	消防人員自外面容易進出
	便於通達緊急升降機間及特別安全梯
	出入口至屋外任一出入口之步行距離 <30m
構造	空調系統專用
	防災監控系統設備以地腳螺栓固定
	供操作人員睡眠休息區域以防火區劃間隔
設備	火警受信總機
	瓦斯漏氣受信總機
	緊急廣播設備之擴音機及操作裝置
	加壓送水裝置及與其送水口處之通話連絡
	緊急發電機
	常開式防火門之偵煙型探測器
	滅火設備加壓送水裝置

項目	內容
	化學系統滅火設備
	排煙設備

四、緊急供電系統之電源規定（§237）

項目	內容
電源設備	符合 CNS 規定發電機設備或蓄電池設備或相同效果之設備
電源切換	於常用電源切斷自動切換緊急用電，並於常用電源恢復自動恢復由常用電源供應
發電機	應防止向正常供電線路逆向電力
處所	防火構造但屋外設有防水措施者，不在此限
電源配線	設專用回路，開關應有標示

大樓防災中心示意圖

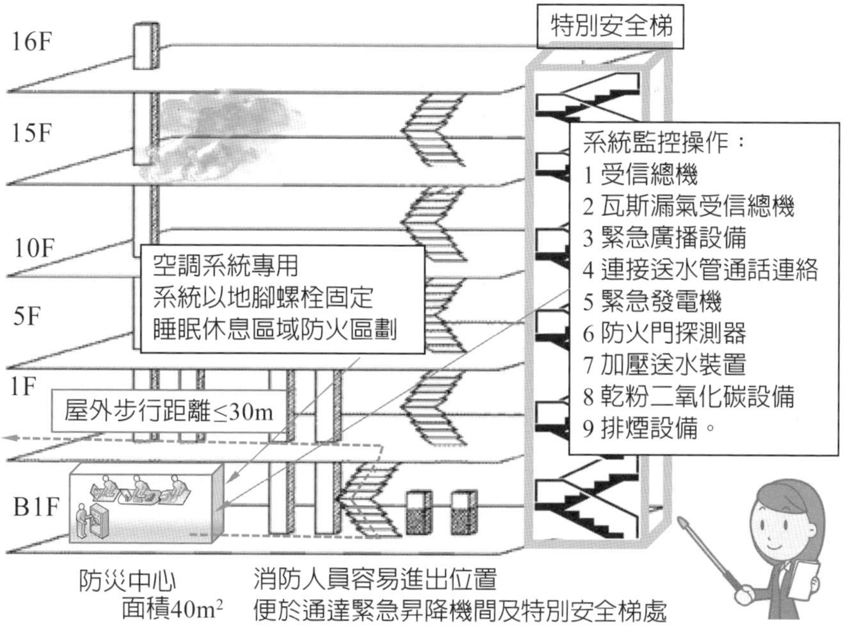

排煙設備歷屆考題

【申論題】

例 1：何謂「防煙壁」？其設置之目的為何？又請依「各類場所消防安全設備設置標準」說明「防煙區劃」之設置規定為何？

解

（一）「防煙壁」

防煙壁係指以氣密性不燃材料建造，自天花板下垂 ≥ 50cm 之垂壁或具有同等以上阻止煙流動構造者。但地下建築物之地下通道，防煙壁應自天花板下垂 ≥ 80cm。

（二）設置之目的

利用建築體本身防火區劃所形成的耐燃空間，將火災煙流擴散局限在該空間內，並設置防煙垂壁配合正壓自然排煙或負壓排煙機使用，在火災初期有效排出火災生成煙流至室外，以達到延緩火災煙流水平擴散，增進內部使用人員避難逃生安全之目的。

（三）防煙區劃之設置規定：第 188 條

1. 每層樓地板面積每 $<500m^2$，以防煙壁區劃。但戲院、電影院、歌廳、集會堂等場所觀眾席，及工廠等類似建築物，其天花板高度在 ≥ 5m，且天花板及室內牆面以耐燃 1 級材料裝修者，不在此限。
2. 地下建築物之地下通道每 $300m^2$ 應以防煙壁區劃。
3. 依第 1 款、第 2 款區劃之範圍內，任一位置至排煙口之水平距離在 <30m，排煙口設於天花板或其下方 80cm 範圍內，除直接面向戶外，應與排煙風管連接。但排煙口設在天花板下方，防煙壁下垂高度 <80cm 時，排煙口應設在該防煙壁之下垂高度內。

例 2：有一 KTV 位於九層樓建築物之六樓，依規定應設排煙設備，試問其居室及非居室部分，各別符合何種規定時，得檢討免設排煙設備？

解

第 190 條　下列處所得免設排煙設備：

一、建築物在第 10 層以下之各樓層（地下層除外），其非居室部分，符合下列規定之一者：

（一）天花板及室內牆面，以耐燃 1 級材料裝修，且除面向室外之開口外，以半小時以上防火時效之防火門窗等防火設備區劃者。

（二）樓地板面積每 $<100m^2$，以防煙壁區劃者。

二、建築物在第 10 層以下之各樓層（地下層除外），其居室部分，符合下列規定之一者：

（一）樓地板面積每 $<100m^2$，以具 $\geq$ 1hr 防火時效之牆壁、防火門窗等防火設備及各該樓層防火構造之樓地板形成區劃，且天花板及室內牆面，以耐燃 1 級材料裝修者。

（二）樓地板面積在 $<100m^2$，天花板及室內牆面，且包括其底材，均以耐燃 1 級材料裝修者。

例 3：排煙設備中排煙機的排煙風量如何檢查測知？並請說明其測試程序及性能之判定標準為何？

解

（一）風量檢查

以風速計在排煙口進行對角線上 5 點進行風速測量計算，

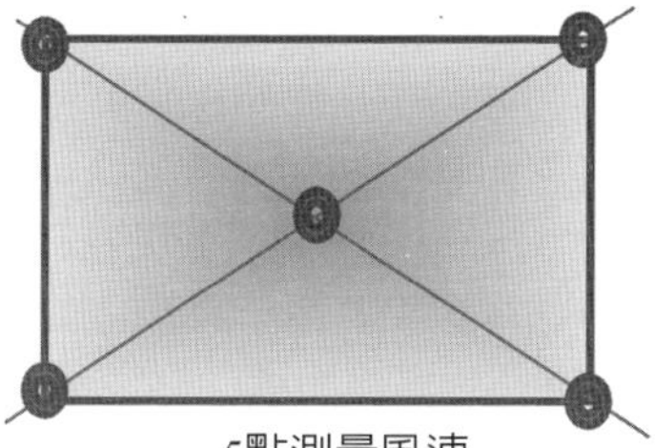

5點測量風速

$$Q（風量\ \frac{m^3}{min}）= 60 \times A（排煙口面積\ m^2）\times V（平均風速\ \frac{m}{sec}）$$

（二）測試程序：

1. 依上述進行排煙口 5 點測量。
2. 求取上述平均風速（V）。
3. 依 $Q（風量\ \frac{m^3}{min}）= 60 \times A（排煙口面積\ m^2）\times V（平均風速\ \frac{m}{sec}）$
4. 是否符合法定排煙量。

（三）性能判定：

1. 需排煙能力，在每秒 $\geq$ 4m（兼用時，每秒六立方公尺）。
2. 排煙口之開口面積不得小於防煙區劃面積 2%，且應以自然方式直接排至戶外。排煙口無法以自然方式直接排至戶外時，應設排煙機。
3. 排煙機應能隨任一排煙口之開啓而動作，其排煙量 $\geq 120m^3/min$，且在 1 防煙區劃時，不得小於該防煙區劃面積 $1m^3/m^2.min$，在 2 區以上之防煙區劃時，應不得小於最大防煙區劃面積 $2m^3/m^2.min$。但地下建築物之地下通道，其總排煙量不得 $<600m^3/min$。

例 4：依據「各類場所消防安全設備設置標準」規定，某棟設有特別安全梯之建築物，其居室及排煙室均設有機械式排煙設備，試問該居室及排煙室之排煙設備，各自風量規定為何？（10 分）上述建築物如由機械排煙改為自然排煙，請問應符合規定為何？

解

（一）風量規定

1. 居室排煙機應隨任一排煙口之開啓而動作。排煙機之排煙量 ≥ 120m^3/min；且在一防煙區劃時，在該防煙區劃面積 ≥ 1m^3/m^2.min；在 2 區以上之防煙區劃時，在最大防煙區劃面積 ≥ 2m^3/m^2.min。但地下建築物之地下通道，其總排煙量應在 ≥ 600m^3/min。
2. 特別安全梯或緊急升降機間排煙室之排煙設備，排煙機、進風機之排煙量、進風量 ≥ 4m^3/sec（兼用時 ≥ 6m^3/sec），且可隨排煙口、進風口開啓而自動啓動。

（二）自然排煙規定

1. 居室自然排煙口設手動開關裝置及探測器連動自動開關裝置；以該等裝置或遠隔操作開關裝置開啓，平時保持關閉狀態，開口葉片之構造應不受開啓時所生氣流之影響而關閉。手動開關裝置用手操作部分應設於距離樓地板面 80～150cm 牆面，裝置於天花板時，應設操作垂鍊或垂桿在距離樓地板 180cm 之位置，並標示簡易之操作方式。
   排煙口之開口面積在防煙區劃面積 ≥ 2%，且以自然方式直接排至戶外。
2. 特別安全梯或緊急升降機間排煙室之自然排煙設備，依下列規定選擇設置：
   設置直接面向戶外之窗戶時，應符合下列規定：
   (1)在排煙時窗戶與煙接觸部分使用不燃材料。
   (2)窗戶有效開口面積位於天花板高度 ≥ 1/2 之範圍內。
   (3)窗戶之有效開口面積在 ≥ 2m^2。但特別安全梯排煙室與緊急升降機間兼用時，應在 ≥ 3m^2。
   前目平時關閉之窗戶設手動開關裝置，其操作部分設於距離樓地板面 80～150cm 牆面，並標示簡易之操作方式。

【選擇題】

(A)　1. 機械排煙口之位置應在天花板或天花板下方多少公分內？
(A) 80　(B) 100　(C) 120　(D) 150

(D)　2. 有一樓層，因用途區劃之故，以防煙壁區劃爲三區，分別爲 100、200、300 平方公尺。若設置一台排煙機進行機械排煙時，其排煙量每分鐘不得小於多少立方公尺？
(A) 300　(B) 400　(C) 500　(D) 600

(C) 3. 依各類場所消防安全設備設置標準第 190 條之規定，下列處所何者不得免設排煙設備？
(A) 設有二氧化碳或乾粉等自動滅火設備之場所
(B) 集合住宅、學校教室、學校活動中心、體育館、室內 冰場、室內游泳池
(C) 建築物在第十層以下之地下層，其非居室部分，樓地板面積每一百平方公尺以下，以防煙壁區劃者
(D) 機器製造工廠、儲放不燃性物品倉庫及其他類似用途建築物，且主要構造為不燃材料建造者

(B) 4. 排煙設備排煙機設置之規定，下列敘述何者為錯誤？
(A) 排煙機應能隨任一排煙口之開啟而動作，其排煙量不得小於 $120m^3/min$
(B) 地下建築物之地下通道，其總排煙量不得小於 $500m^3/min$
(C) 在任一防煙區劃時，其排煙量不得小於該防煙區劃面積乘以 $1m^3/min.m^2$ 所得數值
(D) 在二區以上之防煙區劃時，其風機排煙量應不得小於最大防煙區劃面積 $2m^3/min.m^2$

(D) 5. 機械式排煙設備風管若貫穿防火區劃牆壁時，風管外部除防火填塞處理外，風管內部應設置以下何種閘門？
(A) 排煙閘門 (B) 防煙閘門 (C) 防火排煙閘門 (D) 防火閘門

(C) 6. 特別安全梯與緊急升降機之排煙設備採用機械排煙，下列何者不用連接緊急電源？
(A) 排煙口 (B) 進風機 (C) 手動開關裝置 (D) 進風口

(A) 7. 下列有關排煙設備之規定，何者錯誤？
(A) 排煙機之排煙量在每分鐘一百立方公尺以上
(B) 連接緊急電源，其供電容量應供其有效動作三十分鐘以上
(C) 防煙區劃之範圍內，任一位置至排煙口之水平距離在三十公尺以下
(D) 以自然方式直接排至戶外之排煙口其開口面積在防煙區劃面積之百分之二以上

(A) 8. 排煙設備實施檢修，下列何者非屬其綜合檢查之判定方法？
(A) 確認手動啟動操作箱的把手及操作桿之轉動及打開動作有無異常
(B) 運轉電流在所規定的範圍內
(C) 排煙機回轉葉片的回轉方向應正常
(D) 排煙機在運轉中應無異常聲音及振動，風道應無異常振動

(D) 9. 建築物在免設排煙設備，依據下列條件，何者有誤？
(A) 樓層高度 (B) 防火時效之等級
(C) 防煙壁區劃面積 (D) 排煙機容量

(A) 10. 特別安全梯或緊急升降機間排煙室之排煙設備，設置直接面向戶外之窗戶時，平時關閉之窗戶設手動開關裝置，其操作部分設於距離樓地板面多少

公分之牆面，並標示簡易之操作方式。
(A) 80 公分以上，150 公分以下　(B) 50 公分以上，100 公分以下
(C) 60 公分以上，120 公分以下　(D) 80 公分以上，160 公分以下

(D) 11. 下列處所得免設排煙設備，何者有誤？
(A) 樓梯間
(B) 集合住宅
(C) 學校活動中心
(D) 建築物在第 10 層以下之各樓層（地下層除外），其居室部分樓地板面積在 200 平方公尺以上，天花板及室內牆面以耐燃一級材料裝修者

(D) 12. 緊急升降機間排煙室之排煙設備，如設置直接面向戶外之窗戶時，下列規定何者正確？
(A) 在排煙時窗戶與煙接觸部分使用耐熱材料
(B) 窗戶有效開口面積位於天花板高度二分之一以下之範圍內
(C) 窗戶有效開口面積在 4 平方公尺以上
(D) 平時關閉之窗戶設手動開關裝置

(C) 13. 有關特別安全梯設置排煙、進風風管之規定，何者正確？
(A) 排煙、進風風管貫穿防火區劃時，應在貫穿處設防煙閘門
(B) 進風口開口面積在 2 平方公尺以上
(C) 排煙機、進風機之排煙量、進風量在每秒 4 立方公尺以上
(D) 進風口、排煙口平時保持開啓狀態

(A) 14. 有關居室之排煙設備規定，在地下建築物之地下通道，其總排煙量應在每秒鐘多少立方公尺以上？
(A) 10　(B) 120　(C) 240　(D) 600

(B) 15. 防煙壁，指以不燃材料建造，自天花板下垂多少公分以上之垂壁？另地下建築物之地下通道，防煙壁應自天花板下垂多少公分以上？
(A) 40，80　(B) 50，80　(C) 60，90　(D) 70，90

(A) 16. 建築物在第 10 層以下之各樓層（地下層除外），其非居室部分以防煙壁區劃者，樓地板面積在多少平方公尺以下者，得免設排煙設備？
(A) 100　(B) 200　(C) 300　(D) 400

(D) 17. 下列處所中哪一項得免設排煙設備？
(A) 建築物在第 10 層以下之各樓層（地下層除外），其居室部分，樓地板面積每 100 平方公尺內，以防煙壁區劃者
(B) 設有自動撒水系統或乾粉等自動滅火設備之場所
(C) 機器製造工廠、儲放不燃性物品倉庫及其他類似用途建築物，且主要構造爲可燃材料建造者
(D) 集合住宅、學校教室、學校活動中心、體育館、室內 冰場、室內游泳池

(A) 18. 特別安全梯或緊急升降機間排煙室之排煙設備，依規定選擇設置；當設置直接面向戶外之窗戶時，下列規定哪一項錯誤：

(A) 在排煙時窗戶與煙接觸部分使用可燃材料

(B) 窗戶有效開口面積位於天花板高度二分之一以上之範圍內

(C) 窗戶之有效開口面積在 2 平方公尺以上。但特別安全梯排煙室與緊急升降機間兼用時（以下簡稱兼用），應在 3 平方公尺以上

(D) 前目平時關閉之窗戶設手動開關裝置，其操作部分設於距離樓地板面 80 公分以上 150 公分以下之牆面，並標示簡易之操作方式

(C) 19. 防煙區劃之範圍內，任一位置至排煙口之水平距離應在多少公尺以下？

(A) 10　(B) 20　(C) 30　(D) 40

(B) 20. 百貨公司內的排煙設備採機械排煙，某層樓防煙區劃內任何一點至其天花板排煙口的水平距離爲何？

(A) 二十公尺　(B) 三十公尺　(C) 四十公尺　(D) 五十公尺

(B) 21. 自然排煙其排煙口之開口面積應在防煙區劃面積的百分之多少以上？

(A) 1　(B) 2　(C) 4　(D) 以上皆非

(B) 22. 某一居室僅有一個防煙區劃，若其防煙區劃面積爲 100 平方公尺，試問其排煙機之排煙量至少每分鐘應在多少立方公尺以上？

(A) 100　(B) 120　(C) 150　(D) 600

(D) 23. 依據各類場所消防安全設備設置標準，特別安全梯或緊急升降機間排煙室之排煙設備設置於直接面向戶外之窗戶時，下列規定及敘述何者錯誤？

(A) 在排煙時窗戶與煙接觸部分使用不燃材料

(B) 窗戶有效開口面積位於天花板高度二分之一以上之範圍內

(C) 窗戶之有效開口面積在 2 平方公尺以上。但特別安全梯排煙室與緊急升降機間兼用時，應在 3 平方公尺以上

(D) 平時關閉之窗戶設手動開關裝置，其操作部分設於距離樓地板 180 公分之位置，並標示簡易之操作方式

(A) 24. 某一地下建築物總樓地板面積超過 500 平方公尺未達 1,000 平方公尺，不符合免設條件，依據各類場所消防安全設備設置標準，下列哪一種消防安全設備依法應設置？

(A) 排煙設備　(B) 緊急電源插座

(C) 無線電通信輔助設備　(D) 瓦斯漏氣火警自動警報設備

(D) 25. 依據排煙設備檢修及申報作業基準，有關綜合檢查之判定方法的規定，下列敘述何者錯誤？

(A) 運轉電流在所規定的範圍內

(B) 排煙機在運轉中應無異常聲音及振動，風道應無異常振動

(C) 排煙機回轉葉片的回轉方向應正常

(D) 排煙口及吸煙閘門打開後，能連動自動排煙機啓動

(C) 26. 緊急廣播設備之規定，下列何者錯誤？

(A) 啓動裝置於各樓層任一點至啓動裝置之步行距離應在 50 公尺以下

(B) 特別安全梯應垂直距離每 45 公尺單獨設定一廣播分區

(C) 樓梯至少垂直距離每 20 公尺應設 1 個L級揚聲器

(D) 擴音機及操作裝置應具有選擇必要樓層或區域廣播之性能

(B) 27. 若一緊急升降機間（未兼用）之排煙設備排煙閘門面積爲 $6m^2$，請問機械排煙時風速應爲多少，方能符合法令規定？

(A) 20m/min　(B) 40m/min　(C) 60m/min　(D) 80m/min

(B) 28. 某一場所第六層需設置排煙設備，並區分爲三個排煙區劃，面積各自爲 $450m^2$、$400m^2$、$400m^2$，試問其排煙風量應至少爲多少 m^3/min？

(A) 800　(B) 900　(C) 1000　(D) 1200

(D) 29. 居室空間設置排煙設備時，排煙機風量之規定何者錯誤？

(A) 排煙機應能隨任一排煙口之開啓而動作，其排煙量不得小於 $120m^3/min$

(B) 在一防煙區劃時，其排煙量不得小於該防煙區劃面積每平方公尺每分鐘 1 立方公尺

(C) 在二區以上之防煙區劃時，其排煙量應不得小於最大防煙區劃面積每平方公尺每分鐘 2 立方公尺

(D) 地下建築物之地下通道，其總排煙量不得小於 $500m^3/min$

(C) 30. 依特別安全梯或緊急升降機間排煙風量測試之綜合試驗，其判定要領，下列何者錯誤？

(A) 在排煙時窗戶與煙接觸部分應使用不燃材料

(B) 窗戶之有效開口面積不得小於 2 平方公尺

(C) 平時開啓之窗戶應設手動開關裝置，設於距離樓地板面 80 公分以上 150 公分以下之牆面

(D) 窗戶有效開口面積應位於天花板高度二分之一以上之範圍內

(C) 31. 有關排煙設備之手動啓動裝置動作性能試驗，下列何者不是判定要領所敘述之項目？

(A) 應依手動操作確實動作　(B) 排煙機應與排煙口之開放連動而自動動作

(C) 探測器之動作應確實　(D) 應依遠隔操作確實動作

(D) 32. 風管外觀試驗的判定要領中，下列何者錯誤？

(A) 閘門應以不燃材料製成

(B) 應以不燃材料製成，接續部應確實地固定

(C) 貫穿防火構造牆壁或地板之處所，應以不燃材料確實填塞

(D) 應設置在火災時無延燒之虞的位置，且未接觸不燃材料

(B) 33. 依各類場所消防安全設備設置標準之規定，排煙機排煙風量至少應達每分鐘多少立方公尺以上？

(A) 100　(B) 120　(C)150　(D) 240

緊急電源插座消防工程設計例

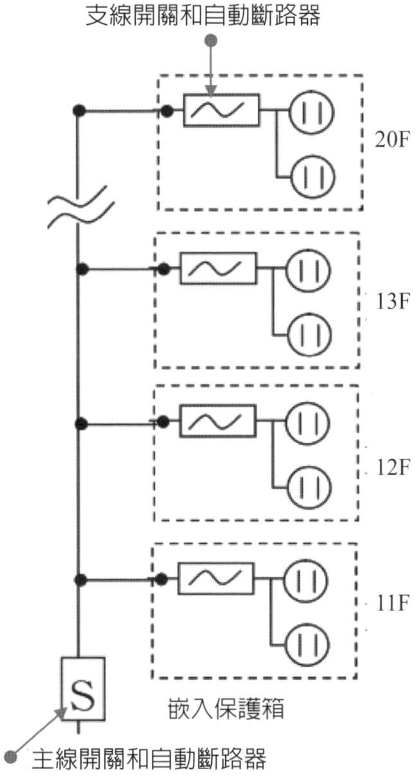

標示設備歷屆考題

【申論題】

1. 請依據「各類場所消防安全設備設置標準」，試述標示設備光度與照度的規定？並依據「出口標示燈及避難方向指示燈認可基準」，試述平均亮度與亮度比的規定？

解

（一）標示設備光度：

第 146-1 條　出口標示燈及非設於樓梯或坡道之避難方向指示燈，其標示面光度依等級區分如下：

區分		標示面光度（cd）
出口標示燈	A 級	50 以上
	B 級	10 以上
	C 級	1.5 以上
避難方向指示燈	A 級	60 以上
	B 級	13 以上
	C 級	5 以上

第 146-5 條　出口標示燈及非設於樓梯或坡道之避難方向指示燈，設於下列場所時，應使用 A 級或 B 級；出口標示燈標示面光度應≥ 20cd，或具閃滅功能；避難方向指示燈標示面光度應≥ 25cd。

（二）標示設備照度：

1. 第 146-5 條　避難方向指示燈設於樓梯或坡道者，在樓梯級面或坡道表面之照度，應≥ 1 Lux。
2. 第 146-6 條　觀眾席引導燈之照度，在觀眾席通道地面之水平面上測得之值，在≥ 0.2 Lux。
3. 第 178 條　緊急照明燈在地面之水平面照度，使用低照度測定用光電管照度計測得之值，在地下建築物之地下通道，其地板面應≥ 10Lux，其他場所應在 ≥ 2 Lux。但在走廊曲折點處，應增設緊急照明燈。

（三）平均亮度

平均亮度：燈具標示面之平均亮度應符合表規定。具有調光性能之器具，則測定其必須作調光之各階段的平均亮度。

表標示面之平均亮度

種類	平均亮度（cd/m^2）	
	常用電源	緊急電源
出口標示燈	≥ 150	100~400
避難方向指示燈	≥ 150	100~400

平均亮度試驗

1. 使用 CNS5119〔照度計〕中 AA 級者照度計測試平均亮度。
2. 測試環境：測試時環境之照度在 0.05 Lux 以下之暗房。
3. 測試面：整個標示面。
4. 測試步驟：標示板與受光器之距離爲標示面長邊之 4 倍以上，量測其平均照度 E_θ，平均亮度 L_θ 計算式如下：

$$平均亮度\ L_\theta = \frac{K_1 \times E_\theta \times S^2}{A\cos\theta}$$

其中 L_θ：角度 θ 之平均亮度（單位：cd/m^2）

K_1：基準光束／試驗使用燈管之全光束（一般 K_1 趨近於 1）

E_θ：角度 θ 之平均照度測定值（單位：Lux）

S：標示面板量測點與照度計間之距離（單位：m）

A：標示面之面積（單位：m^2）

θ：照度計與標示面量測點法線方向之角度（單位：°）

基準光束：標準燈管之全光束（單位：流明 lm）

5. 測試時間：常用電源之測試於試驗品施以額定電源並使燈管經枯化點燈 100hr 後測試。
6. 緊急電源試驗，於執行常用電源之測試後，再依產品標示額定充電時間完成後即予斷電，並於斷電後 45min 即實施試驗，並 <10min 測試完畢。（外置型引導燈具僅針對額定緊急電源電壓施予測試）

（四）亮度比試驗

亮度比係就標示面之綠色部分、白色部分分別逐點加以測定，求出其最大亮度（cd/m^2）與最小亮度。逐點測定係分別測定 3 處以上。正方型引導燈具標示面之亮度比係在常時電源時所規定之測定點之最大亮度與最小亮度之比，應符合表之值。本項測試使用之輝度計，應符合 CNS5064 之規定。

表：標示面之亮度比

種類	綠色部分	白色部分
出口標示燈	9 以下	7 以下
避難方向指示燈	7 以下	9 以下

如係標示面爲長方形之引導燈具，其最小輝度與平均亮度之比，應在 1/7 以上。

$$亮度比 = Lmax/Lmin$$

式中，Lmax：在白色部分或綠色部分之最大亮度
　　　Lmin：在白色部分或綠色部分之最小亮度

2. 出口標示燈及避難方向指示燈在各類場所消防安全設備設置標準何規定下，其亮燈方式得予減光或消燈？

解

第 146-7 條　出口標示燈及避難方向指示燈，應保持不熄滅。

出口標示燈及非設於樓梯或坡道之避難方向指示燈，與火警自動警報設備之探測器連動亮燈，且配合其設置場所使用型態採取適當亮燈方式，並符合下列規定之一者，得予減光或消燈。

一、設置場所無人期間。

二、設置位置可利用自然採光辨識出入口或避難方向期間。

三、設置在因其使用型態而特別需要較暗處所，於使用上較暗期間。

四、設置在主要供設置場所管理權人、其雇用之人或其他固定使用之人使用之處所。

設於樓梯或坡道之避難方向指示燈，與火警自動警報設備之探測器連動亮燈，且配合其設置場所使用型態採取適當亮燈方式，並符合前項第 1 款或第 2 款規定者，得予減光或消燈。

3. 依「各類場所消防安全設備設置標準」之規定，說明「出口標示燈」裝設高度為何？並說明應設於哪些場所出入口之上方？

解

（一）「出口標示燈」裝設高度

裝設高度已刪除。現今裝設規定如次

第 146-4 條　出口標示燈及避難方向指示燈之裝設，應符合下列規定：

1. 設置位置應不妨礙通行。
2. 周圍不得設有影響視線之裝潢及廣告招牌。
3. 設於地板面之指示燈，應具不因荷重而破壞之強度。
4. 設於可能遭受雨淋或溼氣滯留之處所者，應具防水構造。

（二）設於場所出入口之上方

第 23 條　下列場所應設置標示設備：

供第 12 條第 1 款、第 2 款第 12 目、第 5 款第 1 目、第 3 目使用之場所，或地下層、無開口樓層、11 層以上之樓層供同條其他各款目所列場所使用，應設置出口標示燈。

> 4. 試依「各類場所消防安全設備設置標準」規定，說明出口標示燈之設置處所為何？又設置具有閃滅或音聲引導功能之出口標示燈時，其動作及停止時機為何？試詳述之？

解

（一）出口標示燈之設置處所

第 23 條　下列場所應設置標示設備：供第 12 條第 1 款、第 2 款第 12 目、第 5 款第 1 目、第 3 目使用之場所，或地下層、無開口樓層、11 層以上之樓層供同條其他各款目所列場所使用，應設置出口標示燈。

（二）動作及停止時機

第 146-5 條　出口標示燈及非設於樓梯或坡道之避難方向指示燈，設於下列場所時，應使用 A 級或 B 級；出口標示燈標示面光度應≥ 20cd，或具閃滅功能；避難方向指示燈標示面光度應≥ 25 cd。

但設於走廊，其有效範圍內各部分容易識別該燈者，不在此限：

1. 供第 12 條第 2 款第 1 目、第 3 款第 3 目或第 5 款第 3 目使用者。
2. 供第 12 條第 1 款第 1 目至第 5 目、第 7 目或第 5 款第 1 目使用，該層樓地板面積≥ 1000m^2。
3. 供第 12 條第 1 款第 6 目使用者。其出口標示燈並應採具閃滅功能，或兼具音聲引導功能者。

前項出口標示燈具閃滅或音聲引導功能者，應符合下列規定：

1. 設於主要出入口。
2. 與火警自動警報設備連動。
3. 由主要出入口往避難方向所設探測器動作時，該出入口之出口標示燈應停止閃滅及音聲引導。

【選擇題】

(C) 1. 出口標示燈應保持不熄滅，其亮度在直線距離 30 公尺處，能明顯看出其標示面圖形及顏色。但一些特定場所，得以與火警自動警報設備連動或三線式配線方式，予以減光或消燈。下列哪項不屬於前述特定場所：
(A) 戲院　(B) 電影院　(C) 補習班　(D) 劇院

(C) 2. 有關出口標示燈及避難方向指示燈的構造與機能之規定，下列敘述何者不正確？
(A) 常用電源時，出口標示燈標示面平均亮度（cd/m^2），每平方公尺應在 150 燭光以上

(B) 緊急電源時，避難方向指示燈標示面平均亮度（cd/m^2），每平方公尺應在 100 燭光以上，300 燭光未滿
(C) 燈具附有啓動器者，應在 20 秒內點燈
(D) 以直流 500 伏特（V）高阻計，測量帶電部分與不帶電金屬間之絕緣電阻，均應爲 5 百萬歐姆（MΩ）以上

(A) 3. 各類場所中如有不易看清或識別出口標示燈環境情形者，則該出口標示燈之有效範圍爲何？
(A) 10m　(B) 15m　(C) 20m　(D) 40m

(C) 4. 檢查具有閃滅裝置及音聲引導裝置之出口標示燈構造性能正常與否，下列敘述何者不正確？
(A) 閃滅裝置及音聲引導裝置電源得與主燈具電源共用
(B) 內置型緊急電源時間應維持 90 分鐘以上
(C) 音聲引導裝置之警報聲應採人爲語音及內容「緊急出口在這裡！」
(D) 接到信號裝置信號後應於 3 秒鐘內自動閃滅動作開始

(D) 5. 出口標示燈及避難方向指示燈之有效範圍，指至該燈之步行距離，在有不易看清或識別該燈情形者，該有效範圍爲幾公尺？
(A) 三十公尺　(B) 二十公尺　(C) 十五公尺　(D) 十公尺

(D) 6. 自居室任一點易於觀察識別該居室出入口，下列何種用途與樓地板面積之居室，免設出口標示燈、避難方向指示燈或避難指標？
(A) 觀光飯店之居室，150 平方公尺
(B) 餐廳之居室，250 平方公尺
(C) 醫院之居室，450 平方公尺
(D) 供集合住宅使用之居室，550 平方公尺

(B) 7. 有一供餐廳使用處所，該步行距離在避難層爲 x 公尺以下，在避難層以外之樓層爲 y 公尺以下者，得免設出口標示燈，此處 x，y 爲何？
(A) 30，20　(B) 20，10　(C) 40，30　(D) 40，20

(B) 8. 出口標示燈及避難方向指示燈之配線，依下列規定設置結果，何者有誤？
(A) 蓄電池設備集中設置時，直接連接於分路配線，不得裝置插座或開關
(B) 具出口標示燈具閃滅或音聲引導功能者，不得與火警自動警報設備連動
(C) 依屋內線路裝置規則
(D) 電源回路不得設開關，以三線式配線使經常充電或燈具內置蓄電池得設開關

(D) 9. 某高層建築物，其總樓地板面積在三萬平方公尺以上。其主要避難路徑上之出口標示燈及避難方向指示燈之緊急電源容量，應能使其有效動作多少分鐘以上？
(A) 10　(B) 20　(C) 40　(D) 60

(B) 10. 未顯示避難方向符號之 B 級出口標示燈其有效距離係指至該燈多少公尺之步行距離？

(A) 20　(B) 30　(C) 40　(D) 50

(B) 11. 於 BH 級避難方向指示燈（非地面嵌入型）之標示面光度應達多少以上？
(A) 50cd　(B) 25cd　(C) 20cd　(D) 5cd

(C) 12. 於 C 級避難方向指示燈的標示面縱向尺度為 0.15 公尺，試問其步行距離為多少公尺？
(A) 2.5　(B) 5　(C) 7.5　(D) 10

(C) 13. 避難方向指示燈之有效範圍，指至該燈之步行距離依下列計算值：D = kh；D：步行距離（公尺），h：避難方向指示燈標示面之縱向尺度，k：對應之 k 值。當 h 為 0.3（公尺）則步行距離多少公尺？
(A) 45　(B) 30　(C) 15　(D) 10

(D) 14. 下列避難方向指示燈裝設之敘述，何者錯誤？
(A) 設於地板面之指示燈，具有不因荷重而破壞之強度
(B) 應裝設於設置場所之走廊、樓梯及通道
(C) 裝設高度距樓地板面 1 公尺以下
(D) 自走廊或通道任一點至避難方向指示燈之步行距離在 15 公尺以下

(D) 15. 避難方向指示燈，應裝設於設置場所之走廊、樓梯及通道。裝設於牆壁時，該壁面與指示燈標示面應保持適當距離。小型避難方向指示燈，壁面與避難方向指示燈標示面之距離為：
(A) 4 公分以上 12 公分以下　(B) 3 公分以上 10 公分以下
(C) 2 公分以上 8 公分以下　(D) 1 公分以上 6 公分以下

(B) 16. 有關標示設備之設置，下列敘述何者錯誤？
(A) 自居室任一點易於觀察識別其主要出入口，且與主要出入口之步行距離在避難層以外之樓層為十公尺以下者，得免設出口標示燈
(B) 自居室任一點易於觀察識別其主要出入口，且與主要出入口之步行距離在避難層為十公尺以下，得免設避難方向指示燈
(C) 供集合住宅使用之居室得免設標示設備
(D) 樓梯或坡道，設有緊急照明設備及供確認避難方向之樓層標示者，得免設避難方向指示燈

(B) 17. 於 B 級出口標示燈其標示面光度為多少燭光（cd）？
(A) 1.5　(B) 10　(C) 50　(D) 60

(B) 18. 依「各類場所消防安全設備設置標準」第 155 條規定，出口標示燈及避難方向指示燈之緊急電源應使用蓄電池設備，其容量應能使其有效動作多少時間以上？
(A) 十分鐘　(B) 二十分鐘　(C) 三十分鐘　(D) 四十分鐘

(D) 16. 避難方向指示燈及出口標示燈保險絲正確之性能檢查，以下列何種方式進行？
(A) 由檢查開關進行常用電源之切斷及復歸之操作，確認其切換功能是否正常

(B) 確認於緊急電源切換狀態時，有無正常瞬時亮燈

(C) 以目視或螺絲起子確認其有無斷線、端子鬆動等現象

(D) 確認有無損傷、熔斷之現象，及是否爲所定種類及容量

(C) 20. 若有一電影院總樓地板面積爲 900 平方公尺，其設於通往安全梯及排煙室出入口之出口標示燈使用何種型式？

(A) 大型　(B) 中型　(C) 中型或大型　(D) 小型或中型

(A) 21. 出口標示燈裝設高度應距樓地板面 1.5 公尺以上，且設於下列出入口之上方，其中哪一項有誤？

(A) 通往戶外之出入口　(B) 通往安全梯及排煙室之防火門

(C) 通往另一防火區劃之防火門　(D) 居室通往走廊或通道之出入口

(C) 22. 出口標示燈及避難方向指示燈之緊急電源應使用蓄電池設備，其容量應能使其有效動作多少分鐘以上？

(A) 10　(B) 15　(C) 20　(D) 25

(B) 23. 自居室任一點易於觀察識別其主要出入口，且與主要出入口之步行距離或該居室之用途、樓地板面積，符合下列哪項規定，得免設標示設備：

(A) 供各類場所消防安全設備設置標準第 12 條各款使用之場所步行距離在避難層爲 15 公尺以下，在避難層以外之樓層爲 5 公尺以下者，得免設出口標示燈

(B) 供各類場所消防安全設備設置標準第 12 條第 1 款及第 5 款第 1 目使用之場所，步行距離在 20 公尺以下者，得免設避難方向指示燈

(C) 供前述以外之場所，步行距離在 20 公尺以下者，得免設避難方向指示燈

(D) 供各類場所消防安全設備設置標準第 12 條各款使用之場所，步行距離在 10 公尺以下者，得免設避難指標

(D) 24. 依出口標示燈及避難方向指示燈認可基準規定，內藏蓄電池作爲緊急電源之引導燈具，緊急電源時間應維持幾分鐘以上？

(A) 15　(B) 30　(C) 60　(D) 90

(D) 25. 某一場所應設置出口標示燈與避難方向指示燈，而其步行距離之有效範圍，下列何者錯誤？

(A) 有不易看清或識別該燈情形者，該有效範圍爲 10 公尺

(B) C 級出口標示燈，該有效範圍爲 15 公尺

(C) A 級避難方向指示燈，該有效範圍爲 20 公尺

(D) B 級避難方向指示燈，該有效範圍爲 10 公尺

(A) 26. 出口標示燈及非設於樓梯或坡道之避難方向指示燈，其光度（cd）依等級區分，下列何者錯誤？

(A) A 級避難方向指示燈在 50cd 以上　(B) B 級出口標示燈在 10cd 以上

(C) A 級出口標示燈在 50cd 以上　(D) C 級避難方向指示燈在 5cd 以上

(B) 27. 各類場所均應設置避難指標，但設有避難方向指示燈或出口標示燈時，在其有效範圍內，得免設置避難指標。有關避難指標的設置方式，下列何者錯誤？

(A) 設於出入口時，裝設高度距樓地板面 1.5 公尺以下

(B) 設於走廊或通道時，自走廊或通道任一點至指標之步行距離在 5 公尺以下

(C) 周圍不得設有影響視線之裝潢及廣告招牌

(D) 設於易見且採光良好處

(D) 28. 依各類場所消防安全設備設置標準，對於裝設出口標示燈具閃滅或音響引導功能，下列何者錯誤？

(A) 護理之家機構及身心障礙福利機構必須強制裝設

(B) 設於排煙室或進入直通樓梯防火門處

(C) 與火警自動警報設備連動

(D) 接到來自信號裝置之動作信號，立即自動閃滅動作

(C) 29. 依據緊急廣播設備檢修及申報作業基準，有關標示燈外觀檢查規定，標示燈與裝置面成 P 度角，在 Q 公尺距離內應均能明顯易見。試問 P 與 Q 分別爲何？

(A) P = 10，Q = 15　(B) P = 10，Q = 7.5

(C) P = 15，Q = 10　(D) P = 15，Q = 7.5

(D) 30. 依據各類場所消防安全設備設置標準，有關緊急廣播設備的規定，下列敘述何者錯誤？

(A) 緊急廣播設備之音響警報應以語音方式播放

(B) 緊急廣播設備與其他設備共用者，在火災時應能遮斷緊急廣播設備以外之廣播

(C) 廣播區域超過 50 平方公尺 100 平方公尺以下時，設L級或M級揚聲器

(D) 導線間及導線對大地間之絕緣電阻值，以直流 250 伏特額定之絕緣電阻計測定，對地電壓超過 150 伏特者，在 0.1MΩ 以上

(B) 31. 依據各類場所消防安全設備設置標準，出口標示燈應設於下列出入口上方或其緊鄰之有效引導避難處，下列敘述何者錯誤？

(A) 通往戶外之出入口；設有排煙室者，爲該室之出入口

(B) 通往第一款及第二款出入口，走廊或通道上所設跨防火區劃之出入口

(C) 通往直通樓梯之出入口；設有排煙室者，爲該室之出入口

(D) 通往前二款出入口，由室內往走廊或通道之出入口

(C) 32. 依據各類場所消防安全設備設置標準，出口標示燈及避難方向指示燈，應保持不熄滅，但出口標示燈及非設於樓梯或坡道之避難方向指示燈，與火警自動警報設備之探測器連動亮燈，且配合其設置場所使用型態採取適當亮燈方式，符合規定之一者，得予減光或消燈，有關減光或消燈的規定，下列敘述何者錯誤？

(A) 設置場所無人期間
(B) 設置在因其使用型態而特別需要較暗處所，於使用上較暗期間
(C) 設置位置可利用燈具辨識出入口或避難方向期間
(D) 設置在主要供設置場所管理權人、其雇用之人或其他固定使用之人使用之處所

(C) 33. 避難指標設於出入口時，裝設高度距樓地板面幾公尺以下？
(A) 0.5　(B) 1　(C) 1.5　(D) 2

(B) 34. 觀眾席引導燈之照度，在觀眾席通道地面之水平面上測得之值，在多少勒克司（Lux）以上？
(A) 0.1　(B) 0.2　(C) 1　(D) 2

(A) 35. 依照各類場所消防安全設備設置標準，有關標示設備之設置規定，下列敘述何者不正確？
(A) 車站的出口標示燈，應爲 A 級或 B 級，標示面光度應在 15 燭光（cd）以上或具閃滅功能
(B) 地下建築物的避難方向指示燈，應爲 A 級或 B 級，標示面光度應在 25 燭光（cd）以上
(C) 出口標示燈具閃滅或音聲引導功能者，應設於主要出入口
(D) 觀眾席引導燈之照度，在通道地面之水平面上測得之值，在 0.2 勒克司（Lux）以上

(C) 36. 依各類場所消防安全設備設置標準第 155 條規定，下列何場所之主要避難路徑，出口標示燈及避難方向指示燈之緊急電源容量應在六十分鐘以上，並得採蓄電池設備及緊急發電機併設方式？
(A) 總樓地板面積在三萬平方公尺以上
(B) 觀光旅館總樓地板面積在一萬平方公尺以上
(C) 高層建築物，其總樓地板面積在三萬平方公尺以上
(D) 地下建築物，其總樓地板面積在五百平方公尺以上

(B) 37. 依各類場所消防安全設備檢修及申報作業基準，下列何者無進行性能檢查？
(A) 出口標示燈　(B) 避難指標　(C) 避難方向指示燈　(D) 緊急照明燈

(B) 38. 避難指標設於走廊或通道時，自走廊或通道任一點至指標之步行距離在多少公尺以下？
(A) 5　(B) 7.5　(C) 10　(D) 15

(A) 39. 依「各類場所消防安全設備設置標準」第 153 條規定，下列何者非避難指標之設置規定？
(A) 設於出入口時，裝設高度距樓地板面一點五公尺以上
(B) 設於走廊或通道時，自走廊或通道任一點至指標之步行距離在七點五公尺以下
(C) 周圍不得設有影響視線之裝潢及廣告招牌

(D) 設於易見且採光良好處

(B) 40. 標示設備之設置在步行距離多少公尺以下者，得免設避難指標？

(A) 二十公尺 (B) 三十公尺 (C) 四十公尺 (D) 五十公尺

(B) 41. 依「各類場所消防安全設備設置標準」第 153 條規定，避難指標設於出入口時，其裝設高度距離樓地板面應在多少公尺以下？

(A) 1.8 (B) 1.5 (C) 0.8 (D) 0.6

(B) 42. 避難指標設於走廊或通道時，自走廊或通道任一點至指標之步行距離在多少公尺以下？

(A) 9.5 (B) 7.5 (C) 4.5 (D) 3.5

(B) 43. 避難指標，下列規定設置那一項錯誤？

(A) 設於出入口時，裝設高度距樓地板面 1.5 公尺以下

(B) 設於走廊或通道時，自走廊或通道任一點至指標之步行距離在 7.5 公尺以下。且優先設於走廊或通道之直行處

(C) 周圍不得設有影響視線之裝潢及廣告招牌

(D) 設於易見且採光良好處

避難器具歷屆考題

【申論題】

1. 試以各類場所消防安全設備設置標準說明，設置在不同樓層的避難器具緩降機，為何其器具中心垂直線須各相距間隔 100 公分以上？

解

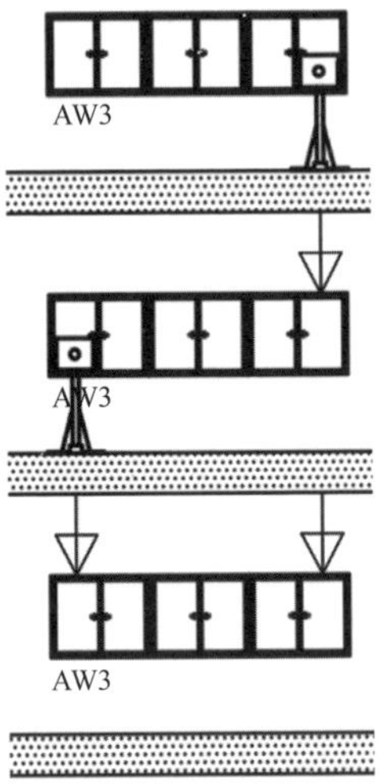

緩降機中心垂直線須各相距間隔100cm

緩降機中心垂直線須各相距間隔 100cm。

第 161 條　避難器具，依下列規定裝設：

一、設在避難時易於接近處。

二、與安全梯等避難逃生設施保持適當距離。

三、供避難器具使用之開口部，具有安全之構造。

四、避難器具平時裝設於開口部或必要時能迅即裝設於該開口部。

五、設置避難器具（滑杆、避難繩索及避難橋除外）之開口部，上下層應交錯配置，不得在同一垂直線上。但在避難上無障礙者不在此限。

1. 避免上層人員與下層人員衝突。
2. 避免緩降機繩索相互纏繞。
3. 下降路徑順暢，空間確保。
4. 保持必要距離間隔，避免相互影響，確保操作安全。

2. 試說明下列場所收容人員之計算方式為何？
(1) 療養院
(2) 觀光旅

解

醫療機構（醫院、診所）、療養院	其收容人員人數，為下列各款合計之數額： 一、從業員工數。 二、病房內病床數。 三、各候診室之樓地板面積和除三平方公尺所得之數。 四、醫院等場所育嬰室之嬰兒，應列為收容人員計算。
觀光飯店、飯店、旅館、招待所（限有寢室客房者）	其收容人員人數，為下列各款合計之數額： 一、從業員工數。 二、各客房部分，以下列數額合計： 1. 西式客房之床位數。 2. 日式客房以該房間之樓地板面積除 $6m^2$（以團體為主之宿所，應為 $3m^2$）所得之數。 三、供集會、飲食或休息用部分，以下列數額合計： 1. 設固定席位部分，以該座椅數計之。如為連續式席位，為該座椅正面寬度除 0.5m 所得之數（<1 之零數不計）。 2. 其他部分以該部分樓地板面積除 $3m^2$ 所得之數。

3. 避難器具主要設置目的，在於提供未能利用正常避難設施進行避難之人員另一種避難方式，試問進行避難器具之設置設計時，主要流程與考慮因素為何？（107 年消防設備師）

解

（一）進行避難器具之設置設計時，主要流程

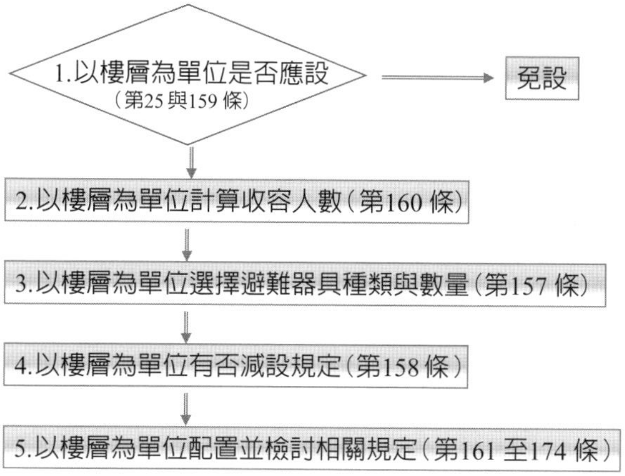

（二）考量設置

設置避難器具時必須考量許多因素：

1. 建築物構造與用途

依「各類場所消防安全設備設置標準」第十二條規定，可將建築物依其用途分類，以區分建築物性質及危險程度，了解內部人員之特性，設置避難器具時須注意收容人數避難能力之強弱，依其建築物構造與用途選用適當避難器具。

2. 樓層高度：

避難器具主要設置 10 層以下除避難層外之樓層，因此在建築物 11F 以上，因高度關係致人員危險及操作變數（外在環境）增多，即可不用設置避難器具。

3. 收容人數：

收容人數係指在建築物內出入，居住或是從業之人員數量，現今法令以收容人數爲設置避難器具數量考量之依據。

4. 安全區概念：

避難器具應設置於安全性較高之相對安全區內，所謂相對安全區即是指建築物內某一樓層或某一防火區劃，於短時間內暫時不受火煙之侵襲。

5. 二方向避難原則：
   只有一座樓梯之防火建築物，其避難器應設置於避難通道，樓梯之另一側，以保持二方向避難原則，至於有二座樓梯之建築物，避難器具應於二座樓梯間分配設置。
6. 操作空間
   設置避難器具時，應考量開口面積、操作面積、下降空間及下降空地之足夠空間，以防危害避難人員之安全。
7. 標示：
   設置避難器具之目的，為在火災發生時，可快速找到避難器具，並利用使用方法標識，有效操作避難器具。
8. 避難器具選用：
   應就建築物樓層高度不同（3 層以上）及內部人員特性（避難弱者），選用適當及能安全使用之避難器具。
9. 避開障礙物：
   建築物外牆有妨礙避難器具使用之障礙物應予以避開。

4. 緩降機在進行認可時，下降速度試驗乃為確保其使用時下降之安全性，請問下降速度試驗之內容為何？（107 年消防設備師）

解

下降速度試驗之內容規定如次：

將緩降機固定在該繩索最長使用限度之高處（如繩索長度超過 15m 者則以 15m 之高度為準），進行下列試驗：

（一）常溫下降試驗
施予最大使用人數分別乘以 250nt 及 650nt 之載重及以相當於最大使用載重之負載等三種載重，左右交互加載且左右連續各下降一次時，其速度應在 16cm/sec 以上、150cm/sec 以下之範圍內。

（二）20 次連續下降試驗
施予相當於最大使用人數乘以 650nt 之載重，左右交互加載且左右連續各下降 10 次之下降速度，任一次均應在 20 次之平均下降速度值之 80% 以上、120% 以下，且不得發生性能及構造上之異常現象。

5. 請依據「各類場所消防安全設備檢修及申報作業基準」，試述各類避難器具外觀檢查開口部時之檢查方法、判定方法及注意事項？（107 年消防設備士）

解

1. 檢查方法
   確認安裝器具之開口部，能否容易且安全地打開，及是否確保必要之開口面積。

2. 判定方法
   (1) 開口部應無加設固定板、木條等。
   (2) 制動器、門軸轆等應無生鏽，且開口部應能容易開、關。
   (3) 打開門、蓋後，其制動器應能確實動作，不會因振動、衝擊等而鬆開。
   (4) 開口部附近應無書架、展示台等堵塞開口部。
   (5) 由地板面至開口部下端之高度應在 150cm 以下。
   (6) 開口部太高可能形成避難上之障礙時，應設有固定式或半固定式之踏台。
   (7) 踏台等應保持能用之狀態。
   (8) 開口部應能符合下表所示之大小。

開口部之大小

避難器具種類	開口面積
救助袋	高 60cm 以上。 寬 60cm 以上。
緩降機 避難梯 避難繩索 滑杆	高 80cm 以上，寬 50cm 以上 或高 100cm 以上，寬 45cm 以上
滑台	高 80cm 以上； 寬為滑台最大寬度以上。
避難橋	高 180cm 以上。 寬為避難橋最大寬度以上。

3. 注意事項
   開口部之大小未符合上表時，應參照原核准圖說，確認是否與設置時之狀態相同。

【選擇題】

(B) 1. 依據避難器具檢修及申報作業基準，有關外觀檢查之判定方法的規定，下列敘述何者錯誤？
(A) 在操作面積內，除了輕量而容易移動之物品外，不得放置會妨礙之大型椅子、桌子、書架及其他物品等
(B) 由地板面至開口部下端之高度應在 80cm 以下
(C) 下降空地應有寬 1 公尺以上之避難上有效通路，通往廣場、道路等
(D) 有電線時，應距離下降空間 1.2m 以上

(A) 2. 依據避難器具測試報告書測試方法及判定要領，有關避難器具設置場所等外觀試驗之判定要領的規定，下列敘述何者錯誤？
(A) 應設置在容易接近，且無妨礙避難器具使用之空間，有安全構造之操作部

(B) 應與設置在其他樓層之避難器具間相互無妨礙
(C) 關於樓梯、出入口或其他相關避難設施之關連，應在適當之位置
(D) 至樓地板面或其他著地點之下降空間，應無妨礙避難之障礙物

(C) 3. 各類場所中有關體育館收容人數之計算，於觀衆席部分如為連續式席位，應為該座椅正面寬度除多少公尺所得之數？
(A) 0.2　(B) 0.3　(C) 0.4　(D) 0.5

(C) 4. 避難梯之規定，下列何者錯誤？
(A) 懸吊梯橫桿在使用時，應與使用場所牆面保持 10 公分以上之距離
(B) 第四層以上之樓層設置避難梯時，應設固定梯
(C) 固定梯設於陽台處，其樓地板面積至少 3 平方公尺
(D) 固定梯設於陽台處，應附設能內接直徑 60 公分以上之逃生孔

(A) 5. 設置避難橋之屋頂平台，其直下層減設避難器具條件之一為屋頂平台之淨空間面積需為多少平方公尺以上？
(A) 100　(B) 200　(C) 300　(D) 400

(A) 6. 某一醫療機構病房內有 150 床病床、有 50 名從業員工，各候診室之樓地板面積合計為 1,200 平方公尺，則其避難收容人數為何？
(A) 600 人　(B) 700 人　(C) 800 人　(D) 900 人

(D) 7. 依據各類場所消防安全設備設置標準，下列哪一場所使用之樓層，主要構造為防火構造且設有二座以上安全梯，且該樓層各部分均有二個以上不同避難逃生路徑能通達安全梯，符合避難器具免設之規定？
(A) 金融機構　(B) 活動中心　(C) 室內溜冰場　(D) 電影攝影場

(B) 8. 依據各類場所消防安全設備設置標準，有關緩降機設置及其支固器具之裝置規定，下列敘述何者錯誤？
(A) 緩降機之設置，在下降時，所使用繩子應避免與使用場所牆面或突出物接觸
(B) 支固器具設在使用場所之磚牆或其他構造上較堅固及容易裝設場所
(C) 緩降機所使用繩子之長度，以其裝置位置至地面或其他下降地點之等距離長度為準
(D) 支固器具以螺栓、熔接或其他堅固方法裝置

(D) 9. 某體育館規劃提供 820 平方公尺搖滾區（即在觀衆席設立位部分）供流行音樂演唱會使用，為計算裝設避難器具數量，該區域收容人數以多少計算？　(A) 1,640 人　(B) 2,460 人　(C) 3,280 人　(D) 4,100 人

(A) 10. 為確保避難器具緊急狀況時之有效性，有關緩降機、避難梯、避難繩索，於開口部保有必要開口面積之規定，下列何者正確？
(A) 高 80 公分以上，寬 50 公分以上或高 100 公分以上，寬 45 公分以上
(B) 高 60 公分以上，寬 50 公分以上或高 80 公分以上，寬 45 公分以上
(C) 高 80 公分以上，寬 45 公分以上或高 120 公分以上，寬 40 公分以上
(D) 高 60 公分以上，寬 50 公分以上或高 100 公分以上，寬 40 公分以上

(B) 11. 依規定，第四層以上之樓層設固定避難梯，設於陽臺等具安全且容易避難逃生構造處，裝設時應確認其樓地板面積最小必須多少平方公尺，以確保該避難器具之有效性？

(A) 1 平方公尺　(B) 2 平方公尺　(C) 3 平方公尺　(D) 4 平方公尺

(D) 12. 醫院之第四樓層不適合設置下列何種避難器具？

(A) 避難橋　(B) 救助袋　(C) 滑臺　(D) 緩降機

(B) 13. 某醫院在面臨室外空地病房裝設救助袋，除病床所需空間外，依相關規定最少還要預留多少操作淨空間？

(A) $2m^2$　(B) $2.25m^2$　(C) $4m^2$　(D) $4.25m^2$

(D) 14. 某飯店其第五層之收容人數合計為 650 人，則該層在未有符合減設或免設條件時，其應設避難器具多少具？　(A) 4　(B) 5　(C) 6　(D) 7

(D) 15. 醫院、診所、計算收容人員，合計其人數，下列何者有誤？

(A) 從業員工數

(B) 病房內病床數

(C) 各候診室之樓地板面積和除 3 平方公尺所得之數

(D) 其他部分以該部分樓地板面積除 3 平方公尺所得之數

(C) 16. 收容人員之計算規定中，有關從業員工數之計算何者錯誤？

(A) 從業員工，不分正式或臨時，以平時最多服勤人數計算

(B) 勤務制度採輪班制時，以服勤人員最多時段之從業員工數計算

(C) 輪班交班時，不同時段從業員工重複在勤時，該重複時段之從業員工數應列入計算

(D) 外勤員工有固定桌椅者，應計入從業員工數

(A) 17. 圖書館、博物館、美術館、紀念館、史蹟資料館及其他類似場所之收容人員計算方式以樓地板面積和除多少平方公尺計算之？

(A) 三平方公尺　(B) 四平方公尺　(C) 五平方公尺　(D) 二平方公尺

(B) 18. 設置避難器具時，須標示其設置位置、使用方法及設置指標，下列何者錯誤？

(A)「避難器具」字樣大小為每字 5 平方公分以上

(B) 設置指標所使用之顏色為白底綠字

(C) 使用方法標示，其尺寸為長 60 公分以上、寬 30 公分以上

(D) 使用方法標示字大小，其尺寸為每字 1 平方公分以上

(D) 19. 避難器具開口部開口面積大小，下列何者錯誤？

(A) 緩降機高 80 公分以上，寬 50 公分以上或高 100 公分以上，寬 45 公分以上

(B) 滑臺高 80 公分以上，寬為滑臺最大寬度以上

(C) 救助袋高 60 公分以上，寬 60 公分以上

(D) 避難橋高 160 公分以上，寬為避難橋最大寬度以上

(A) 20. 避難器具之固定架使用螺栓固定時，若使用螺栓之螺紋標稱為 M10×1.5，

其規定之栓緊強度轉矩值（kgf-cm）爲多少？

(A) 150 至 250　(B)300 至 450　(C)450 至 600　(D) 600 至 850

(D) 21. 某療養院位於 8 樓，依照各類場所消防安全設備設置標準之規定，選擇該場所適用的避難器具，下列何者爲正確？

(A) 緩降機　(B) 避難梯　(C) 滑杆　(D) 救助袋

(A) 22. 設置避難器具時，須標示其設置位置、使用方法並設置指標，其所使用之顏色爲何？

(A) 白底黑字　(B) 黑底白字　(C) 綠底白字　(D) 白底綠字

(C) 23. 下列何項不符合避難器具固定架或支固器具使用螺栓固定時之規定？

(A) 使用錨定螺栓　(B) 螺栓埋入深度　(C) 混凝土強度　(D) 轉矩值

(D) 24. 有關避難器具緩降機構造性能檢查時，目視及操作確認有無損傷，下列敘述何者爲不正確？

(A) 調速器外觀有異常，但動作部分仍能順暢動作時，應判定爲有使內部發生異常原因

(B) 調速器連結部應無明顯損傷及生鏽

(C) 繩索無法行走順暢，且有不穩定之阻力感時應判定性能及強度上有缺陷

(D) 應有符合最少使用者人數之安全帶緊結在繩索末端

(A) 25. 進行避難器具開口部外觀檢查時，下列敘述何者錯誤？

(A) 開口部應加設固定板、木條等

(B) 由地板面至開口部下端之高度應在 150cm 以下

(C) 緩降機之開口部高 80cm 以上，寬 50cm 以上或高 100cm 以上，寬 45cm 以上

(D) 開口部太高可能形成避難上之障礙時，應設有固定式或半固定式之踏台

(B) 26. 醫院大樓的第三層不能設置下列何項避難器具？

(A) 避難橋　(B) 緩降機　(C) 救助袋　(D) 滑臺

(B) 27. 依各類場所消防安全設備設置標準之規定，飯店多少人之間要設置一具避難器具？

(A) 20～100　(B) 30～100　(C) 50～200　(D) 100～300

(D) 28. 依據各類場所消防安全設備設置標準之規定，避難器具開口部面積以下何者爲錯？

(A) 緩降機爲 80cm×50cm 以上　(B) 救助袋 60cm×60cm 以上

(C) 滑台 80cm× 滑台寬度以上　(D) 避難橋 80cm× 避難橋寬度以上

(B) 29. 位於八樓之辦公室，其收容人數爲 790 人，在無減（免）設之條件下，至少應設多少具避難器具？　(A) 2　(B) 3　(C) 4　(D) 5

(D) 30. 依「各類場所消防安全設備設置標準」第 166 條規定，設置避難器具標示使用方法時，下列何者非其規定？

(A) 長六十公分以上、寬三十公分以上　(B) 標示易懂之使用方法

(C) 每字一平方公分以上　(D) 應具備中英文對照

(A) 31. 建築物地下層可選擇設置之避難器具爲何？
(A) 避難梯 (B) 緩降機 (C) 救助袋 (D) 滑臺

(D) 32. 某建築物樓層具有不得供避難、通行及搬運以外之用途之架空走廊二座，則該樓層可減設多少具避難器具？
(A) 二具 (B) 三具 (C) 一具 (D) 四具

(C) 33. 避難器具在完成外觀檢查及性能檢查之後，檢查避難器具之使用狀態及確認其性能是否正常之檢查爲？
(A) 管理檢查 (B) 實地檢查 (C) 綜合檢查 (D) 性能複查

(D) 34. 有關避難器具標示，下列敘述何者正確？
(A) 分爲設置位置及使用方法兩種標示
(B) 使用方法標示尺寸：長 60 公分以上，寬 40 公分以上
(C) 避難器具指標每字 3 平方公分以上
(D) 設於通往設置位置之走廊者，尺寸：長 36 公分以上，寬 12 公分以上

(C) 35. 有關避難器具之檢修，使避難器具成使用狀態，確認其性能是否正常，爲：
(A) 外觀檢查 (B) 性能檢查 (C) 綜合檢查 (D) 使用檢查

(D) 36. 避難器具之外觀檢查，在設置地點之檢查方法，主要在確認避難時：
(A) 標示是否變形、脫落、污損等 (B) 器具是否損毀
(C) 與原圖說是否一致 (D) 是否能夠容易接近

(C) 37. 避難器具裝置完成後，裝置人實施測試，有關性能試驗之荷重試驗，緩降機之支固器具試驗，其載重至少爲多少 kg 以上？
(A) 300kg (B) 200kg (C) 195kg (D) 150kg

(B) 38. 避難器具設置地點外觀檢查之判定方法，何者有誤？
(A) 應無因設置後之改裝被變更爲個人房間或倉庫等，而不容易接近
(B) 應進行荷重試驗，設置之居室出入口應加鎖
(C) 應無放置妨礙接近之物品
(D) 應無擅自不當變更收藏箱之位置

(A) 39. 避難器具依規定，於下降空間下方保有必要下降空地應計算面積，何者有誤？
(A) 避難繩索及滑杆：下降空間之投影面積
(B) 避難梯：下降空間之投影面積
(C) 救助袋（直降式）：下降空間之投影面積
(D) 緩降機：下降空間之投影面積

(D) 40. 避難器具下列檢查，非屬外觀檢查？
(A) 操作面積 (B) 開口部之大小
(C) 下降空間 (D) 支固器具及固定部分

(D) 41. 避難器具：緩降機、避難梯、避難繩索及滑杆，開口部保有必要開口面積，高 x 公分以上，寬 y 公分以上爲設置開口部規定，此處 x，y 爲何？
(A) 100，50 (B) 100，60 (C) 60，60 (D) 80，50 或 100，45

(D) 42. 避難器具，依規範項目裝設，下列何者有誤？
(A) 設在避難時易於接近處
(B) 供避難器具使用之開口部，具有安全之構造
(C) 避難器具平時裝設於開口部或必要時能迅即裝設於該開口部
(D) 容易操作使用之樓層

(B) 43. 假設有一棟 10 層樓之大樓供醫院使用，請問在 6 樓以上不能使用何種避難器具？　(A) 滑臺　(B) 緩降機　(C) 避難橋　(D) 救助袋

(B) 44. 避難器具之固定架或支固器具使用螺栓固定時，若使用螺栓之螺紋標稱爲 M12×1.75，其規定之轉矩值（kgf-cm）爲多少？
(A) 150 至 250　(B) 300 至 450　(C) 450 至 650　(D) 600 至 850

(B) 45. 避難器具依規定，於開口部保有必要開口面積；救助袋的必要開口面積爲：
(A) 高 60 公分以上，寬 50 公分以上　(B) 高 60 公分以上，寬 60 公分以上
(C) 高 60 公分以上，寬 70 公分以上　(D) 高 60 公分以上，寬 80 公分以上

(A) 46. 設有架空走廊之樓層，其架空走廊合於下列那項規定者，該樓層每一座架空走廊可減設避難器具二具：
(A) 爲防火構造
(B) 架空走廊任一側出入口設有能自動關閉之具 1 小時以上防火時效之防火門（不含防火鐵捲門）
(C) 供避難、通行及搬運以外之用途使用
(D) 屋頂平臺淨空間面積在 100 平方公尺以上

(A) 47. 在避難器具的選擇設置中，第 2 層以上之樓層或地下層供第 12 條第 1 款第 6 目、第 2 款第 12 目使用，其收容人員在 20 人（其下面樓層供第 12 條第 1 款第 1 目至第 5 目、第 7 目、第 2 款第 2 目、第 6 目、第 7 目、第 3 款第 3 目或第 4 款所列場所使用時，應爲 10 人）以上 100 人以下時，設一具；超過 100 人時，每增加（包含未滿）100 人增設一具。其中，地下層應選擇設置下面哪一項：
(A) 避難梯
(B) 避難梯、避難橋、緩降機、救助袋、滑臺
(C) 避難橋、救助袋、滑臺
(D) 避難梯、避難橋、避難繩索、緩降機、救助袋、滑臺、滑杆

(B) 48. 某三溫暖每天 24 小時經營，員工分日班、夜班、大夜班 3 班上班。每班員工人數最多 50 名，扣除走廊、樓梯及廁所面積，樓地板面積爲 1500 平方公尺，則其收容人數下列何者正確？
(A) 450　(B) 550　(C) 650　(D) 700

(B) 49. 某療養院有五十名從業員工、病房內有二百床病床、各候診室之樓地板面積合計爲一千二百平方公尺，則其收容人數爲何？
(A) 五百五十　(B) 六百五十　(C) 七百　(D) 九百五十

(C) 50. 某醫療院所有一百名從業員工、三百床病床、樓地板面積爲一千五百平方

公尺，則其收容人數下列何者正確？

(A) 七百　(B) 八百　(C) 九百　(D) 一千

(A) 51. 依各類消防安全設備設置標準第一百六十條規定，有位於二樓的酒吧場所之條件：①從業員工十人；②固定吧檯個人座位二十個；③固定連續式沙發座位長五公尺的四座；④其他未設座位部分面積三十平方公尺。試問收容人數爲何？　(A) 80 人　(B) 70 人　(C) 60 人　(D) 50 人

(C) 52. 走廊、樓梯及廁所計算收容人員之樓地板面積方式爲？

(A) 折半計算

(B) 兩倍計算

(C) 原則上不列入計算收容人員之樓地板面積

(D) 以連接場所之收容人數計算

(A) 53. 某一 2F 圖書館樓地板面積爲 120 平方公尺，從業員工 30 人，則收容人數應爲多少人？　(A) 70　(B) 90　(C) 110　(D) 150

(B) 54. 有關倚靠型梯的敘述，依金屬製避難梯認可基準規定，下列何者錯誤？

(A) 在上方支撐點處，應裝設防止打滑及跌倒之安全裝置

(B) 下端支撐點，應設置防止跌倒裝置

(C) 如爲可伸縮構造者，應裝設能防止使用時自動縮梯之安全裝置

(D) 如爲可折疊構造者，應裝設能防止使用時自動折疊之安全裝置

(B) 55. 避難梯竣工測試時，其下降空間應在避難梯二側豎桿中心線向外 X 公分以上，避難梯前方 Y 公分以上之範圍內，方能符合規定，請問前述 X，Y 爲何？

(A) X = 15，Y = 50　(B) X = 20，Y = 65

(C) X = 25，Y = 80　(D) X = 30，Y = 95

(A) 56. 有關避難梯設置之規定，下列敘述何者不正確？

(A) 4 樓以上樓層應設固定梯，設於陽臺等具安全且容易避難逃生構造處，其樓地板面積至少 4 平方公尺以上

(B) 固定梯的橫桿與使用場所牆面保持 10 公分以上之距離

(C) 固定梯設於陽臺時，應附設能內接直徑 60 公分以上之逃生孔

(D) 固定梯之逃生孔應上下層交錯配置，不得在同一直線上

(B) 57. 建築物於第四層以上之樓層設避難梯時，應設固定梯，並設於陽臺等具安全且容易避難逃生構造處；則其樓地板面積及附設逃生孔之規定爲何？

(A) 樓地板面積至少一平方公尺，並附設能內接直徑三十公分以上之逃生孔

(B) 樓地板面積至少二平方公尺，並附設能內接直徑六十公分以上之逃生孔

(C) 樓地板面積至少一平方公尺，並附設能內接直徑六十公分以上之逃生孔

(D) 樓地板面積至少二平方公尺，並附設能內接直徑三十公分以上之逃生孔

(A) 58. 有一酒吧二樓設有避難梯，依各類消防安全設備設置標準第一百六十二條規定，其開口面積下列何者合格？

(A) 高 90 公分，寬 50 公分　(B) 高 60 公分，寬 60 公分

(C) 高 100 公分，寬 40 公分　(D) 高 70 公分，寬 60 公分

(B) 59. 避難梯之設置規定，下列何者錯誤？
(A) 固定梯之橫桿與使用場所牆面保持 10 公分以上之距離
(B) 第三層以上之樓層設避難梯時，應設固定梯
(C) 懸吊型固定梯能直接懸掛於堅固之窗臺等處所時，得免設固定架
(D) 懸吊型梯之橫桿在使用時，與使用場所牆面保持 10 公分以上之距離

(B) 60. 有關避難梯之設置規定，何者錯誤？
(A) 懸吊型梯橫桿在使用時，與使用場所牆面保持 10 公分以上之距離
(B) 第 3 層以上之樓層設避難梯時，應設固定梯
(C) 固定梯之橫桿與使用場所牆面保持 10 公分以上之距離
(D) 固定梯之逃生孔應上下層交錯配置，不得在同一直線上

(D) 61. 避難梯開口部之必要開口面積大小，何者正確？
(A) 高 100 公分以上，寬 50 公分以上
(B) 高 100 公分以上，寬 40 公分以上
(C) 高 80 公分以上，寬 40 公分以上
(D) 高 80 公分以上，寬 50 公分以上

(B) 62. 有關避難梯綜合檢查在下降準備的檢查判定方法中，懸吊型者，梯子之全長應能順利伸長，突起向牆壁方向，牆壁與橫桿之間隔應有 W 公分以上，梯柱成垂直，橫桿成水平。請問 W 值為何？
(A) 5　(B) 10　(C) 15　(D) 20

(B) 63. 於緩降機之綜合檢查時，測量下降距離及下降時間，計算出下降速度，其平均的降落速度範圍為 M 及最大下降速度為 N。M、N 應在每秒多少公分範圍內？
(A) 80 至 160，160　(B) 80 至 100，150
(C) 60 至 160，160　(D) 60 至 100，100

(D) 64. 有關緩降機的構造與機能之規定，下列敘述何者不正確？
(A) 緩降機之最大使用載重，應在最大使用人數乘以 1,000nt 所得數值以上
(B) 緩降機常溫試驗時，下降速度（m/s(C)c）應在每秒 16 公分以上 150 公分以下之範圍內
(C) 緩降機繩索芯線直徑應在 0.3 公分以上
(D) 移動式緩降機的調速器之重量在 12 公斤以下

(C) 65. 下列有關緩降機之規定何者有誤？
(A) 操作面積為零點五平方公尺以上（不含避難器具所占面積），但邊長應為六十公分以上
(B) 開口面積為高八十公分以上，寬五十公分以上或高一百公分以上，寬四十五公分以上
(C) 必要下降空間為下方及側面，在上端二十五度，下端三十五度方向所圍範圍內。但沿牆面使用時，牆面側不在此限

(D) 必要下降空地爲下降空間之投影面積

(B) 66. 依各類場所消防安全設備檢修及申報作業基準，緩降機之收藏狀況判定方法，下列何者錯誤？

(A) 保管箱應放在所定之位置

(B) 繩子應以未扭曲狀態，直線排列在保管箱收藏

(C) 保管箱應無明顯變形、破損等，及內部應無灰塵、溼氣等

(D) 支固器具應以使用時無障礙之狀態收藏

(D) 67. 下列緩降機之使用何者爲錯？

(A) 十樓以下才被要求設置　(B) 掛勾應掛在堅固之固定點

(C) 緩降機之束帶應束緊　(D) 緩降機可拿至任何一層使用

(C) 68. 依「各類場所消防安全設備設置標準」第 163 條規定，緩降機於設置周圍無操作障礙，並保有之必要操作面積規定爲何？

(A) 寬一百五十公分以上，長一百五十公分以上（含器具所佔面積）

(B) 依避難器具大小及形狀留置之

(C) 零點五平方公尺以上（不含避難器具所佔面積），但邊長應爲六十公分以上

(D) 高六十公分以上，寬六十公分以上

(C) 69. 多年前台北縣蘆洲市大囍市社區火災，多人使用緩降機但仍不幸罹難，其主要原因爲何？

(A) 緩降機過於老舊

(B) 未將安全帶上之束環束緊

(C) 自家之緩降機已拆除，僅抓住較高樓層緩降機之繩索

(D) 下落時撞擊異物

(B) 70. 緩降機下降檢查方法分四步驟：①把附在短邊繩子之安全帶從頭部套入，將胸部以束環栓緊；②握住兩條繩索（有制動器者操作制動器），走出外牆壁把體重加在繩子垂下去；③面向壁面，等身體穩定後把手從繩子處放開而下降；④下降完畢後，解開安全帶，其順序爲？

(A) ①③②④　(B) ①②③④　(C) ③②①④　(D) ②③①④

(A) 71. 緩降機調速器動作時，阻力感受應爲下列何者？

(A) 有適當阻力感　(B) 不穩定的阻力感

(C) 完全無阻力感　(D) 依氣溫而異

(B) 72. 於緩降機之綜合檢查時，測量下降距離及下降時間，計算出下降速度，其平均的降落速度應在每秒多少公分範圍內？

(A) 80 至 160　(B) 80 至 100　(C) 60 至 160　(D) 60 至 100

(D) 73. 緩降機所使用繩子之長度，以其裝置位置至地面或其他下降地點之多少長度爲準：

(A) 1.1 倍距離　(B) 1.2 倍距離　(C) 2 倍距離　(D) 相同距離

(D) 74. 有關緩降機綜合檢查，在下降的檢查判定方法上，要測量下降距離及下降

時間，計算出下降速度，應在規定的下降速度範圍內。其中平均的降落速度應在每秒 X 至 Ycm，最大下降速度應在每秒 Zcm 以內。請問 X、Y、Z 爲何？

(A) 60、120、180　(B) 50、100、120

(C) 80、150、180　(D) 80、100、150

(D) 75. 依消防機關辦理建築物消防安全設備審查及查驗作業基準，救助袋載重大小之性能測試爲多少公斤以上？

(A) 100　(B) 195　(C) 250　(D) 300

(D) 76. 依「各類場所消防安全設備設置標準」第 170 條規定，何者並非救助袋設置規定？

(A) 救助袋之長度應無避難上之障礙，且保持一定之安全下滑速度

(B) 裝置在使用場所之柱、地板、樑或其他構造上堅固或加強部分

(C) 救助袋支固器具以螺栓、熔接或其他堅固方法裝置

(D) 構造、材質、強度及標示符合 CNS 一三二三一之規定

(A) 77. 斜降式救助袋上部檢查者之程序：①打開收藏箱；②等候地上檢查者之信號，使袋本體下降；③解開固定袋本體之皮帶；④解開引導繩之束結，拿起砂袋投下；⑤袋本體完成下降後，拉起入口零件，其順序爲？

(A) ①④③②⑤　(B) ①②③④⑤　(C) ①③②④⑤　(D) ①②④③⑤

(A) 78. 避難器具固定架或支固器具使用螺栓固定時，依規定使用錨定螺栓，測定扭力公式，T = KDN；若螺栓直徑 D = 3cm，設計拉拔荷重 N = 200kgf，K 爲係數，其轉矩值（kgf-cm）應爲？

(A) 144　(B) 288　(C) 200　(D) 600

Note

緊急照明設備歷屆考題

【申論題】

1. 地下建築物或地下層因其特殊之建築環境，在避難逃生設備設置有其特殊之處，請依「各類場所消防安全設備設置標準」，試回答地下建築物或地下層避難逃生設備設置之特殊規定：出口標示燈及避難方向指示燈之有效範圍？出口標示燈及避難方向指示燈之緊急電源應使用蓄電池設備之容量？避難器具選擇？收容人數？避難器具於開口部保有必要開口面積？避難器具於開口部與地面之間保有下降空間？避難器具標示尺寸、顏色？緊急照明燈在地面之水平面照度？

解

1. 出口標示燈及避難方向指示燈之有效範圍
   供第 12 條第 2 款第 1 目、第 3 款第 3 目或第 5 款第 3 目使用者，其出口標示燈及非設於樓梯或坡道之避難方向指示燈，設於下列場所時，應使用 A 級或 B 級；出口標示燈標示面光度應 20cd，或具閃滅功能；避難方向指示燈標示面光度應 25cd。
2. 出口標示燈及避難方向指示燈之緊急電源應使用蓄電池設備之容量
   地下建築物，其總樓地板面積在 $1000m^2$，其出口標示燈及避難方向指示燈之緊急電源應使用蓄電池設備，其容量應能使其有效動作 20min。但設於下列場所之主要避難路徑者，該容量應 60min，並得採蓄電池設備及緊急發電機併設方式。
3. 避難器具選擇
   避難器具選擇僅有避難梯。
4. 收容人數
   其他場所如地下建築物收容人數爲從業員工數，與供從業員工以外者所使用部分之樓地板面積和除 $3m^2$ 所得之數，合計之。
5. 避難器具於開口部保有必要開口面積
   避難梯於開口部保有必要開口面積爲高 80cm，寬 50cm 或高 100cm，寬 45cm。
6. 避難器具於開口部與地面之間保有下降空間
   避難梯於開口部與地面之間保有下降空間，自避難梯 2 側豎桿中心線向外 20cm 及其前方 60cm 範圍內。
7. 避難器具標示尺寸、顏色
   避難梯標示尺寸爲長 36cm、寬 12cm；而顏色爲白底黑字。
8. 緊急照明燈在地面之水平面照度
   緊急照明燈在地面之水平面照度依第 178 條，使用低照度測定用光電管照度計測得之值，在地下建築物之地下通道，其地板面應 10 Lux。但在走廊曲折點處，應增設緊急照明燈。

2. 緊急照明設備與標示設備乃避難逃生時重要設備，其緊急電源之可靠與否更是關係其是否可發揮功效之因素，試比較二者緊急電源容量之差異？（107 年消防設備師）

解

（一）緊急照明設備緊急電源容量

依第 177 條：緊急照明設備應連接緊急電源。

前項緊急電源應使用蓄電池設備，其容量應能使其持續動作三十分鐘以上。但採蓄電池設備與緊急發電機併設方式時，其容量應能使其持續動作分別爲十分鐘及三十分鐘以上。

（二）標示設備緊急電源容量

依第 155 條：出口標示燈及避難方向指示燈之緊急電源應使用蓄電池設備，其容量應能使其有效動作二十分鐘以上。但設於下列場所之主要避難路徑者，該容量應在六十分鐘以上，並得採蓄電池設備及緊急發電機併設方式：

一、總樓地板面積在五萬平方公尺以上。

二、高層建築物，其總樓地板面積在三萬平方公尺以上。

三、地下建築物，其總樓地板面積在一千平方公尺以上。

【選擇題】

(C) 1. 依據各類場所消防安全設備設置標準，有關緊急照明燈之構造規定，下列敘述何者錯誤？

(A) 白熾燈爲雙重繞燈絲燈泡，其燈座爲瓷製或與瓷質同等以上之耐熱絕緣材料製成者

(B) 日光燈爲瞬時起動型，其燈座爲耐熱絕緣樹脂製成者

(C) 放電燈之安定器，裝設於一般性外箱

(D) 水銀燈爲高壓瞬時點燈型，其燈座爲瓷製或與瓷質同等以上之耐熱絕緣材料製成者

(A) 2. 依各類場所消防安全設備設置標準第 179 條之規定，下列何處所不得免設緊急照明設備？

(A) 在避難層，由居室任一點至通往屋外出口之步行距離在四十公尺以下之居室

(B) 集合住宅之居室

(C) 儲藏室

(D) 機械室

(C) 3. 有關緊急照明燈的緊急電源之規定，下列敘述何者不正確？

(A) 使用蓄電池設備時，其容量應能使其持續動作 30 分鐘以上

(B) 採蓄電池設備與緊急發電機併設方式時，其容量應能使其持續動作分別爲 10 分鐘及 30 分鐘以上

(C) 天花板及底材使用不燃材料者，緊急電源供電系統之配線，得採一般配線

(D) 緊急照明燈內置蓄電池者，緊急電源供電系統之配線，得採一般配線

(D) 4. 日光燈型緊急照明燈，在地下建築物地下通道其地板面，以光電照度計測量值應在 M 勒克司（Lux）以上，其他場所應在 N 勒克司（Lux）以上。此 M，N 爲下列何者？

(A) 5，1　(B) 8，2　(C) 10，1　(D) 10，2

(D) 5. 緊急照明燈在地面之水平面照度，使用低照度測定用光電管照度計測得之值，在地下建築物之地下通道，其地板面應在 M 勒克司（Lux）以上，其他場所應在 N 勒克司（Lux）以上。則 M、N 值，下列何者正確？

(A) M = 30 N = 15　(B) M = 20 N = 10　(C) M = 10 N = 5　(D) M = 10 N = 2

(C) 6. 下列何者不是免設緊急照明設備處所？

(A) 集合住宅之居室　(B) 工作場所中，設有固定機械或裝置之部分

(C) 保齡球館球道　(D) 洗手間、浴室、盥洗室、儲藏室或機械室

(B) 7. 緊急照明設備性能檢查檢修判定，下列敘述何者錯誤？

(A) 緊急電源使用蓄電池設備時，確認其容量應能持續動作 30 分鐘以上

(B) 採蓄電池設備與緊急發電機併設方式時，其容量應能使其持續動作分別爲 20 分鐘及 30 分鐘以上

(C) 在地下建築物之地下通道，其地板面水平面照度應在 10 勒克司（Lux）以上

(D) 建築物總樓地板面積在 1000 平方公尺以下，緊急電源容量能否持續動作 30 分鐘之檢查數量爲 5 個以上

(B) 8. 建築物總樓地板面積在 3000 平方公尺以下，對於檢查緊急照明設備緊急電源容量能否持續動作 30 分鐘之檢查數量應爲：

(A) 5 個以上　(B) 10 個以上　(C) 15 個以上　(D) 20 個以上

(D) 9. 洗手間、浴室、盥洗室、儲藏室或機械室緊急照明設備之規定，下列何者正確？

(A) 地板面照度應在十勒克司（Lux）以上，其他面應在二勒克司（Lux）以上

(B) 地板面照度應在二勒克司（Lux）以上，其他面應在二十勒克司（Lux）以上

(C) 地板面照度應在二十勒克司（Lux）以上，其他面應在十勒克司（Lux）以上

(D) 不須設置

(A) 10. 樓梯或坡道，設有緊急照明設備及供確認避難方向之樓層標示者，出口標示燈、避難方向指示燈或避難指標之規定爲何？

(A) 得免設避難方向指示燈

(B) 步行距離在避難層爲二十公尺以下，在避難層以外之樓層爲十公尺以下

者，可免設出口標示燈

(C) 設有探測器連動自動關閉裝置之防火門時得免設避難指標

(D) 設有避難指標及緊急照明設備確保該指標明顯易見者，得免設出口標示燈

(A) 11. 下列何種燈源目前非屬我國法規標準所認可之緊急照明燈使用燈源？

(A) 鈉氣燈 (B) 白熾燈 (C) LED 燈 (D) 螢光燈

(D) 12. 下列有關緊急照明燈之規定何者錯誤？

(A) 在避難層，由居室任一點至通往屋外出口之步行距離在三十公尺以下之居室得免設緊急照明燈

(B) 緊急照明設備應連接緊急電源使用蓄電池設備，其容量應能使其持續動作三十分鐘以上

(C) 日光燈爲瞬時起動型，其燈座爲耐熱絕緣樹脂製成者

(D) 緊急照明燈在地面之水平面照度，在地下建築物之地下通道，其地板面應在二勒克司（Lux）以上

(C) 13. 有效採光面積未達該居室樓地板面積百分之多少者，應設置緊急照明設備？

(A) 2 (B) 3 (C) 5 (D) 10

(C) 14. 依各類場所消防安全設備設置標準之規定，地下建築物之地下通道地板面之緊急照明水平面之照度不得小於多少勒克斯？

(A) 2 (B) 5 (C) 10 (D) 15

(B) 15. 緊急照明設備採蓄電池設備與緊急發電機併設方式時，其緊急電源種類及容量之設置規定，下列敘述何者正確？

(A) 蓄電池設備與緊急發電機，持續動作十分鐘以上

(B) 蓄電池設備，持續動作十分鐘以上及緊急發電機，持續動作三十分鐘以上

(C) 蓄電池設備，持續動作三十分鐘以上及緊急發電機，持續動作十分鐘以上

(D) 以上皆非

(A) 16. 免設緊急照明設備之處所，下列何者錯誤？

(A) 工作場所中以防煙區劃之部分

(B) 在避難層，由居室任一點至通往屋外出口之步行距離在三十公尺以下之居室

(C) 集合住宅之居室

(D) 具有效採光，且直接面向室外之通道或走廊

(A) 17. 避難層之居室，由其任一點至通往屋外出口之步行距離在多少公尺以下時，其居室可以免設緊急照明設備？

(A) 30 (B) 40 (C) 50 (D) 60

(C) 18. 有一建築物總樓地板面積 4500 平方公尺，則其緊急照明燈至少應檢查多少

個以上，以確認緊急電源容量能否持續三十分鐘以上？

(A) 5 個　(B) 10 個　(C) 15 個　(D) 20 個

(B) 19. 緊急照明設備裝置完成，裝置人實施測試，下列何者錯誤？

(A) 試驗項目僅包括外觀試驗及性能試驗

(B) 緊急電源採蓄電池設備，其容量應能使其持續動作 60 分鐘以上

(C) 使用低照度測定用光電管照度計測其照度

(D) 常用電源應為專用回路

(D) 20. 緊急照明燈在地面之水平面照度，緊急照明燈之材料，下列規範項目何者有誤？

(A) 白熾燈為雙重繞燈絲燈泡　(B) 日光燈為瞬時起動型

(C) 水銀燈為高壓瞬時點燈型　(D) 放電燈不得設置安定器

(C) 21. 緊急照明設備，採蓄電池設備與緊急發電機併設方式時，其容量應能使其持續動作分別為 x 分鐘及 y 分鐘以上，此處 x，y 為何？

(A) 10，20　(B) 20，10　(C) 10，30　(D) 30，10

(C) 22. 有關緊急照明燈在地面之水平面照度規定，何者錯誤？

(A) 在走廊曲折點處，應增設緊急照明燈

(B) 其他場所應在 2 Lux 以上

(C) 地下建築物之地下通道地板面應在 20 Lux 以上

(D) 使用低照度測定用光電管照度計測量

(C) 23. 緊急照明燈在地面之水平面照度，使用低照度測定用光電管照度計測得之值，在地下建築物之地下通道，其地板面應在 X 勒克司（Lux）以上；其他場所應在 Y 勒克司（Lux）以上。但在走廊曲折點處，應增設緊急照明燈。此 X，Y 為何？

(A) 5，2　(B) 5，1　(C) 10，2　(D) 10，1

(B) 24. 緊急照明設備應連接緊急電源，前項緊急電源應使用蓄電池設備，其容量應能使其持續動作幾分鐘以上？（但採蓄電池設備與緊急發電機併設方式時除外）

(A) 10　(B) 30　(C) 60　(D) 90

(C) 25. 緊急照明設備除內置蓄電池式外，其配線依規定：照明器具直接連接於分路配線，不得裝置：

(A) 管路　(B) 蓋板　(C) 插座或開關　(D) 連接端子

Note

緊急電源插座歷屆考題

(B) 1. 緊急電源插座檢查基準中，有關保護箱外觀檢查之判定方法，下列何者錯誤？
(A) 應無檢查上及使用上之障礙物
(B) 保護箱面應有「緊急電源」之字樣，且字體應無污損、不鮮明部分
(C) 應無變形、損傷、顯著腐蝕
(D) 箱門可確實正常開、關

(C) 2. 有關緊急電源插座之設置，下列敘述何者錯誤？
(A) 緊急電源插座之電流供應容量爲交流單相 110 伏特（或 120 伏特）15 安培，其容量約爲 1.5 瓩以上
(B) 緊急電源插座爲接地型，裝設高度距離樓地板應在 1 公尺以上 1.5 公尺以下
(C) 緊急電源插座之保護箱蓋應標示緊急電源插座字樣，每字在 5 平方公分以上
(D) 每一層任何一處至插座之水平距離應在 50 公尺以下

(D) 3. 下列何者不是緊急電源插座檢查基準有關外觀檢查之檢查對象？
(A) 表示燈　(B) 插座　(C) 開關器　(D) 端子電壓

(D) 4. 有關緊急電源插座之規定，下列敘述何者不正確？
(A) 每一樓層任一處至插座水平距離應在 50 公尺以下
(B) 緊急電源插座爲接地型，裝設高度距離樓地板 1 公尺以上 1.5 公尺以下
(C) 緊急電源插座在保護箱上方設紅色表示燈
(D) 保護箱長邊及短邊分別爲 20 公分及 15 公分以上

(A) 5. 依各類場所消防安全設備設置標準有關緊急電源插座設置之規定，下列敘述何者有誤？
(A) 總樓地板面積在五百平方公尺以上之地下建築物應設置緊急電源插座
(B) 每回路電線容量在二個插座同時使用之容量以上
(C) 緊急電源插座爲接地型，裝設高度距離樓地板一公尺以上一點五公尺以下
(D) 各插座設容量一百一十伏特、十五安培以上之無熔絲斷路器

(B) 6. 進行有關緊急電源插座竣工查驗作業時，各項構件機能的需求，下列何者不正確？
(A) 專用幹線應可供給單相交流 110V，15A 以上之電力
(B) 在專用幹線之電源側電路應設置漏電斷路器
(C) 主配電盤設專用回路，各樓層至少設 2 回路以上之供電線路
(D) 專用回路每一回路之緊急電源插座數量 10 個以下

(C) 7. 有關於緊急電源插座的設置，下列何者錯誤？

(A) 設於樓梯間或緊急升降機間等
(B) 每一層任何一處至插座之水平距離在五十公尺以下
(C) 爲接地型，裝設高度距離樓地板零點八公尺以上一點五公尺以下
(D) 每一回路之連接插座數在十個以下

(C) 5. 緊急電源插座之設置規定，下列何者正確？
(A) 每一層任何一處至插座之水平距離在 25 公尺以下
(B) 緊急電源插座之電流供應容量爲直流 110 伏特（或 120 伏特）、15 安培
(C) 緊急電源插座在保護箱上方設紅色表示燈
(D) 緊急用電源插座不得連接至緊急供電系統

(D) 9. 緊急電源插座之電流供應容量爲交流單相 110 伏特（或 120 伏特）多少安培以上？ (A) 8 (B) 10 (C) 12 (D) 15

(D) 10. 有關緊急電源插座的裝設高度，距離樓地板之範圍，下列何者爲正確？
(A) 0.4 公尺以上，1.5 公尺以下 (B) 0.6 公尺以上，1.5 公尺以下
(C) 0.8 公尺以上，1.5 公尺以下 (D) 1.0 公尺以上，1.5 公尺以下

(C) 11. 緊急電源插座，應從主配電盤設專用回路，各層至少設二回路以上之供電線路，依據下列條件，何者有誤？
(A) 每一回路之連接插座數在 10 個以下 (B) 設置紅色表示燈
(C) 設置漏電斷路器 (D) 連接至緊急供電系統

(C) 12. 緊急電源插座裝設於樓梯間或緊急升降機間，每一層任何一處至插座之水平距離在 50 公尺以下，有消防搶救設備供應交流單相 110 伏特，電流容量爲 13.6 安培，若功率因數（power factor）爲 1，此消防搶救設備電功率約爲多少瓩以下？ (A) 13.6 (B) 110 (B) 1.5 (D) 2

(B) 13. 有關緊急電源插座設置規定，何者錯誤？
(A) 插座裝設高度距離樓地板 1 公尺以上 1.5 公尺以下
(B) 每一回路之連接插座數在 10 個以上
(C) 專用回路不得設漏電斷路器 (D) 插座爲接地型

(D) 14. 有關緊急電源插座之裝置規定，何者正確？
(A) 保護箱上方設綠色表示燈 (B) 各層至少設一回路以上之供電線路
(C) 嵌裝式保護箱裝設一個緊急電源插座
(D) 電源供應容量爲交流單相 110 伏特 15 安培，其容量約爲 1.5 瓩以上

(C) 15. 緊急電源插座不得裝設：
(A) 專用回路 (B) 紅色表示燈 (C) 漏電斷路器 (D) 緊急供電系統

(B) 16. 有關緊急電源插座性能檢查時，回轉相位的檢查與判定方法，下列敘述何者正確？
(A) 連接額定電壓 110V 之雙相交流緊急電源插座
(B) 如與電動機連接時，應以相位計確認其是否依規定方向回轉
(C) 應爲逆回轉或左向回轉之方向
(D) 連接額定電壓 220V 之雙相交流緊急電源插座

無線電通信輔助設備歷屆考題

(C) 1. 有關應設置無線電通信輔助設備之場所，依規定為何？
(A) 樓高在 31 公尺以上建築物之各樓層，或樓地板面積在 1,000 平方公尺以上之建築物
(B) 樓高在 31 公尺以上建築物之各樓層，或樓地板面積在 2,000 平方公尺以上之建築物
(C) 樓高在 100 公尺以上建築物之地下層，或總樓地板面積在 1,000 平方公尺以上之地下建築物
(D) 樓高在 100 公尺以上建築物之各樓層，或總樓地板面積在 2,000 平方公尺以上之建築物

(D) 2. 依各類場所消防安全設備設置標準有關無線電通信輔助設備之規定，無線電之接頭設於地面之接頭數量，在任一出入口與其他出入口之步行距離大於 X 公尺時，設置二個以上。其裝設於保護箱內，箱內應設長度 Y 公尺以上之射頻電纜，試問 X、Y 分別為何？
(A) X = 100、Y = 1　(B) X = 150、Y = 1
(C) X = 250、Y = 2　(D) X = 300、Y = 2

(D) 3. 有關無線電通信輔助設備之竣工查驗作業規定，下列敘述何者正確？
(A) 洩波同軸電纜應使用耐熱電纜
(B) 洩波同軸電纜標稱阻抗應為 60 歐姆
(C) 無線電接頭設於保護箱中，箱內設有長度 3 公尺以上之射頻電纜
(D) 在使用頻率帶內，電壓駐波比測定應在 1.5 以下

(C) 4. 下列何者不是無線電通信輔助設備的組成元件？
(A) 洩波同軸電纜　(B) 無線電接頭之射頻電纜
(C) 訊號並排器　(D) 訊號增幅器

(A) 5. 無線電通信輔助設備，下列何者錯誤？
(A) 洩波同軸電纜之標稱阻抗為 100 歐姆
(B) 洩波同軸電纜經耐燃處理
(C) 設增幅器時，該增幅器之緊急電源，應使用蓄電池設備
(D) 分配器、混合器、分波器，應使用介入衰耗少，且接頭部分有適當防水措施者

(B) 6. 無線電通信輔助設備使用洩波同軸電纜，除中央消防主管機關指定之周波數外，適合傳送或輻射多少百萬赫（MHz）？
(A) 100　(B) 150　(C) 200　(D) 300

(A) 7. 無線電通信輔助設備，洩波同軸電纜之標稱阻抗為多少歐姆？
(A) 50　(B) 100　(C) 150　(D) 200

(D) 8. 建築物任一出入口與其他出入口之步行距離大於 300 公尺時，其無線電通

信輔助設備之無線電接頭數量，應設置多少個以上？

(A) 5　(B) 4　(C) 3　(D) 2

(B) 9. 無線電通信輔助設備使用洩波同軸電纜，在任一出入口與其他出入口之步行距離大於 300 公尺時，設置 2 個以上，依設置規定，下列何者有誤？

(A) 洩波同軸電纜之標稱阻抗為 50 歐姆

(B) 洩波同軸電纜經耐熱處理

(C) 設於距樓地板面或基地地面高度 0.8 公尺至 1.5 公尺間

(D) 該電纜適合傳送或輻射 150 百萬赫（Mhz），保護箱內設長度 2 公尺以上之射頻電纜

(C) 10. 無線電通信輔助設備設增幅器時，該增幅器之緊急電源，應使用蓄電池設備，其能量能使其有效動作多少分鐘以上？

(A) 10　(B) 20　(C) 30　(D) 40

(B) 11. 有關無線電通信輔助設備設置規定敘述，何者正確？

(A) 接頭裝設於保護箱內，箱內設長度 3 公尺以上之射頻電纜

(B) 接頭設於距樓地板面或基地地面高度 0.8 公尺至 1.5 公尺間

(C) 洩波同軸電纜之標稱阻抗為 100 歐姆

(D) 洩波同軸電纜經耐熱處理

(C) 12. 無線電通信輔助設備中，有關無線電之接頭規定，下列哪項不符合？

(A) 設於地面消防人員便於取用處及值日室等平時有人之處所

(B) 前項設於地面之接頭數量，在任一出入口與其他出入口之步行距離大於 300 公尺時，設置二個以上

(C) 設於距樓地板面或基地地面高度 8 公尺至 15 公尺間

(D) 裝設於保護箱內，箱內設長度 2 公尺以上之射頻電纜，保護箱應構造堅固，有防水及防塵措施，其箱面應漆紅色，並標明消防隊專用無線電接頭字樣

(D) 13. 無線電通信輔助設備，依規定設置洩波同軸電纜之標稱阻抗為多少歐姆？

(A) 20　(B) 30　(C) 40　(D) 5

防災中心與緊急供電歷屆考題

(A) 1. 依據各類場所消防安全設備設置標準，有關緊急供電系統之配線除依屋內線路裝置規則外，下列規定及敘述何者錯誤？
(A) 電源回路之配線，施予耐熱保護
(B) 標示燈回路及控制回路之配線，施予耐熱保護
(C) 電氣配線應設專用回路，不得與一般電路相接，且開關有消防安全設備別之明顯標示
(D) 緊急用電源回路及操作回路，使用 600 伏特耐熱絕緣電線，或同等耐熱效果以上之電線

(A) 2. 電源回路配線耐燃保護之施作，得以 600 伏特絕緣電線裝於金屬導線管槽內，並埋設於防火構造物之混凝土內，其混凝土保護厚度至少應爲多少公厘以上？
(A) 20 公厘　(B) 23 公厘　(C) 25 公厘　(D) 30 公厘

(B) 3. 緊急電源之發電機設備測試報告應實施項目，依規定何者有誤？
(A) 啓動方式性能試驗　(B) 光通量試驗
(C) 絕緣電阻試驗　(D) 動作試驗

(D) 4. 緊急電源使用符合 CNS10204 規定之發電機設備或具有相同效果之設備，其裝置於室內換氣量之計算，下列何者爲引擎停止運轉時換氣量？
(A) 維持冷器（Radiator）冷卻性能的空氣量　(B) 引擎燃燒的空氣量
(C) 維持室溫攝氏 40 度的換氣量　(D) 一般換氣量爲 15 至 30 m^3/m^3・h

(A) 5. 緊急供電系統之配線，電源回路之配線，依下列規定，施予耐燃保護，何者有誤？
(A) 電線裝於金屬導線管槽內，並埋設於防火構造物之混凝土內，混凝土保護厚度爲 15 公厘以上
(B) 使用不燃材料建造，且符合建築技術規則防火區劃規定之管道間，得免埋設
(C) 使用 MI 電纜
(D) 符合耐燃電纜認可基準規定之耐燃電線時，得按電纜裝設法，直接敷設

(B) 6. 下列有關各類消防安全設備設置標準第二百三十八條規定，防災中心的設置敘述何者錯誤？
(A) 冷暖、換氣等空調系統爲專用
(B) 出入口至屋外任一出入口之步行距離在五十公尺以下
(C) 監控或操作緊急發電機
(D) 監控或操作常開式防火門之偵煙式探測器

(B) 7. 依各類場所消防安全設備設置標準之規定，防災中心樓地板面積不得小於多少平方公尺？
(A) 20　(B) 40　(C) 60　(D) 80

參考文獻

1. 盧守謙與陳永隆，防火防爆，五南圖書出版，2017 年 2 月。
2. 盧守謙與陳永隆，水與化學系統消防安全設備，五南圖書出版，2017 年 4 月。
3. 盧守謙與陳永隆，警報與避難系統消防安全設備，五南圖書出版，2017 年 4 月。
4. 盧守謙與陳永隆，消防法規，五南圖書出版，2017 年 4 月。
5. 日本消防檢定協會，消防用設備，平成 29 年。
6. 日本危險物設施基準指南，平成 7 年。
7. 日本消防用設備等設置指導基準第 92 號，平成 18 年。
8. AIESE SPRINKLER 株式會社，消防用設備，平成 29 年。
9. EBARA 株式會社，消防用設備，平成 29 年。
10. FUKUOKA 市消防局，消防用設備等技術基準，平成 26 年。
11. HITACHI 株式會社，消防用設備，平成 29 年。
12. HATSUTA SEISAKUSHO 株式會社，消防用設備，平成 29 年。
13. IWASAKI 株式會社，消防用設備，平成 29 年。
14. KAWASAKI 市消防局，消防用設備等技術基準，平成 28 年。
15. KOBE 市消防局，消防用設備等技術基準，平成 28 年。
16. MINAKAMI 株式會社，消防用設備，平成 29 年。
17. MITUHAMA KOGILYO 株式會社，消防用設備，平成 29 年。
18. MORITA MIYATA 株式會社，消防用設備，平成 29 年。
19. NIPPON DRY-CHEMICAL 株式會社，消防用設備，平成 29 年。
20. NOHMI BOSAI 株式會社，消防用設備，平成 29 年。
21. OSAKA 市消防局審查基準，消防用設備，平成 29 年
22. SAITAMA 市消防局，消防用設備等審查基準，平成 28 年。
23. SAKAI 市消防局審查基準，消防用設備，平成 28 年。
24. TOKYO BOSAI SETSUBI 協會，消防用設備，平成 29 年。
25. YOKOI 株式會社，消防用設備，平成 29 年。
26. LSS, Building's Fire Protection Systems, Life Safety Services CO, 2017.
27. Patron Fire, Domestic Sprinkler Systems, Patron Fire Consulting, 2017.
28. NFPA 10, Standard for Portable Fire Extinguishers, NFPA, 2013.
29. NFPA 11, Standard for Low, Medium, and High-Expansion Foam, Foam Fatale, 2016.
30. NFPA 12, Standard on Carbon Dioxide Extinguishing Systems, NFPA, 2015.
31. NFPA 13, Standard for the Installation of Sprinkler Systems, NFPA, 2015.
32. NFPA 17, Standard for Dry Chemical Extinguishing Systems, NFPA, 2013.
33. NFPA 72, National Fire Alarm and Signaling Code, NFPA, 2015.

34. NFPA, Fire Protection Handbook 18th Edition, National Fire Protection Association, Quincy, Massachusetts, 1997.
35. NFPA, Fire Protection Handbook 20th Edition, National Fire Protection Association, Quincy, Massachusetts, 2008.

國家圖書館出版品預行編目資料

圖解消防工程／盧守謙著. -- 二版. -- 臺北市：五南圖書出版股份有限公司, 2019.04
面；　公分.

ISBN 978-957-763-314-9（平裝）

1.火災 2.消防 3.消防設施

575.87　　108002680

5T33

圖解消防工程

作　　者— 盧守謙（481）
發 行 人— 楊榮川
總 經 理— 楊士清
總 編 輯— 楊秀麗
副總編輯— 王正華
責任編輯— 金明芬
封面設計— 姚孝慈
出 版 者— 五南圖書出版股份有限公司
地　　址：106台北市大安區和平東路二段339號4樓
電　　話：(02)2705-5066　傳　真：(02)2706-6100
網　　址：https://www.wunan.com.tw
電子郵件：wunan@wunan.com.tw
劃撥帳號：01068953
戶　　名：五南圖書出版股份有限公司
法律顧問　林勝安律師
出版日期　2017年 9 月初版一刷
　　　　　2019年 4 月二版一刷
　　　　　2023年 3 月二版三刷
定　　價　新臺幣650元

經典永恆·名著常在

五十週年的獻禮——經典名著文庫

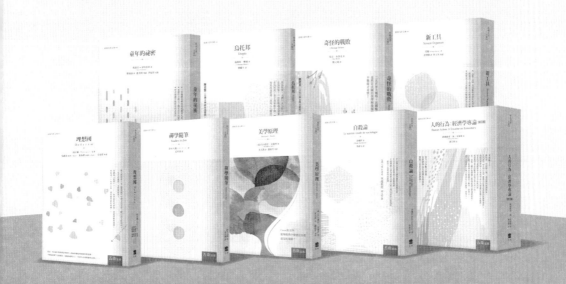

五南，五十年了，半個世紀，人生旅程的一大半，走過來了。
思索著，邁向百年的未來歷程，能為知識界、文化學術界作些什麼？
在速食文化的生態下，有什麼值得讓人雋永品味的？

歷代經典·當今名著，經過時間的洗禮，千錘百鍊，流傳至今，光芒耀人；
不僅使我們能領悟前人的智慧，同時也增深加廣我們思考的深度與視野。
我們決心投入巨資，有計畫的系統梳選，成立「經典名著文庫」，
希望收入古今中外思想性的、充滿睿智與獨見的經典、名著。
這是一項理想性的、永續性的巨大出版工程。
不在意讀者的眾寡，只考慮它的學術價值，力求完整展現先哲思想的軌跡；
為知識界開啟一片智慧之窗，營造一座百花綻放的世界文明公園，
任君遨遊、取菁吸蜜、嘉惠學子！